荣昌年鉴

（2021）

《荣昌年鉴》编纂委员会　编

方志出版社
Publishing House of Local Records

图书在版编目（CIP）数据

荣昌年鉴．2021 /《荣昌年鉴》编纂委员会编．-- 北京：方志出版社，2021.12
ISBN 978-7-5144-4936-5

Ⅰ．①荣… Ⅱ．①荣… Ⅲ．①区（城市）—重庆—2021—年鉴 Ⅳ．①Z527.194

中国版本图书馆CIP数据核字（2021）第254596号

荣昌年鉴（2021）

编　　者：《荣昌年鉴》编纂委员会
责任编辑：董琳

出 版 者：方志出版社
地址　北京市朝阳区潘家园东里9号（国家方志馆4层）
邮编　100021
网址　http://www.zgfzcb.cn
发　　行：方志出版社图书经销中心
电话（010）67110500
经　　销：各地新华书店
印　　刷：重庆巴南彩印厂
开　　本：889×1194　　1/16
印　　张：26.75　彩插2.75
字　　数：800千字
印　　数：0001～1000册
版　　次：2021年12月第1版　2021年12月第1次印刷

ISBN 978-7-5144-4936-5　　定价：198.00元

《荣昌年鉴》编纂委员会

主　　任：高洪波

副 主 任：程昌耀

成　　员：何　逸　黄　伟　张志刚　王光旭　陈朝权
　　　　　蒋　胜　雷华初　赵　敏　黄忠新　唐志强
　　　　　曾德富　彭文树　胡仲堃　邬德德　邓贤凤
　　　　　吕咏权

《荣昌年鉴》编辑部

主　　审：程昌耀

主　　编：王光旭

执行主编：陈朝权

总　　纂：王　丽

编　　辑：肖富荣　刘百书

编 辑 说 明

一、《荣昌年鉴（2021）》（总第26卷）以马克思列宁主义、毛泽东思想、邓小平理论、“三个代表”重要思想、科学发展观、习近平新时代中国特色社会主义思想为指导，坚持辩证唯物主义和历史唯物主义的立场、观点和方法。真实、全面、系统地记载了辖区2020年自然、经济、政治、文化和社会等方面的发展情况，旨在存史留鉴、资政辅治，为修志积累资料。

二、年鉴采用条目式记载体，分类编纂。基本结构为类目、分目、条目3个层次，条目标题统一使用黑体字并加【】表示。

三、年鉴正文有特载、专文、大事记、区情概览、中共重庆市荣昌区委、重庆市荣昌区人民代表大会及人大常委会、重庆市荣昌区人民政府、政协重庆市荣昌区委员会、纪检 监委 巡察、民主党派、群众团体、法治、军事、生态环境、城乡建设、交通 邮电 信息化、荣昌高新区、农业、工业、商贸 旅游、金融、综合管理、科学技术、教育、文化、体育、卫生健康、社会民生、街道 镇、人物 荣誉、统计资料。较上年的主要变化是增加了专文，将原财政 税务类目降格为两个分目，并入综合管理类目，将原类目民主党派 工商联中的工商联部分移入群众团体。

四、年鉴采用的稿件由全区各镇街和部门提供，并经供稿单位领导审核，如有错漏，在下一年年鉴中予以更正。

五、统计资料由区统计局提供。因统计口径等原因，个别单位报送的稿件中所用数据与统计资料数据不尽一致的，原则上以统计局数据为准。

六、本卷记述时间从2020年1月1日至2020年12月31日，个别内容有前溯或后延。

七、文中“年初”“年内”“年末”，指2020年年初、年内、年末。“上年”指2019年。

荣昌区行政区划图

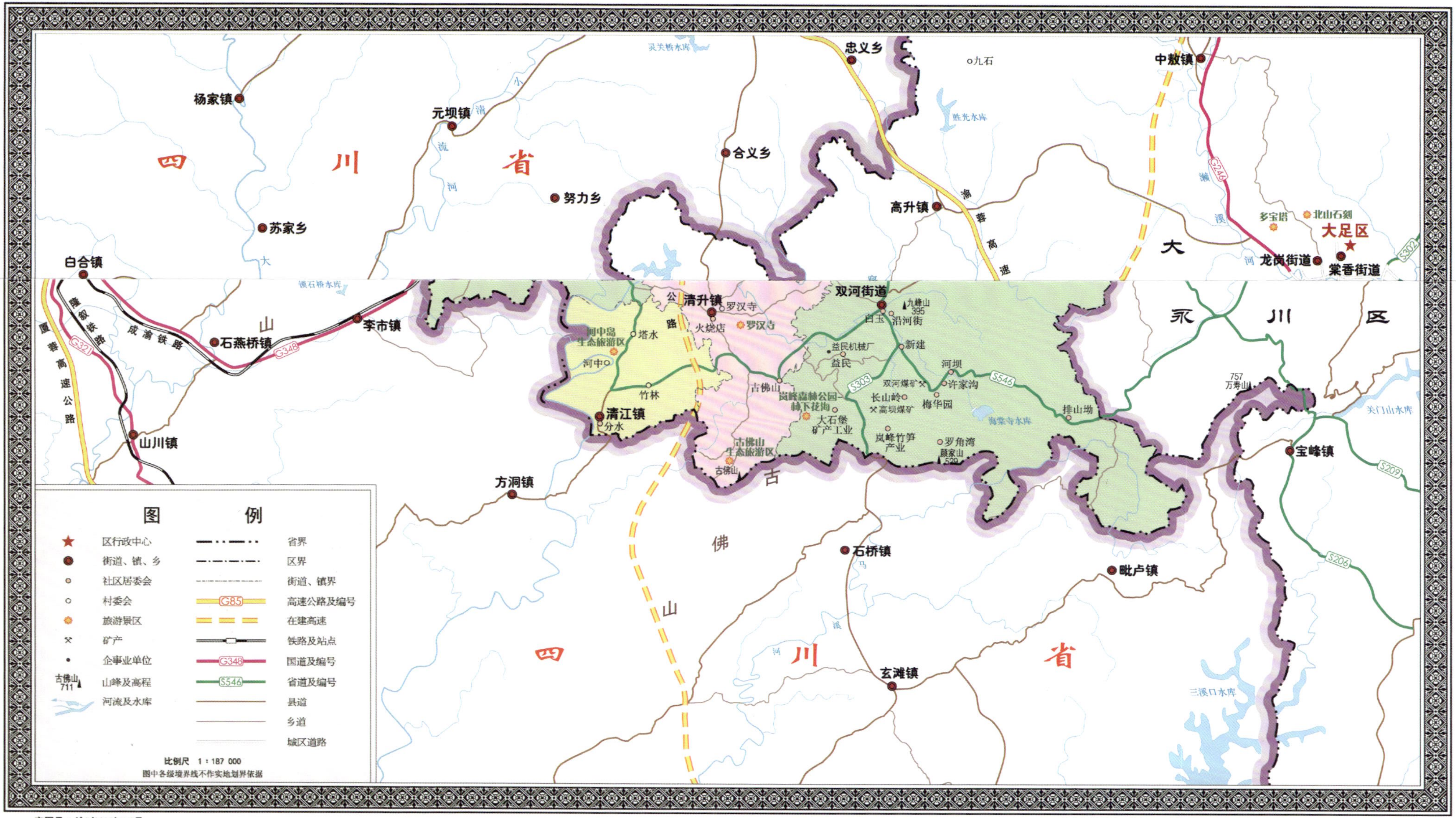

审图号：渝S(2018)056号

重庆市勘测院 编制 荣昌区史志办 荣昌区民政局 监制 二〇一八年十一月

4月7日，荣昌区与泸州市签署《推进成渝地区双城经济圈建设一体化发展2020年行动计划》

（区发展改革委 提供）

11月6日，四川省政协、重庆市政协推动成渝双城经济圈建设联合调研考察暨保护濑溪河流域生态环境助推会议在荣召开

（刘汪洋 摄）

11月27日，重庆（荣昌）生猪大数据中心与自贡市人民政府在十八届中国国际农产品交易会暨第二十届中国西部（重庆）国际农产品交易会上签约分中心建设合作协议

（区发展改革委 提供）

11月25日，荣昌区生态环境局会同内江市生态环境局召开成渝地区双城经济圈生态共建环境共保交流座谈会

（区生态环境局 提供）

10月27日至29日，荣昌区举办2020年成渝地区双城经济圈青年企业家峰会

（区发展改革委 提供）

10月24日，在第九届中国畜牧科技论坛召开期间，荣昌区招商引资推介会暨第四季度重点招商引资项目集中签约

（刘汪洋 摄）

8月29日，《重庆市能繁母猪存栏·荣昌指数》发布

（区融媒体中心 提供）

10月23日，荣昌区举办“2020重庆英才大会——第九届中国畜牧科技论坛暨畜牧科技人才招聘会”

（肖富荣 摄）

8月12日，荣昌区举办第三届公民科学素质大赛

（区科协 提供）

8月20日，“100+N”开放协同创新体系建设暨重庆农业农村科技创新融合发展会议在重庆市荣昌区召开

（区科技局 提供）

10月22日，首届中国农牧高新科技成果博览会在区人民广场开幕

（肖富荣 摄）

4月16日，国家生猪技术创新中心专家咨询论证会在荣昌区召开

（区科技局 提供）

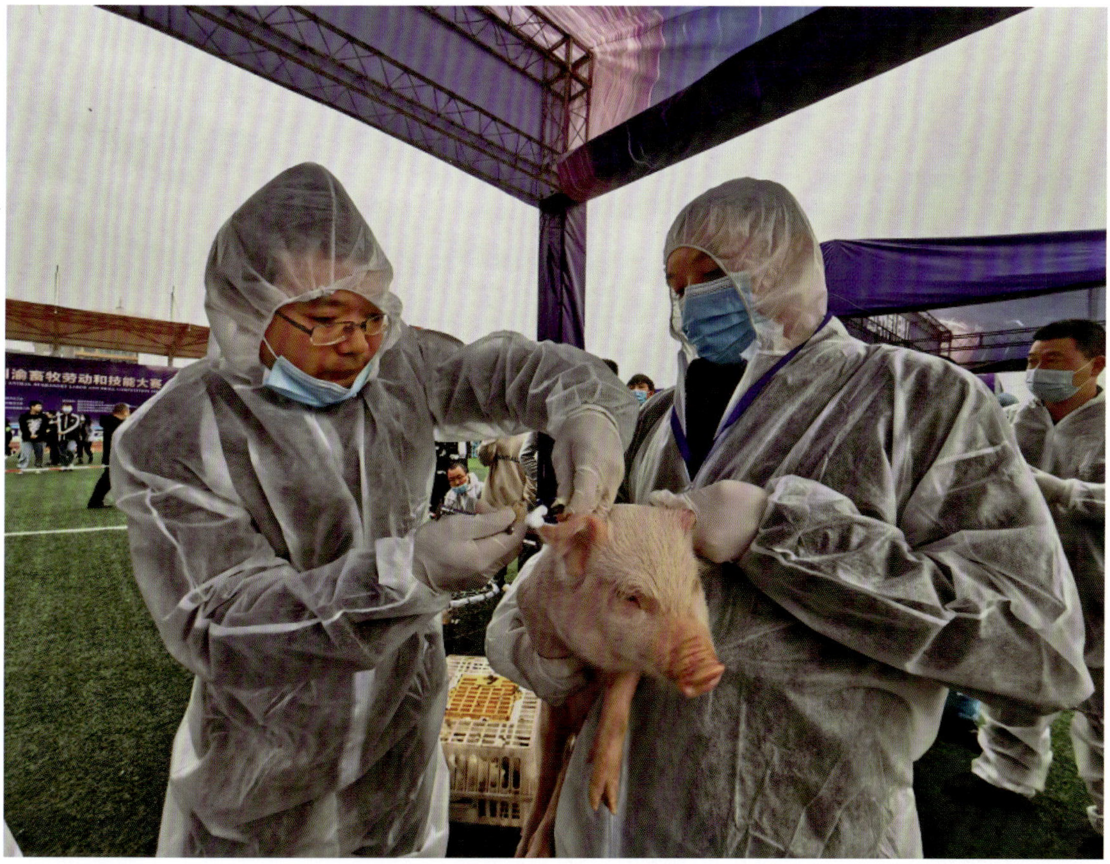

10月20日，2020年川渝畜牧劳动和技能大赛在荣昌区举行

（区融媒体中心 提供）

9月18日，荣昌区2020年第三季度工业项目集中开工仪式举行

（刘汪洋 摄）

7月7日，荣昌区民营企业百日大走访征求意见建议座谈会召开

（区委统战部 提供）

10月18日，荣昌区2020年工业项目第四季度集中投产仪式举行

（刘汪洋 摄）

8月20日，重庆电子电路产业园在荣昌高新区正式投产

（肖富荣 摄）

4月16日，重庆华森制药有限公司工作人员研发冻干粉针剂

（区融媒体中心 提供）

重庆琪金食品集团有限公司加工厂分割线，摄于1月

（区融媒体中心 提供）

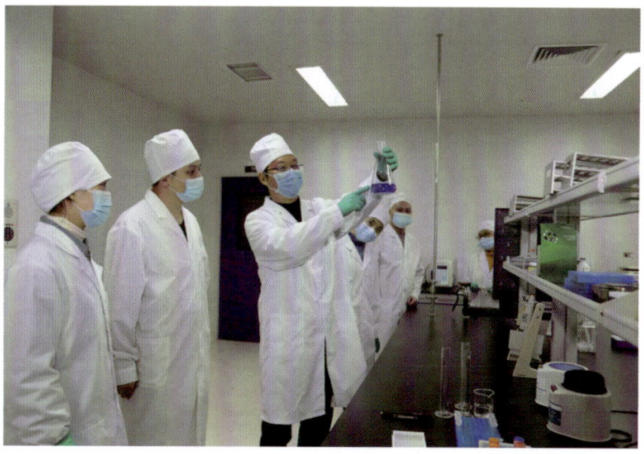

重庆澳龙生物攻克世界性难题，实现羊包虫病疫苗规模化生产，摄于3月

（何文杰 摄）

9月17日，中国邮政荣昌分公司在区人民广场举办销售扶贫助农增收活动

（肖富荣 摄）

4月17日，清流镇柑橘种植技术培训会现场

（区融媒体中心 提供）

7月14日，2020年观胜镇银河村集体经济全民分红发放仪式举行

（观胜镇 提供）

仁义镇鑫联肉牛养殖场，摄于2月

（区融媒体中心 提供）

清流镇柑橘获丰收，摄于4月

（肖富荣 摄）

远觉镇蔡家坪村巫云华养羊脱贫，摄于7月

（区融媒体中心 提供）

11月6日，乡村复兴论坛·荣昌峰会在安富镇通安村举办

（区农业农村委 提供）

荣隆镇大面积发展茶园造绿，摄于4月

（区融媒体中心 提供）

铜鼓镇高山村油菜花盛开，摄于3月

（刘汪洋 摄）

观胜镇银河村俯瞰图，摄于3月

（区融媒体中心 提供）

万灵古镇马鞭草盛开，摄于5月

（区融媒体中心 提供）

清江镇河中岛，摄于3月

（区融媒体中心 提供）

安富街道通安村林居坝新风小院 ，摄于11月

（覃伦 摄）

广顺街道天常村生态环境，摄于7月
（区融媒体中心 提供）

双河街道白云溪河畔，摄于5月
（区融媒体中心 提供）

直升镇道观村三角梅基地，摄于5月
（区融媒体中心 提供）

3月15日，荣昌支援重庆医科大学附属永川医院抗疫医疗小组归来

（区卫生健康委 提供）

1月28日，防疫人员在荣昌高速公路收费站开展新冠肺炎检测

（肖富荣 摄）

2月7日，荣昌区卫生健康委指导企业复工复产

（区卫生健康委 提供）

2月4日，公安民警在疫情防控一线执勤岗位上宣誓入党

（区公安局 提供）

3月5日，中医院迁建项目复工，志愿者为工人测量体温

（区融媒体中心 提供）

2020年春节疫情期间，区人力社保局组织农民工“点对点”返岗复工

（区人力社保局 提供）

8月20日，国家县域医共体调研组荣昌区医共体部门调研座谈会在荣召开

（区融媒体中心 提供）

10月16日，区中医院、区妇幼保健院创三级甲等医院启动会召开

（区卫生健康委 提供）

6月12日，荣昌区区域医学检验中心及病理中心启动仪式举行

（区卫生健康委 提供）

11月25日，最高人民法院 、国家发改委联合调研组到荣调研价格争议纠纷多元化工作座谈会召开

（区发展改革委 提供）

4月23日，中共重庆市荣昌区委全面依法治区委员会第二次会议召开

（郭兰 摄）

12月3日，内江市和荣昌区签订成渝地区双城经济圈政法协同发展合作框架协议

（任禄荣 摄）

7月24日，川渝公共法律服务工作联系会议在重庆市荣昌区召开

（潘鹭鸶 摄）

6月17日，荣昌区公安局、大足区公安局、潼南区公安局与资阳市公安局举行服务成渝地区双城经济圈建设警务合作签约仪式

（区公安局 提供）

9月16日，区检察院派驻区公安局执法办案中心检察室成立

（区检察院 提供）

5月22日 ，荣昌区应急救援中队挂牌仪式举行

（区应急局 提供）

12月17日，公安民警和文明交通劝导志愿者维护交通秩序

（刘汪洋 摄）

7月，污水处理厂提标改造工程完工

（区融媒体中心 提供）

风雨廊桥，摄于5月

（肖富荣 摄）

桥梁立体绿化，园林工人栽培鲜花，摄于9月

（先晓琴 摄）

创建文明城区，环卫工人进行道路清洗，摄于6月

（肖富荣 摄）

12月底，夏布小镇艺梦廊桥灯饰亮灯

（肖富荣 摄）

7月31日，西部陆海新通道 铁海联运班列抵达荣昌区综合物流园

（区融媒体中心 提供）

12月9日，荣昌综合物流园累计大宗物资吞吐量超130万吨

（区融媒体中心 提供）

安富街道燕子岩乡村公路，摄于9月

（唐万春 摄）

国道348安富至四川路面改造竣工，摄于8月

（区交通局 提供）

观胜镇睡佛公路，摄于6月

（区融媒体中心 提供）

12月29日，荣昌区商贸物流商会第一次会员大会暨成立大会召开

（区工商联 提供）

3月26日，荣昌区海棠香橙出口首发马尔代夫

（清流镇 提供）

7月17—23日，荣昌区第十届房地产展示交易会暨卫浴陶瓷建材展示交易会在区人民广场举办

（肖富荣 摄）

1月16日，荣昌区首届农特产品展销活动举办

（肖富荣 摄）

1月22日，荣昌区铺盖面技能大赛举办

（肖富荣 摄）

清江豆豉鱼，摄于2月

（区融媒体中心 提供）

10月13日，区委党校新校区投入使用

（肖富荣 摄）

7月10日，荣昌中学宝城校区举行挂牌仪式

（区融媒体中心 提供）

▲12月18日，荣昌区川剧协会在区融媒体中心演播大厅进行原创川剧《天下清官喻茂坚》首演

（区文联 提供）

11月18日，重庆市首个清华大学学生社会实践站在荣昌安富街道落成

（安富街道 提供）

10月23日，“戏曲进校园　国粹共传承”活动走进荣昌初级中学

（金红梅 摄）

12月8日，昌州学区举行首届中小学生艺术节

（张良建 摄）

7月17日，荣昌全民健身跑在濑溪河体育文化公园马拉松赛道开跑

（区融媒体中心 提供）

12月27日，2020“瑜瀚科技”成渝双城马拉松赛开赛

（肖富荣 摄）

8月2日，荣昌全民健身游泳比赛开赛

（魏霞 摄）

12月16日，重庆体育惠民消费季·荣昌区体育消费节广场舞争霸赛决赛举办

（刘汪洋 摄）

12月底，濑溪河体育文化公园儿童游乐场投入使用

（肖富荣 摄）

12月9日，荣昌区文联与中央文史馆员研修班联合开展书画创作交流活动

（区文联 提供）

6月18日，全市乡村文化振兴主城都市区座谈会在荣召开

（叶松生 摄）

1月6日，区图书馆在观胜镇开展流动书屋进农家活动

（向虹霖 摄）

9月1日，荣昌区首个24小时城市书房投入使用

（谭兴旺 摄）

6月30日，荣昌区举办“决胜全面小康，决战脱贫攻坚”主题摄影比赛获奖作品展

（区文联 提供）

9月14日，荣昌在安富街道举办“‘非遗’我来传”荣昌陶柴烧窑开窑网络文化互动活动

（安富街道 提供）

11月5日，“非遗”研学体验活动——陶艺制作在安富街道举行

（区文化旅游委 提供）

6月13日，荣昌举办文化和自然遗产日非遗展示活动——缠丝拳展示活动

（区文化旅游委 提供）

9月5日，2020“重庆好礼”旅游商品文创产品设计大赛巴蜀文化旅游走廊旅游商品展外事礼品征集在荣举行

（肖富荣 摄）

9月5日，川渝两地特色旅游商品展会现场

（区融媒体中心 提供）

8月22日，荣昌区第七届七夕河灯旅游文化节在万灵镇举办

（肖富荣 摄）

10月17日，第三届长江上游城市花卉艺术博览会荣昌展区开展

（肖富荣 摄）

1月22日，荣昌区在荣昌北站举办新春庙会

（肖富荣 摄）

9月5日，荣昌旅游“大篷车”首发仪式在夏布小镇举行

（肖富荣 摄）

古佛山风景区金龙湖，摄于8月

（区融媒体中心 提供）

10月30日，2020年重庆市残疾人陶艺项目师资培训班学习成果汇报会在荣举行

（李春梅 摄）

9月27日，区妇联在昌州街道八角井村开展“夏布三娘子”——绣娘子技艺培训

（区妇联 提供）

6月5日，峰高街道开展垃圾分类宣传活动

（刘曼语 摄）

4月8日，昌州街道板桥老旧小区改造，渝荣小区步行房装上了电梯

（区融媒体中心 提供）

1月7日，荣昌首家市级社区养老服务中心在昌元街道建成

（向虹霖 摄）

目 录

特 载

专 文

大 事 记

区情概览

中共重庆市荣昌区委

重庆市荣昌区人民代表大会及人大常委会

重庆市荣昌区人民政府

政协重庆市荣昌区委员会

纪委　监委　巡察

民主党派

群众团体

法　治

军 事

生态环境

城乡建设

交通　邮电　信息化

荣昌高新区

农　业

工　业

商贸　旅游

金　融

综合管理

科学技术

教 育

文 化

体　育

卫生健康

社会民生

街道　镇

人物　荣誉

统计资料

附　录

特 载

区委工作报告

——在中共重庆市荣昌区委十四届八次全会第一次全体会议上

（2020年4月17日）

中共重庆市荣昌区区委书记　曹清尧

各位委员、候补委员，同志们：

经区委研究，今天我们召开中国共产党重庆市荣昌区第十四届委员会第八次全体会议。今天是个特别的日子，我们在习近平总书记视察重庆一周年之际召开此次全会，开启荣昌建设成渝地区双城经济圈重要增长极新的篇章。本次全会主要任务是，全面贯彻习近平总书记视察重庆重要讲话和在中央财经委员会第六次会议上的重要讲话精神，切实落实市委五届八次全会精神，围绕“五个提升”和“补短板、做强项、提品质”工作要求，突出“产业引领”“交通引领”“规划引领”，立足“桥头堡”，动员全区奋力建设成渝地区双城经济圈重要增长极。

一、关于过去一年来的工作情况

2019年4月15日至17日，习近平总书记视察重庆并发表重要讲话，为做好荣昌工作指明了前进方向、注入了强大动力。一年来，区委坚持把贯彻落实习近平总书记视察重庆重要讲话精神作为一项重大的政治任务，从思想上提高站位、政治上高度重视、行动上狠抓落实，推动荣昌经济社会发展在全市第一方阵的位置站得更稳。

第一，学习宣传贯彻习近平总书记视察重庆重要讲话精神情况。用心学进去。迅速全面传达学习，召开区委常委会会议、区委理论学习中心组学习会深入学习研讨，区委常委结合学习体会撰写理论文章11篇。下发通知全面部署学习贯彻工作。把习近平总书记重要讲话精神列入干部培训必修课，举办5期干部培训主体班、29期干部专题培训。1147个基层党组织、3万余名党员完成学习全覆盖、全落实。用情讲出来。组建区委宣讲团、巡回宣讲队，区委常委带头向基层干部群众专题宣讲。开展集中宣讲160场次、受众2万余人次。区属媒体第一时间转载、转播习近平总书记关于重庆相关报道，并开辟专栏集中宣传反响和贯彻落实情况，切实把习近平总书记的亲切关怀和重要指示传递到千家万户。用力做起来。围绕贯彻落实习近平总书记视察重庆重要讲话精神，梳理具体任务，提出23条工作措施，挂图作战推动任务落实、工作见底。

第二，“三大攻坚战”成效明显。精准脱贫成果显著。去年4月16日，习近平总书记在解决“两不愁三保障”突出问题座谈会上的重要讲话为荣昌开展“五个尽锐出战”提供了遵循，超额完成了年度减贫目标。干部尽锐出战。组建12个脱贫村驻村工作队、选派847名产业帮扶指导员，588户贫困户都有1名处级以上领导干部结对帮扶。部门、镇街干部全员出动遍访农户，启动脱贫攻坚自查。政策尽锐出战。出台12条产业扶贫措施，落实到户产业帮扶资金，建立贫困户产业发展指导员制度，确保每户贫困户有稳定产业增收项目。责任尽锐出战。与各镇街党委签订军令状，对未脱贫人口实行“一户一案”。组建3个脱贫攻坚督导组，对重点村实施“挂牌督战”。机制尽锐出战。常态化开展建卡贫困户（脱贫户）走访，实现贫困人口动态监测调整。完善义务教育劝返复学和控辍保学动态监测机制，入学率达100%。纪律尽锐出战。持续加大对扶贫领域的监督检查，2019年，查处扶贫领域腐败和作风问题共37件37人。生态环境明显改善。扎实开展环境治理“雷霆行动”，濑溪河等考核断面水质稳定达到III类标准。城区空气质量优良天数同比增加11天，实现双达标。安全稳定更加有序。迎接中华人民共和国成立70周年安全稳定工作实现“七个坚决防止发生”，得到市委、市政府通报表扬。聚焦83项重大风险，区委常委带头包案，成功化解20项信访积案。纵深推进扫黑除恶专项斗争，“背靠背综合工作法”全市推广。

第三，“三件大事”创新突破。区委常委会坚决落实“从全局谋划一域、以一域服务全局”要求，坚持把“三件大事”作为开放窗口，在内陆开放高地建设中汇聚发展新动能。国家高新区量质齐升。2018年2月，荣昌国家高新区获批。在全国率先倡导建立国家高新区产业联盟，实现产业链互补，走差异化发展之路。目前，荣昌高新区工业总产值659.2亿元，入驻国家高新技术企业72家、市级科技型企业538家，新增市级创新平台8个，科技部评价荣昌高新区“比想象的还要好”。国家生猪大数据中心建设加快推进。2019年2月，李克强总理、胡春华副总理对国家生猪大数据中心作出重要批示，农业农村部正式函复同意建设国家生猪大数据中心，市政府成立工作协调小组全力推进建设，国家生猪大数据运营展示中心启动建设。国家货运机场布局取得重大突破。2020年1月，李克强总理对国家货运机场建设作出重要批示。国务院常务会议明确“推进以货运为主的机场建设”，陈敏尔书记、唐良智市长专门听取汇报、督促工作落实，荣昌货运机场建设写入《中共重庆市委关于立足“四个优势”发挥“三个作用”加快推动成渝地区双城经济圈的决定》（简称《决定》）。当前，国务院发展研究中心完成重庆国际航空货运枢纽专项课题研究，机场选址报告通过专家预评审，开启了项目入规、促建的全新阶段。

第四，经济社会高质量发展。区委常委会坚决落实“稳字当头、积极进取”工作要求，紧紧扭住实体经济不放松。招商引资再创新高。2019年签约项目345个，合同金额1269亿元，落地转化率70.1%，位居全市第一；产值、税收、用电量均增长的企业数量位列全市第一。工业支撑明显增强。新增规模以上工业企业36家，规模以上工业总产值809亿元、增长13.6%。奥福陶瓷在科创板成功上市，华森制药获批国家企业技术中心。“四篇文章”亮点纷呈。做大做强“一头猪”。利用市畜科院、西南大学科研院与相关企业形成上下游产业链关系。做深做新“一匹布”。打造以夏布为特色的服装生产出口基地。做精做美“一把扇”。加大折扇技艺保护和传承人培养，建立折扇制作、创意、体验、展销基地。做优做特“一片陶”。创建荣昌陶国家级文化产业示范园，成功举办2019重庆“一带一路”国际陶瓷论坛，全力争创中国（西部）陶瓷之都。

第五，城乡融合发展迈上新台阶。区委常委会坚持统筹城市提升、乡村振兴“两个工作面”，加大以城带乡、城乡共建力度。国家将荣昌纳入第一批城乡融合发展试验区。乡村振兴步伐稳健。新建“四好农村路”477公里、人行便道1000公里，潼荣高速正式通车；推行“三变”改革+集体经济等模式，新增扶持54个村（社区）发展集体经济，全年收入5000余万元。选派第一书记16人，与清华大学共建“乡村振兴工作站”。统筹资金7亿元整治农村人居环境。城市品质不断提升。建成黄桷树广场现代商业综合体、濑溪河体育文化公园，新增公园绿地18.6万平方米。围绕“四河八岸”打造绿色慢行系统50公里。完成197个三无老旧小区改造和城区9个菜市场改造升级，智能化改造路内临时停车位5636个，成为全市首批5G应用示范区。完成城市公交改革，实施城乡环卫一体化，推进生活垃圾分类管理。

第六，人民生活品质持续提升。区委常委会始终践行以人民为中心的发展思想，不断增强群众的获得感、幸福感、安全感。教育医疗水平不断提升。深化名校建分校、强校带弱校、高初中联合体办学模式。与重医附一院、华西二院等优质三甲医院合作，启动区人民医院创三甲，建成投用新妇幼保健院，加快建设新中医院。社会保障更加有力。发放创业担保贷款1.5亿元，农民就近就地创业就业1.1万人，城镇新增就业2万人。建成市级示范社区养老服务中心1个、社区养老服务站10个。文体旅全面发展。成功举办国际赛事活动15场（次）。新增市级非遗名录6项，建成美丽乡村文化驿站80个，大荣寨社区入选首批全国乡村旅游重点村，安陶小镇、夏布小镇成为首批全市非物质文化遗产特色小镇，古佛山景区建成开放。

*第七，统筹推进疫情防控和经济社会发展。*区委常委会全面落实党中央、国务院和市委、市政府决策部署，严格落实属地责任，统筹推进疫情防控和经济社会发展。出台“三三制”，精准施策、科学防治。扛起防控政治责任，第一时间传达学习重要会议精神、成立领导小组（指挥部）组织指挥，建立每日检查督促调度工作机制。筑牢疫情防控网络体系，做好交通防控、排查防控、医疗防控、宣传防控。做好各项保障，统筹区级财政资金2000万元，组织捐款捐物1260万元。疫情期间14家保供企业储备充足，生活必需品市场价格平稳。截至2020年4月，全区累计确诊9例，均非区内扩散传染病例，全部治愈出院，已连续63天无新增确诊病例、连续64天无新增疑似病例。落实“三员制”，有序推进复工复产。在坚决阻断病毒传播渠道的前提下，及时优化设置交通临时检疫点，严格管理、有序开放小区和村庄。率先出台政策，明确企业发展金融、用工等六个方面支持措施。创新推行区领导“指导员”、部门镇街干部“驻厂员”、医护防疫“督导员”的“三员”制度。截至目前，全区86个重点建设项目、77个建筑项目、97个扶贫项目全部开工或复工；334户规模以上工业企业、238家限上商贸企业全部复工复产，52家规模以上服务业已营业43家。通过招商政策网上推、投资环境视频看、项目洽谈屏对屏、项目合同快递签，成功“云”签约12个重点项目，总投资70.3亿元。2020年一季度，预计规模以上工业增加值增长3.6%；建筑业增加值增长2.5%；固定资产投资增长8.3%。

*第八，全面从严治党纵深推进。*区委常委会认真履行抓党建主体责任，推动全面从严治党向纵深推进。坚持不懈加强政治建设。坚决做到“两个维护”，坚决肃清孙政才恶劣影响和薄熙来、王立军流毒。制定《区委向市委及市级国家机关请示报告重大事项清单》，重大事项、重要工作及时向市委报告。严格执行《关于新形势下党内政治生活的若干准则》。建设政治生态分析评估系统，推进“以案四说”警示教育。扎实开展“不忘初心、牢记使命”主题教育。召开17次区委理论学习中心组（扩大）专题学习会，开展为期6天的研讨读书班。全区各级领导班子开展集中学习研讨527次。区级领导带头实地调查研究300余次，区委常委讲党课55次，形成高质量调研报告35篇。开展“十指连心”大走访、领导干部大接访等活动，区委班子查找出87个具体问题、制定措施216条。“十指连心”六项制度获评“2019年中国民生示范工程”，得到中央党建领导小组肯定。全面配合接受市委巡视。成立以区委书记任组长的配合市委巡视工作领导小组和6个工作组，抽调专人作为固定联络员，全程协调、全程服务、全程保障，为巡视组真实了解情况、高效开展工作创造优良的环境。全力做好巡视“后半篇”文章。巡视期间，坚持边巡视边整改，对市委巡视组提出的问题，第一时间整改到位，第一时间汇报到位，确保条条有着落、件件有回音。市委巡视组向荣昌区反馈意见后，立即成立了以区委书记为组长的整改工作领导小组，两次召开常委会（扩大）会议，专题研究巡视反馈意见整改方案，把市委巡视反馈的4个方面14个问题进一步细化为51项可量化、可检查、可评价的整改措施。目前已整改完成12个，序时推进2个并取得阶段性成效。认真接受市委意识形态专项巡视，对反馈的17个问题，制定整改措施54个，全面完成整改工作。牢牢掌握意识形态领导权。严格落实全市“1+10”、全区“1+12”意识形态制度体系，召开意识形态专题汇报会2次、工作联席会4次。与全区85个党委（党组）签订意识形态工作目标责任书，对8个党委部门、9个单位、4个镇街开展意识形态专项巡察。锻造忠诚干净担当的干部队伍。严格政治标准，选拔233名干部充实领导班子。7名脱贫攻坚第一书记、6名在疫情防控一线表现突出的干部被提拔重用。常态化实施“高素质专业化干部培养计划”，系统性建成13个有地方特色的“棠城研学点”。建设“金宁一院士工作站”，与上海国家会计学院合作共建“中国西部高端财经人才教学实践基地”，持续营造“近悦远来”人才生态。建强基层党组织

战斗堡垒。开展村级班子回访研判和党组织书记“大练兵大比武”，集中整顿22个“村级”软弱涣散基层党组织。5个“党建强村先锋镇”建设取得阶段性成效。开发建设“在村头·村务云”智慧党建平台。统筹推进各领域党的建设，非公有制企业和社会组织党组织组建率分别达99.88%、100%。全面深化党风廉政建设。持续整治“四风”。查处违反中央八项规定精神问题28件42人，查处形式主义、官僚主义问题31件44人。落实“基层减负年”要求，文件、会议、检查考核同比减少31.7%、31%、52.3%。不断巩固发展反腐败斗争压倒性胜利。立案查处违纪违法案件76件，结案74件，处分77人。查处扶贫领域腐败问题29件42人，组织处理28人，党纪政务处分14人。

成绩的取得，根本在于习近平新时代中国特色社会主义思想和习近平总书记视察重庆重要讲话的科学指引，在于以习近平总书记为核心的党中央的坚强领导，在于市委、市政府的关心支持和高度重视，也在于全区广大干部群众的团结拼搏和社会各界的鼎力支持。在这里，我代表区委，向在各条战线上挥洒汗水、创新创业、砥砺奋进的党员干部表示诚挚的问候！向不怕危险、不怕牺牲，冲锋陷阵在疫情阻击战场上的医务工作者、广大党员干部、志愿者致以崇高的敬意！向关心、支持荣昌经济社会发展和疫情防控的各界朋友表示衷心的感谢！

二、关于建设成渝城市群新兴战略支点的成就

中共重庆市荣昌区第十四届二次全会第一次会议提出，打造成渝城市群新兴战略支点。这是站在国家区域协调发展高度，从全局谋划一域、以一域服务全局，就荣昌高质量发展提出的战略目标。3年来的实践证明，这一目标符合中央要求、契合市委部署、结合荣昌实际，凝聚了全区干部群众干事创业的热情、激情、豪情，全区发展成绩、发展态势、发展格局焕然一新。

在此目标引领下，国家高新区创新发展、干得“比想象中好”；国家生猪大数据中心从无到有、建设全面提速；国家货运机场写进《决定》，成为全市贯彻习近平总书记视察重庆重要讲话精神的重要内容。“三件大事”的基本完成，带动了荣昌经济社会持续高质量发展，从重庆西部传统农业县跃升成渝地区新兴工业区，荣昌经济社会发展水平跻身全市第一方阵。

*综合实力大幅提升。*对比2016年，GDP由368亿元增加到652亿元，3年净增284亿元；人均GDP由5.3万元增加到9万元，3年净增3.7万元；GDP始终保持9%以上增长，2019实现增长9.1%，跃居全市第一。

*发展后劲持续增长。*确定主导产业，规模超过670亿元，产业集中度达到78.5%，比2016年增长270亿元，主导产业支撑发展的框架基本构建。落实“抓小不放大”理念，紧紧围绕主导产业建设，招商合同金额由2016年的310亿元增至2019年的1269亿元，成为全市第一。渝瀚科技、华兴玻璃等百亿级、五十亿级项目开工建设，建成后将影响和服务成渝两地，新一轮产业项目建设大幕全面拉开。

*城市品质不断提升。*启动100平方公里、100万人口城市规划。城市第二通道开工、马拉松赛道投用，新建成城市骨干道路22公里，建成区由“三河六岸”拓展至“四河八岸”，迈入快速扩张、融合发展新阶段。建成城市公园3个，在建城市公园2个，城市增绿49.16公顷，成功创建“国家森林城市”。加快城市补短板，黄金坡初高中、区中医院、区委党校等一批城市功能要件加快建设。启动旧城更新，整治“三无”小区197个，推进5个入城口综合治理，延续多年的安置方式得到改变。率先实行“街长制”，完善城市治理网格化，“国家卫生区”“全国文明城区”通过专家验收。

*乡村振兴扎实推进。*实施交通便捷工程，着力打通出行“最先100米”，建成“四好农村公路”1000余公里、人行便道2500余公里。实施产业振兴工程，确定产业体系，特色农产品走出国门，114个村级集体经济实现营收4496万元，成为全市现代农业示范区。实施人才组织工程，整顿软弱涣散基层党组织43个，回引大专及以上学历乡村人才300余人。实施乡村文明工程，成为国家试点“新时代文明实践中心”。实施绿水青山工程，以农村污水为主的面源污染治理初见成效，一批农村人居环境整治村镇成为市级样板。

*“三大攻坚”成效显著。*以五个“尽锐出战”巩固脱贫攻坚成效，三年减贫1019户2564人，贫困发生率下降至0.07%，贫困户危旧房动态清零。开展生态环境治理“雷霆”“铁拳”行动，治理环保突出问题5000余个，濑溪河等考核断面稳定达到Ⅲ类水质标准，空气质量优良天数比2017年增加27

天，得到中央环保巡视组高度肯定。深化扫黑除恶，落实安全理念，持续121个月无群众到市进京集访，118个月未发生较大以上安全事故，群众安全感指数由低于全市平均水平提升至99.3%，列考核组第二位。

民生福祉不断增强。出台“十指连心”制度，开展两次全覆盖走访，收集建议3.8万余条，解决问题3.6万余个。引进民大附中、重医附一院等一大批优质教育医疗资源，人民医院创三甲有序推进。居民人均可支配收入从2016年的21861元增长到2019年的29813元。

回顾3年的实践，荣昌的发展可圈可点、成绩有目共睹。正如陈敏尔书记今年1月13日在全市两会期间参加荣昌代表团审议时指出，荣昌这几年发展思路好、势头好、干劲好、效果好，就是对我们工作的充分肯定和客观评价。以“三件大事”基本办成为标志，成渝城市群新兴战略支点已经搭建，为推动建设成渝地区双城经济圈重要增长极奠定了坚实基础。

三、关于打造成渝地区双城经济圈重要增长极

唱好“双城记”，建好经济圈，是习近平总书记亲自谋划、亲自部署、亲自推动的国家战略。市委五届八次全会决定，立足“四个优势”，发挥“三个作用”，加快推动成渝地区双城经济圈建设。荣昌作为成渝地区合作的“桥头堡”，必须在双城经济圈建设中展示荣昌担当、展现荣昌作为，在成渝城市群支点的基础上，成为经济圈重要的增长极。

从成渝城市群新兴战略支点到成渝地区双城经济圈重要增长极，两者是一以贯之、内在联系的，没有区域支点的基本建成，就不可能在区域中成为增长极；两者是相互支撑、有机促进的，支点是增长极的支撑，增长极要求支点发挥更大的撬动作用；两者是深化拓展、系统提升的，推动支点作用向纵深发展，由点成线、由线及面，全面系统升级支点的支撑功能，带动区域整体功能更大化。

我们必须认识到，打造成渝地区双城经济圈，是习近平总书记在成渝城市群发展规划基础上，着眼全局和长远发展作出的战略部署，是优化国家区域经济布局、打造内陆开放高地、优化对外开放格局、维护国家生态安全的国家战略，是凸显成渝地区战略地位、拓展战略空间、释放战略潜力的重大举措，必将释放“补齐短板、打牢基础”“优化结构、加快升级”“扩大开放、拓展空间”“绿色发展、倒逼转型”新的重大机遇。我们要牢牢把握这一重大战略机遇期，立足合作“桥头堡”，在新兴战略支点的基础上，一手抓实力提升，一手抓周边合作，以高质量发展推进建设成渝地区双城经济圈重要增长极。

建设成渝地区双城经济圈重要增长极，要在成渝城市群新兴战略支点建设成效的基础上，正确处理好“全局与自身”“当前与长远”“市场与政府”“特色与整合”“双核与协调”的关系，下好先手棋、打好主动仗，进一步找到、找准、发挥好比较优势，乘势而上、顺势而为。综合分析，用好以下比较优势，将进一步激发荣昌发展的势能和潜力。

一是重庆向西、成都向东彰显区位条件好。区位条件是相对的，不同历史时期有不同的定义，过去我们是“西大门”，是边缘、边远的代名词。在成渝地区双城经济圈建设条件下，荣昌就是“桥头堡”、黄金联结点，具有与四川周边市县经济相融、山水相连的地缘条件，与四川3个地市、4个县（区）直接接壤，在成渝发展主轴上数量最多，两个国家中心城市、两类丰富资源、两个巨大市场在荣昌交汇，我们建设增长极具有特殊的区位优势。

二是一体化发展战略带来交通潜力好。在成渝发展主轴上，荣昌有西南地区第一条铁路、第一条高速公路、第一条高铁，正在建设渝西川东第一条南北向高速公路，随着国家货运机场的落地建设，将与泸州长江港口、内江干线铁路构建起“公、铁、水、空”多式联运体系，成为国际物流“金三角”。与此同时，为促进一体化发展，将有更多的出境等级公路纳入市级以上统筹，随着川渝交通“毛细血管”的打通，建设增长极我们有独特的交通优势。

三是“三件大事”为主要平台汇集资源好。荣昌有三个国家级平台，有农牧科技资源，有两大科研院校，可以与周边的国家级平台形成优势互补、抱团发展的态势，带来发展资源的几何级增长。从周边合作看，我们牵头建立了渝西川东合作平台，四川的电、四川的气、四川的水、四川的人都可以优先弥补荣昌发展资源的不足，建设增长极我们有难得的资源优势。

四是发展起势后获得的政策红利好。继“三件大事”落地后，荣昌获批国家城乡融合发展试验区，承担的5项试点任务，每一项都内涵丰富。与此同时，荣昌得到国家、市里的更多关注，在国家十四五规划和成渝地区双城经济圈规划中，荣昌多个重大事项特别是共建川渝合作示范区均纳入其中，将为荣昌经济社会发展注入强大动力，建设增长极我们有多层的政策优势。

五是海晏河清的政治生态营造的营商环境好。党的领导全面加强，四大家班子团结共事、步调一致，党员干部敢于担当、善于作为，广大群众锐意进取、创新创业，外来客商安居乐业、加快建设，良好的政治生态转化为了良好的发展状态和精神状态，从深化“只跑一次、只找一人”改革，到出台“企业吹哨、部门报到”，从“营商环境观察员制度”到“收费中介机构”清理规范，荣昌区连续两年获评“营商环境十佳”殊荣，在建设增长极方面我们有鲜明的环境优势。

对荣昌来讲，打造成渝地区双城经济圈重要增长极，就是要充分发挥支点业已形成的支撑作用，结合实际把握难得的历史机遇，从解决总量不大、结构不优，工业基础差、龙头企业少、产业链条短，城市平台小、教育卫生短板等问题着手，明确目标任务、主要抓手、工作保障，精准推动成渝地区双城经济圈战略部署在荣昌落地。

第一，建设重要增长极的目标任务。

为全面贯彻落实习近平总书记亲自赋予成渝地区双城经济圈“两中心两地”战略任务，市委全会系统部署了4个方面、30项工作。在战略任务和重点工作中找准定位，结合荣昌实际，未来一段时间，我们建设重要增长极的目标是：办好“三件大事”，建设“三区一城”，实现“三个引领”。

一是办好“三件大事”。“三件大事”不仅具有支点的支撑作用，也兼具增长极的引领作用，必须保持定力，坚持工业主导，使之成为增长极最鲜明的特征。持续推进国家高新区提质扩容。修编国家高新区规划，推动规划面积沿国道348扩容，到2020年底规划面积达到50平方千米，到2022年底建成面积达到25平方千米。优化国家高新区主导产业规划，按照相对集中、相互配套要求，落实主导产业集群用地指南。集中优势打造5个双百亿、5个一百亿产业集群，围绕集群建设开展精准招商，到2022年形成层次分明的产业集群框架、科技型企业超过650家、高新技术企业突破150家、产值超过1000亿元，成为成渝地区双城经济圈重要的先进制造业基地。持续推进国家生猪大数据中心建设。优化完善国家生猪大数据中心建设体系，突出数字产业化、产业数字化，推动融入国家数字经济创新发展实验区。突出生猪单品种大数据主业，形成生猪全产业链采集、分析、运用体系，到2022年形成以市场为主导，服务政府、服务产业、服务民生的发展格局。围绕大数据中心做强“荣昌猪”品牌，引导生猪生产、销售、文创、科研等领域龙头企业到荣昌建总部、建机构、建平台，到2022年生猪大数据公司争取上市，“全国生猪看荣昌”全面确立，建成影响成渝、辐射全国的现代畜牧聚集地。持续推动国家货运机场各项工作。深化“入规”前期工作，健全以市政府为主导的工作推进机制，力争2020年纳入规划，2021年启动建设，2025建成投用。启动50平方千米临空产业园规划编制，以服务川渝两地为目标，培育飞机维修、飞行培训、航空物流、航空消费品等产业业态。加强与军方沟通协调，联合建设军民融合产业体系和军民科技创新体系，打造影响成渝的军民融合示范区。联合国家货运机场与泸州码头、内江铁路一道打造国际物流金三角，形成成渝对外开放新高地。

二是建设“三区一城”。“三区一城”既是增长极的重要载体，也是一体化的主要特征，必须精准发力，使之成为增长极最深刻的内涵。积极推动成渝一体化发展示范区建设。深化渝西川东各市区县合作，推动各地在基础设施、产业协同、平台建设、国土空间、生态环境、资源要素、公共服务等领域多地合一、多规合一，到2022年形成互联、互通、互补、互促的区域一体化发展格局。健全以年度为节点、项目为抓手的工作推进机制，着力推动信息交流、认证标准、联合联动、行政执法、应急安全、干部人才等相关领域一体化建设，为成渝两地一体化发展探索路径、积累经验。发挥荣昌农牧比较优势，联合泸州、内江、自贡建设农牧业发展示范区，到2022年构建以荣昌猪为主导，科技创新为支撑，生态养殖为主体，市场统一为特征的现代畜牧产业带和畜牧产业集群。做实区域产业联盟，以“飞地”建设推进技术合作、要素合作、招商合作，共同打造东部产业转移承接示范区。积极推进国家城乡融合发展试验区建设。高质量推进5类试点任务，为城乡融合发展探索能复制、可推广的实践路径。抓紧农村集体建设用地入市试点，探索建立集体经营性建设用地收储平台，创新城乡资本、要素双向有序流动机制。抢抓自然空间规划修编机遇，探索全区农村集体经营性建设用地跨镇街调剂，推动农村资源效益最大化。深化“三变”改革，探索农村各类资源资产化、市场化机制。坚持农业本底，探索农业生产全过程市场化服务机制。积极稳妥破除城乡户籍差异，健全农民进城保障体系，探索建立农民财产性、劳务性增收机制。加快融合发展试点，用好马拉松赛道、城郊环境整治提升、中央级农村改革试点，在中心城区15分钟通勤范围内，整合包装一批体育、健康、现代农业专项债券，支持打造集国家公园、国家农业公园、国家非遗公园于一体的城乡融合发展示范带。积极推进全国首个农牧特色国家高新区建设。坚持用工业的办法抓农牧，依托龙头企业深度调整农牧产业结构，发挥“荣昌猪”“荣昌白鹅”引领示范作用，引导种植业向畜牧业配套，建设一批规模适度、智慧管理、种养循环、环保生态的现代养殖基地。注重用工业的装备强农牧，大力发展现代农牧业成套设备、专用设备、成套方案，建设具有区域影响力的农业装备制造高地。突出用现代科技助农牧，打造一批集农牧创新、成果转换、产品展示、加工出口、文创产品于一体的三产融合发展示范基地。强化主导农产品标准体系建设，打造具有全国影响力的农产品质量认证体系，以标准化整合川渝农业生产，抢占现代农业发展高地。积极推进国家畜牧科技城建设。支持重庆市畜牧科学院，提升科技城科研能力，积极争取承接国家重大畜牧科技专项资金，深耕基础研究、生物安全、商业应用等领域，建设成为全国一流科研单位。支持西南大学建设具有全国影响力的万人规模畜牧高校，提升科技城科研教学能力。新创办两所全日制大学，重庆农牧科技学院2020年正式招生。提升科技城辐射能力，推动畜牧科技城纳入西部科学城，继续办好中国畜牧科技论坛，打造具有全国影响力的畜牧科技创新中心。

三是实现“三个引领”。“三个引领”既是工作的目标，也是努力的方向，必须注重持续用力，使之成为增长极最有力的支撑。以产业引领做大经济。要始终把实体经济发展作为首要任务，保证70%以上的要素资源向产业特别是工业集中，促进制造业加快发展。注重产业引领做大规模，突出工业主导地位，为其他产业发展创造空间。注重产业引领做优结构，坚持农业、商业、服务业、房地产业为工业配套、分配资源，更加注重新经济、现代服务业发展。注重产业引领做高质量，聚焦供给侧、大数据、智能化，着眼区域服务、区域影响、区域辐射，推动传统制造业向智能智造转型。注重产业引领做亮特色，紧紧盯住“四篇文章”，提升一头猪、一匹布、一把扇、一片陶产业能级和创新能力，擦亮荣昌产业名片。以交通引领做大枢纽。要始终抓住交通“牛鼻子”，围绕资金、人才、技术、信息聚集功能，推动枢纽型交通体系建设。以国家货运机场为重点，整合周边“公、铁、水、空”交通体系，健全多式联运机制体制，畅通与国际大通道有效连接，构建成渝地区双城经济圈对外开放新平台。要以轨道交通为重点，加快推动市域铁路、客运轻轨在荣昌设站汇集，建设东接主城、西连泸内的城际轨道交通，积极推动公交化运行，打造成渝地区双城经济圈的中部支点枢纽。要以高速公路、出省通道为重点，加快建设连接荣昌主城、长江码头、干线铁路、周边城市的快速路网体系，建设周边市县区“45分钟通勤圈”。以规划引领做大城市。注重规划引领前瞻性。按照“100+50”平方千米城市发展定位，划好城市发展的边界，推动城市沿濑溪河、国道348双轴扩张，为增长极建设提供平台。注重规划引领的同城性，推动广顺、峰高、直升、万灵、荣隆与中心城区实现同城化发展。注重规划引领的融合性，体现产与城、城与乡、城市与自然，发展与环保的辩证关系，打造产城融合、自然生态的山水宜居城市。注重规划引领的强制性，坚守自然生态红线，保障山水林田湖草体系完整，引导城市、乡村绿色发展，实现城乡各美其美、美美与共。

第二，建设重要增长极的主要抓手。

3月25日，陈敏尔书记调研荣昌，提出“基础设施补短板、产业发展做强项、城市建设提品质”的工作要求。这既是建设增长极的内在要求，也是破解当前难题的关键一招。

*一是补齐基础设施短板。*对照增长极要求，积极整合成渝两地各类资源，重点围绕以绕城高速为主的高速路网、以补充水资源不足为主的水利设施、以降低用电用气价格为主的能源管网，策划实施一批重大项目，不断提升增长极建设保障水平。特别注重在深化教育医疗卫生改革，推动教育医疗资源跨区域、跨镇街融合，农牧特色专科以上教育体系

建设，紧缺医疗教育人才引进上下功夫，人民医院、中医院创建三甲医院，不断提升增长极建设的辐射能力。坚决补齐环境保护短板，优化城市功能布局，多措并举控制城市涉气涉水污染，提升城市环境监测监控能力，加强镇街二三级管网建设，建立健全绿色生产、生活方式，不断提升增长极建设的绿色生态水平。

二是注重产业发展做强项。做强主导产业强项。提升主导产业科技创新能力，围绕集群建设布局科技链、创新链、资金链，依托龙头企业建设一批主导产业科技创新平台和国家级重点实验室，鼓励企业建立区域技术同盟，协同开展基础创新和科技成果转化，重点突破基药生产、电子电路、陶瓷应用等关键核心技术。做优传统产业强项。按照块状经济要求，更加重视传统优势产业转型发展和转型再升级，推动与现代工艺、文化创意、“互联网+”深入融合，推动传统产业焕发活力。做活文旅商贸强项。发挥非遗文化、体育赛事、乡村旅游比较优势，着力打造中国西部陶瓷之都、非遗体验之城、运动健康之城、美食休闲之城，健全周末游、体验游、运动游政策支撑体系，以文旅带动商贸协同发展。

三是注重城市建设提品质。积极推动城区扩容，注重旧城区、新城区、高新区、拓展区有机融合，加快形成结构科学、集约高效、功能互补的城市空间格局。加强城市设计，强化规划刚性约束，在城市扩容中保留自然山水系统，建设风光旖旎的美丽城市。持续深化旧城更新、城中村改造、安置房提升、城乡接合部整治，提升城区及周边绿化水平。深化“街长制”网格化管理，提速城市智慧中心建设，提高各类小区物业管理和群众自治水平，确保“新三创”按期创建成功。

第三，建设成重要增长极的保障措施。

1月13日，全市“两会”期间，陈敏尔书记参加荣昌代表团审议，这是直辖以来，市委书记首次参加荣昌代表团审议。陈敏尔书记对荣昌提出了“五个提升”的工作要求，这既是荣昌立足长远需要修炼的基本功，更是建设成渝地区双城经济圈重要增长极的保障措施。

一是提升战略认知水平。提高政治站位。深化认识建设成渝地区双城经济圈的战略意义，紧紧围绕“两中心两地”的战略目标，牢固树立一体化发展的战略思维，在双城经济圈发展的大格局中去找准定位、抓住机遇、发挥优势、主动作为。建立健全工作机制。完善党政联席会议制度，高位推动重大规划、政策、改革、项目等全局性的重大合作事项；完善常务副市（区）长协商会商机制，定期研究解决、督促落实合作事项。抽调专人组建联合办公室，负责日常工作事务；成立专项工作组，及时协调解决具体合作项目遇到的问题和困难。深化体制改革。探索经济区与行政区适度分离，与毗邻地区建立互利共赢的税收分成机制、平台互用机制、政策共享机制，为川渝合作改革探索路子、贡献经验。

二是提升科学规划水平。习近平总书记指出，规划科学是最大的效益，规划失误是最大的浪费，规划折腾是最大的忌讳。要了解上情。目前，国家、市发展改革委正在编制国家、全市“十四五”规划以及成渝地区双城经济圈建设规划、重庆主城都市区规划。要积极主动对接国家和全市规划，争取重大项目、重点产业、重要资源规划布局到荣昌，提升荣昌发展潜能。要掌握周情。对毗邻地区各项规划要心中有数，对毗邻地区的优势和不足要了如指掌。要协同毗邻地区，结合实际，做好荣昌的发展规划、国土空间规划、产业规划、基础设施规划等各项规划，推动荣昌与毗邻地区深度融合发展。要摸清下情。要统筹考虑城市重大基础设施、公共服务设施对城市扩容的带动作用，科学布局道路、学校、医院、公园等节点及选址。要推动国土空间规划布局试点，按照县城标准规划吴家、盘龙。要明确中心城区与其他镇街的城镇功能定位，中心城区以工业、商贸为主，其他镇街以乡村振兴为主，支持其他镇立足自身优势发挥连接城乡、联动周边的纽带作用。要结合各镇街地理位置、发展优势，围绕全区大规划，指导各镇街编制好小规划，构建起一个桥头堡带动小碉堡协调发展，推动“桥头堡”更加凸显的发展格局。

三是提升产业发展水平。习近平总书记指出，要根据各地区的条件，推动形成优势互补高质量发展的区域经济布局，发挥优势提升产业基础能力和产业链水平。要推动产业协同发展。抢占川渝合作先手，在产业发展上，充分发挥比较优势，推动与毗邻地区形成错位发展、优势互补。深化“荣永泸内”高新区产业联盟合作，共同争取成渝两地装备制造、电子信息、生物制药等重大产业布局。要推动产业集群发展。以重大基础设施建设为带动，完善板桥组团、广富组团、荣隆组团产业发展空间指引，加快各组团之间、周边高新区之间产业配套、物流运输、技术交流一体化进程，为主导产业集群发展奠定平台基础。要推进产业融合发展。探索适度规模农业市场化服务，以主导产业、优势产业为基础，突出以城带乡、以产促乡，大力发展农牧装备制造、乡村休闲旅游、生态康养产业，促进现代农业降本增效，推动农牧业一二三产融合发展。

四是提升互联互通水平。习近平总书记指出：推进区域联动发展，要以区域基础设施一体化和大气污染联防联控作为优先领域，努力实现优势互补、良性互动、共赢发展。要着力破除居中不通。积极争取“四横两纵一环一支线”铁路大通道、“一环十射两联络”高速公路网络纳入国家、重庆市及成渝地区双城经济圈相关规划。加快建设成渝高速公路、成渝铁路荣昌段扩能改造，建成大内高速、荣昌绕城高速，开工建设荣昌货运机场高速公路、荣自高速、九永高速延伸至荣昌。要强化环境污染联防联控。建立跨界流域水质保护联防联控机制，明确水质控制目标，实行河流水质、项目审批、规划实施等方面的信息通报制度。建立污染联防联治机制，推进环境监测网络一体化建设，统一环保执法标准，提升突发环境事件应急区域联动水平。要推进公共服务共建共享。支持学校合作办学，实施学区办学、集团化办学，全力办好对得起人民的教育。支持医院组建医联体，开展合作办医，实现医保互报。构建相互衔接的社会保障体系，推动与毗邻地区实现政策沟通、系统联通、数据融通、服务畅通。推动巴蜀文化融合，积极融入巴蜀文化旅游走廊。建立金融信用、商事信用互认制度，共同支持实体经济发展。

五是提升领导干部推动发展的水平。习近平总书记指出，提高领导干部推动科学发展的能力，是当前干部队伍建设的一项根本任务。建设一支“敢担当”干部队伍。全面压实管党治党主体责任，保持韧劲做好巡视整改“后半篇”文章，全面彻底干净肃清孙政才恶劣影响和薄熙来、王立军流毒，把良好的政治生态转化成为良好的发展状态和良好的精神状态。要开展“制度执行年”活动，提升干部执行水平，建设一支“会担当”干部队伍。要强化制度意识，维护制度权威，做制度执行的表率，以“制度执行年”活动为指引，着力破除“八九不离十”“差不多”思想，切实将制度优势转化为治理效能。要更大力度推进高素质人才队伍建设，提升干部创业水平，建设一支“能担当”干部队伍。要不拘一格用人才，探索与毗邻地区开展干部互派互挂，实现人才互认互用。整合毗邻地区各类培训机构和资源，深入开展高素质专业化干部培训班，为荣昌实现高质量发展提供强有力的干部人才支撑。

第四，加强党的领导。

切实加强党的领导和党的建设。习近平总书记指出，必须坚持党对一切工作的领导，不断加强和改善党的领导。建设成渝地区双城经济圈重要增长极对我们管党治党水平、领导班子和党员队伍建设水平提出了新的考验。

一是加强党的政治建设。贯彻落实总书记关于推动成渝地区双城经济圈的重大战略部署，建设成渝地区双城经济圈重要增长极，是荣昌区当前和今后一个时期的重要政治任务。要把建设成渝地区双城经济圈重要增长极工作任务落实情况作为检验“四个意识”“四个自信”强不强，“两个维护”实不实的“试金石”，作为兑现“三个确保”的“承诺书”，作为巩固主题教育成果的“历练场”。

二是强化组织保障。成立成渝地区双城经济圈重要增长极建设领导小组，在区委常委会领导下开展工作，建立起统一指挥、分级负责、强化落实、运转高效的组织指挥体系。明确任务清单和工作台账，制定时间表和路线图，清单化、项目化推进，以钉钉子精神抓好工作落实，以硬碰硬精神抓好督查考核。完善正向激励和容错纠错体制机制，进一步激励干部担当作为，推动各项任务落地见效。夯实基层党组织基础，发挥好基层党组织战斗堡垒作用，凝聚起全区党员干部的强大合力。

三是巩固作风建设。要坚决贯彻落实中央关于“基层减负”的要求，大力整治形式主义、官僚主义突出问题，重点整治在贯彻落实中“表态多、调门高”“行动少、落实差”“假作为、乱作为”等突出问题。要保持高压态势，紧盯重大工程、重点领域、关键岗位，强化监管，整治不正之风，将正风肃纪反腐倡廉引向深入。要强化日常监督、作风监督、联动监督，深化拓展“以案四说”，加大点名道姓通报曝光力度，以“不敢腐”的震慑，倒逼“不能腐”的机制，构建“不想腐”的自觉。

同志们，让我们更加紧密地团结在以习近平同志为核心的党中央周围，按照中央的决策部署和市委的工作安排，不忘初心、牢记使命，以“咬定青山不放松”的韧劲、“不破楼兰终不还”的拼劲，说了算、定了干、马上办，为建设成渝地区双城经济圈重要增长极努力奋斗！

政府工作报告

——在重庆市荣昌区第十七届人民代表大会第六次会议上

（2021年1月13日）

重庆市荣昌区人民政府区长　高洪波

各位代表：

现在，我代表区人民政府向大会报告工作，请予审议，并请各位政协委员和其他列席人员提出意见。

一、“十三五”发展成就及2020年工作回顾

“十三五”时期是荣昌区发展进程中极不平凡的五年，也是发生翻天覆地变化的五年。我们坚持以习近平新时代中国特色社会主义思想为指导，在市委、市政府和区委正确领导下，在区人大、区政协监督支持下，持续打好三大攻坚战，统筹推进稳增长、促改革、调结构、惠民生、防风险、保稳定工作，各项事业从单项先进迈向整体先进，经济社会发展速度和质量跻身全市第一方阵，两次被国务院表彰为“落实有关重大政策措施真抓实干成效明显地方”，全面建成小康社会胜利在望。

“十三五”时期，是我们践行“两个维护”，政治站位得到大提升的五年。坚持党的集中统一领导，增强“四个意识”、坚定“四个自信”、做到“两个维护”。全面落实党中央决策部署，始终牢记习近平总书记殷殷嘱托，坚持从总书记讲话中找方向、找目标、找定位。坚决肃清孙政才恶劣影响和薄熙来、王立军流毒，持续巩固海晏河清的政治生态。“两学一做”学习教育、“不忘初心、牢记使命”主题教育成果丰硕，党建深化年、干部实干年、质量提升年、制度执行年扎实开展，“十指连心”密切联系群众六项制度常态化实施。市委、市政府多次肯定荣昌发展思路好、工作干劲好、发展势头好、发展效果好。

“十三五”时期，是我们服务国家战略，改革开放形成大格局的五年。坚持从全局谋划一域、以一域服务全局，成为重庆主城都市新区，担当成渝地区双城经济圈“桥头堡”，实现“成渝城市群新兴战略支点”向“成渝地区双城经济圈重要增长极”的战略提升。成功创建全国首个农牧特色国家高新区，国家级生猪大数据中心落地建设，规划建设荣昌货运机场写入市委全会《决定》。成渝客专开启“高铁经济”时代，潼荣高速打通南北大动脉。“泸内荣永”国家高新区产业联盟正式成立，国际物流“金三角”加快共建，荣昌无水港、候机厅、海关点正式运行。西部陆海新通道荣昌货运班列成功开行。入选全国金融服务综合改革试点城市、国家外贸转型升级基地。

“十三五”时期，是我们推动高质量发展，综合实力成功大跨越的五年。坚持发展第一要务、创新第一动力，加快质量变革、效率变革、动力变革，荣膺“最具增长潜力的新兴城市”。经济实力大幅提升，地区生产总值达到709.8亿元，增速跃至全市第一；人均地区生产总值近10万元；一般公共预算收入累计完成137.7亿元，较“十二五”时期增收35.3亿元；市场主体6.8万户，是2015年的1.73倍。创新发展水平大幅提升，研发投入强度达到2.2%，荣获国家科技进步二等奖2项，国家高新技术企业达到103家、是“十二五”末的8倍。产业聚集力大幅提升，招商总额2982亿元，是“十二五”的5倍，一批百亿级、十亿级重大项目入驻建设。

“十三五”时期，是我们全面转型升级，经济结构加速大调整的五年。持续深化供给侧结构性改革，坚定不移发展壮大实体经济，从重庆西部传统农业县跃升为成渝地区新兴工业区，入选全国首批产业转型升级示范区，荣获中国西部陶瓷之都、重庆电子电路产业园等称号。三次产业结构比优化为9.1∶54∶36.9，工业对经济增长贡献率超过50%。固定资产投资年均增长11.9%，工业固投占比年均超过50%，每年实施工业项目100个以上，工业总产值突破900亿元。高技术制造业、战略性新兴制造业产值年均增长21.3%、26%，数字经济增加值达到21亿元。华森制药在深交所成功上市，昌元化工成为全市首个国家制造业单项冠军示范企业，唯美陶瓷建成全球一流生产线。

“十三五”时期，是我们注重协调发展，城乡面貌实现大变样的五年。获批国家城乡融合发展试验区。入选首批中国特色农产品优势区、全国农村创新创业典型区、国家数字乡村试点区，荣昌猪上榜全国优势特色产业集群。建成“四好农村路”1572公里、人行便道2850公里，荣获“中国十大民生决策奖”。黄金坡新区“两横三纵”道路骨架全面构建，城市建成区拓展至“四河八岸”，达到42平方公里。八景园、百竹园、人大文化生态园等一批高品质公园落成开放。农村人居环境整治全面推进，棚户区、老旧小区、城乡接合部“焕然一新”。

“十三五”时期，是我们坚持绿色发展，生态环境持续大改善的五年。学好用好“两山论”、走深走实“两化路”，扎实开展环境治理“雷霆”“铁拳”行动，污染防治从“治标”转向“治本”，濑溪河、清流河、马鞍河、渔箭河水质稳定达标，空气优良天数达到293天。在全市率先推行河长制并成为全国典型。关闭淘汰煤矿、砖厂等落后产能111家，单位地区生产总值能耗降低16%。濑溪河获评国家湿地公园，荣峰河入选全国“最美家乡河”，森林覆盖率较“十二五”末提高6.7个百分点，城市建成区绿化率达到44.4%，成功创建国家森林城市。

“十三五”时期，是我们坚持人民至上，社会事业迈上大台阶的五年。做到“五个尽锐出战”，压茬推进脱贫攻坚百日大会战、清仓见底大行动、收官大决战，高质量通过国家脱贫攻坚普查、国务院第三方建档立卡数据质量专项评估，8806户28433名农村贫困人口全部脱贫。投入93.5亿元办好106件民生实事。黄金坡初高中、区人民医院和区中医院迁建顺利推进，区妇幼保健院整体搬迁，成功创建国家卫生区、国家义务教育发展基本均衡区。推动文旅融合发展，三大非遗走出国门。防范化解重大风险成效突出，扫黑除恶专项斗争获得中央督导组通报表扬，安全稳定态势持续向好。建设新时代文明实践中心成为国家级试点，涌现出全国道德模范徐前凯、全国劳动模范郭平等一批先进人物。

“十三五”时期，是我们加强自身建设，政府职能得到大转变的五年。坚持把提高执行力作为政府工作的生命线，把抓落实作为开展工作的主要方式。“放管服”改革持续深化，做到“企业吹哨、部门报到”，连续两年获评“中国营商环境十佳示范城市”“中国营商环境十佳高新区”。法治政府建设深入推进，高质量办好人大议案建议1224件、政协提案1107件。坚决抓好市委巡视反馈意见整改，严格执行中央八项规定精神，扎实推进“基层减负”，政府系统党风廉政建设和反腐败工作不断深入。

过去五年，国防动员和后备力量建设稳步推进，双拥工作和军民共建深入开展，民族宗教、机关事务、统计、审计、外事、档案、保密、修志、物价、气象、人防、消防等工作取得新成绩，工会、妇女、儿童、青年、残疾人、科协、老龄、计生协、红十字、文联、社科联、侨务、对台和关心下一代等事业实现新进步。

各位代表，刚刚过去的2020年，我们抢抓成渝地区双城经济圈建设重大机遇，统筹疫情防控和经济社会发展，在大战大考中践行初心使命，在攻坚克难中展现担当作为，扎实做好“六稳”工作，全面落实“六保”任务，实现“十三五”圆满收官。

（一）疫情防控取得重大战略成果。从严从紧从快织密防控网络，坚持疑似从有、一例一案，半个月实现新增确诊病例“归零”，一个半月实现确诊病例、住院病例“双清零”，9例均为输入型病例，无一起区内扩散疫情。创新推行“三三制”精准防控，建立“三员制”助力企业快速复工复产，在全市率先实现经济“由负转正”。毫不松懈抓好常态化疫情防控，严格落实外防输入、内防反弹措施，坚持人、物同防，扎实做好秋冬季防控工作。

（二）推动双城经济圈建设积极有为。33项涉及荣昌重大事项写入《成渝地区双城经济圈建设规划纲要》，4个荣昌重大项目纳入川渝共同实施。与泸州、内江、自贡、资阳签订一体化发展协议，大内高速有序推进，南环线高速开工建设，荣昌省际公交正式开行，市畜科院自贡、内江分院授牌成立。荣昌高新区获批国家级科技资源支撑型特色载体，工业集中度达到78.5%。国家畜牧科技城总体方案通过院士专家论证，国家生猪技术创新中心通过科技部部长办公会审定，国家级生猪大数据中心在四川等地建成5个分中心。国家城乡融合发展试验区7项改革任务扎实推进。

（三）现代产业体系不断完善。10名区领导分别担任消费品（食品、医药、陶瓷、服饰）、智能装备、电子信息、大数据区块链、新材料、运动健康和农牧高新产业链链长。每季度分别举办一次集中签约、集中开工活动，新引进项目191个，合同金额510亿元。新增规模以上工业企业35家、专精特新企业6家、隐形冠军企业1家。出台《加快服务业高质量发展政策措施》，汽车消费节、美食消费季、体育消费季、文旅推介“双晒”等活动蓬勃开展，入选全国首批、全市唯一体育消费试点城市。

（四）重点领域改革持续深入。开展营商环境大清理大整治大提升专项行动，营商环境观察员制度获评全市十佳范例。减税降费和减免社保费15.8亿元，降低要素成本5080万元。全程网办事项达到85%。出台国企转型做实改革计划等制度8项，新增融资利率下降1.31个百分点、节约近1.2亿元，置换高成本存量债务节约2亿元。政府综合债务风险等级由“橙”转“黄”。政府投资审计审减1800万元。争取政府债券25.8亿元、抗疫特别国债2.3亿元、中央预算内投资2.4亿元。推出抗疫贷、复工贷、生猪活体贷，建立15亿元科技成果转化投资基金。

（五）乡村振兴扎实推进。农村危房改造获得国务院通报表扬。成功举办第九届中国畜牧科技论坛、乡村复兴论坛·荣昌峰会。获批全市农产品出口示范基地、市级农产品加工示范园区。琪金、温氏、天兆、日泉等项目加快建设，生猪出栏52.8万头。全面消除“空壳村”，村级集体经济经营性收入超过7000万元。完成卫生改厕3万户，打造“新风小院”113个，新增市级美丽乡村30个。村规编制实现“全覆盖”，村规入库率全市第一。

（六）城市更新成效明显。投资5亿元，实施321个老旧小区改造，完成城区5个出入口综合整治。加快建设智慧城市，建成5G基站694个、进度全市第一，数字化城管覆盖率超过95%。改造普通干线公路163公里，升级改造人行道20万平方米、道桥护栏15公里。如期完成金联矸砖厂片区生态环境综合整治。安陶小镇入选全国精品特色小镇典型案例。

（七）民生福祉更加殷实。建成投用渝西首个人力资源服务产业园，落实稳岗补贴1902万元、稳岗3.5万个，发放创业担保贷款1.8亿元，城镇新增就业1.3万人。获批全市陶艺技能鉴定中心，荣昌手工夏布织造技艺成为全国规范。征收社保基金7.4亿元，发放社会救助金2.8亿元、残疾人两项补贴5076万元。投资40多亿元，建设医院、学校等一批民生工程，区内就诊率达到90.3%，新增公办幼儿园学位1650个。推进社区居家养老服务全覆盖，新建养老服务中心9个、养老服务站18个。

（八）社会治理水平不断提升。入选全市首批市域社会治理现代化试点区。一站式便民纠纷化解得到最高人民法院调研组充分肯定。“9·8”非法捕捞水产品专案获评公安部十大典型案例。安全生产专项整治三年行动、信访积案“清仓见底”专项行动扎实开展。喻茂坚纪念馆被命名为全市首批法治宣传教育基地。广顺高瓷村顺利通过“全国民主法治示范村”复评。万灵镇、安富通安村获评市级乡村治理示范镇、示范村。“小院讲堂”工作荣获中央宣传部表彰。第七次全国人口普查高质高效推进。

各位代表，事非经过不知难。“十三五”取得的成绩来之不易，这是以习近平同志为核心的党中央坚强领导的结果，是习近平新时代中国特色社会主义思想科学指引的结果，是市委、市政府和区委正确领导的结果，是区人大、区政协监督支持的结果，是历届老领导、老同志关心帮助的结果，更是广大干部群众共同奋斗的结果。在此，我代表区人民政府，向各位人大代表、政协委员，向各民主党派、工商联、人民团体，向所有关心支持荣昌发展的各级领导、各界人士，表示衷心的感谢和崇高的敬意！

各位代表，回首“十三五”奋斗历程，我们更加深切感受到：党有核心才能万众一心。有习近平总书记作为党中央的核心、全党的核心，一切行动听党中央指挥、向总书记看齐，工作就有底气，发展就有希望，事业就能顺利。我们更加深切体会到：胸怀大局才能开创新局。对国之大者心中有数，主动服务国家战略，“跳出荣昌看荣昌”，找准荣昌发展的契合点，才能以一域之光为全局添彩。我们更加深切认识到：人民至上才能乘势而上。坚持以人民为中心，始终把人民利益放在最高位置，充分发动群众、紧紧依靠群众，就能汇聚攻坚克难、加快发展的磅礴力量。我们更加深切领悟到：风正劲足才能信心十足。风清气正的政治生态是改革发展目标顺利实现的重要保障，必须把良好的政治生态转化为良好的发展状态和精神状态。

我们也清醒地看到，荣昌发展质量和效益还不够高：一是产业能级不强、链条不完善，科技创新支撑能力偏弱，战略性新兴产业和数字经济薄弱；二是基础设施有短板，交通、水利等重大设施相对不足，内畅外联水平不高；三是城乡发展不平衡，城市综合承载力还不够强，农村发展活力释放不足；四是生态环保压力较大，教育、医疗、养老、文化等优质资源聚集不足；五是政府治理效能还需提升，有的干部思想不够解放，主动担当作为不够。对此，我们一定高度重视，采取有效措施，认真加以解决。

二、“十四五”时期主要目标任务和二〇三五年远景目标

“十四五”时期是我国开启全面建设社会主义现代化国家新征程的第一个五年，也是荣昌推动高质量发展、创造高品质生活的关键五年。当前和今后一个时期，我国发展仍然处于重要战略机遇期。当下，世纪疫情和百年变局交织，党中央作出构建新发展格局重大决策，国家应对疫情冲击、恢复经济发展出台一系列支持政策。特别是《成渝地区双城经济圈建设规划纲要》要求提升荣昌特色化功能，建设与成都相向发展的“桥头堡”，荣昌迎来诸多政策利好、投资利好、项目利好。我们要抓住机遇、乘势而上，奋力谱写“十四五”荣昌高质量发展新篇章。

“十四五”时期荣昌区经济社会发展的指导思想：高举中国特色社会主义伟大旗帜，深入贯彻党的十九大和十九届二中、三中、四中、五中全会精神，坚持以马克思列宁主义、毛泽东思想、邓小平理论、“三个代表”重要思想、科学发展观、习近平新时代中国特色社会主义思想为指导，全面贯彻党的基本理论、基本路线、基本方略，统筹推进“五位一体”总体布局，协调推进“四个全面”战略布局，全面落实习近平总书记对重庆提出的营造良好政治生态，坚持“两点”定位、“两地”“两高”目标，发挥“三个作用”和推动成渝地区双城经济圈建设等重要指示要求，准确把握新发展阶段，坚定贯彻新发展理念，积极融入新发展格局，坚持稳中求进工作总基调，扎实做好“六稳”工作、全面落实“六保”任务，以推动高质量发展为主题，以深化供给侧结构性改革为主线，以改革创新为根本动力，以满足人民日益增长的美好生活需要为根本目的，统筹发展和安全，加快建设现代化经济体系，推进治理体系和治理能力现代化，实现经济行稳致远、社会安定和谐，确保社会主义现代化建设新征程开好局、起好步。

“十四五”时期荣昌区经济社会发展的主要目标：以建成高质量发展高品质生活新范例为统领，在持续推进国家高新区、国家级生猪大数据中心、荣昌货运机场“三件大事”的基础上，建好国家畜牧科技城、国家城乡融合发展西部样板区、川南渝西融合发展先行区，着力打造创新发展新平台、产业经济新高地、开放融合新格局、绿色宜居新家园，全面建设成渝地区双城经济圈重要增长极。

*创新发展新平台实现重大突破。*以大数据智能化为引领，以国家畜牧科技城为平台，促使创新驱动深入推进，科技资源加快汇聚，科研成果转化水平明显提升，研发投入强度达到2.5%，初步形成具有国际影响力的畜牧科技中心、具有国内影响力的陶瓷创新中心、具有西部影响力的电子电路研发中心。

*产业经济新高地取得重大进展。*围绕“6+1”现代产业体系，形成一个千亿级产业集群、数个百亿级支柱产业、一批十亿级龙头企业。一头猪、一片陶、一匹布、一把扇“四篇文章”特色经济加快转型升级，生猪产业数字经济在全国形成示范。荣昌高新区跻身国家高新区百强行列，全区地区生产总值年均增长7.5%，经济发展稳居全市前列。

*开放融合新格局展现更大作为。*市场化、法治化、国际化营商环境更加优化，现代化多层次交通网络初步建成，融入“一带一路”、长江经济带、西部陆海新通道更加顺畅。高水平建好川南渝西融合发展先行区，深度融入双城经济圈建设和“一区两群”协调发展，开放平台影响力更大、竞争力更强。

*绿色宜居新家园变得更加美丽。*生态安全格局

基本形成，濑溪河、清流河生态屏障更加巩固。建设国家城乡融合发展西部样板区，公共服务更加优质均衡，脱贫攻坚成果更加巩固，乡村振兴战略全面推进，社会治理水平明显提高，“一城多星”城市格局基本形成，中心城区达到60平方公里、60万人口。

展望二〇三五年，荣昌区将与全国一道基本实现社会主义现代化。到那时，荣昌区经济实力大幅提升，基本建成科技强区、工业强区、文化强区、教育强区、人才强区、体育强区和健康荣昌，建成100平方公里、100万人口以上的现代化城市。

“十四五”期间，我们将重点推进十个方面的工作。

（一）实施创新驱动发展战略，打造创新发展新平台。把科技创新放在首位，强化科技战略支撑，建设具有国际、国内影响力的特色科技强区。建设国家畜牧科技城。做强国家级生猪大数据中心，助推国家数字经济创新发展试验区建设。建设国家生猪技术创新中心、畜禽种业创新中心，开展“卡脖子”技术攻关，提升华系种猪竞争力。支持市畜科院建设“国内一流、国际知名”畜牧科研强院，支持西南大学荣昌校区建设畜牧特色多学科、多学院，万人以上规模的双一流高校特色校区。引进培育特色高等院校和科研院所。争取中国科学院等在荣布局科研平台，设立中国农科院西部兽医研究所。推动荣昌高新区提质扩容，建设国家畜牧人才培训基地、成渝地区农牧高新技术一体化交易市场。提升企业创新能力。构建以企业为主体、市场为导向、政产学研深度融合的创新体系，建设重要高新技术产业基地。加强共性技术平台建设，支持企业组建创新联合体。健全初创型企业培育机制，实施科技型企业成长工程。“十四五”末市级以上创新平台超过80家，国家高新技术企业300家以上、市级科技型企业1000家以上，专利总量1500件以上。建设人才强区。完善人才发展和科技创新体制机制，实施“棠城英才”“棠城工匠”品牌提升、行业领军人才引进、产业人才攻坚三大行动，加强院士专家工作站、博士后科研工作站、海智工作站、荣昌智库建设。健全科技成果转化投融资体系，建设“科创中国”创新枢纽城市。“十四五”末专业技术人才、职业技能人才分别达到4.3万人、13万人。

（二）围绕“6+1”产业体系，构建现代产业经济新高地。推进产业基础高级化、产业链现代化，增强产业链供应链自主可控能力，建设产业升级引领区、先进制造业和现代服务业融合发展先行区。推进制造业高质量发展。实施产业基础再造工程，扩大制造业设备更新和技术改造投资，加快推动企业“上云上规模以上市”。以荣昌高新区为主战场，在双河、吴家、盘龙、河包、仁义等镇（街）集中打造一批中小企业集聚区。“十四五”末工业总产值突破2000亿元，形成以食品、医药、陶瓷、服饰为主的千亿级消费品工业集群，新材料、智能装备、电子信息、农牧高新产业产值分别达到200亿元、450亿元、100亿元、300亿元，战略性新兴产业规模达到700亿元，培育50亿级企业1家、10亿级企业15家以上，新增上市企业1家以上。推动现代服务业做大做强。推动生产性服务业向专业化和价值链高端延伸、生活性服务业向高品质和多样化升级。以大健康、文体旅消费为重点，加强公益性、基础性服务业供给。健全多功能检验检测服务体系，建立产业引导基金体系。推进川南渝西综合物流园、农畜产品冷链配送基地等物流体系建设，打造成渝腹心物流枢纽节点。搭建基于区块链的猪肉溯源平台，打造畜牧科技服务业集聚区。“十四五”末服务业增加值比重超过40%。提高农业发展质量效益。保障粮食安全，坚决遏制耕地“非农化”、防止“非粮化”。争创国家现代农业（种业）产业园，打造黄桷滩现代农业产业园、三奇湖优质粮油产业园等一批市区级农业产业园。构建以粮油为基础，生猪为主导，荣昌血橙、河包粉条、夏布、笋竹为优势，白鹅、肉兔、茶叶等为特色的农业产业体系。建设国家优质商品猪战略保障基地和育种供种高地、西部特色农产品加工产业园。“十四五”末农产品加工产值达到430亿元。推动数字经济快速发展。推进数字产业化、产业数字化，布局完善新一代信息基础设施，打造全市工业互联网示范基地。加快数字社会、数字政府、智慧荣昌建设，挖掘数据资源政用、商用、民用价值。培育大数据区块链产业。“十四五”末数字经济增加值比重达到10%。

（三）积极参与国内国际双循环，形成开放融合新格局。坚持扩大内需战略基点，扭住供给侧结构性改革这条主线，注重需求侧管理，以创新驱动、高质量供给引领和创造新需求。全面促进消费。深入推进消费升级行动计划，建设多元化现代消费型城市。大力发展平台经济、共享经济、夜间经济、首店经济、假日经济等消费新业态。打造乡村旅游消费目的地。建设巴蜀非遗文化产业园、巴蜀特色消费城市、国家体育消费试点城市。“十四五”末社会消费品零售总额突破350亿元。积极扩大有效投资。发挥投资对优化供给结构的关键作用，提高投资精准度和有效性。以“两新一重”建设、战略性新兴产业发展、基础设施和公共服务补短板为重点，强化项目储备建设，让更多基础设施投资形成优质资产、产业投资形成实体企业、民生投资形成消费潜力。畅通对外开放大通道。围绕“四向通道”建设，推动构建“四横三纵一环一支”铁路网、“一环十射一联络”高速公路网、“横跨东西，纵贯南北”快速路通道。积极推进荣昌货运机场建设。做实荣昌内陆无水港，畅通与天府机场、内江铁路枢纽、泸州港的衔接。规划建设临空产业园、综合保税区、保税物流中心。提高开放型经济发展质量。以数据、金融、运输、人才开放为重点，推进贸易和投资自由化便利化，培育特色出口产业示范集群。“十四五”末进出口总值达到23亿元，年实际利用外资1亿美元。

（四）强化区域协作，深入推动成渝地区双城经济圈建设。树牢一盘棋思想和一体化发展理念，当好“桥头堡”“主战场”，建设川南渝西融合发展先行区。共建现代基础设施网络。建成东接主城、西连泸内的城际轨道交通网络，加快渝荣自、泸大汉等铁路入规建设，提速推进成渝高速公路、成渝铁路扩能改造，推动市域铁路、城市轨道、城市干道在荣昌设站汇集，促成开行联通重庆中心城区的公交化列车，形成周边市区县“45分钟通勤圈”。推进渝西水资源配置、长征渠引水、濑溪河灌区续建配套等工程建设。加强产业发展协同协作。发挥国家高新区产业联盟作用，设立区域产业协同发展投资基金。创新“飞地经济”等建园方式，推动建设“双昌”产业经济带，协作建设承接产业转移创新发展示范区。打造国家级荣昌猪优势特色产业集群、名优茶产业带、血橙出口示范带、稻渔综合种养示范带，协同共建成渝现代高效特色农业示范区、现代农业高新技术产业示范区、川渝农牧业协同发展示范区。强化生态环保联建联治。联合毗邻市区县开展生态保护与修复，完善水污染协同治理机制，濑溪河、清流河、马鞍河、渔箭河等跨界河流稳定达到Ⅲ类水质标准。强化区域大气污染联防联控。推动公共服务便利共享。完善集团化办学体制机制，引进更多优质教育资源落户荣昌，打造成渝双城（荣昌）国际教育小镇。推进区内医疗机构与成渝地区知名三甲医院合作，建设川南渝西妇女儿童医疗保健中心。推动川渝两地就医直接结算、人力社保信息数据共享共用。

（五）统筹乡村振兴和城市提升，推动城乡一体化发展。协调推进新型城镇化和乡村振兴战略，建设国家城乡融合发展西部样板区。构建“一城多星”开发格局。坚持城市人口集聚、空间拓展与功能完善并重，以中心城区为发展主要支撑，强化六个街道、荣昌高新区、黄金坡新区城市建设，推进万灵、直升、荣隆同城化，建好吴家、仁义、盘龙、河包等卫星城镇。加快以人为核心的新型城镇化。统筹城市规划、建设、管理，做到产城融合、职住平衡、生态宜居、交通便利。有序推进老旧小区、老旧街区、商圈改造和城中村、城乡接合部综合整治，加强社区建设。深化“大城三管”，深入实施城市综合管理“七大工程”，建设一批城市公园、城区绿地。推动城区至吴家快速通道，至荣隆、双河、万灵市政干道建设。坚持“房住不炒”定位，促进房地产市场平稳健康发展。全面推进乡村振兴。实现巩固拓展脱贫攻坚成果同乡村振兴有效衔接。实施乡村建设行动，完善乡村基础设施，推进农村垃圾污水治理、厕所革命和村容村貌提升，建设巴蜀美丽宜居乡村示范带。实施国家数字乡村试点。深化农村集体产权制度改革，推进“三变”改革，推动“三社”融合发展，发展新型集体经济。推进城乡融合发展。健全城乡融合发展机制，推进农村承包地“三权分置”，试点农村集体经营性建设用地入市制度。搭建城乡产业协同发展平台，打造城乡产业协同发展先行区。推进义务教育阶段教师“区管校聘”、乡村医生“镇管村用”。

（六）全面深化经济体制改革，激发高质量发展的动力和活力。充分发挥市场在资源配置中的决定性作用，更好发挥政府作用。激发各类市场主体活力。推进国有资本布局优化和结构调整，加快国有企业实体化转型，推动国农生猪大数据公司等区属国企上市。推动民营经济高质量发展，搭建川商、渝商服务平台，创建民营经济示范城市。建立现代财税金融体制。强化预算约束和绩效管理，优化财政事权与支出责任划分。深化投融资体制改革，激发民间有效投资活力，形成市场主导、政府引导的投资内生增长机制。建设高标准市场体系。落实统一的市场准入负面清单制度。健全规范的社会信用体系。加快要素市场化改革。深入实施“云长制”。持续优化营商环境。设立企业经营发展全生命周期服务体系，深化营商环境观察员制度。健全重大政策事前评估和事后评价制度。深化行业协会、商会和中介机构改革。

（七）繁荣发展文化事业和文化产业，推进文化强区建设。坚持以社会主义核心价值观引领文化建设，提高文化软实力。提高社会文明程度。深入开展习近平新时代中国特色社会主义思想学习教育，发挥“小院讲堂”作用，加强“四史”教育，创建全国文明城区。提升公共文化服务水平。深入实施文化惠民、全媒体传播工程，建设“书香荣昌”，打造“棠城研学”品牌，建设综合文化艺术中心、特色主题儿童公园，创建全民运动健身模范区。推动文体旅深度融合发展。唱响中国西部陶瓷之都、非遗体验之城、运动健康之城和美食休闲之城“一都三城”文旅品牌。建好荣昌陶文化创意产业园，打造非物质文化遗产旅游名城。建设濑溪河体育文化公园，发展城郊经济、乡村旅游、高端民宿，打造成渝地区双城经济圈周末休闲旅游目的地。

（八）坚持生态优先绿色发展，建设绿色宜居新家园。深入践行绿水青山就是金山银山理念，把荣昌建设成为成渝中部绿色宜居新家园。筑牢濑溪河流域重要生态屏障。坚持山水林田湖草系统治理，深入推进河长制，实施“清水绿岸”水生态修复扩容，高标准打造濑溪河国家湿地公园。推行林长制，确保通过国家森林城市复查。持续改善生态环境质量。深入打好污染防治攻坚战，强化大气、水、土壤等污染协同防治，中心城区空气质量优良天数达到88%以上，水环境质量系统改善。加快推动绿色低碳发展。科学划定生态保护红线、永久基本农田、城镇开发边界。推进濑溪河流域绿色发展示范区建设。全面提高资源利用效率，落实国家节水行动，有序推进垃圾分类，创建生态文明建设示范区。加快调整优化产业结构、能源结构，实现减污降碳协同效应。

（九）提升社会事业水平，创造高品质生活。把坚持好、维护好、发展好最广大人民根本利益作为发展的出发点和落脚点。提高人民收入水平。拓宽居民财产性收入渠道，增加中低收入群体要素收入，“十四五”末城乡居民收入比降至1.99 ∶ 1。强化就业优先政策。完善重点群体就业支持体系，健全以创业带动就业、多渠道灵活就业和新职业保障制度，稳步实现更加充分更高质量就业。办好人民满意的教育。落实立德树人根本任务，推动学前教育更加普惠，特殊教育更有保障，义务教育更加均衡，高中教育更加优质，职业教育更加优化。成功创建全国义务教育优质均衡发展区。“十四五”末公办幼儿园在园幼儿占比达到50%以上，高中阶段毛入学率稳定在97%以上。健全多层次社会保障体系。发展多层次、多支柱养老保险体系，健全医疗保障制度，健全灵活就业人员社保制度，完善社会救助、残疾人保障体系。全面推进健康中国荣昌行动。建立全方位全周期健康服务体系，打造西部基层医疗服务示范中心。推动区人民医院、区中医院、区妇幼保健院成功创建三甲医院。“十四五”末人口平均预期寿命达到79.3岁。积极应对人口老龄化。落实国家生育政策，健全基本养老服务体系，发展“银发经济”，推动医养产业集群发展。

（十）提升治理现代化水平，打造安全稳定发展环境。深入贯彻总体国家安全观，建设市域社会治理现代化试点区，平安荣昌建设达到更高水平。强化国家安全和政治安全能力建设。巩固国家安全人民防线，坚决维护政治安全，增强国防动员能力，创建全国双拥模范城。突出抓好经济安全。加强风险预警、防控机制和能力建设，坚决维护金融、能源、数据、网络等安全，确保重要产业、基础设施、战略资源、重大科技安全可控。加强和创新社会治理。坚持共建共治共享，完善社会治理体系，落实“枫桥经验”重庆实践十项行动，深化社会矛盾纠纷多元化解“只跑一地”机制，打造智能化治理新模式。切实保障公共安全。完善落实安全生产责任制，坚决遏制较大及以上安全生产事故发生。完善应急管理、自然灾害监测预警体系。健全食品药品安全监管体系。构建社会治安立体化信息化防控体系。创建国家安全发展示范城市、国家食品安全示范城市。

三、2021年主要工作

今年是中国共产党成立100周年，是我国现代化建设进程中具有特殊重要性的一年。今年全区经济社会发展主要预期目标是：地区生产总值增长8.5%；工业增加值增长9.0%；固定资产投资增长10.5%；一般公共预算收入增长22.8%；社会消费品零售总额增长10.5%；城镇和农村常住居民人均可支配收入分别增长7.8%、8.2%；单位地区生产总值能耗下降4%。

（一）着力建设国家畜牧科技城。优化功能布局和平台建设。编制国家畜牧科技城核心区空间规划、九峰山畜牧科技园规划，建设中试转化中心、实验动物中心、实践培训中心。新设立国家级生猪大数据中心区域中心10个，启动畜牧数字经济孵化园建设，推动国家级生猪交易市场期现结合，创建生猪大数据·荣昌指数公共品牌。获批国家生猪技术创新中心，建成西南中兽药评价中心、医用动物转化应用系统、国家重点区域级畜禽基因库。推进西南大学扩建校区项目。建成投用进口种猪指定隔离检疫场。办好动物环境与福利化养殖国际研讨会。推动国家高新区高质量发展。编制荣昌高新区50平方公里空间规划、产业规划及2035年远景规划。坚持产城融合、集约节约用地，按照企业厂房、基础设施、服务配套“三个三分之一”规划建设。建设标准厂房（含楼宇式厂房）15万平方米，推进基础设施改造升级工程，启动配套服务提升工程和“智慧园区”建设，完成高新区实验小学扩建工程。开工西部水暖卫浴基地、汽摩关键零部件制造基地等项目100个以上，投产华兴玻璃、惠达卫浴、金标实业等项目50个以上。推动建设荣隆园至荣隆场镇快速通道。规划建设吴家产业园。举办“一带一路”陶瓷论坛、首届RCEP电子电路产业高峰论坛。提升科技创新能力。健全高层次人才联系服务制度，建设第二批人才长租公寓。启动建设陶瓷科技成果孵化中心、畜禽用抗菌肽工程研究中心、白鹅产业创新中心。强化企业创新主体地位，建有研发机构的规模以上工业企业达到140家，新认定创新平台5家，新增高新技术企业20家、科技型企业60家。设立2200万元农牧高新专项，支持科技成果在荣转化。

（二）着力建设国家城乡融合发展西部样板区。全面推进乡村振兴。坚决守住脱贫攻坚成果，持续壮大扶贫产业。申报创建国家现代农业（种业）产业园，启动黄桷滩现代农业产业园建设，打造川渝血橙出口示范带，编制三奇湖优质粮油产业园规划。建设西部特色农产品加工产业园，生猪出栏70万头，粮食产量稳定在29万吨左右。实施乡村建设行动，开工黄桷滩中型灌区，新改建“四好农村路”100公里。新建高标准农田2万亩，宜机化改造5000亩。全域推进农村人居环境整治，提升农村旧房5000户，卫生改厕3.5万户，创建一批卫生镇村，在每个镇街打造一批美丽乡村示范点。深化河中村市级“三变”改革试点，新增“三变”改革试点村10个，持续壮大村集体经济。加快河包市级乡村振兴示范镇建设。加快提升城市能级。统筹编制国土空间总体规划、城区控制性详细规划、镇村规划。高标准打造黄金坡新区，建成投用棠香尔雅小学、玉带路西段、云蓬坡路，加快建设黄金坡初高中、黄金坡城市休闲公园、玉带路小学，启动建设黄金大道跨濑溪河大桥、代家坡路下穿成渝客专市政道路、站前广场升级改造项目。实施城市更新行动，开展场镇品质提升三年行动，新启动老旧小区改造100万平方米，实施安置小区品质提升工程，推动老城区商圈升级。绿化美化城区闲置土地284亩。实施城区人行道、车行道改造工程。提速建设新型智慧城市综合运营服务中心。完成虹桥客运枢纽站主体工程。申报创建市级历史文化名城。健全城乡融合发展机制。出台集体收益分配权益退出、农村承包地流转管理办法和搭建城中村改造合作平台实施方案。积极试点农村集体经营性建设用地入市、进城落户农民依法自愿有偿转让退出农村权益、土地经营权入股发展农业产业化经营等改革。推进小蓝村城乡融合示范项目和通安村农旅文融合发展产业园建设。

（三）着力建设川南渝西融合发展先行区。推动基础设施互联互通。争取荣昌货运机场纳入国家和市级相关规划。加快渝荣自城际铁路、泸大汉铁路、主城至荣昌市域快轨、成渝铁路扩能改造、重庆铁路二环线前期工作。争取永荣自高速、安荣合高速、货运机场至天府机场高速、主城至荣昌快速通道等项目入规。确保大内高速、南环线高速路基工程分别完成80%、30%。加快建设G348广顺至安富、安富至四川界国道，启动建设城区至双河一级公路。加快推动渝西水资源配置工程，争取龙王湖水库作为长征渠引水工程调蓄水库。建成泸207脱水站和集输管道，打造页岩气区域中心脱水站。推动产业发展互利共赢。建好国家高新区产业联盟，携手打造生物医药、健康食品、电子信息等优势产业集群。建设川渝生猪数据交换共享中心。共建内江·荣昌现代农业高新技术产业示范区，加快建设双昌40万亩“稻渔”综合种养示范带。推进古佛山·道林沟旅游产业协同发展。常态化开行西部陆海新通道班列，深化与泸州港、内江物流港合作。推动公共服务共建共享。推动人力资源服务产业园辐射成渝，积极共建公共就业服务中心。推动与周边城市开展教育一体化试点。深化与华西二院、西南医科大学附属中医院合作。深入推进跨省异地就医门诊费用直接结算。深化三级警务合作，加强社会治安执法司法联动。全力打造川南渝西一流车管所。

（四）*着力构建现代产业体系*。加快发展先进制造业。把制造业高质量发展放到更加突出位置，确保工业投资增长15%，工业总产值突破1000亿元。加速壮大消费品工业集群，大力发展智能农牧机械、汽车关键零部件等智能装备产业，电子电路、计算机外围设备等电子信息产业，新型净水、纳米材料、洁净板材等新材料产业。建设河包粉条生产基地。加快筹建精细化工产业园，提档升级电镀园。新增规模以上工业企业25家、专精特新企业3家。加快发展现代服务业。加快建设川南渝西综合物流园，启用永荣城乡共同配送中心，引进大型多式联运物流企业，打造区域物流集散枢纽中心，实现通道带物流、物流带经贸、经贸带产业。升级畜牧交易市场，建设电商快递产业园。积极引进银行、保险等金融机构。启动黄金坡商业综合体前期工作。加快发展数字经济。联合华为公司建设工业互联网创新中心，支持华森制药建设工业互联网标识解析体系，推动10家企业上云上平台。实施智能化改造项目50个，新培育智能工厂和数字化车间3个，新认定国家级两化融合贯标企业2家。新建5G基站360个，大力发展智慧医疗、智能物流。加快“智慧农业·数字乡村”建设，推动5G技术在农业领域融合应用，农业生产数字化水平达到30%以上。

（五）*着力实施扩大内需战略*。强力推进招商引资。编制10大产业链发展规划和招商布局，深化“链长”招商、驻外招商、平台招商、资本招商。新设立产业引导基金，用好富荣股权投资基金、科技成果转化投资基金，发挥产业基金杠杆作用，推进招商重大项目扶持方式由“以补为主”转向“以投为主、投补结合”。坚持“周周有签约、月月有开工、季季有投产”，重点跟踪九牧厨卫、九牧王、新明珠陶瓷、德力西、中膳健康科技等重大项目。持续扩大有效投资。抢抓战略机遇期，用好政策窗口期，向上争取项目资金不低于35亿元。健全政府科学投资决策机制。全年实施重点项目150个以上，年度投资210亿元以上。完工投用一批、开工建设一批百年献礼工程。确保高升桥水库扩建主体完工，加快建设东方红水库至清升河水系连通工程。建成大成110千伏安变电站，建设页岩气平台井1座、井站2口。老干部活动中心主体完工。加快推动消费升级。合理增加公共消费，提高教育、医疗、文化等公共服务支出效率。出台国家体育消费试点城市建设三年行动计划，建设濑溪河体育小镇。举办巴蜀美食文化节、七夕河灯文化节、马拉松等活动20场以上。创新陶器、夏布、折扇、眼镜、美食等特色旅游产品供给。完成荣昌大酒店改造工程。完善古佛山景区基础设施。完成三矿井陶艺产业园一期工程。全年接待游客1000万人次，旅游综合收入50亿元。

（六）*着力深化重点领域改革*。深化财政金融改革。严格落实过紧日子要求，加强上级专项资金统筹整合管理，强化集体经济监管，提高财政资金使用效益。探索投融资新模式，推行PPP、EPC等建设模式，撬动更多社会资本投入。深化金融服务综合改革试点，加大对科技创新、小微企业、绿色发展的金融支持。大力支持企业上市。深化国资国企改革。深入实施国企改革三年行动，聚焦主责主业转型做实，筹建涉农项目产业投资集团。推动国有资本向重要行业和关键领域集中、区域内资产资源向国企集聚。加快推进国企重组整合，稳妥推进混合所有制改革。优化国企投融资路径，降低融资成本、控制债务规模。加快推进以管资本为主的职能转变。培育兴荣公司AA+资信评级。持续优化营商环境。严格落实减税降费政策，新增市场主体8000家。坚持一网通办、一窗综办，推行“容缺后补”“告知承诺制”，建设政务服务网上办事大厅。完善民营企业反映问题“直通车”、营商环境观察员制度，持续开展“双评双促”“百名干部进企业”活动。

（七）*着力抓好生态建设*。持续改善环境质量。坚决抓好中央生态环保督察反馈问题整改。启动城镇污水收集处理“厂网一体”项目，完成城市污水处理厂三期扩建、荣隆园污水处理厂提标。完成城镇雨污管网改造20公里。确保濑溪河、清流河、马鞍河、渔箭河水质稳定达到Ⅲ类。强化露天焚烧巡查处置，建设集中喷涂工程中心，完成新兴建材厂等3家企业搬迁，推进永荣发电厂超低排放改造，空气质量优良天数达到300天以上。切实保障生态安全。启动濑溪河西南大学至广富园段河道综合治理，实施“清水绿岸”治理提升工程、中小河流治理工程。严格落实长江上游流域重点水域全面禁捕。扎实开展国土绿化行动，巩固国家森林城市创建成果。加强生态环境共保共治，落实好生态环境损害赔偿制度和生态补偿机制。加快促进绿色转型。严格落实“三线一单”管控。发展绿色经济，推动重点行业和重点领域绿色化改造。实施采煤沉陷区综合治理和独立工矿区改造提升工程，完成现有煤矿关闭退出工作。加强废旧物资循环利用，扎实推进垃圾分类，生活垃圾焚烧发电厂主体工程完成50%。

（八）*着力改善人民生活品质*。扎实办好20件重点民生实事。强化就业优先政策。抓好重点群体就业创业，规范公益性岗位开发管理。构建和谐劳动关系。发放创业担保贷款5000万元以上，开展职业培训1万人以上。城镇新增就业1.2万人。完善社会保障体系。统筹推进城乡低保、医疗救助、残疾人保障、社会福利等工作，做好退役军人服务保障。启动黄金坡失能人员集中照护中心建设。新建养老服务中心4个、村级互助养老点8个。推动教育公平发展和质量提升。加快学前教育普及普惠发展，新改扩建公办幼儿园5所。完成桂花园小学新校区主体工程。加强农村教师周转房建设。完善校长教师交流轮岗机制。深化师德师风建设和千名教师访万家工作。推进健康荣昌建设。力争区人民医院成功创建三甲医院。加快区人民医院迁建工程，完成区中医院迁建、区妇幼保健院二期、昌元社区卫生服务中心建设，加快第二人民医院及盘龙、河包卫生院建设。繁荣发展文化事业。扎实推进全国文明城区、全民运动健身模范区创建工作。拓展新时代文明实践中心建设，加强村史馆、院史馆、“新风小院”建设。提档升级基层文化服务中心。完成荣昌陶博物馆升级改造。提升社会治理水平。严密防范化解政府债务风险。扎实推进市域社会治理现代化试点。开展信访“治重化积”专项行动。推动扫黑除恶常态化。加快“雪亮工程”、三级综治中心建设。启动智能化规范化监所建设前期工作。改造提升仁义、河包、远觉等基层派出所。完善公共法律服务体系。强力推进安全生产专项整治三年行动，杜绝较大及以上事故发生。加强食品药品安全监管。开工建设消防救援指挥中心和应急保障中心。

（九）*着力抓好常态化疫情防控*。持续抓好“外防输入”。做好中高风险地区来荣返荣人员健康管理，加强进口冷链食品核酸定期检测和预防性全面消毒，坚决阻断疫情传播风险。持续抓好“内防反弹”。加强医疗机构、隔离场所、学校、养老机构、监所、农贸市场等重点场所防控，加大重点人群健康筛查和核酸检测频次，坚决防止聚集交叉感染。深入开展爱国卫生运动，筑牢社会防线。持续提升应急保障能力。加强疾控体系建设，确保区疾控中心迁建项目主体完工、区人民医院卫生应急中心扩建工程加快推进。备足集中隔离场所，强化物资储备，增强核酸检测能力，做好疫情监测和信息发布，提高应急处置水平。

四、加强政府自身建设

开局“十四五”、开启新征程，必须加强政府自身建设，提高适应新发展阶段、贯彻新发展理念、构建新发展格局的能力。

坚持党的全面领导。深学笃用习近平新时代中国特色社会主义思想，增强“四个意识”、坚定“四个自信”、做到“两个维护”。坚持把党的领导贯穿政府工作全过程，善于用政治眼光观察和分析经济社会问题，不断提高政治判断力、政治领悟力、政治执行力。全面彻底干净肃清孙政才恶劣影响和薄熙来、王立军流毒。

加强法治政府建设。深入贯彻习近平法治思想，坚持依宪施政、依法行政，始终让政府工作在法治轨道上运行。自觉接受人大监督、政协监督、监察监督、司法监督和社会监督，高质量办好人大代表议案建议和政协委员提案，定期向人大报告工作、向政协通报政情。加强政务公开和政务诚信建设。

提高政府治理效能。深化对“五个根本”规律性的认识，善于在危机中育先机、于变局中开新局。增强补课充电的紧迫感，自觉赶上时代潮流，提升专业化能力，努力成为领导构建新发展格局的行家里手。坚持系统观念，发扬斗争精神，善于用改革创新办法破解难题、化解风险，提高解决实际问题能力。

勇于担当作为。坚持“说了算、定了干、马上办”，政府抓落实是本职，不抓落实是失职，抓不好落实是不称职。以“功成不必在我”的精神境界和“功成必定有我”的历史担当，敢闯敢试、敢为人先、埋头苦干。完善容错纠错机制，激励广大干部担当作为，想干事、能干事、干成事。

打造廉洁政府。严格执行中央八项规定精神，持之以恒加强政府系统党风廉政建设和反腐败工作。着力发现和纠正损害营商环境的作风问题。持续整治形式主义、官僚主义，让干部有更多时间和精力抓落实、抓发展。建设公共资源交易智能化服务平台，推进审计监督全覆盖。深化拓展“以案四说”，全面推进“以案四改”，筑牢拒腐防变的思想和制度防线。

各位代表！新蓝图振奋人心，新征程催人奋进！让我们更加紧密地团结在以习近平同志为核心的党中央周围，在区委领导下，起而行之、勇挑重担，加快建设成渝地区双城经济圈重要增长极，开启社会主义现代化建设新征程，以优异成绩庆祝中国共产党成立100周年。

专 文

抗击新冠肺炎疫情

新冠肺炎疫情发生以来，荣昌区坚决贯彻党中央和市委决策部署，坚持人民至上、生命至上，从严从紧、从实从快织密防控网，有序有力、有效有招推进复工复产，扎实做好“六稳”工作，落实“六保”任务，努力把疫情对经济社会发展的影响降到最低。2020年，地区生产总值709.8亿元，增长4.9%，继续保持了增速各区县第一的成绩。

一、坚决扛起疫情防控重大政治责任

疫情就是命令，防控就是责任。我们以最坚决的态度、最严格的举措、最果敢的行动，全力打好疫情防控的人民战争、总体战、阻击战。坚持“快”字当头，第一时间启动重大突发公共卫生事件一级响应，实行“双组长制”“指挥长负责制”，全年召开49次区疫情防控工作领导小组会议研究部署防控工作。坚持“防”字为要，成立综合、社区排查、医疗救治、疫情防控、交通防控、市场监管、稳控、医疗物资保障、市场供应保障、宣传舆情、工业企业复工复产、开学复课等12个工作组。建立每日检查督促调度工作机制，指挥长每天上午全面检查，每天下午针对问题督查，每天晚上调度核查安排第二天工作。全区各级党政主要领导一直在岗位、在一线、在状态。每位区领导负责包镇（街）、包企业，对昌元、昌州按网格划片由区领导督导，对企业由区领导划片包点。建立区领导包镇（街）、镇（街）领导包村社、村社干部包网格、网格人员包住户、机关企事业单位包职工的“五包”机制。坚决守住社区联防联控的第一线，物业小区实行“通行券”出入制度。坚持“战”字突破，成立70支党员突击队，戴党徽、亮身份，每天约1.3万名机关和村（社）干部、志愿者坚守在疫情防控“前沿阵地”，15人火线入党，收到社会捐赠款物1701.4万元支持抗疫。坚持“常”字发力，严格落实“外防输入、内防反弹”防控策略，深入开展爱国卫生运动，抓紧抓实抓细常态化疫情防控。2020年，全区累计确诊病例9例（2020年1月30日确诊首例，2月14日确诊最后一例，均为输入型病例，没有发生一起二次传播病例，半个月时间实现新增病例零增长；3月14日最后一例确诊病例出院，一个半月时间本地确诊病例、住院病例“双清零”），累计报告疑似病例31例，累计追踪到密切接触者595人。

二、精准稳妥有力有序推进复工复产

坚持早思考、早谋划、早准备、早应对，区委、区政府多次召开区委常委会、区政府常务会和专题会议进行部署推动，做到心中有数、手中有策、应对有方，精准有效抓经济运行调度，统筹调度企业复工复产、金融服务、重点项目建设等工作，努力把耽误的时间抢回来，把落下的进度赶回来，把造成的损失补回来。创新推行分区域管理、分人员类别管控、分行业复工复产的“三三制”精准防控，制定《关于进一步做好企业复工复产工作的通知》，创新推行“三员制”，“量体裁衣”推动企业复工复产，“三员制”即包括“指导员”“驻厂员”“督导员”。30名区领导担任“指导员”，分片包点333户规模以上企业；相关镇（街）派出“驻厂员”，指导企业疫情防控，帮助化解生产经营困难；抽调92

名专业医护人员担任防疫“督导员”，有序推动企业复工复产。2月底，所有规模以上（限上）企业全面复工复产，在全市率先实现经济“由负转正”，被《人民日报》、央视《新闻联播》专题报道。全面推动餐饮、住宿、商业零售等生活性服务业开门营业，有序放开旅游景区、电影院、图书馆等公共场所，全区生产生活秩序全面稳步恢复。

三、千方百计稳住基本盘培育增长点

稳住市场主体，制定《应对新型冠状病毒疫情支持企业发展的六条政策措施》《应对新冠肺炎疫情支持餐饮业发展的六条政策措施》《应对新型冠状病毒肺炎疫情支持新型农业经营主体渡难关促发展的十条政策措施》《进一步做好疫情防控期间农民工返岗复工和就近就地就业创业工作的通知》等文件，落实减税降费、纾困惠企政策，共减税降费和减免社保费15.8亿元，降低要素成本5080万元。建成并投用渝西首个人力资源服务产业园，落实稳岗补贴1902万元、稳岗3.5万个，发放创业担保贷款1.8亿元，城镇新增就业1.3万人。加大招商引资力度，围绕“6+1”产业体系，设立由区领导牵头担任的10个产业链“链长”，向长三角、珠三角、闽台区域派驻3个招商组，开展以链招商、以商招商、精准招商活动。2020年，签约项目191个，总合同金额510亿元，招商投促工作位居全市前列。新增规模以上工业企业35家、“专精特新企业”6家、隐形冠军企业1家。加快重点项目建设进度，按照“谋划储备一批、开工建设一批、投产达效一批”项目滚动思路，全年实施重点项目150个以上，年度投资210亿元以上。持续释放消费潜力，大力发展“夜经济”、直播带货，先后举办荣昌区第十届房交会、汽车消费节、川渝美食节、河包粉条文化节、七夕河灯旅游文化节、2020“重庆好礼”旅游商品（文创产品）设计大赛暨巴蜀文化旅游走廊旅游商品展等节会活动，促进消费10亿元。

（王　荣）

脱贫攻坚

2020年，荣昌区坚持以习近平新时代中国特色社会主义思想为指引，深入学习贯彻习近平总书记关于扶贫工作重要论述和决战决胜脱贫攻坚会议精神，坚持精准方略，凝聚荣昌智慧与力量，向贫困发起总攻，脱贫攻坚战取得了重要成果。一是脱贫减贫任务全面完成。2019年全区剩余104户贫困户于2020年如期按程序达标脱贫。所有贫困人口“两不愁三保障”突出问题全部解决，整体生活质量明显改善，脱贫成果不断巩固，无返贫现象。二是农村居民收入实现快速增长。2019年，农村居民人均可支配收入达到1.88万元，是2014年的1.58倍，年均增长11.6%，其中贫困人员人均纯收入从2014年的2300元增长到2019年的1.14万元，与全区农村平均水平的差距进一步缩小。三是基础设施条件大幅改善。累计实施“农村公路”建设1900千米，修建人行便道2800千米，饮水工程管网实现村级全覆盖，各自然村通电、网络及公共交通实现全覆盖，基础设施短板全面补齐，群众生产生活条件明显改善。四是农村基层服务水平明显提升。各村（社区）公共设施齐全、功能完善，便民服务中心面积均达300平方米，每个村都建有标准化卫生室1~2个，实现金融服务网点全覆盖。农村基层干部工作能力大幅提高，工作作风明显转变。五是群众满意度认可度高。全国脱贫攻坚普查中，荣昌区“两不愁三保障”及饮水安全高质量达标，危旧房改造、资产收益扶贫、健康扶贫、残疾人保障、产业帮扶、总体生产生活状况改善等指标较好。其中群众对建档立卡以来总体生产生活状况的调查全部选择“明显改善”，充分体现了群众对荣昌扶贫工作的认可。

一、坚决扛起政治责任，推动脱贫攻坚走深走实

（一）强化思想武装，坚定政治方向。始终把脱贫攻坚作为最大政治任务和第一民生工程，各级党组织坚持第一时间传达学习习近平总书记扶贫工作重要论述、重要指示精神和重要会议精神，第一时间部署脱贫攻坚各项工作，做到学习无遗漏、落实不脱节。2020年，区委常委会、区政府常务会、区扶贫开发领导小组会议及扶贫工作专题会议学习和研究、部署脱贫攻坚有关工作117次；区“四大家”班子及全区各级党委（党组）理论学习中心组等专题研讨深入学习232次。

（二）强化组织领导，层层压实责任。严格落实“四不摘”要求，不折不扣落实“五级书记抓扶贫”、“双组长制”“一把手”责任制。区委、区政府主要负责人和分管联系负责人每月至少1次深入基层调研指导脱贫攻坚工作。涉及“两不愁三保障”“九大专项行动”的区级行业主管部门每月至少研究推动1次行业扶贫工作。各镇（街）每月至少专题研究1次脱贫攻坚工作，镇（街）分管负责同志大部分精力和时间都用于脱贫攻坚。第一书记和驻村干部全部吃在村、住在村、干在村，结对帮扶干部每月至少开展1次帮扶联系工作，坚决杜绝慰问式、走访式帮扶。

（三）强化督查指导，确保工作落实。区委、区政府主要领导带头，34名区领导组成调研工作组，全覆盖蹲点“促改督战”21个镇街脱贫攻坚工作；12个市级脱贫村和4个落后村各明确1名区领导包村督促指导脱贫攻坚工作；区扶贫办成立5个指导组联系21个镇（街），不定期到镇（街）开展脱贫攻坚指导服务工作。

二、突出“四大抓手”，筑牢脱贫攻坚质量网

（一）“党建引领”，提升堡垒战斗力。坚持以党建引领脱贫攻坚，强化组织人才保障，提升基层组织服务能力，把基层党组织建设成为带领群众脱贫致富的坚强战斗堡垒。实施“领头雁”工程，配强镇（街）领导班子，选好村支“两委”班子，加大农村本土人才回引力度。注重因村派人，整合市、区、镇三级驻村帮扶力量，选派机关优秀干部42人组建16个驻村工作队，选派3063名机关和企事业单位干部对贫困户（含脱贫户）开展帮扶，确保各项政策落实到位和帮扶取得实效。

（二）“十指连心”，形成良好新风尚。创新建立“十指连心”密切联系群众制度，区、镇、村三级联动，组织4800余名机关干部，聚焦“为民服务解难题”，按照“不漏一户，不少一人”的要求，用十指敲开21万户群众的大门，叩开群众的心门，面对面解决群众急难愁盼问题，温暖群众心坎，形成感党恩、听党话、跟党走的良好风尚。

（三）“干部夜访”，访出干群好关系。聚焦脱贫攻坚重点难点问题，在21个镇（街）全面推行镇（街）机关干部值夜制度，督促干部沉下身子“接地气”，打好“时间差”，形成田间地头见干部、白天晚上有干部的工作局面，确保把工夫下在平时、感情培养在平时。

（四）村干部“三三制”，当好泥腿子干部。村干部每天三分之一在便民服务中心上班，三分之一串门串户走访，三分之一干好其他工作，彻底改变村干部机关化作用，当好贫困户的贴心人、指导员。

（五）“清仓见底”，确保动态清零。2020年6月，区委成立区扶贫开发领导小组及区委常委会领导下的“清仓见底大行动”指挥部，由区委书记任总指挥长，区长、区人大常委会主任、区政协主席、区委副书记任副总指挥长。结合“九大专项行动”“百日大攻坚”，每周定期一调度一研判一通报，针对薄弱环节，集结最强兵力、鼓足最大干劲、保持最硬作风，全面夯实脱贫攻坚决胜基础。

三、坚持“五个尽锐出战”，解决“两不愁三保障突出问题”

（一）干部尽锐出战，“一把手”示范。区委书记、21个镇（街）党（工）委书记、135个村（含涉贫社区）支部书记坚持每年遍访贫困对象。从2019年开始，向未脱贫户增派1名处级以上领导干部结对帮扶，集中精锐力量攻坚克难。

（二）政策尽锐出战，因户施策。认真落实教育扶贫政策，累计发放资助资金3364.25万元惠及3万人次，对因残障等原因不能入学的学龄儿童，实施上门送教。严格执行“先诊疗后付费”“七重医疗保障”“一站式结算”等健康扶贫医疗政策，基本医疗保险参保率达到100%，健康扶贫累计救治2.6万人次、落实资金1800余万元；贫困户家庭医生签约服务实现全覆盖，贫困对象签约2.1万人，居家有意愿签约率100%，常住贫困签约人口履约率100%，下沉办理特病卡4668张；对个别采取民间中医医治恶性病或超过经济承受能力的患病家庭，由慈善基金会救助。加强贫困户住房保障动态监测管理，累计对农村三类重点对象房屋排查鉴定1.9万户；投入资金2.2亿元，累计完成农村危房改造1.03万户，其中建档立卡贫困户3671户，全面实现农户住危房动态清零。实施农村饮水安全巩固提升工程，开展饮水安全普查，强化动态监测，发现一户解决一户，贫困户饮水安全保障率达到100%。建立“三保障”和饮水安全问题常态化摸排机制，全面巩固“两不愁三保障”成果，截至年底，无新增“三保障”及饮水安全方面问题。

（三）责任尽锐出战，“清单化”管理。制定脱贫攻坚责任清单，构建主要负责人亲自抓、班子成员分工协作责任体系。压实镇（街）属地责任、部门属事责任，推动各级各部门立下“军令状”。提高年度脱贫攻坚成效考核权重，重点镇、非重点镇考核分值分别达到20分、15分。

（四）机制尽锐出战，“真脱贫、防返贫”。建立扶贫产业与贫困户利益联结机制，实行贫困户优先入股、优先分红政策，确保持续稳定增收。建立义务教育联控联保工作机制，不断强化源头控辍措施，实施辍学高风险学生提前干预，实现建档立卡贫困家庭义务教育学生辍学问题动态“清零”，阻断贫困代际传递。建立低保兜底长效机制，及时将符合条件的对象纳入基本生活兜底保障，全区支出低保、特困、临救等社会救助金累计6.63亿元，全区建档立卡贫困户纳入兜底保障4077人，其中，低保兜底保障1645户3804人，特困兜底保障280人。

（五）纪律尽锐出战，正风肃纪。始终保持扶贫领域高压态势，集中整治群众反映强烈的问题，严肃查处扶贫领域腐败和作风问题。将脱贫攻坚工作开展情况作为区级巡察、督查的重点内容，区纪委监委机关、区扶贫开发领导小组不定期对21个镇（街）和有关部门开展脱贫攻坚专项督查，以“真问责、问真责”的方式推动脱贫攻坚作风转变，倒逼责任落实、工作落实。2020年，查处扶贫领域腐败问题49件153人。

四、落实精准方略，决战决胜脱贫攻坚

（一）狠抓产业培育。着力推动“漫灌式”扶贫变“滴灌式”扶贫，“输血式”扶贫变“造血式”扶贫。一是统筹安排专项资金1675万元，专项用于支持发展扶贫产业和到户产业。认定致富带头人277人、带贫主体236个、扶贫基地878个，全区有产业、有意愿的贫困户全部加入合作社。二是壮大发展村级集体经济，出台《荣昌区农村集体经济组织收益分配方案（试行）》，鼓励有收益的村集体经济组织及时制定方案分红。截至2020年年底，累计投入资金1.03亿元支持村集体发展物业服务、种养殖业、农畜产品加工、乡村旅游等项目。建立贫困户利益联结机制，全区133个村（社区）开展了资产收益分红，6802户贫困户享受资产收益分红，分红率达到98.2%。三是设立扶贫小额贷款风险补偿金1060万元，2020年年底累计发放扶贫小额贷款达8621万元，获贷率56.427%，新增扶贫小额信贷2911万元；疫情期间，对有发展产业意愿的贫困户，做到应贷尽贷，并且可延期6个月偿还贷款。四是推动国有企业万灵山公司与村集体联合成立旅游公司，大力发展乡村旅游。完善乡村旅游配套公共设施，引导村民开民宿。全年累计接待游客194.3万人次，实现旅游收入10.04亿元。

（二）狠抓“战疫”“战贫”。统筹落实各项稳定岗位就业政策措施，利用全区公益岗位累计安置贫困人员（含边缘人口）1351名，为贫困人员发放创业补助9.6万元、转移就业交通补贴84.20万元、一次性求职补贴94.87万元。积极发挥本地电商平台“在村头”、村集体经济组织“棠堰飘香”合作社平台优势，加大贫困群众农产品销售力度，引导区内商家及扶贫产品供应商入驻重庆市消费扶贫馆，目前已实现商家入驻65家，发布产品133个，已累计销售扶贫农产品560余万元。

（三）狠抓定点攻坚。确定玉峰村为市级定点攻坚村，由区委、区政府主要负责人督办、区人大主要负责人挂帅攻坚，围绕定点攻坚8个方面的内容，聚焦脱贫攻坚目标任务，集中人力、物力、财力，解决突出问题，补短板强弱项。2020年，玉峰村全村贫困人员全部脱贫，无返贫和新致贫人员，基础设施、农村人居环境得到进一步提升和改善，脱贫成果进一步巩固。

（四）狠抓志智双扶。持续推动新时代文明实践活动，加快村史馆、“新风小院”建设，全面推行制定村规民约和“五色星”评选方案，深入开展“十指连心”“小院讲堂”“干部夜访”等，大力开展宣传宣讲，让文明新风进入每户人家，不断提升贫困人员素质，激发内生动力。2020年，开展“小院讲堂”“清听之声”等宣传宣讲活动600余场；开展“身边的脱贫故事”微访谈424场次，直接覆盖群众19610人；持续开展农村不赡养老人专项整治行动，调解处理不赡养父母案件120起，发布失信败德黑名单5人；举办生活技能大赛、文明礼仪竞赛等活动135场次，开展“新农村新生活”培训485场次，直接覆盖群众14.39万人。

（五）狠抓有效衔接。突出抓好试点工作，印发《观胜镇银河村开展脱贫攻坚与实施乡村振兴战略有机衔接试点工作方案》，对标产业、人才、文化、生态、组织“五大振兴”，有序推进试点村规划、政策、工作、保障等方面衔接。目前，银河村统筹整合各类资金，共投入资金1800万元，形成了肉兔、水果、中药材等特色主导产业，持续壮大村级集体经济，建立与村集体和贫困户的“利益共同体”，实现集体有收入、群众能增收，贫困户脱贫致富。

五、狠抓问题整改，提高脱贫攻坚成色

（一）压实整改责任。区委担负起整改第一责任，成立以区委书记为组长的巡视整改领导小组，区委书记带头承担责任、带头履职尽责、带头担当作为，统筹下设的9个专项整改小组，加强区、镇、村三级联动，推动中央巡视、国家和市级脱贫攻坚考核问题等整改工作走细走深走实。

（二）强化整改措施。坚持对标对表与举一反三相结合、立行立改与长期坚持相结合，把中央脱贫攻坚专项巡视“回头看”指出的问题、国家2019年脱贫攻坚成效考核发现的问题以及各类督查检查问题等统筹起来，一体整改落实到位。研究制订问题整改方案，建立任务清单、责任清单、制度清单，做到了整改目标、整改措施、整改责任、整改时限“四个明确”。

（三）全面完成整改。中央脱贫攻坚专项巡视“回头看”、国家脱贫攻坚成效考核、市级脱贫攻坚成效考核反馈的各类问题以及第三方暗访抽查发现的问题已全部整改清零销号。国家脱贫攻坚普查、国务院第三方建档立卡数据质量评估、市级扶贫审计、脱贫攻坚“收官大决战”发现的问题全部清零销号。2017年、2018年审计发现的问题已全面按时整改到位。

（曾 翔）

成渝地区双城经济圈建设

一、向上争取情况

涉及荣昌33项重大发展诉求已纳入《成渝地区双城经济圈建设规划纲要》，其中直接涉及荣昌的有11项：提升荣昌特色化功能，建设成都相向发展的桥头堡，支持自贡、泸州、内江、宜宾、江津、永川、荣昌等共建川南渝西融合发展试验区，建设畜牧科技城，国家级重庆（荣昌）生猪大数据中心，成渝高速扩能改造，渝西水资源配置工程，长征渠，夏布，区域性畜禽基因库，大足至内江高速公路，研究论证重庆至自贡至雅安铁路。可争取落地建设的产业转移集中承接地、创建民营经济示范城市等重点内容22项。争取到内江至大足高速公路、重庆西部电子电路产业园、荣昌隆昌2.67公顷稻渔综合种养绿色发展产业带项目、渝西川南综合物流园4个项目纳入《推动成渝地区双城经济圈建设2020年川渝共同实施重大项目》，3个项目（大内高速公路除外）年度投资35.24亿元，占总投资185亿元的19%。成渝高速扩容、荣昌隆昌产业大道（“双昌”大道）、国家级重庆（荣昌）生猪大数据中心、国家重点区域畜禽基因库4个项目已纳入《2021年川渝共同实施重大项目》。内江荣昌共建现代农业高新技术产业示范区作为两省市共推的九大合作平台之一，已纳入到《川渝毗邻地区合作共建区域发展功能平台推进方案》中。

二、对外合作情况

区政府于4月7日、4月29日、6月12日、9月10日、分别与泸州市、自贡市、内江市、资阳市政府签订2020年行动计划，共涉及6大领域77项重点任务。区级36个部门与四川省市、县部门签订双边、多边合作协议、备忘录等共148项。与市内其他区县及四川省市、县合作开展活动27项。中央和川渝两省市各级领导到荣昌调研成渝地区双城经济圈建设情况30次，四川省市区县11个党政代表团到荣昌座谈交流，区相关部门领导出访四川省相关市、县考察学习双城经济圈推进事宜32次。

三、区内推进情况

印发《荣昌区推动成渝地区双城经济圈建设重大项目》，包括重庆荣昌货运机场建设、荣昌铁路建设等16个项目，除国家现代农业产业园畜禽产品加工区建设项目因《国家畜牧科技城建设方案》未定稿影响而暂缓外，其余项目均有序推进。印发《重庆市荣昌区推动成渝地区双城经济圈建设2020年工作要点》，提出加快构建内畅外联的现代综合交通运输体系、加快构建优势互补的现代产业体系、增强协同创新发展能力、优化区域协调发展、强化生态环境联防联治、共同推动体制机制创新、深化公共服务共建共享7大领域22项重点任务工作。收集编纂《荣昌区推动成渝地区双城经济圈建设专报》7期，转发《推动成渝地区双城经济圈建设联合办公室双城经济圈动态》27期、《推动成渝地区双城经济圈建设工作月报》9期，编写《成渝地区双城经济圈建设规划纲要》、推动成渝地区双城经济圈建设四川、重庆党政联席会议第一次、第二次会议精神等传达提纲7个。

（卢林锦）

建设国家畜牧科技城

1998年10月，重庆市政府批复同意荣昌建设中国重庆畜牧科技城。多年来，荣昌历届党委政府高度重视，始终坚持畜牧产业特色，广泛集聚科技创新资源，全力打造中国畜牧科技城，并取得一系列重大成果：2009年1月，获批国家现代畜牧业示范核心区；2018年2月，成功创建全国首个以农牧为特色的国家高新区；2019年2月，国务院总理李克强、副总理胡春华分别对荣昌建设国家生猪大数据中心和国家生猪种业产业创新中心做出重要批示。2020年4月，重庆市委五届八次全委会决定明确：支持荣昌加快建设国家畜牧科技城。2020年11月，中共中央、国务院印发的《成渝地区双城经济圈建设规划纲要》明确：要建设畜牧科技城、国家级重庆（荣昌）生猪大数据中心。

一、基本情况

（一）区位优势明显。荣昌位于重庆和成都两个大城市主轴线的黄金联结点，是重庆主城都市区的桥头堡城市，距重庆90千米，离成都240千米。具备完善的“水、陆、铁、空”立体交通配套，成渝高铁、成渝铁路、成渝高速、潼荣高速、大内高速贯穿境内，周边有“三大机场”“三大港口”，实现“20分钟重庆、40分钟成都，半小时港口、一小时机场”。正在争取建设的国家货运枢纽机场，将推动荣昌进入“临空港”经济时代，实现与“渝新欧”大通道的全面对接。

（二）人才资源密集。拥有国内专门从事畜牧科技研发的重庆市畜牧科学院和1938年建校的国内一流畜牧兽医专业学院西南大学荣昌校区，是国内畜牧科技人才最为密集的地区之一。聘请15名院士为荣昌农牧产业发展顾问，拥有科技部“万人计划”2名，国家级人选、国务院特殊津贴专家64人，教授、副教授等高级职称260人，柔性引进日本、英国等知名专家22人，全区集聚畜牧科技和创新创业人才2万余人。

（三）平台优势突出。建有养猪科学重点实验室等国家、市级平台93个，院士专家工作站和博士后科研工作站7个；建成2个国家级孵化器，“重牧硅谷”入选全国首批农业星创天地。获批建设国家现代畜牧业示范区核心区、国家现代农业示范区、全国首批“荣昌猪”特色农产品优势区、全国首个以农牧为特色的国家高新区、国家生猪市场、国家生猪大数据中心等国家级平台。每两年定点在荣昌举办的“中国畜牧科技论坛”和“动物环境与福利化养殖国际研讨会”，是中国具有广泛影响力的畜牧人才交流、科技推广、成果转化和经济合作平台。

（四）科技成果丰硕。先后荣获国家科技进步二等奖4项，承担国家级和省（部）级科研项目700余项。在国际上首次培育获得转人免疫球蛋白轻链超大基因片段转基因猪，在国内率先建立无菌猪繁育技术体系和全国唯一无菌猪实验基地，成功培育的全人源抗体小鼠，遗传性感音神经性耳聋动物模型、人源化抗体转基因动物、非常规饲料开发利用等研究领域走在世界前列。澳龙生物制品有限公司研发的羊包虫病疫苗成为全球唯一用于治疗人畜共患病的强制免疫疫苗，有效解决西部农牧区包虫病防治难题，并与重庆海关技术中心签订战略合作协议，共建动物包虫病重点实验室。

（五）产业特色鲜明。以世界八大、中国三大优良地方猪种“荣昌猪”为第一名片，建立种业创新、智能养殖、线上交易、饲料兽药、基因工程、数字经济等全产业链体系。与法国养猪研究院等34家知名科研院校合作共建荣昌高新区。建成西南地区最大的现代化种猪场、种养生态循环基地，成为西南地区仔猪供种高地。拥有饲料加工企业35家、GMP医兽药企业18家，生物医兽药产品销往40多个国家和地区，成为全国最大的饲料兽药生产加工基地、集散地。

（六）城市环境优越。荣昌是全国首批、重庆首个全国文明城区及国家园林城市、国家卫生城市、全国绿化模范城市、国家森林城市，拥有濑溪河国家湿地公园，荣峰河生态景观工程荣膺“中国人居环境范例奖”，获评“中国十佳营商环境示范城市”“最具增长潜力的新兴城市”，被评为“中国年度最佳投资休闲目的地”。荣昌文化底蕴深厚，是成渝地区非物质文化遗产资源最富集的地区之一，拥有荣昌陶器、折扇、夏布3项国家级“非遗”。多次主办中国铁人三项赛、全国拳击锦标赛等国家级大型体育赛事，是成渝地区宜居美丽首善之地和西部知名的“运动健康之城”。

二、建设意义

（一）有利于推动我国畜牧业高质量发展。高质量发展是“十四五”时期的主题，创新在我国现代化建设全局中处于核心地位。畜牧业是关系国计民生的重要产业，肉蛋奶是百姓“菜篮子”的重要品种。近年来，我国畜牧业综合生产能力不断增强，但也存在产业发展质量效益不高、科技创新集成化程度不高、抵御各种风险能力偏弱等突出问题。建设国家畜牧科技城，将有效集聚全国乃至全球创新资源，突破畜牧安全、优质、高效生产的关键技术瓶颈，为解决畜牧业共性问题、促进畜牧业高质量发展提供战略支撑，全面彰显重庆市在全国畜牧科技自立自强中的担当实力。

（二）有利于推动成渝地区双城经济圈建设。西部科学城是成渝地区双城经济圈建设的重要支撑。建设国家畜牧科技城，将有利于弥补西部科学城在畜牧高新技术领域的空白，更好促进畜牧创新要素高效聚集、关键核心技术攻关协作、重大科技成果接续转化，使重庆成为更多重大畜牧科技成果诞生地和全国重要的畜牧科技创新策源地，提升成渝地区在全国乃至全球畜牧业版图和创新格局中的独特地位，助推成渝地区成为具有全国影响力的科技创新中心。

（三）有利于推动重庆城乡融合发展。重庆集大城市、大农村、大山区、大库区于一体，迫切需要缩小城乡发展差距，提升城乡融合发展水平。畜牧业在现代农业中具有重要支撑地位，建设国家畜牧科技城，将有益探索用抓工业的办法抓畜牧业发展、用集约经营的办法提升畜牧业效益、用高新区辐射解决“三农”问题，形成畜牧一二三产融合发展的创新路径，带动全市农业现代化和新型城镇化建设，实现城乡融合发展。

三、目标路径

（一）发展目标。按照“立足成渝，服务全国，引领世界”的发展定位，全面融入“一城多园”西部科学城，将国家畜牧科技城打造为以生猪为重点的畜牧人才之城、产业之城和数字之城，成为具有国内影响力的畜牧科技创新中心。

（二）功能布局。分为科教创新园区、生产加工基地、仓储物流中心三大部分。其中，科教创新园区是国家畜牧科技城的基础和核心；生产加工基地是国家畜牧科技城实现产业化的重要载体，是科技成果转化为生产力的示范区；仓储物流中心为生产加工基地链接并拓展国内、国际市场。

（三）重点任务。坚持新发展理念，以科技创新赋能畜牧业，推进现代畜牧业高质量发展，围绕城乡融合、产城融合、校（院）地融合建好“一座城”，突出抓好“两中心、三高地、四基地、五团队”等重点建设任务，协调统筹推进国家畜牧科技城建设。“两中心、三高地、四基地、五团队”即：建设国家生猪技术创新中心、建好国家级重庆（荣昌）生猪大数据中心，搭建现代畜牧产业融合发展高地、畜牧科研教学和人才培训高地、畜禽良种繁育种业高地，打造科技创新创业孵化基地、畜禽绿色健康养殖基地、智慧畜牧数字经济基地、畜牧科技国际交流合作基地，培育畜禽猪遗传育种与繁殖创新团队、动物营养与饲料工业创新团队、畜牧兽医疫病防控创新团队、动物养殖环境与装备工程创新团队、畜牧智能数据开发与应用创新团队。

四、院士专家论证意见

2020年10月23日，荣昌区邀请9位两院院士、4位有关专家和企业负责人对《国家畜牧科技城建设总体方案》进行咨询论证。专家咨询组一致认为，荣昌区域优势突出、科教资源丰富、产业特色鲜明，确定的发展目标明晰、功能布局合理、重点任务突出、保障措施有力，建设国家畜牧科技城符合国家战略，建议国家有关部委、市政府积极支持荣昌建设国家畜牧科技城，打造具有全国影响力的畜牧科技创新中心，成为带动全国畜牧业高质量发展的重要增长极和新的动力源。（兰 伟）

荣昌成功创建国家卫生区

自2017年启动创建国家卫生区的工作以来，荣昌坚持“统筹规划、科学治理、点面结合、分类指导”的工作思路，遵循“统一领导、分级负责、条块结合、以块为主”的原则，采取“以点带面、举一反三、查漏补缺、建账销号、限期整改、合力攻坚”的方式，广泛动员社会力量，号召全民行动，集中力量对市容环境、垃圾处理、病媒防控、食品卫生等工作中的顽症实施“歼灭战”。全国爱国卫生运动委员会办公室于2021年1月发布《2018—2020周期国家卫生城市（区）命名名单》，荣昌区榜上有名，荣昌成功创建“国家卫生区”。

一、荣昌区创建国家卫生区的主要做法

（一）领导重视，组织有力，高位推动。一是组织架构健全完善。把创建国家卫生区（以下简称创卫）作为重点工作纳入区委和区政府工作报告，列入区第十四次党代会、区十七届一次人代会的重点工作任务，并纳入对部门和镇街的综合目标考核，强力推进。成立区委书记任总指挥长的“三城同创”总指挥部。建立创卫指挥部，由区委副书记担任指挥长，区四大班子相关领导为副指挥长，下设8个职能组，由分管副区长任职能组组长，各街道和重点部门单位主要负责人为成员。1个指挥部加8个职能组的工作体系以及责任制的压实，为创卫工作提供了有力保障。二是长效机制良性运行。在创建过程中，荣昌建立区级部门联系网格长效机制，区级部门每半月不少于1次到所联系网格督促和指导，督促和协助街道办事处加强城市管理、保持环境卫生，杜绝乱搭乱建、乱停乱放等十乱行为。各级各部门在持之以恒“长”抓和注重平时“常”抓上下足了功夫，确保干净亮丽、健康文明的城市形象能长效保持，时刻经得起检验。三是督查逗硬严格问责。区创卫办严格按照“日督查、周调度、月总结”的工作机制，将线下督查、线上交办协同推进。创建以来，组织各类现场暗访督查近1000人次，采取“发现—建账—交办—整改—回访—销号”六步工作法，闭环处置问题近万个。区委、区政府督查室定期对全区创卫工作整改落实情况进行督查通报，对职责范围内的创建工作不部署、不落实的单位、领导和个人进行通报，问题严重的则严肃问责。

（二）同频共振，齐抓共管，部门联动。一是构建协同机制抓落实。创建以来，全区扎实构建“区委领导、政府统筹、部门联动、社会参与”协同推进机制。区委常委会先后10余次听取创卫工作情况汇报，区人大常委会将创卫工作纳入人大代表监督内容，区政府将创卫工作纳入每周“区长马路办公”重要内容，区政协组织委员对创卫工作开展视察。形成“定人员、定任务、定时限、定标准、定责任”，任务分解“落实到领导、落实到单位、落实到人员”，责任单位“专抓”、基层单位“实抓”的工作格局。二是落实经费保障促达标。区政府专题研究创卫办工作经费、创建项目专项资金、病媒生物防制经费，全部纳入年度财政保障，按工作进度及时足额拨付到位，确保创卫各项指标顺利达标。三年来，荣昌以创建国家卫生区为切入点，结合城市品质提升，累计投入资金近20亿元，用于改善城市环境及卫生设施。三是坚持问题导向抓整治。聚焦群众关心热点、难点，开展“百日攻坚”整治行动，实施15个专项整治，农贸市场、城乡接合部、安置小区等“脏乱差”“老大难”问题得到有效治理。充分发挥财政资金撬动作用，投入1564万元完成城区8个标准化菜市场改造升级，全部实现市场内生熟食合理分区、商品划行归市、管理规范有序。强化执法管控，建立退出奖补机制，引导经营户平稳退出活禽宰杀，优化活禽定点集中屠宰场所建设，支持白条禽冷鲜销售平台发展，实现城区活禽宰杀全面关停。投入近2亿元，拆除荣古路口等5个城区出入口违法建设、违规市场1.3万平方米，城乡接合部集中治理区域达到48.67公顷，出城道路、地下管网、景观绿化得到全面升级。四是创新数字平台抓精细。在强化城市精细化管理方面，荣昌创新建立市域社会治理现代化运行中心，依托现代化技术手段和智能平台，实现对暴露垃圾、出店经营、车辆违停等城市管理场景进行后台智能识别，经过人工审核后，将不文明行为由移动App推送至辖区网格员，同时通过专线链接和客户端方式推送至城管局、交巡警等部门进行处理，从而实现工作闭环，扎实推进创建工作。五是深化“街长”制度督重点。建立区级党政负责人、城市管理部门、镇（街）党政负责人三级“马路办公”机制，推行区级多部门联合“马路办公”模式，高频次、快节奏、全方位解决城市管理问题。印发《荣昌区街长制实施办法》，设立总街长、副总街长、片区街长、街长，研究解决片区内城市管理重点、热点和难点问题。扎实做好每条道路沿线的环境卫生、市容秩序、广告店招、园林绿化、设施维护、市政安全等日常管理工作。在此基础上，荣昌对管理范围和责任制进行延伸和细化，探索推行城市综合管理街长、路长、巷长、楼长、店长“五长制”，形成政府主导、社会协同、公众参与的城市综合治理工作格局，切实提升城市品质。六是丰富活动载体促参与。区委、区政府主要负责人带头，区“四大家”班子调度一致，积极主动参与到“创卫”大军中去，走上街头开展卫生大扫除等活动。各部门、各镇（街）领导干部带头参加全民卫生大扫除和各阶段集中性创建活动。在各大中小学校开设健康教育课，宣传控烟、环保、健康行为等方面的知识。在医院，组织医务人员深入社区、楼院和辖区单位开展健康知识系列专题讲座。在企业，“万步有约”等健身活动蓬勃开展。

（三）晓之以理，广泛发动，全民行动。一是深入动员，凝聚创建力量。牢固树立“创建为民、创建惠民”理念，先后多次召开创建国家卫生区动员大会、推进大会、誓师大会，深刻认识到创建国家卫生区对推动高质量发展、创造高品质生活的重要性和必要性，动员全区上下深度参与，切实凝聚全民创建工作力量。二是广泛宣传，增进创建意识。始终把宣传教育放在创建工作的首位，抓紧抓实抓出特色。发放创卫宣传资料50余万份，在城区广场、交通要道、公园等醒目处设立公益广告牌、标语1000余幅，各单位充分利用微信公众号、App、门户网站等线上线下媒介，宣传创建活动、展示创建成果、推广先进典型、普及创建知识。三是舆论引导，营造创建氛围。荣昌电视台、荣昌日报开设《健康365》《健康荣昌》《健康专栏》《三城同创曝光台》专栏节目，宣传普及健康知识、创卫内容，监督纠正不文明行为，起到了良好的舆论引导作用。

（四）精准施策，严查严控，常态防控。一是坚决果断抗击新冠肺炎疫情。深入贯彻落实习近平总书记关于疫情防控工作的重要指示批示精神，从严从紧从快织密防控网络，坚持“疑似从有”“一例一案”，迅速阻断疫情传播渠道，全区9例确诊病例均为输入型病例，无一起区内扩散传染病例。统筹推进疫情防控和经济社会发展，创新推行“三三制”精准防控，建立复工复产“三员”制度被《人民日报》、央视新闻联播专题报道，实现了“防疫不放松、经济早恢复、社会保稳定”目标。二是落实落细常态化防控措施。以“外防输入、内防反弹”为重点，持续强化“属地、部门、单位、个人”四方责任，完善日常运转与应急处置相结合的工作机制，形成共建共治共享防控格局，外地输入无症状感染者在荣昌高铁站立即被有效管控。以深化爱国卫生运动为抓手，扎实开展“城市三清”“农村三清”环境卫生专项行动，做好垃圾分类管理，定期开展卫生死角清理，营造干净、卫生、整洁的人居环境。依托专业公司，加大人流密集公共场所环境消毒力度，对重点区域开展病媒防制工作，有效治理病媒滋生地。倡导就餐新方式，餐饮门店、事业机关食堂推行分餐制、摆放公筷，形成文明就餐新风尚。广泛开展疫情防控知识宣传，不断提升市民传染病防控意识。

三、荣昌区创建国家卫生区主要成效

（一）促进了经济社会大发展。城市建设管理与经济社会发展共生共荣、相互促进。创建国家卫生区的开展，实现了高质量发展、高品质生活的多赢。2019年，地区生产总值652.5亿元，同比增长9.1%，增速排全市第一；招商引资落地转化率70.1%，居全市第一；荣昌各项事业发展的质量和速度均迈入重庆第一方阵。国务院办公厅通报表彰2019年落实有关重大政策措施真抓实干成效明显地方，重庆揽获五项殊荣，荣昌贡献两项，这也是荣昌第二次被表彰为落实有关重大政策措施真抓实干成效明显地方！在创卫工作的带动下，实现了疫情防控和经济社会发展“双胜利”，2020年上半年，地区生产总值316.44亿元，同比增长2.8%，增速保持全市第一，多项主要经济指标增速居全市前列。

（二）促进了城市形象大改观。创建国家卫生区，增强了城市经营管理水平，城市形象发生了翻天覆地的变化。伴随着创建的进程，楼市垃圾站从我们身边消失、旱厕逐步退出历史舞台、混乱的集贸市场已经成为过去，取而代之的是一大批公园正相继建成。创建以来，新改建公园 12 座，在建 4 座；完成城区新建、改造公厕51座；8 个农贸市场、1 个便民点全部实现提档升级；整治老旧小区、拆迁安置点 731 处，整治雨污管网 13 千米，地面硬化 4.2 万平方米、绿化 15.46 万平方米；清运生活垃圾 55.49 万吨、建筑垃圾 1.12 万吨。道路硬化、绿化、美化、装灯率均达到 100%，荣昌建成区绿化覆盖率为 37.5%，人均公园绿地面积为 9.22 平方米。

（三）促进了市民素质大提升。通过创建国家卫生区，提升了荣昌人民的精气神。城市环境的改善，直接影响并振奋了人民群众的精神，为广大市民提供了健康向上的生产生活环境，激发了广大市民以更加饱满的热情、良好的精神状态投身于各项事业建设。国家卫生区创建活动的广泛开展，进一步深化了市民素质大提升行动。抓理想、激励人，抓环境、改造人，抓教育、塑造人，抓管理、规范人，抓基础、服务人，抓典型、引导人，全区人民向往健康、追求文明、创建国家卫生区的热情和干劲喷涌而出。大家自觉从我做起，从小事做起，从基本行为规范做起，破除陈规陋习，社会风气明显好转，环境面貌显著改变，生活质量大大改善。

二、荣昌区创建国家卫生区主要成效

（一）爱国卫生组织管理工作扎实推进。一是区委、区政府高度重视爱国卫生工作。印发了《荣昌区人民政府关于进一步加强新时期爱国卫生工作的通知》《荣昌区爱国卫生运动委员工作规则》《荣昌区爱国卫生运动委员会成员单位职责分工》等文件，明确了职能职责和目标任务，制定了《“健康荣昌 2030”规划》。二是爱国卫生组织网络健全。调整了爱国卫生运动委员会（以下简称“区爱卫会”）组织领导，由区政府分管区长担任爱卫会主任，区爱国卫生运动委员会下设办公室在区卫健委，由区卫健委主任兼任爱卫办主任，工作人员 6 名，负责爱卫办日常工作。同时，建立完善了镇街（单位）、村（社区）爱国卫生工作网络体系。2017—2020 年区财政投入爱国卫生专项经费 4276.3 万元，确保爱国卫生目标管理、病媒生物防制、健康教育、农村饮用水和环境卫生监测、农村改厕等工作稳步推进。三是日常工作有声有色。积极开展卫生单位创建。荣昌坚持市、区、镇（街道）、村（社区）四级同步创建，开展市级、区级优秀卫生单位、卫生镇、卫生村创建和区级健康城镇示范点。至年底，成功创建市级卫生镇 5 个、市级卫生单位 5 个和卫生村 3 个，区级卫生镇 6 个、区级卫生单位 26 个和卫生村 30 个。深入持续开展城乡环境卫生整洁行动，着力改善城乡环境卫生面貌、提升居民文明卫生意识、提高群众健康水平，促进城乡环境卫生不断改善。各项指标达到相关要求。农村改厕有序推进。2017—2019 年完成农村卫生改厕 1.74 万户，区级财政投入经费 1201 万元。全方位、多渠道加大爱国卫生运动宣传力度，积极倡导广大市民形成健康文明的生活方式和行为方式，有效地提高了广大市民的卫生文明意识，使市民自觉地参与到各项环境整治活动中。在疫情期间，依托爱国卫生运动，持续开展知识普及、卫生整治行动，成为推进疫情常态化防控的重要举措。四是畅通爱国卫生建议与投诉平台。公布投诉电话，区级层面共受理群众爱卫、创卫投诉 1833 件，处理并解决答复 1833 件，问题解决或答复率 100%，处理满意率 100%。群众卫生状况满意率 96%。

（二）健康教育和健康促进落地见效。一是居民健康素养水平逐年提升。根据《重庆市荣昌区人民政府办公室关于印发荣昌区卫生计生发展“十三五”规划的通知》文件精神制定了《荣昌区健康教育与健康促进实施方案》，要求各机关、事业、企业、街道广泛开展健康教育与健康促进活动，2017 年、2018 年、2019 年，居民健康素养水平分别为 15.0%、17.28%、20.87%，达到重庆市相关素养水平要求。二是工作网络和健教阵地完善。健康教育网络健全。区成立了由分管副区长任组长的健康教育和健康促进工作领导小组，各单位、各部门均建立了健康促进工作组织机构，明确了职责。镇街、村（社区）、医疗卫生机构健康教育活动室设置率达 100%，中小学健康教育开课率达 100%。全区累计创建健康单位 8 个、健康学校 11 个、健康餐厅 10 个、健康食堂 9 个、健康社区 56 个、健康步道 2 条、健康主题公园 2 个以及健康知识一条街 2 个。健康教育设置规范。对健康促进工作从组织、人员、经费、措施等方面进行全方位保障。全区各医院、学校、机关事业单位、街道积极响应，落实健康教育专兼职人员 200 余人。加强了全区健康素养监测和指导，扩充了健康素养宣传队伍。健康促进和科普宣传广泛深入。以健康素养 66 条为主要内容，在机关、企事业单位、医院、学校、各大型农贸市场、车站、公园、广场等重要公共场所设置健康教育宣传专栏，利用户外LED电子屏、过街电子屏、在建工地围挡进行健康教育、控烟健康教育核心信息宣传。同时，利用电视、报刊、微信平台等媒体定期进行以健康素养为内容的健康知识宣传。至2020年年末，荣昌广播电视台累计播放《健康365》《健康荣昌》87期、健康教育公益广告3760次、游走字幕3200条，微信公众平台发布健康知识专栏426期，《荣昌日报》刊登健康知识专栏110期。全区开展有特色的家庭主妇高血压防治干预活动，形成品牌。三是控烟履约行动收效明显。全面开展公共场所、工作场所禁烟控烟行动，全面清除烟草广告，有效营造文明吸烟环境。全区所有中小学达到无烟学校标准、全区所有医疗卫生机构全部通过区级无烟单位考评。荣昌区累计创建无烟学校、无烟单位、无烟医院等无烟机构209家。2018年12月13日，顺利通过无烟草广告城区评审验收。四是全民健身活动丰富多彩。2017—2020年，荣昌区累计承办、举办国家级、市级、区级赛事60余次，开展各项群体活动赛事达400余次。社区健身设施覆盖率达100%，常年参与体育锻炼人数比率为50.1%，全区社会体育指导员比例为2.16‰。

（三）城区市容环境卫生提质增效。一是市容环境卫生面貌持续改善。已建成运行城市照明信息化、城市园林绿化数字化管理信息等系统。城市主次干道和街巷路面平整，道路硬化、绿化、美化100%。建成区绿化覆盖率达37.5%，人均公园绿地面积9.22平方米。强化路灯维护和管理，城市道路及公共场所装灯率达到100%，亮灯率达到98%。二是环境卫生作业与工地管理日益精细。生活垃圾日产日清、定时定点收运；城区主要道路、车站、商业区等人流量大的区域，实行清扫保洁时间不低于16小时、其他区域不低于12小时制度，全区主次干道机械化清扫率达88%。建成市级扬尘控制示范工地15个，建筑工地文明施工达到标准要求。目前荣昌区城乡生活垃圾收运处置实现21个镇街全覆盖，实现城区生活垃圾无害化处理率达100%，城镇生活垃圾无害处理率达99%的目标。粪便无害化处理率为100%，2019年生活污水集中处理率达到99.64%。垃圾分类有序推进，2020年全区确定垃圾分类试点村10个。三是环卫设施配置齐备。城市生活垃圾转运站、公共厕所等环卫设施持续完善。城区现有城市生活垃圾转运站21座，每座压缩式垃圾中转站生活垃圾日中转站能力约15吨/日。城区垃圾中转站实行专人管理、设施规范，场地整洁，生活垃圾日产日清，严格实行消杀毒制度，无臭味、无垃圾渗漏液外溢。公共厕所181座，其中二类以上公厕79座，公厕数量满足要求，达到每平方千米4座公厕，主要道路和公共场所公厕能达到二类标准要求。公厕设施基本完善，专人保洁维护，室内外整洁卫生。四是集贸市场管理更加规范。按照创建国家卫生区标准化农贸市场应达到70%以上的要求，2020年，完成对昌元等六个街道8个菜市场（农贸市场）标准化菜市场升级改造工作，市场标准化率100%，设置1个便民点。五是活禽销售市场规范管理。按照疫情防控要求，6个街道农贸市场的活禽销售和宰杀处于关停状态，只允许“白条”销售。六是社区和单位卫生管理到位。社区和单位市容环境卫生责任区制度落实较好，配备了专职清扫保洁人员，清扫保洁状况良好，清扫保洁实施精细化管理，推行“定目标、定路段、定责任、定人员、定奖罚”的“五定”管理机制和考核机制。做到“日产日清、车走地净”。对社区和单位道路进行了全面硬化，对破损路面、地下排水管网、路沿石、无障碍设施等设施做到及时维修或更换，达到了社区和单位道路硬化平坦，路面无坑凹、碎裂、隆起、溢水的要求。社区和单位的临时菜市场、饮食摊点等商业服务设施设置合理，管理规范。七是城中村和接合部卫生持续向好。2020年对城区未实行雨污分流的区域全部进行了雨污分流改造，城中村和接合部污水排放设施完善；持续开展以老旧小区、拆迁安置点、城乡接合部为重点的环境卫生治理工作，着力解决市民反映强烈的“脏、乱、差”问题，对路面坑洼、易形成卫生死角的闲置空地进行了硬化。共整治老旧小区、拆迁安置点731处，城乡接合部326处，清理各类垃圾1.2万余吨。整治雨污管网13千米，地面硬化4.2万平方米、绿化15.46万平方米。

（四）生态环境保护成效显著。一是无重大环境污染事故。近三年未发生环境安全事故，确保了环境安全。不断深化“蓝天保卫战”，空气质量优良天数（API≤100）逐年增加，2017年、2018年、2019年的空气质量优良天数分别为330天、353天、

359天。二是水环境质量持续改善。深入推进“碧水保卫战”，全面推行河长制，全区水环境质量稳中向好。濑溪河全面稳定达标，截至2020年12月已连续21个月水质达到Ⅲ类；清流河市考断面水质达到Ⅲ类；全区城市饮用水源地水质达标率100%，镇（街）饮用水源地水质达标率93.3%。荣峰河获评全市最美河流第一名。三是宁静行动引向深入。2017年、2018年、2019年区域环境噪声平均等级分别为52.2分贝、52.8分贝、52.7分贝，均达到年平均值≤60分贝的要求，网格达标率为100%。四是医疗废弃物处理规范有序。医院指定专人负责医疗废物管理工作，严格做到医疗废物的收集、包装、储存、消毒等有专人按流程到各科室进行规范收集，将每天产生的医疗废弃物进行计重和交接登记、包装、储存，对收集的医疗废物在48小时内全部转移给重庆中明港桥环保有限责任公司进行集中处置。全区医疗废物安全覆盖率、处置率均达100%。区级医院均建成污水处理站，并落实专人负责管理，医疗污水排放符合环保监测指标。

（五）重点场所卫生管理井然有序。一是公共场所卫生管理不留死角。深入贯彻《公共场所卫生管理条例》，开展公共场所卫生监督量化分级工作，428家“四小店”即公共场所小旅店、小美容美发场所、小歌舞厅、小浴室全部完成整治，量化分级均达100%。试行“告知标准—承诺做到—监督检查”的公共场所卫生许可告知承诺制新模式，做到“宽进”“严管”宽严相济，确保全区549家公共场所单位卫生许可证的持证率、从业人员的体检率达100%，直接为顾客服务的从业人员全部持有效健康证和卫生知识培训合格证，公共场所卫生监督监测覆盖率100%、五病调离率100%。结合疫情防控工作，要求公共场所经营单位严格落实环境消杀、从业人员健康检测，做好室内通风、出入人员体温信息监测登记，加大人员密集场所每日消毒频次，巩固疫情防控向好态势。二是学校卫生管理扎实有效。建成区24所中小学均设立了标准的卫生室或保健室，按600∶1比例配备了专兼职卫生专业技术人员102人，并定期组织培训，与就近医疗卫生机构签订了卫生专业技术服务协议，定期对学校开展专业指导。600名学生以下的非寄宿制中小学校配备保健教师。每年对全区中小学校开展传染病防控、突发公共卫生事件防控工作拉网式专项检查。城区各级各类学校、托幼机构食堂均取得食品经营许可证，食堂从业人员体检健康率100%。中小学健康教育开课率100%，健康教育器材、教师、教案、试卷等要素齐备。三是职业卫生监督监测全面到位。全区用人单位作业场所职业病危害因素符合国家职业卫生标准。对重点场所从事职业病危害作业的劳动者开展健康体检5752人次，体检率100%。全区累计投入70余万元用于职业病防治及卫生监督检查。近三年未发生重大职业病危害事故。

（六）食品和生活饮用水安全实现无缝监管。一是工作机制建立健全。认真履行食品安全属地管理责任，将食品安全建设纳入全区国民经济和社会“十三五”发展规划，创建国家食品安全示范城市写入政府工作报告作为必须完成硬性指标。出台《荣昌区食品安全责任追究暂行办法》，建立健全了“党政同责、地方政府负总责、监管部门各负其责、企业是第一责任人”的食品安全责任体系，不断完善政府统一领导、部门协调配合、社会广泛参与的食品安全监管体系，全面提升食品安全保障能力和监管水平，以推进放心肉菜工程建设、农产品质量追溯为抓手，从源头上保障了群众舌尖上的安全，实现了连续三年食品安全“零”事故的目标。二是餐饮业与集体食堂卫生管理坚实有力。按照“整治一批、提档升级一批、淘汰一批”的原则，彻底排查和全面整治食品行业存在的安全隐患和突出问题。完成小餐饮店“前灶后店”整改485家，依法取缔小餐饮店23家。实施量化分级管理率达92%，大型及以上餐饮服务经营单位和学校食堂“明厨亮灶”实施率达100%。三是畜禽屠宰监管推陈出新。严格执行24小时值班制度，严格检疫和肉品品质检验程序，严格查证验物和监测消杀，规范做好检疫记录和品检记录。在全国率先探索出病死畜禽无害化处理与保险联动长效工作机制，实现了监管部门和监管对象双赢，该机制被写入2016年中央1号文件在全国推广。四是生活饮用水安全有保障。市政供水、二次供水单位、居民小区直饮水管理规范，各类供水单位均持有效卫生许可证。直接从事供管水的工作人员均持有效健康证上岗。净水工艺完备，水质净化处理、消毒设备齐全并运转正常，外围卫生状况良好，水厂自身卫生管理规范。2017年1月至2019年5月，建成区集中式供水单位抽检出厂水15件，末梢水387件，抽检二次供水4件，抽检小区现制现售饮用水 88 件，合格率均为 100%。近三年全区未发生饮用水污染事故。

（七）公共卫生与医疗服务卓有成效。一是传染病疫情管控有力。严格执行传染病联防联控工作机制，落实部门、属地、单位和个人“四方责任”，2020 年，法定传染病报告率为 98.6%。艾滋病、结核病防治实现“三位一体”管理模式。在全区范围内加强结核病、艾滋病、霍乱、人感染 H7N9 禽流感等重大重点疾病防治监测工作，严防重大疫情发生和散播。二是免疫规划工作日益规范。全区流动儿童建卡、建证率 100%，“八苗”报告接种率 100%。全区共建立预防接种门诊 23 个，均达到合格门诊以上标准，已建成投入使用的数字化门诊 12 个。全区接种门诊已启用疫苗全程追溯系统，实现入库扫码，扫码接种，实现了接种疫苗的全程追溯。三是慢病综合防控到位。2017 年荣昌区成功创建国家慢性病综合防控示范区。在全区积极推进全民健康生活方式行动示范创建工作，通过在全区开展健康单元的创建，营造良好的健康氛围。全区机关、企事业单位开展工间操的有 237 家，占比为 81.4%。至 2020 年年底，建成区内各类健康社区、健康单位、健康食堂、健康餐厅等健康示范场所共 109 个；全区成功创建无烟单位 209 个。四是精神卫生管理落到实处。至 2020 年 7 月底，累计检出严重精神障碍患者 4288 人，检出率达 5.99‰，管理率 90.56%，治疗率 82.44%。五是区疾控中心设置合理。区疾控中心的人员及经费满足工作需要，人均房屋面积达标率为 120.19%，实验室面积占建筑面积的 39.07%，实验室面积达标率为 119.81%，实验室仪器达标率 92.30%，均达国家要求。疾病控制各项业务工作取得长足进步，位居全市前列。区疾控中心被重庆市人力社保局、卫生健康委表彰为“重庆市卫生健康系统先进集体”。六是医疗市场规范有序。无偿献血量能够满足临床用血需要，临床用血 100% 来自自愿无偿献血。建成区内无非法行医、非法采供血和非法医疗广告。2018 年，区中心血库采血班组获得全国优秀采血班组荣誉。七是基层医疗机构标准化建设全覆盖。21 个镇（街）均设置有社区卫生服务中心/乡镇卫生院，标准化建设达标率为 100%，城乡每万名居民有 3 名（256/75 万）全科医生。八是妇幼健康。2020 年，婴儿死亡率为 1.9‰；5 岁以下儿童死亡率为 4.14‰；孕产妇死亡率为 17.26/10 万。

（八）病媒生物预防控制立竿见影。一是工作机制运行顺畅。先后制定完善《荣昌区病媒生物预防控制管理办法》《重庆市荣昌区创建国家卫生区病媒生物防制实施方案》和《重庆市荣昌区病媒生物防制技术方案》等，有效建立起“区、镇（街道）、村（社区）、单位”四级病媒生物防制网络，形成了“政府主导、部门协作、专业公司指导、全民参与”的工作体系。2019 年 5 月通过重庆市爱卫办组织的病媒生物防制 C 级达标验收，建成区鼠、蚊、蝇、蟑螂的密度均达到国家病媒生物密度控制水平标准 C 级及以上要求。二是孳生地管理措施得力。公共外环境及重点行业和单位病媒生物专业化防制工作实现全覆盖。湖泊、河流、小型积水、垃圾、厕所等各类病媒生物孳生环境得到有效治理。三是监测调查规范翔实。建成抗药性监测实验室 1 个，扎实提升病媒生物抗药性监测工作能力。每年制定《荣昌区病媒生物密度监测方案》，定期开展鼠、蚊、蝇和蟑螂密度监测工作，为防制工作提供科学指导。重点行业和单位防鼠设施合格率达 95.45%、防蚊蝇设施合格率达 95.28%。

满载荣誉接续奋斗，持续铸造更加健康宜居的美丽棠城。荣昌将进一步巩固创建“国家卫生区”成果，持续提升创建质量，全面改善荣昌市民的生活环境和生活水平，为荣昌经济社会高质量发展，奋力建设成渝地区双城经济圈重要增长极奠定坚实的卫生健康基础。

（周　彬）

创建三甲医院

一、区人民医院等级创建有序推进

（一）基础设施建设方面。为改善区人民医院诊疗环境，奠定创建三甲医院基础，区委、区政府决定将区人民医院整体迁建至濑溪河滨水组团，落实建设用地 10.8 公顷，项目将于 2023 年完工并投入使用。区人民医院改扩建工程选址从宝成中学地块调整为水泥厂片区后，整体迁建方案已通过重庆市荣昌区规划委员会审查，可行性研究报告已编制完成，目前正在进行二级医疗工艺流程设计；现门诊大楼行政办公用房将搬迁至区妇幼保健院老院区处。

（二）学科建设方面。2020年新增的肿瘤科、疼痛科、营养科、老年科、全科医学科、感染性疾病科均已先后开科；妇科尿失禁门诊于2020年7月初正式开诊；呼吸与危重医学科（PCCM）荣获全国第十批PCCM专科规范化建设项目二级及以上医院优秀单位；荣昌区区域检验中心和病理中心正式落成；市级临床重点专科创建项目胸外科有序推进。

（三）五个中心建设建设方面。区人民医院由市卫生健康委确定为辖区危重孕产妇救治中心、危重新生儿救治中心。2019年以来分别启动区域胸痛中心、区域卒中中心建设、区域创伤中心建设。目前胸痛中心已经通过国家标准版胸痛中心认证，卒中中心通过国家基层版认证，创伤中心接受重庆市创伤医学医疗质控中心现场评审并受到专家高度评价，心内科通过国家标准版高血压达标中心和心衰中心认证。

（四）人才队伍建设方面。2020年引进博士5名（柔性引进4名），新增硕士研究生31名；新增正高级职称4名；新增市级学科技术带头人2名，区级学科技术带头人11名；新增市级学术团体副主委1人。区人民医院现有硕士研究生103人、博士研究生5人，重庆市市级卫生学术技术带头人2名，重庆市中青年医学高端后备人才1人，美国访问学者2人。

（五）科研教学成效明显。2020年申报重庆市科学技术局自然科学基金项目（省部级）1项、市卫生健康委科卫联合项目（省部级）12项、荣昌区科学技术局科研项目（区县级）55项；其中省部级科研项目立项3项（重庆市科技局自然科学基金面上项目1项、重庆市科卫联合项目面上项目2项），11项区级科研项目获立项批准；发表SCI收录论文7篇，获批实用新型专利13项。

（六）推行绩效改革。引入国际通用的精细化绩效计算模式（RBRVS工作量法），向高风险医疗服务项目、关键岗位、新技术实施的优秀人才及临床一线倾斜。

（七）模拟评审方面。邀请市内外等级医院评审专家17名到医院指导三甲医院创建工作。

二、区中医院、区妇幼保健院启动创“三甲”工作

2020年10月16日，在区行政中心召开了区中医院、区妇幼保健院创建三级甲等医院启动会，区委书记、区长出席并就三甲医院创建提出要求。区中医院、区妇幼保健院将依托西南医科大学附属中医院、四川大学华西二院在人才、政策、技术等全方位的帮扶，力争区中医院在2024年、区妇幼保健院在2025年成功创建三级甲等医院。

（区卫生健康委）

大 事 记

1月

9日 重庆大爱成科技股份有限公司的爱成光学研发制造中心（一期）投产仪式在眼镜产业园举行。该中心包含智能生产制造中心、互联网眼科医院样板中心、眼镜职业技能培训学校、智能研发中心等。

是日 荣昌入选第二批全国农村创新创业典型县。

16日 中央文明办到荣昌区慰问全国道德模范徐前凯。

17日至19日 政协重庆市荣昌区第十五届委员会第四次会议在荣昌剧场召开。

17日 全市首个“人大文化生态园”在荣昌区正式开园。

18日至20日 荣昌区第十七届人民代表大会第五次会议在荣昌剧场召开。大会选举产生区人民政府区长，高洪波当选为荣昌区人民政府区长。

19日 荣昌区城乡融合示范项目—渝西小蓝村农旅文创产业园区项目启动。

20日 全国政协常委、全国委员会副秘书长、提案委员会副主任，九三学社中央委员会副主席赖明率调研组到荣，就生猪期货市场建设与成渝一体化高质量发展进行调研。

23日 荣昌区召开贯彻落实新型冠状病毒感染肺炎疫情防控工作电视电话会议。

26日 荣昌区新型冠状病毒感染肺炎疫情防控指挥部发布第1号关于做好荣昌疫情防控工作的通告。

是日 荣昌区新型冠状病毒感染肺炎疫情防控指挥部发布第2号关于暂停全区部分公共交通运营的通告。

27日 荣昌区新型冠状病毒感染肺炎疫情防控指挥部发布第3号关于暂停全区所有大型人员聚集活动的通告。

28日 荣昌区新型冠状病毒感染肺炎疫情防控指挥部发布第4号关于依法依规坚决打击网络谣言的通告。

30日 荣昌区确诊首例新型冠状病毒感染肺炎病例。

是日 区住房和城乡建委发布紧急通知，为尽可能减少疫情传播风险，对全区的物业小区实施封闭管理。

是月 荣昌入选国家城乡融合发展试验区，成为重庆西部片区的9个国家城乡融合发展试验区之一。

第三届全国产业转型升级示范区建设现场交流会上，荣昌国家产业转型升级示范区、国家产业转型升级示范园区获国家发展改革委、科技部、工业和信息化部、国土资源部、国家开发银行正式授牌。

2月

1日 荣昌区新型冠状病毒感染肺炎疫情防控指挥部发布第5号关于加强外地来（返）荣人员、车辆管理的通告。

是日 区委政法委、区人民法院、区人民检察院、区公安局、区司法局发布《关于对妨碍新型冠状病毒感染的肺炎疫情防控工作的十种行为进行依法处理的通告》。

2日 市新型冠状病毒感染的肺炎疫情防控督导组到荣昌督导疫情防控工作。

6日 荣昌区新型冠状病毒感染肺炎疫情防控指挥部发布第6号关于城区小区人员凭通行券出入的通告。

12日 市委常委、统战部部长李静率督导组到荣昌督导疫情防控工作。

13日 荣昌区全面完成新型冠状病毒感染肺炎疑似病例和密切接触者PCR（核酸）检测全覆盖。

14日 荣昌区确诊第9例新型冠状病毒感染肺炎病例，也是荣昌区2020年新型冠状病毒感染肺炎疫情最后一例确诊病例。

16日 市卫生健康委指导组到荣指导新冠肺炎疫情防控工作。

20日 新冠肺炎疫情发生后，荣昌区首批跨省返岗农民工出发。

21日 新增45家荣昌高新企业进入“重庆市2019年高新技术企业名单”，全区高新技术企业累计达72家。

22日 新冠肺炎疫情发生导致暂停班车后，荣昌区内应急客运班线首日开通运行。

是日 荣昌取消新冠肺炎疫情发生后所设的全部交通检疫点。

26日 荣昌区2020新型冠状病毒疫情最后1例确诊病人治愈出院。

27日 全国人大代表曹清尧“临界贫困户要帮扶”的建议在人民日报发表。

是日 荣昌区举行2020年一季度招商引资重点项目“云视频签约”仪式，采用现场签约和视频签约相结合的方式，签约项目12个，合同投资金额70.3亿元。

3月

2日 全区各中小学校全面实施国家课程线上教学。

4日 荣昌区新型冠状病毒肺炎疫情防控指挥部发布第8号通告。全区即日起，除餐饮聚集堂食、农村各类宴席等6种情况外，全面恢复正常生产生活秩序。

5日 荣昌区召开第三届城乡规划委员会第十七次全体会议，研究荣昌区国土空间总体规划编制工作，审议荣昌区老干部活动中心及夏布保护利用设施设计方案等。

9日 荣昌区举行2020年春季工业项目集中开工活动暨安杰利（重庆）生物科技有限公司开工仪式。全区12个重大工业项目集中开工，其中8个是市级重点项目，总投资达62.9亿元，涉及农牧高新、新型建筑材料、节能环保、食品医药等领域。

10日 市级专项督导组到荣督导疫情期间脱贫攻坚工作。

11日 市农业农村委主任路伟一行到荣调研活禽集中宰杀相关工作。

12日 由内江市委书记马波一行率领的内江市党政代表团到荣考察，双方就进一步深化川渝合作交流，共同推动内江和荣昌协同发展，全面融入成渝地区双城经济圈建设进行深入探讨交流。

15日 荣昌区支援重庆医科大学附属永川医院医疗小组历时45天，完成医疗救治任务返荣。

16日 自贡市与荣昌区合作交流座谈会在区行政中心召开，双方就进一步深化川渝合作交流，共同推动自贡和荣昌协同发展，促进成渝地区双城经济圈建设进行探讨交流。

18日 重庆向往建筑节能科技有限公司生产项目举行开工奠基仪式。项目总投资5亿元，主要建设绿色节能装配式ALC墙材生产项目。

是日 荣昌区召开2020年生猪产业发展专题会。

20日 重庆市潼南区党政代表团到荣考察产业发展、园区建设。

23日 新华社重庆分社到荣调研成渝地区双城经济圈建设。

25日 市委书记陈敏尔一行到荣调研推动成渝地区双城经济圈建设。

26日 四川大学华西第二医院院长刘瀚旻一行到荣妇幼保健院调研，就加速推进紧密型医联建设进行磋商。

4月

1日 荣昌区以农资公司家属院改造工程项目为试点，在昌元街道率先启动老旧小区改造。

2日 四川省发展和改革委员会副主任邓长金、

重庆市发展和改革委员会副主任米本家率考察团到荣，就推动成渝地区双城经济圈建设，推进成渝毗邻区县协同发展合作进行考察。

3日 荣昌区召开脱贫攻坚决战决胜誓师大会。

是日 荣昌区举行新型基础设施项目集中开工活动，开工9个新基建重大项目，总投资近12亿元。

6日 荣昌区出台《荣昌区人民医院创建三级甲等综合医院实施方案》。

7日 泸州市党政代表团到荣考察，双方签订《推进成渝地区双城经济圈建设一体化发展2020年行动计划》。

8日 重庆市设计院院长徐千里一行到荣，指导荣昌区老旧小区改造工作。

9日 荣昌区与上海渝头商贸有限公司签订项目合作协议。总投资4亿元。

是日 市人大常委会主任张轩到荣昌调研文旅产业发展工作。

10日 荣昌区召开"提升战略认知水平，全面融入双城经济圈"专题讨论会。

是日 荣昌区人民医院与成都塞力斯医疗科技有限公司签署医用耗材集约化运营平台建设及日常运营管理服务协议。

13日 荣昌区22个绿色食品上榜市级绿色食品有机食品认证及农产品地理标志奖励名单。

15日 德力玻璃（重庆）有限公司生产项目奠基仪式在广富工业园举行。

是日 "规划建设荣昌货运机场"写入市委五届八次全会审议通过的《中共重庆市委关于立足"四个优势"发挥"三个作用"加快推动成渝地区双城经济圈建设的决定》中。

是日 荣昌区和荣县深化川渝合作推进成渝地区双城经济圈建设交流座谈会在区行政中心召开，双方就进一步深化川渝合作，推动协同发展，促进成渝地区双城经济圈建设进行探讨交流。

市煤矿督查组到荣检查九井煤矿生产安全。

17日 中共重庆市荣昌区第十四届委员会第八次全体会议召开。会议通过《中共重庆市荣昌区委关于着力"补短板做强项提品质"建设成渝地区双城经济圈重要增长极的决定》。

是日 市水利局副局长卢峰一行到荣调研水利工作。

20日 市人大常委会副主任夏祖相率队到荣调研"三社"融合发展和动物防疫工作。

是日 重庆荣昌猪产业集群上榜农业农村部、财政部"2020年优势特色产业集群建设名单"。

21日 荣县县委书记韩明祝一行到荣调研，并就深化川渝合作推进成渝地区双城经济圈建设进行交流座谈。

22日 荣昌区与浙江惠嘉生物科技股份有限公司签订建设年产10万吨生物饲料投资项目，项目总投资1亿元。

24日 荣昌区党政考察组前往重庆文理学院就融入成渝地区双城经济圈战略、进一步深化合作办学进行深入洽谈。

26日 荣昌区召开区在成渝地区双城经济圈"桥头堡"地区联动带动专项规划专题研讨会。

27日 荣昌区非公有制组织党务工作者协会定单助力脱贫攻坚集中签约仪式活动举行。20家企业会员与荣昌区18个脱贫村、落后村和定点攻坚村签订20个帮扶项目，协议帮扶资金3500万元、提供就业岗位700个。

是日 荣昌区妇女儿童医院与四川大学华西二院建立的远程会诊中心正式建成开诊。

重庆市人大常委会副主任王越带队到荣调研法制相关工作并召开法治政府建设调研片区座谈会。

28日 荣昌区召开全区城乡融合发展工作领导小组第一次会议。

是日 重庆市科学技术协会、重庆市经济和信息化委员会、重庆市地方金融监督管理局联合出台的《关于依靠中国科协"科创中国"平台促进科技经济融合发展实施方案》确定沙坪坝区、九龙坡区、永川区、大足区、荣昌区、高新区6地为"科创中国"创新枢纽城市。

29日 荣昌区党政代表团到四川省自贡市学习考察，签署《推进成渝地区双城经济圈建设一体化发展2020年行动计划》。

5月

4日 荣昌区与泸州市、永川区、江津区共同开展"云游成渝双城经济圈"网络直播活动，为成渝青年搭建交流合作、就业创业、互动交友的平台。

5日 荣昌区获国务院办公厅2019年落实有关

重大政策措施真抓实干成效明显地方名单和相应激励措施通报表扬。

6日 荣昌区第三届青年人才论坛—“青春心向党·奋力奔小康”渝西川东创新创业大赛在华森制药第五期新建GMP生产基地举行。

7日 西南大学荣昌区人民政府深化区校合作签约仪式在区行政中心举行。

8日 自贡市教育局、体育局到荣调研教学管理工作。

9日 重庆华翱洁净科技有限公司生产项目正式开工建设。该项目总投资10亿元，产品主要包括玻镁板、防返卤硫酸镁板、防脱落手工板、净化板开卷装置、纠偏系统等，广泛应用于医院、药厂、电子厂、新能源、实验室建设等净化领域。

是日 荣昌内江签订合作协议。建立社保就业等6个方面服务一体化发展机制。

11日 求是《小康》杂志社社长舒富民携苏州捷迪纳米科技有限公司等5家企业到荣，就推进产业项目合作事宜进行对接交流。

12日 重庆高技术创业中心主任杨建华率队到荣考察区科技企业孵化及众创空间创建工作。

14日 荣昌首个警保联运“交通安全宣教基地”投用。

是日 四川省农业科学院党委书记吕火明、重庆市农业科学院院长唐洪军率专家学者到荣，围绕成渝地区双城经济圈建设及成渝现代高效特色农业带建设等内容展开调研和交流，为进一步深化农业科技合作、打造农业新增长极打下坚实基础。

15日 荣昌区与重庆文理学院签订校地战略合作协议。双方就合作办学与发展、人才培养与引进、科技合作与创新、乡村振兴与文旅等领域共同探索创新、深化校地合作签订合作协议，通过发挥人才集聚优势，全面提高高等教育质量，促进区域经济社会发展。

18日 荣昌区2020年二季度招商引资项目在区行政中心集中签约，广东金绿能科技有限公司、恩施市楚王综艺营养有限公司等企业的28个项目落户荣昌，项目涉及装备制造、轻工陶瓷、食品医药、农牧高新等诸多领域。

是日 重庆川商合作发展共同体“走进荣昌”商务活动举行，全国各地32家重庆川商合作发展共同体成员单位负责人，深入园区参观考察，并与全区就推进产业项目合作事宜进行交流座谈。

20日 市扶贫办到荣开展新冠肺炎疫情对脱贫攻坚影响的专题调研。

20日至21日 埃塞俄比亚驻重庆总领事馆代总领事安特能·塔瑞库一行赴荣访问考察，推动双方进一步加强商贸合作。

21日 荣昌区和荣县组织部门就深化两地合作，加速融入成渝经济圈建设等签订合作协议。

22日至28日 全国人大代表、荣昌区委书记曹清尧参加十三届全国人大三次会议。

26日 重庆市卫生健康委负责人黄明会一行到荣调研“三甲”医院创建工作。

是日 荣昌区老科学技术工作者协会成立。

28日 自贡市、荣昌区两地人力社保部门签订合作协议。在两地人力资源、公共就业创业、农民工工作、社会保险、职业技能、专技人才、劳动关系7大领域19项具体事项达成共识。

6月

1日 重庆市高新技术产业开发区协同创新战略联盟正式成立。联盟由重庆、璧山、永川、荣昌4个国家级高新区发起，联合大足、铜梁、潼南、涪陵、合川、长寿、綦江7个市级高新区共同成立。联盟共有高新技术企业近1300家，研发机构近1000个。

3日 重庆市生态环境局局长辛世杰到荣，就生态环境保护工作和中央环保督察反馈问题整改落实情况进行调研。

4日 铜梁区委书记唐小平率铜梁区党政代表团到荣考察。

5日 荣昌区第三届规划委员会第十八次全体会议，审议荣昌区综合交通枢纽中心设计方案、吴家镇C17-1/01地块控制性详细规划修改方案等。

10日 荣昌区委书记曹清尧率考察团赴江苏省昆山市，考察学习昆山在产业发展、社会治理、规划建设、招商引资等方面的先进经验。

11日 深圳市鼎业电子有限公司来到考察并与重庆市荣昌区·东莞市坦晋电子科技有限公司项目签约。

12日 荣昌、内江两地党政代表团在内江签订了“推进成渝地区双城经济圈建设一体化发展2020

年行动计划”“共建现代农业高新技术产业示范区框架协议”。

是日 重庆（荣昌）生猪大数据中心与广州市艾佩克养殖技术咨询有限公司签订战略合作框架协议。

国家生猪大数据中心首个分中心在内江市正式运行。

13日 荣昌区举行“文化和自然遗产日”非遗展示暨第四届文化旅游惠民消费季活动。

15日 广东省肇庆市到荣考察国家级重庆（荣昌）生猪交易市场建设。

17日至18日 市人民检察院检察长贺恒扬调研荣昌脱贫攻坚工作。

18日 全市乡村文化振兴主城都市区座谈会在荣昌区召开。

是日 区城市管理局与欧尚购物广场深圳有限公司签订合作协议。该公司总投资2亿元，在荣投资建设欧尚购物大型连锁超市。

19日 荣昌区召开推动成渝地区双城经济圈建设领导小组第一次全体会议。

23日 荣昌区委书记曹清尧为傅周俞颁发“见义勇为先进分子”荣誉证书和奖金。

30日 荣昌装备制造等领域12个工业项目集中开工，项目总投资36亿元。

是日 全区镇街党校成立仪式在荣隆镇吕玉久纪念馆举行。

是月 《荣昌区促进3岁以下婴幼儿照护服务发展实施方案》出台。

7月

2日 荣昌区与西南大学举行共建“西南大学荣昌区非物质文化遗产研发中心”签约仪式。

3日至4日 荣昌区与重庆日报报业集团联合举办

“文创产业的荣昌探索”调研座谈会。

10日 荣昌区召开区十七届人民政府第八十五次常务会议，审议通过《荣昌区促进乡村产业振兴实施方案》等议题。

是日 荣昌与内江签订“文化旅游合作协议”。

荣昌与泸州签订“大数据一体化共建双城经济圈框架合作协议”。

市科协到荣调研科技经济融合发展工作。

13日 荣昌区召开区十七届人大常委会第三十七次会议，决定任命程建林为区人民政府副区长。

是日 “扶贫印记”——2020重庆视觉扶贫行动走进荣昌，重庆日报、重庆晚报、华龙网等主流媒体及视觉重庆城市影像服务团的30余名专业摄影记者和摄影师来到观胜镇银河村，用镜头记录脱贫攻坚取得的成效和新面貌。

16日 荣昌区人民政府与中国铁塔股份有限公司重庆市分公司（简称中国铁塔重庆市分公司）签订“5G智慧荣昌”战略合作协议。

17日 荣昌高新区入围国家级大众创业、万众创新“双创”特色载体。获中央财政补助2500万元。

17日至23日 荣昌区第十届房地产展示交易会暨卫浴陶瓷建材展示交易会在区人民广场举行。

21日 财政部重庆监管局征求全国人大代表对财政工作的意见建议座谈会在区行政中心召开。全国人大代表、区委书记曹清尧出席会议并讲话，财政部重庆监管局党组成员、一级巡视员赵英洪主持会议。

是日 市委教育工委书记、市教育委员会主任黄政到荣调研教育工作。

“共建经济圈·巴蜀文化行”2020年荣昌·内江全面融入双城经济圈建设书画作品联展活动开幕。

23日 荣昌区召开区第三届规划委员会第十九次会议，研究审议宝城寺中学地块、区人民医院门急诊住院综合楼地块控制性详细规划修改方案以及区疾病预防控制中心扩建项目、区中医院后期建设项目规划设计方案等。

是日 荣昌区土地推介座谈会暨房地产企业和卫浴陶瓷建材企业对接合作座谈会在区行政中心召开。

重庆市人民政府台湾事物办公室主任陈全一行到荣走访台资企业。

川渝公共法律服务工作联席会议在荣昌召开。

25日 重庆大昌建设发展有限公司·重庆荣昌汽摩关键零部件智能制造产业基地项目举行开工仪式。该项目总投资10亿元，主要生产汽摩关键零部件、电动车等，年产值达20亿元。

28日 北碚区党政代表团到荣考察园区建设、招商引资、产业发展等工作。

是日 荣昌召开全区国土空间规划、“双百”专项规划审查专题会。

31日 农工党重庆市委会、农工党四川省委会助推成渝地区双城经济圈建设一体化发展合作框架协议签约仪式和农工党川渝五地组织助推成渝地区双城经济圈建设合作框架协议签约仪式在荣昌举行。

是日 荣昌区西部陆海新通道货运班列开通仪式在荣昌综合物流园举行。

荣昌区顺利开行西部陆海新通道铁海联运首趟班列。

8月

4日 市商务委主任张智奎到荣调研特色产业培育、专业市场运营、电商产业发展和对外贸易等工作。

是日 自贡市人大常委会考察团到荣考察并举行两地人大《推进成渝地区双城经济圈建设一体化发展合作》签约仪式。

6日 荣昌召开区第三届规划委员会第20次会议，审议荣昌区黄金坡新区城市设计方案、荣昌区生活垃圾焚烧发电项目选址方案、德力股份西南产业基地玻璃制造项目方案设计。

是日 市发展改革委到荣调研新型城镇化及城乡融合工作。

11日 中国陶瓷工业协会常务副理事长吴越申率专家组到荣，对荣昌区创建中国（西部）陶瓷之都相关工作进行考评，专家组考评通过荣昌创建中国（西部）陶瓷之都。

13日 “成渝地·巴蜀情”群星璀璨2020美术书法摄影作品展在荣昌区文化馆举行。

是日 荣昌区召开平安建设暨防范化解重大风险领导小组2020年第一次会议、扫黑除恶专项斗争领导小组会议和市域社会治理现代化试点工作会议。

荣昌区胸痛中心接受中国胸痛中心认证专家组现场核查。

17日 荣昌区创建国家卫生区工作部署会在区行政中心召开。

是日 荣昌区盘龙镇合靖中心小学救人教师傅周俞入选“重庆好人”榜。

18日 荣昌区人民政府与四川美术学院签订《川渝版权合作框架协议》，共同推动荣昌区文化旅游融合发展和四川美术学院教学科研工作。

是日 荣昌陶器入选2020年度市级驰名商标品牌和地理标志商标品牌拟奖励公示名单。

20日 重庆西部电子电路产业园暨重庆弘耀电子科技有限公司投产仪式在荣昌举行。随后，荣昌区举行重庆西部电子电路产业园项目推介暨签约仪式，新签约5家，共签约30家，合同金额56.6亿元。

是日 由中国农村技术开发中心、重庆市科技局共同主办的“100+N”开放协同创新体系建设暨重庆农业农村科技创新融合发展会议在荣昌召开。

国家县域医共体建设专家组一行到荣调研紧密型县域医共体建设试点工作。

21日 成渝地区双城经济圈教育协同发展“面向2035的学校教育”研讨会在荣举行，川渝两地及云南、贵州等地学校校长及教育界专家学者共计600余人参会。国家督学、中国教育学会副会长、北京十一学校联盟总校校长李希贵，国家督学、中国教育学会副会长钟燕等人出席活动。

22日 “双城情绵长 鹊桥架濑溪”第七届七夕河灯旅游文化节在万灵古镇开幕。

26日 荣昌上榜《国家体育消费试点城市名单》，是重庆市唯一上榜的区县。

28日 市发展和改革委员会到荣调研荣昌高新区发展情况。

29日 农业农村部信息中心主任王小兵率队到荣调研国家生猪大数据中心调研建设、管理及运营情况，并就深入推进中心建设发展进行座谈交流。

是日 由中国国际智能产业博览会组委会主办，市农业农村委、区人民政府、市畜牧科学院承办的2020线上中国国际智能产业博览会—大数据·智能化赋能生猪产业高峰论坛在荣举行。

30日 重庆华森制药上榜《2020年中国医药工业最具成长力企业》。

31日 重庆市文化和旅游发展委员会到荣调研文旅产业发展。

9月

1日 重庆银保监局到荣座谈调研全国人大代表、区委书记曹清尧关于推动降低民营企业融资门槛办意见建议办理情况。

3日 荣昌区人力资源服务产业园开园、荣昌区大学生就业创业公共服务中心授牌仪式在荣昌高新区举行。

是日 荣昌国家级非物质文化遗产荣昌夏布亮相2020年中国国际服务贸易交易会。

4日 重庆市政府外事办到荣调研外事及对外开放工作。

5日 “重庆好礼”旅游商品（文创产品）设计大赛在荣昌举行，并同步举办优秀商品大赛、外事礼品评选、旅游商品展示、直播带货，以及发布川南渝西旅游精品路线。

是日 2020巴蜀文化旅游创意产业发展论坛在荣昌举办。

10日 全国人大代表、区委书记曹清尧率党政代表团到四川省资阳市交流考察。

是日 荣昌区人大代表运动会暨自贡、泸州、荣昌人大系统羽毛球、乒乓球邀请赛，在全民健身活动中心举行。

14日 2020重庆网络安全宣传周暨重庆网民文化季在荣昌安陶小镇启动。

是日 荣昌举行智博会场外自主签约暨第三季招商引资重点项目集中签约，签订54个项目协议，金额265亿元。

2020数据安全高峰论坛在荣昌安陶小镇举行。市委常委、宣传部部长张鸣出席论坛并讲话。中国科学院院士王小云、郑建华，中国工程院院士方滨兴、郑纬民等作主题报告。

16日 荣昌区委副书记、区长高洪波带队参加2020线上智博会华为云与计算城市峰会，并代表荣昌区政府与重庆市经济和信息化委员会、华为软件技术有限公司签署工业互联网创新中心战略合作协议。

是日 国家生猪大数据中心在2020线上中国国际智能产业博览会主会场，对外发布全国首个荣昌猪数据标准体系。

17日 荣昌区举行2020年全国科普日启动暨第八届荣昌区青少年科技创新区长奖颁奖仪式。

是日 荣昌区举行第三届“中国农民丰收节”。

18日 荣昌区举行2020年第三季度工业项目集中开工仪式。集中开工项目16个，总投资达50亿元，用地53.33公顷，租赁厂房6.1万平方米，涉及农牧高新、装备制造、食品医药等领域。

是日 市政协副主席宋爱荣率队到荣，调研荣昌区发挥主城都市区“桥头堡”作用的情况。

22日 2020重庆“晒旅游精品·晒文创产品”大型文旅推介活动—荣昌专场在重庆卫视播出。

24日 全区首批5个“网络素养教育基地”授牌仪式在区行政中心举行。此次授牌的荣昌网络素养教育基地包括区青少年活动中心、联升小学、重庆市在村头电子商务有限公司、重庆潮尚互联网科技有限公司、重庆锦辉文化传媒公司5家单位。

是日 荣昌区与四川省宜宾市、泸州市、自贡市、内江市，以及重庆市江津区、永川区共同签订“川南渝西七市（区）文化旅游战略合作协议”。

25日 渝西摄影联盟第六届大型摄影展在区文化馆举行，105幅摄影作品惊艳亮相，生动展现了渝西地区的风土人情和别样魅力。

27日至28日 第三届中国四大名陶展（4+N）在云南建水开展，“荣昌陶”获得2金4银6铜。在同期举办的四大名陶展（4+N）陶瓷技艺大赛上，“荣昌陶”获得2金2银1铜。

30日 荣昌召开区第三届规划委员会第二十一次全体会议。

是日 市住房和城乡建委主任乔明佳率队到荣，调研荣昌区城乡规划建设工作情况。区委书记曹清尧，区委副书记、区长高洪波，区领导王忠荣、秦启光、程建林，重庆市设计院董事长、党委书记徐千里陪同调研和座谈。

10月

9日 “2019重庆荣昌国际马拉松赛”荣获中国田径协会“铜牌赛事”和“自然生态特色赛事”称号。

12日 荣昌区兴农融资担保有限责任公司、重庆银桥融资担保有限公司入选重庆市财政局、重庆市地方金融监督管理局公布的首批政府性融资担保机构名单。

是日 荣昌峰高叶家房子和安富碉堡楼两处建筑入选市第四批历史建筑名录。

15日 全市养老服务工作片区调研座谈会在荣召开。

是日 荣昌区与江西煌上煌集团食品股份有限公司成功签约，总投资10亿元的酱卤食品生产项目正式落户荣昌。

第九届中国畜牧科技论坛新闻发布会在重庆市新闻发布中心举行。

16日 2020年渝西川东网信协作联席会议暨“十四五”信息化规划业务培训会在荣昌举行。

18日 荣昌区2020年工业项目第四季度集中投产活动暨重庆紫川食品有限公司投产仪式在荣昌高新区举行。

20日 2020年川渝畜牧劳动和技能大赛在荣昌区职教中心举行。

22日 农业农村部畜牧兽医局二级巡视员王俊勋来荣调研国家生猪大数据中心建设情况。

是日 成渝地区双城经济圈生猪产业区域合作论坛在荣昌举行。

23日 第九届中国畜牧科技论坛在荣昌开幕。全国150余所大学和畜牧科研院所、300余家企业的2000余名专家学者和企业家参加。

是日 国家畜牧科技城建设暨国家生猪技术创新中心建设方案专家咨询论证会在荣昌召开。

中国畜牧业发展高层论坛在荣昌举行。

第九届全国畜牧兽医青年科技工作者学术研讨青年互动论坛和青年托举论坛在荣昌举行。

24日 荣昌区第四季度重点招商引资项目集中签约，项目49个，合同总金额218亿元。

26日 荣昌区首个养老服务协会成立。

27日 中国民主同盟重庆市荣昌区总支部第九次盟员大会召开。大会选举产生民盟重庆荣昌区总支部第三届委员会。

28日 2020年成渝地区双城经济圈青年企业家峰会·荣昌区招商引资推介会在荣开幕。

是日 市政协副主席、市信访办主任徐代银率队到荣昌公开接待上访群众。

29日 荣昌区新闻工作者协会正式成立。这是全市融媒体中心全面建设后，成立的首个基层新闻工作者协会。

30日 荣昌区举行2020年全区打好“三大攻坚战”突出贡献奖表彰大会，对在防范化解重大风险、精准脱贫、污染防治等工作中表现突出的先进集体和个人进行表彰。

11月

2日 荣昌区众妙药业有限公司、易合纺织有限公司、黄海食品有限公司、华奥药业股份有限公司、加合夏布制品有限公司、盘龙花生厂，荣获重庆市农产品加工业示范企业称号。

4日 中国水利水电科学研究院副所长汤立群率领第二届寻找“最美家乡河”专家组，专题考察荣峰河情况并进行座谈交流。

4日至10日 第三届中国国际进口博览会在上海举办。荣昌交易分团与供应商签订3个合作协议，涉及消费品和高端机械制造板块，总签约额6780万元。

5日 荣昌区“小院讲堂”宣讲队被中宣部评为基层理论宣讲先进集体。

是日 由区人民政府主办的巴味渝珍·首届重庆荣昌河包粉条文化节暨河包粉条公共区域品牌发布会在河包镇举行。

5日至6日 川渝政协委员推动双城经济圈建设联

合调研考察暨保护濑溪河流域生态环境助推会议在荣昌举行。共商濑溪河流域保护大计，群策群力共护一江清水、共建生态长廊，全力推动成渝地区双城经济圈建设。

6日 市妇联命名昌元街道桂花社区妇女之家、安富街道通安村妇女之家、龙集镇清河村妇女之家为重庆市示范妇女之家，昌元街道桂花社区儿童之家、安富街道通安村儿童之家为重庆市示范儿童之家。

6日至7日 以“融汇巴蜀·天下荣昌”为主题的

乡村复兴论坛·荣昌峰会在安富街道通安村举行。

7日 由中国陶瓷工业协会主办的2020中国（北京）国际精品陶瓷展览会，在中国国际展览中心举行。荣昌区12家陶瓷生产企业和陶艺工作室参展。同期举办的第九届“大地奖”中国陶瓷创新与设计大赛上，荣昌区选送的荣昌陶器产品获5个特等奖、7个一等奖和9个二等奖。

8日 荣昌区“小院讲堂”宣讲队获评中宣部基层理论宣讲先进集体。

9日 中国致公党重庆市荣昌区总支部委员会成立大会召开。致公党重庆市委会副主任、市民族宗教委员会主任丁时勇为总支部授牌、授印。

是日 荣昌被中国轻工业联合会、中国陶瓷工业协会授予“中国西部陶瓷之都·荣昌”称号。

10日 国家知识产权试点城市检查验收组到荣，对荣昌区国家知识产权试点城市进行检查验收，荣昌顺利通过验收。

12日 在北京举行的中国（北京）国际精品陶瓷展览会暨第九届“大地奖”中国陶瓷创新与设计大赛上，荣昌区选送的荣昌陶产品获5个特等奖、7个一等奖和9个二等奖。

13日至16日 在第十五届中国成长型医药企业发展论坛上，华森制药再次荣获“金叶奖·年度匠心成就奖”。

15日至16日 2020年重庆市特色产业基地及智慧园区建设工作推进会在荣举行。参会人员实地参观了荣昌高新区陶瓷、眼镜、PCB特色产业基地建设情况，深入了解荣昌高新区创新园区建设模式和特色产业园区打造情况。并对年内批准创建的5个市级特色示范基地、11个市级特色建设基地进行了集中授牌。

16日 川南渝西宣传思想文化工作融合发展第一次会议在四川省内江市召开。四川省内江市、自贡市、泸州市、宜宾市与重庆市荣昌区、江津区、大足区、璧山区、铜梁区、潼南区宣传部共同签订《川南渝西宣传思想文化工作融合发展合作协议》，审议通过《川南渝西宣传思想文化工作融合发展联席会议制度》。

17日 安富街道办事处获评重庆市拥军优属模范单位，双河街道退役军人服务站站长杨宗富获评重庆市拥军优属模范个人。

18日 2020年新冠肺炎疫情防控荣昌区“最美巾帼奋斗者”“最美家庭”评选结果出炉，126名个人、17个家庭获得新冠肺炎疫情防控荣昌“最美巾帼奋斗者”“最美家庭”荣誉称号。

是日 泸州市人大常委会考察团到荣考察交流，并举行泸州市人大常委会·荣昌区人大常委会推进成渝地区双城经济圈建设一体化发展合作签约仪式。

19日 2020年度“全国十佳农民”、重庆琪金食品集团有限公司董事长林其鑫受邀参加第三届（2020）全国农民教育培训发展论坛，并作主题发言，介绍“琪金·荣昌猪”发展计划、推广“荣昌猪”品牌。

是日 荣昌区电子信息产业链招商组到广东和鑫达电子股份有限公司工厂考察、洽谈，并现场签署正式投资协议。

20日 根据国家和市级安排部署，荣昌区全面启用“互联网+森林草原防火督查系统”。

21日 由重庆市教育国际交流协会、高等院校上海展示会组委会联合主办，区人民政府承办的成渝地区双城经济圈中外人文交流（重庆）试验园区、成渝双城（荣昌）国际教育小镇首届建设研讨会在荣昌区举行。

是日 重庆兆宏农业开发有限公司董事长秦兆宏、重庆琪金食品集团有限公司董事长林其鑫荣获“重庆市杰出英才奖”，秦兆宏还获评“重庆乡村领军人才”，重庆市畜牧科学院院长刘作华获评“重庆英才·优秀科学家”。

24日 区长高洪波主持召开区十七届人民政府第94次常务会议，审议《荣昌区落实生态保护红线、环境质量底线、资源利用上线制定生态环境准入清单实施生态环境分区管控的实施方案》等。

是日 2020年全国劳模和先进工作者表彰大会在北京举行，荣昌区兴旺种猪场负责人郭平荣获“全国劳动模范”称号。

荣昌区荣获全市区县“晒旅游精品·晒文创产品”大型文旅推介活动最佳推广奖。

25日 最高人民法院、国家发展改革委相关负责人到荣，调研荣昌区价格争议调解工作。

26日 后西小学第二校区教师傅周俞被市政府授予“见义勇为先进个人”称号。

27日 第十八届中国国际农产品交易会暨第二十届中国西部（重庆）国际农产品交易会在重庆国际博览中心举办，荣昌区23家农业企业的近百个特色优质农产品参展。重庆（荣昌）生猪大数据中心与四川省自贡市农业农村局签订战略合作协议，共建国家级生猪大数据中心·自贡运营中心，推动生猪大数据全产业链融合发展。

30日 区文物管理所对境内1911年以前开凿的石窟寺（含摩崖造像）不可移动文物石窟寺（含摩崖造像）开展专项调查。全区有记录在案的不可移动文物中，石窟寺及石刻类文物约20处，其中区级文保单位2处。

12月

1日 水利部公布了首批深化小型水库管理体

制改革样板县（市、区），重庆市荣昌区、永川区创建成功。

2日 区市场监管局经过申报考核、评估审核认定等环节，全区203家单位被确定为2020年放心消费创建示范单位。

3日 荣昌区深化教育改革实践研讨会在荣昌初级中学举行。国家督学、中国教育学会副会长张绪培一行与荣昌区各学区长、学校校长就如何深化教育改革工作作交流探讨，并提出可行性建议。

5日 在重庆“见证·脱贫”微视频征集活动中，区融媒体中心报送的微视频作品《不服输的叶菊》获一等奖。

6日 成渝地区双城经济圈国家高新区党建联盟在成都成立。由成都高新区、重庆高新区、璧山高新区、德阳高新区、乐山高新区、泸州高新区、绵阳高新区、内江高新区、攀枝花钒钛高新区、荣昌高新区、永川高新区、自贡高新区12个国家级高新区组成。

8日 全国人大常委会办公厅联络局代表议案建议办理处处长肖兆申一行到荣昌调研“双亮双做”工作。

10日 全国爱卫办公示拟命名国家卫生城市（区）名单，荣昌区在列。

11日 荣昌区召开劳模工匠先进学习习近平总书记在全国劳动模范和先进工作者表彰大会上重要讲话精神座谈会暨2020年重庆市五一劳动奖颁奖仪式。

是日 “荣昌陶器”“荣昌猪”“荣昌夏布”三个地理标志，入围第一批川渝知识产权合作重点保护名录，进入川渝两地共同构建的知识产权大保护格局中。

由中国水利报社、中国水利水电科学研究院、凤凰卫视共同主办的第二届寻找“最美家乡河”活动。荣峰河入围全国十条“最美家乡河”。

15日 区委书记曹清尧主持召开全区党外人士座谈会，听取党外代表人士对《中共重庆市荣昌区委关于制定重庆市荣昌区国民经济和社会发展第十四个五年规划和2035年远景目标的建议（讨论稿）》的意见建议。

是日 荣昌区与四川省内江市签订《推进成渝地区双城经济圈建设一体化发展2020年行动计划》。

科技创新推动高质量发展座谈会在区行政中心召开。新华社重庆分社社长李勇到荣昌，就荣昌区科技创新赋能传统产业转型升级等方面的好经验、好做法进行调研。

17日 国家级重庆（荣昌）生猪大数据中心与国家农业农村部信息中心、中国农科院农业信息研究所、重庆市农业信息中心举行“中国生猪产业·荣昌指数”项目签约，标志全市首个全国性农产品指数进入编制阶段。

是日 区委书记、区规委会主任曹清尧主持召开区第三届规划委员会第二十二次全体会议。

荣昌区在荣昌剧场举行“榜样面对面先进典型事迹”报告会。

2020走读中国·感知重庆驻华外国媒体参访团一行到荣昌区安陶小镇、夏布会馆，近距离感受这两项国家级非物质文化遗产。

重庆荣昌高新技术开发区管理委员会、重庆华森制药股份有限公司获批中国科协“海智计划”重庆工作基地2020海智工作站。

18日 中共重庆市荣昌区第十四届委员会第九次全体会议召开。听取并审议了曹清尧代表区委常委会所作的工作报告和抓党建工作报告，审议通过了《中共重庆市荣昌区委关于制定荣昌区国民经济和社会发展第十四个五年规划和二〇三五年远景目标的建议》。

是日 市纪委监委在喻茂坚纪念馆举行“重庆市廉政教育示范基地”授牌仪式。

21日至26日 全国人大代表、区委书记曹清尧列席全国人大常委会会议，并在座谈会上发言。还就荣昌区人大代表“亮代表身份，亮代表承诺，做合格代表，做群众表率”做法和成效做汇报，就进一步落实《关于加强和改进代表工作的具体措施》《长江保护法》和脱贫攻坚工作提出建议，建议内容在会议简报刊发。

22日 基层党课评价体系成果交流会暨成渝地区川南渝西微党课展演在荣昌区举行。区委组织部及来自四川内江、泸县、自贡、资阳的先进基层党组织代表现场进行党课展演。原中央党校校委委员、副教育长、一级教授韩庆祥围绕时代背景、根本主题等方面，对《习近平谈治国理政》第三卷的思想精髓做专题解读。

23日 区委副书记、区长高洪波主持召开区“十四五”交通及市政基础设施建设专题会，研究审议“十四五”期间全区城市建设和区内外交通建设规划项目。

24 日 荣昌区召开宣布中央军委国防动员部命令大会。重庆警备区副政治委员王青云少将宣读中央军委国防动员部关于区人武部部长秦廷辉的任职命令及党内任职通知。

是日 “学习强国”重庆学习平台“决胜全面小康、决战脱贫攻坚”知识竞赛决赛在九龙坡区举行。荣昌推荐的 3 名选手获得团体一等奖，其中 2 名选手获个人奖。

25 日 由重庆市体育局、区人民政府主办的“2020 重庆市体育惠民消费季·荣昌区体育惠民消费节”启动仪式，在区人民广场举行。

是日 重庆琪金食品集团有限公司建设的高标准智能化荣昌猪资源保种场，占地约 3.33 公顷，建筑总面积 1 万平方米，年底投入生产。

26 日 美丽乡村代言推广电视综艺节目《乡秀·重庆时光》第六站荣昌，在重庆卫视 21:20 黄金档播出。

27 日 荣昌高新区获评“2020 年度中国营商环境十佳经济开发区”。

是日 重庆·荣昌马拉松系列赛——2020“瑜瀚科技”成渝双城马拉松赛圆满完赛，4988 名运动员参赛。

是年 全区 12 个市级贫困村“摘帽”，现行标准下贫困户全部达到脱贫标准。

全区地区生产总值达 709.8 亿元，增长 4.9%，增速全市第一。（肖富荣　王　丽）

区情概览

地情概要

【地理位置】 荣昌区位于重庆市西部。区域位于北纬29°15′～29°41′，东经105°17′～105°44′，全境南北长约44.2千米，东西宽约39.1千米。辖区面积1079.01平方千米。东邻重庆市大足区、永川区，西接四川省内江市隆昌县，南邻四川省泸州市泸县，北与四川省资阳市安岳县、内江市东兴区接壤。距重庆市主城区94千米，距四川省成都市区246千米。

【地质地貌】 地质 按重庆地质构造分区，荣昌区西北部属渝西平缓褶皱区，中部和南部为渝中条形褶皱区华蓥山帚状褶皱带。主要特点是向斜宽、背斜窄、两翼不对称、轴向倾斜变化多、构造分支多、断裂多、节理较为发育。地质类型有螺罐山背斜、古佛山背斜、河包场背斜、八角楼向斜（荣昌向斜），主要断层有双河逆冲断层。境内地层主要是湖盆相碎屑岩类沉积地层，少数是碳酸盐沉积。根据西南地层表，区境出露地层属泸州小区和威远小区的过渡地带，由新到老为：第四系全新统、侏罗系上统蓬莱镇组、侏罗系上统遂宁组、侏罗系中统新田沟组、侏罗系中统上沙溪庙组和下沙溪庙组、侏罗系中下统自流井组、侏罗系下统珍珠冲组、三叠系上统须家河组。

地貌 区域地势西北高，东南低，以中部的龙集、荣隆葛桥、仁义、河包金牛为界，分为两部分，南面以古佛山和螺罐山及濑溪河形成“两山夹一沟”，海拔高程一般为300～500米，最高山峰三层岩海拔高程711.3米，最低河谷为292.5米（清江镇濑溪河出境处），相对高差400米以上；北面以盘龙台地为主，逐步向北倾斜，海拔高程在315～415米之间。由于受地质构造，岩性的影响和外营力的长期作用，地貌类型有背斜低山、低丘中谷、山麓单斜丘陵、方山中丘、坪状中丘、低山宽谷和河谷阶地7种类型。全区平坝宽谷面积占42.88%，丘陵面积占51.26%，低山面积占5.86%。境内主要的山脉有螺罐山、古佛山和铜鼓山。

【气候】 2020年，全区年平均气温偏高，年降雨量和日照时数均较历年偏多。最低气温≥10℃，活动积温6088.3℃，较历年略偏多，出现强降温、区域性暴雨、晴热高温以及连阴雨寡照等多种灾害性天气。2月中旬中期至5月中旬，降雨持续偏少，春耕春播用水困难，出现不同程度的水稻移栽困难，在土作物萎蔫、枯萎的状况。5月上旬气温偏高，致使旱情加剧，至5月中旬后期降雨天气过程增多，气象干旱才得以缓解。7月中旬的连续强降雨天气，给农业生产带来不利影响，8月上旬开始的晴热高温天气有利于大春作物的收晒。季节转换。荣昌城区入春时间在2月21日，与历年相比较正常；入夏时间在4月28日，较历年提前20天；入秋时间在9月12日，较历年提前了12天；入冬时间在11月25日，接近历年同期。全年总的气候条件对农业生产的影响仍是利大于弊。

气温 2020年，全区年平均气温17.8℃，清江镇平均气温最高（18.5℃），荣隆镇平均气温最低（17.1℃），昌元、安富、清江、昌州、铜鼓、龙集6个镇（街）平均气温大于18℃，其余各镇（街）

平均气温均在17.1℃~18℃。河包、吴家、仁义、清升、清江、清流、荣隆、昌元、观胜和盘龙等10个镇（街）极端最高气温低于39℃，其余各镇（街）极端最高气温均在39℃以上。其中，峰高、直升、龙集、铜鼓、万灵、古昌、昌州和远觉8个镇（街）最高气温超过40℃，全区极端最高气温出现在远觉镇（42.1℃）。远觉、吴家、荣隆、清流、古昌5个镇极端最低气温在-1℃以下，其余各镇（街）极端最低气温在-1℃~1.7℃，全区极端最低气温出现在远觉镇（-1.5℃）

降水　2020年，年降雨量1122毫米，降雨量空间分布不均，北部和东北部降雨量较其余地方偏少。河包镇降水量不足950毫米，清流镇、铜鼓镇降雨量在950~1000毫米间，其余各镇（街）降雨量均在1000毫米以上，年降雨量最少的是河包镇（942.5毫米），年降雨量最多的是清升镇（1625.6毫米）。

日照　2020年，荣昌城区日照总时数1100.6小时，较历年偏多。7月、9月、10月和12月日照时数较历年同期偏少，其余各月偏多，特别是11月日照时数显著偏多。

风　2020年，荣昌城区平均风速为1.3米/秒。年最大风速（2分钟平均风速）为7.5米/秒、风向南，年极大风速（瞬时风速）为14.3米/秒（2月15日）、风向北东北，年内最多风向为北，出现频率为15%。

主要气候灾害　暴雨：全年出现8次区域性暴雨天气过程，分别是“6·02”“6·27”“7·15”“7·17”“7·26”“8·13”“9·06”“9·10”，共181站次。其中，大暴雨60站次，清升镇出现暴雨次数最多为4次，其余各镇（街）为1~3次。强降温：全年出现3次强降温天气过程。2月14日至15日荣昌城区过程降温7.4℃，降温幅度最大是观胜镇（8.5℃），3月25日至29日荣昌城区过程降温12.1℃，降温幅度最大是观胜镇（12.3℃），11月19日至23日荣昌城区过程降温11.3℃，降温幅度最大是广顺街道（12℃）。连阴雨：全年出现6段连阴雨天气，分别是9月12日至17日、10月1日至6日、10月8日至17日、10月25日至11月4日、11月21日至12月6日、12月9日至19日，其中10月8日至17日为重度连阴雨天气过程。晴热高温：高温开始时间为5月3日，较历年略偏早，高温日数较历年显著偏多，日极端最高气温≥35℃的高温日数27天，较历年偏多12天，其中≥37℃的高温日数8天，较历年偏多3天，荣昌城区无≥40℃的高温日数。≥3天的高温天气过程有3段，分别是8月2日至10日、8月14日至17日、8月23日至30日。雾：全年出现大雾27次，10月出现7次，12月出现6次，2月出现3次，5月、7月、9月各出现2次，1月、3月、4月、6月、11月各出现1次。

（李家川）

【环境质量】　2020年，荣昌区的生态环境保护工作继续稳步推进，环境质量得到持续性改善：城区环境空气质量优良天数为293天；城市饮用水源地水质稳定达标，其余镇（街）饮用水源地水质污染明显下降；河流地表水水质达标率稳步上升；城区声环境质量保持稳定。

大气环境质量　2020年，城区环境空气中二氧化硫（SO_2）、二氧化氮（NO_2）、可吸入颗粒物（PM_{10}）、细颗粒物（$PM_{2.5}$）、臭氧（O_3）年均浓度分别为11微克/立方米、22微克/立方米、52微克/立方米、44微克/立方米，153微克/立方米。与上年相比，二氧化硫（SO_2）、可吸入颗粒物（PM_{10}）、细颗粒物（$PM_{2.5}$）臭氧（O_3）年均浓度均有所下降，二氧化氮（NO_2）略有上升。全年共报出空气质量日报366期，其中优良天数293天，比上年增加12天，优良天数占全年天数比例为80.1%。区城区环境空气月平均降尘量为3.32吨/平方千米，比上年下降16.2%。月平均降尘量达到全市参考标准。城区全年降水pH值范围为4.35~8.31，均值为5.87，酸雨频率为26.1%。与上年相比，降水pH上升0.48，酸雨频率下降1.4%。

水环境质量　2020年，荣昌区濑溪河、清流河、渔箭河、马鞍河、高升桥水库及其余镇街水源地取水点水环境质量采用《地表水环境质量标准》（GB3838-2002）Ⅲ类标准进行评价。河流地表水。濑溪河荣昌段出境断面高洞电站的水质达标率为100%。清流河入境断面李家碥水质达标率为100%；出境断面大埂水质达标率为100%。马鞍河出境断面天皇水质达标率为91.7%。渔箭河出境断面长岭水质达标率为100%。河流水首要污染物均为高锰酸盐指数、化学需氧量、总磷等指标，表明境内地表水污染仍以生活源污染为主。集中式饮用水源。高升桥水库取水点水质达标率为100%，濑溪河沙堡取水点水质达标率为100%，水质稳定达国家Ⅲ类水质标准。镇（街）饮用水源取水点水质达标率均值为93.3%，全区各镇（街）饮用水源地水质逐年好转。

声环境质量　2020年，城区区域环境噪声昼间平均等效声级为50.9分贝，达到国家二类区环境噪声标准，网格达标率为100%，声源构成仍以社会生活噪声为主。城区道路交通噪声昼间平均等效声级为63.3分贝，交通干线道路交通噪声全线达标。城区功能区昼间平均等效声级为50.1分贝，夜间平均等效声级为44.0分贝，均达到相应功能区标准。

（唐　杰）

【自然资源】　*土地资源*　荣昌区地质构造和地貌类型都比较简单。区内地势起伏变化不大，除螺观山、古佛山外，整个地势北高南低，由东北向西南倾斜。以低丘宽谷地貌面积最大，占幅员面积的40.6%。区内有水稻土、紫色土、冲积土、黄壤土4个土类。其中水稻土占耕地面积的52.4%，紫色土面积占耕地面积的45.7%，黄壤土占耕地面积的1.4%，冲积土占耕地面积的0.5%。

矿产资源　荣昌区的矿产资源有10多种，主要是煤炭、天然气、页岩气、陶土、页岩、石灰岩、建材砂岩、黏土（陶粒用、砖瓦用）和矿泉水等。已开发利用的矿产主要有煤炭、天然气、陶土、石灰岩和建筑砂岩。煤炭主要分布于华蓥山帚状结构带上，可采煤层主要为须家河组第三段和第五段，煤层可采总厚度0.87~1.89米，全区探明资源储量1.67亿吨，已经开发煤矿2个，涉及生产能力42万吨/年。石灰岩矿体呈似层状，矿石呈致密块状，以方解石为主，含生物碎屑，总储量1300万吨，已开发石灰岩矿山10个，年生产能力136万吨。黏土主要为陶瓷黏土，是荣昌区的优势矿种之一，储量丰富，探明地质储量为3亿吨，可作日用陶、工艺美术陶等原料，也可用作高档优质建筑陶瓷产品的原料；新建陶瓷土矿山5个，年生产能力40万吨。建筑用砂岩荣昌区境内分布广，资源量丰富，总储量438万吨，地方开采利用广泛，年产量36万吨以上，主要用于建筑材料。天然气产于二叠系、三叠系，分布于河包场地区，主要成分为CH_4，含量在96%以上。探明地质储量222.37亿立方米，河包场气场日产气达15万~30万立方米。

水资源　荣昌属于四川盆地东浅丘陵区，境内降雨充沛，但由于降雨时空分布不均匀，导致水资源总量较少。荣昌区多年平均水资源总量4.69亿立方米，人均水资源占有量仅为551立方米，分别占全国、重庆市、渝西12区的1/4、1/3和2/3左右，属于重度缺水地区。全区共有大小河流159条，水库94座。境内主要有两大水资源区。沱江水系，一级主要支流包括濑溪河、大清流河，二级主要支流包括白云溪河、新峰河、峰高河、池水河、马鞍河、观胜河、周家河、三桥河等，三级主要支流包括清升河、黄桷滩河、五贵河、连丰河等；嘉陵江水系，仅有3条小溪。濑溪河系沱江左岸一级支流，发源于大足区中敖镇白云村，于泸州市龙马潭区胡市镇汇入沱江，干流全长200千米（在重庆境内有137.2千米），流经重庆市大足区、荣昌区、四川省泸县，全流域面积3236平方千米（在重庆境内有1674平方千米），多年平均流量每秒20.6立方米，平均坡降0.5‰。濑溪河在荣昌区境内干流长55.12千米，流域面积725平方千米。大清流河是沱江左岸一级支流，发源于四川省安岳县的石佛乡水口寺，于内江市国光乡大河口汇入沱江，在荣昌区吴家镇西北入境，经0.45千米界河后出境，约经3千米后流入境内，经3.88千米往南与内江形成界河，再经15.01千米在荣昌区清流镇流入内江市。大清流河干流总长121.74千米，流域面积1538.28平方千米，平均比降0.007，荣昌区境内河长19.3千米，流域面积341平方千米。

野生动（植）物资源　区林业局2016年7月至2017年8月对区内40个样方、10条样线和40个样点监测，全区陆生野生动物有4纲19目57科119属146种，其中两栖动物1目4科5属8种，爬行动物1目4科9属11种，鸟类14目45科100属122种，兽类3目4科5属5种。两栖类有中华蟾蜍、黑斑侧褶蛙和沼蛙3种；爬行类有王锦蛇、黑眉锦蛇和乌梢蛇3种；鸟类有鹭科7种；兽类有豹猫等常规调查物种。野生植物资源有木本植物76科177属344种，珍稀濒危树18种，其中Ⅰ级5种、Ⅱ级10种、Ⅲ级3种。国家一级珍稀濒危树有苏铁、银杏、珙桐、红豆杉、水杉5种，国家二级珍稀濒危树有福建柏、香樟、鹅掌楸、桢楠、厚朴、水青树、喜树、黑桫椤、杜仲、秃杉10种，国家三级珍稀濒危树有任豆、核桃、龙眼3种。珍贵乡土树种有四

川蒲桃、马林光等。

【建置沿革】 唐乾元元年（758），朝廷批准划出泸州、普州、渝州、合州、荣州、资州六州部分辖地，设置昌州，同时分置昌元、大足、静南3县。昌元县的设置，是今荣昌地域正式建县的开始。建县以来曾两度废置，直到大历十年（775）五月，方复置昌州及昌元等县。元至元二十年（1283），朝廷又撤销昌州，将昌元县并入大足，稍后又随大足撤县并入合州铜梁县。元至正二十三年（1363），明玉珍在重庆称帝，建国号为大夏，改元天统，在原昌元县部分地新置昌宁县。明洪武六年（1373）十二月，朱元璋在原昌元县大部地区改置荣昌县，为重庆府领属的3州17县之一。洪武七年（1374），省昌宁县并入荣昌县。清朝建立统治以后，仍设置荣昌县，为四川承宣布政使司重庆府的辖县。民国时期，荣昌县先后隶属于川东道（后改东川道）、省长公署、四川省第三行政督察区。中华人民共和国时期，荣昌县先后隶属于四川省璧山专署、川东行署璧山专区（后改江津专区）。1952年9月，恢复四川省的建制后，荣昌县隶属四川省江津专区（后改江津地区）。1981年7月，江津地区更名为永川地区，荣昌县隶属未变，为地区8个辖县之一。1983年4月，撤销永川地区，所辖8县全部划入重庆市，荣昌县为重庆市属9区12县的郊县之一。1997年3月14日，荣昌县成为重庆直辖市的西部辖县。2015年4月28日，国务院正式批复荣昌“撤县设区”，5月14日，中共重庆市委、重庆市人民政府撤销荣昌县，设立重庆市荣昌区，6月18日，重庆市荣昌区正式挂牌。

【行政区划】 2020年，荣昌区行政区划无调整，仍辖昌元、昌州、广顺、安富、峰高、双河6个街道，直升、万灵、清江、仁义、河包、古昌、吴家、观胜、铜鼓、清流、盘龙、远觉、清升、荣隆、龙集15个镇。年内，全区村级建制略有调整，经区政府同意，撤销安富街道华东、华南、华北、华西4个社区合并为华江社区，华江社区与2019年同意设立的双河街道双矿社区，均依法设立社区组织机构，全区村（社区）从163个调整为156个，其中，64个社区、92个村。

表1　　2020年荣昌区行政区划一览表

镇街名称	面积	总户数	总人口	城镇人口	乡村人口	村委会		社区居委会	
						村	组	社区	组
	平方千米	户	人	人	人	个	个	个	个
昌元街道	59.87	48803	126314	114814	11500	2	22	8	94
昌州街道	68.17	44921	98975	71400	27575	4	41	6	66
广顺街道	39.16	18905	47241	28747	18494	6	66	3	41
峰高街道	61.14	14034	40052	12636	27416	8	53	3	17
安富街道	54.30	18743	48920	28119	20801	6	52	6	39
双河街道	87.10	20964	54622	31311	23311	1	10	10	89
直升镇	29.82	6175	16548	2765	13783	4	30	1	6
万灵镇	24.97	6105	16524	4004	12520	3	24	1	7
清江镇	17.79	4792	14281	3982	10299	3	26	1	11
仁义镇	85.38	17849	53107	23321	29786	5	49	4	43
河包镇	68.30	13514	42005	12505	29500	3	38	3	35
古昌镇	35.37	8289	23189	12125	11064	5	37	1	1
吴家镇	81.51	16604	47312	23104	24208	5	56	3	35
观胜镇	42.52	7160	19250	3618	15632	3	35	2	23
铜鼓镇	38.77	5726	16418	3980	12438	3	25	1	8

续表 1

镇街名称	面积	总户数	总人口	城镇人口	乡村人口	村委会		社区居委会	
						村	组	社区	组
	平方千米	户	人	人	人	个	个	个	个
清流镇	26.14	4911	14977	7624	7353	3	27	1	8
盘龙镇	118.00	24043	77109	17108	60001	12	128	4	51
远觉镇	27.10	5047	13973	2346	11627	4	32	1	5
清升镇	27.91	6488	19271	3751	15520	2	19	2	20
荣隆镇	64.22	14136	40357	14155	26202	7	64	2	19
龙集镇	21.47	5127	16623	4530	12093	3	22	1	8
合计	1079.01	312336	847068	425945	421123	92	856	64	626

（李长江）

【人口】 2020 年年末，全区户籍总户数 312336 户，比上年减少 248 户，同比下降 0.08%；户均人口 2.71 人，减少 0.01 人；户籍总人口为 84.71 万人，减少 3270 人。其中，城镇人口 41.29 万人，占总人口的 48.7%，乡村人口 43.41 万人，占总人口的 51.3%；分性别看，男性人口 43.04 万人，占 50.8%，女性人口 41.67 万人，占 49.2%，人口性别比（以女性为 1，男性对女性的比例）为 1.03。全年出生人口 6566 人（入户数），其中，男 3364 人，女 3202 人，出生人口性别比为 1.05，出生率为 7.7‰，比上年同期下降 1.7 个千分点；死亡人口 8597 人，其中男 5107 人，女 3490 人，死亡率为 10.1‰，比上年同期增加 2.7 个千分点；自然增长率为-2.4‰。从户籍人口年龄结构来看，0~17 岁人口 14.82 人，占 17.5%；18~34 岁人口 18.1 万人，占 21.4%；35~59 岁人口 33.6 万人，占 39.7%；60 岁及以上人口 18.2 人，占 21.5%。全区常住人口 66.94 万人，其中，城镇人口 40.05 万人；乡村人口 26.85 万人；城镇化率 59.87%。

【民族】 第七次全国人口普查数据显示，荣昌区有 40 个民族，其中，1 个未定族称。除汉族外，有蒙古族、回族、藏族、维吾尔族、苗族、彝族、壮族、布依族、朝鲜族、满族、侗族、瑶族、白族、土家族、哈尼族、哈萨克族、傣族、黎族、傈僳族、佤族、畲族、拉祜族、水族、东乡族、纳西族、景颇族、土族、仫佬族、羌族、布朗族、毛南族、仡佬族、锡伯族、阿昌族、怒族、乌孜别克族、德昂族、独龙族 38 个少数民族。少数民族人口共 3719 人，人口在 300 人以上的少数民族有 5 个。其中，土家族 900 人，占少数民族总人数的 24.2%；苗族 588 人，占少数民族总人数的 15.8%；回族 467 人，占少数民族总人数的 12.6%；彝族 380 人，占少数民族总人数的 10.2%；壮族 354 人，占少数民族总人数的 9.5%。少数民族中 100 人以上 300 人以下的民族有 2 个，其中，布依族 182 人、侗族 133 人。10 人以上 100 人以下的民族有 17 个，其中，傣族 77 人、白族 72 人、瑶族 67 人、仡佬族 59 人、哈尼族 53 人、佤族 48 人、满族 43 人、藏族 40 人、傈僳族 33 人、羌族 30 人、蒙古族 28 人、黎族 22 人、拉祜族 22 人、水族 22 人、纳西族 15 人、维吾尔族 12 人、土族 10 人。10 人以下的民族有 14 个，分别是朝鲜族、哈萨克族、畲族、东乡族、景颇族、仫佬族、布朗族、毛南族、锡伯族、阿昌族、怒族、乌孜别克族、德昂族、独龙族。（蒙淑文）

【宗教】 荣昌区现有佛教、伊斯兰教、天主教和基督教，设有佛教协会、天主教爱国会、基督教三自爱国运动委员会。经批准开放的宗教活动场所 14 处，其中，佛教 10 处、伊斯兰教 1 处、天主教 2 处、基督教 1 处。

佛教 荣昌佛教活动始于 742 年至 755 年（唐天宝年间），在宋、明、清各时期，境内佛教活动均极其兴盛，民国时期逐渐衰落。“文化大革命”期间，佛教活动停止。中共十一届三中全会后，贯彻“宗教信仰自由”的政策，境内佛教恢复活动。截至 2020 年，全区开放的佛教寺院有法云寺、云峰寺、龙兴寺、灵泉寺、经山寺、白马寺、万灵寺、佛云寺、中峰寺、罗汉寺。

伊斯兰教 清初，有海姓教徒从湖北麻城县迁来荣昌落户清流镇（原清流乡）。1896年，以阿訇海安治为首，在原清流乡今清流社区建清真寺1所。2014年，为解决和满足穆斯林群众过宗教生活需求，经各方建言，投入资金128余万元，在清流镇清流社区1组新建清真寺1所，占地面积2870平方米，建筑面积1200平方米。2020年，全区穆斯林有1000余人。

天主教 1769年前，荣昌就有艾司铎等天主教徒的活动。荣昌现有天主堂、真原堂2处开放活动场所。昌元街道天主堂始建于1913年，1915年竣工，以若望主保为本堂，是一座典型的欧式教堂，具有西方哥特式建筑特征，也是重庆和西南地区保存最完好的天主教堂。河包真原堂始建于1903年，1905年竣工，是重庆市唯一一座砖木结构，是西南地区少有的西方罗马式双钟楼琼楼教堂。两处教堂系市级文物保护单位。至2020年，全区有天主教徒5000余人。

基督教 1899年，美籍传教士到荣昌传教。新中国成立前，分昌元、安富、吴家、盘龙四个牧区，有牧师4人，各牧区创办教会学校11所。2020年，全区有基督教活动场所1处，以堂带点4处，基督教临时活动地点1处，信徒400余人。 （张　凡）

【旅游资源】 荣昌文化厚重，特色鲜明，旅游资源得天独厚，独具魅力，是“湖广填四川”的重要聚集地，被誉为“客家文化活化石”。有万灵古镇、安陶小镇等旅游名镇和移民文化资源，有卤白鹅、铺盖面、黄凉粉、羊肉汤等“中国名菜”“中华名小吃”“重庆名特小吃”风味美食资源。全区有A级旅游景区数量3个，其中，国家AAAA级旅游景区1个（万灵古镇），国家AAA级旅游景区2个（荣昌陶博物馆、夏布小镇）。仁义镇瑶山社区成功入选第二批全国乡村旅游重点村名录。

万灵古镇 原路孔古镇，建制1000多年，建场200多年，系“两湖”“两广”填四川集散地，是以丰厚的历史文化底蕴和淳朴秀美的水乡风光闻名遐迩的国家AAAA级旅游景区。古镇内有保存完好具有古色古香的明清老街、尔雅书院、湖广会馆、赵氏宗祠、影视文化基地等珍贵的明清徽派建筑。明代刑部尚书喻茂坚、革命先驱赵宗楷、抗日英雄柳乃夫、科学家赵宗燠等名人享誉古今。万灵古镇先后被评为“中国历史文化名镇”“国家特色景观旅游名镇”“重庆市十大最美古镇”“全国休闲农业与乡村旅游示范点”。万灵古镇西南影城正茁壮发展，目前已有《兄弟兄弟》《填四川》《傻儿传奇》《返乡》《幸福马上来》《火锅传奇》《找爱之旅》等电影、电视剧及浙江卫视综艺节目《西游奇遇记》在这里相继成功取景拍摄。景区依水而兴，大荣桥、水碾、白银滩等景点经过岁月的沉淀，成为古镇具有特色的一幅画卷。除了优美的自然环境外，万灵古镇廉政文化也是一大亮点，喻茂坚纪念馆是荣昌区德廉教育基地和中国传统的家规示范点。2020年，万灵古镇接待游客206.75万人次。

荣昌陶博物馆 荣昌陶博物馆是由重庆市荣昌区安富街道2004年开始筹资建设，2009年竣工投入使用，2011年正式对外开放的公益性博物馆，属国家AAA级旅游景区，该博物馆已纳入国家博物馆序列，集收藏、展示、交流、体验、互动、科普以及研发、制作、销售等于一体，是集中展示国家级非物质文化遗产——荣昌陶的重要平台。荣昌陶博物馆总占地近1万平方米，其中核心区4000余平方米。荣昌陶博物馆以“传承·发展·创新”为展示主题，馆内设有荣昌陶历史文物、生产场景模拟、陶器发展简史、陶艺精品展示、休闲文化长廊、陶艺制作体验、大师工作室、研发中心、陶器加工及烧制等主题展厅。馆内收藏有近3000件自汉代以来的荣昌陶文物精品，其中常年展出1000多件。荣昌陶博物馆通过科教展览、学生实作、科技培训等形式和途径，增强陶艺制作的互动性、趣味性、观赏性，使其成为体验荣昌陶古老传统制作技艺的平台，展示荣昌陶文化产业发展的窗口，开展科普教育的阵地。2020年，荣昌陶博物馆接待游客24.89万人次。

重庆荣昌夏布小镇 夏布小镇位于荣昌城区荣峰河和濑溪河交汇处，距成渝高铁荣昌北站5.3千米，荣昌高速路出入口2.1千米。2019年7月26日，夏布小镇评为国家AAA级旅游景区。夏布小镇占地约100余亩，建筑面积约5.3万平方米，整体建筑风格以仿明清风貌四合院落为主，青瓦古院、廊桥艺梦，横纵步道，步步惟妙。建有中国夏布博物馆、夏布书画研究院、夏布研发中心、夏布产品发布中心、加合夏布、壹秋堂夏布坊、艺梦廊桥等

景点，夏布小镇引进国内外优质麻产品生产企业，在景区门口布局17间夏布制造作坊，在小镇内种植夏布原材料苎麻作为景观植物供游客观赏，是集夏布研发，加工，生产，交易，展示，销售，非遗文化体验于一体的综合性“非遗”文化旅游景区。2020年，夏布小镇景区接待游客77.75万人。

（代丹梅）

【爱国主义教育基地】 荣昌区有市级爱国主义教育基地2处，荣昌区爱国主义教育基地10处。张培爵纪念馆于2012年9月、喻茂坚纪念馆于2019年8月分别被市委、市政府命名为重庆市爱国主义教育基地。2017年4月，区委、区政府命名重庆市渝西预防职务犯罪警示教育基地（区检察院）、革命烈士陵园（海棠公园）、荣昌夏布非遗文化园（海棠公园原棠香书院）、荣昌陶博物馆（安富街道陶都大道）、罗云山烈士纪念碑（广顺街道火车站）、喻茂坚陈列馆（万灵镇学府路）、铜鼓山英烈园（铜鼓镇刘骥村）、红色家园（直升镇荣升社区）、隆兴湿地公园（荣隆镇环城路）、石壶法治主题公园（双河街道沿河社区）为区级爱国主义教育基地。

张培爵纪念馆　张培爵（1876—1915年），字列五，清光绪二年（1876）十二月五日出生于荣昌县荣隆场（今重庆市荣昌区荣隆镇）。清光绪二十九年（1903）考入四川省城成都高等学堂理科优级师范科。1904年与雷民心等在成都创办叙府公立中学（后更名为列五中学）。1906年加入中国同盟会。1910年任重庆府中学学监。1911年四川保路运动爆发，参与并领导了推翻清朝川东政权的武装起义。同年11月22日与杨庶堪等发动重庆起义，被推举为蜀军政府都督。蜀军政府和成都四川军政府合并后，任四川都督府副都督、继后改任民政长。1912年10月，袁世凯调张培爵到北京，委以总统府高等顾问。1913年孙中山发动讨伐袁世凯的“二次革命”，张培爵潜至上海资助黄兴取南京，事败避居于天津租界。1915年2月20日，张培爵遭袁世凯诱捕，4月17日被害于北京宛平，就义时年仅39岁。1916年6月，其遗骨运回荣昌县荣隆场野鸭塘安葬。1934年南京国民政府颁令褒扬，追赠为烈士，1935年国民政府明令国葬。1944年在荣昌县城南卧佛寺侧为他修建烈士墓园，举行了烈士遗骨迁葬仪式。1944年7月，在重庆市沧白路修建了张培爵烈士纪念碑。1982年，县政府在荣昌县城北海棠公园内重建烈士墓园，将烈士遗骨迁葬入内。张培爵纪念馆位于荣昌区昌元街道海棠公园旁，由“张培爵与重庆辛亥革命”展览馆、张培爵墓、张培爵铜像、张培爵纪念广场四部分构成，融园林、生态景观、历史文化、名人雕塑为一体，占地面积1万余平方米，馆舍面积1460平方米，2011年10月9日落成开馆。2012年9月，市委、市政府命名张培爵纪念馆为重庆市爱国主义教育基地。

喻茂坚纪念馆　喻茂坚（1474—1566年），字月梧，号心庵，明成化十年（1474）二月初三出生于重庆府荣昌县（今重庆市荣昌区）。明正德六年（1511）进士，授安徽铜陵知县，后历任浙江临海知县、福建道监察御史、陕西巡按、大理寺卿、刑部侍郎等职，官至刑部尚书。喻茂坚为官刚正不阿、清廉有为，被赞誉为“天下清官”。任职刑部期间，他以国为重，秉公办案，不徇私情，在当时就有“汉庭老吏、当代法家”的美誉。喻茂坚还曾主持修订明代大法典《问刑条例》，该部法典增加了严惩官吏等内容，促进了当时经济社会的稳定。明嘉靖二十八年（1549）冬，为官38年的喻茂坚致仕还乡后，在乡邻资助下，创办了尔雅书院，“以诗书课后生”，将自己的为人为学理念代代相传，对后世子孙和当地百姓影响深远。2005年喻茂坚被重庆市政府评为重庆历史名人。2016年9月，由区纪委牵头，在万灵镇建成喻茂坚陈列馆，展示喻茂坚清廉事迹及其优良家规家训家风，成为“中国传统中的家规展示点”“荣昌区德廉教育基地”“西南政法大学中国法文化研究传播中心廉政文化教育示范基地”。2017年4月，喻茂坚陈列馆被命名为区级爱国主义教育基地。2018年，被纳入市纪委网上重庆廉洁文化展馆内容。同年3月，区委、区政府投入1000余万元，由区纪委牵头将喻茂坚陈列馆升级改建为喻茂坚纪念馆。喻茂坚纪念馆位于万灵镇万灵福邸一号楼，展陈建筑面积1340平方米，展陈内容共分为14个部分，以展示喻茂坚清廉事迹和家规家训为主要内容，不仅展陈内容更丰富，还改变了过去单一的展示手法，新增多媒体、投影、场景复原、电视、触摸屏等声光电展示方式，突出表现喻茂坚“以国为重、秉公执法，心系百姓、经世济民，清正廉洁、重视家风”的优良品质，集廉政文化教育、青少年传统教育、爱国主义教育功能为一体。2018年10

月，喻茂坚纪念馆被市委组织部、市委党校命名为市级干部教育培训现场教学基地。2019 年 8 月，喻茂坚纪念馆被重庆市委、市政府命名为重庆市爱国主义教育基地。

【地方特产】 荣昌猪是世界八大优良种猪、中国三大地方优良猪种之一，荣昌猪品牌价值达 27.7 亿元，荣昌猪肉入选中国百强农产品区域公用品牌。荣昌陶器与云南建水陶、广西钦州陶、江苏宜兴紫砂陶合称中国四大名陶，荣昌安富与广东佛山、江苏宜兴誉为全国三大陶都。荣昌折扇与苏杭折扇齐名，为全国三大名扇之一，荣昌陶器、荣昌折扇、荣昌夏布均列入中国非物质文化遗产保护项目。荣昌夏布、荣昌陶器已先后获得国家地理标志证明商标。

荣昌陶器　荣昌陶器因主产地为荣昌安富，又称作“安陶”。荣昌陶器素以工艺精湛细致，因体形优美典雅，色彩绚丽光洁，装饰古朴大方享有“薄如纸、亮如镜、声如磬”的美誉，荣昌陶与江苏宜兴紫砂陶、云南建水陶、广西钦州坭兴陶合称中国四大名陶。荣昌安富与江苏宜兴、广东佛山石湾是中国三大陶都。早在 2000 年前的汉代，荣昌地区就已经开始制陶，并初具规模，随着时间的发展制作技艺也逐渐成熟起来。唐宋时期荣昌的制陶业已经比较兴盛。随后荣昌陶器生产虽然也曾有过衰败，甚至出现过发展中断的时期，但随着清初“湖广填四川”移民到来，制陶业从复兴到鼎盛。中华人民共和国成立后，荣昌陶器进入新的发展时期。荣昌陶器主要分布于安富鸦屿山一带，这里山峦起伏，松林遍布，蕴藏有丰富的优质陶土和烟煤，陶土泥色为红色和白色，埋藏浅，泥料质地细腻，可塑性强，含水率低，烧失率低，是最佳的陶瓷原料，被誉为“泥精”。荣昌陶瓷主要产品有日用、包装、工艺美术、园林建筑、卫浴洁具等 800 余个品种，形成较为齐全的陶瓷产业体系，以及蜂窝、智能等高尖精陶瓷产业。产品先后获国家、省、市奖 150 多个，远销世界 30 多个国家和地区，深受国内外客商喜爱。2011 年 5 月，陶器烧制技艺（荣昌陶器制作技艺）成功申报为国家级非物质文化遗产，同年被评为重庆市首届“巴渝十二品”。2014 年获评“重庆新名片十强”，同年 3 月“荣昌陶器”注册国家地理标志证明商标。2018 入选国家第一批传统工艺振兴目录。2020 年 11 月，中国轻工业联合会、中国陶瓷工业协会授予“中国（西部）陶瓷之都 · 荣昌区”荣誉称号。全区有荣昌陶器国家级“非遗”技艺传承人 2 名、市级代表性传承人 4 名、区级代表性传承人 153 名。荣昌区是重庆市政府命名的陶瓷特色产业基地，已入驻重庆唯美集团有限公司、重庆奥福精细陶瓷有限公司、重庆惠达卫浴有限公司等知名企业。有国家高新技术企业 3 家、重庆市科技型企业 5 家、重庆市两化融合管理体系贯标示范企业 1 家、重庆市企业技术中心 1 家、重庆市科技型企业 5 家、重庆市两化融合管理体系贯标示范企业 1 家、重庆市企业技术中心 1 家。重庆唯美集团有限公司瓷砖生产数字化车间成功获批重庆市数字化车间，是陶瓷行业内最先进的瓷砖生产线。荣昌建有 4000 平方米陶博物馆、6000 平方米荣昌陶展示销售中心、7000 平方米荣昌陶青少年实训基地，荣昌“一带一路”陶瓷博览中心开馆。2020 年年末，有陶瓷企业 70 余家，其中规模以上企业 25 家，规模以上企业全年工业总产值 56.6 亿元。

荣昌夏布　荣昌夏布历史源远流长。夏布由葛、大麻演变而来，用苎麻线经过多道手工工序编织而成。早在汉代，就有“蜀布”记载，其上品在唐代就已成为贡品。唐《元和郡县志》载有“昌州贡筒布、斑布”。“筒布”即中细布，因为它往往卷成筒形，装入竹筒，便于运输，故称“筒布”，又根据它的形色特点，称为“斑布”。《太平寰宇记》亦载“昌州产斑布、筒布”。既是特产，又作为贡布，说明昌州自唐宋以来麻布的编织技术是比较发达的。夏布“轻如蝉翼，薄如宣纸，平如水镜，细如罗绢”，成为皇室和达官贵族喜爱的珍品。清初，随湖广移民带来种麻（苎麻）、织布技术，与当地织造技术相融合，至清康熙后期荣昌夏布才形成商品生产。清光绪《荣昌县志》记载，县内“各乡遍地种麻，妇女勤绩成布，白细轻软较甚于葛。山陕直隶客商，每岁必来荣采买，运至京都发卖”。亦转销朝鲜、日本及南洋一带，夏布开始成为荣昌有名的传统特产。民国时期，全县有麻织户 2000 多户，从业人员 4000 多人，绩麻妇女 5 万多人。民国 19 年（1930）全年产夏布 56 万匹，出口 17 万匹。后因通货膨胀等原因，从业人员减少，1946 年全县有织麻户 1561 户，从业人员 2231 人，年产量 10 万匹左右。中华人民共和国成立后，夏布由分散的生产组织转为集体生产，至1956年，陆续组成合作社9个，生产小组3个，社员1167人，年产量5.51万匹，加上个体户产量，共计12.32万匹。1958年，合并成立6个地方国营夏布厂，有职工1105人，年产量8.32万匹。1961年精简下放职工后，1963年有职工272人，产量降至2.85万匹。1974年个体户最多发展到1400户，织布机1300台。1978年区乡5个夏布社划归企业局，城关夏布社划归二轻系统，全县产夏布1.89万匹。20世纪80年代，因生产方式及消费结构的变化，企业亏损，夏布社相继解体。20世纪90年代初，荣昌积极推广夏布产业建设，形成“基地加乡镇，家家织布声”的格局，建成盘龙、远觉、大建等苎麻生产基地。1998年，荣昌被农业部授予夏布加工基地称号。2007年，荣昌夏布织造技艺被列入重庆市第一批省级非物质文化遗产名录，2008年6月，荣昌夏布织造技艺成功申报为国家级非物质文化遗产，有荣昌夏布国家级非遗技艺传承人2名。2013年3月，“荣昌夏布”注册国家地理标志证明商标。荣昌区是商务部确定的“国家外贸转型升级专业型示范基地”，是全球最大的夏布生产基地。以加合夏布为代表的企业积极引进韩国先进技术，在苎麻生物脱胶、植物染色等方面取得一定突破，开发韩服等产品并出口。以德南麻纺为代表的企业与国内厂商合作，开发夏布床上用品、袜子、车用饰品等销量高。以壹秋堂夏布为代表的夏布企业开发夏布箱包、手机套、女性饰品、个性小用品等。以云宝夏布为代表的企业开发夏布双面画（专利）、夏布扇等文化产品，深受用户喜爱。通过现代工业建设与夏布传统产业融合，在核心产区盘龙镇，建设荣昌夏布创业基地，主营以服装、床上用品、工艺品、装饰品、旅游产品等为主的夏布深加工产品。将3万平方米的明清仿古建筑整体开发建设夏布小镇，引领传统制造向服务贸易转型，主打旅游体验、展示营销、研发创意等服务贸易，小镇内建有的夏布博物馆广受好评。同时，第四届重庆非物质文化遗产暨老字号博览在夏布小镇举行，中国重庆国际时尚周闭幕盛典在夏布小镇举办，扩大了夏布小镇的影响力。至2019年年末，全区登记注册夏布企业80余个，其中，有夏布类常年出口资质的企业37个，规模以上企业18个，配套家庭生产作坊3000余户，手工织布机5000余台，从事夏布织造人员近万人，规模以上企业全年工业总产值18余亿元。

（陈阳婧）

荣昌折扇　荣昌折扇又称“聚头扇”“撒扇”，是与苏杭折扇齐名的三大名扇之一。清光绪《荣昌县志》记载：“撒扇始于永乐中，因朝鲜进撒扇，上喜其舒展之便，命工如式为之，邑中职此业者不下千家万户。每年春间各郡县客商云集于斯，贩往他处发卖。”又据明清史学家谈迁《枣林杂俎》记载：顺治十二年（1655），皇上命四川布政司造进贡扇，并开列折扇式样如龙凤舟船扇、七夕银河会扇等，荣昌折扇已成朝廷贡品。对1979年荣昌县城发现的“颖风公所”碑的考证，清道光二十二年（1842）荣昌折扇业成立“颖风公所”（颖风会），这标志着荣昌折扇的生产由家庭副业转向专业生产。清光绪年间，县城中有专业扇铺40多家、生产半成品的摊子户100余户，年产各种折扇400万把，远销云、贵、陕等地，是荣昌折扇生产的鼎盛时期。材料上采用棕竹和楠竹，制成棕竹扇或全楠扇，折扇生产进入高潮。民国时期，经营商号有60余户，制扇量有所衰减，但工艺有所提高，绸面串子、水磨夹子、雕嵌、漆面、泥金、金粉写画等品种十分流行。辛亥革命成功后，折扇加工工艺日臻完美。漆、雕、嵌、刻、烫花、小磨、铁金、银粉写画等技艺广泛应用于串叶白扇生产，深受各界人士喜爱而风行一时。几年内，城内折扇经营店铺达100多家，加工摊子户500多户，专业生产工人3000人，年产折扇506万把，产品已远销东亚及欧洲等地区。中华人民共和国成立后，荣昌折扇走向了集体经济，于1955年成立了荣昌县折扇手工业合作社。折扇生产工艺在继承、发扬传统手工艺的同时，采用新工艺，推出绢面、绸面什色、喷花、彩印、手绘、扎染等扇面；扇夹制作有竹节、退漆、水磨、烫花、嵌牙、嵌玳瑁、香木、木雕、提空花喷漆等10余种；扇头造型工艺，传统有平刀指甲圆、分刀指甲圆、瓜米头等式样，创新有鸭方、红枣、扣子等新颖头式；扇心造型有排圆、平排、顺排、倒排、花排、双排、镂空花，折扇规格有16.65厘米至49.95厘米不等。随着时代变迁，荣昌折扇也不断推陈出新，工艺折扇渐成新宠，挂扇、夏布扇成为人们珍藏的艺术品。荣昌折扇制作工艺流程分16个工段、145个工序。折扇产品主要有全楠、正棕、皮底、硬青、串子、全棕、檀香、绸面（白绸、色绸）、毛、胶质10大类345个品种。主要代表作是传统的黑纸扇、棕竹扇、绸扇、夏布扇。荣昌折扇线条美观，明快流畅，制作精细，工艺精湛，已不仅仅作驱热纳凉之用，而且还广泛用于书画载体、礼品赠送、强身健体及文艺演出道具、室内装饰、艺术收藏等方面。2008 年 6 月，荣昌折扇成功申报为国家级非物质文化遗产，有荣昌折扇国家级非遗技艺传承人 2 名。

荣昌猪　荣昌猪是国内三大地方良种猪、世界八大优良种猪之一，400 多年来荣昌猪以其独特的外貌特征（体型较大，两眼周围及头部有大小不等的黑斑，全身被毛白色，也有少数在尾根及体躯出现黑斑或全身纯白），良好的生产性能，绝佳的口感风味，超强的适应能力而驰名国内外。1957 年被载入英国出版的《世界家畜品种及名种辞典》，纳入了联合国粮农组织重点保护猪种资源名录。农业部在“七五”规划中将荣昌猪列为国家级重点保护的优良地方猪种，在“九五”规划中被列为国家重点保护的 19 个地方保护良种猪资源之一，2000 年 8 月再次被列为国家级重点保护的猪种资源之一。荣昌猪历经数代繁育，饲养区域不仅扩大至周边川渝 10 余县、市，而且推广到国内 20 多个省、市，并实现批量出口，跻身全国推广范围最广、影响力最大的三大名猪之列，被誉为畜牧行业中的“国宝”，并形成足以影响一方经济的荣昌猪文化。2005 年 9 月 29 日，世界首例荣昌母猪可视化猪在荣昌现身。2006 年荣昌猪被列入国家级资源保护名录。2011 年 10 月 21 日，荣昌建成全国首个区域交易中心——重庆农畜产品交易所荣昌交易中心，集中开展仔猪即期、种猪近期、生猪中远期电子竞拍交易。2011 年 11 月 21 日，荣昌在全国率先开启仔猪电子竞拍交易，建成国家级重庆（荣昌）生猪交易市场，实现仔猪电子竞拍交易生猪活体电子挂牌交易，从而改变了传统的仔猪和生猪交易方式。2012 年 2 月 14 日，“荣昌猪”成功注册国家地理标志证明商标，10 月 13 日，荣昌猪吉祥物被农业部评为全国休闲农业创意精品文化创意金奖。2014 年荣昌猪品牌以 23. 21 亿元夺得全国地方猪品牌价值榜首。2015 年，荣昌猪龙头企业重庆日泉农牧有限公司种母猪饲养量超 6500 头，重庆天兆畜牧科技有限公司国家级核心育种猪场主体工程建设全面完成。2017 年，荣昌猪肉入选中国百强农产品区域公用品牌，获全国营养猪肉奖、全国食鲜猪肉奖。荣昌猪品牌价值达 27. 7 亿元。年末有年出栏 500 头以上生猪标准化猪场 105 个、规模化率达 65%。2019 年 4 月 4 日，农业农村部正式批复同意建设重庆（荣昌）生猪大数据中心，作为国家生猪产业重要的公共服务平台。至 2020 年年末，生猪存栏 42. 7 万头，其中能繁母猪 4. 4 万头，出栏生猪 44. 47 万头。重庆（荣昌）生猪交易已建成海南、四川、河南、河北、广东 5 个省级市场，落地区域中心和区域市场 21 个、签约 9 个。实现生猪、仔猪及种猪 150 万头、白条 2050 吨交易，年交易额（GMV）49. 87 亿元。

河包粉条　河包粉条作为荣昌区传统特色产业，距今已有上百年的生产历史，其使用“先成型后熟化”的生产工艺，因其纯净光亮、整齐柔韧，烹调时入水即软、久煮不碎不糊，吃起来清嫩适口、爽滑耐嚼，受到市场青睐。企业主要集中在粉条工业园和转龙片区，年产粉条 7 万余吨，占全国产量的 11%左右，火锅粉条和酸辣粉占川渝两地市场份额的 80%以上，占全国 40%以上。河包粉条拥有注册商标 11 个，知名商标 2 个。与北京一根火柴文化传播有限公司合作，启动河包粉条区域公用品牌建设，制定河包粉条区域公用品牌战略规划，成功推出以“十二道精工”传统工艺为特点，以爽滑劲道、不糊锅不断条为特色的“功夫粉条”新形象。“小茂哥”“大茂爷”“潘幺妹”“薯老二”“转龙村”等 10 多个河包粉条品牌产品，已走进新世纪、沃尔玛、华润、美宜佳、红旗连锁等多家大型商场，进入成渝高铁、重庆机场、上海浦东机场、华东高铁和加油站，并远销西南、西北和东部沿海地区 10 多个省市。推出的速食酸辣粉、小火锅、凉粉条等创新产品，与上海升锐文化传播有限公司、四川光友薯业有限公司、重庆海中海餐饮管理有限公司等 10 多个知名企业合作，同时通过天猫、京东、淘宝等网店销售，月销量 700 多万份，形成线上线下比较稳定的销售渠道和雄厚的客户资源。粉条工业园被原农业部命名为“全国农产品加工示范基地”，被原重庆市中小企业局命名为市特色产业基地、市中小企业基地、市农产品加工基地。河包粉条生产工艺获批市级“非遗”，河包酸辣粉获批中国名小吃。2020 年 11 月，成功举办首届荣昌河包粉条文化节暨河包粉条区域公用品牌发布会，吸引 210 余位客商洽谈合作，16 家粉条企业现场签约订单达 1 亿元，成功引进 3 个粉条生产项目落户河包镇，并有 4 个项目计划2021年初落地。至2020年年底，有粉条企业24家，年产粉条7万多吨，粉条全产业链年总产值约12亿元。

荣昌观胜兔　观胜镇位于荣昌区北部，属浅丘低谷地貌，全年降雨量较多，草料品质较好且生长周期短，村民历来有养殖肉兔的习惯，是西南大学荣昌校区种兔养殖基地，因此观胜镇素有“渝西肉兔之乡”的美誉。荣昌观胜兔，生长发育快、繁殖率较高、肉质细嫩、瘦肉率及屠宰率均高，深受消费者欢迎。2007年，镇政府立足镇内“三河四库一镇”自然资源，通过补贴、引进业主、鼓励建厂、圈舍补助等方式发展特色肉兔产业，先后成立肉兔养殖农民专业合作社2家、规模企业2家，荣昌观胜兔产业逐步由传统散养向现代化、规模化集中养殖转变。2015年，重庆市荣昌区观胜镇正宇肉兔养殖技术服务股份合作社被评为区级核心专业合作社、市级农民专业合作社示范社。同年年底，荣昌观胜兔进行了无公害农产品认证。2017年，荣昌观胜兔养殖实现提档升级，注册观胜肉兔商标，并被评为荣昌区知名商标，荣昌观胜兔迅速打开市场，销往重庆市、四川省内江、自贡等地。2019年，荣昌观胜兔进行了第二次无公害农产品认证，观胜镇建成渝西川东地区最大、标准化程度最高的种兔养殖基地——荣昌观胜兔科技园区，实现自动化喂食、标准化养殖、规模化生产。2020年，全镇建成肉兔小柏丫食品公司、达生肉兔主题餐馆及悦诚农业电商店等配套企业，推动荣昌观胜兔“产、加、销”一体发展。至2020年年底，全镇有标准化养兔场14个，存栏种兔2.2万只，年出栏商品兔110万只，带动全镇及周边养殖农户300余农户养兔，产业收入超过5500万元，为乡村振兴打下扎实基础。

荣昌血橙　荣昌于1998年开始栽种晚熟柑橘，有着二十余年的种植历史。近年来，政府加强组织领导，加大投入，精准支持，致力于血橙产业发展，助力乡村振兴。主要以“公司、合作社+农户”的形式，通过“四免一统一”模式，种植大户（公司、合作社）吸纳农民到基地劳动，并免费为农民提供果树苗、外出培训、技术指导、购买农资农具，统一进行包装销售，为血橙种植户致富增收，给荣昌血橙的发展注入了新的活力。

荣昌血橙挂果期长，果实12月底开始着色，次年1月至4月采摘，单果重150克左右，果大皮薄，果皮橙红，果肉紫红，汁多味浓，甜酸适口，肉质细嫩化渣，具有浓郁的玫瑰花香味，近无核，果品中含有丰富的维生素C及胡萝卜素等，耐贮藏。能促进血液循环，改善贫血；温润补血，改善手脚冰冷；改善肤色，促进皮肤细胞再生；清新的香味，能振奋精神。

2019年2月，荣昌血橙在“第二届三峡杯优质晚熟柑橘评选”血橙类荣获一金二银的好成绩。3月向俄罗斯出口6吨，4月向印度尼西亚出口24吨，2020年3月26日出口马尔代夫26吨。创造全市血橙的首次出口，成功创建全市首个血橙出口示范基地，带动周边1000余户农户增收致富，实现增量提质。在“2019重庆梁平柚&荣昌血橙（香港）品鉴会”上，荣昌血橙获得了由香港环境保护协会颁发的“香港（国际标准）食品安全证书”。荣昌血橙的市场价格一般在每公斤10~14元，荣昌血橙已发展成为荣昌区的主导产业之一，截至2020年年底，荣昌区柑橘类种植面积3333.33公顷，年产量3万吨，产值1.2亿元。

【名特小吃】　荣昌特色美食自成体系，风味小吃独具特色。卤白鹅、黄凉粉、铺盖面、羊肉汤被分别评为中国名菜、重庆名特小吃等。2019年，荣昌区“中国卤鹅之乡”“小罗卤鹅”等7个餐饮店获评“重庆老字号”。

荣昌卤鹅　荣昌白鹅历史悠久，据县志记载，在清光绪年间，荣昌白鹅已被列为全县重要特产之一，是荣昌的重要宝贵资源。1989年荣昌白鹅被列入国家级保护鹅种，2006年荣昌白鹅列入国家级资源保护名录，2012年荣昌白鹅成功注册国家地理标志证明商标。荣昌卤鹅至今已有360多年的历史，集粤菜、川菜之所长，形成了独有的卤制烹饪技术，素有“百年美味、千年技艺”之称。荣昌卤鹅色泽金黄发亮、五香味浓、粑软适中、骨质松脆、骨髓香滑、肉感香嫩，调料微辣、口感适宜，姜葱味齐备。“卤鹅卤鹅，盯一眼走不脱”，荣昌卤鹅早就成了八方宾客最喜爱、最回味的荣昌味道，成为荣昌美食的一张亮丽名片，是川渝地区最具特色、最具代表性的地域美食名片之一。一直以来，荣昌区按照“政府主导、企业主体、市场运作、产业联动”的总体思路，着力打造“荣昌卤鹅”公共品牌，挖掘传统技艺和文化内涵，促进荣昌卤鹅产业化、规模化、品牌化发展，全区卤鹅生产销售商家300余家，在全国开设销售门店已超过万家，其中有8家获评“中国名菜”，2家获评“中华名小吃”，2家获评“中华名优食品”，2家获评“中国餐饮名店”。卤鹅年产量近400万只，年销售额3亿余元。2011年荣昌卤鹅制作技艺成功申报重庆市非物质文化遗产。2019年，荣昌区成功创建“中国卤鹅之乡”，“小罗卤鹅”被认定为重庆老字号。2019年9月30日，为期三天的首届荣昌卤鹅美食文化节万灵古镇开幕。

黄凉粉　黄凉粉是荣昌本地特色小吃之一，必须是荣昌产的豌豆做出的黄凉粉才正宗。黄凉粉切成土豆丝样的细丝，成条不烂，软而不断，调成咸鲜、微辣带麻的味道，姜、葱、蒜香味突出，吃起来有粉质感，且口里有股豌豆的清香味。黄凉粉的摊点在荣昌城内随处可见，最为集中的为南门桥一带，最有名气的是李氏黄凉粉、张氏黄凉粉和胖姐黄凉粉。黄凉粉作为荣昌特色小吃，多次参加各种美食展会，在2015年召开的重庆各区县特色小吃展上备受市民喜爱，产品被一抢而空。不过受“只适合现买现吃、隔夜之后变味”的特点影响，其销售范围局限在产地，无法远销他地。敖氏黄凉粉被中国饭店协会评为“中华名小吃”；2002年李氏黄凉粉被国内贸易局评为“中华名小吃”，被中国饭店协会评为“中华名小吃”；胖姐黄凉粉被中国饭店协会评为“中华名小吃”；2005年1月张氏黄凉粉被中国名吃博览会组委会评为“中华名小吃”，2006年10月被中国饭店协会评为“中国名店”。

铺盖面　原名“鸡婆头”。骨汤乳白，豌豆打底，加炸酱；面块皮薄均匀，块大不烂；再放上油条，形似鸡头，因此得名“鸡婆头”。20世纪初，陈有权师傅在荣昌昌元镇街边卖的面块即为铺盖面的前身。1933年，15岁的安岳人兰海云前来学徒，三年学成出师后，在敖家巷开了馆子。1982年兰海云承包了原来的敖家巷店堂。依据面块“大、薄，呈长方形，似铺盖”的特点，将此品更名为“铺盖面”。兰海云内弟林昌元在传统制作技艺上发展创新：增加鸡和海鲜同煨，使底汤更香更鲜；臊子除保留原来用豌豆、炸酱外，增加了红烧肥肠、红烧牛肉、红烧羊肉、清炖肚条等。改进后林昌元及其徒弟在全国供应铺盖面，颇受欢迎。铺盖面是荣昌人公认的“地方风味小吃”。2000年年底起，该品在“大型酒家”制作小碗供应。荣昌最出名的当属黄二娃鸡汤铺盖面，被中国饭店协会评为“中华名小吃”，2004年1月被重庆国际火锅文化节组委会评为“重庆特色小吃”、荣昌县政府授予“荣昌名小吃”，2005年1月被中国名吃博览会组委会评为“中国名吃金奖”；2003年10月兰氏铺盖面被中国饭店协会评为“中华最佳小吃”；荣昌铺盖面被中国饭店协会评为“中国金鼎奖”。2019年12月在荣昌北站举办了荣昌区首届铺盖面技能大赛。

羊肉汤　荣昌羊肉汤是荣昌人的骄傲，用它作为早餐招待亲朋好友，是荣昌最为高档的标准和礼节。羊肉汤最早起源于中华人民共和国成立前，据说是一个叫陶镀光的人无意中发明的。经过几十年的发展演变，羊肉汤已今非昔比，其汤汁乳白，咸鲜味正，香味浓郁，肉质细嫩，无腥臊味及药料味，是四季皆宜的食品，特别是冬令时节滋补佳品。羊肉汤系列中最为出色的当为羊杂汤，其他的如蚂蚁上树、粉蒸羊肉、炒羊肝、腊排等菜品味道也很受喜爱。荣昌城区出名的羊肉汤馆有敖家巷羊肉汤、刘老六羊肉汤、颜记羊肉汤等，除专门的羊肉汤馆以外，近年来各个农家乐纷纷在冬季推出烤全羊系列菜系，因此也可在农家乐品尝羊肉汤锅的美味。1999年11月胖娃羊肉汤被重庆市商业委员会评为“重庆地方风味菜”，2001年被重庆市商业委员会评为“重庆美食名店”，2004年10月被荣昌县人民政府评为“荣昌名小吃”；颜记羊肉汤馆2004年10月被荣昌县人民政府评为“荣昌名小吃”，被中国饭店协会评为“中国名菜”；敖家巷羊肉汤在2015年被评选为“荣昌十佳最受欢迎餐馆”之一，2016年12月被评为荣昌区“十大名菜”；2016年12月敖家巷喻氏羊肉馆制作的“粉蒸羊肉”被评为荣昌区“十大特色菜”。

经济社会建设

【经济建设】　2020年，荣昌区地区生产总值709.79亿元，比上年增长4.9%。其中，第一产业增加值64.26亿元，增长6.7%，占地区生产总值的9.1%，上升0.8个百分点；第二产业增加值382.96亿元，增长6.5%，占54%，上升0.7个百分点；第三产业增加值262.57亿元，增长2.2%，占36.9%，下降1.5个百分点。三次产业结构比为9.1∶54∶

36.9。有各类市场主体6.75万户，增长7.9%。其中内资企业1.43万户，外资企业26户，个体工商户52511户，农民专业合作社686户。一般公共预算收入30.21亿元，增长8%。其中，税收收入17.76亿元，增长1%；非税收收入12.45亿元，增长19.9。一般公共预算支出94.71亿元，增长3%。其中，一般公共服务支出8.76亿元，减少9.6%；教育支出19.88亿元，增长0.3%；社会保障和就业支出11.65亿元，增长2.9%；城乡社区支出7.2亿元，增长1%；卫生健康支出11亿元，增长4.5%。金融业增加值18.96亿元，增长1.2%，占地区生产总值的2.7%。年末，金融机构各项存款余额437.15亿元，比年初增加34.91亿元，增长8.7%。其中，企事业单位存款余额98.96亿元，减少0.1%；个人储蓄存款余额334.65亿元，增长12.4%。金融机构贷款余额376.05亿元，比年初增加43.47亿元，增长13.1%。其中，个人经营、个人消费类贷款100.21亿元，增长3.8%；不良贷款1.07亿元，不良贷款率0.29%。保险机构保费收入9.53亿元，减少3.4%；理赔金额2.63亿元，减少16.8%。

农林牧渔业总产值97.67亿元，增长7.1%。粮食播种面积4.43万公顷，增长0.2%。蔬菜播种面积1.99万公顷，增长2.8%。主要农产品产量：粮食28.91万吨，增长0.2%；油料2.53万吨，增长3%；蔬菜61.36万吨，增长5.5%；肉类4.86万吨，增长8.7%；生猪出栏44.47万头，增长9.3%；羊出栏2.03万头，增长4%；家禽出栏789.12万只，增长2.2%；禽蛋1.2万吨，增长12.9%；牛奶产量3405吨，增长0.2%。

工业增加值288.13亿元，增长6.1%，其中规模以上工业增加值增长6.1%。规模以上工业企业完成产值868.21亿元，增长7.5%。规模以上工业企业主要产品产量：原煤36.95万吨，增长0.7%；商品混凝土363.96万立方米，增长25.3%；家具71.86万件，增长19.8%；饲料132.2万吨，增长8.6%；鲜、冷藏肉6万吨，减少10.7%；精制茶10.14万吨，减少5.6%；苎麻布3996万米，增长1.3%；纸制品15.78万吨，减少1%；不锈钢日用制品9034吨，减少24.1%；阀门15.77万吨，增长9.1%；电子元件68.92亿只，增长25.2%；印制电路板66.42万平方米，增长9.3%；兽用药品3.77万吨，增长60.4%；日用玻璃制品9270吨，减少30.9%。

建筑业实现增加值94.83亿元，增长8.1%。在荣昌注册资质建筑业企业54家，建筑业总产值191.97亿元，增长15.1%。建筑企业房屋施工面积746.76万平方米，增长27.9%；竣工面积464.38万平方米，增长12.2%。

交通运输、仓储和邮政业实现增加值19.7亿元，增长5.2%，占地区生产总值的2.8%。公路客运量3616万人，减少38.2%；旅客周转量14亿人次，减少43.8%；公路货运量1341万吨，增长47.3%；货物周转量15.35亿吨，增长66.8%。有营运汽车7436辆，其中货车5941辆，客车426辆（含公交车），出租汽车1069辆。公路总里程2659.17千米。按行政等级划分：国道（高速公路）100.39千米，省道215.83千米，县道135.29千米，乡道293.81千米，专用公路11.33千米，村道1902.52千米。按技术等级分：高速公路65.80千米、一级公路25.01千米、二级公路244.93千米、三级公路66.43千米、四级公路2196.18千米，等外公路60.81千米。邮电业务总收入5.48亿元，增长8%。其中，邮政业务收入1.47元，增长16.4%；电信业务总收入4.01亿元，增长5.2%。年末固定电话用户数8.62万户，减少9.6%；移动电话用户80.16万户，增长6%。固定互联网宽带接入用户24.31万户，增长14.1%；手机上网用户63.6万户，增长10%；互联网用户78.43万户，增长11.2%。

固定资产投资273.74亿元，增长10.8%。其中，基础设施建设投资44.33亿元，下降22%；工业投资156.11亿元，增长13.9%；房地产开发投资38.69亿元，增长25.4%。从投资主体看，国有投资下降7.9%，民间投资增长12.7%。从三次产业投资看，第一产业投资增长48.4%，第二产业投资增长13.9%，第三产业投资增长4.1%。商品房施工面积294.23万平方米，减少1.4%；竣工面积59.98万平方米，增长23.4%；销售面积101.67万平方米，增长8.6%，其中住宅销售面积78.51万平方米，减少8.8%；销售额66.02亿元，增长28%。城市棚户区改造430户，农村危旧房改造8.54万平方米，增长39.8%。

批发和零售业增加值60.27亿元，增长2.5%，占地区生产总值的8.5%。批发业销售额增长

13.8%，零售业销售额增长7.7%。住宿和餐饮业增加值11.98亿元，减少3.6%，占地区生产总值的1.7%。住宿业营业额增长4.4%，餐饮业营业额增长0.9%。社会消费品零售总额增长2.6%。限额以上法人企业主要商品零售额中，汽车类增长11.9%，粮油、食品类增长21.5%，建筑及装潢材料类增长85%，家用电器和音响器材类减少28.2%。外贸进出口总额15.84亿元，减少10.7%。其中，出口额12.2亿元，减少29.4%；进口额3.64亿元，增长669.8%。实际利用外资9543万美元，增长30.8%，其中外商直接投资2627万美元。有A级旅游景区3个，其中国家AAAA级旅游景区1个，国家AAA级旅游景区2个。接待游客人数818万人次，增长16.6%；旅游总收入42.38亿元，增长39.9%。

【社会建设】 2020年，荣昌区有高新技术企业103家，获得专利授权875件，其中中国驰名商标3件、地理标志7件。有区属各类学校295所。其中，普通中学20所（含4所高完中），中等职业学校1所，小学121所，幼儿园151所，特殊学校1所。在职教职工8476人，其中公办教师6214人，民办教师2262人。中等职业学校招生2357人，在校生5850人，毕业生1645人；普通高中招生4774人，在校生1.41万人，毕业生4804人；普通初中招生8927人，在校生2.64万人，毕业生8723人；小学招生6696人，在校生4.37万人，毕业生8895人；学前教育招生9133人，在校生2万人，毕业生9022人；特殊学校招生13人，在校生186人，毕业生4人。初中、小学学生入学率100%。有各级各类医疗卫生机构419个。其中，医院12个，乡镇卫生院15个，社区卫生服务中心6个，诊所类（含门诊部、医务室）140个，村卫生室241个，疾病预防控制中心1个，卫生健康行政综合执法支队1个，中心血库1个，妇幼保健院1个，卫生健康培训学校1所；医疗卫生机构实有床位数4258张；卫生技术人员5171人，其中执业医师和执业助理医师2037人，注册护士2283人。有文化馆1个，图书馆1个，剧场、影剧院5个，体育场馆2998个。有线电视用户15.87万户。出版发行报纸128.6亿份，出版发行期刊14.22万份。

常住居民人均可支配收入3.2万元，增长7.2%。其中，人均工资性收入1.69万元，增长7.9%；人均经营净收入5506元，增长5.7%；人均财产净收入1706元，增长7.2%；人均转移净收入7876元，增长6.9%。城镇常住居民人均可支配收入4.05万元，增长5.5%。其中，人均工资性收入2.4万元，增长5.7%；人均经营净收入4523元，增长5.5%；人均财产净收入2729元，增长4.3%；人均转移净收入9255元，增长5.6%。城镇居民恩格尔系数31.3%，下降0.52个百分点。城镇居民人均住房面积44.28平方米，增长0.1%。农村常住居民人均可支配收入2万元，增长7.3%。其中，人均工资性收入6936元，增长7.4%；人均经营净收入6883元，增长7.4%；人均财产净收入271元，增长6.7%；人均转移净收入5944元，增长7.1%。农村常住居民人均生活消费支出1.27万元，增长8.0%。其中，衣着795元，增长6.7%；居住2138元，增长6.2%；生活用品及服务1104元，增长8.6%；交通通信1450元，增长7.3%；教育文化娱乐1200元，增长7.1%；医疗保健1032元，增长7.8%。农村居民恩格尔系数38.23%，增长1.53个百分点。农村居民人均住房面积44.36平方米，增长2.06%。

城镇新增就业人员1.57万人，减少23.7%。新增转移农村劳动力1215人，增长6.1%。城乡居民社会养老保险参保人数34.8万人，减少0.03%。城镇企业职工基本养老保险人数14.55万人，增长16.8%。城镇登记失业人数4729人，增长23.3%；城镇登记失业率3.41%，增加0.62个百分点。失业保险职工人数6.36万人，增长23.7%；领取失业保险人数2183人，增长20.7%。工伤保险人数14.75万人，增长8.2%。城镇职工基本医疗保险参保人数11.78万人，增长13.2%；城乡居民合作医疗保险参保人数65.33万人，减少2.3%；城乡居民合作医疗基金支出5.8亿元，增长5.8%。生育保险参保人数7.25万人，增长21%。

享受城乡居民最低生活保障9779户1.69万人，增加2439人，增长16.9%。其中，享受城镇居民最低生活保障4031户6323人，增加205户401人；享受农村居民最低生活保障5748户1.06万人，增加967户2038人。城市居民最低生活保障标准为每人每月620元，提高6.9%；农村居民最低生活保障标准为每人每月496元，提高12.7%。发放城乡居民最低生活保障金8964万元，其中发放农村居民最低生活保障4960万元，城镇居民最低生活保障金4004万元。救助农村特困人员5157人。

用电量13.70亿千瓦时，增长8.4%。其中，城乡居民生活用电4.49亿千瓦时，增长8.5%；工业用电量6.79亿千瓦时，增长9.2%。发生11起生产安全死亡事故，死亡12人。同比事故起数减少4起，下降26.7%；死亡人数减少3人，下降20%。其中，道路运输行业发生5起客货运道路运输事故，死亡5人。（肖富荣）

精神文明建设

2020年，扎实推进建设新时代文明实践中心试点工作。在全市率先建成新时代文明实践志愿文化广场和志愿服务云平台，建设川南渝西首个志愿服务培训、项目孵化基地，搭建新时代文明实践教育基地5个、现场教学点37个，孵化志愿者队伍6支、志愿服务项目16个，健全新时代文明实践工作体系、实践阵地、保障体系和长效机制。探索建立“小院讲堂”近400个，编制“小院讲堂”教材10本，开展“七讲”文明实践活动6000场、惠及65万余人次，参加中宣部调研会和案例分享4次，获全国表彰项目2个，获市级表彰志愿者5名，人民日报等235家媒体报道“小院讲堂”1267次，“小院讲堂”工作得到中宣部、中国科学技术协会领导充分肯定。实施五大文明创建工程，新创建3个全国性文明称号，新选树国家级先进典型7名和市级先进模范68名，央视报道荣昌开展“吃得文明”践行“光盘行动”主题活动。投资近1.5亿元，建设村（院）史馆73个，改造城乡接合部5处，新建和规范车位1.23万个，新建地下停车场20个。投资近300万元，建成“德法宣传长廊”3.3千朱，核心价值观主题公园等30处，“三治”融合的“新风小院”112个，创作弘扬优良家风文艺作品4部，开展“孝老爱亲”评比活动200场次。开设“核心价值观进小院、进家庭”课程1.2万余节次，惠及20余万人次。固定每月1日举行广场升国旗仪式。区委书记带头开展“学讲做干部思想政治教育月系列”活动，举办专题报告12场，参加8000余人。邀请“时代楷模”毛相林与区内8名全国、全市先进典型举办报告会，开展梦想系列活动578次，引导群众自觉践行核心价值观。（叶松生）

中共重庆市荣昌区委

重要会议

【区委第十四届第八次全体会议】 4月17日召开。全会的主要任务，全面贯彻习近平总书记在中央财经委员会第六次会议上的重要讲话和视察重庆重要讲话精神，切实落实市委五届八次全会精神，围绕"五个提升"和"补短板、做强项、提品质"工作要求，突出"产业引领""交通引领""规划引领"，立足"桥头堡"，动员全区奋力建设成渝地区双城经济圈重要增长极。全会听取和讨论了曹清尧受区委常委会委托作的区委常委会工作报告、区委抓党的建设工作报告，审议通过《中共重庆市荣昌区委关于着力"补短板、做强项、提品质"建设成渝地区双城经济圈重要增长极的决定》和全会决议。荣昌作为成渝地区合作的"桥头堡"，必须牢牢把握重大战略机遇期，持续推进国家高新区、国家生猪大数据中心、荣昌货运机场"三件大事"，奋力建设成渝一体化发展示范区、国家城乡融合发展试验区、全国首个农牧特色国家高新区和国家畜牧科技城"三区一城"，聚焦补短板、做强项、提品质，提升战略认知水平、提升科学规划水平、提升产业发展水平、提升互联互通水平、提升领导干部推动发展的水平，坚持产业引领做大经济、交通引领做大枢纽、规划引领做大城市，在唱好"双城记"、建好"经济圈"的宏大征程中，体现荣昌担当、发挥荣昌作用、展现荣昌作为，奋力建设成渝地区双城经济圈重要增长极。全会强调，唱好"双城记"，建好"经济圈"，必须一手抓实力提升，一手抓周边合作。要全力推动国家货运机场纳入国家规划，并作为重大"新基建"项目纳入成渝地区双城经济圈规划，尽快启动建设；加快编制"双城经济圈桥头堡规划"，编制100平方千米、100万人口产城融合城市总体规划，规划建设50平方千米国际货运航空物流园；加快推进两所高校审批，实现公办农牧特色应用型本科院校和物流、信息特色高职院校尽早启动建设，尽早启动招生。进一步深化川渝合作，把前期与毗邻地区签订的合作协议转化为具体项目，推动战略共识成为战略行动，转化为战略成果，加快推进基础设施互联互通，产业协作补链成群、生态环境联防联治、公共服务共建共享等方面取得新成效。经过前期全区上下的共同努力，疫情防控取得阶段性重要成效，经济社会秩序逐渐恢复。

【区委第十四届第九次全体会议】 12月18日召开。全会的主要任务，以习近平新时代中国特色社会主义思想为指导，深入学习贯彻中共十九届五中全会精神和习近平总书记对重庆提出的系列重要指示要求，全面贯彻落实市委五届九次全会精神和市委对荣昌的殷切期望，听取区委常委会工作报告，审议《中共重庆市荣昌区委关于制定荣昌区国民经济和社会发展第十四个五年规划和二〇三五年远景目标的建议》，通报了区十四届党代会代表资格终止、补选情况。全会听取和讨论了曹清尧受区委常委会委托作的工作报告、区委常委会抓党建工作报告，审议通过了《中共重庆市荣昌区委关于制定荣昌区国民经济和社会发展第十四个五年规划和二〇三五年远景目标的建议》和全会决议。区委副书记、区长高洪波就建议（讨论稿）作了说明。全会指出，"十三五"时期，全区广大党员干部群众凝心聚力、锚定目标、团结拼搏，推动荣昌各项事业迈上新台阶。打造成渝城市群新兴战略支点基本实现，国家高新区、国家生猪大数据中心、国家货运机场“三件大事”顺利推进。综合实力大幅提升，地区生产总值预计突破700亿元，工业总产值超过900亿元，荣昌从重庆西部传统农业县跃升为成渝地区新兴工业区，各项事业从单项先进迈向整体先进。

【区委第十四届常委会会议】 2020年，召开区委常委会会议44次，研究审议了《荣昌区中长期青年发展规划（2019—2025年）（送审稿）》《荣昌区区属国有企业综合考核办法（试行）（送审稿）》《荣昌区区属国有重点企业负责人经营业绩考核暂行办法（送审稿）》《荣昌区区属国有企业工资管理实施办法（试行）（送审稿）》《2020年春节前“送温暖”慰问活动方案（送审稿）》《2020年春节前“送温暖”慰问活动方案（送审稿）》《区“四大家”2020年第一季度重点工作及会议活动预安排》《中共重庆市荣昌区委领导班子2019年度述职报告（送审稿）》《中国共产党重庆市荣昌区第十四届委员会第八次全体会议方案（送审稿）》《中共重庆市荣昌区委常委会2020年工作要点（送审稿）》《重庆市荣昌区2020年纪检监察工作要点（送审稿）》《重庆市荣昌区2020年政法工作要点（送审稿）》《重庆市荣昌区2020年宣传思想工作要点（送审稿）》《重庆市荣昌区2020年意识形态工作要点（送审稿）》《荣昌区2020年统战工作要点（送审稿）》及《中共重庆市荣昌区委2020年政党协商（双月座谈会）计划（送审稿）》《重庆市荣昌区2020年组织工作要点（送审稿）》《荣昌区财政资金审批管理办法（送审稿）》《荣昌区落实市委办公厅印发的〈2019年度贯彻落实习近平总书记对重庆所作重要讲话和系列重要指示批示精神“回头看”工作方案〉的措施（送审稿）》《关于开展巡视巡察整改情况专项检查的工作方案（送审稿）》《2020年荣昌区脱贫攻坚工作要点（送审稿）》《关于深化落实〈荣昌区党员干部“十指连心”〉密切联系服务群众六项制度的实施方案（送审稿）》《重庆市荣昌区人大常委会2020年工作要点（送审稿）》《政协重庆市荣昌区委员会2020年工作要点（送审稿）》《关于调整村（社区）干部待遇标准的建议方案》《中央第四巡视组脱贫攻坚专项巡视“回头看”反馈意见荣昌区整改落实方案（送审稿）》《中央脱贫攻坚专项巡视“回头看”反馈意见荣昌区整改工作领导小组（送审稿）》《国家反馈2019年荣昌区脱贫攻坚成效考核问题整改落实方案（送审稿）》《脱贫攻坚成果巩固责任书（送审稿）》《中国共产党重庆市荣昌区第十四届委员会第八次全体会议方案（送审稿）》《区政协十五届四次会议重点提案（送审稿）》《荣昌区镇街职工周转房配置建议方案》《重庆市荣昌区党政领导干部食品安全责任清单（送审稿）》《关于推行镇街机关党员干部值夜工作制度的通知（送审稿）》《西南大学荣昌区人民政府深化区校合作协议书（送审稿）》《荣昌区国有企业转型做实改革计划（送审稿）》《荣昌区区属国有企业融资管理办法（送审稿）》《进一步深化财政管理改革实施政府过紧日子十条举措（送审稿）》《贯彻落实区委十四届八次全会精神的任务分解方案（送审稿）》《区领导牵头督办、领办区十七届人大五次会议代表建议（送审稿）》《荣昌区全面实施预算绩效管理实施方案（送审稿）》《2020年度市级考核指标任务分解（送审稿）》《荣昌区2020年度镇街和部门综合考核实施办法（送审稿）》《荣昌区贯彻落实〈新时代爱国主义教育实施纲要〉具体措施（送审稿）》《重庆市荣昌区信息化项目统筹管理办法（试行）（送审稿）》《荣昌区2020年软弱涣散基层党组织集中整顿建议方案》《荣昌区贯彻落实〈关于防范化解和妥善处置群体性事件的意见〉重点举措（送审稿）》《调整、更名和撤销部分区级议事协调机构（送审稿）》《荣昌区加快服务业高质量发展政策措施（送审稿）》《荣昌区意识形态工作存在的主要问题整改建议方案（送审稿）》《荣昌教育现代化2035（送审稿）》《荣昌区加快推进教育现代化实施方案（2020—2022年）（送审稿）》《荣昌区2020年“以奖促治”专项资金项目安排方案（送审稿）》《重庆市荣昌区区属国有重点企业领导人员管理办法（送审稿）》《荣昌区设立产业链链长推动招商工作实施方案（送审稿）》《荣昌区2020年镇街经济社会发展和全面从严治党考核实施细则（送审稿）》《荣昌区2020年部门经济社会发展和全面从严治党考核实施细则（送审稿）》《荣昌区扫黑除恶专项斗争“百日攻坚行动”实施方案（送审稿）》《荣昌区贯彻落实

〈重庆市中央生态环境保护督察报告〉整改方案（送审稿）》《荣昌区贯彻落实党管武装工作实施细则（送审稿）》《荣昌区“晒‘十三五’成就·晒‘十四五’思路”主题宣传活动工作方案（送审稿）》《重庆市荣昌区民营和小微企业流动性信用贷款管理办法（送审稿）》《重庆市荣昌区实体企业信用贷款风险补偿资金管理办法（送审稿）》《重庆市荣昌区区属国有融资担保公司改革实施方案（送审稿）》《重庆市荣昌区小微企业融资担保代偿补偿资金管理办法（送审稿）》《国家畜牧科技城建设总体方案（送审稿）》《荣昌区2020年招商投资促进工作目标任务分解及考核办法（送审稿）》《关于区委宣传部归口领导和代管区级宣传思想文化系统单位有关工作机制的意见（送审稿）》《重庆市荣昌区关于开展动物检疫违纪违法典型案件“以案四改”工作总体方案（送审稿）》《贯彻落实中央八项规定精神问题解答（第二辑）（送审稿）》《中国共产党重庆市荣昌区第十四届委员会第九次全体会议方案（送审稿）》《重庆市荣昌区开展2021年评比达标表彰项目申报工作方案（送审稿）》《重庆市荣昌区第十七届人民代表大会第六次会议建议方案》《政协重庆市荣昌区第十五届委员会第五次全体会议的工作方案（草案）（送审稿）》《荣昌区农村基层党建“整镇推进、整区提升”先锋创建行动工作方案（送审稿）》《重庆市荣昌区贯彻落实〈重庆市贯彻实施《中国共产党农村工作条例》办法〉政策措施二十条（送审稿）》《荣昌区区管领导班子和区管干部年度考核办法（试行）（送审稿）》《关于做好农村村民住宅用地农用地转用审批有关工作的通知（送审稿）》。

【区委经济工作会议】 1月3日召开。会议的主要任务是深入贯彻中共十九大和十九届二中、三中、四中全会精神，全面落实中央、全市经济工作会议精神，总结2019年全区经济工作，分析当前经济形势，部署2020年经济工作。会议强调，要坚持以习近平新时代中国特色社会主义思想为指导，深入贯彻中共十九大和十九届二中、三中、四中全会精神，全面落实中央、全市经济工作会议精神，增强“四个意识”，坚定“四个自信”，做到“两个维护”，深化落实习近平总书记对重庆提出的“两点”定位、“两地”“两高”目标、发挥“三个作用”和营造良好政治生态的重要指示要求，紧扣全面建成小康社会目标任务，坚持稳中求进工作总基调，坚持新发展理念，坚持以供给侧结构性改革为主线，坚持以改革开放为动力，坚决打赢“三大攻坚战”，全面做好“六稳”工作，加快建设成渝城市群一体化发展示范区、国家城乡融合发展试验区、全国首个农牧特色国家高新区，努力打造重庆主城区都市圈重要增长极，加快建设成渝城市群新兴战略支点。

【全区脱贫攻坚决战决胜誓师大会】 4月3日，全区脱贫攻坚决战决胜誓师大会在区行政中心召开。会议深入学习贯彻习近平总书记在决战决胜脱贫攻坚座谈会上的重要讲话精神，对中央巡视“回头看”和国家脱贫攻坚成效考核反馈问题的整改落实工作进行全面动员部署。

【生态环境保护大会】 4月13日，召开2020年生态环境保护大会。全面总结2019年全区生态环境保护工作，对推进生态优先绿色发展进行再安排再部署。会议指出，要深入贯彻习近平生态文明思想，坚定必胜的决心和信心，在全面完成生态文明建设“十三五”规划、污染防治攻坚战实施方案等确定任务的同时，确保濑溪河、清流河、马鞍河、渔箭河水质保持乃至优于Ⅲ类标准，空气质量优良天数力争达到300天，坚决打赢污染防治攻坚战。会议强调，2020年是打赢污染防治攻坚战的决胜之年，时间紧、任务重、难度大。要突出重点、明确任务，坚持精准治污、科学治污、依法治污，统筹推进雨污管网、污水处理厂、人工湿地等基础设施建设，加强执法监管力度，严管秸秆焚烧、偷排偷放等行为，严控农村面源污染，全力以赴完成污染防治攻坚各项目标任务。要以问题为导向，动真碰硬整治督察反馈问题，举一反三整治其他重点难点问题，抓紧谋划推动实施一批污染治理项目和能力建设项目，加快补齐生态环境领域基础设施“短板”。要牢牢树立“绿水青山就是金山银山”的发展理念，坚决把绿色环保放在工业发展、城市建设管理、乡村治理的首位，改变粗放、低质的发展模式。要以成渝地区双城经济圈建设为契机，推动跨界生态环境保护联防联控机制逐步完善，全面提升突发环境事件应急区域联动水平。

【区委常委会召开中央脱贫攻坚专项巡视“回头看”反馈意见整改专题民主生活会】 5月8日，区委常委会召开中央脱贫攻坚专项巡视“回头看”反馈意见整改专题民主生活会。会议集中学习了习近平总书记在决战决胜脱贫攻坚座谈会上的重要讲话精神和市委书记陈敏尔在市委常委会脱贫攻坚专项巡视“回头看”整改专题民主生活会上的总结讲话精神，通报了中央脱贫攻坚专项巡视“回头看”反馈意见整改落实进展情况。曹清尧代表区委常委班子作对照检查，带头作个人对照检查，主动接受批评。区委常委同志逐一开展个人对照检查、批评与自我批评。区人大常委会、区政协党组主要负责同志发言。

【荣昌区推动成渝地区双城经济圈建设领导小组第一次全体会议】 6月19日下午，区委书记曹清尧主持召开区推动成渝地区双城经济圈建设领导小组第一次全体会议，安排部署相关工作。会议指出，推动成渝地区双城经济圈建设，是习近平总书记亲自研究、亲自谋划、亲自部署的重大战略。荣昌地处成渝地区双城经济圈腹地，是川渝合作的“桥头堡”、成渝主轴黄金联结点，必须牢牢抓住这一历史性重大机遇，完成好这一重大政治任务。会议强调，唱好“双城记”、建好“经济圈”，关键在“实”。各级各部门要对标对表工作要点，一件一件抓好落实，努力在推动“三件大事”和“三区一城”建设上展现新作为。要强化“对上”和“对外”的沟通对接，积极争取国家和市级部门支持，持续深化与毗邻地区的交流合作，切实当好双城经济圈建设“生力军”“突击队”。 （钟晓雨）

重要决策

【概况】 全年区委召开常委会会议44次，全区干部大会1次，各类专题会议313次。区委、区政府联合发文18份，区委发文9份。重要决策涉及民生实事、生态环境、城市提升、公交改革、党的建设等多方面。

【扎实抓好习近平总书记系列重要指示精神和《中共中央关于加强党的领导、为打赢疫情防控阻击战提供坚强政治保证的通知》贯彻落实】 1月30日，区委印发《扎实抓好习近平总书记系列重要指示精神和〈中共中央关于加强党的领导、为打赢疫情防控阻击战提供坚强政治保证的通知〉贯彻落实的通知》，要求强化政治责任，坚决贯彻落实以习近平同志为核心的党中央作出的决策部署；强化政治担当，坚决做到守土有责、守土担责、守土尽责；强化政治定力，以必胜决心坚决打赢疫情防控阻击战；强化组织领导，凝聚疫情防控工作的强大正能量。

【中共重庆市荣昌区委常委会2020年工作要点】 2月24日，区委印发《中共重庆市荣昌区委常委会2020年工作要点》，要求要坚持以习近平新时代中国特色社会主义思想为指导，全面深入贯彻中共十九大和十九届二中、三中、四中全会精神，坚决贯彻党的基本理论、基本路线、基本方略，增强“四个意识”、坚定“四个自信”、做到“两个维护”，深化落实习近平总书记视察重庆重要讲话精神，贯彻落实党中央、市委关于推动成渝地区双城经济圈建设的重大战略部署和工作安排以及“五个提升”工作要求，紧扣全面建成小康社会目标任务，坚持稳中求进工作总基调，坚持新发展理念，坚持以供给侧结构性改革为主线，坚持以改革开放为动力，推动高质量发展，坚决打赢三大攻坚战，扎实开展“制度执行年”活动，统筹推进稳增长、促改革、调结构、惠民生、防风险、保稳定，纵深推进全面从严治党，保持经济社会持续健康发展、社会大局稳定，加快建设成渝一体化发展示范区、国家城乡融合发展试验区、农牧特色国家高新区、国家畜牧科学城，全力打造重庆主城都市区和成渝地区双城经济圈重要增长极，不断增强人民群众的获得感、幸福感、安全感，确保全面建成小康社会和“十三五”规划圆满收官。

【抓好“三农”领域重点工作，确保如期实现全面小康的实施方案】 2月28日，区委、区政府联合下发《抓好“三农”领域重点工作确保如期实现全面小康的实施方案》，要求对标对表脱贫攻坚、全面建成小康目标，强化举措，切实做到“五个提升”，持续抓好农业稳产保供和农民增收，推进农业高质量发展，完成打赢脱贫攻坚战和补上全面小康“三农”领域突出短板两大重点任务，保持农村社会和谐稳定，提升农民群众获得感、幸福感、安全感，加快建设成渝一体化发展示范区、国家城乡融合发展试验区、农牧特色国家高新区、国家畜牧科学城，打造重庆主城都市区和成渝地区双城经济圈重要增长极，确保脱贫攻坚战圆满收官，确保农村同步全面建成小康社会。

【重点建设项目、重大前期项目计划】 3月13日，区委、区政府联合下发《荣昌区2020年重点建设项目计划》《荣昌区2020年重大前期项目计划》，一要全力推进重点项目加快实施，切实发挥好重点项目建设对稳定投资增长的关键作用；二要加快推进、强化责任，协同做好工作，狠抓项目落地；三要不断改进重点项目服务，严格落实“六个统筹”要求，促进项目加快落地实施；四要强化资金保障支持，切实解决项目债务偿还、资金周转和扩大融资等迫切问题；五要健全机制、精准调度，坚持项目化推进、表格化管理、精细化落实，确保“一张表抓到底”；六要加强督查、强化考核，将重点项目推进情况继续纳入综合目标管理考核。

【重点民生实事计划】 3月13日，区委、区政府联合下发《荣昌区2020年重点民生实事计划》，决定2020年集中力量为市民办好十件民生实事，重点做好城区客运站优化建设、城市公园建设、医疗服务能力提升、教育基础设施提升、公办幼儿园建设、体育惠民工程、老旧小区改造、公租房建设工程、社区居家养老服务全覆盖、创业促进计划。集中力量为农民办好十件民生实事，重点做好农村厕所革命、四好农村路建设、基层派出所服务能力提升、人居环境整治、农村教师周转房建设、生猪稳产保供、应急广播系统、农村饮水安全巩固提升工程、促进农民就业及培训、高标准农田建设。

【水质全面提升巩固总体方案】 4月16日，区委、区政府联合下发《荣昌区水质全面提升巩固总体方案》，要求强化水污染治理、水生态修复、水资源保护“三水共治”，重点深化开展8项治理工程，努力把荣昌建成山清水秀美丽之地，实现濑溪河等河流“河畅、水清、岸绿、景美”的目标。力争濑溪河、大清流河、马鞍河、渔箭河等河流水质总体保持为优良，各出境断面水质稳定达到或优于地表水Ⅲ类，一、二级支流水质达到或优于Ⅳ类，基本消除Ⅴ类，全面消除劣Ⅴ类水体。

【打赢蓝天保卫战工作方案】 4月17日，区委、区政府联合下发《荣昌区2020年打赢蓝天保卫战工作方案》，要求深化大气污染防治“四控两增”措施，努力打好打赢蓝天保卫战，力争2020年城区空气质量优良天数达到286天以上，空气中$PM_{2.5}$年平均浓度降至44微克/立方米以下，基本消除重污染天气；力争2020年城区空气质量优良天数达到291天以上，空气中$PM_{2.5}$年平均浓度降至42微克/立方米以下。

【着力“补短板做强项提品质”建设成渝地区双城经济圈重要增长极的决定】 4月17日，区委印发《关于着力“补短板做强项提品质”建设成渝地区双城经济圈重要增长极的决定》，要求一要深刻认识建设成渝地区双城经济圈重要增长极目标的重大意义；二要牢牢把握建设成渝地区双城经济圈重要增长极的主要任务；三要建设成渝地区双城经济圈重要增长极的主要措施；四要加强建设成渝地区双城经济圈重要增长极的主要保障；五要加强党对建设成渝地区双城经济圈重要增长极的全面领导。

【国有企业转型做实改革计划】 4月28日，区委办公室、区政府办公室联合下发《荣昌区国有企业转型做实改革计划》，要求坚持“政企分开、政资分开”，厘清“政府与市场、政府与企业”的关系，确立国有企业独立的市场主体地位，加快实现从管企业向管资本为主的职能转变，推动现代国有企业制度建设。通过新一轮改革，荣昌区形成“2+2+1+1”国有企业总体架构，即：2家公益类国有企业：重庆市荣昌区兴荣环境整治有限责任公司（含重庆市荣昌棠城投资建设有限公司）、重庆宏烨实业集团有限公司（含重庆市荣昌区棠广实业有限公司）；2家商业类国有企业：重庆市万灵山旅游开发集团有限公司、重庆生猪大数据产业发展有限公司；1家文化类国有企业：重庆棠香影视文化传媒有限公司；1家金融类国有企业：重庆兴农融资担保集团有限责任公司。

【全面实施预算绩效管理实施方案】 5月29日，区委、区政府联合下发《荣昌区全面实施预算绩效管理实施方案》，要求创新预算管理方式，形成“注重结果导向、强调成本效益、硬化责任约束”的预算管理机制，力争到2022年年底基本建成全方位、全过程、全覆盖的预算绩效管理体系，建立“预算决策有评估、预算编制有目标、预算执行有监控、预算完成有评价、评价结果有运用”的绩效管理模式，实现预算和绩效管理一体化，推动财政资金聚力增效，提高公共服务供给质量，增强政府公信力和执行力。

【脱贫攻坚“清仓见底大行动”方案】 6月28日，区委办公室、区政府办公室联合下发《荣昌区脱贫攻坚“清仓见底大行动”方案》，要求深入学习贯彻习近平总书记关于扶贫工作重要论述、在决战决胜脱贫攻坚座谈会上的重要讲话和视察重庆重要讲话精神，切实增强责任感、使命感、紧迫感，坚持“战疫”“战贫”两手抓，坚决落实“更大决心、更强力度”工作要求，以“不能停顿、不能大意、不能放松”的攻坚状态，向脱贫攻坚发起总攻，集中力量解决剩余贫困人口总体脱贫、整改清零各类问题、巩固提升脱贫攻坚成果，补齐短板弱项，提升脱贫质量，确保脱贫攻坚圆满收官，夺取脱贫攻坚战全面胜利。

【营商环境整治提升专项行动方案】 8月17日，区委办公室、区政府办公室联合下发了《重庆市荣昌区2020年营商环境整治提升专项行动方案》，要求坚持市场化、法治化、国际化的原则，以市场主体期待和诉求为导向，以深化“放管服”改革为抓手，以市场主体和社会公众满意度为评价标准，聚焦市场主体和群众办事创业的痛点、难点、堵点，重点针对开办企业、办理建筑许可、财产登记、获得电力、获得用水用气、执行合同、纳税、办理破产、政务服务、知识产权创造保护运用、市场监管、包容普惠创新与营商环境密切相关的12个重要方面，精准发力切实解决突出问题，为各类市场主体减负担、为群众办事生活增便利。

【构建现代工业产业体系推动经济高质量发展的意见】 9月8日，区委、区政府联合下发《关于构建现代工业产业体系推动经济高质量发展的意见》，要求立足荣昌区资源禀赋、特色优势和产业基础，加快形成以消费品、智能装备、电子信息、新材料和农牧高新为主体的“4+1”现代工业产业体系。到2023年，“4+1”主导产业实现产值1600亿元，其中，消费品工业集群产值达到1000亿元。经过五年努力，“4+1”现代工业产业体系基本建立，到2025年，“4+1”主导产业实现产值2000亿元；力争培育50亿级企业1家以上、10亿级企业15家以上，国家高新技术企业达到200家以上，市级科技型企业达到1000家以上，R&D（研发）投入强度2.5%以上。

【扫黑除恶专项斗争“百日攻坚行动”实施方案】 10月20日，区委、区政府联合下发《荣昌区扫黑除恶专项斗争“百日攻坚行动”实施方案》，要求紧扣三年为期总目标，坚持稳中求进工作总基调，按照依法严惩、标本兼治总要求，以开展“一十百千万”行动为牵引，聚焦“六清”“六建”持续攻坚，确保黑恶势力违法犯罪特别是农村涉黑涉恶问题得到有效防范，社会治安乱点得到全面整治，重点行业、重点领域管理得到明显加强，基层组织建设得到明显优化，涉黑涉恶违法犯罪防范打击长效机制更加健全，坚决取得扫黑除恶专项斗争全面胜利，让人民群众获得感、幸福感、安全感更加充实、更有保障、更可持续。

【贯彻落实《重庆市中央生态环境保护督察报告》整改方案】 11月1日，区委、区政府联合下发《荣昌区贯彻落实〈重庆市中央生态环境保护督察报告〉整改方案》，要求把第二轮中央生态环境保护督察整改工作作为一项重大政治责任、重大发展任务、重大民生工程，以最坚决的态度、最严格的制度、最有力的措施推进督察整改，深入整治生态环境问题，持续改善环境质量，统筹经济高质量发展和生态环境高水平保护，加快推进环境治理体系和治理能力现代化。助力国家高新技术产业开发区、国家生猪大数据中心、国家货运机场“三件大事”，服务成渝一体化发展示范区、国家城乡融合发展试验区、全国首个农牧特色国家高新区和国家畜牧科技城“三区一城”建设，在发挥“桥头堡”优势、打造成渝地区双城经济圈重要增长极、建设高品质生活宜居地大潮中做出积极贡献。

【加强重庆市荣昌区新型智库建设的实施办法】 12月4日，区委办公室、区政府办公室联合下发了《关于加强重庆市荣昌区新型智库建设的实施办法》，要求统筹推进党政机关、社科系统、党校（行政学校）、高校、科研院所和企业、社会智库协调发展，力争到2022年，基本形成立足荣昌、辐射川渝、有影响力的荣昌新型智库体系。着力造就一支坚持正确政治方向、德才兼备、富于创新精神的公共政策研究和决策咨询队伍，培养一批视野开阔、善于谋划的高素质智库重点人才和领军人才，建立一套治理完善、运转协调、资源共享、充满活力的智库管理体制和运行机制，充分发挥各类智库咨政建言、理论创新、舆论引导、社会服务、公共外交等重要功能，满足不同层次、不同方面的决策咨询需求，努力成为区委、区政府“信得过、靠得住、用得上”的思想库和智囊团。

【制定重庆市荣昌区国民经济和社会发展第十四个五年规划和二〇三五年远景目标的建议】 12月18日，区委印发《制定重庆市荣昌区国民经济和社会发展第十四个五年规划和二〇三五年远景目标的建议》，要求结合荣昌发展基础，未来五年，要以建成高质量发展高品质生活新范例为统领，在持续推进国家高新区、国家级重庆（荣昌）生猪大数据中心、荣昌货运机场“三件大事”的基础上，建好国家畜牧科技城、国家城乡融合发展西部样板区、川南渝西融合发展先行区，着力打造创新发展新平台、产业经济新高地、开放融合新格局、绿色宜居新家园，全面建设成渝地区双城经济圈重要增长极。

【开展国家数字乡村试点工作实施方案】 12月31日，区委办公室、区政府办公室联合下发《荣昌区开展国家数字乡村试点工作实施方案》，要求到2021年年底，数字乡村建设快速发展，取得明显成效。农村互联网普及率达到100%，城乡“数字鸿沟”明显缩小，乡村数字经济快速发展，农业生产智能化、经营网络化水平大幅提高，依托互联网开展的农村创新创业蓬勃发展，乡村数字治理体系基本完善，乡村公共服务体系基本建立，乡村网络文化繁荣发展。建成农业产业数字化示范点3个，完成智慧畜牧综合服务平台建设筹备工作，抓好智慧畜禽养殖（生猪）试点区建设项目。全区农业生产数字化水平达到30%以上，农业数字经济增加值达到10亿元，农产品网络零售额超过10亿元。智慧农业监测网络基本覆盖全区主要农业产业，国家级生猪大数据中心建设取得明显进展，全面建成以生猪大数据中心为主的全产业链大数据，建成数字乡村试点示范镇1个（河包镇），建成数字乡村示范村2个（清流镇马草村、双河街道高丰村），建成农业产业数字化示范点8个，建成全区智慧畜牧综合服务平台，农村综合信息服务站行政村覆盖率达到60%，全区农业产业数字“一张图”初见规模；乡村教育、医疗和民生保障服务智能化水平有效提升，网络扶贫行动向纵深发展，新农民新技术创业创新提档升级，信息化在美丽宜居乡村建设中的作用更加显著。

（钟晓雨）

调研工作

【概况】 2020年，围绕全区中心工作及民生事项，开展调查研究102次，形成调研报告60篇。

【调研“四个监督”贯通融合工作】 4月，为加强党内监督，区委组成调研组对进一步推进纪律监督、监察监督、派驻监督、巡察监督“四个监督”贯通融合开展了专题调研。调研组集中听取了区纪委监委对“四个监督”贯通融合情况的报告，通过走访和座谈，对荣昌区抓组织保障，促组织贯通融合；抓制度规范，促机制贯通融合；抓资源共享，促工作贯通融合；抓监督实效，促效果贯通融合等做法给予肯定。针对队伍素质有待进一步提高，监督首责意识有待进一步加强；职责定位不够清晰，衔接贯通不够顺畅；监督方式方法不多，监督质效有待进一步提高三个方面的问题，建议强化教育培训，增强履职能力；厘清职能职责，促进监督工作有效衔接；创新监督方式，增强监督实效，进一步实现“四个监督”贯通融合。

【调研平安创建活动】 5月，为扎实推进平安荣昌建设，区委组成调研组对中共十八大以来开展平安创建活动情况进行了专题调研。调研组听取区委政法委工作汇报，采取实地调研走访和座谈的方式，就荣昌平安村社、平安景区、平安家庭、平安医院等基础“平安细胞”创建活动开展了调研。经过调研查找出平安创建工作中主要存在平安建设理念不够到位、基层组织需优化调整、经费保障困难、制度保障不够完善等问题。为加强荣昌区平安创建工作，建议从加强组织建设、强化保障力度、加强队伍建设、加强探索创新等方面入手，在坚持和完善共建共治共享的社会治理制度中创新平安建设工作机制，把夯实基层平安创建基层基础作为固本之策，全面推动各项措施落实，切实维护基层安全稳定，着力提高人民获得感、幸福感、安全感。

【调研“桥头堡”城市建设】 6月，为贯彻落实市委五届八次全会精神，结合市委赋予荣昌主城都市区“桥头堡”城市定位，区委组成调研组赴上海和苏州的“桥头堡”——江苏省昆山市，就产业发展、社会治理、规划建设、招商引资等方面进行了学习考察。调研组认为，昆山以平台引领产业发展，以龙头企业壮大产业集群，以引进外资持续扩大开放，以人才、科技创新驱动产业发展，以“亩产”论英雄等先进经验值得学习。建议区委完善产业规划布局，形成高新区—重点产业—镇（街）联动发展的格局；建立东西部产业联盟，将生产线引入荣昌，将总部和研发留在原地区；持续抓好招商引资，实行产业链招商；创新人才引进机制，形成订单式协同创新人才培养模式；扶持传统产业转型升级，推动产品高端化；加快盘活闲置低效用地；巩固优化营商环境。

【调研构建基层党课评价体系建设】 7月，为提升党课质量，区委与中央党校哲学部、党建部专家组成调研组对构建基层党课评价体系，推进党员学习教育高质量发展进行专题调研。调研发现，基层党课评价普遍存在的问题是主观评价多、客观量化少，形式化、过场化。一些地方照搬照抄各级党校计划类班次的教学评价体系，未能反映出基层党课评估的特殊性，未能将党政机关的党课评价体系与行业类、系统类基层党课评价体系区分开来，导致基层党课评价指标体系“不接地气”、“不分对象”，对基层党课引导、激励和约束作用有限，党员学习效果有限。为引导基层党课高质量发展，结合机关事业单位、国有企业、非公领域、教育系统、卫生系统、村（社区）行业特点，细化评价指标内容，形成“1+6”基层党课评价体系，“1”就是1个基础原始的评价指标，“6”是应用于6个不同领域的党课评价标准。基层党课评价体系的形成，切实推动了党员学习教育取得实际效果。

【调研村级集体经济】 8月，为推动乡村振兴战略落地落实，区委组成调研组对村级集体经济发展进行专题调研。调研组采取“实地走访+座谈”的形式，全面理顺清流镇马草村2017年开启村集体经济之旅，着眼于本区域“三农”社会化服务短板和市场需求空隙挖掘商机，探索出“一三三”（即成立一个专业合作社、推行三种经营模式、建立三个机制）集体经济的发展路径，详细介绍经过三年的实践，马草村实现村集体经济从“空壳”到“实心”的转变。通过调研得出，在基础薄弱、人才力量短缺、项目难以长期发展等难题存在的前提下发展集体经济，且为使集体经济能“站稳脚跟”并产生稳定收益，应具备“五有”，即有意愿、有市场、有资金、有人才、有前景，这也是马草村集体经济能够发展壮大的原因。

【调研新专联规范化运行路径】 9月，为用好统一战线这个重要法宝，区委组成调研组对创新探索新专联规范化运行新路径进行专题调研。调研组就新的社会阶层人士及组织不断探索创新，逐渐形成党委领导、政府购买服务、统战部统筹协调、依法管理、社会化运行的工作格局给予肯定。建议新专联从思想引领、联谊交友、参政议政、助推发展入手，实现会员政治立场更坚定，组织凝聚力、吸引力逐步彰显，新专联“声音”不断扩大，关键之处新专联有“身影”。突出发挥智力密集、人才荟萃的优势作用，彰显新的社会阶层人士价值形象，引导广大会员围绕区委和区政府中心工作献计出力。

【调研人才集聚能力】 11月，为推动成渝地区双城经济圈建设，区委组成调研组围绕人才集聚问题进行了专题调研。调研组采取实地走访、分类座谈、信息收集、文献研究等方式，重点对荣昌高新区、国家城乡融合发展试验区、国家生猪大数据中心、货运机场和泸州、内江、永川、大足等毗邻市区的人才队伍建设开展调研。在了解周边市区集聚人才做法的基础上，分析荣昌存在现有人才总量不大、质量不高；聚才育才平台数量少、质不优；人才政策竞争力不强、影响力不大；集聚人才的环境不佳、吸引力不大等不足。建议区委坚持优化环境集聚人才，健全完善人才政策，补齐生活环境短板，探索人才合理流动。聚焦四块“国字招牌”集聚人才，在机构和人员上倾斜，在薪酬制定上大胆探索，在用才方式上不拘一格，在聘任方式上更加灵活。围绕人才高地集聚人才，培养一批懂专业、数量足的塔基人才；为人才发展提供坚强保障；实施服务升级方案，营造“近悦远来”良好生态，为建设成渝地区双城经济圈重要增长极提供智力支撑。

【调研“三治融合”的乡村治理体系建设】 12月，为贯彻落实中共十九届五中全会，区委组成调研组对推进“新风小院”建设，构建“三治融合”的乡村治理体系进行专题调研。调研组集中听取组织、宣传、政法、民政、司法、住建、农业农村、规划资源8个部门关于基层治理工作要求、项目资金汇报，采取实地走访、座谈、查阅资料等方式，对乡村治理体系建设情况进行调研。调研组对坚持把“新风小院”建设作为新时代党建引领乡村治理的重要抓手和重要载体，不断探索农家院落自治、法治、德治有机融合，提升乡村社会治理能力和水平主要做法表示认可。通过调研，得出政治引领是首要、法治保障是关键、德治教化是纽带、主体意愿是基础4点建设“新风小院”的启示。要始终坚持党建引领“新风小院”建设，通过在小院建设中融入法治元素，发挥德治教化作用，充分尊重群众主体意愿，实现“产业兴旺、生态宜居、乡风文明、治理有效、生活富裕”为总要求的现代化乡村治理体系。

（陈　杰）

改革工作

【概况】 2020年，荣昌区认真落实习近平总书记关于全面深化改革的重要论述，坚持以改革推动高质量发展，紧盯重点领域、关键环节、民生短板，统筹推进政治、经济、文化、社会、生态文明体制和党的建设制度改革。区委主要负责人全年主持召开区委深化改革委员会议4次、专题研究53次，调研改革32次、听取汇报25次、督查督办29次，6个方面、14项支柱性引领性改革任务、70项重点改革任务有序推进，为全区经济社会高质量发展注入强劲改革动力。“国家体育消费试点城市”等5项新承接的国家级改革试点全面启动，3项国家级改革试点任务高质量完成。取得改革成效亮点18项，获市级肯定20余次，先后6次在全国性会议上作经验交流，获评“落实有关重大政策措施成效明显、创造典型经验做法且受到国务院督查表扬的地方”“全国农业创新创业典型县”等国家级表彰18次。

【工作机制】 健全改革总体设计、统筹协调、整体推进、督促落实工作机制，制定细化区委深改委、专项小组工作规则和改革办工作细则。深化改革工作体系，建立区委深改委定期听取区领导抓改革情况汇报制度，制定区委深改委会议议题计划，每次会议必有学习传达、研究审议、听取汇报等议题。制定区委改革工作要点，并按“项目化推进、表格化管理”要求建立改革工作台账，实行工作任务单、工作交办单、工作提醒单、工作督办单“四单制”，推动区委部署落地落实。推动完善上下贯通、横向联动的督查工作机制，分类分批对改革任务开展督察。

【成渝双城经济圈建设】 积极推动川南渝西融合发展重大事项，“畜牧科技城”“国家级重庆荣昌生猪大数据中心”等10余项重大项目纳入党中央印发的《成渝地区双城经济圈建设规划纲要》，“重庆西部电子电路产业园”“渝西川南综合物流园”等4个项目纳入《推动成渝地区双城经济圈建设2020年川渝共同实施重大项目》。建立跨地区党政联席会议机制，与泸州市、自贡市、内江市、资阳市等四川毗邻市县签署一体化发展行动计划，签订双边、多边合作协议、备忘录等73项，合作开展活动27项，推进交通互联互通、生态环境共保、公共服务共享。探索行政区与经济区适度分离改革，荣昌高新区与泸州、内江、永川高新区合作共建“泸内荣永”国家高新区产业联盟。

【国家城乡融合发展试验区建设】 健全城乡融合发展制度，编制城乡融合发展试验区实施方案，制定城乡人口流动迁徙等政策措施。高标准推进城乡融合项目，策划乡村振兴、产业发展、新型城镇化、产业先行区基础设施、城乡公共服务5大领域共57个区级城乡融合发展重点项目，安陶小镇促进产城人文融合经验做法作为全市入选全国典型经验唯一案例。推进乡村振兴体制机制改革，全面完成全区133个村（社区）农村集体产权制度改革，完善农村土地承包管理制度，稳妥推进农村宅基地制度改革。探索建立村集体经济组织规范管理机制，出台村级集体经济收益分配试行方案和高质量发展若干措施。推进“三社”融合发展，合并建设星级农村综合服务社与农村电商服务站点，在脱贫村和临界村建成13个综合服务站。建立健全防止返贫监测预警、动态帮扶机制和社会力量帮扶机制，推进观胜镇银河村乡村振兴与脱贫攻坚有效衔接试点。获评全国农业农村创新创业典型县，全国深化小型水库管理体制改革样板县。

【政治体制改革】 深入推进简政放权，1069项政务服务项目实现“零跑腿”或“最多跑一次”，98.2%的行政许可事项实现网上办理，材料提供率减少32%，承诺事项办理时限平均压缩率达74.54%。开展“制度执行年”活动，先后制定专项整治方案，汇总整改措施319项，采取“一周一调度”“半月一报告”“一月一专题”等方式持续释放激励干部担当作为的实干导向。做深做实人大代表“双亮双做”工作。推进政协民主协商效能制度建设。

【经济体制改革】 深化供给侧结构性改革，全面落实减税降费政策。实施传统主导产业补链、扩链、强链，建立消费品工业集群、新材料、智能制造、电子信息、大数据区块链、运动健康和农牧高新“6+1”产业体系。建设国家生猪大数据中心，推动生猪产业数字化、数字产业化。坚持完善“营商环境观察员”制度，相关经验写入市委五届八次全会决定。深化“企业吹哨、部门报到”机制。全面实施市场准入负面清单制度，深化社会信用体系改革。探索财政撬动金融服务模式，制定优化信贷审批流程、完善政策性担保体系等12项措施。推进数字化体系建设，建立大数据信息化项目统筹管理机制，全面实施“云长制”。打造统一的“智慧荣昌”政务管理平台。深化国企国资改革，建立有效的激励与约束机制，启动区属国有重点企业高成本存量债务处置，节约利息费用1.48亿元。加强国有企业党的建设。

【医疗事业改革】 推进公立医院综合改革，推进医共体、医联体“三通”建设，深化“三医联动”改革，建立“三员一中心一团队”工作机制，成立“公共卫生管理中心”，完善公共卫生人才队伍培养和激励机制。完善重大疫情救治机制，推进区疾控中心扩建，组建由54名医疗卫生业务骨干组成的专家组，成立公共卫生应急（医疗防控）物资保障领导小组，推进药品等防护物资保障常态化、制度化。

【教育事业改革】 健全政产学研用一体化，推动职教中心改革，探索与全区主导产业相匹配的教育模式，推动职校与企业合作开展订单式培训培养。完善高等教育体系，推动创建以农牧为特色等适应荣昌经济社会发展需要的大学和高职院校。启动成渝地区双城经济圈中外人文交流（重庆）试验园区·成渝双城（荣昌）国际教育小镇建设，申报“成渝协同”重大教育改革试验项目——成渝发展主轴教育一体化试点。建立激发师资队伍活力长效机制，全面开展“立德铸魂”师德师风提升五项行动。

【社会保障体制改革】 深化农村养老服务体系建设改革，新增3所养老机构，建成村级养老服务点（农村幸福院）60个。完成昌元街道、昌州街道、清江镇敬老院公建民营改革。探索推行农村社区居家养老可持续模式。

【社会治理体制改革】 推进市域治理现代化，深化“马路办公”常态化机制，健全城市管理公众参与机制，全面推广落实“门前三包”责任制和“五长制”。深入推进信访工作制度改革，健全信访工作处理机制，推行“最多访一次”。探索“让老百姓更安全”的社会治安防控体系标准化改革，在全区推行“平安卫士”智能监控服务平台，打造从点到面、联防到户、技防到人的治安防控体系。构建社会治理“一平台、四中心、四体系”综合模式，提升社会治理能力和治理体系现代化水平，入选重庆法院第二批司法体制综合配套改革典型案例。

【文化体制改革】 完善文化市场综合执法体制。健全“扫黄打非”与文化旅游执法协同机制，检查各类文化旅游经营单位134家次。健全文化服务体系，推进文化服务数字化社会化，提升公共文化服务效能。建设21个“群众文化云”分平台及社会化分馆康宁广场分馆平台，完成平台预约文化配送400场。深化文化馆图书馆总分馆制，累计建成镇街图书分馆21个，图书联建分馆9个。推进数字农家书屋建设。完善文化保护传承发展体系，制定区级非物质文化遗产代表性传承人认定和管理办法。

【生态文明体制改革】 建立全区推进重要生态系统保护和修复重大工程工作机制，完成“山水林田湖草”综合整治国家试点。推进领导干部自然资源资产离任（任中）审计。开展土壤污染综合防治示范区建设，制定发布建设用地土壤污染风险管控和修复名录落实列入名录。加快推进耕地质量等级划分，加强建设用地土壤污染防治环境管理。

【党的建设制度改革】 建立“不忘初心、牢记使命”主题教育学习制度。完善党员教育机制，推进“棠城研学点”建设，恢复建设镇（街）党校。出台“十指连心”密切联系服务群众六项制度，推行干部值夜制度和村干部“三三制”，被中央党建工作领导小组刊载肯定。建立中心组学习巡听旁听机制，健全集中统一高效的舆论引导应急指挥机制。深化新时代文明实践国家级试点，创新“小院讲堂”联系服务群众机制，获中央宣传部表彰，区委分管负责人两次在全国性会议进行经验交流，两次受邀到中宣部干部学院授课。

【纪律检查体制改革】 统筹谋划、稳步推进派驻（派出）机构改革，制定《关于深化重庆市荣昌区纪委监委派驻机构改革的实施方案（试行）》，提高派驻（派出）监督全覆盖质量。建立政治生态评估预警机制，探索建立政治生态大数据平台，通过系统筛查交办问题线索16件。健全“以案四改”工作机制，开展私设“小金库”问题专项治理和中介机构与机关事业单位搞利益输送等问题专项治理工作。

（王洪燕）

组织工作

【概况】 2020年年末，全区有党员31856人，其中，正式党员31628名、预备党员228名。年内增加党员2066名，其中发展党员193名，转入组织关系1873名。减少党员764名，其中死亡391名，转出组织关系349名。有基层党组织1281个，其中党委63个，党总支部136个，党支部1082个，区委派出党工委13个。有处级以上领导干部674人，其中女干部150人、占22.26%，非中共党员47人、占6.97%，大专以上学历674人、占100%。

【“不忘初心、牢记使命”主题教育】 持续推进专项整治工作，抓好专题民主生活会29项整改措施落地。对标对表中央《关于巩固深化“不忘初心、牢记使命”主题教育成果的意见》和市委《贯彻落实〈关于巩固深化“不忘初心、牢记使命”主题教育成果的意见〉的措施》，细化荣昌贯彻举措，确保要求落地有声。常态落实“十指连心”密切联系服务群众六项制度，组织区、镇、村4800余名干部全覆盖走访在家群众，累计解决群众问题3.85万个，被中央党的建设工作领导小组秘书组《党建要报》刊发。推行镇街机关干部值夜制度，写好为民服务“夜文章”，1600余名党员干部夜访群众15.3万余户，解决问题1.1万个。实施村干部“三三制”工作法，构建起“市管领导重点访、区级部门定期访、镇（街）干部普遍访、村级干部经常访”的四级党员干部密切联系服务群众体系，持续提升为民服务水平。

【干部任用与交流】 全年选拔任用区管干部346人次。其中，提拔51人，进一步使用10人，交流73人，任免兼职10人，转任职级公务员13人，晋升职级189人。持续实施年轻干部培养“8690”计划，大力培养“86后”处级、“90后”科级优秀年轻干部，提拔“80后”副处级干部11名，正处级干部1名，1名“80后”干部被提拔为副厅级领导干部。有计划地选派年轻干部挂职任职、顶岗锻炼，选派29名年轻干部到成渝地区双城经济圈、沿海发达地区实践锻炼。接收四川内江、自贡、泸州及西藏类乌齐共54名年轻干部到荣昌区交流学习，有意识地让干部在实践实干、交流互动中磨练成长。完善崇尚实干、带动担当、加油鼓劲的正向激励体系，在疫情防控一线，2 名干部被提拔，4 名干部晋升职级。在脱贫攻坚一线，选优配强镇（街）领导班子，优化调整镇（街）党政正职 5 名、37 名副职，提拔和晋升职级 22 人，表彰 30 个脱贫攻坚战先进集体和 60 名先进个人。坚持公务员职务与职级并行制度，全面完成 172 名干部四级调研员以上职级晋升。对近三年年度考核有 2 次及以上优秀等次的单位，追加 1 个四级调研员晋升名额。

【干部管理监督】 健全容错纠错机制，按照“三个区分开来”要求，公开为 13 名干部澄清正名，为潜心干事者遮风挡雨、为勇于创新者撑腰鼓劲。出台《荣昌区落实“基层减负年”要求切实解决形式主义突出问题 15 条具体措施》，积极为基层减负。完成全区 2020 年领导干部个人有关事项集中报告工作，应报告 621 人，实际报告 621 人，报告率 100%。严格落实个人有关事项报告制度，查核领导干部个人有关事项报告 165 人，如实报告率 94.5%。强化组织措施，对存在个人事项漏报瞒报、工作履职不到位等问题以及年度考核排名靠后的领导干部，全年提醒谈话 30 人、诫勉 6 人、免职 2 人，推动形成能者上、庸者下、劣者汰的鲜明导向。受理干部群众来信来访 20 件，全部办结。对接受巡察的 25 个单位同步开展选人用人专项检查。坚持领导干部请假、婚丧嫁娶、个人重大事项报告“周报制”台账，编印发放《荣昌区区管领导干部监督管理知识汇编》800 余份。主动为干部解决实际困难，慰问干部 14 名，发放慰问和帮扶资金 1.9 万元。看望生病住院老干部 48 人次，看望易地安置、异地居住老干部 36 人次，帮扶困难老干部 37 人次。

【干部教育培训】 全年投入干部教育培训专项经费 280 万元，培训各级各类干部 7800 余人次。其中，组织推动成渝地区双城经济圈建设专题研讨班、全市大数据应用专题培训班等市级调训 9 期；区级层面举办党校主体培训班 5 期、专题培训班和其他培训班 20 期。积极推动成渝地区双城经济圈干部培训合作，与自贡、泸州、内江共享师资队伍和现场教学资源，全年互派 300 余名干部开展交流学习。组织 2856 名干部参加重庆干部网络学院在线学习和学习贯彻中共十九届四中全会精神网络专题培训，组织 700 余名干部参加《习近平谈治国理政》第三卷网络专题培训。常态化实施“高素质专业化干部培养计划”，举办 6 期高素质专业化干部培训班，依托上海国家会计学院，邀请 9 名国内知名专家教授围绕财政、经济、金融等领域作专题授课，累计培训干部 2400 余人次，持续提升干部战略认知、科学规划、推动发展的能力和水平。

【干部考核】 制定《荣昌区区管领导班子和区管干部年度考核办法（试行）》。组建 8 个日常联系组，采取召开测评会议、个别谈话、实地查看等方式，对区管领导班子全覆盖开展班子回访和日常考核。严格落实《荣昌区 2019 年度镇街和部门综合目标管理考核办法》，综合目标管理考核评选出一等奖单位 32 个，二等奖单位 63 个，三等奖单位 10 个，不评定考核等次单位 3 个。开展“区管领导班子和区管干部 2019 年度考核”，其中，评为优秀的领导班子 27 个、评为良好的领导班子 55 个、评为一般的领导班子 8 个，评为优秀的区管干部 174 人、评为称职的区管干部 541 人、不定等次的区管干部 4 人。强化考核结果运用，对年度考核后 3%的 23 名区管干部进行提醒谈话。

【基层党组织和党员队伍建设】 修订《荣昌区乡村组织振兴十六条》，接受中央组织部“提高组织工作制度执行力”专题调研。启动实施农村基层党建“整镇推进、整区提升”先锋创建行动，持续整顿 12 个软弱涣散村（社区）党组织。坚持党对基层治理的领导，在农村创建“新风小院”112 个，在城市社区创建“先锋业委会”7 个。承办全市乡村换届调研片区座谈会。持续开展村级班子回访研判，做好“两委”换届准备工作，调整 35 名村级党组织书记，推动“一肩挑”比例达 91.7%。累计回引本土人才 261 名，培养后备干部 350 名。健全村干部拟任人选区镇两级联审制度和村级党组织书记区委组织部备案管理制度，全年联审 342 人。定向从符合条件的优秀村干部中招录公务员 2 名、招聘事业单位工作人员 1 名，激发干事创业热情。推动 127 名村级党组织书记兼任集体经济组织法人，全面消除“空壳村”。联合新华社中国经济信息社试点开展全国首个“村干部信用体系建设”项目。管好驻村工作队和扶贫干部，抓好专题培训，国家脱贫攻坚普查群众满意度达100%，两名第一书记被央视报道。探索开展党员发展对象联审工作，全年联审221人。建立党内一次性帮扶机制，帮扶困难党员34名，发放帮扶资金16.9万元。开展党内慰问，全年慰问党员914名，慰问金额49.2万元。新建非公有制党组织8个，清理撤销空壳非公有制党组织5个。全区正常运行非公有制企业893个，社会组织266个，个体工商户5.15万个。在全区非公有制企业中已组建党组织396个，党员2511人，党组织组建率100%、覆盖率93%；在社会组织中已组建党组织208个，党员823人，党组织组建率100%、覆盖率90%。清理撤销国企党支部1个；区属国企共设立党总支1个、党支部7个，党员67人。制定《区属国有企业党组织"三重一大"前置研究事项清单》《区属国有企业"四步工作法"流程清单》。在教育系统实施"党建双强行动"，推动教育优质均衡发展。在卫生健康系统开展基层党组织密切联系服务群众"三个一"活动，推动党员干部联系服务群众常态化。依托相关部门探索设立社会组织、互联网、文化和体育3个行业（社会组织）综合党委。新建成加合夏布"经纬党建"展厅和永立百货超市规范化非公党建示范点。荣昌非公有制党务工作者协会牵头解决会员企业生产经营问题45个；19家企业与18个脱贫村、落后村签订20个帮扶项目，涉及帮扶资金3500余万元。广东海大集团股份有限公司、重庆洽洽食品有限公司等非公有制企业主动捐款捐物共计1500余万元，同舟共济、携手抗疫。

【人才工作】 举办第三届青年人才论坛"青春心向党·奋力奔小康"渝西川东创新创业大赛、重庆英才大会——第九届中国畜牧科技论坛暨畜牧科技人才招聘会。选派24名医疗卫生人才到泸州、内江、自贡等地交流学习。新设立博士后科研工作站2个。引进各类急需紧缺人才138名。2人入选重庆英才计划，秦兆宏荣获首届"重庆市杰出英才奖"，曹礼静荣获国务院特殊津贴。新增市级科技型企业173家，高新技术企业达103家，科技创新型企业年产值突破1200亿元。建成重庆首个清华大学乡村振兴工作站，获授首批"走进重庆·筑梦双城"新时代大学生实践基地。成功举办全国乡村复兴论坛荣昌峰会。建成渝西地区首个人力资源服务产业园，提供高端人才引进、企业咨询管理、人才招聘服务、职业技能培训等全流程人力资源专业服务。人才公寓总量达1500余套，兑现高层次人才政府津贴、个税返还、购房（租房）补贴、健康体检等400余万元。

【党代表工作】 年内有9人因调离荣昌被终止代表资格，有2人因去世或受处分被终止代表资格，新提名补选3名区第十四届党代会代表，年末实有区党代表296名。全年出版《荣昌党代表心语》9期。全面推行"党代表预约履职"活动，协调区级机关各部门组织党代表参加各类履职活动15项，参加300余人次。全年收集到各代表团党代表工作建议24条，采用建议8条，刊发专刊9期。深入开展党代表调查研究，形成调研报告17篇。

【党员电化教育】 建成4.9万平方米区教育培训中心，21个镇（街）党校挂牌运行，20个"棠城研学点"投入使用，三级党员教育体系初步形成，接待16.1万人次党员、干部研学。启动"万名党员进党校"计划，镇（街）党校举办培训班64期，培训党员1.15万人次，136个远程教育站点全年学习任务完成率100%。制作21部党员教育专题片，选送5部作品参加全市2020年党员教育课件观摩活动，《援藏夫妻》获微视频类一等奖，《一年看变化》获脱贫攻坚公益宣传片类二等奖，《抗疫日记》获"党课开讲啦"党课类二等奖，《高山村最后一户贫困户》获微视频类入围优秀作品。用好"棠城组工"宣传阵地，常年开设擎党旗战疫情、党建引领集体经济发展、群团在线、新风小院、学习强区等23个版块，推出系列报道107期，刊发信息1050条，吸引粉丝1万余人，年度阅读量27.3万人次，持续抓好网络宣传工作，发布网络评论文章1310篇。完善"在村头·村务云"智慧党建云平台，开发在职党员到社区报到服务等版块，织密区、镇、村三级党员教育培训联动网络，荣获全市组织系统信息化优秀应用案例。受邀参加中共中央组织部西部片区党员教育工作座谈会并作交流发言。

【公务员队伍建设】 年末，全区有公务员（含参公人员）2837名，其中，公务员2138人，参公事业单位人员654人，参公群团组织人员45人。全年招录选调生18名，面向社会公开招录公务员9名，从2017年选聘大学生中招录公务员9人，从优秀村（社区）干部中招录公务员2人。顺利完成45个参照公务员法管理的事业单位重新认定工作。稳妥开展公务员年度考核奖励工作，576人记三等功和受到嘉奖。积极树立公务员先进典型，吴家镇杨媚被评为第三届重庆市“人民满意的公务员”。

（陈　玲）

宣传工作

【概况】　2020年，区委宣传部以习近平新时代中国特色社会主义思想为指导，紧紧围绕举旗帜、聚民心、育新人、兴文化、展形象的使命任务，全面落实中央重大决策部署和市委工作要求，将宣传思想文化工作贯穿于全区经济社会发展全过程。全年承办“乡村文化振兴”现场会等全市性会议、活动7次，获市级以上各类奖励16次，落实市委第七巡视组专项监督检查意识形态工作责任制反馈意见整改工作、“小院讲堂”工作均获市委常委张鸣批示，“小院讲堂”做法在中宣部组织的调研座谈、案例培训做经验交流4次，“小院讲堂”宣讲队被中宣部评为基层理论宣讲先进集体，牵头推动川南渝西10个市、区宣传思想文化工作在7个方面深度合作。

【理论宣传教育】　区委中心组采取“固定发言+随机点名发言+点评总结”方式，集中研讨学习22次，举办五中全会精神等专题读书班3期。全区党委（党组）中心组学习1108次，对68个党委（党组）中心组理论学习作了巡听旁听。落实“周五集中学习日”制度，1008个党支部按时开展理论学习。学习强国平台活跃度、上稿量居全市前五，评选表彰学习先进党组织10个、学习标兵50名、学习达人10名，全市学习强国知识竞赛荣获一等奖。组建105人的宣讲师资库，汇集5类资料的资料库。各级领导干部围绕建设双城经济圈等主题，开展进村社等“六进”宣讲1900场次，组织微宣讲比赛30场、“书记讲政策”252期，评选优秀宣讲稿110篇。围绕宣传贯彻中共十九届五中全会、《中国制度面对面》等，组建宣讲队84支，开展宣讲417场次。制定防控宣传舆论引导工作方案4个，印制发放各类疫情防控资料51万余份，组织宣传车217辆、2000多个小喇叭宣传疫情防控知识。每日开展舆情研判，全市率先通过互联网发布疫情通报67期、《今日快报》75期、《荣昌网报》238期、媒体产品25个，召开新闻发布会10场，网络平台推送疫情防控信息6600余条，总阅读量近1300万人次。市级以上媒体累计报道610条、区属媒体发布消息5672条，阅读总量近4000万人次。

【媒体宣传】　中央、市级主流媒体报道2781篇。其中，新华社、人民日报等中央媒体报道155条，央视新闻联播报道7次，《人民日报》头版头条报道荣昌复工复产，《人民日报》海外版头版大图刊发夏布小镇图片。干部值夜、建设成渝双城经济圈等被新华社发通稿，全网推送10条稿件，总阅读量超2000万人次。《重庆日报》头版报道19篇，重庆卫视联播用稿量居全市前五，重庆日报用稿量居全市前十。策划融合创新栏目，在《重庆日报》开设“成渝走笔看双城”征文活动，推出荣昌“晒十三五成就·晒十四五思路”系列报道60期，“我的荣昌情缘”等专题专栏30个。实施融媒体改革以来，荣昌在全市首个成立新闻工作者协会。《荣昌日报》连续10年被评为优秀区县报。贯彻落实《重庆市新闻发布工作办法》，新闻发布工作获评全市优秀。开展区委、区政府、镇（街）部门新闻发言人全覆盖培训65人次。创新发布会形式，中国乡村复兴论坛把“发布会开到村里”。全年召开新闻发布会15场，第九届中国畜牧科技论坛新闻发布会在市政府新闻发布厅举行。区政务微博“荣昌发布”刊发稿件4931条，“荣昌微发布”刊发稿件1809条，被市政府官方微博转发17条，被“重庆发布”转发3条。华舆海外客户端报道荣昌专题446篇次，覆盖76个国家，被近190万用户浏览访问，累计总点击量近4200万人次，“第九届中国畜牧科技论坛”开屏广告单月点击量达731万次。刊发海外华文媒体报纸版面15个，缅甸《金凤凰》、美国《侨报》、荷兰《华侨新天地》整版刊发《全方位优化营商环境　全力培育新的经济增长点——中国逐步控制疫情　看重庆市荣昌区如何化危机为转机》报道。加拿大《七天》、美国《亚省时报》整版刊发《重庆荣昌——全力打造中国畜牧科技城》。“非遗”文化等5篇题目被IChongqing在海外推送10次。参加2020“讲好中国故事”创意传播大赛，获一、三等奖各1

个和2个优秀奖，获奖数居全市第一。区深化改革委员会在全市率先专题研究推动媒体深度融合，人事、编制、绩效等问题改革。融媒体中心建设通过市级验收，搭建起传媒矩阵格局，总粉丝量超过40万人，粉丝增加46.7%。全年刊发稿件2.1万条，生产HtmL5等融媒体产品1740个，阅读100万余次，浏览量近1.1亿人次。

【新闻出版和电影管理】 办理新闻出版和电影管理类行政审批85件，现有印刷、出版、电影类企业161个，完成印刷、出版、电影类文化企业的年度核验。完成惠民电影放映2000场次，惠及群众16万余人次。开展“4·23世界读书日”系列全民阅读活动149场，参与群众5.1万人次，新时代乡村阅读季书画征文大赛获得市级表彰优秀作品5个，“绿书签”创意书画征文活动获得市级表彰一、二、三等奖98个，融媒体中心申报的“书香荣昌”获市级扶持4万元。承办市级“普及版权·服务基层”现场会，荣昌陶创业产业园被评为2020年重庆市版权示范园区（基地），完成软件正版化工作。完成“扫黄打非”基层站点建设，达到镇村（社区）全覆盖，成功申报市级“扫黄打非”基层站一个。

【“小院讲堂”获高度认可】 9月6日，中宣部在重庆调研新时代文明实践中心试点工作座谈会上，时任中宣部副部长梁言顺对荣昌“小院讲堂”给予了高度评价，认为“小院讲堂”是一个综合的平台，不仅解决了谁来讲、讲什么、怎么讲、在哪儿讲的问题，还解决了群众工作方方面面，收集民情民意，解决老百姓关心的事，给群众回应，既很务实，也很有精神。对“小院讲堂”的三个“不出院”，“十指连心”和“值夜制度”进行了肯定。9月10日，荣昌区“小院讲堂”工作获市委常委、宣传部部长张鸣的肯定性批示。10月23日，中国科协副主席、书记处书记孟庆海在荣昌调研时，对“小院讲堂”给予了充分肯定和高度评价。10月21日、10月27日，荣昌区两次受邀在中央宣传部新时代文明实践创新案例研讨班授课。区委常委、宣传部部长赵天智以《“小院讲堂”发挥大作用》为题在新时代文明实践创新案例研讨班授课，分享荣昌开展“小院讲堂”的经验与做法。“小院讲堂”做法在中宣部组织的调研座谈、案例培训做经验交流4次，“小院讲堂”宣讲队被中宣部评为基层理论宣讲先进集体。

（叶松生）

统战工作

【概况】 至年末，全区副处级以上党外领导干部48名，其中，副厅级6名；政府工作部门30个，配备党外领导干部工作部门15个，部门配备比重50%。有中国民主促进会重庆市荣昌区委员会、中国农工民主党重庆市荣昌区委员会、中国民主同盟重庆市荣昌区总支部、中国致公党重庆市荣昌区总支部委员会、九三学社重庆市荣昌区支社委员会5个民主党派及区党外知识分子联谊会、党外中青年和新的社会阶层人士联谊会两个统战社团组织。全区民主党派、知联会和新专联成员687人，其中，民进会员225人、农工党党员176人、民盟盟员104、致公党党员38人、九三学社社员40人，知联会会员117人，新专联会员51人。

【民主党派工作】 全年组织开展8次政党协商活动，收集党外人士意见建议128条、专项建议8条，已全部协调交办，办理反馈率100%。畅通建言献策通道，通过不定期召开研讨会组织党外干部学习讨论党委政府重要会议精神、重大决策事项、研究讨论社会热点事件，重大决策事先征求党外人士意见，采取将参政议政成果纳入党外干部履职成果评价体系等方式，鼓励、引导党外人士积极参政议政，为经济社会发展谏诤言献良策。全年党外干部撰写反映、建议类材料300余篇，被市级以上刊物采用77篇，中央刊物采用6篇，其中，得到市领导肯定性批示2篇。2月，制定《荣昌区2020年政党协商（双月座谈会）计划》。3月，组织开展环境保护和污染防控专题政党协商。8月，组织召开2020年暑期谈心会，收集党外人士意见建议共45条，其中专题建议8项。10月，指导民进区委会、农工党区委会、民盟区总支、致公党支部已完成基层组织换届。11月，举办新任民主党派基层组织领导班子成员履职培训班。12月，召开党外人士座谈会，就《重庆市荣昌区国民经济和社会发展第十四个五年规划和二〇三五年远景目标的建议（征求意见稿）》听取党外人士意见建议。

【非公有制经济工作】 强化理想信念教育。举办民营企业家高素质提升班，组织50余名民营企业家代表赴西南大学中国（卢作孚）民营经济学院进行为期4天的集中学习。组织21个镇（街）商会和部分行业商会会长、秘书长到直升镇红色家园，进行爱国主义教育和革命传统教育。持续优化营商环境。建立区领导联系商会制度和政企沟通协商制度，坚持深入贯彻落实荣昌区《“亲”“清”新型政商关系行为规范（试行）》、“企业吹哨、部门报到”、继续深化和完善市管领导联系重点民营企业和成长型企业、“周二非公有制经济人士接待日”“企业问题受理直通车”“双评双促”、营商环境观察员等文件、制度，开展荣昌区统战系统民营企业“百日大走访”活动并建立常态化机制，全年走访民营企业和个体工商户1341家次，收集意见建议、困难问题1380件，已办结1375件，办结率为99.6%。持续推动全区民营经济高质量发展。深入开展“同心协力战疫情、平稳有序复工复产”活动，确保企业及时享受涉疫情惠企政策，帮助解决复工复产要素、手续等具体问题，推动企业分类有序复工复产，确保经济社会平稳运行。组织民营企业代表参加首届成渝地区双城经济圈商会合作峰会、重庆川商合作发展共同体“走进荣昌”商务活动、2020年成渝地区双城经济圈青年企业家峰会，推动区创业者商会等与泸州市传媒商会、泸县龙城商会结成战略合作伙伴关系，为荣昌区民营企业发展搭建平台。通过落实政法机关服务民营企业发展联席会议制度，开展以“服务六稳六保，护航民营经济”为主题的检察开放日、“送法进企业”活动，推荐律师担任民营企业法律顾问，区新专联律师代表作“家企混同与财务安全”“企业家刑事法律风险防范”专题培训等方式加强民营企业法律维权服务意识。推动出台《荣昌区民营和小微企业流动性信用贷款管理办法》，加强与金融机构的战略合作，搭建在荣银行与商会、民营企业对接平台，邀请建设银行荣昌支行等银行参与基层商会轮值会等方式强化融资服务，全年9家合作银行新增贷款6.48亿元，受益企业达1866户。3月，选派5名机关干部当好“驻厂员”，继续协助高新区企业做好防疫防控、复工复产相关工作。4月，召开“庆五一·迎五四”青年企业家座谈会。6月，举办荣昌区非公有制经济人士法律知识培训会。7月，组织基层商会学习习近平总书记在企业家座谈会上的讲话精神。8月，完成2个招商项目，项目投资金额6.05亿元。

【新的社会阶层人士统战工作】 制定《区新专联理事联系会员制度》，形成区领导联系区新专联领导班子成员、区新专联领导班子成员联系会员小组、理事联系会员三级联系制度。通过“悦来·同心学习”“悦来·同心交友”“悦来·同心沙龙”“悦来·同心帮扶”四大品牌，积极打造新的社会阶层人士统战工作实践创新基地。完成全市重点理论调研课题《新的社会阶层人士联谊组织规范化建设对策研究》，获得中央统战部优秀理论创新课题三等奖。印发《中共重庆市委统一战线工作领导小组关于贯彻落实〈关于加强网络人士统战工作的意见〉的具体措施》任务分解，加强对网络人士统战工作的指导。形成党委领导、党务购买服务、统战部统筹协调、依法管理、社会化运行的新专联工作模式。

【党外知识分子工作】 深入贯彻落实全市《关于加强和改进新时代党外知识分子思想政治工作的意见》，实施“把一部分优秀人才留在党外”工作机制、党外知识分子联谊会会员物色储备工作长效机制、党外知识分子工作联席会议制度等，建立由区委统战部牵头，各部门、各镇（街）配合的工作格局，扩大选人用人视野，在全区发现、掌握一批优秀党外年轻干部，全年新吸收会员74名，为民主党派输送48名，充分发挥了知联会“蓄水池”作用。

【港澳台事务】 依托荣昌陶文化资源积极开展文化交流，有序推进重庆市荣昌区海峡两岸陶文化交流基地创建，开展“亲商稳商”专项活动，积极走访台资企业，大力宣传国务院台湾事务办公室“31条措施”“26条措施”和“渝台58条”，协助解决在荣台资企业在生产经营过程中遇到的困难，服务企业复工复产。召开在荣台胞座谈会，宣传党对台最新政策，关心他们在荣昌的生产生活情况，了解思想动态，进一步树立“两岸一家亲”理念。高质量完成第十二届“重庆·台湾周”分项活动——东莞台企协荣昌行、四川台资农业考察团荣昌行接待活动，加强两岸经贸交流。动态完善台胞数据库。全年接待到荣参观考察、文化交流、回乡祭祖探亲访友等台胞近100人次。7月，召开在荣台胞座谈会。8月，组织区内台商参加“大陆营商法律环境大讲堂”。12月，新引进、落地台资企业1家，投资金额2.5亿元。

【侨务】 建成“中国华侨国际文化交流基地”，荣昌陶瓷微课入选中国侨联“亲情中华·为你讲故事”网上夏令营教学平台。成立留学生家长联谊会“侨胞之家”向市委统战部推荐涉侨专家学者、智库成员1名。

【党外人士工作】 开展民主党派区委会人选推荐工作，确定民主党派人士30名。建立党外干部定期推荐制度。定期与区委组织部会商，向区委推荐符合条件的党外干部，年内新提拔党外干部6名，轮岗交流4名。深入落实党外干部工作联席会议制度，按照“年度会商、半年督办、季度落实”原则对党外干部工作重点、难点问题进行沟通协商，协调解决。出台《中共重庆市荣昌区委统战部关于进一步规范党外人士政治安排工作的实施方案》，进一步规范党外人士政治安排。6月，组织党外人士学习全国两会精神、各民主党派中央相关座谈会精神；制定《中共重庆市荣昌区委统战部关于进一步规范党外人士政治安排工作的实施方案》。12月，协助知联会发展新会员25名并开展新会员培训。

【成渝地区双城经济圈青年企业家峰会在荣昌举行】 10月28日，“2020成渝地区双城经济圈青年企业家峰会”开幕。川渝两省市及其他省份260余名青年企业家代表集聚荣昌，集众智、汇众力，深化交流合作，以“筑梦成渝、创赢未来”的青春姿态，为成渝地区双城经济圈建设贡献青春力量。峰会以“筑梦成渝·创赢未来”为主题，深入学习贯彻习近平总书记对成渝地区双城经济圈建设作出的一系列重要指示要求，认真落实川渝两地党政关于加快推动成渝地区双城经济圈建设的系列部署，努力从全局谋划一域、以一域服务全局，广泛凝聚青年企业家的智慧和力量投身成渝地区双城经济圈建设。

【东莞台企协到荣昌考察交流】 10月20日，举行第十二届“重庆·台湾周”荣昌分项活动，东莞台企协到荣昌进行考察交流，共同探讨两地未来合作交流的发展方向。企业家一行先后前往荣昌高新区规划展览馆、展旺塑胶等地，详细了解台企在荣经营现状和发展规划；观看荣昌宣传片，荣昌高新区管委会相关负责人就荣昌区产业特色、区位优势、投资环境等方面作介绍。

【开展“抓‘六稳’促‘六保’民营企业百日大走访”活动】 6月9日，荣昌区统战系统“抓‘六稳’促‘六保’民营企业百日大走访”活动启动。成立荣昌区“百日大走访活动”工作领导小组，由区委统战部部长与区工商联主席共同担任组长，合力统筹推进“百日大走访活动”。组建11个区级和21个镇（街）走访组，1个区级走访组负责督促指导1~2个镇（街）走访组，每组走访不少于40家民营企业或个体工商户。驻区委统战部纪检组成立专门督察组，全程跟踪问效，严肃纪律作风，确保走访不走过场。按照“抓紧解决一批、集中交办一批”的原则，对符合政策规定、可以现场解决的问题，能办则现场办、立即办；对需要协调其他职能部门办理的，主动衔接，加强沟通，采取集中交办、行业专题研究等方式，认真做好走访活动“后半篇”文章，并建立办理反馈机制，确保“件件有回音，事事有落实”。全年走访民营企业和个体工商户1341家次，收集意见建议、困难问题1380件，已办结1375件，办结率为99.6%。 （徐 磊）

机构编制管理

【概况】 至年末，全区党政群机构设置为：区委机构12个，其中纪检监察机关1个，工作机关11个；区政府工作部门30个（含机构编制由市上统一管理的区审计局），派出机构4个，其他机构1个（区供销社）；区人大常委会机关设综合办事机构2个（含挂牌机构1个），工作委员会4个（含挂牌机构1个）、区人大专门委员会办事机构4个；区政协机关设综合办事机构1个，区政协专门委员会办事机构4个；区法院和区检察院各1个；民主党派2个，工商联和群众团体11个；街道6个，镇15个。事业单位389个，其中正处级事业单位14个，副处级事业单位10个。区级部门综合行政执法支队13支（含区市场监管、区规划和自然资源综合行政执法支队），镇（街道）综合行政执法大队21支。

【机构编制管理】 年内，深入学习宣传贯彻《中国共产党机构编制工作条例》，将条例纳入区委中心组学习会、区委常委会、区政府常务会、区委编委会集中学习和区委党校（区行政学校）教学内容。持续深化改革，组织召开区委深改委行政体制和事业单位改革专项小组会议3次、改革协调会12次，研究部署和推进各项改革任务。狠抓机构编制督查检查，选派2名同志参加选人用人专项检查，进一步强化监督、严肃纪律。加大机构编制业务培训力度，召开全区机构编制专题培训会1次。对区委党校等7个事业单位的机构编制事项进行调整，对职能职责、内设机构等进行优化。对区教委、区公安局等11个区级部门和事业单位、昌元街道劳动就业和社会保障服务所等20个镇（街）所属事业单位、全区中小学教职工编制进行动态调整。对区应急局等5个区级部门和事业单位、区纪委监委驻区教委纪检监察组等4个派驻纪检监察组、区监委派出第一至第五监察室5个派出监察室、区人民医院和区中医院2所公立医院、荣昌中学等5所学校、昌元街道农业服务中心等8个镇（街）所属事业单位的领导职数进行规范设置。强化区委巡察组机构设置，充实巡察力量。加强公共卫生机构建设，充实区疾病预防控制中心人员编制，优化职能职责和内设机构设置，强化领导班子建设。至年末，全区党政群机关行政编制（含政法专项编制）和事业编制未突破核定的总额。全区机关后勤服务人员事业编制相比上年减少1名。

【事业单位改革】 年内，设立荣昌区昌元中心幼儿园、荣昌区昌州中心幼儿园、荣昌区教育质量评估与干部人事档案中心、荣昌区教育技术装备与会计核算中心4个事业单位；撤销荣昌区教育质量监测评估中心、荣昌区教育信息技术与装备中心、荣昌区双河成人文化技术学校、荣昌区广顺元兴完全小学、荣昌区昌州碧云完全小学、荣昌区双河益民小学、荣昌区双河许家沟完全小学、荣昌区仁义镇五里完全小学、荣昌区龙集镇六合完全小学9个事业单位；在荣昌区吴家镇中心卫生院加挂重庆市荣昌区第二人民医院的牌子。

【综合行政执法改革】 年内，优化区林业局内设机构设置，在森林草原火灾预防与安全生产科加挂行政执法科牌子。会同区人大监察和法制委办公室、区司法局等部门开展综合行政执法改革专项调研，全面清理规范执法事项，建立区、镇两级执法事项清单，加大编制使用力度，充实执法队伍力量，推动综合行政执法改革。

【事业单位登记管理】 年内，共办理机关群团统一社会信用代码和事业单位法人设立登记43件、法人注销66件、法人变更273件。完成2019年度事业单位法人年度报告公示，对登记管理的事业单位全部进行事业单位法人年度报告，并按要求将事业单位年度报告在政府公众信息网上予以公示。按照不低于辖区事业单位总数3%的比例，随机对河包镇法华完全小学等22个事业单位法人登记事项、年度报告等公示信息进行实地抽查检查，并将抽查情况在区政府公众信息网上进行公布，接受社会监督。

（甘晓波）

老干部工作

【概况】 年末，区委老干部局管理服务的离退休干部362人，其中离休干部17人、市管处级以上退休干部63人、区管处级以上退休干部282人。2020年，区委老干局认真学习贯彻全国和全市老干部局（处）长会议安排部署，结合区委、区政府中心工作和部署要求，着力加强离退休干部“三项建设”，不断推进“三化建设”，注重发挥离退休干部优势和作用，工作取得新成效。区委老干局获评市委老干局全优报表单位，1名工作人员获评全市老干部工作先进个人，1名二级班子正职获得提拔，老干部队伍和谐稳定，老干部作用发挥充分，老干部工作的价值进一步彰显。

【老干部教育管理】 全年，开展老干部座谈讨论交流4批次，专题辅导2批次，线上学习交流多批次。落实落细分层次管理。按照中国共产党中央委员会办公厅3号文件精神，充分结合工作实际，抓实落细老干部分层次管理工作。召开全区老干部工作领导小组会，研究议定进一步完善区领导“一对一”联系服务离休干部制度和提高离休干部、市管退休干部健康体检标准。通过开展家政服务、聘请保姆、精神慰藉、法律援助等方式帮助解决11名离休干部实际问题近百人次，协调解决张锦宇等老干部意见建议近40条（个），分组上门走访联系调研等近1000人次。统筹做好疫情防控同时，组织离休干部、市管退休干部、区管退休干部开展分层次集中学习、趣味活动、兴趣小组活动，常态化推进管理服务工作。健全完善制度机制。结合“两学一做”“不忘初心、牢记使命”主题教育常态化制度化要求，进一步修订和完善一批制度，建立健全定期听取老同志意见建议、常态化开展工作督查等长效机制。及时梳理总结老干部工作好做法好经验，针对离退休干部队伍的新情况新问题，深入调研分析、研究办法，积极探索制度化解决途径，形成相关调研报告3篇上报。在接受区委第十轮常规巡察期间，进一步健全完善制度一批，促进工作规范高效推进。

【落实政策办实事】 全年，区领导向老干部通报情况2次，开展集中学习4次，组织老干部听报告、参加重要会议、重大活动10批次，组织参观工农业生产2批次，开展警示教育2次。区领导上门走访慰问老干部20余人次，区委老干部局代区委、区政府慰问离退休干部1000余人次、重庆市部分建国初期参加革命工作退休干部（简称“建初人员”）120余人次、老干部遗孀160余人次。扎实推进离退休党建。全年，举办离退休干部党支部书记（委员）培训班2期，选派5名新任离退休干部党支部书记参加市老干部党校第88期线上培训，在春节、“七一”对近百名离退休干部党支部书记开展慰问，帮助有重大疾病、特殊困难的老党员向区委组织部申请困难帮扶金数万元，发动各离退休党组织关注“红岩青松”“离退休干部工作”微信公众号，丰富线上活动内容，拓展组织活动空间。落实好经济待遇。赴山西省、四川省、重庆市（市内区外）上门走访看望易地安置和长期在区外居住的老干部近40人次。为16名2020年过整十生日的老干部送祝福，看望生病住院老干部近50人次，吊唁去世老干部14人。帮扶家庭困难、重大疾病等老干部37人次共9.7万元。组织304名老干部开展健康体检。为375名老干部购买“孝老安康”意外伤害保险共1.13万元。审核报销离休干部护理费20人次2.74万元，做好建初人员2020年生活补贴调标和2021年离休干部增发生活费审批工作。联系荣昌眼镜产业园企业免费为200余名老干部验光配制了市场价值约500~700元的老花眼镜。

【老干部活动】 有序开展好常规活动。在统筹做好疫情防控同时有序开展好老干部常规活动。全年，完成定期定点老干部趣味活动4次，每周一至周五上班时间（疫情严重期间除外），区老干部活动中心棋牌室等6个活动室面向老干部开放，老干部钓鱼等11个兴趣小组全年开展活动近50场次，活动参与率80%以上。组织市管退休干部钓鱼比赛1次。组织老干部参加双城经济圈川渝八市区老干部棋牌比赛，分获麻将、双扣两个项目一等奖。昌元街道玉屏社区、桂花社区和昌州街道板桥社区三个“四就近”工作示范社区充分结合实际，开展就近就地、形式多样的各类活动。积极主动配合区兴荣公司扎实有序推进区老干部活动中心（区老年大学）建设工作。围绕中心发挥好老干部作用。组织老干部召开“我看脱贫攻坚新成就”“助力成渝双城经济圈建设”“学习贯彻中共十九届五中全会精神，我们怎么做”“为区十四五规划建言献策”主题座谈交流4批次，发放书面和电子意见建议问卷近千份，共收集到关于乡村振兴、脱贫攻坚等方面的意见建议近50条上报，助力区委、区政府决策参考。组织开展“我看脱贫攻坚新成就”考察学习及调研，发动老同志积极参与“决胜全面小康、决战脱贫攻坚”先进典型主题摄影比赛，引导老同志为精准脱贫和乡村振兴加油点赞。全年，组织老干部代表深入部门、镇街和区外实地考察调研多批次，组织撰写征文、诗词、调研报告等近30篇上报。收集到主题摄影比赛参赛作品近200幅，其中，2名老干部的作品获区级比赛一、二等奖。 （陈 琳）

保密工作

【概况】 2020年，全区保密工作进一步深入贯彻落实中央、市委和区委关于加强和改进保密工作的决策部署，坚持党管保密、依法治密、准确把握保密事业发展面临的新形势新任务，坚持总体国家安全观为统领，坚持问题导向，强化责任落实，推动保密工作转型升级和创新发展，筑牢新时代维护党和国家秘密安全牢固防线，确保党和国家秘密安全，充分发挥“保安全，促发展”的作用。

【落实中央和市委保密工作规定】 加强涉密人员管理，区国家保密局与全区涉密人员和离岗涉密人员签订《保密承诺书》。同时，严格落实涉密人员脱密期管理规定，明确规定涉密人员工作期间因公、因私出国（境）必须经人事部门保密审查，进行保密教育。

【保密宣传教育】 认真组织开展“七五”保密法治宣传教育总结验收。依托“学习强国”App、“保密观”微信公众号等媒体平台持续开展保密“两识”教育。深入开展保密警示教育，认真组织全区领导干部和涉密人员观看保密警示教育系列片，提高广大干部群众特别是各级领导干部、重点涉密人员、国家公务员和专兼职保密干部的保密法治观念、责任意识和知识技能，营造良好的依法治密环境。把保密教育培训纳入区委党校主体教学计划，时间在1周以上的各类干部培训班做到保密教育培训不少于1个学时，对各级领导干部进行经常性的保密教育，全年授课6次，培训400余人次。建立以专兼职保密干部、重点机要涉密人员为对象的定期学习培训制度，全年参训近1000人次。认真组织开展杂志征订和学刊用刊工作，全区征订《保密工作》杂志121份，进一步增强全区保密干部和涉密人员的业务水平，更新知识结构，提高综合素质。

【提升保密技术服务水平】 加强机关单位要害部门部位、涉密信息系统、保密会议室的技术防护装备和保密部门的技术检查检测装备的配备，配备了一批“技防”监测设备，并积极推进与市级平台的互联互通，切实提高对网络泄密事件的发现、预警、阻断能力。

【加强保密自查自评管理】 进一步压实保密工作主体责任，要求各机关、单位严格按照要求进行保密自查自评工作，并报送自查自评工作情况报告。全年对17个重点涉密单位及10余个机关、单位的保密自查自评开展情况和整改落实情况进行现场督查。

【开展考试期间保密管理】 落实国家统一考试监管职责，对区教委、西南大学荣昌校区试卷保密室开展专项检查，配合教育考试主管机构，对试卷的分发、整理、运送及清点工作进行全程现场监督和检查，指导做好考务保密管理工作，确保2020年全国普通高考、成人高考，大学英语四、六级考试，普通高中学业水平等国家统一考试期间的安全保密。

【加强涉密载体管理】 认真贯彻落实《国家秘密载体销毁管理规定》，将涉密载体销毁管理、保密防范和检查技术培训纳入专题学习和培训计划，强化涉密人员的秘密载体销毁意识，规范通信、办公自动化和计算机信息系统涉密载体的声、光、电、磁的销毁管理工作。将全区需销毁的各类涉密文件、内部刊物等涉密载体（纸质文件资料10.92吨、磁介质6千克、硬盘7个、硒鼓90个）集中清理装袋后，运至市涉密载体销毁中心进行集中统一销毁。

（张　剑）

党校工作

【概况】 2020年，区委党校（区行政学校、区社会主义学院）深入学习领会习近平总书记关于党校办学治校系列重要指示精神和关于加强和改进统一战线工作的重要思想，认真贯彻落实《中国共产党党校（行政学院）工作条例》《社会主义学院工作条例》和中央、市委、区委决策部署，出台《关于推进全区镇街党校建设的实施方案》《贯彻落实〈中国共产党党校（行政学院）工作条例〉工作任务责任分解》，全年完成干教领导小组下达的培训班39期，培训各类干部3008人次。教职工发表文章45篇，完成课题22个，承担或参与区内决策咨询工作12项，区委主要领导批示3项，发挥了干部培训、思想引领、理论建设、决策咨询作用。

【干部培训】 年内，区委党校坚持以学习习近平新时代中国特色社会主义思想为中心内容和首要任务，突出党的理论教育和党性教育主业主课地位。有序开展和完成主体班、研讨班、专题班等班次，基本形成以各类干部培训为主，专题研讨、社会实践相结合的办学模式。举办各类培训班39个班次，培训各类干部3008人次，其中，社会主义学院办班2期，共计学员94人。开发教学专题35个，新专题更新率20%以上。教学方法上采取“区委党校+市外高校”“课堂教学+网络自学”“小组讨论+学员讲坛”等培训形式，综合运用讲授式、案例式、研究式、体验式教学。已储备教学案例28个，涉及营商环境、环境治理、多元化纠纷解决机制、非公有制党建、乡村振兴、“三变”改革等。教材体系建设突出荣昌特点，自编《为政以德　廉为德本》《多元化纠纷解决机制的理论与实践》《传承红色基因厚植家园情怀》《非公党建的实践与探索》《“三变”改革助推乡村振兴的实践探索》等教材12本。镇（街）党校全覆盖，区委党校（区行政学校、区社会主义学院）会同相关部门出台《关于推进全区镇街党校建设的实施方案》，在全区21个（街）全覆盖成立镇（街）党校，并对镇（街）党校建设和业务工作进行指导、协调和评估，在制度建设、课程设置、教材和师资等方面提供帮助，成为基层党员干部、各类乡村人才和群众教育培训的新平台。“棠城研学点”推进会上同组织部打造了“1+21”棠城研学体系，即：1个市级现场教学警示教育基地和21个功能各异、特色鲜明、实用管用的现场教学示范点。“棠城研学”体系已接待重庆、四川、贵州各类培训班25个，接待区内外党政部门、企事业单位党员干部考察学习300余批次，受众近5万人。

【开放办学和双城合作】　落实区委组织部与上海国家会计学院、全国非公有制党建协会、《乡村干部报》达成的共识，共建西部高端人才“三大培训基地”，大力开展现代经济、财税金融、非公有制党建和乡村振兴等高端专业培训，高端合作办学已联合办班8期，全区区管领导干部通过必修、选修方式实现培训全覆盖。在加强与重庆市内各区县党校合作基础上，与西南财经大学、四渡赤水干部学院、吴玉章学院、荣县党校、泸县党校、合江党校等建立合作关系强化双城合作，实现资源共享，师资互派、班次互派，双城合作开展川渝地区党校联合办班20余个，互派师资30余人，推动实现资源共享、师资互派、班次合开、课题共研，助推成渝地区双城经济圈干部教育培训工作高质量发展。对接区内就业培训中心、农广校等培训机构强化区内合作，在帮助实施教学计划的同时，每班至少安排1名党校教师进行党的理论知识教学，已联合办班18期，选派教师20余人次参与授课，受众800余人。

【理论研究】　2020年，全体教研人员在省市级以上公开刊物发表文章45篇。主持完成市级以上课题5项，其中，市委党校课题2项，市社会主义学院课题3项。完成决策咨询报告12篇，获区委领导肯定性批示4项，科研成果获市、区级表彰8项。由党校作为主办之一的区委理论刊物《渝西论坛》按期出刊，发挥全区党员干部学习运用理论、宣传时事政策、交流实践经验、提供决策服务的重要平台作用，办刊质量在全市同类刊物中保持领先水平。自办刊物《荣昌党校》编发14期。

【理论宣讲】　全校5名教师深入机关事业单位、村（社区）、国有企业等开展宣讲活动40余次，应邀为一些部门和单位开展中共十九届五中全会专题辅导，受众达2000余人。

【信息化保障和校区文化建设】　用好重庆网络党校、中央党校远程教学、数字图书馆和智慧校园资源，完成“智慧校园”软件平台建设，升级链接重庆网络党校设备，连通“物理新校园”与网上“虚拟校园”，建成功能实用、灵活便捷、安全可靠的新型“智慧校园”，实现教学、科研、行政管理等工作的智能化和移动化应用。突出中华优秀传统文化、革命文化和社会主义文化，突出“党校姓党”文化，突出绿色生态文化，对校区文化进行丰富和提升，努力形成独特的党校文化风格，切实为全校人员和学员营造文明和谐奋进的文化氛围。

【阵地建设和后勤服务工作】　区委党校新校区于2020年国庆节后正式挂牌，总占地面积4.8公顷，总建筑面积近5万平方米，教学楼、办公楼、报告厅、学员宿舍、图书馆、食堂、运动场馆、停车库等俱全，可同时为2600人提供培训，充分满足了新形势下对基层党员干部各类培训的新需求。采取“党校+”的运行模式，以党校干部教育培训为核心功能，同时融合区广播电视大学、区教师进修校、区人武部、区公安局四个部门的培训需求和资源，实行“分开办公、资源共享”。管理服务上引入一流专业服务团队在村头教育培训中心专抓日常教学中需要的物业管理、餐饮住宿等专业化服务，全新管理理念引领高水平服务。新校区的建成使用和创新的运行管理模式，使荣昌区党员干部培训主阵地

“硬件不硬”的短板得到解决。（刘亚平）

党史与地方志工作

【概况】 2020年，区委党史地方志研究室在抗击新冠肺炎疫情的同时，认真落实《地方志工作条例》和党史工作有关要求，紧紧围绕中共重庆市委党史研究室、重庆市地方志办公室和区委区政府统一部署，充分发挥“以史鉴今、资政育人”功能，发扬“修志问道、直笔著史”的精神，分赴各地广泛征集党史资料，深入挖掘地情资料，以对历史高度负责的态度，对资料认真筛选，分析研究，去粗取精，精心编纂出版党史文献和地方志书。加强对有关部门和镇（街）的志书编纂业务指导，履行了“为党立言，为政存绩，为民立传，为史留鉴”的职责。

【《口述荣昌党史》编纂工作】 开展征集《口述荣昌党史》资料编纂工作，通过整理原存党史资料，采访在荣昌担任过主要领导的相关老干部，采取与承办全区重大事件的部门约稿等方式，完成《口述荣昌党史》（初稿）编纂工作。初稿分新民主主义革命、社会主义建设、改革开放和社会主义现代化建设三个时期，共收集74篇文章，约32万字。

【《荣昌党史人物》（第二辑）出版】 在广泛征集、查阅、研究、核实史料的基础上，对荣昌党史人物进行了深入挖掘。将新民主主义革命时期至中华人民共和国成立后，战斗在全国各地的荣昌籍知名共产党员，以及在荣昌地方党组织（支部、特支、中心县委）担任过主要领导职务的人物（含主、客籍）进行了研究，选取了在不同行业、不同领域作出过重要贡献、取得过重大成就、具有代表性的党史人物进行认真研究，于11月编纂出版《荣昌党史人物》（第二辑）。该书16万字，详细记述了欧汝钦、刘骥、徐麟阁、罗云山、刘家政、肖俊琦、何君辉、邓克文、李清和、颜永江、史昌田、雷晓晖、叶兆麒、石建维、赵玉任、肖隽琴、喻权域、张建平、何锡铭、徐世森、唐皎21名党史人物的成长轨迹、生平事迹、理想追求、精神风貌和鲜明个性，生动形象地还原了当时的历史场景，全方位展示了他们信仰坚定、对党忠诚、为共产主义事业不懈奋斗的革命功绩。

【《图说荣昌党史（初稿）》编纂工作】 为隆重庆祝中国共产党百年华诞，根据渝委史《关于开展庆祝中国共产党成立100周年专项课题的通知》精神，经区委102次常委会研究决定，开展《图说荣昌党史》的征集编纂工作。制定了《〈图说荣昌党史〉征集编纂工作实施方案》，成立由区委主要领导为主任、区委分管领导为副主任、相关部门负责人为成员的“《图说荣昌党史》资料征编工作委员会”，负责征编工作的指导、协调和审查工作。向各单位、社会各界人士发出征集图片资料的函和启事，广泛征集荣昌党史图片资料，共征集党史档案文献资料300余页、党史图片2000余幅，完成了《图说荣昌党史（初稿）》编纂工作。

【资料征集】 征集《荣昌区抗击新冠肺炎大事记》的资料3万余字。征集清江地下党和解放初期剿匪情况资料2万余字。

【遗址保护】 为了发挥好党史教育基地的作用，投入资金5万余元，对荣昌“红色家园”部分建筑外墙、吊顶、宣传栏等进行了翻新更换。投入资金6万元，对万灵镇柳乃夫故居部分檩子、房盖小青瓦、墙壁等进行更换加固。

【《荣昌年鉴（2020）》出版】 3月初由区政府办发布年鉴编纂通知，绝大多数单位按时提供了稿件。6月底完成文字编辑工作，8月底完成图片收集、筛选、编辑工作，并送出版社把关，9月完成“三审三校”。10月，样书经单位分管领导和主要领导、区政府分管领导和主要领导、区委主要领导审定付印，交由四川科学技术出版社公开出版。全书刊载彩图110幅，文字739千字。采用条目式记载体，分类编纂。设有29个类目，全面、系统、详实地记载了荣昌区2020年度政治、经济、文化、社会生活等方面的重大事项和基本情况。

【史志宣传】 2020年，在《红岩春秋》《重庆历史名人》《重庆党史研究资料》等杂志发表《血性男儿张培爵》《军中秀才罗义淮》《著名历史学家李新的光辉人生》等稿件，广泛宣传了荣昌籍名人的光辉事迹。在《重庆地方志》《雪原文史》《渝西论坛》等刊物发表《浅述荣昌特色志编纂》《对抓好区县年鉴工作的探讨》《刍议荣昌区地方志工作》等论文，扩大了荣昌的对外影响。

【《荣昌折扇志》出版】 将《荣昌折扇志》的资料收集、初稿编纂工作实行劳务外包，限时完成，然后由区委党史地方志研究室审改，最后交出版社把关。10月，由四川科学技术出版社公开出版，全书480千字，前置图片50多幅，随文插图100余幅。该志设有生产条件、缘起发展、生产工艺、折扇产品、折扇企业、折扇营销、行业管理、科研技改、技艺传承、核心技艺保护、折扇文化、人物十二章，另有概述、大事记、附录。本志上限起自事物发端，下限截至2019年，重点记述荣昌折扇1950年以后的发展历史。编纂人员在《四川省志·轻工业志》中挖掘出荣昌折扇的生产始于晋朝，比过去“始于明朝”的记载提早约1000年。

【《铜鼓镇志》出版】 铜鼓镇于2018年成立《铜鼓镇志》编纂委员会，启动《铜鼓镇志》编修工作。编纂人员走村串户深入采访，广泛收集整理各类资料，党史地方志研究室人员精心指导，与编纂人员多次对接修改，2020年年初，完成《铜鼓镇志》编修工作，4月出版。该志723千字，如实记述了1933—2019年铜鼓镇政治、经济、文化、社会事业等方面发展变化的历史，包括人文历史、自然资源、风土人情等。

【读志用志】 向重庆市荣昌区国家级示范性综合实践基地提供《荣昌县志》《荣昌陶器志》图片及资料，用于面向中小学生及社会公众的教育培训课程教学、宣传推广等。为清江镇查阅“乡村复兴论坛”布展资料。修改《荣昌概况》并提供给水利局，为“最美家乡河”文本提供荣昌区情。查证隆昌与荣昌历史关系。撰写《关于黄葛树广场文化墙设计方案修改的建议》，提出5个方面的修改建议。

【张培爵纪念馆管理】 张培爵纪念馆是市级爱国主义教育基地、西南大学荣昌校区爱国主义教育基地、新时代文明实践教育基地、荣昌区研学教育基地，为充分发挥这一基地的作用，区委党史地方志研究室主动邀请和热情接待西南大学（荣昌校区）学生参观教育基地，并在重要节点积极参与配合其他部门缅怀先烈活动。2020年尽管受到新冠肺炎疫情影响，但仍有许多单位组织职工到张培爵纪念馆接受爱国主义教育，全年接待参观的党员干部、青年学生、社会群众达3万余人。（陈朝权）

档案工作

【概况】 至2020年年末，区档案馆有馆藏档案全宗309个，以卷为保管单位档案14.05万卷，以件为保管单位档案66.5万件，照片档案7423张，可查询利用文件级条目344.65万条、1391.78万页。

【档案有偿征集】 认真贯彻区档案局印制的《重庆市荣昌区档案征集管理办法》《重庆市荣昌区档案馆档案征集实施办法》，积极探索档案有偿征集。建立档案价值评审专家库，发布征集照片档案的启示，采取以收购方式征集为主，面向全区社会各界广泛征集反映荣昌各个历史时期城市和城镇建设、经济和社会事业发展历史面貌等方面具有保存价值的照片。收集到移交纸质照片档案174张，捐赠电子照片3131张，有意出售电子照片1623张。12月8日，组织召开征集照片价值评审会，由荣昌区摄影、文史、博物收藏3名专家及特邀2名市级档案价值鉴定方面专家组成价值评审组，对首批筛选出的62张摄于2010年前反映荣昌社会事业发展的照片进行价值评审，收购照片56张。

【档案资料接收开放鉴定】 全年接收各类档案12.08万件、同比增长461.07%，照片4349张、同比增长505.70%。其中，机关文书档案1.06万件，2014—2019年精准扶贫文书档案2.17万件、照片3881张，2014—2019年的婚姻档案8.12万件，全国第二次污染源普查文书档案396件、业务档案6758件，2019“瑜瀚科技”重庆·荣昌国际马拉松赛文书档案96件、电子照片66张，接收12个国有企业退休人员档案2904卷，各单位工作照片402张。认真做好各类资料接收，全年接收各类印章45枚，抗疫专辑《共克时艰——棠香诗联第十五集》和《奋进的足迹——农工党荣昌组织携手前行三十年（1987—2017）》《荣昌陶精品鉴——荣昌移民文化丛书》《刘氏族谱》等书籍 18 册，接受重庆正通生物发展有限公司胡怀亮先生捐赠“庆祝中国共产党成立 100 周年毛笔小楷书法作品《中国共产党章程》（上下卷）”入馆，进一步丰富馆藏资源，加强档案资源体系建设。严格执行档案开放、划控和解密的相关规定，全年采取直接鉴定法完成中共荣昌县委全宗（0001 号）4—10 目录 1985 年前的文书档案 3.15 万件档案的开放鉴定及复审。

【档案信息化建设】 配合做好婚姻登记档案的共享数据库，向市档案馆移交馆藏婚姻档案目录数据 7.12 万条、数字化副本 43.03 万页，推进全市跨区婚姻登记档案的查询利用。完成馆藏简化文书档案、重要书籍及民国资料的数字化扫描工作，录入目录 1.71 万条、全文扫描 9.9 万页。区团委（2015—2019 年）、住建委（2014—2018 年）的简化文书档案目录 2241 条、数字化副本 1.26 万页，污普档案目录 7152 条、数字化副本 1.89 万页以及邮政、电信等国有企业退休职工的人事档案文件级条目 9.03 万条、数字化副本 22.36 万页，经检测合格后导入档案查询系统，保证了查阅利用的方便、快捷、安全。

【档案利用服务】 认真开展来人、来函、节假日预约等多种方式的查阅利用服务，做到热情、耐心、周到，充分发挥档案公共服务效能。在新冠肺炎疫情防控期间，为避免人员聚集增加传染风险，1 月 31 日至 3 月 2 日暂停所有对外服务，3 月 3 日开始有序、可控地逐渐恢复查阅。全年接待利用者 2.03 万人次，同比增长 58.74%，查阅档案资料 2.83 万卷（件、册），增长 5.59%，提供档案证明 1.95 万份，复印档案 5.7 万页。接待市内跨馆利用婚姻档案 42 人次，区内跨部门利用婚姻档案 712 人次、712 件。

【档案安全管理】 全年组织开展消防安全知识培训 2 次、档案消防实战演练 2 次。投资 44.16 万元购置低温消毒杀虫室 1 套，用于档案馆档案批量入库前和馆藏定期消杀需求。投资 19.86 万元更新升级库房温度湿度自动监控系统，确保档案库房温度湿度控制在适宜范围内。严格落实馆库清洁卫生制度，坚持日常清洁维护和定期大扫除相结合，聘请清洁公司对库房进行全面清洁 2 次。安装视频监控设备，加强档案保管、查阅和数字化加工场所的监管。定期开展档案安全检查，对馆内用电、消防、保护设施及档案信息化系统、设施定期维护，确保安全。

【档案宣传教育】 深化档案特色文化建设，区档案馆爱国主义教育基地全年接待 1036 人，充分发挥了爱国主义教育功能。组织参与重庆市档案馆与四川省档案馆举办的“川渝地区档案馆爱国主义教育基地讲解员风采大赛”，荣获优秀组织奖。与区网信办联合录制《追寻先烈足迹：跨越国界的生死守护——抗美援朝吕玉久微纪录》短视频，并成功入选国家网信办、国家档案局办公室为纪念抗日战争胜利 75 周年、抗美援朝出国作战 70 周年及中国共产党建党 100 周年短视频征集活动精品展示。

【签署荣昌、泸州档案馆助力成渝地区双城经济圈建设合作协议】 9 月，区档案馆与四川省泸州市档案馆签署《助力成渝地区双城经济圈建设合作协议》，建立联席会议机制、互访机制和业务交流机制。开展档案利用服务、档案资源建设、档案宣传开发、档案业务交流和项目开发、共同服务地方经济社会建设五个方面的深入合作，推动两地档案馆事业高质量发展，为成渝地区双城经济圈建设贡献档案力量。

（廖　军）

重庆市荣昌区人民代表大会及人大常委会

重要会议

【概况】 全年共召开区人代会1次、常委会会议11次、主任会议13次。区人大常委会2020年依法选举任免和接受辞职37人次。其中，选举产生区人民政府区长1人、区第十七届人大常委会副主任1人；通过区第十七届人民代表大会社会建设委员会组成人员1人；决定任命、任命15人次，决定免职、免职13人次，接受辞职6人次。组织拟任命的国家机关工作人员开展任前法律考试14人次，任前表态发言7人次；组织新任命的国家机关工作人员开展宪法宣誓18人次。

【区十七届人民代表大会第五次会议】 1月18日至20日召开。会议应到代表275人，出席大会267人，10个代表团。会议审议通过了区人民政府2019年工作报告、区人大常委会2019年工作报告、区人民法院2019年工作报告、区人民检察院2019年工作报告；审查和批准了计划报告、预算报告，批准了2020年国民经济和社会发展计划、区级预算，依法完成了选举任务。大会选举高洪波为区人民政府区长，徐蓉为区第十七届人大常委会副主任。会议还表决通过了区第十七届人民代表大会社会建设委员会主任委员名单。

【区人大常委会会议】 区十七届人大常委会全年召开常委会会议11次。

区十七届人大常委会第33次会议 1月8日召开。听取部分在荣市人大代表履职情况报告并开展满意度测评；审议区人大常委会工作报告（草案），区人民政府关于荣昌区2019年国民经济和社会发展计划执行情况及2020年计划草案的报告，区人民政府关于荣昌区2019年财政预算执行情况和2020年财政预算草案的报告；听取和审议并表决区第十七届人大常委会代表资格审查委员会关于区第十七届人民代表大会第五次会议代表资格审查的报告，区十七届人大五次会议列席人员名单和主席团成员、秘书长名单（草案）。

区十七届人大常委会第34次会议 1月15日召开。听取和审议区十七届人大五次会议增加企业负责人为列席人员事宜，听取和审议并表决区第十七届人大常委会代表资格审查委员会关于区第十七届人民代表大会第五次会议代表资格审查的报告。

区十七届人大常委会第35次会议 4月28日召开。听取和审议个别市五届人大代表辞职及补选事宜；听取和审议并表决有关人事任免职及决定事项，通过接受李中武同志辞职请求的决定，李皓同志辞去区人民政府副区长职务请求的决定；审议《重庆市荣昌区人民政府关于2019年法治政府建设情况的报告》（书面），审议《重庆市荣昌区人民政府关于2018年度区级预算执行和其他财政收支审计整改情况的报告》（书面）。

区十七届人大常委会第36次会议 6月24日召开。听取和审议区检察院办理区人大常委会关于荣昌区公益诉讼工作情况审议意见的报告并进行满意度测评，区政府办理区人大常委会关于荣昌区行政事业性国有资产管理情况审议意见的报告并进行满意度测评，区政府办理区人大常委会关于荣昌区2019年生态环境保护工作情况审议意见的报告并进行满意度测评。

区十七届人大常委会第37次会议 7月14日召

开。审议了有关人事任职议案、接受辞职的决定（草案），决定任命程建林为区人民政府副区长，任命陈波为荣昌区监察委员会委员；通过接受黄成涛辞去重庆市荣昌区第十七届人民代表大会常务委员会委员和重庆市荣昌区第十七届人民代表大会代表职务的决定。

区十七届人大常委会第 38 次会议　8 月 11 日召开。听取和评议区人民政府关于水污染防治工作情况的报告，专题询问水污染防治工作情况。

区十七届人大常委会第 39 次会议　9 月 2 日召开。听取和审议了区政府关于 2020 年上半年国民经济和社会发展计划执行情况，2020 年 1—6 月财政预算执行情况、2019 年财政决算、2019 年区级预算执行及其他财政收支审计工作的报告，听取和审议了区政府办理区人大常委会关于荣昌区国家高新技术企业培育情况审议意见、关于荣昌区 2019 年就业工作情况审议意见、关于荣昌区农村饮水安全巩固提升工程建设情况审议意见的报告，并对办理情况进行了满意度测评，测评结果均为满意，表决通过了区人大常委会关于批准 2019 年区级财政决算的决议。

区十七届人大常委会第 40 次会议　10 月 29 日召开。听取和审议并表决代表辞职事项，接受周帮素同志辞职请求的决定，听取和审议区政府关于行政执法“三项制度”推行情况的报告、区政府关于荣昌区城乡居民最低生活保障工作情况的报告、区政府关于荣昌区生猪产业发展情况的报告、区政府关于全区基本医疗保险工作情况的报告。

区十七届人大常委会第 41 次会议　11 月 26 日召开。听取和审议并表决通过了有关人事免职事项；听取和审议了区政府副区长刘菊华、张凯，区政府办公室、区民政局、区人力社保局、区城管局、区统计局、区医保局、区林业局主要负责人，及一名区检察院副检察长的履职情况报告，并进行满意度测评，测评结果均为满意；听取、审议和通过批准区政府关于 2020 年区级财政预算调整方案的决议，同意《重庆市荣昌区人民政府关于 2020 年新增地方政府债券资金及外债转贷额度安排情况草案的报告》的决定；听取和审议了区政府关于 2019 年度企业国有资产管理情况的报告和 2019 年度国有资产管理情况的综合报告。

区十七届人大常委会第 42 次会议　12 月 10 日召开。听取和审议并表决人事免职事项，区第十七届人大常委会代表资格审查委员会关于区第十七届人民代表大会代表资格审查的报告；听取和审议重庆市荣昌区第十七届人民代表大会第六次会议的建议方案，表决重庆市荣昌区人大常委会关于召开重庆市荣昌区第十七届人民代表大会第六次会议的决定（草案）。

区十七届人大常委会第 43 次会议　12 月 30 日召开。听取区政府关于荣昌区“十四五”规划和 2035 年远景目标编制工作情况的报告；听取和审议区政府关于荣昌区 2020 年生态环境保护工作情况的报告，区政府关于办理区人大常委会对水污染防治工作评议意见的报告，并进行满意度测评，区政府办理区十七届人大五次会议代表议案建议情况的报告，并进行满意度测评；审议区十七届人大六次会议列席人员名单、分团名单、主席团成员和秘书长名单。

【区人大常委会主任会议】　区十七届人大常委会全年召开主任会议 13 次。

区十七届人大常委会第 64 次主任会议　1 月 8 日召开。讨论区人大常委会 2019 年工作报告；讨论区人大监察和法制委、人大财经委、城环委、社会建设委 2019 年工作总结及 2020 年工作要点；讨论区人民政府关于荣昌区 2019 年国民经济和社会发展计划执行情况及 2020 年计划草案的报告；讨论区人民政府关于荣昌区 2019 年财政预算执行情况和 2020 年财政预算草案的报告；讨论区十七届人大五次会议代表资格审查报告及有关名单（草案）。

区十七届人大常委会第 65 次主任会议　1 月 15 日召开。讨论列席区十七届人大五次会议企业负责人名单；讨论关于区第十七届人民代表大会第五次会议代表资格审查的报告；讨论无固定工资收入代表履职补贴标准事宜。

区十七届人大常委会第 66 次主任会议　3 月 9 日召开。讨论《重庆市荣昌区人大常委会 2020 年工作要点》；讨论 2019 年综合目标考核人大工作考评得分的情况。

区十七届人大常委会第 67 次主任会议　4 月 22 日召开。讨论人事任免工作有关事项；讨论代表工作有关事项；讨论《重庆市荣昌区人民政府关于 2019 年法治政府建设情况的报告》（书面）；讨论

《重庆市荣昌区人民政府关于 2018 年度区级预算执行和其他财政收支审计整改情况的报告》（书面）；讨论区十七届人大常委会第三十五次会议相关事宜。

区十七届人大常委会第 68 次主任会议　4 月 27 日召开。讨论人事任免工作有关事项。

区十七届人大常委会第 69 次主任会议　6 月 19 日召开。讨论重庆市荣昌区人大常委会关于深化人大代表“双亮双做”进一步加强代表工作的实施意见；讨论区人大监察和法制委关于区人民检察院办理公益诉讼工作审议意见情况的调研报告；讨论区人大财经委关于行政事业性国有资产管理情况的审议意见办理情况的调研报告；讨论区人大城环委关于 2019 年生态环境保护工作审议意见办理情况的调查报告；讨论区十七届人大常委会第三十六次会议相关事宜。

区十七届人大常委会第 70 次主任会议　7 月 14 日召开。讨论有关人事任免事项；审议区人大常委会关于开展《重庆市全民健身条例》实施情况检查的报告；讨论区十七届人大常委会第三十七次会议建议方案。

区十七届人大常委会第 71 次主任会议　7 月 29 日召开。讨论《重庆市荣昌区人大城环委关于评议区人民政府水污染防治工作的调研报告》；审议《重庆市荣昌区人大常委会关于开展 2020 年度监督对象报告履职情况进行满意度测评的工作方案（审议稿）》的事项；讨论区十七届人大常委会第三十八次会议建议方案。

区十七届人大常委会第 72 次主任会议　8 月 31 日召开。讨论《重庆市荣昌区人大财政经济委员会关于 2020 年国民经济和社会发展计划 1—6 月执行情况的调研报告》；讨论《重庆市荣昌区人大财政经济委员会关于 2019 年区级财政决算和 2020 年 1—6 月财政预算执行情况的审查报告》；讨论《重庆市荣昌区人大常委会关于批准 2019 年区级财政决算的决议（草案）》；讨论《重庆市荣昌区人大社会建设委关于区政府办理就业工作审议意见情况的调研报告》；讨论《重庆市荣昌区人大常委会农工委关于区政府办理〈重庆市荣昌区人大常委会关于我区农村饮水安全巩固提升工程建设情况的审议意见〉情况的调研报告》；讨论《重庆市荣昌区人大常委会教科文卫工委关于区政府办理国家高新技术企业培育审议意见情况的调研报告》；讨论《重庆市荣昌区人大常委会关于区人民政府水污染防治工作的评议意见》；讨论区十七届人大常委会第三十九次会议建议方案。

区十七届人大常委会第 73 次主任会议　10 月 27 日召开。讨论有关代表辞职事宜；讨论区人大监察和法制委关于荣昌区行政执法“三项制度”推行情况的调研报告；讨论区人大社会建设委关于荣昌区城乡居民最低生活保障工作情况的调研报告；讨论区人大常委会农工委关于荣昌区生猪产业发展情况的调研报告；讨论区人大教科文卫工委关于全区基本医疗保险工作情况的调研报告；讨论区人大常委会关于 2020 年国民经济和社会发展计划 1—6 月执行情况报告的审议意见；讨论区人大常委会关于 2020 年 1—6 月财政预算执行情况的审议意见；讨论区第十七届人大常委会第四十次会议相关事宜。

区十七届人大常委会第 74 次主任会议　11 月 19 日召开。讨论人事任免相关事项；讨论区人大常委会 2020 年度监督对象报告履职情况进行满意度测评相关事宜；讨论区人大财经委关于国企国有资产管理情况的调研报告；讨论区人大常委会关于批准 2020 年区级财政预算调整方案的决议（草案）；讨论区人大常委会关于同意《重庆市荣昌区人民政府关于 2020 年新增地方债券及外债转贷资金额度安排情况草案的报告》的决定（草案）；讨论区人大监察和法制委关于区人民政府行政执法“三项制度”推行情况的审议意见；讨论区人大社会建设委关于区人民政府城乡居民最低生活保障工作情况的审议意见；讨论区人大农工委关于荣昌区生猪产业发展情况的审议意见；讨论区人大教科文卫工委关于区人民政府基本医疗保险工作情况的审议意见；讨论区第十七届人大常委会第四十一次会议相关事宜。

区十七届人大常委会第 75 次主任会议　12 月 10 日召开。讨论人事任免相关事项；讨论区第十七届人大常委会代表资格审查委员会关于区第十七届人民代表大会代表资格审查的报告；讨论重庆市荣昌区第十七届人民代表大会第六次会议的建议方案，讨论重庆市荣昌区人大常委会关于召开重庆市荣昌区第十七届人民代表大会第六次会议的决定（草案）；讨论区第十七届人大常委会第四十二次会议的建议方案。

区十七届人大常委会第 76 次主任会议　12 月 23 日召开。讨论区政府关于办理区人大常委会对水污染防治工作评议意见的报告；讨论区政府关于区十七届人大五次会议代表议案建议办理情况的报告；讨论区人大常委会关于国企国有资产管理情况的审议意见；讨论区十七届人大六次会议分团名单、列席人员名单、主席团成员和秘书长名单；讨论2020年度优秀区人大代表小组，人大代表“双亮双做”工作先进单位，优秀区人大代表，优秀议案建议，议案建议办理工作先进单位建议名单；讨论荣昌“人大新闻奖”评选建议方案；讨论区第十七届人大常委会第四十三次会议的建议方案。

人大监督

【概况】 2020年，区人大常委会聚焦全区经济社会发展的重点领域和人民群众关注的热点、难点问题，开展工作监督和法律监督，寓支持于监督之中，切实增强监督工作的针对性和实效性，推动区委重大决策部署落地见效。全年共开展监督工作51项，其中，专项监督27项，视察6项，专题询问1项，履职测评10项，对监督对象进行履职调研并满意度测评7项。另外，配合全国人大、市人大开展执法检查和立法调研14项。

【法治监督】 扎实开展干部任后监督，听取2名区政府副区长、1名区检察院副检察长、7名区政府工作部门主要负责人履职情况报告，现场问答工作热点，并开展满意度测评，督促监督对象严格依法行使权力、履行职责。听取区政府依法行政建设法治政府工作报告，审议荣昌区落实行政执法“三项制度”情况报告，督促区政府全面推行行政执法公示制度、执法全过程记录制度、重大执法决定法制审核制度，为全区经济社会发展营造良好的法治环境。听取区法院、区检察院工作报告，跟踪监督区检察院公益诉讼工作情况，要求司法机关进一步压紧法治责任、优化司法服务。组织86名人大代表旁听案件庭审、参加“司法开放日”“检察开放日”活动，在增强人大代表法治意识的同时，督促“两院”（区人民法院、区人民检察院）提高审判、检察工作水平。组织开展劳动法、工会法等执法检查5次，促进法律法规贯彻实施。常态化开展规范性文件备案审查工作，全年共审查备案区政府规范性文件13件。扎实开展宪法宣传周活动，大力弘扬宪法精神。建成全市首个人大文化主题公园，全年接待市内外人大及相关单位参观考察38批次1200余人次，其中，接待省部级领导9人，厅局级领导78人。

【财经监督】 听取和审议2020年上半年预算执行情况、区级预算执行和其他财政收支审计情况、预算调整方案、财政审计整改情况等报告，推动规范资金管理、提高资金绩效、管控债务风险。坚持民生导向，把握轻重缓急，公开评审部门重点项目预算、一般性项目预算资金14.1亿元，审减2.7亿元。审议国有资产管理情况综合报告、企业国有资产管理情况专项报告，督促区政府健全国有资产管理工作监督制度，向全区人民交出国有资产“明白账”“放心账”。

【民生监督】 专题开展全区公共卫生应急管理工作调研，推动区政府进一步加强公共卫生应急管理体系建设，提高全区应对突发重大公共卫生事件的能力水平。专题开展新冠肺炎疫情对全区农业生产经营影响工作调研，提出抓好春耕春播、恢复生猪生产、强化质量监测和执法监管等建议，推动相关部门采取积极措施，稳定农业生产经营。跟踪督办全区农村饮水安全巩固提升工程建设情况，督促区政府推进供水设施国有化，确保群众喝上“稳定水、干净水、放心水”。专题视察东方红水库清淤治理工程、荣峰河综合整治工程等重点水利工程建设情况，督促区政府进一步提升防灾减灾能力。坚持把稳就业、保民生放在优先位置，跟踪督办区政府办理就业工作审议意见落实情况，确保支持企业复工复产“40条”、支持中小企业“20条”等政策在荣昌全面落实。专题视察区人力资源服务产业园，助推区人力资源市场提档升级。专项审议全区低保工作，督促区政府及相关部门进一步提高核查精准度，有效保障困难群众基本生活。专题审议全区医保工作，督促区政府及相关部门强化监管，确保医保基金收支平衡、分配有序。切实做好人大信访工作，全年办理群众来信25件，接访群众165人次，开展政策答疑、涉诉信访咨询298人次，协助化解交通运输、法院执行、民事纠纷等信访矛盾127件，有效维护群众合法权益，促进社会和谐稳定。

【生态文明监督】 按照区委统一部署，由区人大常委会领导和委室负责人组成督查组，到昌元、昌州等10个镇（街）开展安全生产及蓝天行动工作督查30次，督促各镇（街）认真落实大气污染防治工作措施，全面排查道路交通、工贸、消防、特种设备、建设施工等行业领域安全隐患196处，整顿处理建筑垃圾乱倒、露天焚烧、道路积尘等环境问题9项。与市人大常委会联动开展水污染防治工作评议，专项听取区政府关于荣昌区2020年生态环境保护工作情况的报告、关于水污染防治工作情况的报告，并就濑溪河生态环境修复等工作开展专题询问，推动区政府及时出台《荣昌区水质全面提升巩固总体方案》，筑牢濑溪河生态屏障，共建绿色宜居新家园。紧紧围绕“青山绿岸”目标，扎实开展河长制工作，助推荣峰河成功跻身全国第二届寻找“最美家乡河”前十强。

人大代表工作

【概况】 2020年1月，实有区十七届人大代表276名。至年底，共有5名人大代表辞去代表职务，实有人大代表271名。其中，男性188名，占代表总数的69%；女性83名，占代表总数的31%。中共党员170名，占代表总数的63%；党外人士101名，占代表总数的37%。大专及以上学历212名，占代表总数的78%；中专及以下文化程度59名，占代表总数的22%。2020年，区人大常委会坚持“尊重代表、依靠代表、服务代表”理念，持续深化人大代表“双亮双做”工作，支持和保障代表依法履职，进一步密切同人民群众的联系，代表“双亮双做”工作更加务实，成效更加突出、影响更加凸显。

【充分发挥代表主体作用】 研究制定《区人大常委会关于深化人大代表“双亮双做”进一步加强代表工作的实施意见》，进一步丰富工作内涵，进一步强化工作保障，突出代表“履职故事”宣传展示，提升代表履职评价管理水平，让“亮身份”“亮承诺”“做合格代表”“做群众表率”成为各级人大代表的思想自觉和行动自觉。全年1162名全国、市、区、镇四级人大代表亮出承诺8682条，走访、接待群众6.81万人次，收集群众意见3943件，协助解决问题、为民办实事好事2064件。优化家站设置。按照有固定场所、有工作制度和标识标牌、有办公设施、有活动台账、有代表“双亮”公示信息、有人员管理和经费保障的“六有”标准，进一步完善代表“家站点”建设，让全区22个“人大代表之家”、156个“人大代表工作站”“人大代表民情联络点”进一步向基层延伸，更加贴近群众，成为全区各级代表密切联系群众的坚实阵地。量化履职评价。认真执行《人大代表履职评价管理办法》，强化人大代表履职评价量化管理，约谈1名不积极履职的代表，劝辞处理1名不胜任代表，对履职成效显著的84名优秀区人大代表、考评成绩优秀的6个区人大代表工作先进小组和10个“双亮双做”工作先进单位进行通报表扬。强化履职保障。健全完善代表专业组工作方式方法，不断拓展代表参与常委会工作的广度和深度，全年邀请人大代表参与监督、视察、执法检查等各项工作347人次。加强和完善代表履职服务保障机制，预算代表家站工作经费，落实区人大代表履职补助。对无固定收入的代表发放调研、视察、会议误工补助，及时看望慰问生病住院代表，进一步加强代表人文关怀力度。

【全面展现代表履职风采】 在区委的重视支持下，在川渝人大媒体的共同推动下，区人大代表“双亮双做”工作成为川渝人大媒体联合采访活动的第一站。10月上旬，成功召开了人大代表“双亮双做”工作现场交流推进会，邀请到市人大常委会办公厅、市人大人代工委、川渝两地人大机关报刊社有关领导现场指导，自贡、泸州、内江、资阳人大常委会相关领导到荣昌观摩交流。通过现场示范、会场交流等方式，集中展现了21个镇（街）人大“双亮双做”工作亮点及经验成效，极大提升了“双亮双做”工作的知名度和影响力。现场会期间，新华社、人民网、重庆日报等13家权威媒体参与报道，就“双亮双做”的做法、经验、成效作全方位的宣传报道。全年各级媒体采用人大工作宣传稿件318篇，编发《荣昌人大》简报32期、《荣昌人大公报》6期，拍摄“双亮双做”专题片1期、《人大之窗》专题片12期，全方位宣传了人民代表大会制度，展示了基层人大工作和代表履职风采。全国人大代表、区委书记曹清尧在全国人大常委会列席代表座谈会上，就荣昌区人大代表“双亮双做”工作的经验做法向全国人大常委会作了汇报，让“双亮双做”亮相人民大会堂。

【切实增强代表议案建议办理实效】 在代表“双亮双做”工作推动下，全区各级人大代表议案建议质量和数量实现“双提升”。区十七届人大五次会议以来，共收到人大代表议案建议314件，其中，闭会期间收到建议22件。为提升办理质效，21件关系全区经济社会发展和人民群众普遍关注的代表建议，由区委、区人大常委会和区政府领导牵头督办领办。区政府高度重视代表建议办理工作，认真分解任务、明确办理要求、落实办理责任，314件议案建议大部分已办理完毕，少数正在持续办理中。区人大常委会听取和审议了区政府办理情况的报告，并对办理情况进行了满意度测评，测评结果为满意。区人大常委会对96件优秀代表议案建议、15个代表议案建议办理先进单位进行了通报表扬。（郭　昊）

重庆市荣昌区人民政府

重要会议

【区政府常务会议】 2020年，荣昌区人民政府共召开29次常务会议（第69次至第97次），审议并原则通过政策性文件及有关事项218项。

第69次常务会 1月6日召开。审议并原则通过《重庆市荣昌区政府工作报告》《关于荣昌区2019年国民经济和社会发展计划执行情况及2020年计划草案的报告》《关于荣昌区2019年财政预算执行情况和2020年财政预算（草案）的报告》；研究通过评选表彰荣昌区振兴实体经济工作、创新驱动发展工作先进集体先进个人相关事宜。

第70次常务会 1月22日召开。审议并原则通过《办理区人大常委会对我区农村饮水安全巩固提升工程建设情况审议意见的工作方案》《荣昌区尘肺病防治攻坚行动实施方案》《昌州街道2019-RC-1-52号地块国有建设用地使用权公开出让方案》《办理区人大常委会对我区生态环境保护工作审议意见的工作方案》。

第71次常务会 2月5日召开。审议并原则通过《荣昌区人民政府关于应对新型冠状病毒疫情支持企业发展的六条政策措施》。

第72次常务会 2月13日召开。审议并原则通过《2020年荣昌区脱贫攻坚工作要点》《荣昌区村镇供水工程运行管理办法》《荣昌区财政资金审批管理办法》；研究通过农药化肥等国有资产处置事宜、收购储备重庆三峡融资担保集团股份有限公司江津分公司地块事宜。

第73次常务会 2月21日召开。审议并原则通过《荣昌区国土空间规划一致性处理方案》《广顺街道2019-RC-2-03号地块国有建设用地使用权公开出让方案》《荣昌高新区范围内四宗国有建设用地使用权公开出让方案》；研究通过恢复荣昌区土壤污染综合防治示范区建设项目剩余资金事宜。

第74次常务会 2月28日召开。审议并原则通过《荣昌区人民政府深入贯彻落实2020年全市“两会”精神做好“五个提升”工作清单》《吴家镇2019-RC-7-02、03号地块国有建设用地使用权公开出让方案》《荣昌高新区2020-RC-2-03号国有建设用地使用权公开出让方案》。

第75次常务会 3月12日召开。审议并原则通过《荣昌区2020年主要经济指标任务分解方案》《荣昌区体育场地基础设施建设实施办法》《荣昌区农村教师住宿用房建设实施方案》《荣昌区全面推进城镇老旧小区改造和社区服务提升专项行动方案》；研究通过荣昌区国民经济和社会发展第十四个五年规划纲要编制采购有关事宜、重庆市万灵山旅游开发集团有限公司关于天子之歌（钢琴）集团有限公司购买提琴博物馆项目物业相关事宜、市畜科院家属楼84户房屋改造相关事宜、正通饲料厂片区房屋改造相关事宜、恢复公路建设项目存量及清零资金相关事宜。

第76次常务会 3月27日召开。审议并原则通过《国家反馈2019年荣昌区脱贫攻坚成效考核问题整改落实方案》《脱贫攻坚成果巩固责任书》《关于撤销安富街道华东、华南、华北、华西4个社区居民委员会合并设立华江社区居民委员会》《镇街职工周转房配置建议方案》《荣昌区配备镇（街道）残疾人专（兼）职委员实施方案》《荣昌区支持企业复工复产和生产经营政策措施》《荣昌区党政领导干部食品安全责任清单》《关于进一步支持知识产权发展资助政策措施》；研究通过废止部分区政府规范性文件事宜、荣昌区代表团出席重庆市第六届运动会相关事宜、疫情期间重庆市万灵山旅游开发集团有限公司2020年第1批应急贷款拟融资项目事宜、恢复使用农村土地承包经营权确权登记颁证补助资金事宜、永荣煤矿棚户区房屋改造契税补贴事宜。

第77次常务会　4月9日召开。审议并原则通过《重庆市荣昌区人民政府　北方华录文化科技（北京）有限公司战略合作框架协议》《区人大常委会对区人民政府就业工作情况审议意见的办理方案》《昌元2020-RC-1-05号地块国有建设用地使用权公开出让方案》《荣昌区城乡接合部人居环境综合整治工作实施方案》《荣昌区高层建筑消防安全提升计划（2020-2022年）》；研究通过广顺街道李家坪村建筑石料用灰岩矿等权出让事宜。

第78次常务会　4月22日召开。审议并原则通过《关于进一步深化财政管理改革实施政府过紧日子十条举措的通知》《荣昌区区属国有企业融资管理办法》《荣昌区国有企业转型做实改革计划》《西南大学荣昌区人民政府深化区校合作协议书》《关于贯彻落实〈保障农民工工资支付条例〉进一步做好保障农民工工资支付工资的通知》《荣昌高新区2020-RC-1-07号国有建设用地使用权公开出让方案》；研究通过2019年关停的5家生猪定点屠宰场经营性补偿经费拨付事宜、荣昌区2020年享受政府特殊津贴人员推荐人选事宜。

第79次常务会　4月29日召开。审议并原则通过《区政府领导工作分工方案》《荣昌区全面实施预算绩效管理实施方案》《健康中国荣昌行动实施方案》；研究通过荣昌高新区陶瓷科技（科研）成果孵化中心项目建设事宜、推进渝西川东农畜产品配送中心项目建设有关事宜、引进建设纳成广泰智能家居产业园项目事宜。

第80次常务会　5月11日召开。审议并原则通过《荣昌高新区2020-RC-1-08号国有建设用地使用权公开出让方案》《昌元2020-RC-1-12号地块国有建设用地使用权公开出让方案》；研究通过荣昌区高升桥水库扩建工程拟征地补偿和移民安置相关事宜、2020年农业综合改革资金分配事宜。

第81次常务会　5月26日召开。审议并原则通过《荣昌区与铁塔重庆分公司“5G智慧荣昌”建设战略合作框架协议》《荣昌旅游轨道暨新轨产业园项目投资与合作框架协议》《昌州2020-RC-1-10号地块国有建设用地使用权公开出让方案》；研究通过荣昌区环线高速公路建设相关事宜、雨润（汇通）项目处置有关事宜、收购汇通公司固定资产有关事宜、2019年度机关在职人员目标绩效奖（事业单位平衡措施）和离退休人员健康休养费有关事宜、《荣昌区国土空间总体规划（2019—2035年）》新增编制有关事宜。

第82次常务会　6月9日召开。审议并原则通过《荣昌区促进3岁以下婴幼儿照护服务发展实施方案》《关于加强信息化项目统筹管理工作的通知》《荣昌区人民政府中铁建发展集团有限公司战略合作协议》《荣昌高新区6宗国有建设用地使用权公开出让方案》《荣昌区耕地保护责任目标考核办法》《荣昌区加强耕地保护和改进占补平衡实施方案》；研究通过荣昌区农村客运运价调整相关事宜、采用公开招投标方式实施高新区平场项目事宜。研究通过引进台州华龙离合器有限公司、浙江长进减震器有限公司、杭州建业电动车有限公司、浙江金斗离合器制造有限公司共同投资建设汽摩关键零部件智能制造产业基地项目事宜。研究通过引进台州金纳车桥有限公司入驻重庆荣昌汽摩关键零部件智能制造产业基地投资建设新能源汽车变速箱动力总成生产项目事宜、普通干线公路建设三年行动计划项目调整事宜。

第83次常务会　6月17日召开。审议并原则通过《关于行政事业性国有资产管理情况审议意见办理落实情况的报告》《荣昌区关于加强限额以下工程建设项目发包管理的通知》《荣昌区信息化项目统筹管理办法》；研究通过荣昌区与重庆文理学院、重庆市教委三方合作办学事宜、荣昌区申办重庆市第七届运动会相关事宜、2020年彩票公益金（含体育彩票）分配事宜、荣昌区事业单位工作人员（含机关工勤人员）定期奖励工作相关事宜。

第84次常务会　6月30日召开。审议并原则通过《荣昌区加快服务业高质量发展政策措施》《荣昌区创建重庆市社区教育示范区工作方案》；研究通过2020年市级现代农业产业园建设专项资金安排事宜、完善“乡村复兴论坛”基础设施相关事宜、实施重庆市荣昌区沙石建筑材料市场建设项目相关事宜、重庆市万灵山旅游开发集团有限公司拟购置梅江园公司夏布小镇25处房产相关事宜、区人民医院和区疾控中心迁建选址相关事宜、2020年荣昌区增设特色工种有关事宜、万灵大佛和万灵寺建设资金补偿事宜、拨付昌州街道宝城寺社区原花园村5社猫眼补征地资金有关事宜、兴农担保公司改革思路调整有关事宜。

第85次常务会　7月10日召开。审议并原则通过《关于筹建生猪产业集团的建议方案》《荣昌区安全生产专项整治三年行动任务清单》《2020年全区法治政府建设工作要点》《重庆市2019年濑溪河流域生态补偿资金项目安排方案》《荣昌区脱贫攻坚普查实施方案》《荣昌区促进乡村产业振兴实施方案》《重庆市荣昌区稳外贸稳外资稳外经措施十三条》《昌州2020-RC-1-31、32号地块国有建设用地使用权公开出让方案》《昌州街道2020-RC-1-39号地块国有建设用地使用权公开出让方案》《广顺街道2020-RC-2-06号地块国有建设用地使用权公开出让方案》《广顺街道2020-RC-2-07号地块国有建设用地使用权公开出让方案》《盘龙镇2019-RC-6-01号地块国有建设用地使用权公开出让方案》；研究通过高升桥水库扩建工程施工期供水保障相关事宜、九井煤业集团有限责任公司申请增划矿井下部标高-75米以下资源事宜。

第86次常务会　7月20日召开。研究通过追加荣昌高新区建设项目资金预算相关事宜。

第87次常务会　8月4日召开。审议并原则通过《荣昌区（区级、镇街）两级行政权力事项清单》《荣昌区（区级、镇街）两级公共服务事项清单》《2020年上半年国民经济和社会发展计划执行情况的报告》《荣昌区防汛应急响应工作措施（试行）》《荣昌区加快推进教育现代化实施方案（2020—2022年）》《荣昌教育现代化2035》《荣昌区2020—2021学年度学校资源整合方案》《荣昌区2020年“以奖促治”专项资金项目安排方案》；研究通过组建国农（重庆）生猪大数据产业发展有限公司相关事宜、认定重庆弘耀电子科技有限公司为重庆瑜瀚电子科技有限公司自行投建的子公司并享受招商政策有关事宜。

第88次常务会　8月21日召开。审议并原则通过《荣昌区实体企业信用贷款风险补偿资金管理办法》《荣昌区民营和小微企业流动性信用贷款管理办法》《荣昌区规范活禽交易推行集中屠宰加强冷链供应工作的实施方案（试行）》《关于核增公立医疗卫生机构一次性绩效工资总量实施方案》《荣昌区落实重庆市第二轮中央生态环境督察报告整改方案》《关于2019年财政决算的报告》；研究通过原重庆汇通公司固定资产处置有关事宜、调整荣昌区矿业权出让最低价参考执行标准有关事宜、安排省道546吴家至盘龙改建项目的部分结存资金用于国道348峰高至邮亭段等3个工程项目有关事宜、荣昌区环线高速公路建设相关事宜、追加城乡接合部人居环境综合整治工作经费预算有关事宜。

第89次常务会　9月3日召开。审议并原则通过《昌州街道2020-RC-1-43号地块国有建设用地使用权公开出让方案》；研究通过重庆宏烨实业集团有限公司2020年第1批超限额融资相关事宜、追加区人民医院2020年财政基本预算经费事宜、追加基层医疗卫生机构抗疫期间人员经费补助资金事宜、公务用车保险统筹有关事宜、建立“产业链链长制”有关事宜。

第90次常务会　9月23日召开。审议并原则通过《重庆市荣昌区限额以下工程建设项目承包商随机抽取办法》《关于修订完善〈荣昌区加快推进企业上市（挂牌）工作实施方案〉的通知》《荣昌区规范活禽交易推行集中屠宰加强冷链供应工作的实施方案（试行）》《昌州街道2020-RC-1-04号地块国有建设用地使用权公开出让方案》《荣昌区城市公交公益性服务营运补贴发放办法（暂行）》《重庆市荣昌区国家森林城市建设总体规划（2016—2025年）修编》；研究通过重庆市万灵山旅游开发集团有限公司与上海乐其投资管理有限公司合作相关事宜、统筹使用部分2019年基本农田有偿调剂费用于实施吴家镇含珠桥村等3个土地整理项目有关事宜、重庆科逸装配式建筑科技有限公司调整项目容积率有关事宜、引进江西煌上煌集团食品股份有限公司酱卤食品生产项目有关事宜、增加2020年农村危房改造补助资金预算事宜、昌州街道麒麟厂片区房屋改造相关事宜。

第91次常务会　10月14日召开。审议并原则通过《国家畜牧科技城建设总体方案》《荣昌区人民政府与重庆能源集团战略合作协议》《昌州街道2020-RC-1-50、51、52号地块国有建设用地使用权公开出让方案》《荣昌区2020年招商投资促进工作目标任务分解及考核办法》《荣昌区招商引资协议书（范本）》《电子科技大学联合创新（荣昌）研究中心项目协议书》《落实区人大水污染防治工作评议意见的整改方案》《荣昌区烟花爆竹零售经营安全管理实施细则》；研究通过2020年农村综合改革转移支付预算资金及第三批农村综合性改革试点资金分配事宜、陶都公司陶瓷土开采混合所有制改革事宜、申报重庆市市级历史文化名城相关事宜、引进佛山市洁朵家居有限公司高端智能厨卫家居制品的研发、生产及销售项目有关事宜。

第92次常务会　10月30日召开。审议并原则通过《市社区教育示范区创建过程督导反馈意见整改方案》《荣昌区已取得燃气经营许可证的天然气经营企业补签特许经营协议》《关于2019年度国有资产管理情况的综合报告》《2019年度企业国有资产管理情况的报告》《荣昌区26个试点领域政务公开标准目录》；研究通过“人才兴陶”十一条政策兑现相关事宜、重庆宏烨实业集团有限公司2020年第2批超限额融资相关事宜、组建电子加速器辐照公司有关事宜、构建与产业链链长制相适应的招商模式有关事宜、荣昌区农村旧房整治提升2019年市级专项补助资金分配有关事宜。

第93次常务会　11月13日召开。审议并原则通过《关于2020年区级财政预算调整方案（草案）的报告》《荣昌区昌元街道原三中校内2020-RC-1-53号地块国有建设用地使用权公开出让方案》；研究通过政府投资项目建设管理代理制相关事宜、安排吴盘路项目资金用于实施古镇路、峰万路改造项目相关事宜、荣昌区环线高速公路项目和荣昌区省道303城区至双河新建工程项目PPP模式建设相关事宜、引进青岛海尔生物医疗股份有限公司收购重庆三大伟业制药有限公司股权投资建设血液技术研发与制造基地项目有关事宜、废止部分区政府规范性文件事宜。

第94次常务会　11月24日召开。审议并原则通过《荣昌区落实生态保护红线、环境质量底线、资源利用上线制定生态环境准入清单实施生态环境分区管控的实施方案》；研究通过荣昌区科技成果转化投资基金设立有关事宜、荣昌区开展2021年评比达标表彰项目申报工作方案、拨付西南大学荣昌校区扩建农用地转用报批所需资金有关事宜、增加2008年以来征地项目土地补偿费80%差额资金预算有关事宜、引进江西双胞胎控股有限公司双胞胎集团复合预混料和添加剂研发生产基地及西南区总部生产项目有关事宜、引进江西双胞胎畜牧集团荣昌区30万头生猪产业一体化项目有关事宜。

第95次常务会　12月4日召开。审议并原则通过《筹建涉农项目产业投资集团方案》《荣昌区昌州街道2020-RC-1-58、59、60号地块国有建设用地使用权公开出让方案》《荣昌区城镇污水收集处理“厂网一体”PPP项目策划方案》；研究通过对部分市政道路予以命名相关事宜、荣昌区环线高速公路PPP项目政府方出资比例相关事宜、荣昌区垃圾焚烧发电PPP项目国有企业方投资比例相关事宜、香国大道南延伸段、城南大道西延段道路建设项目采用全过程工程咨询及代建制模式有关事宜。

第96次常务会　12月8日召开。审议并原则通过《荣昌区昌州街道2020-RC-1-57、65号两宗地块国有建设用地使用权公开出让方案》；研究通过荣昌区环线高速公路PPP项目社会投资人招标相关事宜。

第97次常务会　12月24日召开。审议并原则通过《2021年政府工作报告》《荣昌区2020年国民经济和社会发展计划执行情况及2021年计划草案的报告》《荣昌区2020年预算执行情况和2021年预算（草案）的报告》《做好农村村民住宅用地农用地转用审批有关工作》《荣昌区人民政府关于调整高污染燃料禁燃区的通告》《办理区人大常委会对区政府行政执法“三项制度”推行情况审议意见工作方案》《荣昌区节水行动实施方案》《区人大常委会对基本医疗保险工作审议意见的办理落实工作方案》《办理区人大常委会对我区城乡居民最低生活保障工作情况审议意见工作方案》；研究通过重庆宏烨实业集团有限退出参股重庆市大友宏烨陶瓷有限公司有关事宜、统筹使用2020年基本农田有偿调剂费用于实施荣昌区吴家镇、河包镇、仁义镇3个土地整理项目有关事宜、引进福建省中伟体育用品有限公司成渝荣伟智能制造鞋服产业园项目相关事宜、引进无锡新尚上服饰有限公司高端智能服饰产业园相关事宜、引进无锡艾能电子科技有限公司、扬州艾能新能源有限公司联合建设太阳能光伏电池片及太阳能组件产品研发生产项目相关事宜。　（李　伟）

政府施政

【概况】 2020年，全年地区生产总值709.8亿元，增长4.9%，增速连续两年保持全市第一；工业增加值288.1亿元，增长6.1%；全社会固定资产投资273.7亿元，增长10.8%；社会消费品零售总额10亿余元，增长2.6%；一般公共预算收入完成30.2亿元，增长8.0%；城乡居民人均可支配收入分别增长5.5%和7.3%。

【推动经济高质量发展】 优化确立“6+1”产业体系。创新推行产业链“链长制”，10名区领导分别担任消费品（食品、医药、陶瓷、服饰）、智能装备、电子信息、大数据区块链、新材料、运动健康和农牧高新产业链链长，引进项目191个，合同金额510亿元。突出发展工业经济。25个项目纳入市级重点工业项目，占全市重点工业项目的15.2%。实施重点建设项目163个，完成投资173亿元，工业固定资产投资156.1亿元，占全社会固定资产投资的57%。电子电路产业园、紫川食品等60个项目建成投产，惠达卫浴厂、华兴玻璃厂等102个项目有序推进。新增规模以上工业企业35家、专精特新企业6家、隐形冠军企业1家，工业总产值超过900亿元、增长7.5%。获批中国西部陶瓷之都、重庆电子电路产业园。加快发展现代服务业。入选全国首批、全市唯一一个体育消费试点城市。出台《加快服务业高质量发展政策措施》，汽车消费节、体育消费季、文旅推介“双晒”等活动蓬勃开展。启动建设荣昌综合物流园、城乡共同配送中心，成功开行西部陆海新通道荣昌货运班列。壮大发展现代高效特色农业。成功创建市级现代农业产业园，获批全市农产品出口示范基地、市级农产品加工示范园区。全市首个进境种猪隔离场正式落户荣昌。琪金、温氏、天兆、日泉等公司养殖项目加快建设，全年生猪出栏52.8万头，荣昌猪上榜全国优势特色产业集群。

【深入推进重点领域改革】 全程网办事项达到85%，营商环境观察员制度获评全市十佳范例。出台国企转型做实改革计划等制度8项，新增融资利率下降1.31个百分点、节约近1.2亿元，置换高成本存量债务节约2亿元。政府综合债务风险等级由“橙”转“黄”。争取政府债券25.8亿元、抗疫特别国债2.3亿元、中央预算内投资2.4亿元。建立15亿元科技成果转化投资基金。荣昌高新区获批国家级科技资源支撑型特色载体。新增博士后科研工作站2家、海智工作站2家，市级以上研发平台达到58个。

【积极融入双城经济圈建设】 畜牧科技城、国家级重庆（荣昌）生猪大数据中心等33项事关荣昌重大事项写入《成渝地区双城经济圈建设规划纲要》，重庆西部电子电路产业园、大内高速等4个项目纳入《2020年川渝共同实施重大项目表》。国家畜牧科技城建设总体方案通过院士专家论证，国家生猪技术创新中心通过科技部部务会审定，规划建设荣昌货运机场写入市委全会决定。国家城乡融合发展试验区7项改革任务扎实推进，整体包装体育小镇、小蓝村等重点项目57个。加快大内高速、南环线高速、国道348改道工程等项目建设，积极争取渝荣自、泸大汉、市域轨道快线等纳入规划。与泸州、内江、自贡、资阳签订一体化发展协议。荣昌跨省公交正式开行。市畜科院自贡、内江分院授牌成立，国家级生猪大数据中心在四川等地建成5个分中心。成功举办“同炒一盘菜”首届美食大赛、川渝畜牧劳动和技能大赛、双城经济圈青年企业家峰会。

【居民生活品质提高】 城市更新成效明显。成功创建国家卫生区。实施321个老旧小区改造，完成城区5个出入口综合整治。建成5G基站694个、进度全市第一，数字化城管覆盖率超过95%。改造普通干线公路163千米，升级改造人行道20万平方米、道桥护栏15千米。濑溪河、清流河、马鞍河、渔箭河水质稳定达标，空气优良天数比上年增加12天。安陶小镇入选全国精品特色小镇典型案例。乡村振兴扎实推进。农村危房改造获得国务院通报表扬。成功举办第九届中国畜牧科技论坛、乡村复兴论坛·荣昌峰会。获批全市农产品出口示范基地、市级农产品加工示范园区。全面消除“空壳村”，新增市级美丽乡村30个。村规编制实现“全覆盖”，村规入库率全市第一。民生福祉更加殷实。渝西首个人力资源服务产业园建成投用，获批全市陶艺技能鉴定中心，荣昌手工夏布织造技艺成为全国规范。

区人民医院和区中医院迁建、区妇幼保健院二期、黄金坡初高中、棠香尔雅小学等项目顺利推进，区内就诊率达到90.3%，新增公办幼儿园学位1650个，提高义务教育学生公用经费每人100元。推进社区居家养老服务全覆盖，新建养老服务中心9个、养老服务站18个。濑溪河体育文化公园、玉带河生态文化公园主体完工。实现城区“十五分钟文化圈”和村社文化阵地全覆盖。全民运动健身模范区创建有序推进。新建养老服务中心9个、养老服务站18个。社会治理水平不断提升。入选全市首批市域社会治理现代化试点区。一站式便民纠纷化解得到最高人民法院调研组充分肯定。“9·8”非法捕捞水产品专案获评公安部十大典型案例。喻茂坚纪念馆被命名为全市首批法治宣传教育基地。广顺高瓷村顺利通过“全国民主法治示范村”复评。万灵镇、安富通安村获评市级乡村治理示范镇、示范村。“小院讲堂”工作荣获中央宣传部表彰。第七次全国人口普查高质高效推进。

【议案提案办理】 自觉接受人大法律监督、工作监督和政协民主监督，全年办理人大议案建议314件、政协提案200件。坚持依法行政，规范性文件备案合法合规率100%。

【第九届中国畜牧科技论坛】 10月19日至24日在荣昌区成功举办。论坛以“科技创新赋能畜牧产业”为主题，先后举办“中国畜牧业发展高层论坛”“畜牧产业发展专题论坛”“成渝地区双城经济圈生猪产业区域合作论坛”“首届中国农牧高新科技成果博览会”“2020年川渝畜牧劳动和技能大赛”等活动，国家有关部委领导、市级有关部门领导，10位两院院士，国内150余所大学、畜牧科研院所的专家学者和畜牧界企业家，以及友好市区县代表线上线下共约2500余人参加各项活动。论坛期间，荣昌、合川、大足、铜梁正式签订“荣昌猪产业集群战略合作协议”“国家畜牧科技城建设总体方案”通过院士专家专题论证，成功签约49个项目总投资218.8亿元。

（张从亮）

【重点民生实事】 2020年，投资20.04亿元，为市民和农民分别办好10件重点民生实事项目。至年末，20个项目按照时序进度全部顺利完成。

（吴　昊）

表2　**2020年荣昌区重点民生实事推进情况一览表**

序号	重点任务	联系区领导	牵头单位	年度工作目标	1—12月推进计划	1—12月进展情况
一、为市民办好十件实事						
1	城区客运站优化建设	程建林	区住房城乡建委	实施客运站搬迁及公交站、充电桩等设施建设，改扩建19条公交线路449个站点站台	客运站主体完工	目前该项目已完成立项、可研批复、用地预审与选址意见书、地勘、地质灾害评估相关工作。正在进行施工图设计、交通影响评价、环境影响评价、水土保持方案编制、安全评价等相关工作，其中，交通影响评价已完成初稿，施工图设计除海绵城市设计外全部已出成果，施工图预算单位和施工图审查单位正同步进行预算和审查
2	城市公园建设	陈震 邓启才	区水利局	濑溪河体育文化公园、玉带河生态文化公园12月底前建成投用	濑溪河体育文化公园：景观EPC工程累计完成总工程量达100%。玉带河生态文化公园：完工	濑溪河体育文化公园：完工。 玉带河生态文化公园：完成二标段剩余60%的形象进度，完成一标段剩余70%的形象

续表 2

序号	重点任务	联系区领导	牵头单位	年度工作目标	1—12 月推进计划	1—12 月进展情况
3	医疗服务能力提升	李劲渝	区卫生健康委	推动与市内外医疗机构深度合作，区人民医院创三甲取得阶段性进展，启动区中医院、区妇幼保健院三级医院创建。中医院迁建项目 12 月底前完成室内装饰工程 50%；妇幼保健院二期、昌元社区卫生服务中心 12 月底前完成主体工程	中医院迁建项目：室内装饰工程完成 50%。 妇幼保健院二期：主体封顶。 昌元社区卫生服务中心：康养楼加盖 2 层完成	中医院迁建项目：安装工程完成约 90%，外装完成坡屋面琉璃瓦及铝板装饰部分安装，正在进行干挂石材安装，电梯安装已完成，正在进行空调设备安装。 妇幼保健院二期：主体结构已封顶，车库顶板、裙楼屋面及屋面工程完成 60%，4 层以下砌体完成，门窗样品材料进场。 昌元社区卫生服务中心：主体已封顶，已完成综合楼负二层、负一层、一层砖墙砌筑
4	教育基础设施提升	秦启光	新区建设管委会	黄金坡小学 12 月底前完工；黄金坡新区高中及初中学校建设工程 12 月底前完成主体工程 80%	黄金坡小学：完工。 黄金坡新区高中及初中学校：完成主体施工 80%	黄金坡小学：完工。 黄金坡新区高中及初中学校：主体施工 60%
5	公办幼儿园建设	李劲渝 赵天智	区教委、兴荣公司	教师进修校后校区幼儿园改造工程基础完工；何家坡幼儿园完成主体	教师进修校后校区幼儿园：完成基础施工。 何家坡幼儿园：主体完工	1. 教师进修校后校区幼儿园改造工程：完成施工招标，中标金额 1275.99 万元，已进场施工。 何家坡幼儿园：抗滑桩基础施工完成 100%，工程桩基础施工完成 35%
6	体育惠民工程	李劲渝	区文化旅游委	建成 10 处社区健身点、1 个 11 人制足球场、7 个 5 人制足球场；举办、承办国家级及市级体育赛事 10 次以上；开展国民素质体测 3000 人		5 处社区建身点、万灵镇 9 片 5 人制足球场、1 片 11 人制足球场已全部建设完成。 开展国民素质体测，参与群众 3000 余人次。 已经举办市级赛事 4 次

续表 2

序号	重点任务	联系区领导	牵头单位	年度工作目标	1—12 月推进计划	1—12 月进展情况
7	老旧小区改造	程建林	区住房城乡建委	完成广顺街道 23 个老旧小区配套基础设施建设；实施昌元、昌州街道老旧小区主体及配套基础设施改造	昌元街道东部片区：累计完成 100 个老旧小区改造。 昌元街道白象片区、武城社区：累计完成 130 个老旧小区改造。 昌州街道：完成 6 个小区配套设施的安装。 广顺街道：完成 23 个小区改造	昌元街道东部片区：暂缓实施。 昌元街道白象片区、武城社区：已完成 36 个小区配套基础设施建设。 昌州街道：文建司、种猪场、电信局、防疫站、水务局、检察院、海棠桂苑完成屋面防水，楼梯间地板砖铺设，内墙腻子，空调外机移位，外环境杂物清理拆除、布置管网、修建花池、平整场地。广顺街道：拆除护栏、雨棚 4600 平方米，空调拆装 150 台，安装护栏 1800 平方米，招牌拆除 3400 平方米，外脚手架 41000 平方米，外墙面砖拆除 24300 平方米，装饰线条 2300 米，墙面一般抹灰 17100 平方米，外墙真石漆 20600 平方米
8	公租房建设工程	程建林	区住房城乡建委	配置公租房 200 套	基础施工	已开工建设
9	社区居家养老服务全覆盖	刘菊华	区民政局	建设 4 个街道养老服务中心和 5 个镇养老服务中心，18 个社区养老服务站和 8 个村级互助养老点	投入运行	广顺街道、双河街道、昌州街道、安富街道、峰高街道 5 个街道养老服务中心均完成建设。 铜鼓镇、龙集镇、河包镇、吴家镇、清江镇、观胜镇、万灵镇 7 个镇养老服务中心均完成建设。 昌元街道（虹桥社区和许溪社区）、盘龙镇（长岭社区和龙腾社区）、铜鼓镇万福桥社区、清升镇古佛山社区、安富街道（华江、古桥和石燕子社区）、吴家镇人和社区、广顺街道工农茶叶产业社区、昌州街道板桥社区、万灵镇大荣寨社区、双河街道（许家沟社区、鱼苗社区及益民社区、沿河街社区）、清流镇清流社区、观胜镇睡佛社区、远觉镇复兴社区 20 个社区养老服务站正在装均完成建设。 仁义镇、万灵镇、荣隆镇、龙集镇等 8 个村级互助点均完成建设
10	创业促进计划	刘菊华	区人力社保局	发放创业担保贷款 10000 万元	发放创业担保贷款 10000 万元	发放创业担保贷款 1037 笔 18477 万元，完成序时进度 10000 万元的 184.77%

续表 2

序号	重点任务	联系区领导	牵头单位	年度工作目标	1—12 月推进计划	1—12 月进展情况
二、为农民办好十件实事						
1	农村厕所革命	李劲渝	区卫生健康委	完成农村卫生厕所改造 3 万户	完工	完工
2	四好农村路建设	艾亚军	区交通局	新建四好农村路 208 千米		完工
3	基层派出所服务能力提升	李雅洁	区公安局	完成广顺、盘龙、清流派出所建设，启动仁义、河包、铜鼓、安富派出所用地调规和征地工作	完成广顺、盘龙、清流、铜鼓、安富、清升派出所主体框架建设，完成仁义、河包、铜鼓、荣隆、远觉派出所征地工作	已完成盘龙、广顺、观胜三个派出所业务技术用房的基础建设工作。 完成了清流派出所业务技术用房的迁址工程改造搬迁工作。 已完成仁义、河包、铜鼓、荣隆、远觉五个派出所建设的立项、选址、用地预审和选址意见书的办理工作； 完成了仁义、河包、铜鼓、荣隆、远觉派出所建设征地报件资料和征地费用划转，等待区规资局向市规资局申报
4	人居环境整治	程昌耀	区农业农村委	实施“三清一改”村庄清洁行动，推进“6+3”重点任务，着力打造 10 个农村人居环境整治示范村和示范线路	引导村民养成良好卫生习惯，完善建设和管护机制，健全保障措施，促进村庄清洁常态化	农村人居环境整治三年行动开展以来，累计推进农村户厕改造 13255 户，卫生厕所普及率达 88%。建立健全农村生活垃圾治理体系，行政村生活垃圾有效治理比例达 100%。累计建设乡镇污水管网 105.292 千米，实施农村污水处理设施技术改造 14 座。累计建设“四好农村路”102 千米、入户道路 2096 千米、完成村庄绿化 29.2 公顷、建设绿色示范村 28 个。累计完成危旧房改造 3198 户、旧房整治提升 5000 户、培训农村建筑工匠 553 名、安装路灯或庭院灯 7340 盏、建设村级文体活动场所 92 个。农作物秸秆综合利用率达 86.25%。畜禽粪污资源化利用率达 93.23%。累计回收和综合利用废旧农膜 932.025 吨
5	农村教师周转房建设	李劲渝	区教委	完成清升、吴家等 8 镇街教师周转宿舍改造，启动 1 个镇街新建教师周转房建设	新建项目完成招标文件编制	清升、吴家等 8 个镇街教师周转房完成设备购置及安装；新建项目已完成施工图编制、审核及备案，完成预算编制及评审，招标准备工作

续表2

序号	重点任务	联系区领导	牵头单位	年度工作目标	1—12月推进计划	1—12月进展情况
6	生猪稳产保供	程昌耀	区农业农村委	实施纯繁奖补、贷款贴息、标准化建设、洗消中心建设，新增20万头生猪产能	完成1300窝纯种荣昌母猪纯繁拨款。10个养殖场完成标准化建设。完成7处车辆智能化洗消中心建设。新增20万头生猪产能	完成第三批纯繁奖补项目，全年纯繁5042窝，补助到户235.44万元。贷款贴息共给予8家企业9185万元贷款金额，贴息补助250.3万元，已拨付103万元。全年完成10个养殖场标准化建设。6个洗消中心建设项目已建设完成。新增36万头生猪产能
7	荣昌区应急广播系统	李劲渝	重庆广电公司荣昌分公司	拟建设区级平台1个、镇级平台21个、村级平台163个，新建改造终端点位约4500个。（由于部分村社区合并，建设目标变更为：建设区级平台1个，镇级平台21个，终端点位2712个）	完成建设镇级平台21个，村级平台153个，终端4500个	已完成区级平台建设1个，已经完成全部21个镇（街）级平台建设，已完成村级平台建设141个，完成终端安装2712组
8	农村饮水安全巩固提升工程	程昌耀	区水利局	巩固提升1.36万人集中式供水	完工	完成了荣隆镇、河包镇、铜鼓镇、古昌镇、万灵镇、龙集镇、吴家镇农村饮水安全巩固提升工程七处管网延伸工程。项目总投资6000万元，工程涉及7个镇街，共延伸管网1022千米，提升了4.92万人饮水安全水平
9	促进农民就业及培训	刘菊华 程昌耀	区人力社保局、区农业农村委	实现新增1万名农民就近就地就业创业；完成400人新型职业农民培训，累计达到4700人	实现新增10000名农民就近就地就业创业；累计完成400人新型职业农民培训	实现新增10850名农民就近就地就业创业；已完成720人新型职业农民培训
10	高标准农田建设项目	刘治中	区农业农村委	通过实施排灌沟、机耕道、山坪塘、土地平整等工程，形成集中连片、设施配套、高产高能的高标准农田1333.33公顷		完工

招商引资

【概况】 2020年，全区新签约项目271个，合同金额802.5亿元，到位资金189.2亿元，同比增长87.8%。引进重大工业项目88个，工业招商排名全市第二。招商项目落地转化率82.7%，比上年增长12个百分点，招商投资促进工作成效综合排名全市前列。荣昌率先在全市开展“产业链链长”招商，得到市委、市政府高度肯定，并在全市推广。

【招商引资成效显著】 2020年，新签约项目271个，合同金额802.5亿元，到位资金189.2亿元，同比增长87.8%。全年引进上市公司煌上煌食品、青岛海尔生物等重大工业项目88个，其中，投资10亿级以上重大工业项目9个，上市公司2家，国家高新技术企业17家。 （谢贵华）

人事人才

【概况】 全区有正高级职称专业技术人员47名，博士科研工作站数量7个，其中，国家级博士后科研工作站1个，市级博士后科研工作站6个。全年开展评价9587人次，合格并获证9081人次，其中职业资格和专项能力考核5470人次，比上年增加16.53%。

【事业单位管理】 开展好学习培训，组织专业技术人员继续教育学习1.05万人、组织2019年新取得高中级人员岗前培训583人、组织新聘用事业单位人员岗前培训259人。深化职称制度改革，进一步打破户籍、地域、身份、档案、人事关系等制约，畅通职称评审通道；职称评审政策向新冠肺炎疫情防控一线专业技术人员倾斜，疫情防控经历视同1年基层工作经历，视同完成当年继续教育学时学分，报考或评审高一级职称，可提前1年，对职称外语、计算机应用能力不作要求，对论文不作硬性要求，免于参加地方组织的考评结合专业考试，且不受所在单位专业技术岗位结构比例限制，同等条件下优先推荐申报，评审时同等条件下优先向一线人员倾斜，疫情防控中的业绩贡献列入职称评审加分项。年内，荣昌区推荐报送16名新冠肺炎疫情防控一线医务人员申报高级职称，其中，2名取得正高级专业技术职称，12名取得高级专业技术职称。畅通高层次人才、特殊人才职称评定“绿色通道”，通过“绿色通道”评定高级工程师1人，高级教师2人。组织开展重庆市首批工程技术工业设计专业高中级职称认定工作，2人取得工业设计专业正高级工程师职称，1人取得高级工程师职称，2人取得工程师专业技术职称。全年办理专技人员职称证书753本，受理职称申报600余人。区职业教育中心正高级讲师曹礼静获批享受2020年国务院政府特殊津贴。河包镇核桃村高淀粉红薯、优质水稻新品种推广，辣椒新品种推广及采后商品化处理与贮运加工技术开发系列项目入选重庆市第二批脱贫攻坚及乡村振兴专家服务团项目。新申报设立重庆财信环境资源股份有限公司、重庆三杰众鑫生物工程有限公司、荣昌区人民医院三家市级博士后科研工作站。深化人事制度改革，探索实行事业单位岗位能上能下、待遇能高能低、人员能进能出的用人机制，构建充满活力的用人制度。

【表彰奖励】 市级部门定期开展的表彰先进集体7个、先进个人16名；表彰重庆市抗击新冠肺炎疫情先进集体6个、先进个人17名；表彰2019年振兴实体经济工作先进集体36个、先进个人46名，创新驱动发展工作先进集体27个、先进个人48名；表彰2020年荣昌区打好“三大攻坚战”突出贡献奖先进集体100个、先进个人100名；开展事业单位脱贫攻坚先进集体和先进个人专项奖励，集体记功3个、集体嘉奖15个，个人记功5名、个人嘉奖30名。推荐上报并成功荣获2020年重庆市“最美基层高校毕业生”1名。发放“中国人民志愿军抗美援朝出国作战70周年”纪念章206枚。2019年度事业单位年度考核工作平稳推进，并首次开展事业单位工作人员（机关工勤人员）定期奖励工作。

【事业单位队伍建设】 2020年，发布招聘简章16个，组织考试25场次，聘用事业单位人员共计339名，为荣昌区补充教育事业单位人员125名，卫生事业单位人员101名，其他事业单位人员113名。聘用大专生37名、本科生215名、硕士研究生87名，招募“三支一扶”大学生20名。

【工资收入分配】 全区机关事业单位在职职工纳入工资统发每月1.1万人，全年实发工资9.6亿余元，工资按时足额发放。完成同步统筹调整事业单位绩效工资水平工作。建立绩效工资水平动态调整机制，按照“加强绩效文化建设，建立现代管理制度”的理念，要求部门和单位根据工作实际，立足职能定位和发展方向制定事业单位绩效考核办法，制定以实际贡献为评价标准的内部分配激励办法，突出业绩导向，建立与岗位职责相统一的激励机制。扩大单位内部分配自主权，完成公立医院薪酬审批工作。落实公务员职级工资套转，认真落实值勤岗位津贴，农口系统有毒有害津贴、环保监测津贴、乡镇补贴等特殊岗位津贴审批。完善超额绩效及激励性特殊报酬举措。 （刁钰婷）

应急管理

【概况】 2020年，是全面推进应急管理体系和能力现代化的关键之年。区委、区政府高度重视应急管理工作，6月24日，区委将应急局党组改设为党委。应急局党委以党的建设统领应急管理各项工作，严守安全生产“基本盘”，认真履行安全委员会办公室、区减灾委办公室职责，坚决打好防范化解重大安全风险攻坚战，抓早抓小、全面排查，有效化解各类风险隐患，促进安全生产形势持续稳定向好。立足“大应急、全灾种、综合性”应急管理发展方向，以控大事故、防大灾害为核心目标，积极构建行政管理、组织指挥、应急力量、制度保障“四大体系”。全区有15个部门专设了安全生产内设机构，其余部门都安排专职人员具体负责安全生产和自然灾害防治工作，各行业主管部门均积极主动申请加入区安委会成员单位，成员单位已有59个，形成齐抓共管新格局。2020年，全区发生11起生产安全死亡事故，死亡12人，同比事故起数减少4起，死亡人数减少3人，同比事故起数下降26.7%、死亡人数下降20%。至年末，全区已经连续127个月未发生较大及较大以上生产安全亡人事故。

【安全生产监督管理】 区应急局立足“大安全”根基，严守安全生产“基本盘”，防范化解安全生产风险，以开展安全生产专项整治三年行动为抓手，突出重点领域，开展大排查、大整治、大执法。开展危险化学品“五化”专项整治、煤矿顶板安全、“一通三防”专项监管、非煤矿山重点抓好露天矿山高陡边坡、附属加工作业、地下矿山通风和顶板管理等突出违法行为的专项治理。工贸行业开展涉爆粉尘和涉氨制冷领域专项整治，严厉打击超能力、超强度、超定员的超负荷生产行为；道路交通围绕“三客一危”“三超一疲劳”、货运车辆超限、超载及非法改装，农村地区马路市场隐患等重点车型、重点违法行为、重点区域开展专项整治。建设施工持续“两防”等开展专项整治，聚焦关键人员到岗履职、“五类事故”防控措施、重大工程管理等方面违法行为，深入开展“建安”系列集中执法。全年开展排查治理事故隐患的生产经营单位6535家，排查一般事故隐患8690个，整改8663个，整改率99.7%；累计实施行政处罚3038家次，其中，责令停产停业68家，暂扣（吊销）证照6个。行政罚款355.2万元，没收违法所得、没收非法财物16次。

【煤矿安全监管】 按照《国家煤矿安监局关于印〈关于煤矿企业安全生产主体责任监管监察的指导意见〉的通知》和重庆市应急局《煤矿企业和煤矿加强落实安全生产主体责任履职情况22项清单》，区应急局每季度对辖区2个煤矿进行考评，督促企业切实落实主体责任。按照年初制定的监管计划，对辖区煤矿实行分级分类监管，对重庆市荣昌区九井煤业集团有限公司（以下简称九井煤业）每个月检查不少于1次，对重庆永荣双河煤业集团有限公司（以下简称双河煤业）每个月检查不少于2次，全年共检查52次，查出安全隐患共计301条，实施行政处罚3万元。严格落实驻矿安监员制度，在两个煤矿各派驻2名驻矿安监员，和镇（街）派驻的1名驻矿安监员实行24小时盯守。聘请市煤炭行业专家库专家，邀请区发改委、区卫健委、区公安局、区规划自然资源局等相关部门组成联合验收组，严格按照程序对辖区内2个煤矿进行复产验收。按照市安全委员会和市应急局的要求，结合年度监管计划，突出重点，大力开展专项整治活动。在规定时限内开展顶板安全、“一通三防”专项监管、应急管理、水害防治及“雨季三防”等专项整治和大排查、大整治、大执法行动。督促2个煤矿按照新的安全生产标准化体系考核定级办法实施细则进行季度自评，推动煤矿安全生产标准化建设。强化基础建设，提升安全保障能力。督促煤矿持续开展“一有三无两清零”示范班组创建活动，提升职工反“三违”保安全的意识，减少职工的习惯性违章。督促煤矿持续巩固瓦斯综合利用，标本兼治。全年九井煤业抽采瓦斯396.9万立方米，3台700千瓦瓦斯发电机组正常运行，发电利用瓦斯317.91万立方米，发电量683.16万千瓦时。煤矿关闭情况。綦江区松藻煤矿“9·27”重大火灾事故后，荣昌区2个煤矿一直处于停产状态。10月26日，双河煤业向区政府提交自愿关闭退出的申请，区政府于11月13日发出通告，依法依规对重庆永荣双河煤业集团有限公司实施关闭退出，12月20日，双河煤业井筒全部封闭到位。永川“吊水洞”煤矿“12·4”重大火灾事故后，九井煤业矿井一直处于停产状态，按照市政府关于加快淘汰煤炭落后产能总体方案要求，九井煤业也自愿关闭煤矿，相关工作正在依法依规进行。

【自然灾害防治】 加强“清明节”期间和高温汛期森林防火安全宣传，强化防火责任落实，抓实一线巡防值守，严肃查处各类违规用火，及时消除电力线廊道等各类火灾隐患，严禁防火期野外用火。21个镇（街）完善森林防火组织机构，明确细化防火责任分工，充实工作人员。与林区经营单位或个人签订防火责任书1200份，与农户签订防火承诺书4.5万余份，与巡山守卡人员签订防火责任书350份，做到责任到人、措施到位。加强对地质灾害工程治理，实施并完成市上下达的重点集镇综合整治和搬迁避让受威胁群众目标任务，完成威胁校园安全的地质灾害隐患工程治理。全面开展水库、塘堰以及河道排查，强化病险塘库和河道行洪隐患整治，全力消除洪涝灾害威胁。全区81座水库、13个沿河城镇、2座水电站、4处风景名胜区、105处地质灾害易发区和2091口山坪塘都各落实了防汛工作行政、技术、管护3个责任人，并在区政府公众信息网上进行公示。

【救灾】 7月15日，境内出现强降雨，全区36个站点累计降雨量达到暴雨，22个站点达到大暴雨，最大降雨量出现在荣隆镇葛桥社区，为163.1毫米，最大小时雨强为74.3毫米，城区降雨量为159.6毫米。7月17日，又持续降雨，安富街道降雨量超过100毫米，荣隆镇、清江镇等降雨量超过50毫米，全区启动防汛Ⅲ级响应。两次强降雨导致全区19个镇（街）不同程度受灾，受灾人口35479人，转移安置254人，集中安置28人，分散安置226人。农作物受灾2064.19公顷，其中，成灾面积1332.44公顷，绝收面积102.93公顷。房屋倒塌1户1间，严重损坏13户24间，一般损坏162户261间；造成直接经济损失3756.72万元，其中，农业损失1332.62万元，工矿企业损失964.4万元，基础设施损失876.55万元，公益设施损失11.3万元，家庭财产损失571.85万元。

全年，区应急局下发自然灾害生活救助资金55万元，向上级争取到43万倒房重建资金和443万元冬春救助资金，帮助受灾民众恢复重建和生活救助。同时，区应急局与在荣昌的各保险公司积极沟通协商，为在“7·15”洪涝灾害中受灾严重的群众赔付巨灾保险7.1万元。

【消防管理】 制定实施荣昌区消防安全百日宣传行动工作方案，利用应急短信平台向全区群众发送高层建筑消防安全科普短信，充分利用LED显示屏、横幅、宣传栏等方式多方位宣传常见高层建筑失火原因、高层建筑消防安全隐患识别、高层建筑防火常识、冬春火灾防范重点、消防重点场所、《中华人民共和国消防法》等法规知识，广大群众的消防安全意识不断提升，消防安静科普知识得到加强。

【地震监测】 全年记录近震和地方震4801次。其中，地方震3263次（ML0.0-0.9级地震1868次，ML1.0-1.9级地震1269次，ML2.0-2.9级120次，ML3.0-3.9级地震6次）。辖区内最强地震为8月3日22时11分发生在安富街道境内的ML3.2级地震，震中位于北纬29.45度，东经105.54度。荣昌周边30千米范围内最大地震为4月15日11时35分发生在四川泸州市泸县的ML3.6级地震，震中位于北纬29.26度，东经105.42度。近震1538次，最大地震为5月18日21时47分在云南昭通市巧家县发生的ML5.0级地震，震源深度8千米，震中位于北纬27.18度，东经103.16度，震中距荣昌边界约275千米。

【应急预案编制】 1月14日，区应急局组织安委会成员单位、减灾委成员单位及各镇（街）开展全区风险评估和应急能力调查，并于3月25日完成全区风险评估和应急能力调查报告。6月8日，成立荣昌区突发事件应急预案编制修订工作领导小组，领导小组办公室设在区应急局，由区应急局应急指挥科负责统筹协调具体工作，负责完成全区总体应急预案及安全生产、自然灾害2个专项预案（突发事故灾难应急预案、森林火灾应急预案、矿山生产安全事故应急预案、危险化学品生产安全应急预案、烟花爆竹生产安全应急预案、防汛抗旱应急预案、地震灾害应急预案、自然灾难应急预案8个部门预案）的编制工作。7月27日，区应急局与重庆朔风科技有限公司签订合同，委托其编制修订荣昌区总体应急预案和2个专项应急预案。至11月30日，已形成以上9个预案的征求意见稿，并向各部门征求修改意见。

【应急力量建设】 按照区委全面深化改革委员会关于印发《重庆市荣昌区加强应急救援力量体系建设方案》的通知精神，构建区、镇（街）、基层单位（社区、重点消防单位、重点企业、小区物业）三级综合应急救援队伍。区应急局通过向人力资源公司购买服务方式，招聘30人组建了荣昌区应急救援中队（区民兵应急排），并整合100人的全区民兵应急兼职队伍，实施军地融合，建成130人的专兼职结合的区应急救援支队（区民兵应急连），与区人武部联合选拔、联合管理、联合训练、联合使用。5月22日，荣昌区应急救援中队正式挂牌。区应急救援中队由森林火灾、水旱灾害、地震地灾、生产安全等小分队及后勤部门组成，各小队各司其职，分工协作，确保在突发情况下充分发挥专业性的应急救援。区应急救援中队通过培训学习提升专业技能，参与应急演练和应急救援，接警30起，出警30次，成功处置溺水打捞、抗洪抢险、突发事件应对、森林及城市火灾扑救等多起救援任务，完成区级重大活动安保任务7次，发挥专业应急救援队伍应急攻坚作用。21个镇（街）组建了综合应急救援队伍，区应急局对完成组建任务的每个镇（街）按10万元标准进行专项补助。建设基层应急救援站209个，其中，村（社区）应急救援站63个，小区物业138个，重点消防单位和企业8个。

【应急信息化建设】 为进一步提高应急处突能力及科技装备信息化发展水平，结合全区“智慧城市”工程及“市域社会综合治理试点”工程建设整体推进步伐，区应急局编制了《应急指挥中心标准化建设方案》，于5月正式启动指挥中心标准化建设暨“智慧应急”平台一期工程建设。“智慧应急”平台基础数据库依托“数字荣昌”云平台进行布局，涵盖全区救援队伍、车辆、装备、物资、医疗、避难场所等应急资源及煤矿、非煤矿山、危险化学品、工商贸企业主要危险源等基础数据，配合应急管理“一张图”平台，为安全生产及应急处突信息查询、决策指挥提供有力支撑。为切实推行应急软件平台整合，“智慧应急”平台已经接入区人防视频会议系统、区林业局“智慧林业”在线监测系统、区水利局山洪灾害预警系统、区公安局视频监控系统、区气象局预警信息发布平台，以及市应急局12350接出警系统、调度值班、视频调度、市地震局震害防御实时预警系统，初步具备能多方联动、远程调度、挂图作战的基本条件。12月，应急指挥中心通过三级标准化验收，共投入项目建设资金60万元。

【应急专家管理】 按照相关规定要求，经本人申请、组织推荐、分组筛选、集中审核、社会公示等程序，成立荣昌区应急管理专家库。8月26日，召开第一届应急管理专家工作会，向受聘的应急管理专家库的95名专家颁发专家工作证。专家库成员主要从高等院校、科研院所、大中型企业、社会组织等单位的专业技术人员中选拔，任期5年。区应急管理专家库按专业类别分为危化组、矿山组、工贸组、交通运输组、建设组、特种设备组、防汛抗旱组、地灾组8个专业组。应急专家库由区应急局日常管理，各行业专家将广泛参与全区应急预案体系建设、应急平台建设、监测预警体系建设、应急队伍建设、应急宣传培训、隐患排查整治、突发事件处置等工作，为全区安全生产和自然灾害防治提供决策建议和专业咨询。

【新冠肺炎疫情防控】 1月25日，区应急局接到区委任务，要求组织人员参加交通卡点车辆管控。区应急局立即取消春节休假，召回全体干部职工，第一时间组织44人分组参与荣昌高速路口、荣昌东高速路口、蔡家沟交通卡点24小时车辆管控，直到管控结束。同时组织全体干部职工为疫情防控捐款7410元，缴纳特殊党费7930元。积极配合各部门、各镇（街）做好疫情防疫工作，向各镇（街）调拨救灾帐篷119顶，棉大衣908件，棉被847床，折叠床204张，用于疫情人员隔离、值班值守等抗击疫情卡点设立工作，保障防疫工作的顺利开展。按照“充分准备、有序复产”的要求，强化疫情期间复工复产。指导企业在落实疫情防控、保障安全生产的前提下，分类分批有序复产复工，要求企业落实安全生产“五到位”（安全责任到位、安全投入到位、安全培训到位、安全管理到位、应急救援到位）。

【安全生产及防灾减灾知识宣传教育】 安全生产宣传教育。认真开展“五长”谈安全活动，严格落实区长、局长、镇长、厂长和村主任责任制，开展“七进”宣传活动，“进企业、进学校、进机关、进农村、进社区、进家庭、进公共场所”宣传教育活动落实到位。组织大型集中宣传2场次，派发宣传资料4万余份，举办法治讲座4场次，宣传媒体报道10篇，发放宣传册1000册，宣传展板40幅，标语10幅，利用LED显示屏滚动播放宣传标语，取得了较好的社会效果。开展安全生产月活动，通过安全宣传咨询日活动、开展安全知识竞赛等方式深入开展安全生产宣传活动。利用区级媒体平台发布安全信息200余条，张贴主题宣传海报3000余张，发放各类安全宣传品3万余份。防灾减灾知识宣传教育。开展“5·12”防灾减灾宣传周活动，张贴防灾减灾的主题海报500份，发放宣传单2万余份。

【荣昌区应急演练上央视】 9月28日，区应急局牵头举行突发灾害事故综合应急演练。演练以模拟境内发生5.2级地震，引发一家企业发生危化品泄露，民房倒塌、人员被困、道路中断等灾害。演练设置地震应急响应、危化品泄露处置、环境污染处置、被困人员营救、受灾群众安置、道路抢修处置6个科目，出动区综合应急救援中队、区环境应急救援分队、区交通局公路应急保障队、紧急医学救援队、镇街应急救援队伍等13支应急救援力量，参演人员约200人，使用无人机、搜救犬、挖掘机等大型装备设施20余台套。按照应急预案，演练开展现场搭建指挥部帐篷，利用无人机对受灾现场进行空中实时侦查，村社干部有序组织群众撤离，出动救护车、医护人员及时救助伤员，食品、衣被等救灾物资发放到位，组织专业应急队伍与危化应急专家对受损罐体开展修护处置和废液稀释处置，确保人民群众的生命财产安全。演练的成功举办，被中央电视台、重庆卫视、中新网、重庆日报、重庆法制报等媒体进行了宣传报道。 （谭明玉）

消　　防

【概况】 2020年，荣昌区消防救援支队共接警670次（其中，火灾155起、抢险救援276起、社会救助239起），解救被困人员262人，抢救财产价值331.5万元，火灾直接财产损失34.27万元。

【消防安全责任落实】 出台了《荣昌区高层建筑消防安全提升计划（2020—2022年）》《关于消除高层建筑消防安全隐患专题会议纪要》《关于五洲国际商贸城重大火灾隐患有关问题专题会议纪要》等系列政策性文件。督促消防重点单位落实相关工作措施，深化“四个能力”建设，全面提升单位自我管理能力。经区政府授权，由支队牵头对棠香老年养护院“11·16”火灾开展延伸调查，推动民政系统开展养老机构消防安全整治及标准化建设。提请政府挂牌督办并销案整改五洲国际商贸城、重庆昌元化工集团有限公司2件重大火灾隐患。圆满完成成渝地区双城经济圈青年企业家峰会、第九届中国畜牧科技论坛等20余项重要活动安保任务。

【火灾隐患排查整治】 开展打通生命通道、电气燃气、住宅“三查三清”、消防设施排查、消防管理“盲区清零”、消防安全百日宣传等整治活动，联合经信部门建立用电、用气长效管理机制，联合区城管、公安部门建立消防车道联合执法机制，形成了行业部门、镇（街）和社会单位齐抓共管的火灾防控格局。消防支队检查社会单位554家，发现并督促整改火灾隐患120处，处罚单位场所11家，罚款3.97万元。全区各部门、镇（街）联合排查全区高层建筑553栋，发现火灾隐患727处，整改火灾隐患694处，52个小区的消防车道、扑救场地完成划线、立牌工作，全区新建公共停车场5处、新增停车泊位1500个，清理违章搭建330平方米，张贴发放集中清障行动公告3000份。

【宣传教育】 在《荣昌报》、荣昌电视台本地媒体刊载播放消防安全知识，曝光火灾隐患。利用公众微信、微博和政务网手机短信平台，设置“线上”宣传主线，不定期发送消防安全常识和业务指导信息5万余条。通过开设消防宣传流动课堂、举办119消防宣传月启动仪式、消防安全进“军训”活动等形式，分批为重点行业以及重点人群开展消防责任认知和管理能力培训3000余人次，动员消防志愿者走访入户宣传消防知识，形成了人人参与消防的浓厚氛围。

【基础建设】 消防基层基础不断夯实，全区建成消防管理大网格21个、中网格167个、小网格334个，建成20个市政消火栓及3个镇（街）消防取水设施、151个小区的消防车道和扑救场地划线立牌。强化业务理论学习、水源普查、熟悉调研、实战演练和专业性训练等战训基础工作。以高层建筑情况熟悉比武竞赛为契机，修订完善预案138份。组织全体指战员开展350兆组网训练，坚持每周组训，建立常态化训练考核体制，做到人人会使用、会组网。2020年，开展典型战例研讨3次、区域性联合演练4次、消防工作“六熟悉”138次、实战演练138余次。

【救援能力建设】 抓实冬训、夏秋业务训练，以渝西战区应急通信比武总分第一名、装备技能比武团体第三名的成绩进入总队决赛，获得全市应急通信比武团体第10名；200米游泳、800米游泳、60米肩梯登楼操、100米负重、5000米负重五个项目进入总队决赛；在渝西战区消防技能比武竞赛中，昌州消防救援站从19支队伍中脱颖而出，获得总排名第三的好成绩。成功处置“11·1”拓新红城、“12·17”东邦城市花园等高层建筑火灾扑救工作，避免重特大事故的发生。全年全区政府专职消防队出警284起（其中火灾194起），挽救财产损失40余万元。

争取地方消防经费4810万元，其中，基本支出1032万元，专项经费782万元，基本建设经费3000万元；指挥中心项目土建工程已全面开工；完成55米芬兰博浪涛登高平台车、18吨水罐消防车和移动充气车采购程序，已列装执勤；完成1000余件套执勤训练器材的采购，持续优化装备结构。疫情以来，坚持测体温、勤洗手、戴口罩、不聚集等防疫措施，投入约19.5万元采购各类防疫物资，协调区疾控中心免费开展核酸检测600余人次，完成了百余名指战员、专职消防员、文员及部分家属第一次接种新冠疫苗工作

【队伍建设】 开展推优树典工作，支队1人荣立三等功，19人荣获嘉奖，2名指战员分别被总队评为“优秀共产党员”和“优秀共青团干部”。昌州站连续两年荣获“重庆市杰出青年文明号”称号。开展条令纲要学习宣贯活动，严格落实“两严两准”和纪律部队建设标准，紧盯队伍管理重点和风险，建立包裹快递登记、领取实名和不定期抽查制度，严格公务用车审批程序，不定期抽查网络赌博和非法借贷情况。常态化开展管酒治酒集中整治、“百日安全创建”活动，及时纠治管理责任落实不到位、刚性纪律执行不严格、安全防护措施不严密等问题隐患。落实领导干部督导检查和队情分析研判工作机制。开展廉政授课2次、廉政谈话2次、廉政学习17次，下发《督察通报》11期，扣除干部绩效50余人次，保证队伍秩序正规、安全稳定。（冯　超）

政务服务

【概况】 2020年，区政务管理办（区行政服务中心）坚持政务服务标准化、规范化、便利化，区级办事大厅受理各类行政审批服务事项70万余件。分别与四川省内江市、泸州市及浙江省玉环市签订跨省通办合作协议，9月，与中国邮政荣昌区分公司签订合作协议，推行政务服务跨省异地通办、邮政点位代办。在区行政服务中心开设“绿色通道”提供延时服务、上门服务、爱心取号服务，帮助群众便捷办事。对区级服务大厅投入近200万元改造装修、升级硬件，更换电子显示屏、叫号系统，增设LED宣传大屏幕，投入使用电梯、“7×24小时”自助服务区。

【新冠肺炎疫情防控】 2月，发布《重庆市荣昌区政务服务管理办公室关于暂停三级服务中心窗口服

务推行政务服务网上办通知》，坚持“急事急办、特事特办”原则，牵头各入驻单位推行政务服务“不接触”办，推行网上办、预约办、延期办，减少群众聚集办事。疫情防控攻坚期，坚持领导带队，增派工作人员维护秩序，厅外采取拿号、罗马柱引导排队方式限流，厅内采取单循环人流管控模式，引导办事群众有序办事；严格落实各项消毒措施，全面排查重点疫区有接触史的工作人员，坚持每天统计健康状况和活动轨迹，做好体温检测和身份登记；利用中心微信公众号、微信群、QQ群、大厅LED等载体，开展传染病防控知识宣传，缓解群众心理压力。全年，中心微信公众号转发相关信息30余条，LED、楼宇电视反复播放宣传标语10条，发放口罩26440个、清洁护手液600瓶，使用酒精18桶、消毒粉20瓶、消毒液90瓶。

【政务服务效能提升】 11月，编制《荣昌区“一窗综办”事项受理标准化手册》，综合窗口前台受理政务服务事项达1254项。对办件量较大的21个部门独立设置窗口，办件量相对较少的18个部门整合为8个无差别综合窗口开展集中受理。分领域设置交通运输、人社医保、不动产交易、公安司法、工程项目审批、非工程领域、企业开办、税务服务、中介超市等综合窗口，大厅共有窗口134个，综合窗口占比92%。5名帮办员依托企业帮办自助服务区，全年为企业帮办变更2507件、开办2035件、注销1144件。推出57项“一件事一次办”事项，其中，市级统筹26项，荣昌根据自身实际梳理推出31项。开展“减时限、减环节、减材料、减跑动”攻坚行动，实现行政许可事项承诺时限比法定时限压缩87%，平均跑动次数仅为0.15次，全程网办达到84%。加强电子证照库建设和电子印章运用，发布电子证照模板156个，除必须在业务系统打印证照的以外，其余证照均在全市一体化政务服务平台上打印。推进“好差评”体系建设，以“好差评”倒逼办事服务“升级”，全年共汇聚政务服务“好差评”数据50万条。9月，投资7万元建设自助填表区，改造填单台11台，更换椅凳和填表用品，规范申请材料示范文本、错误示例等资料，配备样表机10台，集成21个部门常用样表209套供群众自主查阅参考。建成“7×24小时”不打烊综合自助服务区、税务自助服务区、人社自助服务区、公安自助服务区，方便群众自助办事。

【三级服务体系建设】 3月，结合《“渝快办”工作规范》，建立和完善《荣昌区行政服务中心大厅规章制度》，修订《荣昌区行政服务中心入驻部门及人员考核方案》，坚持每天开展巡查，每季度逗硬执行考核。5月，分三批对行政服务中心全体工作人员开展综合素质提升培训。9月，开展镇（街）网上政务服务工作专题培训，倡导各入驻窗口组织业务学习，进一步提高服务水平，全年各窗口开展政务服务业务培训40余场次，开展咨询（帮办）人员业务能力培训5次，建立“简易办”“帮代办”政务服务运行机制。10月起推行高频事项工作日午间不间断延时服务和特殊人群预约上门服务。每层楼公布效能投诉电话，将效能投诉前移至一楼窗口，方便群众直接投诉，全年共收到投诉21件，除3起涉及工伤认定或工龄认定等因政策原因不能满足群众的诉求外，其余18件已妥善解决，信访群众表示满意。编制并公布全区两级（区、镇街）权责清单，明确全区两级（区、镇街）行政权力事项4618项，公共服务事项354项。推动39个部门1338项依申请类政务服务事项全部入驻区级行政服务中心，逐项形成办事指南。在镇（街）、村（社区）办事大厅设立代办综合窗口，公布代办事项154项。

【“互联网+督查”平台】 全年，共受理各类群众反映事项（含“十指连心”大走访需部门解决的事项）3983件，办结3956件，办结率99.3%，群众评价满意率96.9%。坚持以“满意”为重点，催办部门、镇街办理临期事项875件，电话回访事项700余件；严格落实通报制度，通报督办、查改不足，印发工作通报29期；严格复查审核制度，疏解群工难点、有效化解社会矛盾，全年共复查审核“未解决”或“不满意”事项46件。第二、四季度成功上线重庆“互联网+督查”广播热线节目二期，围绕物业服务、违章搭建、疑难户口办理、老旧小区安装电梯等民生热点问题，通过电话多方连线解答群众诉求，回应社会关切，获得群众好评。

（尹直亮）

信　　访

【概况】　2020 年，区信访办共办理人民群众信访事项 1515 件次、2785 人次，同比件次下降 11.51%、人次上升 0.58%。其中，来访 222 件次、1027 人次，件次下降 22.65%、人次下降 4.91%；来信 507 件次、914 人次，分别上升 91.32%、75.43%；网上信访 786 件次、788 人次，件次下降 32.24%、人次下降 32.53%。人民建议 96 件次、96 人次，同比件次、人次下降 20.66%。

【全力打好信访矛盾化解攻坚战】　2020 年，信访积案“清仓见底”推进迅速。经全口径全覆盖排查梳理，全区 2018 年 12 月 31 日前信访积案 202 件，有合理诉求 87 件，已化解 77 件，化解率 88.51%，尚有 10 件在努力化解中；落实稳控责任 85 件；涉法涉诉 30 件，已核减 5 件，司法终结 5 件，息诉罢访 11 件，化解 6 件。集中治理“重复信访、化解信访积案”专项工作扎实推进。区委书记、区长亲自审定方案和动员部署，由 12 名区领导包案采取“一包一、二包一或三包一”的方式攻坚化解。在化解层面，建立涉法涉诉、部门、镇（街）3 个操作台账，落实责任，明确信访办和政法委班子包联包案区领导，采取 1 名区领导、1 名镇（街）部门主要负责人、1 名分管领导和律师、社区干部、社区民警等 3+N 的方式，做到精准包案、真包案、真化解。同时，由分管区领导每月定期调度镇（街）、部门、政法各家，及时解决工作中存在的问题，形成攻坚氛围，至年末，已化解 48 件，化解率 60.75%。信访矛盾“四重攻坚”化解成效明显。年内市级交办 2 个重点群体、10 个重点问题全部化解。组织开展信访突出问题专项治理。化解房地产开发建设领域 3 件、物业纠纷 5 件、虚假广告宣传 4 件、农村危旧房 24 件，化解涉疫信访问题 58 件。

【做好疫情期间信访案件处理】　积极引导群众通过网上投诉、电话、来信三种方式反映问题，有效减少群众走访。同时，建立涉疫情信访件“日调度、日统计、日报告”的战时工作机制，落实专人负责办理群众网上投诉和来信反映事项，采取当日接件、当日转送、次日双回访（回访承办单位、回访信访人）的方式，将信访问题转交相关责任单位，督促及时办理、及时回应、及时跟踪问效。全年收到涉疫情信访问题 27 件次、56 人次，已全部办结，群众对区信访办、各办理单位的满意率 100%。

（周寒艳）

机关事务管理

【概况】　2020 年，区机关事务管理中心全力履行后勤服务保障职能，为全区党政机关创造良好的办公条件和工作环境。完成九三学社中央委员会到荣开展“成渝城市群一体化高质量发展”调研、第九届中国畜牧科技论坛、成渝地区双城经济圈青年企业家峰会等重要活动和会议的后勤保障工作 589 次。全年接待来宾 1.38 万余人次（含省部级领导 56 人次），承办区内会议服务 646 次（含参会人员 3.8 万余人次），为区级各部门提供会议服务 400 余次。

【公务用车管理】　1 月，核定昌元街道等 66 个部门镇（街）公务用车编制并制发文件。6 月，制定《2020—2021 年区公务用车定点服务》文件，公开招标确定 4 家定点保险企业、11 家定点维修企业、5 家定点租赁公司，组织全区事业单位及国有企业公务用车集中安装 OBD（车载诊断系统）。10 月，开展事业单位公务用车标识化工作，组织全区 83 个党政机关（参公单位 13 个）、1 个直属事业单位开展 2019 年度公务用车统计报告工作。全年指导 4 个镇街安装电动汽车充电桩 17 个，为重要公务出行和全区大型活动提供车辆保障 2000 余次，审批配备更新公务用车 26 辆、处置 13 辆，组织公务用车集中督查 6 次。全区公务车辆维修经费 170.14 万余元，保险费用 142.64 万余元，租赁费用 196.72 万余元。

【办公用房管理】　4 月，根据退役军人事务局和医保局新成立单位职能职责、机构编制及业务需求制定办公用房需求方案。6 月，重新核定机构改革后的区住建委等 30 余个党政机关办公用房面积并制定腾退调整方案，督促腾退调剂办公用房面积 1000 余平方米。7 月，开展半年度办公用房巡检自查工作，84 个党政机关、事业单位完成办公用房自查，并督促巡查中 10 余个面积超标单位完成整改。8 月，组织全区 78 个党政机关填录办公用房数据。12 月，开展半年度办公用房巡检自查工作，84 个党政机关、事业单位完成办公用房自查，无办公用房超标和其他违规使用情况。

【公共机构节能管理】 6 月 6 日至 8 日，开展新能源汽车试驾活动。6 月 29 日，召开节约型机关创建工作培训会议。6 月 29 日至 7 月 4 日，组织全区公共机构参加国家机关事务管理局和市机关事务管理局 5 场“云活动”。6 月 29 日至 7 月 5 日，开展“绿水青山、节能增效”节能宣传周活动。7 月 2 日，开展“绿色低碳、全面小康”全国低碳日活动，召开公共机构食堂油烟治理专题会议，45 个公共机构相关人员参会。10 月，30 个公共机构完成食堂油烟治理，对在 2018 年完成食堂油烟治理的 15 个公共机构进行食堂油烟治理维护，治理效果全部低于油烟 1 毫克/立方米、非甲烷总烃 10 毫克/立方米的排放标准。11 月，区纪委监委机关等 25 个部门成功创建节约型机关。12 月，区生态环境局等 5 个部门创建节水型单位，完成区人力资源和社会保障局、荣昌中学能源审计工作。

【机关事务标准化、信息化建设】 做实全市机关事务标准化试点项目建设，牵头编制地方标准《机关健康食堂管理规范》，结合市级试点项目，建立全区机关事务管理服务标准体系，包括通用基础标准、运行保障标准、监督评价标准三大子体系，涵盖公务接待、物业、安全、餐饮等标准 54 个，其中，内部标准 39 个，已全部完成内部标准初稿编制。按照“试点先行、推广应用、分批打造、逐步推进”的要求，强化标准实施。启动区行政中心智能机关建设，制定“两化”融合的建设方案，即以信息化推动标准实施，以标准化规范信息化建设，全面推进“两化”融合。 （敖武霞）

政协重庆市荣昌区委员会

政协会议

【概况】 2020年，区政协召开全委会1次，常委会5次，主席会议13次。

【区政协十五届四次会议】 1月17日至19日在荣昌剧场召开。会议应出席委员278人，实到271人。会议听取并审议通过区政协主席陈震代表区政协十五届常务委员会所作的工作报告、区政协副主席肖建东代表区政协十五届常务委员会所作的提案工作报告；审议通过有关人事事项。

【区政协十五届常委会议】 全年召开常委会5次，听取和审议各项工作17项，提出工作建议117条。

第15次会议 1月2日召开。传达学习市委新时代加强和改进人民政协工作会议精神，传达学习《中共重庆市荣昌区委关于深入学习宣传贯彻中共十九届四中全会精神的实施意见》；听取区政府2019年经济社会发展情况通报；审议有关人事事项，民主评议区农业农村委问题整改落实工作，区政协十五届四次会议有关事项。

第16次会议 1月19日召开。听取各小组召集人汇报讨论情况；审议通过有关决议（草案），审议有关人事事项。

第17次会议 3月16日召开。传达学习习近平总书记在湖北省考察新冠肺炎疫情防控工作时的重要讲话精神和在决战决胜脱贫攻坚座谈会上的重要讲话精神，传达学习全面深入学习中共中央关于成渝地区双城经济圈的战略部署和市委“五个提升”要求，传达学习《中共重庆市荣昌区委常委会2020年工作要点》；听取区政协十五届四次会议提案立案情况通报，听取2019年委员履职考核结果通报；审议有关人事任免事项。

第18次会议 8月7日召开。传达学习《政协重庆市荣昌区委员会办公室关于印发〈市政协主席王炯同志来荣调研指示精神〉〈曹清尧书记在区委常委会上传达学习市政协主席王炯同志来荣调研指示精神的讲话〉的通知》；听取区政府半年经济社会发展情况通报；协商成渝一体化发展示范区建设；举行第二批委员工作室授牌仪式。

第19次会议 12月3日召开。传达学习中共十九届五中全会公报、市委五届九次全会精神；听取区政协十五届四次会议提案办理情况通报，听取区人民医院迁建及相关学校规划调整情况通报，听取公共卫生和防疫体系建设通报；审议民主评议区卫生健康委工作意见。

【区政协十五届主席会议】 全年召开主席会议13次，听取和审议各项工作43项，提出工作建议200余条。

第44次主席会议 1月26日召开。传达全区疫情防控工作会议精神；安排区政协疫情防控工作。

第45次主席会议 2月4日召开。传达中央、市委、区委常委扩大会议精神；安排区政协疫情防控工作。

第46次主席会议 2月25日召开。传达学习中央、市委统筹推进新冠肺炎疫情防控和经济社会发展工作部署会议精神；审议区政协2020年工作要点，审议部门、镇（街）综合考核；传达学习中央财经委员会第六次会议及市委主要领导在市五届人大三次会议荣昌代表团上的讲话精神。

第 47 次主席会议　3 月 12 日召开。传达学习中共中央政治局常务委员会关于当前新冠肺炎疫情防控和稳定经济社会运行重点工作会议精神，习近平总书记在湖北省考察新冠肺炎疫情防控工作时的重要讲话精神，习近平总书记在决战决胜脱贫攻坚座谈会上的重要讲话精神和《中共重庆市荣昌区委常委会 2020 年工作要点》；审查区政协十五届四次会议提案；审议区政协十五届四次会议重点提案，审议《2019 年度委员履职考核情况》，审议 2020 年区政协机关工会经费预算方案；通报有关人事任免事项。

第 48 次主席会议　4 月 26 日召开。传达学习《中共重庆市委关于立足“四个优势”发挥“三个作用”加快推动成渝地区双城经济圈建设的决定》《中共重庆市荣昌区委关于着力“补短板做强项提品质”建设成渝地区双城经济圈重要增长极的决定》和区委书记曹清尧在区委十四届八次全会第二次会议上的讲话精神；研究意识形态工作；审议《区政协各专委会（片区委员小组）、界别小组委员调整方案》，审议《第二批委员工作室增设方案》，审议《政协重庆市荣昌区委员会界别活动实施办法》，审议 2019 年度委员履职考核结果的运用情况，审议《民主评议区卫生健康委工作实施方案》；审议区政协 2020 年招商引资任务分解方案；通报编撰《荣昌名品》相关事宜，通报荣昌、内江书画联展相关事宜。

第 49 次主席会议　6 月 1 日召开。传达学习习近平总书记在全国“两会”期间的重要讲话精神，全国政协十三届三次会议精神；通报市政协西部片区会筹备情况；研究推荐优秀年轻干部赴四川挂职相关事宜，研究《荣昌名品》编写合作协议相关事宜，研究区政协脱贫攻坚工作开展情况。

第 50 次主席会议　6 月 29 日召开。传达学习 2019 年全国窃密泄密案件情况通报，传达全区脱贫攻坚“清仓见底大行动”会议精神；协商应急管理体系建设；听取疫情影响后中小企业帮扶措施落实情况通报。

第 51 次主席会议　7 月 13 日召开。传达学习市级暗访组暗访荣昌反馈情况会会议精神；安排区政协帮扶工作。

第 52 次主席会议　7 月 27 日召开。传达学习政协重庆市荣昌区委员会办公室关于印发《市政协主席王炯同志来荣调研指示精神》《曹清尧书记在区委常委会上传达学习市政协主席王炯同志来荣调研指示精神的讲话》的通知，传达学习政协重庆市委员会政协四川省委员会关于印发《川渝省市政协协力助推成渝地区双城经济圈建设 2020 年重点工作》的通知；审议成立推动成渝地区双城经济圈建设重点履职活动力度小组及办公室相关事宜，审议第二批委员工作室增设扩展方案，审议《关于进一步加强委员工作室建设的意见》；审议重点提案办理“回头看”建议名单，审议区政协第十六次常委会会议议题。

第 53 次主席会议　10 月 15 日召开。传达学习武在平、陈敏尔在中央第十二巡视组巡视重庆市工作动员会上的讲话；听取农村学校教师周转房建设及“千名教师进万家”活动开展情况通报，听取打造“运动健康之城”工作情况通报，听取农村承包地“三权分置”情况通报。

第 54 次主席会议　11 月 23 日召开。传达区脱贫攻坚成效考核见面会会议精神，传达中央巡视重庆期间的有关要求；对区政协近期工作做安排。

第 55 次主席会议　11 月 25 日召开。听取区法院、区检察院工作情况通报，听取区住房城乡建委关于老旧小区改造的情况通报；审议民主评议区卫生健康委反馈整改意见，审议区政协第十九次常委会会议议题。

第 56 次主席会议　12 月 21 日召开。传达学习中央经济工作会议精神，市委常委会（扩大）会议精神和区委十四届九次会议精神，传达《中共重庆市荣昌区委关于代义岚同志任职的通知》《中共重庆市荣昌区委关于提名代义岚同志任免职的通知》；审议辞去委员有关事项，审议区政协十五届五次会议有关事项；听取区商务委关于物流工作情况的通报、区市场监管局关于市场监管工作的情况通报。

政治协商

【概况】　至年末，区十五届政协有委员 278 人，界别分布为中共党员 24 人、民进党员 7 人、农工党党员 8 人、无党派人士 10 人、共青团员 8 人、工会会员 9 人、妇联人员 8 人、区工商联会员 13 人、区科协会员7人、区侨会员联8人、区文化艺术协会会员5人、科技22人、经济23人、农业26人、教育21人、体育4人、新闻出版4人、医卫16人、社会福利和社会保障5人、少数民族6人、宗教4人、特邀40人。全年开展常委会协商3次、主席会协商4次。把助推“十四五”规划编制工作和“桥头堡”城市建设作为协商重点，组织委员积极建言资政，分14个专题开展调研，从三次产业发展与空间布局、“一小时通勤圈”建设、教育卫生事业发展、生态环境保护、中心城镇建设等方面，集思广益开展协商，提出建议36条。着力区人民医院建设、农村学校教师周转房建设及“千名教师进万家”活动、老旧小区改造、文旅融合发展等，广泛开展调研协商。“关于完善应急管理体系的建议”“关于完善城区公共文化设施的建议”等12项协商意见得到区委、区政府主要领导批示和肯定，纳入了“十四五”规划，实现成果转化。

【“成渝一体化发展示范区”建设专题协商议政】 8月7日，在第十八次常委会议上，区政协常委会对“成渝一体化发展示范区”建设开展了专题协商议政。区发改委负责人通报了“成渝一体化示范区”建设情况，区政协经济委负责人通报了前期调研及征求意见建议情况，区政协主席、副主席，各委室负责人、部分政协委员提出了协商建议。会前，区政协加强与区发改委、区经信委、区商务委、区交通局、区财政局、区文旅委等部门的沟通对接，向相关部门、各镇（街）、各委员片区小组、区政协各委室发出近百份征求意见建议函，分别与区发改委、区财政局、区经信委、区交通局、区商务委、区文化旅游委等部门负责人、各委员片区小组组长、区政协各委室负责人进行交流座谈，走访区内部分企业，广泛征求意见建议。会后，形成《政协重庆市荣昌区委员会关于“成渝一体化发展示范区”建设的协商建议》报区委、区政府，得到主要领导批示。

民主监督

【概况】 全年，围绕区委重要工作部署，认真履行民主监督职责。对区卫健委开展民主评议，提出问题和整改意见。开展提案办理满意度测评和重点提案集中民主评议。每半年向委员通报全区经济社会发展情况、法检两院工作情况。围绕乡村振兴、污染防治、重点项目、高新区形象提升工程、国家畜牧科学城建设、农村环境综合整治、污水偷排直排乱排、荣昌中学和荣昌区人民医院建设、污水处理厂提标改造、基层派出所建设、壮大村（社）集体经济、重点交通项目建设等开展监督性视察。开展“聚焦污水偷排直排乱排”明察暗访监督性视察和区安全生产和蓝天行动督查。开展双评双促、公租房实物配租摇号等专项监督和部门监督工作。

【民主评议区卫健委】 5月至12月，区政协开展民主评议区卫生健康委工作。通过座谈、个别访谈、发放问卷调查等方式，走访镇（街）、部门、社区、卫生服务机构及区卫生健康委机关，对区卫生健康委提出了5个方面16条整改意见。

参政议政

【概况】 立足打造重庆主城都市区和成渝地区双城经济圈重要增长极，围绕全区大局，重点开展“三大攻坚战”“三件大事”“四篇文章”“十四五”国民经济和社会发展规划（纲要）、成渝一体化发展示范区、国家城乡融合发展试验区、“四好农村路”建设管理、应急管理体系建设、提案立案审查、重点提案办理等协商议政。围绕农业社会化服务体系建设、金融支持实体经济发展、垃圾分类及焚烧发电、智汇人力资源产业园建设、城市小区联防及安防系统建设、城区公共文化设施建设等开展调查研究。关于城区公共文化设施调研情况的报告、关于大竹苎麻产业与荣昌夏布产业融合发展考察情况的报告、关于荣昌城市小区安防系统建设调研工作的报告、关于自贡荣昌两地农业产业融合发展调研成果的报告、关于振兴荣昌红碎茶产业的调研报告等建议得到区委、区政府的充分肯定和采纳。

【大竹苎麻产业与荣昌夏布产业融合发展调研】 10月，按照区政协主席会议的安排，区政协副主席段先明牵头，组织调研小组到四川省达州市大竹县就大竹苎麻产业与荣昌夏布产业融合发展进行专题走访调研，提出建议提交到区委，得到主要领导批示。

【提案工作】 提交提案421件，其中，大会提案343件，平时提案78件。经审查立案282件，其中，委员个人提案223件，集体提案59件，并案后交办200件。交办的200件提案，其中，经济建设方面提案50件，占25%；城建城管方面提案69件，占34.5%；教文卫体方面提案51件，占25.5%；社会法制方面提案30件，占15%。对不予立案的139件提案已转相关部门参考或作为社情民意信息反映。在区委、区政府的高度重视下，各承办单位把提案办理工作纳入重要议事日程，坚持问题导向，积极推动提案办理，在规定时限内全部办理完毕，提案办复率100%。其中，交办提案所提问题已经解决和基本解决的共164件，占交办总数的82%；列入计划准备解决的共20件，占交办总数的10%；因政策、外部环境等原因暂时不能解决的16件，占交办总数的8%。委员对提案办理反映情况总体较好，提案者对办理表示满意198件，占99%；基本满意1件，占0.5%；理解1件，占0.5%；无不满意件。创新开展重点提案办理"回头看"，巩固重点提案办理成果。为进一步巩固提案办理成果，提升办理质量，强化工作落实，对2018年由区城管局主办的《关于在城区实施停车收费全覆盖，加强执法维持停车秩序的建议》、2019年由荣昌高新区管委会主办的《关于完善高新区板桥园基础设施的建议》两件重点提案开展提案办理"回头看"，收到较好成效，巩固了重点提案办理成果。坚持重点提案办理集中民主评议，切实发挥民主监督功能。按照《荣昌区政协民主评议重点提案办理工作方案》，12月16日通过现场视察、查阅资料等方式深入了解14件重点提案办理情况，听取主办单位在组织领导、办理情况、主要经验、存在问题、今后打算等方面的情况汇报，区政协领导、提案者、委员代表、群众代表对14件重点提案评议打分，现场公布评分结果。其中，8个重点提案获95分以上、被评为优秀，6个重点提案获90分以上、被评为良好。

【社情民意工作】 全年收到社情民意信息352条，向市政协报送社情民意信息25条、被采用3条，特约信息员报送信息采用6条。《关于解决我市各区县农产品滞销的建议》得到市农委回复；《加强当前市场供应保障工作的建议》得到市经济信息委回复；《在西部增设中国农业科学院西部兽医研究所的建议》《破解疫苗研制限制因素夯实我国公共卫生基础》被市政协采用并转报全国政协。

【开展"委员帮村"行动】 把"委员帮村"行动作为委员履职实践活动的重要抓手，组织委员补短板，强弱项，惠民生，为全区脱贫攻坚和乡村振兴献计出力，围绕脱贫攻坚、农村人居环境整治、农村"四好公路"建设管理、农业社会化服务体系建设、农村集体经济发展、农村"三变"改革、承包地"三权分置"、农村厕所革命、农旅融合发展等，开展协商调研，积极出谋划策。全年参与委员369人次，帮扶困难群众141户，帮助协调解决农业生产、人居环境整治、就业创业、基础设施建设、就医就学、疫情防控等实际问题168个。

【开设"委员工作室"】 "委员工作室"成效显著。为进一步拓宽委员联系服务群众的渠道，推进协商民主更加广泛、多层、制度化开展，区政协通过遴选，新设立29个"委员工作室"，总数达到41个。出台《关于进一步加强"委员工作室"建设的意见》，进一步规范履职方式和工作内容，使"委员工作室"真正成为社情民意的"收集站"、排忧解难的"服务室"、政策法律的"咨询室"、矛盾纠纷的"调解室"。"委员工作室"全年反映社情民意信息156篇，开展"委员帮村行动"98次，联系、接待群众2243人次，为群众解决具体问题123个，得到市政协和区委、区政府的充分肯定，写入全国政协地方工作经验交流会议材料，鼓励在政协系统完善推广。

【招商引资】 根据区委安排部署，区政协把招商引资工作转化提升为"委员招引金凤凰行动"，专门成立6个招商引资工作组，围绕相关产业体系，充分发挥工商、经济等界别委员优势、委员所在企业的信息资源优势和异地商会优势，围绕消费品、智能装备、电子信息、大数据区块链、新材料、运动健康和农牧高新产业链，积极补链强链，开展招商考察，对接项目落地。全年接待到荣考察企业69家，荣昌区外出考察企业46家，出席全区招商引资活动96人次，成功引进广东洁朵卫浴、遂宁豪尔思电子科技有限公司等企业到荣投资，合同金额36亿元，圆满完成全年的招商引资任务。 （陈相吉）

纪委　监察　巡察

党风廉政建设

【概况】　2020年，荣昌区纪委监委坚持稳中求进工作总基调和严的主基调，依规依纪依法认真履职，纪检监察工作高质量发展取得显著成效。全年受理检举控告327件，处置问题线索528件；新立案查处违纪违法案件76件86人，结案79件，处分89人，留置6人；处理827人次。开展党内问责、监察问责14件19人，安全生产事故责任追责问责4人。案件查办中，主动出击，重点查办了荣昌高新区发展促进中心经济运行科科长王某受贿案及系列案件，从"小切口"揭示出了全市工程质量检测行业"潜规则"及系统性问题，相关工作得到了市委、市政府、市纪委主要领导的肯定，全市由此开展了工程质量检测领域"以案四改"大整顿。组织开展对习近平总书记重要指示批示精神落实情况的监督及全区疫情防控情况的监督，查处4件6人。其中，查处的仁义镇古某某案作为全市三个典型案例之一在全市通报。组织开展追逃工作，先后成功劝返2人、追逃1人，相关经验做法在全市追逃追赃工作会上作交流发言；精准治理扶贫领域腐败和作风问题，查处扶贫领域腐败和作风问题51件175人，相关工作被评选为荣昌区打好"三大攻坚战"突出贡献奖先进集体。喻茂坚纪念馆被市纪委监委授予重庆市廉政教育示范基地，被市普法办命名为第一批重庆市法治宣传教育基地。区纪委监委在"清风常伴·廉洁齐家"家庭助廉立德活动中荣获市纪委机关、市妇联、市委直属机关工作委员会联合表彰。建成政治生态分析评估系统，对各单位政治生态和干部政治品质实施分级预警，实施单位政治生态红、橙、黄三色预警20个，区管领导干部预警31人。加强对"一把手"权力运行情况的监督制约，相关做法在市委深改委第十一次会议上作书面交流。严格落实"三个区分开来"，探索实施失实检举控告澄清工作，规范办理流程，保护干部干事创业积极性。澄清失实检举控告10件，为13名干部澄清正名。

【党风政风监督】　巩固拓展落实中央八项规定精神成果。开展党委（组）、主责部门、纪检监察组织"三责监督"，在重点节日期间明察暗访8批次，约谈各单位主要负责人、重点岗位分管负责人717人次。定期开展票据抽查，督促47个单位对廉洁风险隐患予以整改。全区自查、抽查公务用车加油卡用卡情况87次，整改问题8个，有效遏制"揩油"现象。制定荣昌区《贯彻落实中央八项规定精神问题解答（第二辑）》，进一步规范"灰色"监管地带。集中开展私设"小金库"问题和中介机构与机关事业单位搞利益输送等问题专项治理，按照"依纪依法，宽严相济"的处理原则，重点抓实自查自纠，41个单位清退整改"小金库"78万余元，查处区人民医院问题1件1人。严查典型问题纠治"四风"，全年查处享乐主义、奢靡之风问题27件40人，形式主义、官僚主义问题39件63人；在区纪委全会上点名通报和发文集中通报相关违规违纪问题24件。选取清升镇畜牧服务中心原工作人员叶某某犯受贿罪、动植物检疫徇私舞弊罪一案在全区集中组织开展"以案改治理、以案改监管、以案改制度、以案改作风"工作（简称"以案四改"），126

名畜牧服务中心人员签订《荣昌区农业（畜牧）系统“以案四改”工作承诺书》。

【专项监督】　开展疫情防控落实情况监督。主要领导多次到超市、药店等场所开展重点检查，组建6个督查小组对镇（街）、重点部门、直属和基层医疗卫生机构以及道路疫情防控监测点到岗情况进行集中监督检查。及时处理在疫情防控中的失职情况，查处相关违规违纪问题4件，给予纪律处分3人，组织处理3人。严肃查处了仁义镇永灵村综治专干古某某在疫情防控工作中违规违纪问题，被市纪委监委作为典型案例在全市通报。开展人防系统腐败问题专项治理。巡察、财政、审计、人防办及区纪委监委机关相关部室召开全区人防系统腐败问题专项治理工作推进会，现场督办市里交办的2件问题，督促缴纳欠缴人防费。开展制止餐饮浪费落实情况监督。制发《关于贯彻落实习近平总书记重要批示精神加强监督执纪坚决制止餐饮浪费行为的通知》，督促纪检监察组织和各主责部门按照职能职责推进相关工作，在全区形成爱惜粮食、健康饮食、理性消费、供餐有度的良好氛围。开展长江流域禁捕相关工作监督。督促区农业农村委制定《荣昌区渔民退捕转产工作实施方案》，及时召开禁捕工作动员会，广泛宣传政策法规。开展禁渔专项督查3次，提出整改建议3条，全区退捕任务完成率达到100%，补偿资金576.45万元于10月20日前全部付给渔民。督促主责部门严肃打击非法捕捞行为，已移送起诉非法捕捞刑事犯罪嫌疑人29人，行政处罚涉渔违法人员1人。开展“制度执行年”活动情况监督检查2批次，重点抽查了区应急局和峰高街道等10个部门和镇（街）围绕区委的要求对“制度执行年”活动的安排部署、制度清理、制度修订、问题排查、整改落实、制度学习培训等情况，发现4类问题，向区委提出4条建议。开展空气环境质量突出问题专项督查，成立空气环境质量突出问题问责工作专案组，采取集中督查和分散督查的方式对各镇街、各牵头部门及单位开展整治工作的情况随机抽查7次，及时发现问题，督促整改。

【民生实事监督】　精准治理扶贫领域腐败和作风问题。开展疫情防控形势下脱贫攻坚常态化监督，关注贫困学生复学复课情况。督促全面清理排查2020年以来的82个扶贫领域项目，涉及扶贫资金16449.59万元，发现并督促整改问题16个。全年查处扶贫领域腐败和作风问题51件175人。“全覆盖”督导各单位专题民主生活会，制定整改任务13条，全部完成整改，相关脱贫攻坚工作被评选为荣昌区打好“三大攻坚战”突出贡献奖先进集体。专项整治民生领域损害群众利益问题。开展农村乱占耕地建房问题、各类教育资助政策资金落实中侵害群众利益问题和农村地区办理建房手续吃拿卡要问题三个专项整治，查处镇村干部办理群众建房不作为、乱作为问题3件。组织开展农村水利工程运行效能专题调研、“冬水田”项目实施存在问题专项督查，查处“冬水田”项目相关问题9件27人，督促重新验收核减不合格面积600余公顷。持续整治侵害群众利益的不正之风和腐败问题，查处96件254人，组织处理234人，党纪政务处分20人。查处涉黑涉恶腐败问题。制定《重庆市荣昌区纪委监委2020年扫黑除恶专项斗争工作方案》，开展“六清”行动，印发扫黑除恶专项斗争“百日攻坚行动”实施方案，组织开展集中排查工作，结合“十指连心”组织拉网走访群众6774户，集中排查问题。办理涉黑涉恶问题线索2条，开展2起涉恶案件“保护伞”问题线索情况筛查，未发现直接涉黑涉恶党员和公职人员。

【审查调查处置】　全年新立案76件86人，结案79件（含上年结转3件），处分89人，留置6人；精准运用“四种形态”处理827人次。开展党内问责、监察问责14件19人，安全生产事故责任追责问责4人。在案件查办过程中主动出击，重点查办了荣昌高新区发展促进中心经济运行科科长王某受贿案及系列案件，从“小切口”揭示出全市工程质量检测行业“潜规则”及系统性问题，相关工作得到了市委、市政府、市纪委主要领导的肯定并作出重要批示，全市由此开展了工程质量检测领域“以案四改”大整顿。强化审查调查安全，制定留置场所疫情防控和应急处置方案，督促纪检监察系统规范开展疫情期间留置工作和“走读式”谈话工作。定期组织处分执行情况监督和回访工作，切实维护纪法权威，提升执纪执法质效。及时有效组织开展追逃工作，先后成功劝返2人、追逃1人，相关经验做法在全市追逃追赃工作会上作交流发言。

【党风廉政宣传】 开展主题宣传，全年纪检监察工作稿件被中央纪委国家监委网站采用6篇，被市级以上媒体采用稿件52篇（条），被区内媒体采用56篇（条）；“棠城清风”微信公众平台编发原创图文95条，向党员领导干部和纪检监察干部发送廉政短信6000余条，营造正风肃纪反腐良好氛围。持续做大做强喻茂坚廉政文化品牌，配合完成3本廉政小说撰写和4折历史川剧创作，有序推进《天下清官喻茂坚》电影剧本创作及拍摄工作，积极筹备“喻茂坚廉洁故事全国巡展”。深入挖掘明末御史喻思恂相关事迹，指导完成三个“小院讲堂”廉洁家风整体建设。抓严警示教育，用好王杰、彭昌权违纪违法案等警示教育素材，做实“以案四说”警示教育，督促全区各级党组织开展“以案四说”警示教育200余场次。用好区、镇、村三级“警示教育曝光台”，曝光典型案例2139起。完善更新“小六长”警示教育基地内容，启动渝西预防职务犯罪警示教育基地提档升级建设，丰富警示教育内容。强化舆情监管，发现并妥善处理区内涉纪涉腐舆情15件。积极参与全市“清风常伴·廉洁齐家”家庭助廉立德活动，并荣获市纪委机关、市妇联、市委直属机关工作委员会联合表彰。

【纪检监察信访举报】 制定《荣昌区纪委监委机关处理检举控告工作流程》，全流程规范检举控告接收受理和办理反馈，推进检举控告情况综合运用和检举举报平台部署应用，开展信访风险隐患排查和防范化解，全区纪检监察信访举报工作平稳有序。全年受理信访检举控告327件，区纪委监委主要负责人接待重要来访12人次、处理重要信访问题10件，纪委监委领导班子成员接访下访357人次，解决群众反映问题265个。制定《重庆市荣昌区纪委监委办理失实检举控告澄清工作流程》，坚持稳中求进、分类施治原则开展澄清工作，开展失实检举控告澄清10件，为13名干部澄清正名。

【纪检监察干部队伍建设】 深化纪检监察体制改革，在5个区直属学校、2个区直属医院设立纪委，将区属企事业单位纳入相应派驻（出）纪检监察组织综合监督范围，加强监督指导。会同相关单位制定《关于进一步加强贯通配合的意见》，强化信息资源共享，初步形成综合监督部门牵头抓总，监督检查部门分片作战，派驻（出）机构、巡察机构等同向发力的监督格局。进一步理顺派驻（出）机构与委机关内设机构、驻在单位工作关系，派出监察室与镇（街）纪（工）委工作关系，明确派出监察室工作重点为牵头问题线索处置，各镇（街）纪（工）委重点负责日常监督。由联系监督检查室组织派驻（出）机构、镇（街）纪（工）委联合办案或交叉检查，整合力量，增强监督实效。充实纪检监察干部，配齐配强委领导班子，新增2名班子成员。新进纪检监察系统干部16人，空编率从15%下降为9%；制定新进干部管理十条措施并开展岗前培训，强化管理。提拔交流干部29人次，开展镇（街）纪（工）委副书记提名考察8人次。深化“三转”，认真开展全员培训和应知应会知识测试。全年组织开展培训34期2218人次，开展应知应会测试8次647人次。其中，自办培训13期，培训841人次。抽调参加市纪委监委、市委巡视机构跟班学习12人次。在一线磨炼培养干部，纪委监委机关派出20名同志协助昌州街道村社区坚守疫情前沿值班30天；派出24名副处级干部统筹做好48户贫困（脱贫）户的帮扶工作，选派1名年轻干部到观胜镇许友村驻村扶贫，该年轻干部被区委表彰为脱贫攻坚工作先进个人；选派1名年轻干部参加长三角工作组招商工作，投身招商引资主战场；纪委监委班子成员带头到直升镇开展党支部联系点工作，并选派1名机关干部到直升镇万宝村任第一书记，整顿软弱涣散基层党组织，取得较好成绩。开展系统警示教育4次，节假日期间发放廉政书信200封；开展谈心谈话11人次，实施作风提醒34人次。健全完善内部管理制度7项，开展监督走访40余次，强化内部监管。聘请13名特约监察员，自觉主动接受外部监督。坚持刀刃向内，办结纪检监察干部问题线索12件，开展批评教育2人，提醒谈话3人。

（朱　灿）

巡察工作

【概况】 2020年，区委巡察办集中学习巡视巡察相关内容10次，听取巡察情况汇报6次。区委书记履行巡察工作第一责任人责任，组织召开书记专题会听取和审议巡察工作4次，批示巡察工作57次，严肃点人点事113条、明确问题处置意见121条。

区委其他班子成员按照各自职责，履行“一岗双责”。区委巡察工作领导小组履行组织实施责任，召开5次领导小组会议，传达学习中央、市委、区委关于巡视巡察的部署要求，听取第九轮至第十一轮巡察工作情况汇报，研究第十轮至第十二轮巡察工作方案等。区纪委书记、区委组织部部长及区委巡察工作领导小组成员认真履行工作职责。区委巡察办和区委巡察组坚守政治巡察职能定位，全年完成第九轮、第十轮、第十一轮巡察及一轮交叉巡察，对37个区管党组织、20个村（社区）党组织深入开展巡察监督，共发现问题641个，问题线索57条；正在开展第十二轮对2个区管党组织、62个村（社区）党组织的巡察工作。区委组织部、区委宣传部对常规巡察的33个区管党组织开展选人用人、意识形态工作专项检查。按照区委要求，切实做好新冠肺炎疫情防控工作。

【巡察监督检查】　1月，召开区委巡察工作领导小组第十三次会议，听取和审议第九轮巡察报告、第八轮巡察反馈问题整改情况报告、区委2020年巡察工作计划等。2月，召开区委巡察工作第九次书记专题会，听取和审议第九轮巡察综合情况报告、第八轮巡察反馈问题整改情况报告、区委2020年巡察工作计划等。区委常委会研究和审议开展巡视巡察整改情况专项检查的工作方案。区委办公室印发《中共重庆市荣昌区委2020年巡察工作计划》。区委巡察工作领导小组下发《关于开展巡视巡察整改情况专项检查的通知》。3月，向第九轮被巡察单位反馈巡察意见，向相关单位移交问题线索。召开区委第十轮巡察工作动员部署会，对区商务委、区委老干局、区红十字会、区生态环境局、新区建设管委会、区计生协、区政务管理办、区委编办、区信访办、区委党校、区机关事务管理中心、区应急局12个党组织开展常规巡察，对区融媒体中心、区委统战部、区委农业农村工委、区档案等4个党组织开展专项巡察。4月，听取第十轮巡察中期情况汇报，听取巡视巡察整改情况专项检查组工作情况汇报。向区委上报《关于市委第七巡视组反馈意见和区委巡察部分单位反馈意见整改工作专项检查综合情况报告》《关于市级统一管理区县级单位巡察有关情况的报告》。5月，区委巡察办主任在全市巡察工作片区座谈会上，汇报了荣昌区村（社区）巡察工作情况及2020年巡察工作打算。开展为期1天的巡察干部培训，对第十轮巡察报告撰写进行专题辅导。对巡察机构固定资产进行全面清理。6月，召开区委巡察工作领导小组第十四次会议，传达学习中央、市委关于巡视巡察工作的部署和要求，听取和审议第十轮巡察报告、第九轮巡察反馈问题整改情况报告等。召开区委巡察工作第十次书记专题会，听取和审议第十轮巡察综合情况报告、第九轮巡察反馈问题整改情况报告等。巡察办1名副主任参加市委巡视对3个区县的巡察工作专项检查。7月，向第十轮被巡察单位反馈了巡察意见，向相关单位移交了问题线索。召开区委第十一轮巡察工作动员部署会，对区卫生健康委、区经济信息委、区公安局、兴荣公司、区人民医院、区中医院、区妇幼保健服务中心、区财政局、区发展改革委、区国资委10个党组织开展常规巡察。对巡察干部进行为期4天的集中培训。8月，区委机构编制委员会下发《关于调整区委巡察办机构编制事项的通知》，明确区委巡察办机关行政编制13名（含区委巡察组行政编制8名）；区委巡察办设主任1名、副主任2名，科级领导职数2名；区委巡察组设正处级巡察专员1名、副处级巡察专员3名。区委巡察工作领导小组下发通知，将区纪委常委、区监委委员邓华增加为区委巡察工作领导小组成员。听取第十一轮巡察中期情况汇报。向市纪委监委上报题为《荣昌区坚决扛起政治责任　将巡视整改成效转化为发展动能》的经验材料。9月，区委对秦华君、陈昌贵、罗学文、李文、马成禄职务进行调整。区委巡察工作领导小组转发《重庆市巡视整改成效综合评估办法（试行）》，修改完善并印发《区委巡察组工作规则》《区委巡察工作相关制度》，印发《关于加强巡察村（社区）党组织工作的实施方案》。召开交叉巡察工作动员部署会，对区司法局、区医保局开展常规巡察。顺利接受市委巡视整改成效综合评估。抽调8名同志参加区县交叉巡察工作，抽调1名巡察干部参加市委巡视工作。10月，召开区委巡察工作领导小组第十五次会议，听取和审议第十一轮巡察报告、第十轮巡察反馈问题整改情况报告、荣昌区巡察整改成效综合评估办法（试行）等。区委巡察工作领导小组印发《荣昌区巡察整改成效综合评估办法（试行）》。向市委巡视办交叉巡察巡回督导组汇报了全区交叉巡察工作开展情况。11月，召开区委巡察工作领导小组第十六次会议，听取第三交叉巡察组中期情况汇报。召开区委巡察工作第十一次书记专题会，听取和审议第十一轮巡察综合情况报告、第十一轮问题线索报告、第十轮巡察反馈问题整改情况报告等。向第十一轮被巡察单位反馈了巡察意见，向相关单位移交了问题线索。召开区委第十二轮巡察工作动员部署会，对荣隆镇、仁义镇2个区管党组织开展常规巡察，对荣隆镇所辖9个村（社区）党组织、盘龙镇所辖16个村（社区）党组织、双河街道所辖9个村（社区）党组织、峰高街道所辖11个村（社区）党组织、仁义镇所辖9个村（社区）党组织、吴家镇所辖8个村（社区）党组织开展延伸巡察。对巡察干部进行为期1天的集中培训，第三交叉巡察组组长为巡察组授课，第三交叉巡察组副组长及第十一轮巡察组组长、副组长、联络员分别交流了经验。12月，召开区委巡察工作领导小组第十七次会议，传达学习中央、市委、区委关于巡视巡察工作的部署和要求，听取和审议交叉巡察报告、问题线索报告。召开区委巡察工作第十二次书记专题会，听取和审议交叉巡察报告、问题线索报告。向接受交叉巡察的单位反馈了巡察意见，向相关单位移交了问题线索。区委巡察工作领导小组下发《关于开展巡察发现共性问题举一反三整改的通知》《关于开展巡察整改成效综合评估工作的通知》。3月至12月，从区纪委监委、区委组织部、区财政局等单位抽调74人次干部参加区委第十轮至第十二轮巡察工作，经总体评价，表现优秀15人次、表现称职59人次。8月至9月，选派11名巡察干部参加全市业务培训。2月至9月，先后3次参加巡视整改情况监督检查，在区委持续推进市委巡视反馈意见整改落实工作中发挥职能作用。

【巡视巡察】 9月29日至11月30日，九龙坡区组建的第三交叉巡察组对区司法局党委、区医保局党组开展常规巡察，区委组织部、区委宣传部同步开展选人用人、意识形态工作专项检查。区委书记10月10日看望交叉巡察组全体成员并进行座谈交流，多次对交叉巡察工作提出要求；12月15日，区委书记专题会听取和审议了交叉巡察组的巡察报告及问题线索报告。11月9日、12月8日，领导小组会分别听取和审议了交叉巡察组的中期情况汇报和巡察工作情况汇报。巡察共发现2个单位问题22个、问题线索3条。9月至12月，选派1名巡察干部参加五届市委第七轮巡视工作；选派8名干部（1名干部作为荣昌区交叉巡察组联络员）参加交叉巡察工作，工作成效得到市委巡视办及永川区委的肯定。

【巡察成果转化】 区委巡察机构认真执行反馈前与被巡察单位主要负责人见面沟通及“双反馈”“双通报”“双公开”等制度，推动全区整改工作落实落地。各级党组织落实整改主体责任，2020年，已到整改期限的第九轮、第十轮，489个问题已完成整改479个，正在整改10个。出台《荣昌区巡察整改成效综合评估办法（试行）》，完善巡察整改监督检查联席会议制度；纪检监察机关、组织部门抓实整改日常监督职责，推动整改常态化长效化；组织部门把整改落实情况纳入领导班子考核重要内容，形成制度约束；巡察机构加强统筹协调，协助配合纪检监察机关、组织部门推进整改工作。2020年，纪检、组织、巡察等人员组成2个督导组，对22个巡视巡察整改单位开展3次检查，对进度靠后的单位及时督办，做到完成一个、销号一个。12月28日，组建两个综合评估小组，对2019年巡察的11个区管党组织、20个村（社区）党组织开展巡察反馈问题整改成效综合评估。

【巡视反馈意见整改】 区委高度重视市委巡视反馈意见整改，坚持以巡视整改来推动全区改革发展稳定各项工作。区委书记认真落实整改第一责任人责任，先后主持召开15次会议研究和听取整改工作，批示整改工作38次，实地督查推动整改落实20次。区委其他班子成员压实“一岗双责”，带动各级各部门扎实完成巡视整改任务。截至12月31日，反馈区委14个问题的51项整改措施，完成整改49项、阶段性完成2项，完成率96.1%；反馈3个专项检查51个问题，已全部完成整改。9月，全区巡视整改工作在全市整改成效综合评估中获“好”等次；市纪委监委《纪检监察信息》以《荣昌区坚决扛起政治责任　将巡视整改成效转化为发展动能》为题，刊登了荣昌区巡视整改的经验做法。12月4日，区委书记在全市巡视整改工作会上作典型发言。

（黄昌顺）

民主党派

民盟荣昌区总支部委员会

【概况】 2020年，组织全体盟员通过专题学习会、主题沙龙活动、外出考察等多种形式开展中国特色社会主义学习实践活动，团结引领广大盟员深化学习，不断增强对中国特色社会主义理论体系、多党合作理论的系统了解和认识。坚持把弘扬民盟优良传统作为开展学习实践活动的重要内容，先后组织盟员外出参加各类学习活动5次，重温多党合作历史，坚定理想信念，传承光荣传统的良好氛围。利用主流媒体全方位、多层面宣传报道民盟主要工作、重大活动和盟员先进事迹，在市委会网站、重庆民盟微信公众号发稿10篇，在《渝西论坛》《荣昌政协》《荣昌统一战线》发稿10篇。5月，总支部联系协调民盟重庆画院到万灵古镇采风2批次，出版宣传万灵古镇及荣昌的诗书画册1000册，并在盟员梁洪萍万灵工作室挂牌“民盟重庆画院创作基地”，宣传了地方风情特色，扩大民盟的影响。二支部被盟中央评为“民盟思想政治建设和宣传工作先进集体”。7月，总支部被民盟中央评为“盟务工作先进基层组织”。12月，周远鹏被民盟市委评为“盟务工作先进个人”。

【组织建设】 坚持组织发展优质。总支部始终坚持“人才强盟”战略，健全工作机制，把发现、汇聚、培养、使用人才作为组织工作的首要任务，把好盟员入口关，加强培训教育，充分激发基层支部工作活力，为履行参政党职能夯实组织建设。立足主界别，关注新领域，在各行各业中青年知识分子和新阶层优秀党外人士中发展代表性强的盟员，全年发展4名盟员，其中，2名为基础教育工作者，1名为医务工作者，1名为体育教育人士。盟员培训稳步推进。高度重视盟员的教育培训工作，通过多种途径、多种形式组织盟员参加区内区外的学习研讨培训等活动100余人次。各支部不断创新培训形式，丰富培训内容，先后组织盟员外出开展参观学习、红色教育、基层调研等活动。总支换届顺利完成。从9月二支部换届工作拉开序幕，到10月27日总支部换届工作圆满完成，历时2个多月的时间，完成民盟荣昌基层组织的换届工作。各支部选举主任委员1名、副主任委员1名、委员3名。总支部选举大会10月27日召开，采取无记名投票、等额选举的方式，选举程昌耀等9人为民盟荣昌区总支部第三届委员会委员，选举程昌耀为主任委员，曾仁权、向钊、冯前君、谢军燕为副主任委员。

【参政议政】 围绕工业经济发展要素保障、农村四好公路建设、街长制实施情况、教育改革和农村人居环境整治等协商主题，提出建议意见20余条。聚焦发展建言献策。围绕经济社会发展的重大问题和群众高度关注的热点、难点问题深入调研，积极建言献策。上报建议类信息150余条，被全国政协、中共中央统战部、盟中央、市政协、中共重庆市委统战部、盟市委采用139条，信息得分在区内统战系统名列第一，在民盟市委名列前茅。盟内人大代表、政协委员报送议案建议、提案20余条。张大菊、郭以筑被民盟市委评为“全面建成小康社会建言献策先进个人”。课题调研提质增效。完成民盟市委会和区委调研课题《发挥职业教育作用，助力荣昌高新区发展》《关于推进成渝地区双城经济圈建设，打造渝西川南融合发展示范区的建议》调研报告，顺利结题并转化为社情民意。

【社会服务】 开展爱心助学行动。在荣昌中学资助11名贫困学生。坚持暑期入户走访资助高考生，并为高考生送去2000~3000元车费，保障学生顺利入学。全年协调社会各界资助11名学生助学金3.9万余元，其中，4名学生已顺利入读四川大学、西南大学、中国民航大学等高校。做实做细精准扶贫。盟员周安敏主动援藏，在类乌齐县人民医院成为传播妇儿医疗技术的“天使”。同时，根据区委、区政府安排，开展对万灵镇扶贫工作的民主监督。积极配合清升镇统战扶贫工作，发动西南大学荣昌校区盟员专家、教授先后开展新型职业农民培训、“一村一名大学生”计划、养殖技术到田间、送医送教下乡、义务为农村特困人员安装电视网络等系列活动。扶贫工作获得民盟中央和民盟市委的高度肯定，总支被民盟市委评为社会服务先进集体，程昌耀被民盟市委评为“助力脱贫攻坚先进个人”，钟远芳被民盟中央评为“民盟社会服务工作先进个人”。同心聚力抗疫情。总支部发动全体盟员积极主动参与疫情防控工作，叶兆勇、杨平、陈晨、何云香、李琳、何成平、张瀚、邓广均等一大批盟员日夜坚守在社区防控、卡点值守等抗疫前线，默默奉献。盟员李胜强是区检验组副组长，卢俊霖、吕玉美等急救一线医生冒着感染危险接送发热患者近100例。新冠肺炎疫情期间，荣昌民盟抗击疫情合计捐款2.61万元，与重庆广电集团荣昌分公司联合捐赠远程问诊手机30部，价值5.78万元。总支部委员、区慈善会会长、民政局副局长钟远芳通过区慈善会募集抗疫物资600余万元支持抗疫工作。盟员抗击疫情的先进事迹6次被民盟市委网站和微信公众号刊载表扬。吕玉美被民盟市委评为“抗击新冠疫情先进个人”。

（谢军燕）

民进荣昌区委员会

【概况】 至2020年年末，民进荣昌区委会有会员225人，其中女会员100人，男会员125人，平均年龄51岁；有大专以上学历210人，中高级职称169人；市人大代表2人，市政协委员2人，区人大代表11人（含常委1人），区政协委员28人（含常委6人）。成员界别分布为教育界别145人，占64.5%；文化、出版、传媒及相关科技界别12人，占5.3%；其他界别68人，占30.2%。区委会下设教育联合支部、文化科技支部、荣昌中学支部、荣昌初级中学支部、小教支部、职教中心支部、永荣支部、卫生支部、经济支部、综合支部。

【履行参政党职能】 积极参与新冠肺炎疫情防控。及时发动会员捐款捐物，综合、经济、永荣、职教中心、小教5个支部，会员胡世平、陈伟、张荣等73名会员捐款2.5万元。会员曹政主动联系抗疫物资，帮助区委会为民营企业、学校、镇（街）送额温枪、口罩、医用手套、消毒液等抗疫物资。石伟、廖友谊2名律师会员免费为15家企业提供疫情期间相关法律咨询。在中共荣昌区委统战部统一安排部署下，开展“抓‘六保’促‘六稳’民营企业百日大走访活动”，走访民营企业42家，收集交办问题12个，解决问题7个。会员立足本职，勇于担当，25名会员参与一线值守、宣传、排查等防疫工作，72名教师会员“停课不停学”，坚持上网课，21名医护人员开展防疫知识培训、宣传等，13名文化界会员创作抗疫文艺作品26件。围绕新冠肺炎疫情防控调研完成《关于新冠肺炎疫情下农产品销售问题建议》，得到区委高度重视。主动融入双城经济圈建设。召开“发挥民进优势　贡献民进力量　助力双城经济圈建设”专题讨论会1次。班子成员带头调研，形成《关于荣昌猪全产业链发展思考及建议》《关于加快推进国家畜牧科技城建设的建议》等调研报告3篇。与内江、永川民进组织联合开展调研5次，形成《内荣共建渝西川南融合发展示范区的思考及建议》等调研报告3篇，为助推双城经济圈建设建言献策。助力脱贫攻坚。教育、卫生和科技界别会员深入脱贫攻坚民主监督，到联系单位仁义镇开展走访慰问、产业指导、关爱老人等活动。慰问河包镇核桃村驻村工作队2名民进会员1次。发动会员积极帮助河包镇核桃村、盘龙镇永陵村等销售辣椒、粉条、家禽等农产品。提交和反映《关于强化监管巩固脱贫攻坚成果的建议》等4篇提案和社情民意。高质量做好参政议政工作，积极参加政党协商。19名骨干会员参与中共荣昌区委政党协商8次，提建议23条，相关部门采纳6条。就区委“十四五”规划建议征集教育、卫生、文化和科技界别会员意见建议12条。注重调研成果转化，围绕畜牧科技城建设调研完成《关于做大做强我区兽药市场的建议》，提出探索搭建兽药电子交易平台、创新做活兽药论坛会展经济等建议被采纳，《关于解决发展农村集体经济突出问题的建议》转化的民进中央提案并被评为2019年度全国政协好提案。调研成果被全国政协采用2篇、中央统战部《零讯》采用1篇、民进中央采用1篇、市政协采用3篇、市委统战部采用10篇。4篇获民进中央参政议政优秀成果奖，6篇获民进市委会参政议政优秀成果奖，7篇建议被区人大评为优秀建议，1件集体提案、2件个人提案被区政协列为重点提案。

【组织建设】 2020年，召开主委会、全委（扩大）会、支部组织生活会、新一届支部委员专题培训会、民主生活会、总结会共51次。10个支部顺利完成换届选举工作，选举产生新一届支部委员40名，平均年龄41岁，均为大学以上学历，其中，研究生学历3名。中高级职称30名，单位二级班子12名。40名委员中，继任支部委员12名，新任支部委员28名。发展会员12名，平均年龄35岁。全年在人民政协网、民进中央网站等投稿15篇，在《重庆民进》、市委会网站和重庆统一战线网站投稿36篇，在《荣昌报》《荣昌政协》《荣昌统一战线》《渝西论坛》投稿15篇。编印《民进荣昌区委会2020年工作回顾》画册1期。在春节、教师节、重阳节、护士节慰问会员达180人次。与内江、永川民进组织开展联谊交友活动5次。10个支部开展专题学习、实地调研、走访慰问、联谊交友等活动46次，会员参与率达80%，组织凝聚力和活力不断提高。推选骨干会员参加市级以上培训学习23人次，区级培训学习55人次。区委会被市委会评为2020年参政议政、社情民意和理论研究工作先进单位，会员荣获各级奖励72人次。其中，获国家级奖项17项、市级奖项24项，石世清、吴友峰、曹政获民进中央参政议政成果优秀奖，殷贤华、刘敏、曹政、喻超获民进重庆市委会参政议政优秀成果奖，胡亚飞被评为国务院第二次全国污染源普查先进个人，谭述引被司法部评为“大排查　早调解　护稳定　迎国庆”专项活动先进个人。经济支部、文化科技支部、综合支部、职教中心支部、永荣支部、小教支部被区委会评为2020年度先进支部，7名会员被区委会评为2020年度参政议政先进个人，6名会员被区委会评为2020年度新闻宣传先进个人，6名会员被区委会评为2020年度社会服务先进个人。（彭小玉）

农工党荣昌区委员会

【概况】 2020年，新发展党员8人，转入1人，至年末，共有农工党员176人。其中，具有高级职称的48人，具有中级职称的73人；重庆市人大代表1人，重庆市政协委员1人，农工党市委委员2人，荣昌区人大代表6人，荣昌区政协委员30人；博士6人，研究生19人。区委会下设昌元医卫支部、农业支部、科技支部、西南大学校区支部、永荣矿业支部、人民医院支部、畜科院支部7个。

【参政议政】 《人民政协报》采用宣传信息4篇，全国两会期间，市委统战部采报建言类信息2篇；《重庆市政协报》采用宣传信息2篇，农工党重庆市委采用信息20余篇，采用建言献策6篇；报送区政协各类提案和社情民意40余篇；中共荣昌区委统战部采用建言和信息10余篇，抗疫漫画1篇；与农工党璧山区委联合撰写调研报告《重庆市探索建立解决相对贫困长效机制的对策建议》已结题并提交农工党重庆市委。畜科院支部参与国家生猪技术创新中心申报，4月16日通过了科技部组织的专家咨询论证，10月16日通过了科技部部长办公会。西南大学校区支部助力脱贫攻坚，赴云南昌宁县开展定点帮扶工作。党员黄伟等撰写的《中国农业科学院在重庆市荣昌设立中国农业科学院重庆兽医研究所》建议，被重庆市政协采纳并报送全国政协。

【社会服务】 党员吕利、康士全、杨勇等在暴雨抢险工作中，不顾个人安危，坚守一线；王丹被派驻武隆进行扶贫普查工作担任小组指导员，带领组员参与武隆当地“7·25”抗洪抢险工作，其先进事迹先后在区级、市级以上报刊及其他刊物刊登；唐晓莉到九龙坡区黄桷坪街道办事处挂职锻炼，担任副主任；王轩在由中共荣昌区委宣传部、区教委联合主办的2020年“共同抗疫——我们在行动”世界读书日征文活动中，三篇参选作品获得职工组两个二等奖，一个三等奖，并多次在《重庆农工》《公民报》《公民导刊》等发表文章及摄影作品。人民医院支部党员发表论文9篇，其中，文飞发表SCI论文三篇、获得发明专利一项、完成区级科研项目结题一项；邹凤兰主动请缨到发热门诊，被评为优秀护士长；雷同银被评为永荣总医院2020年优秀医师；杨相国发表个人论文一篇；康士全同志在年度考核中成绩优秀，在脱贫攻坚中获得区委嘉奖，获得优秀提案奖，被评为荣昌区优秀人大代表。疫情期间，党员邓正国、李章白、刘代强、刘卫东、唐雨璐、李若嘉、姜光建、黄廷清、吕利、林盛、程林、罗荣碧、张成聪、孔凡英、康士全、王轩等60余位同志放弃春节假期值守各自工作岗位；谭顺明利用村村通、小喇叭等向农户宣传疫情防控知识，后疫情期间还积极帮助村民复工复产；党员贺志敏、罗成露为民营企业复工复产提供法律援助，疫情期间接待类似工资的法律咨询30余件。

在2020年8月9日中国农工民主党成立九十周年表彰大会上，农工党荣昌区委获得优秀地市（县）级组织称号，昌元医卫支部获得宣传思想工作先进基层组织称号，杨飞云获得先进个人称号。科技支部和人民医院支部获得农工党重庆市委授予的先进基层组织称号，康士全、刘涛、张先书获得农工党重庆市委授予的优秀党员称号。农工党荣昌区委获得农工党重庆市委社会服务示范项目三等奖。

【川渝合作】 发起渝西川东五地农工党组织合力助推成渝地区双城经济圈建设。5月，农工党荣昌区委主动邀请农工党四川省泸州市委、内江市委、自贡市委和资阳市总支到荣昌共商合作大计，助力推动成渝地区双城经济圈建设。7月31日，农工党川渝五地组织助推成渝地区双城经济圈建设合作框架协议签约仪式在荣昌举行。会上，农工党重庆市委与农工党四川省委签署了助推成渝地区双城经济圈建设合作框架协议，同时，农工党荣昌区委会与农工党四川省内江市委会、泸州市委会、自贡市委会、资阳市总支签订了助推成渝地区双城经济圈建设合作框架协议。

（陈秀娟）

致公党重庆市荣昌区总支部委员会

【概况】 2020年11月9日，中国致公党重庆市荣昌区总支部委员会成立。截至年末，区总支部共有38名致公党党员，平均年龄41.5岁，其中，2020年发展新党员6名。党员中有中高级职称22名，博士8名、硕士7名，有侨海关系18名；有致公党重庆市委会委员1名、致公党重庆市委会协商议政专委会委员1名，荣昌区政协副主席1名、区政协委员5名、丰都县政协委员1名，区侨联委员2名、市政协反映社情民意特邀信息员1名。

【参政议政】 2020年，与永川区、泸州市致公党组织签订了《川渝两地致公党组织助推成渝地区双城经济圈建设三方合作框架协议书》。提交调研报告《助力成渝地区双城经济圈建设，打造西部科技创新中心》《完善城区公共文化设施建设，不断提升我区城市品质》《关于重庆市荣昌区职业教育的调查报告》；向荣昌区政协十五届四次会议提交提案18件，立案15件，其中《关于促进荣昌区养猪业恢复性生产的建议》《关于修建荣昌仁义中学教师周转房的建议》等3件被列为重点督办提案（并案）。社情民意信息《人大修法让法律更有时代性和权威性》被中央统战部《零讯》采用，《建议在渝设立“重庆畜牧兽医职业学院”》获重庆市政府副市长李明清批示。《建议制定“一带一路”沿线国家预包装清真（Halal）食品安全统一标准》《建议非热力杀菌预包装食品安全国家标准中增加病毒检测指标》《建议采用紫外线对畜禽胴体进行“表面消毒”处理》《微滤除菌类液态食品“除菌不除毒”问题不容忽视》《建议加大重庆市餐饮类国家级非遗代表性项目培育申报力度》5条被重庆市政协采用；《民法典是人民的法典　法治中国新界碑》《建议我国食品中应逐步停止使用人造反式脂肪》《独立学院长期“立而不独”现象继续引起关注》《建议建立我国食品安全国家标准动态修订机制》《建议制定“一带一路”沿线国家预包装清真食品安全统一标准》《建议食品安全国家标准增加病毒检测指标》《建议加强自制食品安全风险防范》《建议建立“食物中毒信息查询平台”》等共10条次被市委统战部采用。全年共参加政党协商8次。

【社会服务】 2020年，为清升镇古佛山社区引进价值1万元的花果两用桃树，助力村社集体经济发展；为清升镇回龙完全小学精心挑选订阅《我们爱科学》《学语文之友》等24种适合小学生的期刊，送去价值5000多元的智能学习机器人、电子积木、滑板车、速叠杯等。指导清升镇养鹅场做好防疫、饲养管理、饲料选择、环境控制；指导远觉镇肉牛养殖专业户进行圈舍建造、购买运输、饲养管理、疾病防控；指导石柱县中益乡农户创建星级养蜂户。持续帮扶贫困学子，总支部（党员）累计捐资1.4万元资助西南大学动物科学学院2名优秀学子，2名优秀学子均以超高分考上了华中农业大学研究生；帮扶清升镇一名贫困家庭的中学生；协调重庆尚诚服饰集团有限公司为远觉中心小学、盘龙禾苗村小贫困学生捐赠服装249件，价值人民币5万余元。为区科技局、昌州街道及社区工作人员作政务礼仪培训，为安富街道通安村、观胜镇群众作家风家教讲座，为桂花园小学全体教师作教师礼仪培训。

【成立致公党重庆市荣昌区总支部委员会】 2020年11月9日，中国致公党重庆市荣昌区总支部委员会成立大会在区行政中心四楼会议室举行，杨作芳（女）当选为区总支部委员会主委，刘安芳（女）、曹莉（女）、田艳（女）当选为副主委，汪学荣、唐莉（女）、万孝平、胥朝言、叶单当选为委员。同日，致公党西南大学荣昌校区支部委员会、教育科技支部委员会、综合支部委员会成立，王庆华、付树滨、万堃分别当选为致公党西南大学荣昌校区支部第一届委员会主委、副主委、委员；邹贤春（女）、李恭君、吴利兰（女）分别当选为致公党荣昌区教育科技支部第一届委员会主委、副主委、委员；伍阳辉（女）、钟慕涵（女）、李佼（女）分别当选为致公党荣昌区综合支部第一届委员会主任委员、副主任委员、委员。

【抗击疫情】 区（总）支部14名致公党员和预备党员投身疫情防控第一线，积极参加社区入户排查、疫情防控宣传劝导和高速公路路口排查、车辆信息登记、消毒，其余党员也通过微信群、QQ群、朋友圈、科普宣传栏、科普云终端机等途径及时推送各种官方的、正面的信息。撰写提交《关于优先保障重点人群抗击新冠肺炎防护用品的建议》等社情民意信息11条；钟慕涵撰写的《从增值税发票数据看疫情期间我区制造业复工复产情况》得到中共荣昌区委书记曹清尧、区人民政府区长高洪波批示。致公党荣昌“同心致福”心理工作站于2月3日至4月10日开通应对新冠肺炎疫情心理援助热线，共为全区600多名干部群众免费提供了心理干预服务。党员累计捐款捐物24870元，向海外华侨华人和留学生捐赠4个“致公爱心小包裹”，总价值2000元。为企业及学校采购领取口罩50余万个，为企业做好复工复产服务保障，落实优惠政策，推荐41人给市内重点电子企业，其中成功入职5人。

【致公科普讲座】 全年共开展“致公科普讲座”8期，累计开展21期。依托致公党荣昌“同心致福”心理工作站，先后在大成中学开展以“返校复学后的心理调适”为主题的心理健康教育专题辅导，为棠香小学教师们作“后疫情时代教师心理调适”专题讲座，为清升镇扶贫干部举行“助力脱贫攻坚，关注扶贫干部”心理健康专题讲座，为西南大学荣昌校区大一新生举办以“关注大学生心理健康——情绪管理”为主题的知识讲座，到昌元街道指导学生家长修复因疫情导致的亲子关系紧张问题。

（李　佼）

九三学社荣昌区支社委员会

【概况】 至年末，支社有社员40人，其中，女社员19人、男社员21人，平均年龄41.3岁，大学以上学历35人，其中，博士研究生2人、在读博士研究生1人、硕士研究生10人，中高级职称33人，市政协委员1人、区政协委员3人，处级以上领导干部4人。支社被九三学社重庆市委评为思想政治和宣传工作先进集体、参政议政工作先进集体、社会服务工作先进集体，获区委统战部“同心杯”统战系统迷你马拉松团体赛三等奖。周建英被九三学社重庆市委评为宣传工作先进个人、组织建设工作先进个人专（工）委工作先进个人，周建英、李睿、李景富、吴俊伟被九三学社重庆市委评为参政议政工作先进个人，郭小兰被九三学社重庆市委评为新冠肺炎疫情防控工作先进个人，蒋庆被九三学社中央评为抗击新冠肺炎疫情先进个人，袁五兵、张凤被区委评为荣昌区打好‘三大攻坚战’突出贡献奖先进个人。

【参政议政】 2020年，围绕中共荣昌区委、区政府的中心工作，组织社员参加唱好“双城记”建好“经济圈”建言献策、反映社情民意工作座谈会等活动。在区两会提交提案、议案9条。周建英撰写的《关于进一步盘活农村闲置住房资源》提案，经九三学社中央报送全国两会，被立为全国政协提案，并获得九三学社重庆市委的感谢信。吴俊伟撰写的《将中国畜牧科技城纳入西部科学城规划建设的建议》被市政协采用。

【社会服务】 年内，组织社员为抗击新冠肺炎疫情捐款10400元。完成《重庆市荣昌区河包镇核桃村土鸡林下养殖》社会服务项目，为市级贫困村54户贫困户免费发放价值5万元的鸡苗2500只，带动地方政府配套3万元，农户增收10余万元。为河包镇核桃村65户贫困户发放价值7312元的清洁大礼包，改善其生活习惯，助力美丽乡村建设。赠送铜鼓镇高山村村委会价值900元的便携式户外扩容音箱，丰富村民文化生活。

【自身建设】 发展新社员18名。区政协设立第二批委员工作室，主任委员周建英成为“周建英委员工作室”委员，社员蒋庆成为“蒋庆委员工作室”委员。为社员购买《中华人民共和国民法典》《习近平谈治国理政》第三卷等书籍，提升社员综合素质和思想理论水平。组织学习教育、调查研讨、运动实践等活动9次，切实提高社员履职能力。鼓励社员撰写文章简讯，提高支社知名度和影响力。《荣昌统一战线》采用稿件2篇，《荣昌政协》采用2篇，社市委网站采用7篇，市委统战部网站采用3篇。

（周建英）

群众团体

区总工会

【概况】 至年末，荣昌区总工会（简称“区总工会”）新增工会组织12个，新增会员716人。区总工会下辖镇总工会5个、街道总工会6个、荣昌高新技术产业开发区总工会1个、镇工会联合会10个、系统行业工会联合会12个、基层工会组织1043个，其中，独立工会1002个，联合工会41个，覆盖基层单位1568个。有工会会员11.35万人，其中，农民工会员7.66万人。推进基层工会组织和会员实名制，已录入实名制系统基层工会组织609个工会会员6.93万人，农民工输出地登记3.38万人。继续推进“会、站、家”一体化和“工会组织+社工+志愿者”工作模式，为镇（街）配备社会化工会工作者18名。进一步夯实基层工作基础，拨付补助资金28万元支持铜鼓镇职工文化活动广场、远觉镇复兴广场、安富街道普陀村、荣昌初级中学、重庆唯美有限公司工会阵地、职工书屋、活动场所建设。为一线抗疫医务工作者、公安民警、交通执法人员的76名子女赠送1.52万元的慰问书券，动员全区152个单位5214人参保女职工特病保险，组织在抗疫一线的21名女职工免费进行“两癌”体检筛查，为100名卫生系统一线女职工赠送养生体验券，帮助她们缓解疲劳、释放自身压力，并对荣昌妇幼保健院“爱心妈咪小屋”进行升级改造。开展“炎夏送清凉”活动，为快递员、建筑工人、物流货车司机、脱贫攻坚工作队员及企业职工代表等702人发送防暑药品大礼包600份、防晒伞500把、水果及矿泉水等，慰问金额17.33万元。开展以“联防联控保安全，川渝协同促发展”为主题的川渝畜牧劳动和技能大赛，来自四川、重庆共178名畜牧相关人才进行了猪屠宰检疫、荣昌猪后腿分割、猪瘟疫苗免疫接种、猪前腔静脉采血（鸡翅静脉采血）、母猪阉割等项目的比赛。关爱互助会员身心健康，组织开展健康公益大讲堂活动，邀请健康专家为130余名会员讲解《中医的九种体质辨识》，并现场为会员们免费义诊；为400余名互助会员提供免费体检，帮助会员理赔464次，申请理赔互助金105.98万元；元旦春节慰问15名重疾会员及家属，发放慰问金7.2万元。

【职工教育培训】 巩固深化“不忘初心、牢记使命”主题教育成果。开展主题党日12次、周五集中学习41次，开展“以案四说”警示教育2次，观看警示教育专题片4场次，专题电影2次，通报典型案例16起。组织机关全体党员到铜鼓山英烈园开展“致敬·2020清明祭英烈”现场祭扫活动，参与社区服务、新时代文明实践和“三创”志愿者服务等12人次。组织开展新型冠状病毒科普知识及女职工维权相关法律法规知识网上竞赛，1000余人参与网上答题活动，发放奖品190份。联合区妇联、区法院、“阿度心理工作室”，并邀请律师开展“女职工合法权益保护”线上直播公益活动，开设《妇女、儿童和老人在家事纠纷中的权益保护》《“战疫”心里防护篇——心里关爱之“四热三调”》等微讲座课堂，着力宣传男女平等基本国策及维护女职工权益金典案例分析，深入开展征集“好网民·正能量”示范性系列作品活动。开展元旦春节“送万福、进万家”公益活动、慰问抗疫一线职工，开展

“千名律师服务职工在基层”活动进社区、进工地、进“小院讲堂”，不断完善职工文化建设。组织34名基层工会干部到昆明参加中国劳动关系学院举办的为期5天的工会干部创新能力提升专题培训班学习。

【职工文化体育活动】　在疫情防控常态化情况下举办“只争朝夕·不负韶华”拓展训练活动，120余名工会干部参加；举办职工健康公益大讲堂活动，来自全区各镇（街）、行业工会的基层单位互助保障会员代表120余名参加。关心困难职工、农民工子女，组织47名10岁以上至高中阶段的困难职工、农民工子女进行“面对挑战·突破自我”2020年暑期拓展训练活动，学习折扇制作、陶艺培训、垃圾分类等课目。丰富广大职工的文体活动，倡导健康绿色的生活理念，组织2020年荣昌区职工运动会“沐色装饰杯”羽毛球团体赛，共34支队伍参赛；9月19日，举办7.5千米职工健身跑团体赛和个人赛，共有34支队伍近500人参赛；充分利用好广大职工的业余时间，举办2020年职工综合素质提升培训班，开设插花、绘画、摄影、健身、网球、舞蹈、陶艺、烹饪等21项素质提升课程，共有2411名职工参加培训，取得良好效果。

【模范引领和典型示范】　大力弘扬劳模精神、劳动精神、工匠精神，推荐荣昌区兴旺种猪场场长郭平荣获“全国劳动模范”称号，国网重庆市电力公司永川供电分公司荣昌配电技术管理员廖伟荣获“2020巴渝工匠人物”称号，向新华、金洪流、廖伟、李让君、雍凤林、陈行、张盍宾、邹朝文、王兴强、刘合建获评第三届荣昌区“棠城工匠”称号。重庆明珠塑料有限公司工会获“全国模范职工之家”称号，重庆市三叶家具有限责任公司沙发车间工会小组获“全国模范职工小家”称号，刘恩丽、伏刚获“重庆五一劳动奖章”，重庆唯美陶瓷有限公司获“重庆五一劳动奖状”，古思特创客空间联合基层工会、荣昌区宏昌商品砼有限公司工会被命名为“重庆市模范职工之家”，重庆澳龙生物制品有限公司人力资源部工会小组被命名为“重庆市职工小家示范单位”，荣昌区税务局信息中心、重庆科力线缆股份有限公司挤塑班组被命名为“重庆市工人先锋号”。组织38名劳模、“棠城工匠”、部分工会干部赴中国劳动关系学院工匠学院举办的“劳模工匠”培训班，开展产业工人素质提升专题培训，营造劳动光荣的社会风尚和精益求精的敬业风气，为建设成渝地区双城经济圈提供人才支撑。

【职工帮扶救助】　实施建档困难职工动态管理，对已脱困（已注销）的1199名建档困难职工进行入户走访核复，高质量完成第三方评估工作；对48名全国级建档困难职工2020年元旦春节发放打卡慰问金10万元；春节前夕，走访慰问五一劳动奖章获得者、非公有制企业工会干部、互助会员、农民工、环卫工、交巡警、高铁站、困难企业、困难劳模等，发放慰问金3.65万元、新春大礼包633份；新冠疫情期间为全国级困难职工两次发放特殊生活补贴9.6万元，为防疫一线124名困难职工发放慰问金5.04万元。坚持临时救助与就业再就业相结合，变“输血”为“造血”，为1户建档困难职工子女成功申请过渡性工作岗位；在第四次全国残疾预防日宣传期间，走访慰问困难残疾职工，发放慰问金6300元，为其子女申请助学金5800元、生活补贴6000元；鼓励建档困难职工家庭子女勤工俭学，为3名困难职工子女提供“助学成才”社会实践岗位；农民丰收节期间，对8户困难职工、11名高考学子、2名残疾职工及学生走访慰问，并给予生活救助、残疾帮扶、助学扶困、租房补贴共计11.81万元。

【职工维权和就业指导】　走访调研重庆科力线缆股份有限公司、重庆永健生物技术有限公司、嘉吉饲料（重庆）有限公司、重庆方通动物药业有限公司和重庆拓新控股集团瑞尔酒店管理有限公司（简称“瑞尔酒店”）、重庆昌元化工集团有限公司（简称“昌元化工”）12家企业，涉及职工500余人，保障企业尽早复工复产。指导企业开展集体协商工作，努力培育民主管理示范点2家，嘉吉饲料（重庆）有限公司被评为2020年重庆市企业民主管理集体协商示范点，帮助瑞尔酒店等多家企业建立完整的民主管理程序。在区“三方四家”框架内积极推动昌元化工、重庆凯歌电子股份有限公司等企业参与千户和谐企业培育行动，努力构建和谐劳动关系。推动30余家企业直接参与网上劳动和技能竞赛，参赛职工和农民工超过500人，有20人分别获得劳动之星、技能之星、服务之星和创新之星。深化“七五”普法工作，运用报纸、电视台以及微博微信等多种媒体平台，开展“法治进企业，工会在行动”普法宣传，开展《民法典》网上知识竞答，2960名职工参与问答；利用“就业援助月”、“五一”国际劳动节组织专家到企业、社区开展法律知识讲座3场，法律咨询服务32人次，深入镇（街）、企业、建筑工地宣传《保障农民工工资支付条例》7场次，法律咨询活动13次，发放各类宣传资料4600余份；设立固定接待日，安排律师轮流值班，接待来访职工47次，来电62次，为28名职工提供咨询服务，办理法律援助案件13件，帮助职工挽回经济损失27.15万元。组织重庆华森制药股份有限公司、广东新怡内衣集团有限公司、重庆洽洽食品有限公司等24家企业参加“春风行动”招聘会，2000余人参加，500余人达成就业意向。对清流、河包等4个镇、教育、商务委、系统行业工会联合会及区委办、区政府办、区中医院、重庆澳龙生物制品有限公司（简称“澳龙生物”）等21个机关、企事业单位工会2019年度财务收支情况进行工会审计。

【精准扶贫与疫情防控】 开展脱贫户“回头看、回头帮”活动，确保已脱贫的贫困户稳定脱贫不返贫，持续抓好“一帮一联”工作；按照区委、区政府统一部署，牵头组织开展涵盖汽车主题消费、直播带货、鼓励公职人员带头消费、“夜市”消费、惠民消费、“在村头”扶贫消费等“爱尚荣昌·约惠夏天”系列消费季活动，提振消费市场，直接拉动1500余万元的扶贫消费；拨付5万元支持铜鼓镇刘骥村开展“蔬菜种植”脱贫项目建设，发展村集体经济，助力脱贫攻坚。学习宣传新冠疫情防控知识，广泛宣传奋战在抗击疫情一线的先进典型、先进事迹，发放倡议书、防疫手册等5000余份；向定点救治新冠病人的医院及一线医护人员发放疫情慰问金12.4万元，为178个防疫交通检查点送去价值3.18万元的矿泉水、自热米饭、面包以及消毒液、酒精等物资；号召劳模、工匠代表、机关党员干部捐款1.23万元；了解企业实际困难，为企业提供酒精、消毒液、抗菌液等防疫抗病物资，组织理发师深入澳龙生物、重庆唯美陶瓷有限公司、中国移动通信集团有限公司等企事业单位，为一线职工群众提供理发服务500余人次，开展“线上+线下”同步招工活动，帮助企业解决“用工荒”问题，为企业复工复产提供人员保障。

【党建带工建】 区总工会牵头制定出台《贯彻落实关于加强和改进新时代产业工人队伍思想政治工作的重点措施》，进一步推动全区产业工人队伍不断壮大，综合素质明显提高。向区委常委会汇报工作2次，列席区委常委会6次，参加区委群团工作联席会议4次，定期研究解决基层党组织及工会建设工作中出现的新情况、新问题。开展教育系统工会工作调研，联合区委组织部、区妇联、团区委对荣昌中学、初级中学、进修校等8家学校的“党建促群建”工作情况进行实地走访调研，促进基层工会党的建设。动员64个“两代表一委员”企业经营者所在单位全部组建工会组织，新建100人以上非公有制企业工会组织5个、规模以上企业工会组织5个、国有企业工会组织1个，全区100人以上非公企业、规模以上企业及国有企业工会组织均实现动态全覆盖。

（罗　东）

共青团荣昌区委员会

【概况】 2020年，共青团荣昌区委员会（简称“团区委”）领导职数为书记1名，副书记1名。团区委机关事业编制由6名调整为5名（即行政编制4名、事业编制1名），区青少年活动中心机构编制事业编制6名调整为事业编制5名，其中，主任1名。全年规范发展团员1700名，推优入党46名。有直属团组织71个，建立非公有制团组织34个，指导5个基层团组织换届，合并团组织2个，撤销空心团组织1个，打造2个青春加油站，23个荣昌区青少年实践活动基地及24个“青少年之家”。万灵镇团委副书记武英雨被评为全国优秀共青团干部和重庆市向上向善好青年——崇德守信好青年，团区委张家亮被团中央和中国青年志愿者协会评为抗击新冠疫情青年志愿服务先进个人，宝城初级中学欧永纯被评为2020年重庆市十佳少先队辅导员、全国优秀少先队辅导员、2020年重庆市十佳少先队辅导员，铜鼓镇熊贵英被评为重庆市优秀共青团干部，区人民医院郑清源被评为重庆市优秀共青团员，团区委袁滋润被评为2019—2020年度重庆市青年岗位能手标兵，吴家镇双流村党委杨媚被评为重庆市第八届优秀志愿者，团区委刘显龙被评为脱贫攻坚战先进个人，邓晓语、刘桐羽、邹沐岑、蒋佳栗、颜君瑶、唐禄睿被评为2020年重庆市优秀少先队员。团区委被评为荣昌区打好“三大攻坚战”中“污染防治攻坚战”突出贡献奖先进集体，荣昌青年志愿者协会被评为第八届重庆青年志愿者优秀集体，重庆市荣昌区职业教育中心青年志愿者服务队被评为重庆市2020年大中专学生志愿者暑期文化科技卫生“三下乡”社会实践活动的优秀团队，荣昌区西部计划项目办荣获重庆市“山茶花”脱贫攻坚志愿者“网络带货”比赛优秀组织单位。团区委亮点工作被区级、市级媒体采用256条、新华社采用2条、人民网采用4篇、《人民日报》采用1篇，“学习强国”采用3条、团市委《每日要情》刊登3条、区委《领导参阅》刊登10条。

【青年教育】 团区委以习近平新时代中国特色社会主义思想为指导，引领青少年爱党爱国。开展共青团主题教育，引导青少年爱国敬党。以“青春向党·奋力奔小康”为主题开展“十个一”系列活动，吸引5245名团员青年参与网上知识竞赛活动。“共沐书香”捐书活动收到的1520本图书捐赠给5个青少年之家。开展“五四”云游双城经济圈活动，吸引100余万名“泸江永荣”四地青年观看。组织1500余名团干部参加“网络应知应会”答题比赛。组织2000余名少先队员参加“童心向党”清明节云祭扫活动，1.5万余名青少年线上参与“童心向党·我向抗疫青年学习”活动。组建120人的“红领巾·小海棠”志愿服务队，带领全区少先队员立志向、修品行、练本领，树立“热爱党、热爱祖国、热爱家乡”的价值观。组织全区各级团组织和广大团员学习习近平总书记“五四”青年寄语、给北京大学援鄂医疗队回信、全国“两会”等精神。开展中共十九届五中全会精神集中宣讲6场，基层团干部宣讲活动21场，依托“周五集中学习日”、干部大会、主题团日开展集中学习82次。专题研究部署意识形态工作4次，开展重点场所意识形态检查12次，把意识形态工作纳入基层团组织“三级述职测评”的重要内容。落实“三审三校”信息发布制度，审批发布信息286条。开设《听说》栏目12期，荣昌共青团卡通人物形象“陶陶”“棠棠”主题壁纸8期。“荣昌共青团”微信公众号共发送432篇，总阅读量超10万余人次。广泛发动13万多名团员青年持续参与“青年大学习”，全年学习情况位列区县序列第一名。开展禁毒宣传、“反邪”宣传、“青创空间”、关爱帮扶、心理辅导等各类教育活动40余场次，垃圾分类、环境整治100余场，服务群众6500余人次，开展青年婚恋交友活动，为抗疫党员、团员青年举行集体云婚礼2场。

【青年创新创业】 团区委全力推进青年创新创业。加强青年创业指导，开展“未来企业家培养青锋计划”活动3场，组织青创导师面对面服务青年300余人。为推进“青创空间”建设，开展培训12场次，服务全区1000余名创业者。完成市青促会三十三分会会员换届工作，纳新20名会员。提升青年眼界，开展渝西川东创新创业大赛，两地22个项目同台竞技，仅用20天让自贡的路灯管家项目落地荣昌。举办“青春有约　云游双城经济圈”活动。加强青年对外交流，6月组织渝西川东22支研支团志愿者到观胜镇英才小学开展交流活动。6月18日，团市委党组书记与50余名重庆市青年企业家一行到荣昌区开展考察交流活动，实地考察投资环境寻求良好合作契机，助力成渝双城经济圈高质量发展。7月5日，开展名优特产直播活动，进一步助力消费扶贫，直播观看10万余人次，深受川渝两地网友广泛关注。为推动成渝双城经济圈建设，组织青少年暑期“泸江永荣”四地青少年夏令营活动，增进四地青少年的交流和友谊，丰富四地青少年暑期生活。10月，召开2020年成渝地区双城经济圈青年企业家峰会，广泛凝聚青年企业家的智慧和力量投身成渝地区双城经济圈建设。

【青年志愿者服务】 全力打造“红领巾·小海棠”志愿服务队。通过初审报名、选拔推荐、管理培训、审核认证等程序，在全区范围内选育培优年龄7—14岁少年儿童。至年末，“红领巾·小海棠”小小志愿者人员达到310人，并以海棠花为原型设计了“红领巾·小海棠”品牌Logo，寓意“红领巾·小海棠”志愿服务工作“海棠香满城，朵朵放光彩”。结合实际在全区包括高新区规划展览馆、夏布博物馆、生猪大数据中心、“一带一路”陶瓷博览中心、万灵古镇、红色之路国防教育基地等建立20余个服务点，以“拥抱新时代”为主题，组织开展“争做新时代好少年”成长体验系列活动、“红领巾小解说”志愿活动、慰问抗美援朝老兵等活动24场。成功接待渝西川东青年创新创业大赛、重庆市青年企业家来荣考察、2020年川渝地区青年企业家峰会等活动35场，服务时长640小时，服务和带动青少年开展红色教育4000人次。开展志愿扶贫接力。依托2020希望工程“精准扶贫·圆梦行动”“10万+”“希望工程1+1”系列志愿活动，资助290名贫困学生。依托“筑梦棠城”支教团志愿服务队，开展“大手拉小手”“扶贫扶志扶智”系列志愿活动10余场，服务贫苦群众600余人次，直接资助15个困难家庭。组织流动少年宫进校园进青少年之家，关爱青少年和留守儿童5000余人次。开展“童心向党·奋力奔小康”荣昌·秀山夏令营等5场次、公益夏令营2场，覆盖1000余名青少年。组织在职党员进社区报到参加志愿服务12次，开展党课5次、“十指连心”调研走访30余次。开展川渝携手·“青”力扶贫——青年志愿者“网络带货”PK赛，销售订单2000余单，销售金额10万余元。选派12名在校贫困大学生赴各机关单位带薪实习。助力抗疫，组织21支青年突击队和5支机关青年突击队，2000余名青年志愿者持续40余天“战”在抗疫一线。争取各类物质、捐款共计5万余元赠给基层一线，发动机关干部、青年志愿者参与无偿献血3.5万毫升。守护生态环境建设，积极协助双河街道落实“河长制”，日常巡查和联合整治30余次，结合“青少年之家开展”开展垃圾分类宣传活动60余场次，覆盖3000余名青少年。开展“洁小青”人居环境整治活动40余场次，服务群众3500余人次；“站小青”活动20余场，服务5万余人次。“红领巾·小海棠”服务24场次，服务2200余人次。开展“四点半课堂”等主题志愿活动800余场次，服务2.3万余人次。服务全区青年迫切需求，开展2场青年婚恋交友活动，成功牵手11对，为4对战“疫”党员、团员举行集体云婚礼。联系川渝等地36所院校57名大学生、研究生暑期到荣开展“三下乡”活动。全年团区委心理辅导站接受热线咨询327人次，线上App咨询110人次，分发宣传心理资料1600份；专业心理咨询师前往荣昌中学峰高校区、仁义中学、荣昌区永荣中学、大成中学等学校开展团体心理辅导6次，为高三学生提供专业化的心理辅导。

【成渝地区双城经济圈青年企业家峰会在荣召开】 10月28日，2020年成渝地区双城经济圈青年企业家峰会在荣昌区开幕。峰会以“筑梦成渝·创赢未来”为主题，川渝两地青年企业家200余人参加，发布《川渝青年企业家助力成渝地区双城经济圈建设共同宣言》。川渝共青团已先后召开第一次联席会议和青春建功行动工作推进会，签订《成渝地区双城经济圈建设青春建功行动合作框架协议》，联合发布“汇聚青年好声音唱好成渝双城记”“双城青才计划”等8项重点合作项目，携手推动荣昌与泸州、潼南与遂宁、大足与资阳等18对市、区（县）共青团签订合作协议。

【川渝“河小青”环保健身跑在荣举行】 10月31日上午，以“同饮一江水　共护母亲河”为主题的2020川渝“河小青”环保健身跑活动在荣举行，有600余名青少年参加活动。青少年活动中心组织76组“红领巾·小海棠”“河小青”志愿者亲子家庭参与该活动，成为一道亮丽的风景线。自启动“同饮一江水　共护母亲河”川渝“河小青”长江上游地区生态环保志愿服务项目以来，已动员江津区、合川区、泸县等63个川渝长江沿线区县加强协作，联动开展低碳出行、水资源保护、植树护绿等生态环保志愿服务活动31次，并签订《川渝两地“河小青”保护长江行动共建协议》。（黄兴睿）

区妇女联合会

【概况】 2020年，荣昌区妇女联合会（简称“区妇联”）紧紧围绕区委、区政府中心工作，提高站位、夯实举措，扎实开展脱贫攻坚、乡村振兴、城市提升、创业创新四大巾帼行动，推动全区妇女儿童工作和家庭建设实现新发展。区妇联在“清风常伴·廉洁齐家”家庭助廉立德活动中被评为表现突出单位，在“小康路上　巾帼力量”短视频征集活动中，《飞针走线，“纳”出美好生活》作品获得优秀奖。年内，全区获全国最美家庭1户，市级三八红旗手集体1个、三八红旗手标兵1名、三八红旗手1名、巾帼文明岗2个、新冠肺炎疫情防控最美家庭4个、第二批最美家庭3个、“绿色家庭”3个、“最美阳台”2个、“最美庭院”3个、巾帼建功标兵1个、新冠疫情防控“巾帼建功标兵”3个、优秀基层妇联执委2个、最美“巾帼脱贫户”2个、示范性妇女之家3个、示范性儿童之家2个。

【思想引领】 2020年，为巩固深化“不忘初心、牢记使命”主题教育成果，发动妇联执委参与“百千万巾帼大宣讲”42场，共话“初心之路”、感悟“初心力量”；线上带动全区妇联系统开展“学习新思想　唱响能行好　夺取双胜利”习近平新时代中国特色社会主义思想微宣讲30余场；在荣昌巾帼微信公众平台开设“思想政治引领第一课”专栏，宣传习近平总书记系列重要讲话精神、中共十九大和十九届二中、三中、四中、五中全会精神等。全年各项工作被市级以上媒体宣传报道278次，其中，中央、国家级媒体宣传报道53次，市级媒体宣传报道225次。

【妇儿权益维护】 常态化开展“建设法治中国·巾帼在行动”“千万妇女大学法”“你点我送”等法治宣传活动169场，开展“守护花季，相伴成长”预防性侵害，“校园安全防护”“全民禁毒”等宣传咨询维权活动法治宣传活动81场；疫情防控期间联合阿度心理工作室开通心理咨询热线，接听热线电话及网络咨询300余人次。荣昌区未成年人心理辅导站的11名巾帼志愿者，主动深入到学校开展心理健康讲座，开展团队辅导29次，还为家长和学生提供一对一心理咨询100余人次，免费心理体检2301人次，录制心理健康讲座4期，在荣昌巾帼微信公众平台播放，服务人群8000余人。12月17日，联合区教委等邀请专家在后西小学第二校区开展心理健康专题讲座，为600余名教务工作者和妇联系统干部讲解如何做好情绪管理。做好安全维稳工作，扎实开展重点人群走访摸排，对可能引发恶性事件隐患的家庭矛盾纠纷，启动流动“梁姐”工作室现场调解3起。全年，接处信访95件，其中，婚姻家庭矛盾纠纷调解48件，做实“平安家庭”建设工作，推动65%的“问题家庭”明显转变为“平安家庭”。

【家庭文明建设】 5月，开展“阅读新时代　书香润万家”家庭阅读活动，推选出重庆十大最美书香家庭1户、最美书香家庭2户。评选出家庭诵读优秀作品53个，其中，获得1个二等奖，2个优秀奖。5月11日，举办“幸福家庭　快乐成长”重庆市第四个家庭教育日宣传服务活动。6月，联合区委宣传部、区文明办在全区范围内开展寻找“最美家庭”“孝善典型”活动，评选出“最美家庭”100户、“孝善典型”100人。8月，联合区相关单位在全区开展“清风常伴·廉洁齐家”家庭助廉立德活动，李亚家庭《童音入心》获得一等奖并参加全市展演。9月22日，开展重庆市家庭教育百场讲座进万家荣昌专场，惠及家庭400余户。年内，开展垃圾分类、夏布扎染、绿色生活、手工拉胚等亲子实践活动35场；联合区卫健委、区妇幼保健院、区民政局开设“幸福树成长课堂”，针对不同家庭情况，设置婚前“春生”、育前“夏孕”、育后“秋实”课堂，开展78场次、服务3000余人。联合各镇（街）在全区范围内组织开展重庆市第四个家庭教育日系列宣传及指导服务活动23场，发放相关宣传资料1万余份；深入妇女之家、儿童之家、村社院坝宣传《重庆市家庭教育促进条例》，开展科学育子知识宣讲88场；组织优秀教育工作者、公检法司工作者、妇联执委等93名家庭教育讲师参加系统性培训，并邀请讲师团成员深入镇（街）、村（社区）、学校开展“家庭教育讲座进万家”活动187场。利用喻茂坚纪念馆、“小六长”警示教育基地、直升镇红色家园等廉政教育示范基地不定期开展清风大讲堂、警示教育活动。

【巾帼志愿服务】 年内，为深化“美家美户·姐妹相助”志愿服务，开展人居环境整治志愿服务活动89场，发动4500余名巾帼志愿者参与，在全区新时代文明实践志愿服务大赛中，区妇联“美家美户·姐妹相助”志愿服务项目荣获铜奖。结合荣昌区新“三创”工作，组织巾帼志愿者深入村（社区）向居民们宣传社会主义核心价值观、“三创”相关知识、科普、健身知识、医疗急救知识等活动40余场。开展“文明新生活”垃圾分类宣传进村社活动、“巾帼护河　共建生态家园”活动、巾帼抗洪抢险、巾帼义务植树、“姐妹同行　文明你我”文明劝导等志愿服务活动100余场，参与巾帼志愿者1万余人。

【妇儿民生服务】 年内，在传统节假日送出慰问物资合计7万余元，慰问困难妇女儿童624人次，

“两癌”项目免费检查农村妇女 1.7 万人次。开展“99 公益日”活动，经中国妇女发展基金会儿童发展基金会按 1∶1 配比后募得善款 47.36 万元，用于“春蕾圆梦”项目资助贫困女学生 76 名，资助 100 余名农村家庭困难女童就学，资助贫困留守儿童 200 余名，给 14 名未脱贫残疾妇女送去“暖心关爱包”，实现全覆盖关爱。动员女企业家协会为 6 户贫困家庭赠送家具 30 余件。

【妇女创业创新】 2—3 月，联合人力社保局开展“春风行动”，举办女性专场招聘会 5 场，提供工作岗位 1000 余个，全年发放妇女小额担保贷款 6842 万元，支持 383 名妇女创业。6 月 19 日与内江市妇联签订巾帼助力成渝双城经济圈建设战略合作框架协议，并联合开展“巾帼扶贫家庭工坊”夏布手工培训，9 月 9 日邀请内江市东兴村农村留守妇女开展“双学双比”蔬菜种植技能比赛活动，邀请专家为荣昌区妇女讲解蔬菜育苗及管理技术，提升妇女技能水平。创建“夏布三娘子”工作品牌，动员“巴渝巧姐”线下开展“夏布三娘子”培训 47 场 2000 余人次，线上开展“夏布手工制作微课堂”15 期、参与人数 750 余人次。在“三八”国际妇女节开展首届夏布手工制品网络评选大赛，吸引 187 名妇女参与，其中，10 名妇女分获一二三等奖。新建“巾帼家庭扶贫工坊”6 个、“荣昌夏布织染工坊”1 个、“巾帼夏布编织合作社”1 个，带动妇女居家就近就业，定期回收夏布产品订单，帮助妇女增收 10 余万元。引导“巴渝大姐”陈行线上开展“家政服务微课堂”、线下开展家政服务、母婴护理、居家养老等培训 57 场，培训妇女 2800 余人，带动 400 余名妇女就业。整合荣昌区 12 家家政企业，成立荣昌区巾帼家政联盟，提升荣昌巾帼家政服务水平。

【妇联改革新成果】 8 月，修订三级妇联执委联系服务妇女儿童制度，进一步明确执委信息交流、联系指导、结对帮扶等职能职责。11 月 9 日，召开十届十次执委会，选举区妇联挂职副主席 1 名。开展妇联干部“领头雁”培训，分层级全覆盖培训妇联干部 300 余名。拓展妇联组织和阵地建设覆盖面，年内新建妇联组织 25 个、“妇女微家”8 个，规范化建设妇女之家 7 个、儿童之家 8 个，统一规范标识、亮出工作制度、明确家长职责，其中，3 个妇女之家被评为重庆市示范型妇女之家，两个儿童之家被评为重庆市示范型儿童之家。加强教育系统妇联工作指导，在 6 所学校新建妇联组织，打造“听妈妈的话”工作品牌。

（杨云丽）

区科学技术协会

【概况】 2020 年，荣昌区科学技术协会（简称“区科协”）紧扣推动成渝地区双城经济圈建设和“五个提升”工作要求，坚持新发展理念，坚持深化改革开放，着力保持和增强政治性、先进性、群众性，着力健全联系广泛、服务科技工作者的工作体系，着力做好优化服务发展。科普经费实现逐年递增，全民科学素质从 8.3 提高到 9.3。获得中国科协、市科协项目资金 125 万元，其中，昌元街道桂花社区、观胜镇橙香中药材科普示范基获中国科协“基层科普行动计划”补助资金 15 万元，科技馆免费开放资金 48 万元，畜科论坛补助资金 12 万元，海智工作站奖补助资金 20 万元，中国科协基层科协改革试点工作经费 30 万元，年内到位 15 万元。新建企业科协 4 家，建成重庆市海智工作站 2 家，荣昌被中国科协确定为基层科协综合改革试验区，市科协被确定为科技经济融合发展试点区，荣昌区全国科普日活动获中国科协优秀活动。

【科协改革】 深化基层科协改革。全区 63 名医院院长、学校校长、农技服务中心主任被增补为区科协副主席，切实解决基层科协资源不足、力量薄弱等问题。年内新组建区老科协等 2 家区级协会，重庆华奥医药有限责任公司等 4 家企业科协，命名一带一路陶瓷博物馆等 13 个区级科普基地。推进科技与经济融合发展试点。拟订《关于依靠中国科协“科创中国”平台促进科技经济融合发展实施方案》，努力打造“科创中国”创新枢纽城市。推进地方科协深化改革试点。拟订《地方科协深化改革工作试点方案》，完善“党建带群建”等工作机制，加强对科技工作者的政治引领和政治吸纳。借助“科创中国”平台，积极引入智力资源、人才资源、项目资源，围绕荣昌“6+1”主导产业发展和企业技术需求提供精准化、定制化套餐式科技服务，提升荣昌农牧高新、轻工陶瓷、食品医药三大产业竞争力和技术创新力，推动企业、产业、项目、人才、技术、农技协组织等优质科技资源向脱贫村转移，助力精准脱贫；积极对接高端智库平台，推动“科普中国”等资源精准落地，提升科技类公共服务产品供给能力。

【科技工作者培养与举荐】 充分利用“科技工作者日”“全国科普日”等节点，选树和表彰一批青少年科技创新区长奖、科普工作先进集体、科普工作先进个人、社区科普大学示范点等，使真正有科研和创新实力的团体和个人脱颖而出。深入挖掘科技工作者中的典型，持续深入开展人才举荐和表彰工作，推荐蒋伟、李启波、赵光伟参加2020年重庆市“最美科技工作者”评选，蒋佳栗获第十二届青少年科技创新市长奖提名奖，吕玉奎获国家林草局“最美科技推广员”，重庆唯美陶瓷有限公司获得五一劳动奖状，重庆市荣昌区人民医院感染性疾病科护士长刘恩丽和重庆澳龙生物制品有限公司经理伏刚获得重庆五一劳动奖章。

【反邪教工作】 3月初积极协调相关单位、制定工作方案、成立领导小组，统筹安排21个镇（街）及科普示范社区积极开展形式多样的反邪教宣传活动。开展反邪教宣传、反邪教讲座、观看反邪教影片、反邪教进校园、反邪教文艺会演等开设形式多样、丰富多彩的宣传活动。全年发放科普宣传手册、反邪教知识读本、反邪教宣传报、反邪教宣传购物袋5万余份，反邪教宣传展出21块、反邪教宣传活动20场，举办大型反邪教文艺演出1场，举办心理专题讲座2次，受益群众10万人次。

【脱贫攻坚】 立足科协主业，抓好农业科普知识宣传。联合区农委、融媒体中心共同开展2020年农业科技宣传月线上活动。通过荣昌电视台、荣昌微发布、《荣昌日报》等平台，向广大农民朋友，尤其是贫困户普及防止疫情扩散的方法、加强个人防护的科学知识及大春生产、生活相关知识，确保做到全面提升居民的防控意识和生产生活能力。与区农委联合举办2期高素质农民教育培训班。邀请科研院校和企事业单位的专家分别对全区近百名科技扶贫带头人和建卡贫困户就当下农村、农民关心的热点、难点问题进行了授课。积极组织科技特派员和科普志愿者开展了“千会千人进千户”科技志愿者活动等。通过大力培育高素质农民队伍，提升农民群众的种养殖技术水平和科技水平，帮助困难群众创业致富、持续增收、稳定脱贫，助力脱贫攻坚和乡村振兴。在决战决胜脱贫攻坚战中，21名农技站长发挥了中坚作用。强化基地建设，发挥示范带动作用。为实施好科普示范带动作用，区科协充分利用分布在全区各个镇村的科普示范基地，鼓励他们充分发挥好各自的优势，带头发展主导产业、特色产业、新兴产业，推动农业规模化、集约化经营、产业化发展，进而带动当地农户致富增收。清流镇的秦橙科普基地、清江镇河中村龙眼科普基地、吴家镇市级贫困村玉峰村油牡丹科普基地、观胜镇的中药材科普基地等都发挥示范带动作用。2020年，秦橙科普示范基地直接带动农民就业160人次（含贫困户6人）。

【助推“双城经济圈”建设】 区科协撰写多篇双城经济圈调研报告，其中，3篇调研文章被《渝西论坛》《荣昌政协》刊用，1篇调研报告被纳入川渝省市政协远程协商内容。加强川渝科协交流合作。根据市科协与四川省科协签署的“全面战略合作框架协议”精神和“联通双城　联合毗邻　联动市域”要求，积极联系内江市科协、泸州市科协，签署《关于融入和服务成渝地区双城经济圈战略合作的框架协议》，切实加强合作交流，共商共建区域科协共同体。邀请内江市科协和泸州市科协观摩荣昌区第三届公民科学素质大赛，积极参与在泸州举办的“第18届四川省机器人大赛”，巩固和提升内江、泸州、荣昌作为川渝联动发展的“桥头堡”地位，为助力成渝两地经济社会发展提供科技支撑和智力支持。与内江市科协的沟通联系，为两地夏布织造学会牵线搭桥，共建夏布产业合作平台；与泸州市科协沟通联系，为两地旅游开发牵线搭桥，力争形成资源共享、错位发展、优势互补的双赢局面。

【新冠肺炎疫情防控】 精心制作科普宣传资料，助力疫情防控工作。通过媒体宣传“新冠肺炎”防疫知识，印制《新型冠状病毒感染的肺炎防控知识手册》1.2万册，其他单页宣传资料10万份，通过线上线下方式大力普及防止疫情扩散、加强个人防护的科学知识，确保做到家喻户晓，全面提升居民的防控意识和能力。招募志愿者，拓展志愿服务活动。开展心理咨询活动，提供心理干预服务。为及时有效缓解新冠肺炎疫情给干部群众带来的心理负担和精神压力，区科协携致公党荣昌“同心致福”社会服务实践基地陈志林博士心理工作站，于2月3日起正式开通应对新冠肺炎疫情心理援助热线，为全区400多名干部群众和师生免费提供心理干预服务，效果十分明显。（钟从彬）

区归侨侨眷联合会

【概况】 2020年，重庆市荣昌区侨务办公室紧紧围绕区委、区政府中心工作，坚持“以人为本、为侨服务”的宗旨，认真履行职能职责。全年先后召开了4次荣昌区侨联全委（扩大）会议，加强对侨界群众的思想政治引导。走访慰问困难归侨侨眷15户，送慰问金7500元。牵头与区教委组织侨界企业重庆大爱成科技股份有限公司开展“爱心眼镜进校园”公益活动，对区内2000名品学兼优、家庭贫困的近视中小学生免费检查并配制眼镜。参加区统战系统“抓‘六保’促‘六稳’民营企业百日大走访”活动，深入80余家企业了解情况、宣讲政策，协调、推动解决企业困难和问题。11月，推动荣昌陶博物馆成功入选“中国华侨国际文化交流基地”。

【联络联谊】 组织建立留学生家长联谊会，广泛团结全区留学生家长及眷属，增进友谊，沟通信息，为海外留学生搭建服务平台，促进荣昌区在经济、文化、科技等方面的对外交流和合作。荣昌陶瓷微课入选中国侨联“亲情中华·为你讲故事”网上夏令营教学平台，为彰显荣昌陶文化魅力、扩大荣昌陶文化影响发挥积极作用。组织发动荣昌中学学生参加“第二十一届世界华人学生作文大赛”活动，推荐上报18篇作文参加比赛，展示荣昌青少年风貌。先后与内江市侨联、北碚区侨联签订友好合作协议，在服务经济发展、对外联络联谊、基层组织建设等方面开展交流合作，建立形成系列工作机制，助力荣昌建设成渝地区双城经济圈重要增长极。

【参政议政】 围绕区委、区政府中心工作，先后4次组织侨联委员及侨界人大代表、政协委员深入基层调查研究，发挥侨联智力资源优势，努力为地方经济社会发展建诤言、献良策。全年编辑上报建议反映类信息50余条，被市级以上媒体采用38条。其中，全国政协采用1条，中央统战部采用1条，民盟中央采用1条，《建议鼓励国内国际学校“走出去”开办海外分校》得到市级领导批示。协助市侨联针对全市水安全问题展开调研，组织开展“关于强化水安全保障”问卷调查，助力为科学编制重庆市“十四五”规划提出具有针对性、科学性和前瞻性的建议。

【文明实践】 组织侨界企业重庆大爱成科技股份有限公司结合“6.6爱眼日”活动，开展“爱心眼镜进校园”公益活动，由专业人士到吴家中学校等中小学为学生开展爱眼护眼讲座活动，对区内2000名品学兼优、家庭贫困的近视中小学生免费检查并配制眼镜。区侨联委员唐莉在安富街道、直升镇、铜鼓镇、观胜镇等地开展家庭教育讲座活动7场，帮助培育文明乡风家风。协调资金1万余元，为清升镇罗汉寺村“新风小院”安装路灯8盏，聚力助推乡村文明建设。

【疫情防控】 年初面对新冠肺炎疫情，引导侨界群众增强抗疫信心，正确、科学做好自身防护，发动侨界人士积极主动参与疫情防控工作。区侨联兼职副主席渠浩代表重庆大爱成科技股份有限公司先后捐赠护目镜6500副、口罩12万个、现金50万元，累计捐款捐物100万元。区侨联委员、重庆味优食品有限公司董事长唐莉向清升镇、万灵镇一线抗疫人员赠送批抗疫物资。联系协调重庆市侨青会会员，重庆蓝天救援队队长骆明文向荣昌捐赠1万千克新鲜蔬菜。整合市内外资源，向海外26位荣昌籍留学生赠送“侨爱心健康包”，传递祖国家乡的关怀和“天下中华儿女一家人”的血脉亲情。

【组织建设】 结合新形势下侨联工作需要，先后增补重庆大爱成科技股份有限公司总经理渠浩为区侨联第六届委员会委员、副主席，增补重庆大爱成科技股份有限公司企划部经理张茂盛为区侨联第六届委员会委员，更好发挥区侨商人士优势和作用，为区侨联班子建设注入新的活力。整合侨界资源，在区高新区创建首个“侨胞之家”，巩固发展为侨服务阵地，提升侨联组织活力。（张大菊）

区工商联（区总商会）

【概况】 2020年，新建商贸物流商会，全区共有商会43个，会员4916人，其中，企业会员2509人、个人会员2407人，行业商会和会员发展数量位居全市前列。区工商联共签约招商引资项目9个，其中，工业项目4个，合同资金15.5亿元，超额完成招商引资任务。全区民营企业参与消费扶贫、项目扶贫、捐款捐物等达1264万元。重庆华森制药有限公司、荣商集团2家企业和高新产业商会荣获重庆市“万企帮万村”精准扶贫先进民营企业和组织工作先进单位。为抗击新冠肺炎疫情，全区30余家商（协）会和广大民营企业捐款捐物达1000余万元。区民营经济协会和重庆华森制药有限公司、重庆大爱成科技股份有限公司分别获评重庆市抗击新冠肺炎疫情先进商会和先进民营企业。区工商联合会被全国工商联办公厅评为2020年度民营企业调查点工作先进示范单位。食品行业商会、陶商会、创业者商会被认定为市级“四好”商会，食品行业商会被全国工商联办公厅认定为全国“四好”商会。

【参政议政】 2020年，非公有制经济代表人士在区人代会上提出议案20件，在区政协会上提出提案21件。区工商联提出《关于修建安荣合高速公路的建议》《关于加快产城融合发展提升荣昌城市品质的建议》《加快发展现代高等职业教育为荣昌产业发展提供技术人才支撑的建议》等集体提案7件。《关于修建安荣合高速公路的建议》得到了区委、区政府主要领导高度重视，组织召开专题会进行可行性分析研究，纳入区重点项目规划。同时，组织部分民营企业家积极参加区委暑期谈心会、区委统战部政党协商座谈会等，围绕优化营商环境、双城经济圈建设、教育改革、脱贫攻坚等工作建言献策。

【会员服务】 联合区委统战部开展“百日大走访”活动，组建区级走访组11个，镇（街）走访组21个，将宣讲习近平总书记重要讲话精神，宣传中央、市、区惠企政策举措融入走访全过程，引导民营企业进一步坚定发展信心，全面了解民营企业在复工复产、达产达效、惠企政策落实过程中面临的突出困难和问题等情况，共走访民营企业及个体工商户1164家，走访行业商（协）会、异地商会22家，召开座谈会、现场办公会、集中交办会等17场，累计开展宣讲活动1028场次，收集困难问题1269件。组织部分民营企业家开展走进法院活动，交流协调对接工作，推进民营经济领域纠纷多元化解机制建设。与区公安局以“提升服务质量、优化营商环境”为主题，组织民营企业代表召开服务企业座谈会。与区检察院联合开展以“服务六稳六保，护航民营经济”为主题的检察开放日活动，观摩涉企案件公开听证会，组织召开民营企业代表交流座谈会。联合司法局持续开展“送法进企业”活动，组织律师担任民营企业法律顾问。探索以案例为载体的法律培训方式，邀请重庆百君律师事务所2名律师，分别以《家企混同与财务安全》《企业家刑事法律风险防范》为题，组织民营企业家代表100余人参加培训。强化融资服务，收集民营企业贷款融资需求248件，积极向区委区政府建言献策，推动出台《荣昌区民营和小微企业流动性信用贷款管理办法》。加强与金融机构的战略合作，搭建在荣银行与商会、民营企业对接平台，邀请建设银行荣昌支行等银行参与基层商会轮值会。全年10家合作银行新增贷款10.57亿元，贷款总额55.17亿，受益企业1366户。全力支持商会举办各类会展。与区经济信息委、区农业农村委、区商务委共同协助食品行业商会举办首届农特产品展销会，60余家企业及合作社展销特色农副产品400余种，推进农特产品产销对接。协调帮助汽车销售服务行业商会落实“迎国庆庆中秋”车展场地，15家参展商销售汽车260台、摩托车105台，销售额达3500万元。助推荣商集团做大做强，大力支持荣商集团走产业并购和实业经济发展一体的抱团经营路线。荣商集团下设子公司5个，落地项目6个，合计总投资8.08亿元，截至12月已初步形成医疗健康、房地产开发、新型建材研发销售三大重点经营板块。

【双评双促】 持续开展双评双促工作，将“双评双促”企业评议部门得分作为考核区级部门营商环境重要指标，并以区委办、区政府办文件形式对评议结果排名前15位和后5位的单位进行全区通报。3月27日，组织召开“双评双促”工作反映问题现场集中交办会，针对企业反映的29个职能部门存在的46个具体问题进行集中交办，相关职能部门针对反映问题进行逐一整改回复。

【营商环境观察员工作制度】 为确保营商环境观察员制度不走形式、落在实处，进一步完善定期会商、分类办理、挂单销号、考核评价等工作机制。全年收到意见建议116个，办理回复112个，其中，区委书记亲自批示办理建议10件。全区创新建立营商环境观察员制度，相关做法先后3次在《重庆日报》进行宣传报道，其中，《市场主体有诉求，微信群里解难题》被“学习强国”平台采用刊登，获评重庆市优化营商环境十佳示范案例。

【双城经济圈建设】 先后组织9家行业商会及部分民营企业家代表赴泸州、内江、自贡、资阳等地考察，分别与四地工商联签署《合作协议》，并就建立长效机制、开展交流合作、加强外引内联、加强活动对接、提供便利服务、实现资源共享、深化合作成效7个方面达成共识，与自贡市贡井区商会、自贡市富顺县工商联合会建立友好关系，开展互访交流、学习取经10余次。推动区创业者商会与泸州市传媒商会、泸县龙城商会结成战略合作伙伴关系。促进四川省贡富食品有限公司、富顺县电力金具有限公司与荣昌区渝大叔食品有限公司、小火锅食品有限公司、重庆玉带路工业科技有限公司等企业围绕产业链上下游进行深度合作。（邓颜平）

区红十字会

【概况】 2020年，荣昌区红十字会为全面贯彻落实中国红十字会第十一次会员代表大会精神，增强红十字组织活力和内生动力。荣昌首次实现红十字基层组织新发展，吸收重庆荣昌易视眼科医院股份有限公司和重庆市荣昌区仁爱医院两个单位为团体会员单位，吸收个人会员121名。加入红十字志愿者队伍113名，收到“关于成立红十字志愿服务队”的申请2个，人道力量得到提升。公益筹资首破千万，荣获全市募捐工作特等奖，救助实力显著增强。红十字会影响进一步扩大，事业稳步发展。

2020年荣昌区社会捐赠资金情况表

表3　　　　单位：元

<table>
<tr><th>接收捐款金额</th><th>支出捐款累计情况</th><th>募集方式</th><th>备注</th></tr>
<tr><td rowspan="2">3964917.33</td><td>新冠疫情捐款收入合计3037008.22元；支出合计3037008.22元，其中定向支出754707.91元，非定向支出2282300.31元</td><td rowspan="2">直接捐赠区红十字会的公益资金</td><td>—</td></tr>
<tr><td>日常捐款收入共计927909.11元；支出合计1073876.07元，其中定向支出998661.8元，非定向支出75214.27元</td><td></td></tr>
<tr><td rowspan="4">4795697.23</td><td>荣昌区教育事业发展资金3086265元</td><td rowspan="4">通过重庆市红十字基金会捐赠用到荣昌区的公益资金</td><td>已划拨至区财政专户统筹安排使用</td></tr>
<tr><td>荣昌区白内障复明医疗救助专项资金500000元</td><td>已使用至区内困难眼疾患者</td></tr>
<tr><td>“99公益日”网络募捐扶贫助医项目资金1036997.23元</td><td>待分配</td></tr>
<tr><td>峰高街道“云教村小树苗工程”项目资金10000元</td><td>待分配</td></tr>
</table>

表 4　　2020 年荣昌区社会捐赠物资情况表

物资收入情况			物资发放情况	
物资名称	数量	折合人民币（元）	接收单位（对象）	支出款物折合人民币（元）
新冠疫情捐赠	一批	3789756.7	按照区疫情防控指挥部统筹安排使用	3789756.7
五分类血细胞分析仪	3 台	99000	定向捐赠至昌州街道社区卫生服务中心、双河街道社区卫生服务中心、清升镇卫生院各 1 台	99000
尿液分析仪	1 台	6500	定向捐赠至昌州街道社区卫生服务中心	6500
胶体金免疫层析分析仪	1 台	未作价	定向捐赠至昌州街道社区卫生服务中心	未作价
成人服装	2544 件	301582	全区困难家庭	301582
一次性防护口罩	80 万只	1312000	定向捐赠至荣昌区吴家镇人民政府 20 万只，荣昌区安富街道办事处 10 万只，荣昌区昌元街道办事处 10 万只，荣昌区龙集镇人民政府 5 万只，荣昌区仁义镇人民政府 10 万只，荣昌区城市管理局 20 万只，荣昌区红十字会 5 万只。	1312000
一次性医用口罩	2 万只	44000	定向捐赠至荣昌区教委	44000
一次性防护眼镜	800 副	28000	定向捐赠至荣昌区红十字会	待分配

【“三救”工作】　积极响应救援和参与应急演练。7 月汛期期间，高效、顺利调运市红会在荣昌 674 处备灾仓库的救灾物资。完成总会安排的 1700 个家庭赈济包调运至湖南省红十字会备灾救灾中心，2700 床棉被和 2100 个家庭赈济包调运至开州区、万州区、垫江县、奉节县、石柱县、彭水县、巫山县。紧张有序参与“荣昌实战——2020 地震灾害暨环境污染综合应急演练”，做到事前周密策划，有序开展实战演练，组织群众依次参与灾害现场救护、限时搭建安置帐篷、及时介入受损群众心理疏导、发放救灾物资等小项科目。有序普及应急救护知识。新培养 4 名救护师，全区共有 19 名，全年开展应急救护知识讲座 35 场次，投入师资 35 人次，普及人数 2830 人次。人道救助实力显著增强。全年筹集人道救助款物首破千万，荣获全市募捐工作特等奖，并在全市红会系统募捐工作总结会上交流发言。除了新冠疫情防控和脱贫攻坚的重点关怀领域，在助困、助医、助学等募捐项目中也凸显成效，筹集、争取救助资金共计 410.45 万元。

【“三献”工作】　积极配合区中心血库做好日常无偿献血的宣传及推动工作，全年登记无偿献血志愿 6376 人次，献血量 1728.62 升。持续开展遗体和人体器捐献工作。2020 年，成功实现 6 例人体器官捐献，1 例遗体捐献，新增遗体（角膜）捐献志愿者 48 名，全区共有 188 名遗体（角膜）捐献志愿者。造血干细胞采集工作顺利开展。在西南大学开展造血干细胞捐献血样采集活动，组织专题宣传讲座 1 次，活动共招募西南大学捐献造血干细胞志愿者 82 名，采集造血干细胞捐献志愿者有效血样 79 份，并成功进入中华骨髓库。

【市级、国家级项目落地荣昌】　市级应急救护培训基地建设项目落地荣昌。该项目获得市财政分配中央彩票公益金资助社会公益事业发展项目资金 80 万元，全市一共有 4 个建设区县，荣昌区为其中之一，年底建设实施方案已顺利通过审核。应急救护培训基地将按照科学、统一标准建设和管理，依法开展群众性应急救护培训与体验活动、普及自救互救知识和逃生避险技能的场所。2020 年，全市仅有的 2 个国家级红十字生命健康安全教育项目落地荣昌，获得项目支持资金 28.3 万元。项目核心内容主要是在“社区+学校”中开展健康教育单元应急救护活动，加强师资队伍建设及公益讲座等。亲子讲座、应急演练、主题宣传活动、学校体验活动及救护员培训 5 个子项目有序推进，预计在 2021 年 5 月完成并审验通过。

【新冠肺炎疫情防控】 自新冠肺炎疫情发生以来，荣昌红会及时对外发出接收捐赠公告，主动做好捐赠款物的接收和使用工作。全年共接收疫情防控款物821.08万元，其中，捐赠资金303.7万元，捐赠物资折合人民币517.38万元。所有捐赠款物除定向捐赠外，均按区疫情防控指挥部要求安排使用，并接受区红十字会监事会、审计、纪委监委等多渠道多方式监督，累计发布公示34期，发放区委、区政府感谢信4000余封。

【助推脱贫攻坚】 继续筹集扶贫专项款物。全年共筹集扶贫专项资金202.12万元。其中，首次参与腾讯"99公益日"网络募捐成效显著，筹得扶贫助医善款103.7万元，获腾讯基金会配捐22.57万元，获配率高达30%，此项工作获评市红会系统第二名，并作大会交流发言。募集总价值30.15万元的成人服装2544件发送到贫困家庭。持续使用好扶贫专项资金。安排使用2019年来募集的扶贫善款282.85万元，助力脱贫攻坚。其中，对符合条件的1000余户次建档贫困户，实施医疗救助198.81万元；定向支持乡村道路、农村水利设施，危房改造和人居环境整治等项目建设84.04万元，受益群众达20余万人次。筹集3.9万余元定向资金，为铜鼓、清流、远觉、观胜、吴家5个镇的300余名困难学生采购秋装，开展以"情暖童心·伴爱'童'行"衣物捐赠公益活动。 （王　丹）

区计划生育协会

【概况】 至年末，依托21个镇（街）级计生协，全区计生协会员增至11.2万人。流动人口计生协增至3个，新建3个基层计生协组织，151个村（社区）计生协组织按照选举规定程序，全部完成换届选举工作，基层计生协队伍得以扩容提质。区计生协入选中国计生协全国100个暖心家园项目点（含示范点），为全市唯一示范点。区计生协亮点工作稿件被国家级媒体采用2篇，被市级媒体采用7篇，区级媒体采用19篇，区委《领导参阅》刊登10条。

【疫情防控】 积极参与新冠肺炎疫情防控。区计生协主动请缨，组织干部职工战斗在疫情防控第一线，当好"排查员""值守员""宣传员"。编写《给计生特殊家庭的一封信》，并通过微信群、走访慰问等形式向计生特殊家庭传达，联系重庆市心理专家向计生特殊家庭微信群推送《大疫心理自助救援全民读本》，安抚稳定计生特殊家庭情绪，并线上对其进行疫情法律知识宣传，引导计生特殊家庭科学防治疫情，不造谣、不信谣、不传谣。指导镇（街）计生协发挥计生协组织网络优势，组织和动员全区计生协工作者、会员、理事、志愿者积极投身疫情防控工作，通过送口罩、送酒精等防疫物资落实慰问工作。

【帮扶救助】 计生特殊家庭帮扶工作谋求创新。确保帮扶项目有新招，拓宽阵地建设。2020年，积极向中国计生协争取到新项目——暖心家园建设项目资金10万元。在区老年大学设立区级暖心家园阵地1个，在21个镇（街）设置基层暖心家园阵地21个。健全深化帮扶工作思路。壮大志愿者队伍。建立健全精准帮扶、保险保障、健康体检、法律援助、志愿关怀和互帮互助六大机制。在原有镇（街）基层计生协志愿者服务队21个，骨干志愿者队伍1个和精神慰藉、法律维权、文艺宣传3个专业志愿服务队和计生特殊家庭"馨爱之家"志愿者队伍1个的基础上，开展志愿者业务能力培训4期，不断提高帮扶人员能力和力量。注重心理咨询针对性。重点关注新增、情绪不稳定、有精神慰藉需要的计生特殊家庭成员心理状况，全年开展个体心理辅导57场次，团体心理辅导2场次。探索临时救助机制。对新增失独人员、失独失能老人、突发困难特殊家庭组织第一时间看望慰问，开展临时救助，帮助其渡过难关，区计生协已为7户突发困难家庭提供紧急救助。持续推动四项机制贯彻执行。确保保险机制有保障，为计生特殊家庭人员统一购买住院护理保险，针对2020年保险报销难、报销慢问题，及时掌握情况召开1次座谈会和3次推进会，与保险公司沟通协商，规范住院护理保险报销流程和报销时间，切实为计生特殊家庭争取应得利益；落实健康体检机制全覆盖，计生特殊家庭每年一次免费接受健康体检落实到位、到人，定期检查绿色就医通道实施情况，帮助计生特殊家庭解决就医问题。发挥法律援助机制有成效，发挥法律维权志愿者作用，2020年为20余名计生特殊家庭人员提供法律维权服务。其中，为2名计生特殊家庭提供遗产遗嘱法律咨询服务，为1名计生特殊家庭提供法律评估服务。推动志愿关怀机制有突破，充分发挥志愿者的积极性和主动性，加强日常关怀、节日关怀、住院关怀。创新引导计生特殊家庭成员组成的“馨爱之家”同伴志愿者队伍，激发其自身动力，进行互帮互助。“馨爱之家”志愿服务队已发展为13名同伴志愿者，并制定“馨爱之家”志愿服务活动方案，支持计生特殊家庭有计划有秩序开展互助活动。“馨爱之家”志愿服务队开展走访慰问3次，组织计生特殊家庭集体生日3场次。充分运用联系人制度和2支志愿服务队，建立专属于计生特殊家庭的“亲馨”平台。深入开展五项关爱活动，细化健康讲座、联谊交流、兴趣提升、节日慰问、生日祝福活动措施。为计生特殊家庭开展健康知识讲座，普及中老年人慢性疾病的预防知识，发放四季养生小贴士，帮助其科学养生，健康养老；践行以文“化”人活动。开展传统文化体验活动。借助重阳、清明节和中秋节，为计生特殊家庭举办了“关爱陪伴·情暖重阳”文艺演出、茶艺培训和月饼DIY活动，带领计生特殊家庭走进传统文化，重新建立起计生特殊家庭与社会各界的联系。通过“关爱陪伴·情暖重阳”文艺演出的影响，鼓励越来越多的计生特殊家庭上台表演展示自我，实现了从“看”到“演”的转变。在区计生协举办的“关爱陪伴·情暖重阳”文艺演出中，计生特殊家庭参与演出2次，共表演节目6个。荣昌区“馨爱之家”舞蹈队参加荣昌区老年大学文艺下乡累计5次，参与各级计生协和其自发组织的演出活动3次。巩固端午、中秋、春节的慰问提标成果，要求镇（街）计生协和计生专干要通过入户走访或开展活动的方式进行发放，切实让计生特殊家庭人员在生日和节日时感受到关心关怀；继续与移动公司合作，开通移动政务易业务，为全区计生特殊家庭人员送上短信生日祝福。

【宣传教育】 通过配置宣传力量，深挖宣传素材，线下线上宣传同步推进等形式，提高计生协知晓度。2020年，线上宣传报道28余次，《领导参阅》10条被采纳。在广泛开展计生政策宣传的基础上，2020年，结合中国计生协成立40周年，以“壮阔四十年·奋斗新时代”为主题，召开“5·29会员活动日”座谈会，发文指导镇（街）计生协开展形式多样宣传活动25场次，举办各类培训11场次，发放宣传资料1.5万余份。在重庆唯美陶瓷有限公司举办第二届计生特殊家庭“关爱陪伴·情暖重阳”文艺会演，宣传计生特殊家庭政策，展现良好精神风貌，110余名计生特殊家庭代表参演。联合区红十字会走进西南大学，为300余名大学生普及传染病防护知识、生殖健康知识，筑牢大学生思想防线，倡导知行合一。成功争取区社科联调研项目立项，立足计生协工作实际，组织实地调研，撰写《唱好成渝“双城记”上好“青春健康”课——关于青少年性与生殖健康教育的思考》《树立品牌出实招，在“双城记”中输出荣昌模式——关于失独家庭帮扶的调查思考》2篇调研报告，并顺利结项。青少年性与生殖健康教育多方联动，促使青春健康教育各项工作有序高效推进。派遣师资接受市级培训1次，国家级培训1次，与家委会成员互动交流1次，召开青春健康教育工作推进会2次。联合团区委、区妇联、区教委、区关工委，区检察院、妇幼保健院以及卫生健康培训学校等多家部门，积极开展青少年和家长喜闻乐见的青春健康教育活动。以新建成的区青春健康俱乐部为基地，从青春期生理变化、情绪管理、家长沟通之道、自我防护等多方面，针对中学生、家长、特殊人群（孤儿）等不同人群，全方位多角度多层次计划组织开展计生协“爱心讲堂”青春健康主题教育3期，并持续开展“青春健康教育”进校园、进村社、进企业系列活动11期，切实为全区青少年青春护航，成长助力。倾力打造的“青春健康教育”基地——青春健康俱乐部，获得重庆市计生协、区委区政府、家长和青少年的肯定和认可，被重庆市计生协授予“青春健康教育示范基地”称号，标志着荣昌区青春健康俱乐部正式成为市级青春健康教育基地。

【计生服务】 加大与区妇幼保健院的协作，利用世界人口日、世界艾滋病日、世界卫生日、国际家庭日、世界避孕日等重大纪念日，在莲花广场开展“优生优育·幸福伴您”活动，为适龄群众发放计生器具800余件，宣传资料4000余份。指导镇（街）组织开展专题讲座252场次，在广场开展义诊20次，引导广大育龄群众倡科学文明树婚育新风。

流动人口服务。持续推进昌元何家坡市场、昌元化工集团流动人口计生协示范点建设。在海棠社区悦来咖啡设立流动人口计生协会员之家，打造品质流动人口服务阵地。在何家坡市场建设6块LED滚动播放显示屏，打造固定式流动人口宣传服务平台。在重庆唯美陶瓷有限公司新增流动人口计生协，探索适应流动人口需求的健康宣传、家庭服务新模式，推进流动人口服务均等化。扎实开展权益维护。积极宣传卫生计生法律法规和计划生育各项奖励扶助政策。针对失独家庭人员房产继承等问题，加强与司法局法律援助中心的合作，建立法律志愿服务队，开展针对失独家庭财产权益维护的知识讲座和权益维护服务。帮助失独家庭人员办理财产公证，解决财产纠纷，申请廉租房、农村危旧房改造，申请诉讼费减免，联系区红十字会办理器官捐献事宜。召开2次区级法律援助专题会议，开展6次进社区法律维权宣讲活动，为20余名计生特殊家庭人员提供法律维权服务。（罗开云）

法　治

依法治区

【概况】 2020 年，荣昌区委深入学习宣传贯彻习近平总书记全面依法治国新理念新思想新战略，增强“四个意识”，坚定“四个自信”，做到“两个维护”。坚持运用法治思维和法治方式深化改革、推动发展、化解矛盾、维护稳定，实现疫情防控和经济社会发展“双胜利”，全区经济社会发展取得突破性进展。

【贯彻落实习近平全面依法治国新理念新思想新战略】 召开区委常委会传达学习习近平总书记全面依法治国新理念新思想新战略、中央全面依法治国委员会第一次、二次、三次会议精神和市委全面依法治市委员会第一次、第二次会议精神。把区委全面依法治区委员会成员单位作为学习宣传的重点主体，通过中心组学习、机关大会、党政会议、座谈会等形式深入学习，贯彻落实中央、市委决策部署。按照区委部署，全区各级各部门各单位通过班子会议、“周五集中学习日”等形式开展学习。利用荣昌融媒体中心下属的重点媒体进行广泛宣传，营造全区上下共同关注、共同支持的良好法治氛围。严格按照中央、市委要求，落实党政主要负责人履行推进法治建设第一责任人职责，区委书记、区长带头在年终述职中专门报告履行推进法治建设第一责任人职责情况，将治建设第一责任人职责试点工作纳入“全面依法治区 2020 年工作要点”，实现全区各单位党政主要负责人在年度述职报告中专门报告法治建设履职情况。

【疫情防控】 为防控新冠肺炎疫情提供法治保障。建立法制审查机制，将法律专业人员纳入全区疫情防控专家库，组建法治专业人员队伍进驻区疫情防控指挥中心，对文件起草、合法性审核全程把关，用“拟审合一”方式提高施策效率，研究出台《荣昌区新冠肺炎分区分级分类防控实施方案》《关于优化设置交通临时检疫点的通知》等政策措施，及时落实疫情防控要求。深入开展“战疫情、保民安”专项打击整治行动，累计查办涉疫情案件 26 起。坚持网上舆情巡查一级响应，累计处置涉疫情谣言 114 起，删除负面帖文 15 条。创新法律服务方式，在群众居家隔离的特殊时期，发挥荣昌“微公证”的技术优势，实现 60 个公证事项零跑腿网上办理。强化疫情防控法治宣传，利用多种方式全方位、多角度开展法治宣传，发布《预防感染新型冠状病毒指南》《疫情之下，这样做会触犯刑法》及《疫情防控“十不得”法律提示书》等内容。举办防控新冠肺炎网上答题活动，拍摄制作“疫情防控以案释法”系列节目，600 余块 LED 显示屏滚动播放疫情宣传资料，累计发放宣传资料 41.07 万份。

【简政放权】 对照全市三级权力清单，以“凡缺乏法律法规规章依据的行政执法事项一律取消”为原则，经过全面清理规范，目前全区行政执法事项共 3689 项，特别是加大了对企业反映明显的行政检查事项清理力度，由 2016 年的 309 项削减到了 2020 年的 134 项，削减幅度达 56.6%，最大限度减少不必要的行政执法事项，切实防止了执法扰民。为推动成渝地区双城经济圈提供法治保障。立足荣昌桥头堡定位牢筑法治根基，与四川内江、泸州、自贡签订双城经济圈政法合作协议，构建29个先行合作项目。建立情报信息共享机制、区域政法系统联席会议制度、“荣泸法治建设专家库”，不断开拓成渝地区荣昌边界法治沟通合作新境界。建立边界联合调解中心，着力对劳动争议、合同履行等跨区域矛盾纠纷易发领域进行排查化解。开展诉讼服务中心建设，探索开辟跨区域服务窗口，实现多地网上诉讼服务中心有效对接。探索荣泸法治宣传联盟，整合两地媒体资源互享法治宣传平台，联合开展经济发展、社会治理、城市建设管理等相关领域的普法宣传。为打好“三大攻坚战”、实施“十项行动计划”提供法治保障。建立农村集体资产登记、保管、使用、处置制度和年度资产清查、定期报告制度。针对在脱贫攻坚战中发现的老人无人赡养等难题，组织开展“敦促赡养义务人将被赡养人接入安全住房生活”专项行动。组织干部队伍和法律服务志愿者走进不愿拆迁搬离危房的群众家中讲政策、讲法律，耐心劝导100余户“危房户”自愿拆除危旧房屋，并将被赡养人接到安全住房居住。对经教育引导、媒体曝光后仍不愿履行赡养义务的4户贫困家庭，由区检察院出具支持起诉意见书，区法院立案审理，区司法局为被赡养人全程提供法律援助。开展濑溪河生态环境综合治理，持续深入开展“保护长江母亲河”公益诉讼专项行动，区检察院被重庆市高级人民法院表彰为“保护长江母亲河”公益诉讼专项行动先进集体。着力营造法治化营商环境。贯彻落实《优化营商环境条例》的具体措施，通过构建“亲”“清”政商关系、率先推行“只跑一次、只找一人”改革。创新开展营商环境观察员制度。创新执行案件“五五三”模式，推进“执行事务中心”“执行指挥中心”“民事财产保全中心”“执行立案大厅”三中心一场地实体化运行。通过系列举措，荣昌获得“营商环境直辖市十佳示范区”和“中国营商环境十佳经济开发区”等荣誉。推进“互联网+政务服务”和政务公开。行政许可事项承诺时限压缩比例达到75.08%，87.85%，依申请类政务服务事项实现网上申办，80%以上行政许可事项实现“一窗”分类受理，“一次不跑”“只跑一次”事项达到1088项（占比82.61%）。严格按照《中华人民共和国政府信息公开条例》规定主动公开信息内容。区政府门户网站全年公开发布各类宣传信息1.02万条，全区80个机关事业单位全部在政府网站上完成财政预决算公开。对规范性文件以及涉及面广、社会关注度高、专业性强、与群众利益密切相关的其他政策性文件，按照“谁起草、谁解读”原则，解读区政府文件18个。提高矛盾纠纷多元预防调处化解能力。深入实施深化“枫桥经验”重庆实践十项行动，不断完善多元参与的人民调解体系，大力推动专职人民调解员队伍建设。建立健全人民调解参与访调、警调、诉调衔接机制，不断完善人民调解、司法调解、行政调解无缝衔接的矛盾多元化解综合调处机制。探索建立“互联网+调解司法确认中心”，为人民调解、律师调解、行业调解进驻法院提供便利，已有57个调解组织、341名调解员入驻平台，并为当事人提供网上调解、网上司法确认和远程视频接访以及网络庭审等多项诉访便捷服务。2020年，已在线司法确认900余件。加大普法工作力度。制定《荣昌区关于构建“谁执法谁普法”普法格局的实施方案》等若干措施，2020年，调整全区58家单位普法责任清单，压实相关单位普法责任。突出宪法主题宣传，“七五”普法期间全区共开展《宪法》集中宣传500余场次，各级各部门通过党委（党组）中心组、报告会、专题讲座等形式开展宪法讲座300余场次，组织289名领导干部进行了宪法宣誓。将法治教育列入中小学教学内容，开展“学宪法讲宪法”演讲比赛、“小公民法律课堂”“关爱明天·普法先行”等普法宣传活动。

【深化司法体制综合配套改革】 积极落实专业法官会议机制、改革审判委员会制度、深化法官惩戒委员会工作机制、法官员额管理、诉讼制度改革等工作。完善法官、检察官业绩评价机制，实施审判执行工作绩效考核及奖金分配办法、队伍建设工作绩效考核办法等8个考核办法。落实员额退出机制，加快建立以审判工作为中心的机构设置和人员配置模式，实现人员配置最优化、办案效能最大化。高质量落实认罪认罚从宽制度。按照“应用尽用、用准用好”的原则和“三无三更”的要求，切实做到认罪认罚案件“一保持、三提高、一降低”。深化繁简分流改革，在人员调配、案件分流、流程优化等方面实现精细化管理，促进案件轻重分离、快慢分道。完善院庭长、法官权责清单，加强对“四类案件”的个案监督。优化审判监督管理方式，依托信息技术，让审判监督全程留痕、实时查询、有效追溯，确保监督管理依法有序。

【“小威送法”志愿服务普法】 区司法局依托各村（居）法律顾问、司法所工作人员等成立“小威送法”法润棠城志愿服务队，成功打造“小威送法”品牌。围绕法律咨询、普及法律知识、提供法律援助等内容开展志愿服务，护航群众幸福生活。全年组织“小威送法”法润棠城志愿者在“小院讲堂”开展普法活动1000余场次6万余人次，解答法律咨询4000余人次，及时为群众关心关注的土地承包、婚姻家庭、防范金融风险等法律问题释疑解难。

（牟　谈）

政法工作

【概况】 2020年，全区刑事、侵财、可防性案件发案同比分别下降12.97%、9.34%、25.62%，群众安全感、政法队伍满意度、司法公信力分别为99.17%、97.17分、97.3分。全区政法平安稳定战线维护了区内政治安全、社会安定、人民安宁。

【风险防范】 围绕影响社会政治大局稳定的重大风险，调整完善区委平安建设暨防范化解重大风险领导小组，下设11个专项工作组，健全完善平安建设组织体系。完善平安稳定风险综合研判联动处置工作机制，坚持定期对风险隐患进行分析研判和联动处置。严格“见事见人见地点、定时定人定责任”要求，先后对全区所有重点人员、重点群体、重点问题、重点领域开展10次“清仓见底”式清理排查，建立《荣昌区防范化解重大风险任务清单》以及问题交办、风险排查、风险督办、问题落实反馈机制，将排查出的6个领域、1137项风险交办给38个区级部门和21个镇（街），实行台账式管理、打表式推进、清单化“销号”，化解各类风险点413个，其余均平稳可控。深入开展危险化学品、煤矿、非煤矿山、消防、道路运输等11个行业领域专项整治，全区各行业共开展执法检查5154次，排查出隐患6965个，整改率99.6%。

【平安建设】 坚持总体国家安全观，开展维护国家政治安全“四大工程”、十项专项行动，坚持每月一调度、每季一报告。依法查处“全能神”等邪教案件8起，坚决守好西南大学荣昌校区等意识形态阵地，确保敏感节点持续平稳。严厉打击各类违法犯罪，全年破现行刑事案件1116起，同比上升12.27%；破侵财案件1999起，同比上升42.08%；抓获逃犯191人、同比上升13.01%。现行命案破案率连续13年保持“100%”。扎实开展扫黑除恶专项斗争。推进“六清”工作，接获各类线索261条，查结率、群众实名举报线索告知率、回访率均达100%。成功打掉2个恶势力团伙，抓获团伙成员13人，抓获九类个案人员203人，已判决171人。查处“四风”问题、“小微权力”、侵害群众利益等违纪案件6件9人，查处群众身边的不正之风和腐败问题296件506人。整顿软弱涣散党组织30个，完成608名村级干部联审管理。开展社会治安、乡村治理、教育卫生等10个重点行业领域专项整治，重点开展打击违法会销、农村赌博、非法捕鱼等三大专项行动。强力推进扫黑除恶百日攻坚行动，发放宣传资料22万余份，安排56名政法干警向156个村（社区）、488个小院的群众开展宣讲644场次，覆盖群众近2万人。开展“十指连心”集中走访月活动，全区4822名干部走访群众11.9万户，收集问题和意见建议11074个，无一条涉黑涉恶线索。

【社会稳定】 开展“枫桥经验”重庆实践十项行动，制定《深化荣昌综合调处机制实现“只跑一地”的实施办法》。全年各类人民调解组织共开展矛盾纠纷排查1386次，调解案件5408件，调解成功5389件，成功率99.6%。诉前立案收案3303件，诉前调解结案3221件，成功化解1973件，涉及标的5.19亿元。有效发挥区委政法委维稳“前线指挥部”作用，健全完善维稳处置体系，牵头推进“3+N”信访突出问题专项整治、信访积案“清仓见底”等工作，实现市级交办重点群体、重点问题全部化解，涉法涉诉信访案件化解率100%，依法快速处置到区集访50件次、800余人次，成功处置九阳海棠新城业主集访、盛世棠城业主因小区消防问题集访、东恩公司破产、双河煤业和九井煤业关闭退出等信访突出问题，全区社会稳定形势持续平稳。

【社会治理】 社会治安综合治理，建成区综治中心并实体化运行，利用187路前端视频监控和网格员的手持终端“智慧综治App”，构成社会治理专用的“大眼睛+小眼睛”，实现社会治理类问题“一处调度”和多元共治闭环管理，2020年综合治理事件14962件。扎实推进“雪亮工程”“平安卫士”建设，累计安装监控22698个，建成镇（街）、村（社区）联防联控平台169个，镇（街）覆盖率100%、村（社区）覆盖率达95%。积极开展社会治安重点地区排查整治，4个治安乱点地区刑事发案同比均下降30%以上，未发生影响恶劣的重大刑事治安案件，成功通过市级验收。持续开展危及铁路安全突出问题专项整治，排查整治安全隐患114处，封堵非法道口3处，将铁路沿线30路视频监控接入区综治信息平台，实行“视频+实兵”合成巡防，2020年，路外伤亡事故1起，同比下降80%。全面推广严重精神障碍患者信息化管理，投入240万元推行免费服用二代药，服药患者3611人，服药率84.17%。全区重点涉稳人员、在册社区矫正人员、在册吸毒人员全部在管在控，未发生肇事肇祸案事件。加快推进市域社会治理现代化试点，成功申报为全市市域社会治理现代化第一批试点区县，落实“四三三”工作法，推出信息报送、组织联络、调研督导、市域社会治理组办公室“四项工作制度”；完善周例会分析、月调度推进、季对账销号“三项工作方法”，完成年度目标59项，市域社会治理试点工作初见成效。

【服务发展】　围绕建设成渝地区双城经济圈重要增长极、“三件大事”，服务经济社会发展。牵头组织与自贡、内江、泸州等毗邻市县政法系统签订执法司法协作框架协议，不断深化执法司法协作机制，构建的三级警务合作机制得到两地大力推广。依法保障服务疫情防控常态化条件下经济社会发展，成功盘活多个僵尸企业，积极化解100余起企业纠纷。坚持政法机关定点联系民营企业制度，营造法治化营商环境。开展不赡养老人专项治理工作，成功化解纠纷127件，有效助力脱贫攻坚。积极深化政法领域“放管服”改革，加快推进户籍政策改革创新，最大限度放宽荣昌区落户条件，为川籍企业、群众办理在荣落户。深入推进24小时自助便民服务点、智能化考场和车辆查验场、纠纷“易解”平台等建设，推行“网上办、掌上办、不见面办”，司法便民服务不断加强。

【法治建设】　推进政法领域改革，按照“1+1”模式或“1+1+1”模式健全47个审判团队，全面推行扁平化管理。深化以审判为中心的刑事诉讼制度改革，推进刑事案件认罪认罚从宽制度改革，适用认罪认罚从宽制度审结347件453人，占审结刑事案件总数的89.66%。完善公共法律服务体系，完成区公共法律服务中心、21个（镇街）公共法律服务站、156个（村社）公共法律服务工作室的规范化建设，在112个“新风小院”公示全区公共法律服务三级实体平台地址、联系方式、可提供的法律服务，拓宽群众获取法律服务渠道。法治宣传教育，结合“新风小院”创建，促进农家院落自治、法治、德治三治融合，利用全区384个小院讲堂“进村、入户、见人、走心”的优势，开展普法活动600余场次，解答法律3000余人次，发放宣传资料、普法宣传品8万余份。

【政治建设】　政治建设以“五个过硬”为总要求，通过政法委成员会议、政法机关党委（组）会议、全体政法干警会议等方式，开展习近平新时代中国特色社会主义思想大学习、大培训。区领导带头抓好《中国共产党政法工作条例》和中共十九届五中全会精神等的学习宣传，开展宣讲32场，授课23次。坚持用理论武装头脑，补足精神之“钙”，全年组织开展各类政治学习培训183期，实现中层干部培训全覆盖，切实提升政法干部思想政治素质。突出强化组织建设，在全市率先建立《区委政法委协管干部的实施办法（试行）》，强化对区管政法领导干部、政法部门中层领导干部及镇（街）平安办主任的选拔任用协管力度。切实加强纪律作风建设，扎实推动政法机关开展“以案四说”“以案四改”警示教育30场次，组织观看《贪欲之害》《信仰之失》等廉政教育片，通报各级反面典型案例20余个，组织开展到法庭现场旁听职务犯罪案件审理的活动，受教育人数达1500余人次，做到以案为鉴、以案明纪、以案促廉，积极引导政法干部筑牢思想防线。

【疫情防控】　贯彻落实党中央决策部署和习近平总书记重要指示批示精神，积极组织开展排查防控、化解矛盾、助企便民、法治保障等工作。建立由公安、卫健、民政、农业农村委、三大通信运营商共同参与的工作专班，设立综合研判、联络协调、情况收集、督促指导 4 个小组，联动高效开展社区排查。坚持关口前移，密织交通、农村、小区、机关、企业“五张网”，在镇（街）设置 227 个、村道设置 297 个卡点，检查车辆 29.9 万辆，检测 66.9 万人次，控制传染源传播。紧紧围绕“外防输入，内防反弹”目标，深入开展滚动排查、延伸排查、精准排查，通过 5 轮全覆盖无盲区走访排查 172.06 万户次、478.5 万人次，筑牢社区排查“第一道防线”，实行“5 盯 1”居家隔离管控措施，确保涉疫重点人员不失控，实现疫情“零扩散”。（陈　晨）

公　安

【概况】　2020 年，区公安局深入贯彻习近平总书记视察重庆和在全国公安工作会议上的重要讲话精神和在中国人民警察警旗授旗仪式上的重要训词精神，全力以赴战疫情、防风险、保安全、护稳定。抓获 1 名潜逃 36 年的命案疑犯，“9·8”非法捕捞专案获评打击长江流域非法捕捞犯罪十大典型案例，破获“12·26”（查获毒品 32.4 千克）和“4·26”（查获毒品 10 千克）特大运输毒品案，“4·26”案获市委政法委书记刘强批示肯定。全区刑事案件、侵财案件、可防性案件同比分别下降 12.97%、9.34%、25.62%，有力确保辖区持续平安稳定。

【维护安全稳定】　坚决打好防范化解重大风险攻坚战，区公安局联合信访、交通、应急、司法、教委等部门，在全区持续开展“三不”（不安全、不稳定、不放心的人和事）排查整治，整改隐患 1200 余个；健全矛盾纠纷多元化解机制，在 8 个派出所推行“民调入所”，成功调解矛盾纠纷 1068 起，化解率达到 93%；持续强化被全市推广的“五巡”（车巡、步巡、摩巡、视巡、便衣巡）工作模式，4 个治安乱点整治地区刑事发案同比下降 30% 以上，成为全市 110 刑事警情同比下降仅有的四个区之一；全力推进市域社会治理现代化试点，全区视频监控镜头达到 9650 个，实现“四防一保”（防疫情反弹、防安全事故、防突发案事件、防社会面漏管失控，保辖区平安稳定）工作目标。

【严打违法犯罪】　严厉打击各类违法犯罪活动，深入推进扫黑除恶、“云剑—2020”等专项行动，2020 年 4 起现行命案全部侦破，破现行刑事案件数、破侵财案件数、抓获在逃犯罪嫌疑人数同比分别上升 12.27%、42.08%、13.01%。命案积案攻坚行动中，抓获 36 年前辖区一代课教师高某某被害案和 20 年前长寿区张某某被害案、14 年前深圳倪某某被害案等命案在逃犯罪嫌疑人。打击长江流域非法捕捞专项整治行动中破获“9·8”非法捕捞专案，被公安部评为打击长江流域非法捕捞犯罪十大典型案例，按公安部和市公安局要求赴京专题汇报，获公安部、最高人民法院、最高人民检察院、农业农村部渔业相关领导充分肯定，央视、人民网等进行了报道。合成作战（反诈）中心实体运作，预警劝阻电信网络诈骗 3319 次，冻结涉案账户 1500 余个，为群众止损 300 万元以上。

【公共安全监管】　切实加强道路交通管理，查处交通违法行为 17.84 万件，整改道路交通安全突出隐患 534 处，提前完成 300 辆“国三”及以下柴油车淘汰任务，全区道路交通事故伤人数、亡人数同比下降 17.18%、25%。加强重点行业安全监管，完善 72 个寄递点视频监控等技防设施，监督检查场所消防 4608 家次。狠抓大型活动安保，圆满完成中国畜牧科技论坛、成渝双城马拉松赛、荣昌第七届七夕河灯旅游文化节等 41 次重要活动安保工作。

【科技兴警】　切实推进科技兴警，与海康威视等科技企业建立警务科技创新联合实验室，组建科创兴趣小组，开发“智联万家守护系统”“荣 e 办警民掌上直通车”等警务应用 App，“企业智能巡防 App”入围全市公安机关改革创新大赛复赛。2017 年起率先启用 4G 执法记录仪、4G 车载传输和移动布控球构建起 110 接处警“可视化、扁平化、点对点”指挥处置体系，2020 年，被市公安局定为全市首批“110 接处警可视化”试点单位，在市公安局推进会上介绍经验。

【强化基层基础】　完成昌元所“一室两队”（综合指挥室，案件办理队，社区警务队）改革试点。积极争取区委、区政府研定 2022 年前完成 11 个派出所新（改）建，全力推进执法办案管理中心建设，

“一标三实”基础信息采集攻坚行动效果显现。在6个派出所建成综合服务窗口、区行政中心设立24小时便民自助服务点。

【服务经济发展】 深化服务成渝地区双城经济圈建设，与泸州市、内江市、资阳市、自贡市、隆昌市、东兴区、泸县、安岳县签订《服务成渝地区双城经济圈建设警务合作协议》，建立健全省际边界“视频联网共享、查证抓捕联勤互助”等制度，与泸州市公安局建立川渝首个联合警务室，同隆昌市公安局建立边界区域联合检查站。“区市公安局—警种—派出所”三级警务合作模式在全市推广，与毗邻地区警务联勤联动工作在深化川渝毗邻地区警务合作暨统筹110报警可达性现场会上作为全市亮点介绍做法。加快推进户籍政策改革创新，出台《城乡人口有序流动迁徙制度》，最大限度放宽落户条件，为川籍企业、群众办理在荣落户手续998人。努力打造川南渝西一流车管所，加快建成智能化考场和车辆查验场，实现摩托车至大货车完整的车、驾、考、验“一体化”服务链条，2018年以来累计驾考学员25.52万人，其中，川籍达到7万人、占比28%，助推区域经济发展和人、财、物集聚。

【抗击新冠疫情】 区公安局以“十个一”举措，即：人员排查“一人一档”、人员追踪“一例一组”、通道查控“一卡一包”、巡逻防控“一网一巡”、打击处理“一案一员”、网络舆情“一起一控”、居家隔离“一户一管”、重要点位“一点一策”、重点车辆“一车一证”、封控小区“一区一警”核查重点人员1.14万人、检查车辆29.90万辆，妥善处理涉“疫”舆情114起，复工复产走访企业1655家、排查38153人。

【队伍建设】 深入推进“坚持政治建警全面从严治警”教育整顿，扎实开展“一问卷三恳谈”，制作一张调查问卷，分别同派出所民警、警种实战民警、各界企业家代表召开“面对面”恳谈会，检视发现并整改问题224个。用好“一谈、二建、三训、四督、五奖惩”战时思想政治“五步”工作法，抗疫期间成立6个临时党组织、7个攻坚突击队、8个示范岗，3名优秀青年民警一线入党。24个党（总）支部开展党史国史、意识形态和形势政策等集中教育800余次，不定期开展重点领域和重点岗位廉政谈话162人次，发送廉政警示提醒短信2000余条次，组织全警观看《底线五》《警钟》《警鉴》系列警示教育片。深入推进全警实战大练兵，自主开展“全警学训词、实战大练兵、岗位树标兵”专项活动，建立“提升库”“小教员”“一事一总结即时培训”等一批实战实训机制，《荣昌公安大讲堂》开展专题培训60余期3000余人次。建立健全科所队领导不参加的区局党委与基层民警“面对面”恳谈，民警辅警就医“绿色通道”等从优待警制度。全年慰问特困民警党员40人次、因公牺牲民警家属10户次、一线民警辅警530余人次、“双警家庭”31个、“警医家庭”63个。年内，涌现出被市公安局记二等功一线抗疫民警张永斌、在全市特警狙击技能大比武中获第一名的赵典鹏、梁梓铭勇救跳河轻生女子等一批先进典型，全局22个集体236名个人获各级表彰，车管所再获评“全国优秀车管所”和荣获“2020年度重庆市最美渝警楷模”集体，被授予“2020年重庆市卫生单位”荣誉称号。

（文 源）

检 察

【概况】 2020年，区检察院坚持以习近平新时代中国特色社会主义思想为指导，深入贯彻落实中共十九大和十九届二中、三中、四中、五中全会精神，深学笃用习近平法治思想，全面贯彻落实习近平总书记对重庆作出的重要指示要求，紧紧围绕建设成渝地区双城经济圈重要增长极目标，全力服务保障大局，不断推进法治建设，全面提升队伍素能，各项检察工作迈上新台阶、取得新进展，为全区经济社会发展贡献了检察力量。

【刑事检察】 严厉打击刑事犯罪。受理审查逮捕案件192件277人，批准逮捕169件242人；受理审查起诉案件391件540人，提起公诉353件479人。严厉惩治非法集资等金融领域犯罪，办理的涉案金额1900余万元的薛某某集资诈骗案，一审判处有期徒刑13年6个月。坚持宽严相济刑事政策，依法决定不批准逮捕25件37人，不起诉29件48人。强化刑事诉讼监督。监督侦查机关立案2件，监督撤案29件，追捕漏犯2人，追诉漏犯13人、漏罪3

条，开展羁押必要性审查 1 件，发出纠正违法通知书 65 份，排除非法证据 2 件；提请抗诉 1 件，纠正审判违法 5 件，无无罪判决和撤回起诉案件。追诉的宾某某被以运输毒品罪判处有期徒刑 10 年；追诉的李某被以贩卖毒品罪判处有期徒刑 14 年，牵出的毒品上家潘某某被判处无期徒刑。2020 年 9 月，挂牌成立派驻区公安局执法办案中心检察室，进一步加强办案监督和协作。强化刑事执行监督。办理看守所执法监督案件 10 件，重大案件讯问合法性核查案件 7 件，收监执行审查案件 2 件，监外执行监督案件 14 件，财产刑执行监督案件 14 件，刑期计算错误监督案件 2 件，指定居所监视居住执行监督案件 1 件，纠正违法扣押款物案件 5 件，纠正脱管 3 件；参与办理的永川区公安局民警秦某徇私枉法案顺利侦查终结。牵头联合区司法局制定《关于维护涉民营企业社区矫正对象合法权益实施办法（试行）》，妥善办理某民营企业法定代表人陈某社区矫正执行检察案，保障企业正常经营。加强与纪委监委协作配合。严格执行上级相关办案协作规定，积极主动加强与区纪委监委联系，对区纪委监委商请提前介入案件，选派精干力量，及时介入，全力配合。对区纪委监委移送的涉嫌犯罪案件，做到快捕快诉，无一延期、无一退查，实现了合力反腐的良好效果。

【民事行政检察】 办理民事行政检察监督案件 142 件。其中，提请上级院抗诉 5 件，协助市院、分院办结民事和行政监督案件 9 件，发出检察建议 78 件，支持老年人索要赡养费、农民工讨薪等提起民事诉讼 46 件，不支持监督申请 2 件，不服劳动仲裁申请监督和民事申请监督案件公开听证各 1 件。劳动仲裁申请监督和公开听证均属全市首例。如张某某民事申请监督案，通过公开听证，启动再审程序，经法检两院积极协作，使多年的遗产纠纷得以圆满解决。办理的行政争议实质性化解等 3 案入选 2020 年全市检察机关民事行政检察典型案例。

【公益诉讼检察】 办理公益诉讼案件 51 件，其中，行政公益诉讼案件 43 件，民事公益诉讼案件 8 件。切实加强生态环境保护。深入开展“保护长江母亲河”公益诉讼专项行动，围绕濑溪河流域综合治理，加大对畜禽水产养殖、农业面源污染等方面办案力度。3 月，区检察院被市院表彰为专项行动先进集体。积极参与大气污染防治专项行动，针对建筑工地、建筑材料销售点等产生扬尘的问题，发出检察建议，促进相关部门规范建材销售商 90 余户，清理建筑垃圾 3000 余吨。加强生态环境公益诉讼与生态环境损害赔偿制度的有机衔接，针对非法采伐国家重点保护植物、非法猎捕野生动物等损害生态环境的行为，支持区林业局、区农业农村委员会启动生态环境损害赔偿程序，磋商并达成协议 3 件，赔偿义务人共缴纳生态环境损害赔偿金近 5 万元。着力保障“舌尖上的安全”。针对区内部分奶牛养殖散户在生鲜乳生产、贮存等环节存在食品安全隐患的问题，及时发出检察建议，促使相关部门采取相应措施，保障了生鲜乳质量安全。该案被市院评为优秀工作案例。积极探索开展文化遗产、公共安全等领域公益保护。向相关部门发出检察建议，使凉坪白塔、罗汉寺牌坊等市级文物在管理保护等存在的问题得到及时整改。对区人大交办的某棚户小区存在消防通道堵塞、飞线充电等危害公共安全的线索，及时发出检察建议，促使相关部门配套完善停车位、充电桩等设施，消除消防安全隐患。

【控告申诉检察】 疫情期间，以来信、网络和电话方式接待群众来信来访工作，保证群众诉求渠道的畅通。坚持检察长接待日制度，全年接待人民群众来信来访 257 件次，办理刑事申诉案件 3 件，做到群众来信件件有回复。

【未成年人检察工作】 深入落实最高检“一号检察建议”，全体院领导、未检干警分别兼任区内 10 所中小学法治副校长。在区食品行业商会、希望职业培训学校设立未成年人观护帮教基地，对 2 名未成年人观护帮教。支持起诉申请撤销监护权案件 1 件，向 4 名未成年被害人发放司法救助金 10 万余元。办理的 1 件未成年人案件入选全市检察机关典型案例，幼儿园教师吴某涉罪信息查询案入选最高检典型案例。

【脱贫攻坚工作】 选派 26 名干警对清流镇、观胜镇等 5 个镇 34 户贫困户实施对口帮扶，已实现全部脱贫。选派 1 名干警担任古昌镇大青树村驻村第一书记，因工作突出被区委表彰为脱贫攻坚工作先进个人。向观胜、古昌等镇提供帮扶资金15万元。积极运用检察职能助力脱贫攻坚，支持起诉不赡养老人案件9件。主动服务全区农村危旧房改造工作，抽调7名干警组成工作专班，深入镇（街）、村（社区）宣传法律政策，助推农村危旧房改造，妥善处置C级、D级危房83户。积极开展未成年人检察工作，帮助2名未成年人申请获得事实无人抚养困境儿童专项救助。

【扫黑除恶专项斗争】 扎实开展“六清”行动，坚决守住“一个不放过、一个不凑数”底线。着力构建扫黑除恶长效机制，与区纪委监委、区委组织部、区公安局等部门制定职务犯罪线索移送、涉罪信息查询等4项工作制度。向有关单位提出社会治理类检察建议4份，均获采纳。受理涉嫌非法拘禁、寻衅滋事等罪提请逮捕案件10件22人，批准逮捕8件19人，不批准逮捕2件3人；受理审查起诉13件25人，起诉10件17人。

【民营企业司法保护】 认真落实最高检服务保障“六稳”“六保”11条意见、市检察院“保市场主体、护民营经济”17条措施、服务保障中小微企业复工复产“12条措施”等要求，努力让企业“活下来”“留得住”“经营得好”。院领导定点联系民营企业19家。疫情期间，走访指导14家规模以上企业顺利复工复产。扎实开展“保市场主体、护民营经济”专项行动，积极推进“挂案”专项清理工作，清理诉讼环节涉民营企业“挂案”10件、“积案”1件，依法作微罪不起诉1件，监督办案机关撤案9件、判决1件。坚持慎捕慎诉，切实保障民营企业正常生产经营活动。在办理某重点民营企业法定代表人等4名企业高管涉嫌非法转让土地使用权罪案中，严格把握罪与非罪界限，依法作出不起诉决定。成功抗诉李某某与某公司股权转让纠纷案，保护了企业合法权益。以上两案分别入选市院、五分院“保市场主体、护民营经济”专项行动典型案例。

【服务疫情防控大局】 坚决按照统筹推进疫情防控工作相关要求，积极参与全区疫情防控，多次前往观胜镇、昌州街道等一线防控点督导疫情防控工作。坚持疫情防控与办案“两手抓”“两手硬”，依法从快从严打击“涉疫”犯罪，监督移送销售伪劣口罩犯罪案件1件，起诉虚假销售口罩等犯罪案件5件6人。与区公安局联合制定《关于远程视频提讯实施办法（试行）》，疫情期间开展全市首例跨区域未成年犯罪嫌疑人远程提讯，累计开展远程视频提讯200余次。

【参与社会治理创新】 扎实开展认罪认罚工作，按照“应用尽用、用准用好”的原则，适用认罪认罚从宽制度审结案件470人，认罪认罚适用率89.02%；提出确定刑量刑建议338人，法院采纳率94.97%。与区法院联合制定《涉法涉诉联合接访实施办法（试行）》，充分发挥两院联动优势，及时有效化解矛盾纠纷。针对旅店业、校园周边食品经营等行业监管中存在的问题，向有关单位发出检察建议8份，均获采纳。积极开展“莎姐”大普法活动，先后到棠香小学、吴家中学等12所中小学校开展法治讲座14场次。依托“小院讲堂”等平台，开展“扫黑除恶专项斗争”“学习贯彻民法典”等主题法治宣讲40余场。

【开展区域检察协作】 紧扣荣昌成渝地区双城经济圈“桥头堡城市”定位，分别与四川省自贡市、东兴区、隆昌市、泸县等检察机关签订《加强区域检察协作服务保障成渝地区双城经济圈建设框架协议》。主动携手大足区、安岳县等检察机关建立濑溪河流域跨界生态环境司法保护协作机制，推动公益诉讼跨界协作常态化开展。与泸县检察院共同办理濑溪河流域跨界污染公益诉讼案件3件。针对大足区珠溪镇一居民小区污水直排濑溪河影响荣昌入境断面水质的问题，及时向大足区检察院移送线索并共同调查取证，发出检察建议，促使珠溪镇政府进行整改。

（吕　明）

法　院

【概况】 2020年，荣昌区法院受理各类案件1.71万件，其中，审判执行案件1.38万件，非诉调解案件3303件，同比下降18.42%，法官人均收案277件。审执结案件1.62万件，其中，审判执行案件结案1.29万件，非诉调解结案3221件，审执结案率93.53%，较上年同期增长0.39%，法官人均结案

259件。圆满完成上级法院既定目标，被市高法院评为“全市以审判为中心的刑事诉讼制度改革专项工作先进法院”“全市执行工作先进法院”“全市引入社会力量参与执行工作专项工作先进法院”“全市调研工作先进法院”。扫黑除恶、市域社会治理、多元解纷机制和家事少年审判等多项工作分别获最高人民法院党组成员、副院长杨临萍，市人大常委会副主任刘学普、市政协副主席谭家玲、市政协副主席徐代银等领导的批示肯定。

【刑事审判】 受理刑事案件415件，结案388件。依法从重从快惩处故意伤害、强奸、抢劫等严重暴力犯罪。严厉打击经济犯罪，审结非法集资、金融诈骗、电信网络诈骗等犯罪案件28件70人，维护良好经济秩序。严惩侵害妇女儿童权益犯罪，审结性侵妇女儿童和校园欺凌等犯罪案件8件9人。坚定不移惩治贪污贿赂腐败犯罪，审结职务犯罪案件3件3人，巩固反腐败压倒性胜利。认真落实“宽严相济”刑事政策，对105名适用缓刑和暂予监外执行的罪犯依法交付社区矫正。

【民事审判】 受理一审民事案件3018件，审结2815件，结案率为93.27%。审结抚养、赡养、婚姻等家事案件893件，保障幼有所育、老有所养、弱有所扶。审结涉教育、医疗、劳动争议等案件227件，保障学有所教、病有所医、劳有所得。办理司法救助案件5件，发放司法救助金13.8万元，传递社会主义司法温暖。开展“迅雷”涉民生案件专项集中执行活动，执结涉民生案件968件，执行到位1744.95万元；对2名经济确有困难的申请执行人开展司法救助，救助金额8万元。

【商事审判】 受理一审商事案件2306件，审结2144件，结案率为92.97%。借力府院联席机制，稳妥高效审结破产案件7件。在区委的领导下，在区信访办、区公安局等政府相关部门大力支持下，如期顺利召开东恩破产案件第一次债权人会议，参会人员200余人。审结金融借贷案件308件。与区内主要金融机构签订合作协议，提供司法保障。加强与金融机构执行联动，专人对接，执结涉金融案件435件，执行到位标的1.67亿元。审结涉民营经济企业纠纷案件2808件。审结扰乱市场经济秩序犯罪案件18件。探索筹建专业商事（巡回）法庭，化解荣昌高新区商事纠纷，为高新区未来大发展提供优质司法服务和司法保障。

【行政审判】 受理行政案件203件，审结196件。深化“润政行动”，最大限度避免因行政处理不当引发行政纠纷。行政诉讼诉源治理工作被最高法院《人民法院一站式多元解纷机制一站式诉讼服务中心建设工作周报》刊载推介。深化司法与行政良性互动，向行政机关发送司法建议10份，开展组织示范公开庭审活动1次，提升依法执法规范化水平。苏某某诉荣昌区公安局昌州派出所、荣昌区人民政府不服治安行政处罚及行政复议案入选重庆市行政机关领导干部培训教育法治教学片。继续落实行政机关负责人出庭应诉制度，行政机关负责人出庭应诉率达到82.35%。推动“裁执分离”改革，2件集体土地征收非诉案件适用“裁执分离”模式，保证重点项目及时有效推进。积极总结经验，1个行政案件庭审、1篇行政裁判文书分别被市高法院评为优秀庭审三等奖、优秀裁判文书三等奖，审结的吕某某诉荣昌区人力资源和社会保障局劳动和社会保障行政监督案入选2019年重庆行政诉讼十大典型案例。《关于完善劳动能力鉴定管理办法的司法建议》获重庆法院系统2020年度优秀司法建议。

【执行工作】 全年受理执行案件6397件，执行结案数5917件，执行信访办结率100%，执行案件执结率92.5%，执行兑现金额4.76亿元。通过信用联合惩戒、矛盾纠纷多元化解、部门联动配合，初步建成综合治理执行难大格局，累计曝光失信被执行人2414人次，限制高消费2678人次。开展“抗疫情、强服务、助力优化营商环境”执行专项活动，对长期未结重点疑难案件进行集中执行，执结重点疑难案件467件。

【诉源治理工作】 深入践行新时代“枫桥经验”，推进“荣昌一站式便民纠纷解决中心”建设。参与制定《深化荣昌综合调处机制实现“只跑一地”的实施办法》。诉前立案收案3303件，诉前调解结案3221件，其中，成功化解1973件，达成调解协议1973份，涉及标的5.19亿元。3月，市委领导对荣昌便民纠纷预防和解决中心建设进行调研并给予高度肯定。为荣昌小象城泊智慧停车服务有限公司解决停车占道未缴服务费纠纷，调解成功122件，追回服务费10.8万余元，提升城市智能化管理质量。成功调处荣昌区某物业管理有限公司与多名业主间的物业服务合同纠纷案，促进小区和谐稳定。11月，最高人民法院、国家发改委联合调研组到荣对价格争议纠纷多元化解工作开展专题调研并给予高度评价。《打造荣昌一体化社会矛盾预防和解决中心 构建社会治理“一平台、四中心、四体系”体制》入选重庆法院第二批司法体制综合配套改革典型案例。

【司法改革】 深入落实院庭长办案责任，院庭长承办案件9727件，占结案的75.22%。成立荣昌家事少年纠纷解决中心，构建“一站式、反家暴、区块链、解心结、重实查、寓教学、情理法”多元化立体式综合创新机制，受理家事纠纷案件669件，结案650件。深化落实以审判为中心的刑事诉讼制度改革，贯彻落实“三项规程”制度，适用认罪认罚从宽制度审结347件453人，占审结刑事案件总数的89.66%，其中，适用速裁程序审理案件119件，占认罪认罚总数34.29%。推进案件繁简分流，实现“简案快审、繁案精审”，民事案件速裁中心分流案件2036件，结案1847件，其中，调解撤诉1036件，调撤率56.09%。坚持网络司法拍卖优先原则，推进民事执行中财产变价改革，拍卖标的物790件，成交额8686.15万元，成交率73.58%，溢价率24.52%，案拍比3.59%，位居全市前列。

【队伍建设】 坚持抓班子、带队伍、促审判，落实“队伍建设制度执行年”工作。组织参加各类培训40余次800余人次。组织参与《民法典》学习讲座11场。开展“三个规定”专项整治，深化“以案四说”，推动“以案四改”，深刻汲取安徽高院张坚等严重违纪违法案件教训，开展廉洁警示教育18次。加强制度文化建设，修订包括政务管理、执行管理、服务地方经济发展、党风廉政、诉讼服务、审判管理、队伍管理7大类136个工作制度汇编成册，切实全面从严规范全院干警各方面各领域行为。

（陈美桦）

司法行政

【概况】 2020年，区司法局坚持以习近平法治思想为指导，立足新发展阶段，贯彻新发展理念，教育引导干部职工和法律服务工作者进一步增强“四个意识”，坚定“四个自信”，做到“两个维护”，服务荣昌区全力建设成渝地区双城经济圈重要增长极的目标，发挥司法行政职能优势、主动作为，为统筹推进疫情防控和经济社会发展“双胜利”提供坚强法治保障和优质高效法律服务。2020年，区司法局荣获全国文明单位称号，荣昌区医疗纠纷人民调解委员会获全国平安医院工作先进集体，昌州司法所被区委区政府评为荣昌区打好“三大攻坚战”突出贡献奖先进集体，区法律援助中心被区委宣传部评为“学雷锋示范点单位”，周时宽被司法部评为“全国模范人民调解员”，刘天玖被区委区政府评为防范化解重大风险攻坚战先进个人，拍摄《不忘初心》MV入选重庆市政法优秀宣传作品。对外发布、上报信息100余条（篇），被区级媒体采用40条（篇）、市级媒体采用80余条（篇），国家级媒体采用12篇。

【普法宣传】 狠抓“谁执法谁普法”责任制落实，强力推进宪法、民法典、疫情防控法治宣传，强化青少年等重点群体法治教育。抓住关键“少数”重点宣传，2020年，组织全区50多名新提任领导干部参加法治理论知识统一考试，组织120余名领导干部参加法治理论知识抽考及法院旁听。利用全区384个“小院讲堂”积极开展“脱贫攻坚·法治同行”活动，各镇（街）开展“小院讲堂”普法活动1000余场次，解答法律4000余人次，发放宣传资料、普法宣传品8万余份。积极推进法治乡村建设，开展村（社区）自治、法治、德治“三治结合”建设行动，结合“新风小院”创建，促进农家院落三治融合。2020年，全区119个村（社区）已纳入建设行动，占全部村（社区）的比重达77.7%。49个市级民主法治示范村（社区）通过复核，占比率达32%。荣昌区喻茂坚纪念馆被市普法办命名为第一批重庆市法治宣传教育基地。

【人民调解】 坚持和发展新时代“枫桥经验”。组织全区各级人民调解员开展形式多样的业务培训，共计1200余名人民调解员参与培训。积极开展矛盾纠纷排查，做到底数清、情况明，截至12月底，区司法局共开展矛盾纠纷排查1386次，调解案件5408件，调解成功5389件，调解成功率99.6%。区医疗纠纷人民调解委员会获全国平安医院工作先进集体。对“三大攻坚战”工作中排查出的案件进行突击攻坚，成功化解赡养义务纠纷127件、农村危旧房改造纠纷145件，污染防治纠纷7件，通过普法宣传，矛盾纠纷化解，协助当地镇街和教育部门劝返辍学儿童28名；区矛盾纠纷化解“尖刀连”集中力量重点化解信访案件（含陈年老案）106余件。全区人民监督员主动配合，认真履职，全年积极参与检察机关的各类监督评议工作60人次，为促进检察机关公平公正执法做出了积极贡献。

【社区矫正】 认真贯彻实施《社区矫正法》，依法管理、科学矫治社区矫正对象。成立荣昌区社区矫正委员会，健全社区矫正工作机制。采取技能培训、安置就业、引导就业等形式促进社区矫正对象快速融入社会。会同区检察院制定《关于维护涉民营企业社区矫正对象合法权益实施办法》，为保障此类对象的合法生产经营、确需外出等方面提供一定的便利，着力营造法治化营商环境，保障市场主体、民营经济健康发展。2020年，为社区矫正对象落实承包田93人，指导就业或就学50人；有针对性地开展集中教育900余人次，开展个别谈话1340余人次，进行个别心理辅导300余人次。

【安置帮教】 着力提升安置帮教工作规范化、法治化、社会化水平，狠抓帮教质量，帮助刑满释放人员更好地融入社会，形成社会力量广泛参与、社会舆论普遍支持的安置帮教工作体系。2020年，为刑满释放人员累计304人落实承包田，公益性岗位安置3人，自主创业20人，从事个体经营22人，企业和经济实体吸纳就业59人，落实最低生活保障15人，落实医疗救助1人，临时救助85人，技能培训4人，推荐就业53人，开展服刑人员远程会见13件。

【公共法律服务体系建设】 完成区公共法律服务中心、21个镇（街）公共法律服务站、156个村（社区）公共法律服务工作室的规范化建设，在全区113个“新风小院”公示全区公共法律服务三级实体平台地址、联系方式、可提供的法律服务，拓宽群众获取法律服务渠道。全年公共法律服务三级实体平台接待业务咨询2.83万余人次，受理法律援助、公证、司法鉴定案件5834件，办结6162件。进一步推进重庆12348热线咨询规范化建设，解答法律咨询2705人次。

【法律援助】 以民生需求为导向，坚持做好援助服务质量评价、监督管理工作。2020年，受理法律援助案件746件，办结1131件，挽回损失1432.3万元。继续深入开展法律援助刑事辩护全覆盖试点工作，持续推进认罪认罚从宽制度，全年受理刑事援助案件171件，办结182件；在区法院、检察院、公安局、看守所援助工作站安排值班律师469人次，为没有辩护人的犯罪嫌疑人、被告人提供无偿法律帮助702人次。开展法律援助案件质量自查自纠专项活动，组织律师和基层法律服务工作者对2017年以来已办结的法律援助案件进行自查自纠及整改。

【律师和基层法律服务】 深入开展“公共法律服务园区行”和民营企业“法治体检”活动。2020年，组织全区律师等法律服务行业服务国家级、市级、区重大项目重点工程和招商引资项目21个，标的金额2.88亿元，担任140家企业法律顾问，办理涉企诉讼、仲裁和调解案件298件，审查合同251份，提供法律咨询599人次。新冠疫情期间，为复工复产企业开展“法治体检”50余次，出具风险提示和法律建议210余条，开展涉企法治宣讲93场次。组织律师事务所开展网络直播《疫情期间，法律风险及防控措施》《新冠疫情下，复工必修课》等主题讲座，对疫情期间所涉及的民事、行政、刑事方面的法律问题以及复工复产的政策等进行全面宣讲。组织各律师事务所党组织向153个村（社区）“点对点”选派法律顾问，发挥专业指导作用，为村级集体经济发展“保驾护航”。2020年，村（社区）法律顾问参与集体经济事项180余次、可行性论证次数80余次、合同签订和审查68份；积极开展履约辅导，随时为村（社区）在履约过程中的工作联络、办理手续、结算付款等提供指导和帮助，规范村级经济行为360余次；认真梳理和解决各村（社区）集体土地流转、外欠债务、资产外流等历史遗留问题，参与调解、处理集体纠纷260余件，为村级集体挽回经济损失累计5.97万元。组织全区法律服务行业开展“遵法守纪”专题教育和队伍教育整顿活动；在全区律师队伍中开展违规兼职等行为专项清理活动。2020年，全区有基层法律服务所8家，基层法律服务工作者47人，共担任64个村、社区的村居法律顾问，全年民事案件代理695件，行政案件代理6件，业务收入374.56余万元。全区律师事务所及基层法律服务所主动对接，帮扶贫困群众1978人次，解答服务群众1.72万余人次，协助解决村（社区）各类矛盾纠纷269件。

【司法鉴定】 2020年，司法鉴定所受理法医临床鉴定343件，其中，法院委托14件、个人委托314件、其他主体委托15件，总业务收入46万元。开展司法鉴定行业公信力提升活动、司法鉴定机构和司法鉴定人清理整顿工作。

【公证工作】 2020年，公证处出证4784件，年办证量比上年同期增长3%，业务收入276万元，同比增长13%。推出“e公证”小程序，推出80多项证照类公证事项“零跑腿”；推出“公证签”线上服务，通过线上线下的融合，公证服务能力进一步提升，线上公证办证量位列全市第二。加强质量内部管理和外部检查督促，强化公证业务系统的建设和运用，形成质量管控的长效机制，全年开展内部自查2次，接受区司法局“双随机一公开”质量检查1次，合格率均为100%。全面深化“绿色继承”“一站式”公证模式，同时提供代办产权证的“一站式”服务模式，全年免费为公证当事人代办产权证355个。加大公证行业公益服务，积极为老年人以及“五保户”、孤寡老人等贫弱群体提供免费公证服务或减免公证费用，实现公证服务便民利民。为老、弱、病、残提供上门服务，共办结69件。贺学良被国家卫生健康委员会、全国老龄工作委员会办公室授予全国“敬老爱老助老模范人物”称号。

【规范性文件审查】 2020年，对全区26件行政规范性文件进行前置审查，提出修改建议80余条。经合法性审核，以区政府（含区政府办公室）为制定机关的政府规范性文件13件；建议以区委办与区政府办联合发文的规范性文件3件；建议由区政府组成部门或者其他单位为制定机关进行发文的规范性文件3件；因与当前法律政策不符，建议不予制发或者予以修改的规范性文件7件。严格按照规定时限将区政府行政规范性文件报请市政府和区人大常委会备案审查，全年报备规范文件13件。开展政府合同审查，全年审查区政府合同156件，涉及金额550亿元以上。全年办理行政法规、地方性法规和政府规章立法意见征求20件次，办理50件次拟以区政府或者区政府组成部门名义制发文件的前期征求意见或者研究讨论工作，并提出意见建议98条。注重人人参与、人人共享，修订完善区政府重大行政决策公众参与机制，依法依规召开听证会，充分汲取“梯度水价、梯度气价”等重大议题的群众意见。参与区疫情防控指挥部综合组就疫情防控相关文件、支持企业复工复产措施进行合法性审查。对17件以区政府或区新冠肺炎疫情防控指挥部发布的文件进行合法性审查；对20件以区政府工作部门发布的通知、温馨提示等文件提出法律意见；协同相关部门起草防控新冠肺炎疫情文件2件。组织开展规范性文件清理5次，废止区政府规范性文件16件。

【行政复议应诉】 落实行政负责人出庭应诉制度，2020年，行政负责人出庭应诉符合相关规定及要求，全区发生一审行政应诉案件95件，已审结73件，未审结22件，全区一审行政应诉案件经法院开庭审理68件，负责人出庭应诉61件，出庭率89.7%。全年受理行政复议案件56件，上期转结5件，共办理61件。办理区政府一审行政应诉案件20件。继续推进行政复议规范化建设，落实审理室、听证室等办案场所和有关装备保障，开展听证审理数字化相关工作，荣昌区被纳入行政复议规范化第二批示范创建单位。

【行政执法协调监督】 全面落实法治政府建设各项工作。结合司法部“三项制度”专项监督行动和区人大评议“三项制度”推行情况，督促、指导各行政执法机关落实事前、事中、事后“三个公开”，向社会公开5180件行政执法决定；落实文书制作、设备配备、音像记录、存储归档“四个标准”，各行政执法制作行政执法文书1.26万件、归档行政执法案卷4174卷；落实审核主体、审核人员、审核范围、审核内容、审核程序“五个明确”，审核执法决定7054件。开展行政执法主体和人员清理审核公示工作，经过清理审核，全区具有行政执法主体资格的单位76个，具有重庆市执法证人员999名、国务院部委颁发执法证件人员656名，注销执法证件358个。全面清理规范精简执法事项，至年底，全区行政执法事项3689项。进一步规范镇（街）综合行政执法工作，对委托执法、执法事项、执法行为、工作机制等内容进行明确，区级部门可委托镇（街）执法事项82项，制作委托执法协议示范文本，建立健全行政执法机关相互联动、协调会商工作机制。开展2020年度行政处罚案卷评查工作，从生态环境保护、文化市场、交通运输、农业、城市管理、卫生健康6个重点领域抽取行政执法案卷50余卷。针对交通、城市管理、林业等重点执法领域，开展行政执法专题培训，受训人员达200余人次。采取线上线下相结合的方式开展“互联网+执法培训”，新进执法人员204人参加了网络执法培训。

【法律援助点援系统】 区司法局深入推进“信用荣昌”建设，坚持以人民为中心的服务理念，为让法律援助案件受援人享受到更便捷、优质的法律服务。至年底，初步建立荣昌区法律援助案件“点援”分配系统（简称“点援系统”）。受援人在申请法律援助后，可以通过点援系统自行选择承办律师。点援系统以律师诚信体系为基础，主要包含7个诚信分项指标，涉及律师近三年的投诉奖惩情况、工作履职尽责情况、逃税漏税等诚信情况，按照一定排序规则，将自动筛选出诚信较好的律师，并优先指派给受援人，为受援人在选择承办律师时提供了可行性参考。该系统以荣昌区律师诚信情况为基础，建立点援系统有助于激励全区律师重视并提高个人诚信，进一步推动全区律师行业诚信建设。

（牟　谈）

军 事

人民武装

【概况】 2020年，荣昌区人民武装部（简称“人武部”）被警备区表彰为“安全稳定工作先进单位”，在全市精武民兵比武竞赛中，取得渝西片区一个单项第一名，一个单项第二名，一个单项第五名的成绩。

【国防教育】 2020年，人武部协调区相关部门投入200余万元，人武部投入30余万元，修建了抗美援朝特等功臣吕玉久纪念馆，翻新了铜鼓山英烈园、修缮了直升红色家园，建成了“国防教育一条街”，改造了国防教育主题公园。对于立功官兵，按照发放一次慰问金（二等功2000元、三等功1000元）、请一支锣鼓队、放一次鞭炮、进行一次新闻报道、公布一次光荣榜“五个一”方式，将装裱一新、光荣喜庆的立功喜报逐个送至立功官兵家中。在“八一”节，《荣昌日报》整版刊登荣昌籍官兵“八一光荣榜”。

【征兵工作】 完成新兵征集任务和大学生征集任务。昌元街道武装部、荣昌区人民医院副院长喻蓉、荣昌区民兵武器装备仓库主任邬军被重庆市人民政府征兵办公室表彰为“征兵工作成绩突出集体”“征兵工作成绩突出个人”。2020年全区征兵工作排全市前六。

【军事训练】 在摸底调研驻地41家国有企业、112家规模以上企业基础上，在37家规模以上企业、高新技术企业编配新质力量分队，提高了专业对口率，提升了人员在位率。在2020年全市应急力量联考联评中，区人武部水上救援飞翼和水下声呐探测仪分队作为全市新质力量代表参加了展演示。民兵调整改革工作连续两年稳定在全市第一方阵。

【脱贫攻坚】 2020年，人武部机关党支部与铜鼓镇刘骥村党支部结对帮扶，互学互帮，刘骥村实现全村脱贫，村党支部被市委评为“脱贫攻坚先进集体”。产业扶贫上，区人武部相继投入30余万元，帮助刘骥村村民购买苗木，聘请技术人员，寻找销售客户，做大做强花椒产业。2020年，刘骥村花椒种植面积达到6000亩，建成了花椒种植、加工、冷冻完整产业链。教育扶贫方面，区人武部设立了“八一助学金”，与区教委建立了帮扶协议，在全区资助100名贫困学生完成学业。 （张 雷）

人民防空

【概况】 2020年，每周进行日常通信指挥训练，包括指挥中心通信及电台通信；8月组织1次人防专业队伍训练，训练时间5天，统一组织测试，合格率100%。通过棚户区改造工程相关文件审批免交1笔143.4万元。高度重视人民防空教育，始终把人民防空教育作为人防工作的重要内容来抓。

【人防工作融入经济社会发展】 结合主城区太阳浩组团行政中心建设，将应急应战平台建设纳入其中。将人防总体规划修订工作与渝西川东地区区域中心城市的定位有效对接。将人防办纳入区规委会、区安委会、区应急委员会、区消防安全委员会、区森林防火委员会以及国防动员委员会等区级非常设议事协调机构。将人防建设费纳入年初财政预算。

【应急应战指挥平台及应急能力建设】 应急通信保障，与重庆渝防通讯科技公司签订应急指挥平台维保协议，全年有效地保障了全区应急指挥平台的正常运行。与涪陵区、梁平区、潼南区、奉节县组成应急通信训练第八组，每周参加应急通讯能力进行训练，并按照训练方案，分别组织了跨区集结训练，12 月初顺利通过市人防办年终考核。

【人民防空教育】 坚持每年为区四大家主要领导、分管领导、区人武部领导、区进修校、区教委等部门领导订阅《中国人民防空》《重庆人防》等杂志，着力增强广大干部职工对人防工作重要性、必要性和紧迫性的认识。与区委党校、区行政学校一道，在每期培训班中开展《中华人民共和国人民防空法》《重庆市人民防空条例》培训，分别由党校教师或人防办主任授课，加强对领导机关、领导干部的宣传，使领导机关、领导干部熟知《人民防空法》和《重庆市人民防空条例》。重视学校和社会宣传教育。年内，在荣昌区仁义中学开展初级中学民防教师业务骨干培训，并进行民防课程试讲活动，取得显著的进校宣传效果。与区应急办、气象局等相关部门在荣昌初级中学开展防空防灾演练，参演学生 1000 余人次，增强学生在灾害来临时能做到有序的疏散及自我保护意识。6 月 5 日，区民防办牵头，有关部门配合在城区莲花广场开展《人民防空》《重庆市人民防空条例》的接头宣传咨询活动。11 月，举办庆祝中国人民防空成立 70 周年宣传活动。

（徐光富）

生态环境

生态文明建设

【概况】 2020年，全区生态环境质量得到持续改善，生态文明建设成效显著。全区流河各考核断面均达到年度考核要求，其中，濑溪河高洞电站断面水质持续稳定达到Ⅲ类，清流河、马鞍河、渔箭河3个市控断面水质累计均值为Ⅲ类；城区环境空气质量优良天数293天，比上年增加12天，细颗粒物浓度44微克/立方米，下降2微克/立方米，可吸入颗粒物、臭氧、二氧化硫、二氧化氮等污染物浓度同比均呈下降趋势；区域声环境质量稳定达到国家标准；土壤环境保持安全稳定，土壤污染防治示范区成功创建；农村环境质量持续改善；环境风险实现零事故，全年未发生较大及以上环境污染和生态破坏事故。年内，区生态环境局荣获第二次全国污染源普查先进集体，污染源普查技术报告获全国优秀技术报告二等奖（为全市所有区县中荣获的最高奖项）；“攻坚战污染·绿色促发展”主题短视频获全市最佳案例奖和最佳组织奖。区生态环境监测站被区委、区政府评为“荣昌区打好‘三大攻坚战’突出贡献奖先进集体”，生态环境保护综合行政执法支队获评“重庆市2020年生态环境保护执法大练兵交叉执法实战比武表现突出集体”“重庆市2020年生态环境保护执法大练兵表现突出集体”。敖行斌被评为“环境执法大练兵表现突出个人”，冯玲被评为“环境执法大练兵交叉执法实战比武表现突出个人一等奖”，李启蓝被评为“2020年重庆市最美基层环保人”。

【生态文明体制改革】 健全河流流域保护机制，不断完善河长制、街长制、林长制等环境保护制度，深化重要生态系统保护和修复重大工程工作机制。印发《荣昌区河流清漂及镇街流域生态补偿试点实施方案》，选取9条河流、16个镇（街），建立“生态补偿基金”进行生态补偿，有效促进相邻镇（街）合作交流，协力治污，共同维护河流流域生态环境安全。投资4072.48万元，完成清升镇古佛山社区山水林田湖草综合整治试点项目。积极构建土壤污染治理机制，积极探索建立土壤污染源头预防、风险管控、治理修复等工作机制，对市级发布的列入名录地块加强环境监管。印发《荣昌区2020年受污染耕地安全利用实施方案》，已完成14家企业周围土壤监督性监测，8家企业场地土壤初步调查评审、黑臭水体治理方案修改完善，印发《荣昌区农村生活污水治理规划》，土壤污染综合防治示范区建设基本完成。基本建立和完善塑料污染防治机制，对标市级印发《荣昌区关于进一步加强塑料污染治理实施方案》，明确全区工作目标、措施和保障。基本完成构建现代环境治理体系任务，拟定《荣昌区贯彻落实〈重庆市构建现代环境治理体系实施方案〉工作方案》。

【行政审批】 执行项目审批绿色通道，对复工复产重点项目、生猪规模化养殖等项目采取拉条挂账方式，主动做好环评审批服务，对疫情防控相关项目、重大民生项目、医用射线影像设备等项目，简化流程，特事特办。提升行政服务效能，20项行政权力法定时限由487个工作日压缩至80个工作日。全力推行实施项目环评审批告知承诺制改革，累计审批项目环评132件，固体废物设施验收36个，夜间施工审核72件，辐射安全许可审批5件。严格环境审批把关，严格落实“三线一单”、规划环评、建设项目环境准入管理，分别开展环评承诺告知制、登记备案项目抽查2家次和6家次，强化建设项目监管。推进排污许可管理核心制度，完成核发国家排污许可证169家，纳入限期整改6家，完成排污登记996家。

【生态环保督察】 第一轮中央环保督察涉及的30项整改措施和55个具体问题已全部整改完成。市级环保集中督察涉及的88个问题已完成整改86个，其余2个未完成项目正加快推进中，按市级要求按季调度。市整改办交办的29个突出环境问题已全部完成整改。第二轮中央生态环保督察31个交办件已全部办结；印发《荣昌区贯彻落实〈重庆市中央生态环境保护督察报告〉整改方案》，包括25项主要措施的落实，1个《专项整改方案》、15个《专项整改子方案》、9个举一反三问题整改，正有序推进中。牵头拟定印发《关于做好2020年市级水生态环境暗查暗访暗拍问题整改工作的通知》，明确3个市级交办问题的整改目标（措施）、整改时限和整改责任，并开展定期调度和上报。牵头承办11月10至11日的市级专项督察工作，及时明确督察组反馈问题整改目标整改措施、整改时限及整改责任分解。

【生态环境监测】 在建成濑溪河高洞电站断面（清江镇）国家地表水环境质量监测网水质自动监测站和清流河出境大埂断面水质自动监测站的基础上，2020年长江经济带项目李家碥水站自动监测站建设进入试运行。加大线上智能监管平台的投入，全年投入500余万元的大气网格化综合智能监管平台正式投入运行，同时将餐饮油烟视频监控纳入大气网格化平台，进一步增强环境监管的覆盖面和实效性。完成辖区内的环境空气与降水监测、声环境质量监测、水环境质量监测、污染源监督执法监测以及委托监测的各项监测任务的质量控制工作。完成重庆市生态环境监测中心以及市场监督管理局组织的比对监测和能力验证工作。区生态环境监测站获得监测数据1.71万个、各类质量管理数据5347个，质控数据均满足质量控制要求。发放标准样品、标准溶液、外控样品、各种考核样品244支，其中，标准样品22支，标准溶液124支，外控样品91支，考核样品7支。获得外控数据300个，自控数据902个，加标数据611个、现场平行样数据1277个、实验室平行样数据1359个，空白/背景值2175个，结果均为合格。全区有市控及以上重点污染源11家，其中，重金属企业1家，即重庆缘佳环保科技有限公司。重庆市建新发电有限责任公司停产，未对其进行监测。对其余10家企业，全年监测18次，获得监测数据1863个，其中，现场平行样数据154个，实验室平行样数据125个，加标回收数据61个，自控样品数据106个，空白/背景数据256个。

环境保护

【环境质量】 2020年，城区空气优良天数293天，其中，二氧化硫年均浓度为11微克/立方米、二氧化氮年均浓度为22微克/立方米、可吸入颗粒物年均浓度为52微克/立方米、细颗粒物年均浓度为44微克/立方米、臭氧年均浓度分别153微克/立方米，与上年相比年均浓度均有所下降。濑溪河高洞电站断面水质持续稳定达到Ⅲ类，清流河、马鞍河、渔箭河3个市控断面水质累计均值为Ⅲ类，达到考核目标要求，城市集中式饮用水水源地水质达标率100%，30个乡镇集中式饮用水水源地水质达标率93.33%，全区各镇（街）饮用水源水质逐年提升。城区区域环境噪声昼间平均等效声级为50.9分贝，达到国家二类区环境噪声标准，网格达标率为100%，声源构成仍以社会生活噪声为主。城区道路交通噪声昼间平均等效声级为63.3分贝，交通干线道路交通噪声全线达标。城区功能区昼间等效声级为50.1分贝，夜间等效声级为44.0分贝，均达到相应功能区标准。

【污染防治】 水环境质量稳定向好。濑溪河高洞电站断面水质持续稳定达到Ⅲ类，清流河、马鞍河、渔箭河3个市控断面水质累计均值为Ⅲ类，达到考核目标要求，城市集中式饮用水水源地水质、5个万人千吨乡镇集中式饮用水水源地水质全部达标。印发《荣昌区水质全面提升巩固总体方案》、启动水生态环境“十四五”规划编制工作。强化流域综合整治，开展长江生态环境保护修复驻点跟踪研究，7个项目进入中央水专项资金储备库；争取到濑溪河流域生态补偿资金1083.3万元；实施渔箭河流域环境综合整治项目、马鞍河流域综合整治项目。有序推进重点工程实施，完成0.33万公顷农村冬水田推广、万福寺水库污染治理、濑溪河河道清淤、镇（街）污水处理厂在线监测、清流河流域生态修复地形图测绘项目、深化马鞍河“一河一策”综合治理工作方案、镇（街）污水处理厂尾水湿地项目、高洞电站规范化建设、集中式供水工程水源地规范化建设、25个水库环境综合治理一期、城区配套管网、城市排水管网探测与检视，完成长江经济带清流河李家碥水质自动监测站主体工程建设。加强饮用水源保护，制定实施《镇街污水三年提质增效方案》，完成城市污水处理厂提标改造，废水排放达到地表水准Ⅳ类，板桥工业园区污水处理厂一级A标提标改造工程已完成收尾工作，同时启动城市污水处理厂三期扩建。实施生活污水治理，开展城区雨污管网普查，全面掌握雨污管网底数、核实雨污管网混流情况、摸清雨污管网堵塞、渗漏、混接实情，编制《荣昌区雨污分流改造和溢流控制专项计划》，有序推进雨污分流改造，完成城区雨污管网建设22.24千米，镇（街）雨污管网建设21.57千米，超额完成年度目标任务。强化农村面源污染治理，制定实施《荣昌区畜禽养殖污染治理工作实施方案》《荣昌区巩固和深化水产养殖污染专项整治工作方案》《荣昌区2020年化肥农药双减工作方案》，从源头控制畜禽养殖项目，推进畜禽粪污资源化利用和深度治理，严管肥水养鱼，推广生态养鱼模式，拆除濑溪河流域生态养殖区内增氧机，开展鱼塘尾水治理，推广农业种植控肥增效、控药减害、控膜提效、控水降耗项目。坚持打好蓝天保卫战。出台《荣昌区2020年打赢蓝天保卫战工作方案》，持续狠抓工业污染治理，累计补助700余万元，推进16家企业挥发性有机物治理项目和20家企业天然气锅炉低氮燃烧改造项目，20家签订合同，10家完成治理和验收监测。积极争取上级资金启动实施16家工业企业挥发性有机物治理，对重点涉气企业开展“回头看”，开展监督性监测15家，随机执法检查20家。推进交通污染治理，全年投入资金120万元，淘汰国三以下柴油车305辆，开展非道路移动机械统计、监测工作，完成5000余辆机动车尾气检测、查处超标车100余辆，完成200余台非道路移动机械编码登记并发放号牌，联合职能部门对机动车排放检验机构开展监督检查、对全区加油站油气回收装置运行情况开展监督检查；对30余家加油站全面实施油品抽测和油气回收装置监测，对汽油年销量5000吨以上的2家加油站安装在线监测设备。做好扬尘污染防治，加大对道路扬尘管控力度，采取委托三方公司管理的方式，加大城区清扫保洁力度，对城乡接合部进行环境专项整治，设置6个入城检查点，对脏车进行劝返、查处；严格施工扬尘管控，推进土石方工程施工机具加装自动喷淋设备，强化湿法作业，严厉查处未保持工地周边环境卫生和车辆违规运渣行为。加强油烟污染防控，继续督促20家公共机构食堂开展油烟整治，督促近200家中小型餐饮店开展油烟治理并下达补助资金，投资60余万元对站点周边居民油烟进行收集治理，加强露天焚烧污染管控，加大宣传、巡查、制止力度，安排专项资金约300万元，通过推广机械化收割技术、配置秸秆粉碎机、引入企业回收利用等方式，积极推进秸秆综合利用。增强科研分析能力，委托市环科院开展可吸入颗粒物和臭氧污染源解析。加强网格化管理平台建设，建成投用2个区级空气自动监测站和3个国标法比对站，大气网格化综合智能监管平台已投入使用。加强污染天气应对，开展空气质量预警预报，及时发布大气污染预警应对通知，积极开展污染源问题巡查通报。

土壤污染防治扎实推进。完成38个地块土壤环境状况调查、13家重点监管企业土壤和地下水自行监测和信息公开、14家重点企业周边土壤监督性监测、2家企业地块详细调查和10家企业地块风险管控。编制荣昌电镀集中加工点电镀车间污染整治方案，完成土壤污染防治综合示范区建设。落实固体废物污染防治，将医疗废物处置能力建设纳入危险废物集中处置布局规划，推进“一物一码”医疗废物管理试运行工作，加强新冠肺炎疫情医废管理，共处置新冠肺炎疫情医废14784.89千克，完成危废集中收集点和医废处置设施选址征地工作，预计2021年建成投运，危废处置能力将进一步提升。组织开展危险废物管理专题培训，共计开展培训4次，培训人员500余人。督促企业落实防扬散、防流失、防渗漏“三防”措施，确保危险废物贮存场所安全。强化重庆市固体废物管理信息系统应用，严格执行危废转移联单管理制度，确保全过程监管。全年共转移处置危险废物6090吨，完成315家工业企业、33家医疗机构固体废物申报登记和61家工业企业、44家一二类机修企业管理计划备案工作。制定《荣昌区危险废物专项整治三年行动实施方案》，实施危险废物专项整治，联合发改委、卫健委、交通局等职能部门开展执法检查，严厉打击违规堆存、随意倾倒、私自填埋危险废物等环境违法行为。出动执法人员200余人次，督查企业50家，立案7件，罚款金额51万元。落实农村环境污染防治，编制印发《荣昌区农村生活污水治理专项规划（2021—2025）》，完成农村黑臭水体现场排查和实施方案编制、畜禽养殖污染防治规划修订、农村生活污水治理工程可行性研究报告、安富街道垭口村等5个污水处理站建设，以及昌州街道石河村污水处理站技改工程、清江镇河中岛村管网工程。强化核辐射污染防治，完成国控大气辐射环境自动监测站整改，以及万里新能源公司、智达环保铅蓄电池收集网点核查验收工作；完成29家核技术利用单位年度安全评估、3499台电磁辐射设备申报登记、辐射安全管理系统数据核查、及时更新辖区辐射安全监管基础数据。

【环境执法】 全年启用无人机20余次，重点用于检查露天堆场、露天焚烧等行为，帮助环境执法人员迅速锁定污染问题发生地，有效获取证据，拓宽环境执法覆盖面，确保环境监管无死角。开展环境安全隐患集中整治暨2020年“两会两节”环境安全专项行动，对70家涉危涉重涉燃涉爆涉有毒有害企业开展现场隐患排查，督促3家企业及时整改环境风险隐患；区生态环境局、区河长办牵头，联合区城管局、区公安局等部门深入开展整治污水偷排直排乱排专项行动，排查点位2118个，立案查处1件，发现并完成整改22个，通过《荣昌日报》、微信等平台及时发布整治污水偷排直排乱排专项行动相关内容，多方面收集污水偷排直排乱排的举报线索，初步实现全民参与的良好氛围。严厉打击违法行为。加强对电厂、平板玻璃、挥发性有机物等废气重点排放企业的执法监管，全年检查污染源企业325家次，对23家工业企业下达限期整改通知书，督促企业污染治理设施正常运行，确保废气达标排放；协调重点涉气企业采取减产等措施，减少颗粒物、NOX的排放，以应对重污染天气；对140家餐馆油烟进行整治，检查餐饮油烟企业160余家次，确保污染治理设施正常运行，废气达标排放。通过开展随机抽查、专项行动和信访处置等执法工作，采取巡查、暗查、突查、夜查和节假日查等方式，全面打好执法“组合拳”。全年依法立案34件，下达责令改正违法行为决定书34件，下达行政处罚决定书39件，共处罚金119.36万元。向法院申请强制执行15件，适用配套办法实施查封1件，移送公安行政拘留1件。全面处理信访投诉。在日常执法监管中注重随机抽查与信访投诉相结合，在处理信访投诉的同时完成随机抽查任务，在完成随机抽查工作时对信访投诉处理情况进行复查。全年完成随机抽查企业99家，并向社会公开抽查结果，受理各类投诉1011件，其中，12369投诉710件、来电来信70件、来访17件、网络微信120件、市区级交办件94件，均按时办结，未发生因处理不当引起的群体性事件。

【环境应急管理】 强化突发环境事件隐患排查，环境风险企业开展突发环境事件风险隐患自查自纠3508家次，风险企业覆盖率达100%，发现隐患578个，已完成整改521个，正在整改57个，整改率90.14%。强化环境应急管理，下达89家突发环境事件风险评估及应急预案修订任务，2020年突发环境事件风险评估及应急预案编制、修订企业分别为12家和44家，重庆渝荣水务有限公司完成高升桥水库城市集中式饮用水源突发环境事件风险评估，组织开展“地震灾害暨环境污染综合应急演练”1次。

【环境宣传教育】 组织“六五环境日”系列活动，召开例行新闻发布会、开展与你“童”唱《让中国更美丽》Vlog传唱活动、“我为荣昌生态献策”有奖征集活动等，同时各镇（街）同步开展形式多样的宣传活动。组织环保社会宣传，开展生态环保志愿服务宣传10次、环保设施向公众开放活动5次；疫情期间组建党员突击队，宣传发布生态环保铁军一线抗疫原创故事；评选最美基层志愿者1名。强化新闻媒体宣传，积极参与全市“攻坚战污染·绿色促发展”主题短视频征集展示活动，邀请区委书记、区长出镜录制两个视频——《回头一望是乡愁》《守望绿色·筑梦前行》，荣获“最佳案例奖”“最佳组织奖”两项荣誉。组织局干部职工演唱的《环保人之歌》作品荣获全国生态环境系统歌咏比赛形象奖。全年在主流媒体上发布新闻66条，"荣昌生态环境"双微及时开展网络宣传，新浪微博发布信息3605条，微信公众平台发布信息1007条。围绕"美丽中国，我是行动者"主题，组织开展系列宣传活动，召开新闻发布会2次。建立网络值班意识形态工作制度，及时做好重要节点和敏感时期的舆论监管，定期分析研判网络意识形态领域情况。及时查阅回复官方微博、微信、重庆荣昌App等网络问政平台，及时收集重要会议、文件、讲话等网上舆情反映，及时处置网络舆情，牢牢掌握新闻报道主动权。年内开展2次意识形态专题研判，收集到网络舆情80件并及时给予回复，全年未发生重大网络安全问题。

【第二次全国污染源普查】 全面完成污染源入户普查、技术报告编制、档案移交（移交区档案馆）、申报先进等工作，发布普查公报和技术报告。该项工作荣获多项国家级表扬，其中《荣昌区第二次全国污染源普查技术报告》获全国优秀技术报告二等奖，为全国荣获该奖项为数不多的地市级单位之一，也是全市所有区县中荣获的最高奖项；区生态环境局和荣昌高新区管委会被评为第二次全国污染源普查工作先进集体；胡亚飞等5名同志荣获第二次全国污染源普查工作先进个人称号。

【双城经济圈生态共建】 不断深化水污染协同治理，完善联合巡河机制，与大足区、四川省泸县、四川省隆昌市签订《濑溪河流域长效协调互动协议》，建立区、镇、村三级联络机制，在属地镇之间签订共同清漂保洁协议，实行共同巡河、共同执法、共同宣传，开展联合清漂、联合执法等活动。与泸州签订《跨界河流（段）联防联控合作协议》，与东兴区、安岳县共同拟定《定期联席会议制度》《信息互通共享制度》等制度；与内江市、隆昌市开展大清流河共同巡河暨荣昌—内江川渝跨界河流共管共治联席会议。不断深化大气污染协同治理，建立联防联控联治机制，5月内江市、泸州市、永川区、大足区签订《荣昌区大气污染联防联控工作协议》，建立大气数据共享机制、区域性重污染天气预警会商和应急联动机制，切实加强大气污染联防联控。开展督导帮扶交叉检查，从6月起，与内江市、大足区等每月轮流对各辖区内重点涉气企业、工地等进行督导帮扶，每月开展一次为期3天的现场检查，共发现并解决大气污染问题20余个。6月24日，与泸州市签订《生态环境保护合作框架协议》，11月25日，与内江市签订《生态环境保护合作框架协议》。不断完善环境联合执法和应急联动机制，协同打击环境违法行为，与泸州、内江等毗邻市区县开展水污染、大气污染、森林防护等方面的联合执法检查，共同打击生态破坏和环境违法行为，检查企业17家，排查问题20余个；建立区域环境应急交流合作机制，邀请隆昌市、泸县生态环境局领导共同开展荣昌区2020年地震灾害暨环境污染综合应急演练，并就环境应急管理方面的经验进行深入交流，共同提升管理水平。（唐　杰）

城乡建设

城乡规划

【概述】 2020年，区规划自然资源局坚持“绿水青山就是金山银山”理念，全面履行自然资源管理“两统一”核心职责，在市级主管部门和区委、区政府的坚强领导下，坚持“一个尊重五个统筹”的城市发展方向，牢牢抓住实施成渝地区双城经济圈国家战略、研究制定“十四五”规划机遇，高水平编制城市国土空间规划、高标准做好资源要素保障、高质量推进资源节约集约利用，全面提升规划自然资源治理能力和水平，全力服务构建新发展格局，为全区经济社会持续健康发展做出积极贡献。

【城市规划编制】 科学编制国土空间总体规划。3月，第三届第十七次规划委员会听取了国土空间规划编制工作阶段成果汇报。7月，区规划自然资源局组织设计单位对高新区及21个镇（街）进行实地调研，并形成初步成果。7月30日，区规委会专题会议审议通过了《重庆市荣昌区国土空间总体规划（2019—2035）》中期成果。二是完成生态保护红线优化评估。积极协调相关部门对涉及镇（街）进行实地调研，结合全区实际以及区规委会审议意见，修订完善《荣昌区生态保护红线优化方案》，于11月26日提交市规划自然资源局和市林业局联合审查，编制成果得到充分肯定，成为全市第一批通过市级审查的区县之一，并于11月28日上报自然资源部审批。结合全区城镇建设用地实施态势、重大项目布局和既有空间规划情况，于7月启动开展《荣昌区城乡总体规划（2009—2030）》（2020年局部修改）工作，并于11月11日报市政府审批。

【镇村规划编制】 指导吴家镇政府开展国土空间规划编制并完成初步成果，指导完成路孔（现万灵镇）、安富历史文化名镇实施评估及修编，指导完成11个村规划编制，至此全区131个涉农村规已按照分类编制要求实现应编尽编。同时为增强村规实用性和可操作性，在原规划编制基础上指导相关镇（街）继续深化调整了20余个村规划。完成村规入库62个，村规入库率在全市领先。古佛山社区村规划获评全市首批20个实用性村规划示范村之一，同时获评市级“多规合一”实用性村庄规划全市6个优秀案例之一。

【规划审批管理】 全年依法办理建设项目选址意见77件，选址用地面积218.62万平方米；办理建设用地规划许可82件，建设用地面积264.59万平方米；办理建设工程规划许可129件，建设规模206.87万平方米。

【基础测绘】 全年完成1：500地形图审核65宗，约246.67公顷。完成外地测绘企业到荣昌进行测绘活动备案及测绘企业资质升级工作。完成2020年地下管线信息系统工作，更新地下管线数据约33千米。

【违法建筑整治】 全年查处进入审批程序的违法建设2件，查处未进入规划审批程序的违法建设案件4件。配合区住建委、区城管局认定、查处盛世棠城小区未进入规划审批程序的违法建设4件。协助区消防救援支队认定、查处盛世棠城小区占用消防通道的违法建设4件。配合区城管局清理、查处区城乡接合部未进入规划审批程序的违法建设37件，配合区城管局认定、查处昌元、昌州街道未进入规划审批程序的违法建设68件。（唐锦明）

城市建设

【概况】 2020年，区住房城乡建委全力推进重点建设，启动城市污水处理厂三期工程建设，实施镇（街）污水处理厂提标扩容建设，有序推进城镇雨污管网40千米建设，全力推进占地12.67公顷、投资5.5亿元的建筑固废垃圾再生资源利用示范项目。实施“缓堵保畅”，投资2.1亿元开工建设香国大道西延段及虹桥一支路建设，投资0.43亿元实施城南大道2.8千米整治维修建设，投资1.7亿元实施城区5个出入口综合整治。印发《荣昌区城市品质提升行动实施方案考核实施细则》，并开展督查考核。

【重点项目建设】 2020年，区住建委推进牵头负责实施的重点项目，圆满完成各项目标任务。城市污水处理厂三期扩建项目，投资2.7亿元，新增3万吨/日的处理规模，新建5.23千米一级截污干管，目前该项目正有序推进。镇（街）污水处理厂提标升级及扩容建设项目，完成《荣昌区城镇污水收集处理“厂网一体”PPP项目策划方案》，并通过区第十七届人民政府第95次常务会议审议。再生资源循环利用示范基地，投资5亿元，完成建筑固废循环利用厂房基础和主体工程，采购所需设备。主城—永川—荣昌市域轨道快线项目，预可研编制已完成公开招投标，永川—荣昌段市域快线预可研编制由中铁二院重庆分公司负责实施。

【市政道路建设】 香国大道西延段及虹桥一路建设，投资2.12亿元，完成香国大道延伸段1807米和城市环线道路连接工程及471米的城市环线次干虹桥一路清表，土石方开挖15%。香国大道南延段—国道348、城南大道西延段—香国大道南延段项目，已完成方案编制。为更好地支撑“桥头堡”城市发展，发挥辐射带动作用，积极推动市域快轨主城中心区至荣昌可行性研究，加快推进主城中心区至荣昌快速通道规划建设。提升路网连通性，畅通道路微循环，实施“缓堵保畅”行动，实施香国大道西延段“断头路”，实施城南大道和荣昌主城至古昌、主城至吴家等5个城乡接合部城区出入口综合环境整治等项目，全力推进城区通道规划建设，打造优质便民出行环境。

【城市提升】 区委、区政府印发《重庆市荣昌区城市提升行动实施方案》的通知，并制定《重庆市荣昌区2020年城市提升行动年度工作计划及项目库》。区城市提升领导小组印发《荣昌区城市品质提升行动实施方案考核实施细则》及开展督查考核，区住建委负责全区城市提升统筹工作。按照城市提升宣传工作统一部署，宣传报道、舆论引导，在网站及报纸刊登“荣昌区城市提升在行动——荣昌区举行棠城绿道启用仪式暨健步走活动”“区规划和自然资源局开展全国测绘法宣传日活动”“区文旅委11月底前完成文物保护单位基础信息录入工作”“市文化旅游委来荣督查文物安全工作”等多篇文章。

【专项规划编制】 编制《荣昌区城市基础设施建设“十四五”规划》，涉及城市交通、城市供水排水、海绵城市建设、城市燃气供电、环卫、城市绿地、城市照明、智慧城市管理、老旧小区改造、保障性住房建设、城市人防及城市防灾减灾等专项规划。编制《荣昌城市供水“十四五”专项规划》《荣昌区城镇排水（污水、雨水）专项规划》《荣昌区“十四五”城镇排水（污水、雨水）设施建设规划》，建立《物联网+智慧排水平台系统》。编制《荣昌区海绵城市建设专项规划》和《荣昌区海绵城市修建性详细规划》，制定《荣昌区建设施工现场形象品质提升工作方案》和《荣昌区场镇品质提升三年行动方案》，实施全区21个镇（街）场镇品质提升工作。编制《川南渝西快速通道专项规划》《主城西南片区13平方公里骨架路网研究》，清理城区29处“断头路”，编制《城区道路连接专项规划》。积极对接市住房城乡建委、中铁二院重庆分院，争取荣昌区市域快线预可研纳入全市统一编制计划报市政府审批。

【城市排水】 完成城市污水处理厂提标改造工程，7月底该工程完工投入试运行，目前城市污水处理厂出水水质达地表水准四类标准。大力开展施济桥生活污水“溢流口”整治，统筹调度城市污水处理厂应急分流工程，协调应急分流处置费落实，共分流污水133万立方米。委托市政设计院牵头对施济桥“溢流口”进行分析调查，提出技术方案，目前正在开展沿线一二级干管水质水量监测，为下一步非开挖修复提供数据支撑。积极协调重庆环投集团商谈资产移交工作方案的同时，按照区分管领导的安排，积极接洽三峡集团、市水务资产公司、中铁建等第三方社会投资主体参与区城镇污水收集处理“厂网一体”PPP项目。进一步细化完善城市排水防涝应急预案，制定应急值班值守表，添置了4台应急水泵，在2020年汛期，尤其是“6·27”“7·14”暴雨天气中，及时响应，有效处置消除了排水管网安全隐患。强化城镇污水处理厂生活污泥无害化处置监管，确保生活污泥收集转运处置的安全规范运行，全年处置生活污泥1.07万吨，城镇生活污泥无害化处置率100%。积极配合市住建委探索试点城镇排水“厂网一体”试点，经区政府第95次常务会议审议，启动《荣昌区城镇污水收集处理“厂网一体”PPP项目》，目前正在按政府采购程序确定咨询服务机构。全年办理市政排水管网接改沟手续18家，排水许可31家，办理领域主要集中在新建住宅小区、新建园区厂房、医院、加油站、洗车场及食品加工企业。

村镇建设

【概况】 2020年，实施三类重点对象危房改造1169户。处置农村危房2.59万户，其中，拆除2.06万户，封堵和加固5385户，争取资金和采取居民自治方式，实施镇街房屋修缮加固262户。争取1200万元完成万灵镇特色小城镇高笋河生态修复及环境综合整治项目建设。完成1.9万户农村三类重点对象房屋安全鉴定并挂牌。实施农村旧房整治提升1000户，创建评比美丽庭院301户，打造“新风小院”113个，打造市级美丽宜居村庄示范点8个，创建国家级绿色村庄5个。安装完成农村公共路灯和庭院灯1719盏，成功创建河包经堂村“照亮回家路示范点”和远觉镇“照亮回家路示范镇”。培训155名农村建筑工匠，并全部取得农村建筑工匠资格证。

【农村人居环境改善】 2020年，出台《荣昌区一般农户危房处置工作实施方案》和《荣昌区农村危旧房屋拆除实施方案》，拆除农村建新未拆旧房屋、长期闲置无人居住、危及公共安全房屋，特困人员已搬入住安全房屋原居住的危房，共处置农村危房2.59万户，其中拆除2.06万户，封堵和加固5385户。争取资金和采取居民自治方式，实施镇街房屋修缮加固262户。实施农村危房改造1169户，危房改造新建的房屋均按巴渝新居风貌建设通过四类重点对象动态监测管理机制，实现贫困户危房动态清零。向市住房城乡建委争取农村旧房整治资金500万元，为1000户农户实施旧房整治，有效提升农村人居环境水平。对684户新实施D级危房改造的农户配置灶台和三格式化粪池，利用旧房整治提升项目，完善445户建档立卡贫困户厨房和厕所等功能设施。创建评选农村美丽庭院301户，并自筹资金向通过整治达到美丽庭院评选标准的农户悬挂铭牌和发放奖品，对周边农户起到积极示范作用。

【旅游重点村镇建设】 2020年，向上争取资金1193.1万元，支持旅游重点镇建设发展，其中，争取927万资金支持万灵特色小镇建设。对万灵、清升、清江等重点旅游景区周围实施旧房整治提升。争取资金和采取居民自治方式，实施镇（街）房屋修缮加固262户。帮助铜鼓镇刘骥村成功申报第一批市级传统村落，指导观胜镇银河村申报第二批市级传统村落。邀请设计师围绕铜鼓镇刘骥村的定位与策略、重点地段设计、民居修缮改造等方面进行规划设计。重视天全寨传统村落保护发展工作，整合各级资金，重点投入传统建筑修缮、文物保护、广场铺地及生活生产环境改善、“非遗”文化传承人培养等，竭力开展系列传统村落保护建设工作。

【农村危房改造】 2020年，建立了农村危房动态监测机制和管理台账，发现有三类重点对象房屋为疑似危房。如若有动态新增的贫困对象，立即按程序组织房屋安全鉴定，在符合政策前提下提前实施危房改造。全年，市级分四批向荣昌区下达危房改造指标，共计1169户，已于11月底全面竣工并通过验收。印发《重庆市荣昌区农村三类重点对象房屋安全鉴定及挂牌工作实施方案》，并召开房屋鉴定培训会，由区住房城乡建委组织实施，对全区居住在农村房屋中的三类重点对象房屋进行安全鉴定，共排查鉴定1.9万户，并逐户予以挂牌，有需要危房改造的全部纳入危房改造。对于危房改造对象户全部由相关部门通过大数据比对查询车辆、工商营业、房屋以及家庭成员有无公职人员等信息，以筛查是否符合危房改造条件，并严格按照以上条件对危房改造对象户实行镇、区审核审批。推荐专用图集进行危改，区住房城乡建委在市建委下发的危房改造图集基础上，选择具备资质的设计单位根据荣昌区实际，专门为贫困户危房改造设计一套50平方米的小户型建房图集，保障贫困户最基本的住房需求。对于危房改造对象户采取镇（街）干部包户帮扶制度，每户危改户都落实一名镇（街）机关干部予以帮扶，从选址、办理建房手续、选择工匠、协调建房过程中的困难，到房屋建成验收拨款，帮扶干部都需参与。实施危房改造周报制度，镇（街）每周报送危房改造进度，区住房城乡建委对危房改造进度缓慢的镇（街）领导进行约谈督促，分管领导带领村镇科人员实地检查指导危房改造情况，并协调处理危房改造过程中的困难。

建筑业

【概况】 2020年，完成建设工程初步设计审批25个，建筑面积约34.48万平方米。受理监督工程139个（不含园区工业项目），在监房屋建筑和市政基础设施工程81个，新监工程70个。安全生产标准化考评执行年考评建设项目47个，考评建筑施工企业15个。全年完成《公共建筑节能（绿色建筑）设计标准》项目设计审查7个面积约35.6万平方米，开展能效测评52栋面积约35.8万平方米，完成屋顶绿化面积约1.38万平方米。按《关于加强建设工程项目管理机构人员配备和管理的通知》配备人员，全年对新报监的工程项目均完成监理合同备案工作，质量监督组对25个在建项目进行监理工作专项检查。调整建筑施工许可限额，精减申请材料，及时更新办事指南，办理施工许可95个，建筑面积约216万平方米，办理联合竣工验收窗口接件74个，办理建设工程竣工验收备案71个，建筑面积155.8万平方米。全区有建筑资质企业244家，其中施工总承包企业66家，新办建筑企业资质44家，全年注册地建筑企业完成产值166.84亿，同比增长15.8%。完成监督公开招标30项，中标总金额8.46亿元。立案37件，下发行政处罚告知书37份，听证告知书9份，行政处罚决定书32份，处罚决定金额75.8万元，罚没金额57.8万元。审核接收农副产品综合批发交易市场、金科·世界城二期工程等竣工档案86个5886卷（含光盘），对69个建设项目进行建设工程档案专项验收，查阅工程档案270余个，接待225余人次。推行2个智慧小区建设，全面推行房地产开发项目实行海绵城市建设，完成7个智慧工地、15个扬尘控制示范工地，审批绿色建筑33个65.57万平方米，实施装配式建筑12.59万平方米。

【勘察设计】 2020年，勘察设计完成建设工程初步设计审批25个，建筑面积约34.48万平方米。完成施工图备案74个，备案面积114.67万平方米，其中，房屋建筑工程41个102.04万平方米，加装电梯工程7个1411.79平方米，装饰装修工程17个6.76万平方米，设计变更4个5.73平方米，市政工程5个，消防确认49个项目83.26万平方米，装配式建筑项目6个18.58万平方米。其中，政府性投资项目4个，区疾病预防控制中心迁建项目建筑面积2.52平方米，装配率54.20%，已完成设计准备施工，桂花园小学（进修校前校区）改建工程项目建筑面积1.7万平方米，装配率50.16%，已完成设计准备施工，保障性住房建设项目（一期）建筑面积1.79万平方米，装配率52.17%，已完成设计准备施工，昌元街道社区卫生服务中心整体迁建工程建筑面积1.97万平方米，装配率为52.13%，已完成主体施工，社会性投资项目2个（河畔学苑项目建筑面积5.74万平方米，装配率50.4%，正处于主体施工阶段，棠悦府一期4号、5号楼项目建筑面积4.88万平方米，装配率52.40%，已完成设计准备施工）。

【建筑节能】 2020年，执行《公共建筑节能（绿色建筑）设计标准》项目15个5.87万平方米，执行《居住建筑节能65%（绿色建筑）设计标准》2016版项目15个54.25万平方米，执行《居住建筑节能65%（绿色建筑）设计标准》2020版项目审查4个7.24万平方米。开展能效测评154栋104.98万平方米。金科世界城面积95.6万平方米创建为绿色生态住宅小区。完成屋顶绿化面积约 1.36 万平方米。

【建设工程质量监督】 2020 年，全区受监工程 111 个，其中，房建 75 个建筑面 312.9 万平方米，市政工程 18 个造价 3.6 亿元，装饰装修工程 18 个造价 1.5 亿元。新受监工程 65 个，其中，房建 36 个建筑面积 106 万平方米，市政工程 12 项造价 1.6 亿元，装饰装修工程 17 项造价 1.1 亿元。全年竣工验收工程 69 个，其中，房建 41 个建筑面积 133.2 万平方米，市政工程 10 个造价 2.1 亿元，装饰装修工程 18 个造价 0.6 亿元。继续规范参建单位人员行为，严格要求其到岗履职，从监督介入开始，锁定参建单位人员信息，凡是人员变动必须办理合法手段，在日常监督工作中，将人员到岗履职及签字情况纳入抽查重点内容。根据质量提升行动相关要求，结合《质量管理手册》，细化监督交底要点，在质量监督交底过程中进行强调，做好预防预控工作。严把验收程序关，确保工程质量，要求监理单位严格按程序组织相关验收工作，涉及地基基础、主体结构、节能工程、防雷工程等相关分部验收纳入重点抽查内容。根据年度投诉热点问题，强化砌筑抹灰工程、门窗栏杆工程、建筑防水工程等样板工程验收。做好便民服务，开展质量宣传，继续通过“质量月”宣传活动，以广场展板的方式，向广大群众宣传了建筑工程质量常识以及房屋质量保修的相关知识，方便了人民群众对于房屋质量的合法维权。全年开展专项检查工程 3706 项次，发现质量隐患 711 条，下发质量隐患整改通知书 175 份，质量局部停工通知书 1 份，质量全面停工通知书 7 份，对施工项目通报批评 3 起，约谈 12 起，施工项目存在的质量隐患等问题均责成其限期整改并书面回复，整改完成率 100%。

【工程检测专项整治】 2020 年，按照市住房城乡建委相关文件要求开展检测专项整治行动。成立荣昌区工程质量检测专项整治领导小组，统一领导全区质量检测整治，组织召开全区工程检测专项整治行动会，建设、施工、监理、检测等单位及相关部门参会。在建设单位自查基础上，检查工程项目 278 个，其中，完工的房屋市政工程 197 个，在建的房屋市政工程为 81 个。专项检查对建设项目及检测机构行政处理 90 起，其中，通报批评 3 起，书面责令整改 75 起，约谈 12 起。对检测机构行政处理 4 起，其中，书面责令整改 3 起，约谈 1 起。对在建项目检查中发现的工程质量检测（保温节能方面）涉及涉事及其他有不良行为记录企业检测均要求其重新对材料进行送检复核，未发现不合格材料用于工程项目。

【建设工程安全监督】 2020 年，以“建安”行动和大排查大整治大执法专项等行动为抓手，深入开展住房和城乡建设领域安全隐患排查和综合治理，以达到全区建筑工程安全生产形势总体平稳态势。在监房屋建筑和市政基础设施工程 57 个，其中，市政基础设施工程 9 个房屋建筑面积约 372.7 万平方米。新监工程 89 个，年内未发生生产安全事故。对全区在建工地开展了 11 次专项检查，包括高温汛期安全生产工作、安全生产隐患大排查工作、国庆安全稳定工作、“两防”安全生产工作、2 次起重机械专项检查和“建安”系列专项检查等，安全检查 465 次，发现隐患 3480 条，无重大隐患，已全部整改。在每次检查过程中，及时下达安全隐患整改通知书和停工通知书并要求相关单位在规定的时限内进行整改，对整改情况进行复查，形成闭合，及时消除安全隐患。下达执法文书 209 份，其中，现场简易处罚 185 份，一般程序处罚 24 份，罚款 58 万元。按照《重庆市施工现场形象品质提升三年行动工作方案》等文件要求，全面开展建筑工地形象品质提升工作。督促监管的在建项目以围挡喷绘和横幅形式开展公益宣传，投入资金约 150 余万元，现有围挡宣传标语约 600 余幅，累计制作宣传标语面积约 5000 平方米。成功创建和巩固 15 个扬尘示范工地，施工现场品质得到较大提升。大力推进“智慧工地”建设，在 2 万平方米以上的建筑工程建设“智慧工地”。要求新开工工地应具备人员实名制管理、视频监控、扬尘噪声监测、起重机械设备黑匣子等信息系统，用以构建覆盖“建设主管部门、企业、工程项目”三级联动管理体系。因受新冠疫情影响，完成 7 个智慧工地建设和验收工作，对“智慧工地”优秀项目进行表彰。荣昌区“智慧工地”建设获得市住房城乡建委的认定。

【建设工程行政审批】 2020年，深化行政审批制度改革，进一步优化行政审批流程，促进审批服务便民化。调整施工图审查范围，取消政府性投资和社会投资小型低风险项目、建筑面积1000平方米以下的建设项目施工图审查。规范审批流程，推行并联审批，制定了工程建设项目的立项用地规划许可、工程建设许可、施工许可、竣工验收四个阶段6类工程审批流程图，按照四个阶段实施并联审批。压缩环节和审批时限，推行“容缺承诺制”限时办结，实现所有政务服务事项办理环节控制在3个以内，所有行政许可承诺时限比法定时限平均减少80%。实施“渝快办”一网通办，对核心要件齐全并作出承诺的事项，先发放有关证照或批文后补正。全年办理施工许可证91个建筑面积165.5万平方米，办理竣工备案证86个建筑面积182万平方米。通过工程建设管理系统，引导服务对象实施政务服务“好差评”制度，全年受理673件，实施好差评646件，均为满意以上。全年收取城市建设配套费1.64亿元。

【建筑企业资质管理】 2020年年末，全区有建筑资质企业269家，其中，施工总承包企业78家（一级3家、二级22家、三级53家），专业承包企业138家（一级1家、二级35家、三级9家、不分等级93家），施工劳务企业53家。新办建筑企业资质31家，其中，施工总承包企业15家，专业承包企业13家，施工劳务企业3家。建筑企业资质增项12家，有8家从三级升至二级，有2家从二级升至一级。注册地建筑企业完成产值191亿元，同比增长15%，建筑业增加值94.8亿元，增长8.1%。完成监督限额以下工程招标36项，中标金额约3500万元。全年处理拖欠农民工工资纠纷103起，涉及金额约2617万元，涉及农民工人数约1194余人。开展在建项目欠薪大排查2次，未出现因拖欠农民工工资引发集体性事件。

【建筑市场监督执法】 2020年，区住房城乡建委开展工程建设领域专项检查，涉及2019年1月1日以来进行公开招标的项目共58个，其中在建项目20个，通过检查发现1项目涉嫌存在转包，已对该项目进行立案查处。全年开展质量安全监督检查400余次，开展市场行为专项整治工作专项检查，涉及项目84个，对34个项目开展行政处罚，收缴罚款172万元。

【工程档案管理】 2020年，审核接收了海德月亮湾、金科·礼悦东方等99个项目工程竣工档案，共计8996卷，对100个建设项目进行了建设工程档案专项验收，并逐一录入城建档案信息一体化管理平台。及时调整、建立和完善档案专项验收审批流程，全面压缩承诺事项办理时限，城建档案专项验收由原来法定的15个工作日办结时限压缩至3个工作日，做到在网上受理、审查、办结并及时完成各项流程，真正做到“阳光服务、规范服务、微笑服务、廉洁服务”。完成公共信用信息随机抽查比对180条，查询使用信用信息500条。全年查阅工程档案200余个，接待500余人次，充分展现了档案的价值。完成原工业园区移交的2011—2014年旧档案数字化工作，共整理旧档案2591卷，扫描纸质文件10.91万页、图纸9489张，并同时完成所有项目在“一体化信息平台”上的挂接工作。

房地产业

【概况】 2020年年末，全区有房地产开发企业46家，本地注册44家，房地产新开工面积156万平方米，同比下降15%，施工面积340平方米，增长30%，竣工80万平方米，下降39%，房地产完成投资31亿元，增长4%，跨区县投资0.44亿元。全区商品房新批准上市商品房预售许可审批业务96件，新批准商品房上市面积75.06万平方米，其中住宅68.51万平方米，商业用房6.55万平方米，商品房销售面积98.60万平方米，存量房交易面积62.13万平方米，增加34.8%。全区有房地产中介机构50家（门店64家）。新系统中办理预售许可80个面积61.05万平方米，通过新系统进入监管的预售资金5.64亿元。拆迁房屋1537户，拆迁面积约23万平方米，完成3个项目国有土地上房屋征收与补偿工作，征收房屋286户，征收面积3.92万平方米。

【房地产开发投资】 2020年年末，全区有注册房地产开发企业46家，其中，一级资质企业2家，二级资质企业3家，三级资质16家，四级资质1家，暂定资质24家。办理资质手续31件，其中新注册企业 8 家，三级升二级资质 1 家（三华企业集团），区外注册 1 家（重庆美作实业有限公司），未出现因资质问题引发的社会矛盾和投诉。房地产新开工面积 156 万平方米，同比下降 15%，施工面积 340 平方米，增长 30%，竣工 80 万平方米，下降 39%，房地产完成投资 31 亿元，增长 4%，跨区县投资 0.44 亿元。督促新出让地块加快建设，清查、盘活闲置地块、停工项目，全区启动建设的项目持续增多，房地产施工面积得到较快增长，鼓励企业加大宣传促销力度，促进销售增长。开展小区系统化、智慧化建设，海棠湾、昌宁苑、金科礼悦东方、棠悦府等项目已经纳入智慧小区设计建设，其中，昌宁苑项目已交付使用，获得购房户较高的评价。

【房地产交易】 全年办理商品房预售许可审批业务 96 件，新批准商品房上市面积 75.06 万平方米，其中，住宅 68.51 万平方米，商业用房 6.55 万平方米，商品房销售面积 98.60 万平方米，存量房交易面积 62.13 万平方米。办理商品房合同备案 1086 件面积 9.49 万平方米，注销网签 671 件，注销合同备案 79 件，租赁合同备案 7 件，中介机构备案 1 件，第九届和第十届房产交易买卖会兑付审批 930 件。施工现场查勘楼幢修建进度 115 次，销售现场开展新系统网签测试 98 次，处理开发企业各类网签系统问题 90 余次，处理信访 26 件。为促进房地产行业平稳健康发展，多措并举助力荣昌引进人才，7 月 17 日至 23 日，荣昌区举办“第十届房地产展示交易会”暨卫浴陶瓷建材展示交易会，以“智慧家园・安居荣昌”为主题，共有 21 家房地产开发企业参加，提供 26 个小区项目，同时有 7 家卫浴陶瓷建材企业，10 家银行加入为购房者提供贷款服务。期间，共计销售商品房 260 套，同比增长 15.04%，建筑面积 2.05 万平方米，增长 0.13%，成交金额 1.26 亿元，增长 15.57%。其中，商服用房 91 套，增长 658.33%，建筑面积 0.47 万平方米，增长 625.4%，成交金额 0.35 亿元，增长 474.07%。

【房屋拆迁管理】 全年实施重点项目征地 28 个面积 667.13 公顷，涉及农户 1698 户，均创近年新高。截至目前，大内高速、板桥园南拓、国道 348 改道、PCB 产业园、城乡接合部整治等 16 个项目提前完成征地拆迁，高升桥水库扩建（余 3 户农房）等 6 个项目基本完成，4 个项目正抓紧实施，累计完成拆迁 1386 户，无一个项目因征地拆迁造成工程受阻。开展历年遗留扫尾项目 8 个 34 户，已完成 5 个项目 25 户。收取征地拆迁资金 4.45 亿元，兑付 3.08 亿元，安置转非 3850 人，有效保障群众合法权益。牢固树立财政意识，完成全部 40.67 公顷商住出让地清理，为完成全区 15 亿元基金收入做出积极贡献。实施畜科院家属楼改造、桂花园小学改建、香国大道延伸段、虹桥支路、三矿井片区等国有土地上房屋征收项目 6 个，征收房屋 2.4 万平方米，征收土地 3.14 公顷，166 户居民获得征收补偿款 8350 万元。

【住房保障】 全年新开工公租房 200 套，完成城市棚户区改造 430 户 4.22 万平方米，其中，成片拆除类棚户区改造昌元街道片区 168 户，修缮加固类棚户区改造 262 户。实施 6 个街道 321 个老旧小区改造，涉及 321 个小区、1.72 万户、192.26 万平方米。荣昌区被市住房城乡建委列入老旧小区改造试点区上报国家住建部，昌元街道白象社区（二期）综合改造工程、峰高街道顺河街片区（二期）综合改造工程、安富街道片区综合改造工程 3 个项目被纳入市级重点项目，其中，昌元街道白象社区（二期）综合改造工程、安富街道片区综合改造工程申报国家住建部示范项目。

【住房租赁市场】 第一批长租公寓万灵山长租公寓、PCB 长租公寓（一期）2 个项目共 1257 套 7.17 万平方米，获得市级以上财政补助 7532.23 万元。重庆西部电子电路产业园（PCB 长租公寓一期）系重庆瑜瀚电子科技有限公司申报的集中式住房租赁新建项目，位于荣昌高新区板桥工业园南拓片区，共 3 栋 1179 间（单间配套）6.46 万平方米，获得市级计划补助 7423.4 万元。万灵山长租公寓系荣昌区万灵山酒店管理有限公司申报的分散式住房租赁闲置毛坯房改造项目，分别位于“昌宁苑”“河畔学苑”，均已完工运营中，共计 78 套 7116.91 平方米，获得市级计划补助 108.83 万元。第二批长租公寓已纳入储备库项目 3 个，分别为荣隆园长租公寓、盈田长租公寓、PCB 长租公寓（二期），共 1018 套 5.92 万平方米，已获得市级计划补助 3421 万元。未纳入储备库项目有 2 个，分别为成渝双城迎宾长租公寓、安棠长租公寓，拟修建2007套13.4万平方米，计划申报资金1.34亿元，已完成入库资料准备等前期工作。

【物业管理】 至年末，全区有物业管理项目的物业服务企业69家，物业管理区域244个，管理户数12.9万户，管理面积1830万平方米，从业人员4200余人。实施物业企业星级考核和诚信考核，星级考核评出三个等级（五星、四星、三星）的星级企业和考核不达标的企业，诚信考核评出四个等级（5A、4A、3A、2A）诚信企业。加强房屋专项维修资金管理，全年归集维修资金4.99亿元，支出2800万元，严格执行第三方审价制度，全年审价项目118个，审计金额699万元，审减156万元。实施前期物业管理招投标项目4个，前期物业合同备案4个，招投标率和备案率100%。大力开展物业管理科技创新，积极实行“互联网+物业服务”，5个小区通过“重庆市智能物业示范小区”验收，3个小区通过“重庆市智能物业达标小区”验收。做好信访来访工作，处理突出的物业矛盾纠纷15件，受理群众信访110件，接待群众来访160次，处理电话投诉220余次，及时解决了盛世棠城、中华奥城、祥和步行街等矛盾纠纷。切实抓好安全生产工作，确保物业小区全年无安全事故，每月对区内物业小区进行抽查，共抽查了68个物业企业服务管理的81个物业管理项目，对查出存在消防安全隐患的物业企业，已责令其限期整改。做好宣传培训，印制物业法律法规手册、高空抛物宣传牌、疫情宣传牌、安全宣传单等，发放至各机关部门和全区物业企业。聘请市级专家对21个镇（街）、相关部门，全部物业企业、业委会进行《重庆市物业管理条例》培训。开展“先锋业委会”创建工作中，区住建委落实专人负责，会同昌元、昌州等6个街道对230个城市居民小区进行全面摸底，建立工作台账。6月邀请市级专家举办专题研修班，200余名物业服务企业管理人员和街道、社区干部参加培训。创建“先锋业委会”7个。 （徐光富）

新区开发建设与管理

【概况】 黄金坡新区位于荣昌城区北部，东接成渝铁路，西临濑溪河，南起成渝高速公路，北止成渝客运专线，规划总面积6.8平方千米，是荣昌建设成渝地区双城经济圈“桥头堡”，实现城市跨越发展的重要承载地，由新区建设管委会负责开发建设和管理。2020年，黄金坡新区加快推动项目建设，获批国有建设用地97.06公顷，完善林地征占用手续41.33公顷，实施黄金坡初高中、玉带路西段等11个区级重点项目，新建项目招投标金额8.96亿元，项目完成投资金额19.62亿元。出让国有建设用地32.42公顷，收入14.36亿元。

【规划设计】 坚持高标准高质量高起点规划，完成黄金坡新区城市设计编制、荣昌北站片区升级改造可行性研究、五支路连接北部地块通道工程项目建议书，编制完成黄金大道跨濑溪河桥梁项目可研方案，荣昌北站片区升级改造项目可研已审批。完成初高中、玉带路西段、区消防救援指挥中心、黄金坡小学二次装修等10个项目公开招投标工作，中标金额合计8.96亿元，节约政府投资3708.03万元。玉带路西段绿化工程成为荣昌区首个全流程电子信息化招投标项目。

【项目建设】 扎实推动重点项目建设，实施玉带路西段（K0+000～K1+440）、黄金五支路、黄金五支路下穿成渝高速公路通道、云蓬坡路、区消防救援指挥中心、荣昌北站站前广场升级改造、金科·礼悦东方小区、俊豪·观棠府小区、黄金坡初高中、黄金坡小学、玉带路小学等11个区级重点项目，均按序时进度推进。积极补齐教育民生短板，深化实施“黄金坡优质教育集群”计划，全面推动黄金坡初高中、玉带路小学建设、黄金坡小学建设项目建设，黄金坡初高中正在加快主体建设，黄金坡小学将于2021年9月招生，玉带路小学开展方案设计。坚持完善城市路网体系，按照贯穿东西、连接南北的布局规划，建成市政、小区道路6.69千米，综合管网11.65千米，建成绿化面积2000平方米，安装路灯83盏。成功引进金科地产集团股份有限公司、重庆俊豪实业（集团）有限责任公司等知名开发商开发建设高品质住宅小区。

【安全生产】 持推行“日检查、月例会、季总结”安全管理模式，全年召开安全生产工作例会、专题会议等18次，开展安全检查76次，排查安全隐患

22处，整改率100%。开展施工安全风险评估和应急能力调查工作，制定《新区建设管委会突发事件应急预案》，提高应对突发事件处置能力水平，全年无安全生产事故发生。对辖区项目认真开展疫情防控排查、指导复工复产，督促做好各项目部生活区、工作区消毒工作，严防疫情反弹。全年受理群众来信来访125件，办结率100%。

【污染防治】 坚持生态优先、绿色发展理念。2020年，建设施工围挡8200米，绿网覆盖裸土37万平方米，设置车辆冲洗点19个，场地硬化1.04万平方米，撒播绿植4.23万平方米，在建工地湿法作业全覆盖。实施重点在建项目24小时驻守制度，按"智慧工地"标准安装摄像头67个，购置喊话无人机1台，坚决防治夜间施工扬尘，确保新区空气质量持续改善。积极响应保卫蓝天行动，加强日常巡查力度，派专人每日巡查施工扬尘及露天焚烧情况，全年开展环保检查275次，停工整顿工地5个，制止露天焚烧4起，切实有效防治大气污染。

（车世红）

公用事业

【概况】 2020年，全区有国有供水企业2家，全年城区供水2209万吨，同比增长3%，日最高供水量9.7万吨，供水水质综合合格率达100%，综合水损率严格控制在考核指标内。有供电企业2家、发电企业2家，全年用电量13.69亿千瓦时，增长8.44%，年内最大电力负荷41.3万千瓦，增加13.9%。有城镇管道天然气经营企业7家、CNG（L-CNG）加气站4座，全年供气19088.81万立方米，比上年减少3.45%。

【供水】 荣昌区有重庆渝荣水务有限公司、重庆市荣昌区弘禹水资源开发有限责任公司村镇供水分公司2家国有供水企业。荣昌区城区和广顺街道、安富街道、峰高街道由重庆渝荣水务公司负责供水，已建成荣昌北门水厂和荣昌黄金坡水厂，日供水能力达到10万立方米。全年城区供水2209万吨，同比增长3%，日最高供水量9.7万吨，供水水质综合合格率达100%，综合水损率严格控制在考核指标内。

【供水工程建设】 配合实施沙堡到北门水厂、黄金坡水厂临时原水供给管道搭接，解决高升桥水库扩建工程建设期间两个水厂的原水需求。对水处理工艺进行技改，更新改造斜管沉淀，增加水质检测设备，出厂水质更趋优化。对取制输配机组进行改造扩容，有条件的增加双电源配置，提高城市供水的稳定可靠性。有序推进荣昌污水处理厂三期扩建工程、荣昌黄金坡水厂排泥水处理项目、荣昌区广富供水复线管网工程、荣昌区黄金坡水厂二期扩建工程等项目前期工作，全面完成重庆红宇精密工业集团有限公司华益分公司供水移交改造工程。

【供电工程建设】 荣昌区有重庆市荣昌区供电分公司、重庆永荣电力有限公司2家供电企业，有重庆市建新发电有限责任公司、重庆永荣矿业有限公司发电厂2家发电企业。除广顺街道部分地区由重庆永荣电力有限公司供电外，其余均由国家电网重庆永川供电分公司供电。荣昌区供电分公司供电电源分别由位于永川区的220千伏来苏变电站和位于大足区的220千伏邮亭变电站的2条220千伏线路（邮亭至昌州变电站的220千伏邮昌南、北线）、2条110千伏线路（来苏至双河变电站110千伏来双南、北线）引入。境内有220千伏变电站1座，总容量36万千伏安；110千伏变电站6座，总容量55.2万千伏安；35千伏变电站7座，总容量11.49万千伏安。荣昌区供电分公司管辖10千伏配网线路129条、2522.07千米。其中，城网线路62条、417.54千米，农网线路67条、2104.53千米。城网电缆线路283.45千米，城网电缆化率74.89%；0.4千伏及以下低压线路12423.95千米。管辖配电变压器4091台、109.47万千伏安，其中，城网986台、55.42万千伏安，农网3105台、54.05万千伏安。城网线路环网率100%，农网线路环网率98.25%。2020年，按照市委、市政府统一安排部署，严格落实重庆输配电价改革方案，深化电力体制改革，有效释放改革红利。执行疫情期间电力降费政策、办理企业变压器暂停、减容、减免临时接电费（施工保证金）、大用户直购、市级电力降本扶持、指导企业有序用电等措施，帮助全区企业降低用电成本5881万元。指导53户企业申报成功获得市低价电源扶持发展政策，入选获扶持企业数量位居全市第二位，直接享受0.6元/度优惠政策。优化营商环境，优化资料收取、增加办电渠道，用电报装业务入驻行政服务大厅企业服务厅，开通企业服务大厅2处服务窗口实行专人办理接件业务，推行“一证办理”“一次性告知”，压减办电时间、环节和成本，企业办电“只跑一次、只找一人”。实施10千伏及以上业务扩报装省力、省时、省钱的“三省”服务，实现“复杂业务最多跑一次，简单业务一次都不跑”，业务办理实现“零收费”。实施小微企业零审批、零上门、零成本的“三零服务”，低压非居民用户在供电企业的办电时限控制在2个工作日以内。印发《小微企业报装接电“三零”服务指南》，集中统一宣传优化营商环境服务措施，推广注册网上国网App，指导用户体验线上办电，实现企业注册用电一站式服务。实现办电手续简化、办电时间缩减，助力荣昌区2019年“获得电力”指标跃居重庆市各区县第一名。聘请20名各行业代表组成电气营商环境观察员，随时监督用电报装业务，报装用电装稳步提升。加强电力行业行政管理，规范供用电行为，确保电力供需平衡，全年没有发生一起重大电网安全事件。2020年，全区用电量13.69亿千瓦时，同比增长8.44%。其中，第一产业用电量0.15亿千瓦时，同比增长11.63%；第二产业用电量5.97亿千瓦时，增长17.57%；第三产业用电量3.88亿千瓦时，减少4.22%。年内最大电力负荷41.3万千瓦，增加13.9%。荣昌高新区三大工业园区用电。板桥工业园区由110千伏梧桐变电站、红岩坪变电站供电，全年用电量3.11亿千瓦时，同比增加3962.11万千瓦时，增长14.62%。广富工业园区由110千伏广顺变电站和35千伏安富变电站供电，全年用电量8238万千瓦时，增加1095万千瓦时，增长15.32%。荣隆工业园区由35千伏高田变电站供电，全年用电量1642万千瓦时，增加417万千瓦时，增长34.01%。

【电网建设】 2020年，国家电网重庆永川供电公司在荣昌区对城农网进行升级改造和电力基础设施建设。实施110千伏桑树坡站增容，建成投运10千伏黄桷树开闭所和广富工业园区区南部开闭所，提升全区供电可靠性。完成上海公馆等5个大型小区双电源改造。启动板桥园区大成110千伏变电站建设，完成220千伏许溪变电站选址。新建城农网公用线路195千米，新增配变102台，新增容量2.14万千伏安。全面完成驻荣央企重庆红宇精密工业集团有限公司华益分公司和市属企业重庆永荣矿业有限公司供电移交改造工程，减轻国有企业负担。

【供气】 荣昌区天然气上游气源单位为中石油西南油气田分公司蜀南气矿。全区有城镇管道天然气经营企业7家，重庆市众友天然气有限责任公司、重庆市荣昌区西部天然气有限责任公司、重庆市荣昌区渝新天然气有限公司、重庆永荣水电气服务公司、重庆峻岭能源股份有限公司、重庆广朋天然气有限责任公司、重庆市荣昌区千久天然气有限公司。重庆市众友天然气有限责任公司供气区域有昌元街道、昌州街道、峰高街道、万灵镇行政区域，双河街道、直升镇场镇规划区，板桥园区现已形成的供区。重庆市荣昌区西部天然气有限责任公司供气区域有荣昌高新区板桥工业园区内工业企业，安富街道办事处已形成的供区，转供盘龙峻岭能源农村供区。重庆市荣昌区渝新天然气有限公司供气区域有安富街道、吴家镇、仁义镇、河包镇、古昌镇、观胜镇、铜鼓镇场镇及规划区，板桥工业园区现已形成的供区，广富工业园区和荣隆工业园区。重庆永荣水电气服务有限公司供气区域有广顺街道（除广富工业园区工业用户外）行政区域，工人村。重庆峻岭能源股份有限公司供气区域有清升镇、清江镇、远觉镇、清流镇4个镇行政区域，安富街道、盘龙镇、吴家镇、荣隆镇、仁义镇、河包镇、古昌镇、观胜镇、铜鼓镇农村区域。重庆广朋天然气有限公司供气区域有盘龙镇、荣隆镇、龙集镇场镇规划区，双河街道、直升镇农村区域。2020年，制定保民用、压工业、保重点、压一般的原则，合理分配现有天然气资源，保证广大群众的燃气供应，全年天然气供应安全平稳有序，未发生燃气较大安全事故，未发生大面积停气情况。全区有CNG加气站2座，L-CNG加气站2座，LNG加注站1座。有管道天然气用户约21.2万户，其中，居民用户约20.9万户，商业（集体）用户约0.3万户，工业用户约172户。全区21个镇（街）已全部铺通天然气主供气管道，场镇及规划区天然气覆盖率达到100%；2020年全区21个镇（街）和153个行政村（社区）已实现100%通天然气主管道。全年供气19088.81万立方米，同比减少3.45%。其中，居民（商业、集体）用气9679.31万立方米，增长1.92%；工业用气

8786.11 万立方米，增长 5.97%；CNG 加气站用气 623.40 万立方米，减少 9.75%。

【输气管网建设】 2020 年，中石油西南油气田分公司在安双河街道、清升镇、清江镇新建泸 209 井、泸 220 井页岩气井站 2 口，泸 203H7 页岩气平台井 1 个。组织中石油西南油气田分公司蜀南气矿在荣昌征地 4 公顷，新建泸 207 井脱水站，已完成场地平整和基础设施建设。启动建设泸 207 脱水站至板桥配气站主输气管道，设计日最大输气量 300 万立方米。启动建设荣 234H 页岩气井至河包镇核桃村荣 233H 页岩气井，进一步提升区域输气能力。组织区内城镇燃气公司新建主供气管道，对 5 条城镇燃气管道新建立项 43.8 千米，并全部建成投运，进一步增强天然气供应保障。全面完成驻荣央企重庆嘉陵益民特种装备有限公司、重庆长江特种装备公司供气移交改造，减轻国企社会负担。

【泸 207 脱水站建设启动】 4 月 20 日，中石油西南油气田分公司蜀南气矿启动泸 207 脱水站项目建设。泸 207 脱水站是荣昌区第一座页岩气脱水净化站，位于安富街道古桥社区，占地约 4 公顷，总投资约 6000 万元，设计处理页岩气净化脱水规模每日 600 万立方米，分 2 期建设，第一期建成处理每日 300 万立方米，第二期达到每日 600 万立方米。泸 207 脱水站是区域性中心脱水站，建成后将主要处理周边区县生产的页岩气，净化后通过输气管道转输到周边区县使用，荣昌区用气地位将加大提升。

（周继进）

城市管理

【概况】 2020 年，区城市管理局坚持以人民为中心和生态优先、绿色发展的理念，以“创卫”工作为契机，对标“大城细管、大城智管、大城众管”要求，全面实施“治乱拆违、街净巷洁、路平桥安、整墙修面、灯明景靓、江清水畅、城美山青”城市综合管理“七大工程”，在城市管理精细化、智能化、人性化上下足“绣花”功夫，全力打造成渝地区双城经济圈高品质生活宜居地。

【改善环境卫生】 按照城区主要道路、车站、商圈，行政服务中心等人流量大的区域保洁时间不低于 16 小时、其他区域保洁时间不低于 12 小时的标准，采用“一扫二冲三保洁”的清洁模式，开展道路清扫保洁。全面开展“老旧小区、迁安置小区、城乡接合部”等城市管理薄弱区域环境卫生综合整治，共清理清除牛皮癣 1.2 万余处，卫生死角 4000 余处、积存垃圾 2100 余吨，有效解决“三无小区”的“脏、乱、差”问题，提升城市品位形象。牵头开展城区 5 个出入口共 0.49 平方千米区域雨污管网、道路设施、景观绿化升级改造。结合“江清水畅”工程，大力推进河道水环境治理，出动清漂船 7840 余艘次，清理各类垃圾漂浮物 1480 余吨、清理消落区垃圾 394 吨，实现“河面无大面积漂浮物、岸坡无暴露垃圾”。新冠疫情防控期间，坚持每天对城区公厕、垃圾容器及中转台站、公园健身设施等城市设施进行严格清洁消毒，有效减少病毒传播。

【打造优质园林绿化】 完成 8 个坡坎崖绿化项目，绿化美化面积达 56.66 万平方米。实施城区桥梁、公厕立体绿化。在裸露地进行补植补栽 3.3 万平方米，利用荣昌北站、南部新区待建地播撒草花 5.6 万平方米，在城区主要大道、重要节点摆放草花，美化城区待建空地，打造绿化微景观。举办中国（重庆）第三届长江上游城市花卉艺术博览会荣昌分展，吸引游客 6 万余人。

【提升市容秩序】 结合创建国家卫生区工作，大力整治市容环境秩序，以农贸市场、背街小巷、城乡接合部等卫生薄弱区域为重点，深入开展人居环境大扫除、违规占道和乱停乱放大整治行动。持续开展“蓝天行动”监管执法，严管在建工地、严治渣土运输、严控脏车入城、严禁露天焚烧，共查处城市管理领域各类道路扬尘违法行为 268 起。有效开展城区交通秩序综合整治行动，联合区公安局、区交通局组建 8 个综合执法组，联合查处违停行为 3.36 万起，组织违法摩托车、电瓶车车主集中学习 1800 余人次，拖移乱停放摩托车、电瓶车 2737 余辆。开展违法停车、占道经营、违法建筑、违规占用公共绿地、违规设置户外广告和招牌等专项整治行动，共查处城市管理领域处罚案件 1175 件，全面清理并拆除城区大型高立柱广告牌 33 块。规范经营秩序，在城区设置3处临时经营摊区，并提供相应的经营摊位。稳妥推进违法建设查处力度，完成违法建设整治1.6万平方米，对违法建设行为零容忍、严打击。

【保障城市照明】 做好路灯日常维护，维修路灯2015盏，更换护导线11.1千米，维修更换电缆13.36千米，排除安全隐患313处，全力保障路灯日常的正常运行。采用合同能源模式对城区7787盏路灯实施LED路灯节能改造，推进城市照明节能减排。同时，对迎宾大道、昌龙大道及7座桥梁共226根双臂路灯进行提档升级，全部升级为LED玉兰灯。投资265万元新建濑溪河、荣峰河两岸夜景灯饰，对两河四岸沿河树木、护栏及桥梁灯饰实施亮化，使城市夜景更加丰富。在53个拆迁安置小区、三无小区和背街小巷安装、更换、改造便民灯及路灯共626盏，增加照度，扫除照明盲区。清洁城区路灯、庭院灯及景观灯灯具8223盏，城区灯容灯貌更加干净整洁。

【完善基础设施】 常态化开展市政设施巡查制度，全年累计维修车行道11.5万平方米，人行道板20.09万平方米，路沿石4890米，整改树池约645座，确保道路完好率达98%以上。启动品质提升工程，完成荣滨南路西段、香国桥头、联升桥头、黄金大道、荣昌大道等10余条市政道路沥青路面整治，长度1.5万余平方米。实施荣昌区玉屏路、广场路、玉屏二街、东大二街等人行道品质提升改造工程1.8万余平方米。委托专业机构对莲花桥、海螺桥等13座桥梁进行检测及安全性评估，对城区15千米桥梁护栏、人行道护栏及U型护栏实施“蓝天白云”涂装改造。持续推进“厕所革命”，新（改）建公厕12座，完善78座公厕内部标识标牌1500余块，改装公厕内部设施1600处，清理公厕内外涂鸦2200处，为市民群众提供干净舒适的如厕环境。

【坚持“马路办公”长效机制】 坚持区级党政负责人、城市管理部门、镇（街）党政负责人三级“马路办公”机制，通过完善管理标准，细化管理流程，强化管理措施，实现对城市部件、园林景观、夜景灯饰、市容秩序的常态管控，细化“五长制”“门前三包”，进一步凝聚“众管”力量。区委、区政府主要领导开展“马路办公”58次，区政府其他领导“马路办公”221次，共解决问题790个；区城市管理局领导班子成员“马路办公”703次，共发现并解决问题4159个，问题整改率达100%；各镇（街）主要领导开展“马路办公”2406次，分管领导及其他领导开展“马路办公”4286次，发现问题1.56万个，整改问题1.55万个，整改率达99.2%，全面做到发现问题在一线，研究问题在一线，解决问题在一线。

【推行垃圾分类】 印发《荣昌区2020年深入推进生活垃圾分类工作实施方案》《重庆市荣昌区生活垃圾分类指导员队伍建设实施方案》等相关制度。以“小院讲堂”为载体，完成10个行政村的垃圾分类示范建设项目，吸纳社区党员、干部、志愿者、垃圾分类指导员加入垃圾分类宣传志愿者队伍，大力开展垃圾分类活动，全年开展垃圾分类主题宣传800余场次，入户宣传受益12万余人次，桶边指导720余人次，发放各类宣传材料13余万份，收集学生环保作品5000余份。同时，利用公交站台、LED显示屏、灯杆、电视报纸、微信公众平台等线下线上多种形式宣传垃圾分类，营造良好的垃圾分类氛围。不断完善城乡生活垃圾分类收运处置体系，建立各系统垃圾分类交流圈22个，新增垃圾分类投放点600余处，增设“两网服务”融合点52处，有害垃圾暂存点37处。投入资金322万元，采购各类分类垃圾桶2600余个，配置厨余垃圾分类收运车7台，有害垃圾清运车1台，其他垃圾清运车54台。实施农村生活垃圾分类示范村建设，累计创建农村生活垃圾分类示范村16个，顺利通过市级验收，予以授牌。

【城乡环卫一体化】 推行“区、镇（街道）、村”环卫管理“三位一体”综合管理模式，督促镇（街）将环境卫生管理纳入村规民约，配备镇（街）一级农村生活垃圾治理专（兼）职管理人员78人，农村保洁及清运人员1049人，完成农村生活垃圾日常清运4.7万余吨，农村生活垃圾有效治理行政村比例达100%，覆盖行政村人口比例达100%。垃圾处理厂共填埋生活垃圾17.6万吨，处理渗滤液8.17万立方米，同时启动垃圾焚烧发电项目，选址在广富工业园区，已完成前期招标工作。

【智慧城市管理】 实施数字化城管平台升级改造，新建智慧城市监督服务平台、城市管理综合执法系统、环卫智能化管理平台，开发荣昌数字化城管手机处置 App，升级路灯智能控制子系统，实现“数字城管”向“智慧城管”转变。全面推行城区智能停车管理系统建设，全年建成 647 个路内临时智能化停车位及 37 处停车诱导屏安装，实现城区 6340 余个路内临时停车泊位智能化管理，有效缓解停车难问题。集中清理城市管理问题的积案挂案，全年荣昌数字化城市管理系统办理有效案件 2.01 万件，办理 12319 城管舆情投诉问题 303 件，全部按期结案，提高处置问题的效率和质量。（潘　静）

交通　邮电　信息化

交　通

【概况】　2020年，全区交通建设完成总投资15.2亿元，向上争取资金到位6.26亿元，交通“三年行动计划”圆满收官。至2020年年末，全区公路总里程2659.16千米。按行政等级划分：国道（高速公路）100.39千米，省道215.83千米，县道135.29千米，乡道293.81千米，专用公路11.33千米，村道1902.52千米。按技术等级分：高速公路65.80千米、一级公路25.01千米、二级公路244.93千米、三级公路66.43千米、四级公路2196.18千米，等外公路60.81千米。其中，国道85银昆高速公路荣昌境内全长29.8千米，潼荣高速公路荣昌境内全长36千米；1条国道：国道348武汉—大理；5条省道：省道209荣江路（荣昌—江津）、省道302铜荣路（铜梁—荣昌）、省道303铜昌路（铜梁—荣昌）、省道546丁吴路（璧山—荣昌）、省道548龙荣路（大足—荣昌），通往永川、璧山、江津、大足、铜梁、潼南、泸州和内江等地，县乡公路53条。

【公路建设】　2020年，实施的交通重点项目有15个：大内高速（荣昌段）、国道348板桥园区至广富园区段、老成渝路邮亭—峰高—安富—隆昌段路面改造、省道209城区至仁义段路面改造、省道209螺罐山至新峰、省道303杜家坝至高升桥段新建道路工程、省道546清江至安富段升级改造工程、省道546双河至永川界路面改造工程和“四好农村路”建设项目等。至年末，大内高速公路（荣昌段）建设土石方完成占比97.08%；涵洞及通道完成比例100%；T梁预制完成比例100%；T梁架设完成比例71.96%（其中，和尚湾大桥全部架设完成、铜鼓主线跨线桥全部架设完成、铜鼓B匝道桥全部架设完成、吴家互通E匝道桥全部架设完成）；防护工程浆砌片石设完成比例81.18%，累计完成投资11.51亿元。国道348板桥园区至广富园区段。本年度目标任务为12月底前完成路基工程（不含桥梁部分），完成路基工程40%。至年末，该项目一标段、二标段已完工；三标段完成水稳层铺筑，年度完成投资24386万元。老成渝路邮亭—峰高—安富—隆昌段路面改造。本年度目标任务为11月底前完工，该项目已于11月全面完工，年度完成投资12835万元。省道209城区至仁义段路面改造。本年度目标任务为11月底前完工，该项目已于11月全面完工，年度完成投资3900万元。省道302吴家至大足等4个省县道路改造工程。本年度目标任务为11月底前完工，至年末吴家至四川、广顺至盘龙、城区至万灵、吴家至大足均已完工，年度完成投资7500万元。省道209螺罐山至新峰、省道303杜家坝至高升桥段新建道路工程。本年度目标任务为12月底前路基完成70%。至年末，路基挖方完成77.18%，路基填方完成72.49%，C15现浇片石混凝土挡墙完成76.93%，软土处理回填片石完成81%，综上，路基工程完成74.43%，达到年初目标任务要求，年度完成投资1640万元。省道546清江至安富段升级改造工程。本年度目标任务为11月底前完工，该项目已于11月完工，年度完成投资3610万元。省道546双河至永川界路面改造工程。本年度目标任务为11月底前完工，该项目已于6月全面完工，年度完成度投资2000万元。XB92峰高至万灵段升级改造工程。本年度目标任务为11月底前完工，该项目已于11月完工，年度完成投资3000万元。XB89城区至万灵段建设项目。本年度目标任务为10月底前完工，该项目已于6月全面完工，年度完成投资1600万元。“四好农村路”建设。投资16640万元完成208千米农村公路建设。本年度目标任务为11月底前完工，已于6月全面完成建设。

【交通规划】 2020年，结合成渝地区双城经济圈建设，及时梳理对接国家、国际大通道交通项目，形成了《荣昌区综合立体交通规划研究》。规划南大泸城际铁路、重庆—自贡—乐山城际铁路、市域轨道快线等“四横三纵”铁路网，成渝高速扩能、安岳—荣昌—合江高速、永川—荣昌—自贡高速、机场高速等“一环十射一联络”高速公路网，初步形成荣昌对外大交通格局。至年末，南大泸城际铁路、重庆—自贡—乐山城际铁路、主城—江津—璧山—永川—荣昌市域铁路、成渝高速扩能、安岳—荣昌—永川高速公路已纳入《成渝地区双城经济圈重庆综合立体交通网规划（初稿）》。

【道路运输】 2020年，全区完成公路客运量3616万人次，比上年减少38.3%；客运周转量139979万人千米，比上年减少43.8%。完成货运量1341万吨，比上年增长19.9%；货运周转量153450万吨千米，比上年增长19.9%。至年末，全区建成农村客运汽车站14个（其中，一级车站1个、二级站3个、四级站4个、简易站6个），农村客运招呼站（点）337个。镇街通畅率达到100%，行政村通畅率100%，撤并行政村通达率100%。2020年全区客运有城市公交车111辆、出租车220辆、客运车辆426辆（座位12780座）。有客运企业9家，其中，兼营公交客运2家、兼营出租客运3家。有客运线路118条，其中，省际班线25条、市内跨区县23条、区内70条；有公交线路19条。发放城市公交IC卡7173张。货运有各类货运车辆5921辆，有道路货物运输业户（企业）2756户（家），个体运输业户3165户。全区有机动车维修企业424家，其中，一类企业1家、二类企业41家、三类企业382家。全年完成7613台次客（货）运车辆汽车综合性能检测的检查、登记、录入和车辆类型等级评定（复评）工作。至年末，全区有驾校9家，有教练车409辆，教练员490人。本年度各驾校共招收学员12743人，结业7006人，道路运输从业人员资格培训2728人。

【公交改革】 2020年，通过城区公交经营体制改革，督促企业完成回购车辆。指导公交企业累计投入约3000万元，开展公交车辆的回购和报废更新，全面实现公司化自营。完成线路试运行工作。19条城市公交线路已分两批次完成试运行，日均客流量约2万人。完成车辆报废更新。公交改革以来，企业已报废58辆老旧、高污染公交车，更新58辆环保高效的一线品牌车辆用于改善运力结构，保障群众出行，进一步改善全区城市形窗口象，减少尾气排放。建成公交智能化监管平台。即公众出行服务和社会监督平台——面向公众出行的信息服务App（荣昌公交App，可在应用商店下载），功能涵盖实时查询公交运行位置、公交出行规划、投诉、物品查找等；交通行业监管平台——对运力、秩序等监测，对线网、客流等分析、统计，为运力调整、线网优化提供数据支撑；企业综合运营管理平台—主要是运营统计分析、基础数据管理、调度监控管理、运营管理、智能排班等。厘清城市公交站台建管养运。全区城市公交站点统一由区兴荣公司建管养运，厘清了原来城市公交站点多头管理和无人管理的模式，年度内区兴荣公司参照一线城市公交站台形象，加快站点改造升级，提升荣昌城市形象。建立完善城市公交考核补贴政策。结合荣昌区实际，从2020年9月起对城市公交企业进行补贴（《重庆市荣昌区城市公交公益性服务营运补贴发放办法（暂行）》），明确了考核与补贴相结合，确保其可持续发展。至年末，全区共有网约车507余辆。农村客运线路报废更新农客车辆10辆、办理客运线路指标延续经营16个；办理农村客运调运线路24条，涉及农客车辆42辆；办理农村客运线路赶集车临时调运480辆次。全区三类班线及以上客运车辆、公交车辆均安装智能监控视频，大大提高对驾驶员安全行车、文明行车的监控力度，提升公共交通服务水平。

【交通管理】 运政管理。坚持对重点区域常态化巡查，纠正客车不按核定线路运行、站外揽客、甩客、宰客等违法违纪行为；开展联勤联动、联合执法。针对群众反映重庆众兴出租汽车有限公司车辆非法营运、安装顶灯等违法行为，联合公安重拳出击，集中执法力量对重庆众兴出租汽车有限公司车辆违法行为进行依法查处；妥善处置该公司人员通过网络、信访件散发不实言论事件。结合荣昌区实际，向社会发布《重庆市荣昌区交通局关于我区巡游出租车有关情况的通告》，印制4000份宣传资料在高铁站、莲花广场等人流聚集地进行宣传，鼓励广大群众积极参与举报投诉。本年度查处众兴出租汽车有限公司非法安装标志顶灯违法案35件、非法营运案7件，责令拆除车辆顶灯31个。配合环保部门，加大机动车维修行业的检查力度，集中开展机动车维修企业环保安全联合检查32次，切实规范汽修厂喷涂漆作业流程，加强挥发性有机物污染防治。全年开展交通运输行政执法路面巡查10560人次，检查车辆2657辆次，共查处非法营运输车辆120辆。开展安全监督检查282次，发现隐患159起，整改率达100%。

路政管理。公路日常巡查，全年共投入巡查人员8976人次，查处损坏公路路产案63件，及时清理公路路面违章占道78处。依法清理公路用地范围内非法商业广告牌和广告横幅19块，行政处罚案件29件。响应区“蓝天行动、文明行动”，联合市政部门加强路面执法监管，集中开展建筑渣土运输整治，查处渣土运输车辆扬撒、遗漏行为10件。完善治超系统联网管理，实施路警联合执法，强化路面执法力度。全年治超工作累计投入执法人员14784人次，共检查车辆281303辆次，查处超限车辆1966辆次，卸载车辆716辆次，卸载吨位901.09吨。依法查处超限、非法改装车辆。水上交通安全管理，开展镇（街）农自用船检查66次、渡口检查46次，对个别镇街存在“三无”船进行了全面清理，共拆解“三无”船3艘。

质量管理。公路建设质量管理。由公路工程质量监督大队组织检测公司对路基、路面弯沉、厚度等分项工程进行抽检，督促指导各镇街加强质量管理。通过抽检桩号盲选、加大农村公路抽检频率、加大质量监管处罚力度、二维码标记芯样和随机送样试压、加大复测频率等措施，监督范围内建设工程质量。公路养护质量管理。将国、省、县道公路分成6个片区实行公司化养护管理。2020年，对各镇（街）农村公路的日常性养护进行养护巡查，投入资金182万元。加强公路预防性养护和小修，投入资金550万元。完成荣江路、铜昌路等行道树修枝，及时完成汛期抢险工程，确保公路安全畅通。

安全管理。按照“检查诊断、行政处罚、整改复查”开展检查工作，全年共检查企业555家次，发现隐患276起（其中，道路隐患65起），投入整治资金34万余元，行政处罚100.523万元，隐患均已整改到位。“平安交通”建设，开展“安全生产大排查大整治大执法”“平安交通三年攻坚”等专项行动，全年开展安全监督检查282次，发现隐患159起，整改率达100%。防范化解重大风险，成立了领导小组，在重大节庆日印发重点人员、重点群体稳控方案，层层压实责任。2020年，将重庆众兴出租汽车有限公司非法从事巡游出租业务作为重大风险纳入《荣昌区防范化解重大风险任务清单》，至年末，该风险已出库。年内全区交通行业未发生交通领域亡人责任事故。

【交通服务】　营商环境持续深化行政审批制度改革。深化“放管服”改革，认真做好行政许可等事项的承接、取消工作。全面清理优化电子证照许可事项，共计设置电子证照模板11个，积极配合开展大厅PAD二维码“好差评”调试、试用工作，2020年，好评率100%。推行行政执法“三项制度”。严格落实行政执法公示制度，加强事前、事中、事后管控；严格落实执法全过程记录制度。2020年，新增购置执法记录仪60台，实现一线交通行政执法人员执法记录仪配备达100%。按程序严格执行重大行政执法决定法制审核制度。信用监管，推进涉企信息归集共享。在“信用荣昌”信用信息平台上及时公布行政许可、行政处罚等信息，全年累计公布信息8313条。推进“互联网+”政务服务工作。优化政务服务事项，依申请办理的政务服务事项办理时限在法定时限基础上缩80%以上；承诺件审批环节原则上压缩至3个，即办件审批环节原则上压缩至2个；许可事项实现全程网办，群众0跑动。全年纳入市网审平台依申请办理类事项147项，在市网审平台共办件1307件。

【疫情防控】　自2020年1月26日起，区交通系统成立疫情防控工作领导小组，安排部署区内公共交通防疫和实施道路卡口管控工作，组织全系统250余名党员干部到岗上班。暂停区内公共交通运营，并及时对停运车辆进行消毒，在辖区高速路口、火车站、国省道等重要卡点设置33个临时检疫点，组织发动镇村设置卡点142个，坚持24小时值守，奋战40余天，有效地切断病毒传播渠道。及时厘清货运通道办理流程，发放“绿色通行卡”，确保物资快进快出，保障群众正常生活。有序推动复工复产。着力推进交通重点项目建设进度，落实“定向客车”“点对点”包车服务84班，输送市外返岗务工人员2375人次，满足返岗复工群众出行需求。坚持常态化防控。在荣昌北站设置疫情防控检查点，由交通部门牵头，安排相关人员进行值守。

【脱贫攻坚】 2020年，交通局发挥公路建设在脱贫攻坚工作中的基础性、先导性作用，对全区12个脱贫村和4个重点村指标需求优先全额满足。至年末，市级定点攻坚村吴家镇玉峰村公路建设5条路共9.3千米已全部完工；区级定点攻坚村仁义镇永灵村公路建设2条路共6.5千米已全部完工；河包镇经堂村公路建设4条路共5.7千米已全部完工。2018年至2020年累计建设交通扶贫项目120个，扶贫道路355.3千米，旅游路、产业路30千米。

（康小凤）

邮　政

【概况】 中国邮政集团有限公司重庆市荣昌区分公司，位于荣昌区昌州街道昌州大道东段70号。下设5部1室，服务网点34个，其中金融网点31个；邮政生产车辆27辆，邮运线路3条，邮路总长度411千米。分公司积极履行社会责任，服务地方经济发展，不断丰富服务项目，深度拓展服务范围，担负着15个乡镇、6个街道办事处及全区85万人的邮政通信任务。2020年，邮政业务总收入（含寄递事业部）1.4亿元，完成全年基本目标的100.25%，排名全市第20位，业务总收入增幅9.73%，增幅排名全市第13位。其中，代理金融业务收入1.03亿元，完成全年基本目标的100.9%，完成进度全市排名第13位，同比增幅8.81%，增幅全市排名第13位；寄递业务收入2023.05万元，完成全年基本目标的102.36%，完成进度全市排名第15位，增幅22.13%。

【服务地方】 积极融入区政府组织开展的“小院讲堂”活动，并策划实施“百千万”金融咨询志愿服务项目，全年召开300余场院坝会，金融服务1000余群众，赢得群众称赞，“七一网”“今日头条”等多家媒体平台进行了报道。12月16日，与荣昌社保中心签订合作协议，积极主动承担社保代发工作，为方便群众，更将服务入驻到社保服务大厅，为群众现场制、发、激活社保卡。

【便民服务】 积极配合区委、区政府“只跑一次、只找一人”改革，EMS入驻政府社会事务厅和企业服务厅，设置代办点，采取“现场受理+快递送达”的方式，实现让群众和企业办事“一次办结”。2020年持续推广双税双代业务，与国税部门不断深化合作机制，改善开票操作流程。全年开票2.8万单，代收税金134.56万元。持续开展关爱环卫工人、城市管理人员、投递员公益活动，在城区各邮政网点设立“爱心驿站”，配备桌椅、饮水机、药箱等爱心设施，向环卫工人等城市公共服务劳动者提供非金融便民服务。

【普遍服务】 分公司认真履行普遍服务、特殊服务的政治责任。全年进口包裹272.84万件，标快出口19.95万件，包裹出口245.74万件，实现各乡镇普遍服务全覆盖，有效满足客户用邮需求。严格按照普遍服务投递深度、频次执行，按照城市每天不少于1次、乡镇政府所在地每周不应少于5次的频次投递，建制村按指定线路每周进行3班投递，均达到邮政普遍服务行业标准投递深度、频次的要求。以高度的政治责任感和使命感，认真做好机要通信工作，严格执行专人专车投递要求，全年无机要文件失密丢失损坏等情况发生，为全区党政军的信息传输构筑了安全、快捷、畅通的“绿色通道”，有力地保障了国家信息安全。

【基础建设】 2020年，完成棠香、宝城2个网点装修项目，邮件处理中心改造，盘龙支局环境整治，西南大学荣昌校区校园邮快超市改造，累计建设邮快超市70个，安富、双河、古昌、富安、河包、仁义6个转型网点局部改造，分公司综合办公楼室外环境等整治工程。加强安保设施建设，投入41.95万元资金更新和新增监控设备、报警设备、硬盘、针孔摄像头等，更换网点消防设施设备34套。加强金融自助机具投放，新增存折取款机15台，累计投放自助机具69台，其中CRS自助机具63台。

【扶贫助农】 挖掘各乡镇特色农产品上网销售，将农产品上线到分公司自有渠道邮乐购、荣城驿购，利用邮政自有渠道开展电商扶贫，打造2款万单扶贫大品，帮助农户解决“有货无销路”问题。在“学习强国”商城引入自热小火锅、麻艺制品，实现销售11841单。在春耕时分，为农户提供质量优秀的农资产品，向农户讲解相关知识，送种子、肥料下乡，并密切关注农产品生长情况，为农户解决后顾之忧，全年送种子1.6万余袋、肥料下乡1300吨。组建荣邮直播团队，提供免费直播带货渠道，帮助农户解决“有货无销路”问题，为百姓创收，获得政府的高度认可。全年荣邮直播团队直播30余场，实现销售额40余万元。

【疫情防控】 新型冠状疫情爆发后，分公司深入践行“人民邮政为人民”的初心和使命，承担国有企业的责任和职能，植根地方、服务民生，邮政员工停休并有条不紊地开展各项工作。疫情期间，不仅紧急开通防疫捐赠物资寄递绿色通道，同时保障邮政企业疫情期间“五不中断五免费”，即邮政服务不中断、网点服务不中断、机要通信不中断、揽投服务不中断、在线服务不中断，救援捐助免费办、救援物资免费送、上门揽收免费办、个人捐助免费寄、捐款转账免费汇。（杨　斯）

电　信

【概况】 中国电信股份有限公司荣昌分公司（简称“荣昌电信”）位于荣昌区昌州大道东段68号，现有从业人员400余人，下设5个职能部门，下辖13个支局，担负着全区6个街道、15个镇的通信服务重任。2020年，荣昌电信以习近平新时代中国特色社会主义思想为指南，坚持党建统领、守正创新、开拓升级、担当落实的总体思路，统筹推进疫情防控和生产经营，各项工作取得突破性进展，充分发挥信息化建设主力军作用。全年主营收入完成1.3亿元，同比增幅11%，移动用户超23万户，宽带用户超11万户，电视用户10万户，“天翼看家”用户超过1.5万户。

【“平安卫士”工程】 2020年，荣昌电信作为荣昌信息化建设的国家队和主力军，充分发挥电信网络、平台、技术优势，协同党委政府，政企联手探索推动“平安卫士”视频监控惠民工程，打通了农村地区“雪亮工程”最后一公里，创新形成了“党政引导、电信服务、群众得实惠”的平安卫士建设模式。荣昌电信的“平安卫士”助力构建了“全方位、全天候、全覆盖”的乡村治安防控网络，通过搭建“平安卫士”三级联防联控平台，为农村治安防控和社会治理再添一把安全锁。至年底，全区共开通21个镇级平台，138个村级平台，切实增强了广大群众的获得感、幸福感、安全感。9月7日，荣昌区“平安卫士”工作推进现场会在清升镇召开，相关负责人共60余人参加会议。区委常委、政法委书记唐成军对平安卫士试点工作给予充分肯定。

【网络建设】 在网络建设和运维工作方面，荣昌电信以“市场为导向、推进云网融合”的总体思路，持续深化网络转型，始终坚持面向市场需求、强化投资管控、优化资源配置，推进网络结构优化，加大宽带和移动网络投入力度，积极推进光网络改造建设，保持全业务网络竞争优势，持续提升信息化服务水平。2020年，完成三个5G综合业务区机房建设，建成222个5G站点；完成10个普服基站建设并通过通管局验收，5G建设“百日大会战”开通进度全市第一，实现荣昌城区5G室外连续覆盖。全年新建光端口5880个（其中，行政村新建3368个），达到20.1万个，共计覆盖用户35.38万户；新建光缆487.93皮长公里（其中，城市154.59皮长公里，农村335.24皮长公里）；在无线网建设方面，建设4G室外站点48个，4G室分站点4个，4G扩容站点4个，有效提升覆盖较弱区域用户感知。

【客户服务】 荣昌电信始终坚持“以客户为中心”的服务理念，强化服务文化建设，全面落实行风建设、纠正不正之风、提升网络质量和服务水平等重点工作，完成行风纠风整改任务，2020年满意度同城领先。荣昌电信深入践行“两深入两服务”，解一线难题，相继开展“总经理抓服务”“服务大体验”“服务满意，十分信任”文化主题宣传等专项服务活动，领导带头到责任支局“下乡问诊”“望闻问切”，结合“每月翼谈”“我为支局解难题专项行动”，持续为一线解困减负，全年形成15篇调研报告，有效帮扶13个支局，在“两深入、两服务”实施过程中有效解决了影响客户感知、业务发展、员工满意等方面的18个问题。立足客户需求和客户感知，不断超越自我，打造快速响应服务体系，追求“真诚、质优、简捷、尊享”的极致客户体验，为客户提供更高质量的服务。

【抗击新冠疫情】 2020年，面对突如其来的疫情，荣昌电信主动扛起央企责任，积极作为，时刻在线，全力保障通信畅通，充分发挥行业优势助力抗击疫情。面向抗击疫情党政军重要客户，全力做好重要通信网络保障，通过巡检、预修方式和7×24小时值班保证重要客户通信的正常运转；面向各级疫情防控单位，免费提供天翼云视频会议、云办公系统，全力为全区疫情防控做好信息化支撑；面向社会和广大客户，推出多项便民服务举措，在确保广大群众通信畅通的同时，为客户“宅家”尽情享受信息新生活提供了多种选择；疫情期间荣昌电信积极做好企业自身严防严控，做好电信生产办公场所防疫消毒，紧急采购储备医用口罩、体温计、消毒液、酒精等防疫物资，及时发放到从业人员手中。

（李　祯）

【重点项目“云签约”】 2月27日，荣昌电信以“天翼云会议”系统支撑保障荣昌区2020年一季度重点项目“云签约”，是荣昌历史上首次通过视频连线的方式举行招商引资签约仪式。通过中国电信“天翼云会议”进行实时视频互动，各个接入点同时在线，对网络稳定性、可靠性要求较高。签约仪式当天，荣昌电信保障团队实时监测网络状态及现场视频系统运行情况，活动现场通信稳定，画面清晰，流程配合切换流畅，主会场、签约席、重点企业负责人通过天翼云会议视频实时互动，助力荣昌区在半小时内完成12个项目线上签约，实现招商引资70.3亿元“开门红”。

（张剑波）

移动通信

【概况】 中国移动通信集团重庆有限公司荣昌分公司（简称荣昌移动）位于荣昌区昌州街道棠香南路66号，经营范围包括移动语音、集团信息化业务、数据、多媒体业务以及基于高速4G、5G网络和高速光纤网的各类增值业务和数字化信息解决方案，具有大数据应用、数字化业务平台、物联网技术、云服务等产品研发和应用能力。2020年，实现收入2.12亿元，用户数达到44.5万户，家庭宽带用户11万户，家庭电视用户8.5万户。率先开展5G网络建设，持续提升信息化服务水平，推动互联网、大数据、数字化业务与实体经济融合。

【网络建设】 2020年，荣昌移动基站4G新建130个，累计建成4G基站1880个，实现了城区全覆盖、乡镇主场镇、高速、高铁、行政村区域全覆盖，全网覆盖率达到95.5%；5G基站新建179个，累计达到194个，实现了城区及高新区全覆盖；专线建设达到2030条，驻地网户线建设3万户线，达到35万余户线，实现城区乡镇全覆盖。2020年，完成第七届七夕河灯旅游文化节、首届重庆网民文化节、第九届畜牧科技论坛、“乡村复兴论坛”荣昌峰会、2020“瑜瀚科技”成渝双城马拉松赛等各项重要活动通信保障工作。完成防震减灾、防汛抗旱等应急演练。

【政企项目】 2020年，荣昌移动同时为全区近4000家党政机关、企事业单位提供信息化服务，已建成生猪运营展示中心建设、万灵教育培训中心机房建设、智慧交通、智慧林业、数字城管升级、昌州管家升级、财政局等保建设、全区旅游大数据等多个智慧应用项目，助力区域信息化水平发展。

【网络服务】 荣昌移动坚持高质量发展与优质服务并重，始终坚持“以人民为中心”，强化组织，从资费管理、营业厅管理、政企服务、无线网络质量服务、宽带服务、投诉服务六大方面，组建客户满意度保障小组，梳理出短板和重点，采取“清单+闭环”的管理模式，压实责任。以问题为导向，开展投诉溯源、尖兵训练、贬损客户修复等系列专项工作，群策群力，各部门通力协同，持之以恒，不断总结提升，在重庆市通信管理局组织的2020年用户满意度测评中排名第一。（官　沛）

联合通信

【主要业务】 2020年，主营业务收入5400万元，用户数10万余户，其中，移动互联网9万户，宽带1万余户。5G联通、电信共同投资1.1亿元，完成244个5G站点共建共享；4G全年新增、扩容站点55个，城区覆盖盲点增补123处；全年宽带光纤接入建设立项11个，完成金科礼悦东方、海棠湾等30余个新建驻地网小区万兆光纤接入。2020年，在市公司的安全生产考核评级为A级。

【服务发展】 向政府办、大数据局等单位免费提供联通云视频、腾讯会议服务；通过10010、10655888平台分别为区级部门联通全网用户免费发送80万次疫情防控短信；向200余名贫困师生免费提供宽带提速、手机送流量、免费开通在线课堂等公益活动。深化华森制药厂“5G+智慧工厂”应用，打造5G智慧工厂。

【扶贫助残】 全年累计开展扶贫工作40余次，帮扶贫困人员546人次，定向话费补贴3.93万元；对口帮扶残疾人员113人次，定向话费补贴1.62万元。（曾旭志）

信　息　化

【概况】 2020年7月16日，区委网络安全和信息化委员会第二次全体会议召开，传达学习了市委网信委第二次全体会议精神，听取全区网信工作汇报，审议通过《2020年荣昌网信工作要点》《2020年荣昌区网络安全工作要点》等文件，研究部署2020重庆网络安全宣传周暨网民文化季启动仪式、2020数据安全高峰论坛等有关事宜。加快“新基建”步伐，深入实施“宽带中国”战略和5G“智慧荣昌”战略。至年末，全区建有4G基站2907个，136个行政村光纤网络和4G信号全覆盖；建成5G基站694个，荣昌高新区内近40家规模生产加工企业，以及万灵古镇、安陶小镇、夏布小镇等旅游景区优先落地5G信号。建成区级政务数据资源共享交换系统，提交政务数据资源共享需求169项，编制形成《荣昌区政务数据资源目录（2020年）》，汇集政务数据540万条。加强两级（区级、镇街）行政权力和公共服务事项清理，目前梳理出区级、镇街两级共有行政权力4618项，公共服务事项354项。信息为民惠民成效明显，储备县城智慧化项目16个，计划总投资10亿元。建设5G数字乡村综合信息平台，改造村级便民服务中心102个，建成益农信息社301个，信息化公共服务实现100%全覆盖，推广的智慧水利使全区灌溉水利用系数提升3个百分点。覆盖全国31个省区市的国家级生猪交易市场注册卖家和买家5万余户，本土电商平台“在村头”300余个基层站点覆盖全区全部行政村，“好品中国”荣昌基地与川渝120余家企业和机构达成合作关系，2020年，全区农产品电商交易额4.65亿元。牵头拍摄的扶贫上下集网络电视剧《爱在村头》，于2021年1月1日在重庆都市频道首播。成功申报国家数字乡村试点区，成立由区委书记、区长任双组长的重庆市荣昌区国家数字乡村试点工作领导小组，印发试点工作实施方案，有序推进试点工作。重庆荣昌生猪大数据中心数字化建设案例成功入选2020年国家数字乡村试点工作建设典型案例，重庆市仅有2件案例入选。获评中央网信办等10部门联合表彰的2020年国家网络安全宣传周活动先进单位，是重庆唯一获表扬单位。

【信息基础设施建设】 至年末，全区建成5G基站649个，荣昌高新区内近40家规模生产加工企业，以及万灵古镇、安陶小镇、夏布小镇等旅游景区优先落地5G信号；与中国铁塔公司达成5G战略合作，加快5G建设步伐。全区建成4G基站2907个，136个行政村光纤网络和4G信号全覆盖，农村互联网普及率达到100%。

【信息技术应用】 储备县城智慧化项目16个，计划总投资10亿元，涉及公共安全、生猪大数据、智慧城市、智慧教育、智慧医疗、智慧养老、智慧能源等多个方面。推动唯美陶瓷、重庆大鸿农牧机械有限公司等13家企业成功申报国家级两化融合管理体系贯标示范企业。组织重庆洽洽食品有限公司、展旺塑胶（重庆）有限公司、重庆高瞻光学眼镜有限公司、重庆明珠塑料有限公司等5家企业新申报通过智能工厂和数字化车间认定，推动11家企业“上云上平台”，企业运营效率大幅提升；新培育专精特新企业6家，推进企业实施智能化改造备案项目65个，支持重点行业、重点企业开展高水平技术改造，提升制造业智能化水平。建设国家生猪市场、中国畜牧产品交易网、“在村头”三大区域性电商平台，发展涉农电商企业及个体500余户，全年农产品网络零售额4.56亿元。引进重庆西部电子电路产业园，总体集中规划用地4平方千米，所有厂房预计于2022年全部竣工并投入使用，累计签约企业近30家，项目计划总投资500亿元。全年新申报市级企业技术研发中心5个、市级工业设计中心1个、市级工业和信息化重点实验室2个；新申报区级企业技术中心8个、区级工业和信息化重点实验室12个、区级工业设计中心9个。与华为公司达成工业互联网创新中心战略合作，组织专家对重庆华森制药股份有限公司等4家企业开展工业互联网二级标识解析调研，推动传统制造企业信息化转型升级。全区市域社会治理现代化运行中心试运行。建设“智慧应急”平台，完成应急管理基础数据库、指挥调度“一张图”以及森林防火、防汛抗洪等数据资源融合，纳入政务云管理，配合政务数据共享交换平台实现区级部门数据资源共享交换。建设5G数字乡村综合信息平台，改造村级便民服务中心102个，建成益农信息社301个，信息化公共服务普及率达100%。覆盖全国31个省市区的国家级生猪交易市场注册卖家和买家5万余户，本土电商平台“在村头”300余个基层站点覆盖全区全部行政村。推广的智慧水利使全区灌溉水利用系数提升3个百分点。

【信息化管理】 召开区委网信委全体（扩大）会议和区委网信委联络员（扩大）会议，发挥信息化的统筹协调作用。按照《荣昌区国家数字乡村试点统筹协调机制》，由各责任单位落实固定人员，每月底组织召开联络员会议，听取情况汇报，协调解决问题，交流试点经验，促进数字乡村试点工作有序推进。制定《重庆市荣昌区网络安全和信息化“十四五”规划（2021—2025年）编制总体方案》，举办2020年渝西川东网信协作联席会议暨“十四五”信息化规划业务培训会，完成网络安全和信息化十四五规划招标工作，有序推进驻区信息化“十四五”规划编制工作。

【网信管理】 7月16日，区委网络安全和信息化委员会第二次全体会议召开，传达学习市委网信委第二次全体会议精神，听取全区网信工作汇报，审议通过《2020年荣昌网信工作要点》《2020年荣昌区网络安全工作要点》等文件。承办2020重庆网络安全宣传周暨网民文化季启动仪式、智博会数据安全高峰论坛，成功申报国家数字乡村试点区，获评中央网信办等10部门联合表彰的2020年国家网络安全宣传周活动先进单位。积极创作抗疫网络文化作品，推出“荣昌网报”230余期，漫评、沙画等新媒体作品15件。《重庆网信》专刊以《担当创新有为 筑牢疫情防控网络舆论防线》为题，刊发荣昌区抗疫网信工作情况。收集信息1879条，报送《网信舆情》124期，专（续、快）报20期，为领导决策提供科学参考。成功申报国家数字乡村试点区，完善试点实施工作方案。牵头推进网络扶贫工作，组织区级部门参加全市网络扶贫工作视频会，举办市级脱贫村电商专题培训、“小网红”抖音蓝V等电商扶贫培训，惠及中小微企业和个体经营户300余人。荣获区委、区政府“三大攻坚战”突出贡献奖先进集体。组织200人次参加全市区块链研修班、全区网络安全和信息化专题培训班等，提升网信干部综合素养。举办渝西川南网信协作联席会议暨“十四五”信息化规划业务培训会，积极筹备“智链成渝·创新未来”区块链专题研讨会，有序推进荣昌区信息化“十四五”总体规划。细化网络安全检查，形成全区“两库两清单”，切实减轻市场主体负担。定期开展属地网络安全应急演练。开展防疫数据保护和2020年全国两会网络安全检查，提升关键信息基础设施的防护能力。加强属地网络平台管理，处理网上谣言49条，处理网络谣言发布者15人。连续9年全区无网络安全事件发生，全市网络安全事件全年通报中荣昌为“零通报”。

【成功申报2020国家数字乡村试点区】 7月，会同区农业农村委完成国家数字乡村试点申报书，以区政府名义正式申报国家数字乡村试点区。10月，中央网信办公布国家数字乡村试点名单，荣昌区是重庆市获批的五区县之一。成立由区委书记、区长任双组长的重庆市荣昌区国家数字乡村试点工作领导小组，印发试点工作实施方案，明确国家数字乡村试点工作任务。荣昌生猪大数据中心数字化建设案例入选2020年数字乡村建设典型案例。荣昌区国家数字乡村试点工作获中央网信办《数字乡村试点工作交流》刊发，同时获《农民日报》刊载。

【重庆网络安全宣传周暨网民文化季启动仪式在荣举行】　9月14—16日，2020重庆网络安全宣传周暨网民文化季启动仪式在荣昌区安陶小镇（荣昌国家级示范性综合实践基地）举办，500余人出席开幕式。华龙网全程"图文+视频"直播启动仪式，在线观看量近300万人次，新华网、人民网、中新网等主流媒体转载刊发相关报道。在百度以"2020重庆网民文化季"为关键字，搜索相关结果达276万个。微博话题"2020重庆网民文化季"阅读量近2亿人次，讨论超36.1万人次，话题在启动仪式当日进入微博热搜榜前十名。（吴元波）

大数据应用与发展

【概况】　2020年，全区建成5G基站694个，完成目标任务114.9%，建设进度全市第一。创新信息化项目管理，组织审核项目8个，审减金额520万元。实施"云长制"，信息系统实现100%上"数字荣昌"云平台目标，让大数据智能化为经济赋能，为生活添彩。

【迁云建云】　落实好"云长制"，建好"数字荣昌"云平台，系统迁云上云完成23个，实现100%上"数字荣昌"云平台目标，确保"一朵云"承载机制。整合区级部门自建非涉密信息系统，建好智慧政务管理服务平台，整合率达到100%。

【政务数据共享】　严格实行政务数据目录清单、需求清单、责任清单"三单制"，编制完成《荣昌区2020年政务数据资源共享目录》。贯彻落实《重庆市政务数据资源管理暂行办法》（重庆市人民政府令第328号），及时整改区（县）域普惠金融服务引起的政务数据资源共享开放相关问题。制定《荣昌区政务数据资源管理操作规范（试行）》，进一步规范全区行政区域内政务数据资源采集、归集和共享等活动。组织开展政务数据专题培训2次，培训区级机关部门、在荣市级部门直属机构、区内各镇（街）大数据工作分管领导或主管部门主要负责人190余人。

【大数据运用】　推进国家生猪大数据中心平台云资源申请和部署，生猪大数据中心和生猪交易市场成为市新型智慧城市运管中心主要展示场景。推动便民利民惠民的大数据智能化应用，培育线上品牌2个、互联网平台2个。积极推广使用"渝康码"，注册户数45万户，创新防疫方式。推广"渝快融"，授信企业961家，融资金额13.15亿元。

【信息化项目管理】　创新信息化项目管理，制定实施好《荣昌区信息化项目统筹管理办法》，组织审核项目8个，审批信息化项目方案和概算项目6个，概算总金额5675.3万元，审减金额520万元。（刘　波）

重庆（荣昌）生猪大数据中心

【概况】　重庆（荣昌）生猪大数据中心，于2019年4月正式获得农业农村部批复建设，成为全国首个、目前唯一畜牧单品种国家级大数据平台。2020年，在农业农村部和重庆市人民政府部市共建下，在重庆市农业农村委关心指导下和荣昌区委、区政府正确领导下，遵照农市函〔2019〕2号文件对国家级生猪大数据中心建设的重要指导意见，立足"国家平台、公益主体、科技创新、推动产业、服务市场、造福三农"目标定位，理顺管理体制，一体化推进国家级生猪大数据中心和国家级生猪交易市场建设，围绕生猪产业链，主要提供"猪生产、猪交易、猪金融、猪监管"四大核心业务，着力开发"荣易管、荣易养、荣易医、荣易买、荣易卖、荣易贷"六个"荣易"产品，各项工作创新开展，取得阶段性进展，为国家生猪产业宏观调控、疫病防控、监测预警和稳产保供提供了决策参考，为建设国家数字经济创新发展试验区提供了有益经验。

【"猪生产"示范引领】　推进生猪智能养殖示范项目（荣易养）。以2020年荣昌区智慧畜禽养殖（生猪）试点区建设项目为依托，推动智慧养殖管理系统、畜禽粪污资源化利用系统、猪肉溯源大数据平台、畜牧兽医区域化服务系统、畜牧大数据应用平台、畜牧大数据模型算法平台、畜牧数据资源库、畜牧大数据资源管理平台、畜牧大数据共享交换平台9个智慧畜牧综合服务系统（平台）建设。通过对养殖基地和屠宰场智能化设备改造，建设9个智慧养殖（生猪）示范场，生猪智慧养殖解决方案已具雏形。启动开发生猪疫病监测及防控平台（荣易医）。联合西南大学，通过广泛调研和分析研判，启动开发生猪疫病防控及日常病例在线监测平台（荣易医），问世后将通过线上问诊，有效解决老百姓养殖疫病防治难题。发挥大数据指导生产的导向作用。定期发布生猪产业资讯报告。发布《全国生猪交易分析报告》《全国仔猪价格高位运行对生猪养殖的影响评析》《重庆生猪及猪肉市场分析报告》等各类报告，解读生猪行情走势，为市场提供“行情表”和“风向标”，指导生猪产业加快复产。科学编制数据标准和产业指数。联合国家生猪产业体系、西南大学、重庆市畜科院编制《生猪全产业链数据目录》，建立健全生猪全产业链数据目录，高质量发布“荣昌猪数据标准1.0”。联合四川、重庆农业农村部门编制《重庆市能繁母猪存栏·荣昌指数》《川渝生猪产业·能繁母猪存栏指数》，联合农业农村部信息中心、中国农科院启动《中国生猪产业·荣昌指数》，及时反映生猪产业趋势，精准预测生猪产量为全国生猪市场提供“行情表”和“风向标”。

【“猪交易”优化升级】 优化升级国家生猪交易平台（荣易卖）。国家生猪交易市场在“挂牌交易”基础上，创新开展自营、撮合、联营等多种交易模式，提供生猪和白条猪肉同步交易，实现生猪、仔猪及种猪150万头、白条猪肉2050吨交易，年交易额（GMV）49.87亿元。国家生猪市场运营以来，累计交易额突破890亿元。生猪期现联动有新突破。生猪期货为生猪现货市场提供了快速发展契机，与大商所及期货公司合作，在期现交易、标准共享、交割仓库等多方面取得突破，将极大提升国家生猪交易现货市场服务的多样性和专业性。

【“猪金融”创新融合】 启动开展生猪大数据金融平台建设（荣易贷）。基于“荣易管”“荣易卖”，拓展“生猪大数据+金融”新业态。与浙商银行、浙商金租、农邦科技等机构研发“养猪贷”“猪舍固贷”等利率低、纯信用、放款快的闭环信贷产品。与中国农业银行、重庆银行、三峡银行合作开发“猪e贷”“数易贷”等金融产品试点上线，累计贷款24笔、授信金额8500万元。

【“猪监管”提质增效】 发布全国首个“生猪数字监管平台”（荣易管）。该平台主要服务政府监管和企业养殖，主要解决生猪违规调运、非法屠宰等问题，确保区域内生猪养殖、贩运、屠宰来源可溯、去向可查。通过打破各环节信息壁垒，推行“实名制”“数码通”，实现生猪全链条全程数字化监管预警，有效降低疫病防控风险。开发“生猪产品溯源系统”平台（荣易买）。基于物联网和区块链技术，依托电子签章，开发猪肉食品溯源软件，破解生猪产地检疫、宰前检疫过程造假等问题，保障猪肉食品安全，让老百姓吃上好肉和放心肉。

【市场拓展不断加速】 一体化拓展“两块国家级牌子”，统筹布局区域中心和区域市场，先后落地河南汝州、四川内江及自贡、生猪种业和广悬全产业链5个区域中心。至年末，已建成海南、四川、河南、河北、广东5个省级市场，落地区域中心和区域市场21个、签约9个、在谈25个，主要分布在生猪主产区和主销区，为产品、业务、模式落地推广奠定了市场基础。

【对外发声持续发力】 按照陈敏尔书记“要利用好荣昌国家生猪大数据中心，多发声、多做贡献”的重要指示精神，持续对外发声，极大提高荣昌的美誉度和知名度。加大报送专报信息。编制市区两级专报20篇，市委、市政府办公厅采用信息8条。巧用新闻媒体发声。成为央视、重庆卫视和荣昌新闻等媒体信息源，分析解读20期生猪行情走势；央视二台《对话》栏目专题调研国家级生猪大数据中心赋能猪种保护和生猪复产情况，建设经验成功入选中央网信办、农业农村部信息中心发布的《中国数字乡村发展报告》；《人民日报》《经济日报》《重庆日报》等特约报道15次，新华社《内参选编》刊发建议性文章1篇，农民日报全国“两会”特刊交流国家级生猪大数据中心和国家级生猪交易市场建设经验。借助论坛展会发声。成功举办2020线上智博会首个以“大数据·智能化赋能生猪产业”为主题的大数据·智能化赋能生猪产业高峰论坛，近150名行业专家学者和企业家聚集荣昌，交流前沿科技成果，共商生猪产业发展。参加智博会、农交会，集中发布荣昌猪标准体系和区块链溯源应用新技术、新产品。对外展示运营中心。建成国内一流的生猪全产业链大数据运营中心，成为集数据汇聚、开发应用、标准建设、市场运营、数字金融、特色体验为一体的新型地标，接待中央组织部、农业农村部、科技部等国家部委、全国各省市地方政府和社会各界参观考察团50个、1800人次，赢得各级政府、社会各界和新闻媒体的高度肯定和强烈反响。

【项目建设扎实推进】　积极对接国家部委和市级部门，向上争取项目资金，主要用于国家级生猪大数据中心创新能力提升、大数据智能采集平台、生猪资源区域化管理系统、运营中心基础设施建设等项目。全年向上争取12个项目、6040万元。其中，中央资金2275万元、市级资金980万元。项目资金主要用于国家级生猪大数据中心创新能力提升、生猪大数据智能采集平台、展示中心基础设施建设和生猪区域化监管系统等建设。投资建设的国家生猪大数据运营中心于10月中旬正式投入运营。

（赵　平）

荣昌高新区

园区建设

【概况】 荣昌高新区是全国首个以农牧为特色的国家高新区，规划面积17.05平方千米，下辖板桥、广富、荣隆三个组团，重点打造消费品、智能装备、新材料、电子信息和农牧高新“4+1”主导产业集群。至年底，荣昌高新区累计入驻工业企业645家，投产企业485家。其中，规模以上工业企业295家，世界500强和中国500强企业共10家，上市公司（子公司）15家（重庆华森制药股份有限公司于2017年10月在深交所A股成功上市，成为荣昌区首个、重庆市第50个主板上市企业），外资企业16家，新三板挂牌2家、OTC挂牌7家，通过GMP认证企业24家，国家高新技术企业103家，高新区范围内市级科技企业580家，瞪羚企业3家，牛羚企业7家，就业人口6.32万人。全年工业总产值718.65亿元，规模以上企业工业总产值682.72亿元，“4+1”主导产业集群规模696.76亿元，工业集中度78.5%。获评“2020年度中国营商环境十佳经济开发区”“中国西部陶瓷之都”“重庆市抗击新冠肺炎疫情先进单位”殊荣。

【板桥组团】 板桥组团是荣昌高新区“三个组团”中最核心的部分，其前身是市政府2002年批准的全市16个特色工业园之一。规划面积15.77平方千米（其中，纳入国家高新区规划面积12.82平方千米），建成区面积10.48平方千米，拟新增南拓片区规划面积2.95平方千米。重点发展消费品（医药、服饰）、智能装备、电子信息、农牧高新等产业，现有重庆华森制药股份有限公司、重庆澳龙生物制品有限公司、重庆明珠塑料有限公司、重庆电子电路产业园、重庆华兴玻璃有限公司、重庆尚上服饰有限公司、重庆紫川食品有限公司、重庆煌上煌食品有限公司等企业。至年底，累计入驻企业398家，投产企业305家。其中，规模以上企业167家，入围世界500强和中国500强企业9家，上市公司及其子公司9家，外资企业14家，新三板挂牌企业2家、OTC挂牌企业4家，通过GMP认证企业20家，国家高新技术企业50家，科技型企业299家，全年工业总产值346亿元。

【广富组团】 广富组团于2007年7月经批准成为荣昌工业园区的拓展区，并于2009年9月启动建设。规划面积7.74平方千米（纳入国家高新区规划面积2.84平方千米），其中，南部片区5.5平方千米，北部片区2.24平方千米，建成区面积2.52平方千米。重点发展消费品（陶瓷）、新材料等产业，现有唯美陶瓷、奥福精细陶瓷、兀盾纳米科技、惠达卫浴、华翱洁净、德力玻璃等企业。至年底，累计入驻企业77家，投产企业55家。其中规模以上企业37家，中国500强企业、上市公司子公司1家，国家高新技术企业7家，科技型企业17家，全年工业总产值87亿元。

【荣隆组团】 荣隆组团成立于2012年3月，规划面积2.17平方千米，由荣隆镇政府与民营企业重庆东恩工业控股（集团）公司采取“政府引导、民企投资”方式建设的园区，被工信部命名为全国小型微型企业创业创新示范基地，是市级创业孵化基地、市中小企业示范基地和市级楼宇产业园。2018 年 9 月 6 日，按照区委办专题会纪要〔2018〕18 精神，荣隆园综合监管服务移交荣昌高新区统筹管理。重点发展消费品（食品、动物营养）、智能装备等产业，现有台湾协旭机械、台湾安佑生物、台湾佳广科技、重庆秋叶机械、重庆豪磊食品、重庆安森制药等企业 90 家，其中，规模以上工业企业 15 家，外资企业 2 家，国家高新技术企业 7 家，科技型企业 17 家，全年工业总产值 84.5 亿元。

高新技术产业

【概况】 荣昌高新区是全国首个农牧特色国家高新区，重点发展消费品、智能装备、新材料、电子信息和农牧高新“4+1”主导产业集群，现有国家级孵化器 2 个、院士专家工作站 4 个、市级以上研发平台 67 个、国家高新技术企业 103 家。荣昌高新区先后引进了重庆电子电路产业园、中国卫浴家居龙头企业之一的惠达卫浴、日用玻璃企业华兴玻璃、玻璃器皿生产企业上市公司德力玻璃、全国知名专业标识公司金标实业、香港上市公司先锋医药、中国熟食行业的领跑者紫燕食品、煌上煌食品等重大投资项目 60 个。金迈博公司，为研究新冠肺炎应急抗体药物实验，2 月 4 日驰援南京，为金斯瑞生物科技有限公司提供人源抗体“抗疫小鼠”，并通过专家试验取得显著效果。全年高新技术企业主营业务收入占高新区主营业务收入比重达到 22%，高新区 R&D 经费投入占 GDP 比重达 4.2%。

表 5　　2020 年荣昌高新技术企业名单一览表

序号	企业名称	首次认定年度
1	重庆华森制药股份有限公司	2008
2	重庆灵方生物技术有限公司	2009
3	重庆瑞力比燃气设备有限责任公司	2014
4	重庆布尔动物药业有限公司	2014
5	重庆蓝洁广顺净水材料有限公司	2014
6	重庆昌元化工集团有限公司	2014
7	重庆郎拓通风设备有限公司	2015
8	重庆永健生物技术有限责任公司	2015
9	重庆澳龙生物制品有限公司	2015
10	重庆泰通动物药业有限公司	2016
11	重庆方通动物药业有限公司	2016
12	重庆灵方三帆生物制药有限公司	2016
13	重庆凯歌电子股份有限公司	2016
14	重庆鑫仕达包装设备有限公司	2016
15	重庆市荣昌区群建阀门有限责任公司	2016
16	重庆秋叶机械制造有限公司	2016
17	重庆市韵诚塑料防腐设备有限公司	2016
18	重庆鸿全兴业金属制品股份有限公司	2016
19	重庆渝新杰幕墙门窗工程有限公司	2016
20	重庆市荣昌区易合纺织有限公司	2016
21	重庆市优合新型材料有限公司	2017
22	重庆明治百通机械制造股份有限公司	2017
23	重庆明珠塑料有限公司	2017
24	展旺塑胶（重庆）有限公司	2017
25	重庆市永恒玻陶包装材料股份有限公司	2017
26	重庆宏南科技股份有限公司	2017
27	重庆达标电子科技有限公司	2017
28	重庆西农大科信动物药业有限公司	2017
29	重庆财信环境资源股份有限公司	2017
30	重庆常青藤机械有限公司	2018
31	重庆东矩金属制品有限公司	2018
32	重庆市齐盈精密模具有限公司	2018
33	重庆大鸿农牧机械有限公司	2018
34	重庆新吉亨药业有限公司	2018
35	重庆捷讯特精密塑胶有限公司	2018
36	重庆科力线缆股份有限公司	2018
37	重庆联荣智能模具股份有限公司	2018
38	重庆鑫荣源精密科技有限公司	2018
39	重庆鼎创交通光电有限公司	2019
40	重庆乐禾无人机有限公司	2019
41	重庆正通生物发展有限公司	2019
42	重庆巨星农牧有限公司	2019

续表 5

序号	企业名称	首次认定年度	序号	企业名称	首次认定年度
43	重庆富农现代生物科技有限公司	2019	74	重庆市和鑫达电子有限公司	2020
44	重庆三杰众鑫生物工程有限公司	2019			
45	重庆市荣昌区壹秋堂夏布文化发展有限公司	2019	75	重庆思昱兴电子有限公司	2020
			76	重庆聚特新材料有限公司	2020
46	重庆三大伟业制药有限公司	2019	77	重庆市馨虹盛电子科技有限公司	2020
47	重庆华奥药业股份有限公司	2019	78	重庆永信宏塑料制品有限公司	2020
48	重庆绿色源药业有限公司	2019	79	重庆市耀城玻璃制品有限公司	2020
49	重庆安森药业有限公司	2019	80	荣昌区昌盛厨具有限责任公司	2020
50	重庆永荣机械制造有限责任公司	2019	81	重庆嘉涌电子有限公司	2020
51	重庆丰凯纸制品股份有限公司	2019	82	重庆恒隆陶瓷制品有限公司	2020
52	重庆焜烨精密机械制造有限公司	2019	83	重庆广建金属制品有限公司	2020
53	重庆都成荣锋机械制造有限公司	2019	84	重庆洽洽食品有限公司	2020
54	重庆埃力森金属制品股份有限公司	2019	85	重庆威迪特药业有限责任公司	2020
55	重庆巨龙管业有限公司	2019	86	重庆永伟陶瓷有限责任公司	2020
56	重庆协旭机械有限公司	2019	87	重庆安都陶瓷有限公司	2020
57	重庆益新达汽车零部件有限责任公司	2019	88	重庆兀盾纳米科技有限公司	2020
			89	重庆市宝盈机械制造有限公司	2020
58	重庆斯格特机械制造有限公司	2019	90	重庆市鸿全电器制造有限公司	2020
59	重庆市益优源机械制造有限公司	2019	91	重庆市天龙牧业科技有限公司	2020
60	伟登五金（重庆）有限公司	2019	92	重庆市远康纺织品有限公司	2020
61	重庆市荣昌区金益铸业有限公司	2019	93	重庆市川捷电子有限公司	2020
62	重庆国荣风能重工有限公司	2019	94	重庆东博塑胶有限公司	2020
63	重庆方地新材料有限公司	2019	95	重庆鑫炬塑胶制品有限公司	2020
64	重庆市美泰塑胶有限责任公司	2019	96	重庆市雄吉通风设备股份有限公司	2020
65	重庆胜亚管道有限公司	2019	97	重庆市荣昌区欣晟达包装有限公司	2020
66	重庆海特电线电缆股份有限公司	2019	98	重庆玉带路工业科技有限公司	2020
67	重庆环新玻璃制造股份有限公司	2019	99	重庆市荣昌区世成光电科技有限公司	2020
68	重庆唯美陶瓷有限公司	2019			
69	重庆荣睿通塑业有限公司	2019	100	重庆市三叶家具有限责任公司	2020
70	重庆奥福精细陶瓷有限公司	2019	101	重庆牧尚农牧科技有限公司	2020
71	重庆德沃木制品加工有限公司	2019	102	重庆市荣昌区代兴阀门有限公司	2020
72	重庆强勇强科技有限公司	2015	103	重庆立克微生态科技有限公司	2020
73	重庆市荣昌区永世光电设备有限公司	2020			

【消费品产业】 全区2020年有消费品企业365家(含规模以上企业167家)，高新技术企业35家，基本形成以食品、医药、陶瓷、服饰4个产业为主要支撑的消费品产业体系，着力打造千亿级消费品产业集群，建成陶瓷、轻纺消费品、眼镜等特色消费品产业基地。全年工业总产值436.4亿元，增

长 7.94%。

【智能装备制造产业】 有智能装备制造类企业 133 家（规模以上企业 61 家），高新技术企业 21 家，基本形成以智能装备、特种设备、汽车关键零部件、模具制造等为主的装备制造产业体系。全年工业总产值 143.38 亿元，增长 7.76%。

【新材料产业】 有新材料企业 67 家（规模以上企业 31 家），高新技术企业 12 家。重点发展有机高分子材料、新型净水材料、高性能陶瓷材料、新型建筑材料，梯次培育新型电子信息材料、纳米材料、生物医用材料等前沿领域、高成长性新材料，打造成渝地区双城经济圈的新材料产业发展高地。全年工业总产值 83.63 亿元，增长 9.35%。

【电子信息产业】 有电子信息企业 40 家（规模以上企业 20 家），高新技术企业 14 家。以重庆电子电路产业园特色产业基地为依托，重点发展电子电路、计算机外围设备、汽车电子等产业，打造中国西部电子电路特色产业集群。全年工业总产值 33.35 亿元，增长 4.64%。

【农牧高新产业】 有农牧高新企业 70 家（规模以上企业 33 家），高新技术企业 12 家，聚集了美国嘉吉饲料有限公司、双胞胎饲料有限公司等知名饲料研发、加工企业，占全市兽药企业总量的 80%以上，成为全国最大的饲料生产基地，致力于打造集“科研、育种、养殖、加工、饲料、兽药、市场、大数据”于一体的农牧高新特色产业体系。拥有全国最大的国家生猪交易市场（电子交易平台），全国唯一的国家生猪大数据中心，正在全力打造国家畜牧科学城。全年工业总产值 25 亿元，增长 15.9%。

高新区建设管理

【概况】 坚持“桥头堡”规划引领。抢抓成渝地区双城经济圈建设重大战略机遇，高标准、高质量编制高新区 50 平方千米空间规划、产业规划及 2035 年远景规划，坚持产城景融合。高新区 50 平方千米拓展空间规划（发展方向空间可行性）研究成果已纳入正在编制的荣昌区国土空间规划。加快政府重点投资基础设施项目投资放量，积极争取地方专项债资金、中央财政资金 8.28 亿元，约占全区专项债资金的 1/4，累计实施基础设施项目 7 个，其中，板桥园两纵两横道路提档升级改造、板桥园污水处理厂提标等 4 个项目已完成建设，荣隆园污水处理厂提标工程、国道 348 板桥园区段道路等 3 个项目有序推进。全年完成征地报件 135.67 公顷、取得批文 135.2 公顷、拆迁 422.07 公顷，平场 210 公顷，新建道路 7.9 千米、雨污管网 14.8 千米，建成区面积扩大 1.5 平方千米。深化“放管服”改革，高新区行政审批服务科整体入驻区行政服务中心企业服务厅，设立 3 个综合服务窗口，开启行政审批“一窗受理”模式。牢固树立“企业无小事”理念，实施“企业吹哨、部门报到”，扎实开展“百名干部进企业”“项目经理进企业”“营商环境观察员”等活动，不断优化营商环境，切实增强企业获得感。全年为企业办理用地、建设、施工、不动产等事项 2500 余件，协调解决企业各类问题 642 余个。新升规企业 23 家，高新技术企业累计为 103 家，全年新增 31 家，全区市级科技型企业累计为 726 家，智能工厂和数字化车间 11 个；协助企业融资 103 笔 33071 万元；兑现电子电路产业园、尚上服饰等企业优惠政策奖励 5.23 亿元。荣获“2020 年度中国营商环境十佳高新技术产业开发区”。

【招商引资】 新签约项目 271 个，合同金额 802.5 亿元，到位资金 189.2 亿元，增长 87.8%。引进上市公司煌上煌食品、青岛海尔生物等 88 个重大工业项目，工业招商排名全市第二。创新模式突出产业链招商。设立食品、医药、陶瓷、服饰、新材料、智能装备、电子信息、数字区块链、运动健康、农牧高新 10 个产业链“链长制”，构建“链长”招商模式，形成高位推动、上下联动、里应外合、纵横结合的招商格局。产业链招商成效明显，实现“当天考察，当天签约”的荣昌速度，各产业链聚焦补链延链强链，实施精准招商。全年已签约工业项目中，归属 8 个产业链的项目占 83.7%。2 月 27 日，荣昌区以“现场签约+视频签约”的方式举行 2020 年一季度重点项目集中签约活动。东莞市铭惠精密五金生态休闲食品项目、湖北速峰实业食品加工项目、江苏金鹏防火板业防火阻燃板与防火门芯板生产项目、广东华翱洁净材料生产项目等 12 个重点项目落户荣昌，签约总投资达70.3亿元。涉及装备制造、食品医药、轻工陶瓷、农牧高新、5G通讯、医用口罩、生态农业综合开发等多个领域。9月14日，荣昌区在安陶小镇举行“2020重庆网络安全宣传周暨重庆网民文化季”启动仪式，借助活动举办契机，荣昌区举行智博会场外自主签约暨第三季度招商引资重点项目集中签约活动，共引进项目54个，合同金额超265亿元，场外自主集中签约重点招商项目共计12个，签约合同金额61.5亿元。涉及大数据智能化、数字经济、轻工陶瓷、智能装备、食品医药等领域。10月24日，第九届中国畜牧科技论坛期间，荣昌区举行第四季度重点招商引资项目集中签约活动，签约项目49个，协议金额218.8亿元，涉及消费品工业、智能制造、新材料、电子信息、农牧高新等多个领域。

【项目建设】 项目促建刷出新速度。实行“挂图作战、倒排工期、打表推进”工作机制，继续推行“告知承诺”“容缺后补”“提前施工备案”制度，进一步简化办事流程，缩短工业项目行政审批时限，对企业开工、建设、投产过程中存在的问题，按照“小事不过夜、大事不过周”的要求限时解决，不断加快项目投资、落地、建设速度。全年荣昌高新区承担重大重点项目34个，完成总投资额110.3亿元。举行3次集中开工仪式，新开工纳成广泰、大昌建设、安杰利生物、华翱科技、向往科技等102个项目，新投产紫川食品、建磊钢结构、弘耀电子等60个项目。招商项目落地转化率82.7%，高于上年12个百分点，稳居全市第一。3月10日，举行春季重点工业项目集中开工仪式，安杰利（重庆）生物科技有限公司等12个重点工业项目，在荣昌国家高新区动工建设。涉及农牧高新、新型建筑材料、节能环保、食品医药等领域，总投资62.9亿元。6月30日，第二季度工业项目集中开工12个，涵盖装备制造、生物医药、食品加工等产业，总投资金额36亿元。9月18日，第三季度工业项目集中开工16个，总投资50亿元，用地53.33公顷，租赁厂房6.1万平方米，涵盖消费品、智能制造、电子信息、新材料和农牧高新等产业。8月20日，重庆西部电子电路产业园第一个投产项目（重庆弘耀电子科技有限公司）正式投产，总投资20亿元，公司设计年产能达240万平方米，年产值15亿人民币。创下从签约到开工69天，从开工到投产345天的荣昌速度。

【新冠疫情防控】 新冠疫情期间，荣昌高新区成立“党员先锋突击队组”，组建人员管控、交通管控、防疫指导等10个工作组，超过1.6万人次参与疫情防控；协助企业购买口罩3万余个，体温枪274把，免费放发消毒水2100余瓶、次氯酸钠溶液500桶、金栀花免洗手消毒凝胶10吨。快速落实好光胜酒店、月下山酒店作为应急隔离酒店，集中隔离80人次，轨迹筛查5.8万人次。开展项目经理进企业做好常态化疫情防控，分组检查100余家企业日常防疫工作。向意大利等国家、武汉等城市提供防疫物资、药品、器械折合人民币1000万元。3月底，高新区所有企业全部复工复产，在全市率先实现工业企业产值“由负转正”。辖区至今未出现一例新冠肺炎疑似患者，荣获“重庆市抗击新冠肺炎疫情先进集体”。

【中国农牧高新科技成果博览会暨畜牧科技人才招聘会展】 10月22日至24日，在区人民广场举办，全国262家农牧高新企业参会。活动主要采取室外展览展示展销+互动交流的形式，现场设置成渝两地国家高新区展厅、国内知名企业展区、猪产业科技发展成果专题展区，涉及畜牧行业上下游产业链条各个环节的相关产品与服务，助推畜牧业高质量发展。招聘会提供了2万余个就业岗位，现场吸引了川渝两地高校毕业生及社会人才3000名求职者前来应聘，线上关注人数2万余人，共促成4000余名就业者达成就业意向，为企业及时输送成熟人才，有效解决企业人才需求。

【举办创新人才沙龙活动】 3月，由荣昌高新区发起，联合泸州、内江、永川四地国家高新区签订《“泸内荣永”国家高新区产业联盟合作协议》。7月29日，荣昌、永川、泸州、内江四地携手，聚焦成渝地区高层次人才交流与创新创业，在荣昌瑞尔大酒店举办“成渝双城记·科技创未来”创新人才沙龙。本活动聚焦成渝地区高层次人才交流与创新创业，抢抓成渝双城经济圈建设重大历史机遇，共同扎实推进“泸内永荣”国家高新区产业联盟合作，共谋人才创新“先手棋”。（李金勇）

农 业

综 述

2020年，是全面建成小康社会目标实现之年，是全面打赢脱贫攻坚战收官之年，荣昌区农业农村委聚焦打赢脱贫攻坚战和补上全面小康“三农”短板重点任务，紧扣建设成渝地区双城经济圈重要增长极建设，扎实推进农业农村高质量发展。荣昌猪产业集群项目正式纳入全国首批优势特色集群建设名单，生猪复养增养模式被全国畜牧总站选评为典型案例，荣昌区农业综合行政执法支队获农业农村部命名为第二批全国农业综合行政执法示范窗口，饲料工业统计和畜禽粪污资源化利用工作获得农业农村部畜牧兽医局表扬。全区农村居民人均可支配收入实现20034元，增长7.3%。

全面打赢脱贫攻坚战。统筹“战疫”与“战贫”，深入推进“五个尽锐出战”，持续开展脱贫措施“户户清”行动，因户施策，104户315人未脱贫人口全部按程序如期达标脱贫，所有贫困人口“两不愁三保障”突出问题全部解决，脱贫成果不断巩固。在接受市级脱贫攻坚成效考核、第三方评估抽查、国家脱贫攻坚普查、国务院第三方建档立卡数据质量评估中获得一致好评。

推进脱贫攻坚与乡村振兴的规划衔接。确定观胜镇银河村为试点村，印发《观胜镇银河村开展脱贫攻坚与实施乡村振兴战略有机衔接试点工作方案》。银河村统筹整合各类资金，已投入资金1800万元，形成肉兔、水果、中药材等特色主导产业，持续壮大村级集体经济，建立与村集体和贫困户的“利益共同体”，实现集体有收入，群众能增收，贫困户脱贫致富。

统筹推进乡村振兴五大工程。交通便捷工程。“四好农村路”全年修建235千米，已提前超额完成任务；新增1辆新客车，12辆新能源公交车，新增招呼站点82个；完成200千米村内道路建设任务。产业振兴工程。围绕农业“接二连三”发展，调整优化产业结构，初步构建以粮油为基础，生猪为主导，荣昌血橙、河包粉条、夏布、笋竹为优势，白鹅、肉兔、肉羊、茶叶等为特色的“1+1+4+N”农业产业体系；全区规模以上农产品加工企业111家，是全市规模以上企业最多的区县，加工产值实现300亿余元，位居全市第二；为纾解新冠疫情对产业发展的影响，衔接落实涉农贷款8300余万元，对27家新型农业经营主体贷款贴息53.72万元，帮助共渡难关；全年接待乡村旅游游客95.6万人次，实现乡村旅游收入4.9亿元。人才组织工程。回引本土和外来人才17名，带动就业800余人；重庆首个清华大学“乡村振兴工作站”落地荣昌；聘请9名清华大学、北京大学、华中科技大学等高校博硕人才担任“名誉村长”；培训高素质现代农民6700人，养猪大户郭平获“全国农业劳动模范”，种植大户秦兆宏获“全国百名杰出新型职业农民”“重庆市杰出英才奖”，农业企业家林其鑫获“重庆市杰出英才奖”。乡村文明工程。持续开展移风易俗“十抵制十提倡”宣传活动，评选脱贫光荣28户、致富带头人39名，开展“身边的脱贫故事”微访谈370场次；举办生活技能大赛、文明礼仪竞赛等活动95场次，开展“新农村新生活”培训381场次；评选最美院落、整洁庭院、美丽庭院等704个；万灵镇、安富街道通安村作为市级乡村治理示范镇、示范村，对照创建标准进行查漏补缺；河包镇经堂村社区营造取得阶段性成效。青山绿水工程。新增市级美丽乡村30个、绿色村庄7个，培育旅游示范镇1个；完成农村卫生改厕1289户，厕所普及率达到88%，其中，建档立卡贫困户卫生厕所普及率达到100%，农村生活垃圾有效治理行政村比例100%，新增农村生活垃圾分类示范村3个，完成农村危房改造1211户，农村旧房整治提升1000户，农作物秸秆综合利用率86.25%，废旧农膜回收和综合利用513.06吨。

扩大农业开放合作。围绕成渝地区双城经济圈建设，推进成渝现代高效特色农业带建设，与内江、隆昌、自贡、泸州等市区县对接，搭建合作创新平台，重点在生猪、柑橘、稻渔3大产业链上深度合作。已与内江市签订《共建现代农业高新技术产业示范区框架协议》《建成渝地区高效特色农业带合作协议》；与自贡市荣县农业农村局签订《区域协同发展合作协议》；与四川农业大学达成校地合作初步意向。

深化农业农村改革。承担农村宅基地改革和管理职责，开展建卡贫困户“建新未拆旧”整改工作，完成263户拆除封堵任务，指导受理3329户宅基地申请，审批3296户，竣工验收657户，受理数、审批数是全市最多的区县。全面完成农村集体产权制度改革，纳入产权制度改革的133个村（社区），全部完成农村集体产权制度改革；共办理农村集体经济组织登记赋码证书的村（社区）数为133个，完成比例100%。探索推进农村“三变”改革试点，新增5个市级“三变”改革试点村，全区市级、区级“三变”改革试点村达16个，充分激发农村资产资源活力。持续补齐村级集体经济短板。全年新增1000万元，支持23个村（社区）集体经济发展。累计投入1.03亿元，扶持139个村（社区）发展集体经济，全面消除“空壳村”。村级集体经济经营性收入超过7800万元。荣昌集体经济发展经验做法入选中央党校教学案例。全面完成承包地测绘调查外业指界和调查信息矢量化工作，完善了16.68万份、5.12万公顷土地承包合同。有序推进财政补助资金股权化改革，新纳入股权化改革项目6个，资金380万元，累计项目76个、涉及资金1.3亿元。深入推进“三社”融合发展。在脱贫村与临界村，新建12个星级农村综合服务站点。通过“兴农贷”“助农贷”金融服务平台，为荣昌区互民麻竹专业合作社等72家涉农企业，提供“兴农贷”6300万元、“助农贷”8090万元。

加强现代农业体系建设。推进高标准农田建设和宜机化改造，全年完成高标准农田建设项目（含大宗油料基地建设项目）2840公顷，宜机化整治项目完工并验收合格1093.33公顷。推进“智慧农业·数字乡村”建设工程。信息进村入户益农信息社实现100%全覆盖，建成301个益农信息社，其中3个益农信息社成为全国百佳，3名信息员获全国百佳。规划落实生猪大数据自动采集暨智能分析平台建设和荣昌区新秦橙农业智能化生产示范2个智慧农业试点示范项目，并成功评为国家数字乡村试点地区。发挥好国家生猪市场、中国畜牧产品交易网、“在村头”三大电商平台作用，完善区、镇、村三级电商（益农信息社）网络体系。建成农村星级农村综合服务社及“在村头”村级站点13个。全年完成农产品电商交易额4.65亿元。

全力以赴稳产保供。全面落实粮食安全行政首长责任制，克服新冠肺炎对粮食、蔬菜生产和市场保供的影响，实施“粮安工程”和“菜篮子”工程，采取有力措施降低损失，全区粮食种植面积稳定在4.4万公顷以上，粮食产量28.8万吨以上。2020年，生猪存栏42.7万头，其中，能繁母猪4.4万头，出栏生猪44.47万头。稳定提升吴家蔬菜等大宗蔬菜生产，适时增种速生叶菜，扩大设施蔬菜规模，全区蔬菜种植面积1.93万公顷，产量57万吨。

落实惠农惠民政策。2020年，耕地地力保护补贴一般农户总计16.52万户，补贴面积5.42万公顷，每0.07公顷补贴62.45元，兑付补贴总金额5077.37万元；补贴种粮大户总计143户，补贴面积1733.33公顷，每0.07公顷补贴230元，兑付补贴金额599.96万元；农机购置补贴使用资金248.63万元，结算资金227.73万元，补贴机具2157台，受益户数1973户。印发《关于印发牛羊及小家禽保险试点工作方案的通知》，将保险受益面扩大到全区所有畜禽养殖场户。至年末，承保能繁母猪2.4万头，生猪保险（加仔猪折算后）3.2万头，牛1099头、羊1002头。有序开展政策性农业保险试点，涉及水稻、玉米、油菜、渔业、蔬菜、柑橘、花椒等主要险种，全年农业保险总面积1.52万公顷，其中水稻种植保险8066.67公顷。

深入推进农业绿色发展。实施有机肥推广示范项目，采购2737吨有机肥；采购绿色防控物资45万元，购置黄色黏虫板33万张、太阳能杀虫灯87盏。印发《2020年荣昌区畜禽养殖污染治理工作实施方案》，全区畜禽资源化利用率保持在90%以上，大型养殖户总体粪污设施配套率达到100%。大力推广“稻—渔”综合种养技术，对全区0.33公顷以上养殖鱼塘进行水质检测，不达标鱼塘已全面整改完成，再次复检均达标。在濑溪河、荣峰河、高升桥水库等重要水域实施增殖放流水生生物123.45万尾。

加强农业生物资源保护。荣昌猪再次列入国家畜禽遗传资源品种名录；认定市畜科院、琪泰佳牧作为国家级、市级荣昌猪保种场的保护单位，区畜牧发展中心作为国家级、市级荣昌猪保护区的保护单位。完成1000万元市级荣昌猪广顺保种场项目、187万元2019年荣昌猪保护区建设项目、60万元荣昌猪保种选育项目、30万荣昌猪保护区项目和20万元2020年良种猪引种项目；稳步推进2020年150万元荣昌猪抢救性项目、荣昌猪保护区项目和荣昌猪育种创新项目。

严厉打击各类违法违规行为。全年查处种子案件1起，罚款1000元；查处植物检疫案件1起，罚款1000元；立案查处过期农药4起，罚款1.2万元，没收违法所得2039元。畜牧动监出动执法人员259人次，立案38件（其中，动监案件31件、饲料案件3件、兽药案件4件），查处违法调运行为30起。屠宰环节无害化处理病死猪21头，养殖环节无害化处理病死猪755头。开展拖拉机（变型拖拉机）联合收割机安全执法检查29次，发现变型拖拉机隐患2起，整改2起。查获涉渔案件21起，完善2019年的水产品污染案件2起，共计收缴罚款3.52万元。全区61艘办证渔船全部退捕转产上岸签订退捕协议率，并全部就业并购买。全年办理完成宅基地执法案件11起。与21个镇（街）负责人签订《行政执法委托协议书》，委托各镇（街）负责本镇（街）行政区域内查出露天焚烧秸秆等5项农业监督管理及执法工作，共办理88件露天焚烧秸秆案件。

提升动物疫病防控能力。持续做好动物疫病防控，兽医实验室完成监测任务4.6万个。以“外防输入、内防扩散”为原则，全区范围内74个交通要道设立非洲猪瘟检查站，实行24小时全天候轮流值班，严防死守非洲猪瘟。21个镇（街）生猪共计死亡7626头，同比减少9.73万头。有序开展春秋两防，对138个行政村养殖场（户）的畜禽进行了重大动物疫病强制免疫。各类强制免疫病种的应免密度达到了100%，耳标佩戴率达到100%。全面开展血清学、病原学、人畜共患病、马属动物疫病、疫病净化监测等工作，全年完成各类动物疫病监测项目4.6万个，编制出具各类检测报告894份，开展动物疫病防控技术指导30余次。

农业开发

【概况】 2020年，全区投入资金7216万元，完成高标准农田建设1960公顷，土地宜机化整治1093.33公顷，建设大宗油料基地900公顷。投入区财政专项扶贫资金7747万元用于脱贫攻坚，完成贫困人口104户315人脱贫。名优农产品方面，绿色食品认证企业32家，认证产品98个，绿色食品认证总产量3.79万吨、市级以上认定或评选其他类农业品牌个数83个。加快补齐农业生产基础设施短板，坚持不断巩固脱贫攻坚成果，发展高效现代农业，促进粮食稳产高产和农民增收，为乡村产业振兴奠定坚实的基础。

【农业综合开发】 完成2019年土地宜机化整治项目37个，整治面积953.33公顷，补助资金1083.22万元；全年土地宜机化整治项目完工并验收合格项目2个，整治面积140公顷，补助资金146.51万元。

【农业扶贫开发】 实施“领头雁”工程，配强镇街领导班子，选好村支“两委”班子，加大农村本土人才回引力度。注重因村派人，整合市区镇三级驻村帮扶力量，选派机关优秀干部42人组建16个驻村工作队，3063名机关和企事业单位干部对贫困户（脱贫户）开展帮扶，确保各项政策落实到位和帮扶取得实效。聚焦脱贫攻坚重点难点问题，在21个镇街全面推行镇街机关干部值夜制度。

精准落实各项政策。义务教育学生辍学问题动态“清零”；坚持医教联动精准施策，对因残障等不能入学的学龄儿童，调整有专业技能的医生上门开展康复性治疗，安排教师上门送教；落实教育扶贫专项资金 3364.25 万元，惠及荣昌建档立卡贫困家庭学生 2.99 万人次。严格执行健康扶贫医疗政策，落实资金 1800 余万元，累计治疗 2.6 万人次；持续做好家庭医生签约服务，共签约 2.1 万人，常住贫困签约人口履约率 100%，下沉办理特病卡 4668 张。扎实开展三类重点对象危房改造、全面鉴定排查 1.9 万户，通过第三方精准鉴定，制定个性化处置方案，全区累计投资 2.2 亿元，完成贫困对象农村危房改造 1.03 万户，其中，建档立卡贫困户 3671 户。建立饮水安全问题常态化摸排机制，通过安装自来水、净水器、打机井等方式，贫困户饮水安全保障率达到 100%。

强化产业和就业扶贫。统筹安排专项资金 1675 万元，专项用于支持发展扶贫产业和到户产业。认定致富带头人 277 个、带贫主体 236 个、扶贫基地 878 个，全区有产业有意愿的贫困户 100%加入合作社。投入 950 万元扶持 12 个市级脱贫村发展壮大村级集体经济，带动贫困人口持续稳定增收。新创建 3 个扶贫车间，5 个扶贫车间全部开工复工，吸纳贫困劳动力 49 人就近就地就业；涉贫龙头企业 36 个全部复工复产，带动贫困劳动力就业 117 人；新开发公益性岗位安置贫困劳动力就业 324 人，已累计组织 9525 名贫困劳动力（含边缘人口）返岗务工。

【大宗油料基地建设】 投资 2119 万元，在双河、安富、远觉、铜鼓、荣隆、河包 6 个镇（街）建设大宗油料基地 900 公顷。完成古昌、广顺、河包、峰高、远觉、直升、安富、仁义、吴家、观胜、双河 11 个镇（街）建设大宗油料基地 1000 公顷项目可行性研究报告、初步设计、评审等前期工作，计划投资 2187.2 万元。

【农田水利基本建设】 投入约 4014 万元，在观胜、清流、河包、双河、昌州 5 个镇（街）建设高标准农田 1960 公顷，在项目区建设蓄水池 65 口、砼沟带路 4464 米、砼排水沟 1249 米、PE 灌溉管道 7378 米、泥结碎石机耕道 2.29 万米、砼耕作道 1.08 万米、人行便道 8470 米，平整土地 179.2 公顷；投入约 2119 万元，在双河、安富、远觉、铜鼓、荣隆、河包 6 个镇（街）建设大宗油料基地 900 公顷，共在项目区建设蓄水池 37 口、砼沟带路 1462 米、山坪塘 2 座、泥结碎石机耕道 139 万米、砼耕作道 1.93 万米、人行便道 6161 米，平整土地 76.33 公顷；投入约 1229 万元，以先建后补方式支持种养业主在双河、峰高、铜鼓、盘龙、清流、河包、仁义、观胜、清江、安富、远觉、古昌、直升、吴家 14 个镇（街）完成土地宜机化整治面积 1093.33 公顷。

2020 年荣昌区名优农产品统计表

表 6　　单位：公顷、万头、万只、吨

特色优势农产品	播种面积/存栏数	产量
1. 笋用竹	6700.67	41780
2. 生　姜	2463.67	91834
3. 茶　叶	2454	3479
4. 甜　橙	653.53	7140
5. 生　猪	44.47	33906
6. 鹅	129.32	7995

2020 年荣昌区品牌农产品统计表

表 7　　单位：公顷、头、吨

品牌农产品	播种面积/存栏数	产量
1. “天岗玉叶”牌茶叶	700	50
2. 恋乡牌盘龙花生	1333.33	480
3. 恋乡牌黑花生	200	260
4. 荣牧牌生态荣昌猪肉	10000	1500
5. 淳之味牌蜂蜜	220 箱	80
6. 火锅笋	2000	3500
7. 清水笋衣	2000	400
8. 清水笋	2000	1500
9. 黄桷滩脐橙	13.33	600
10. 观胜香橙纽荷尔脐橙	10	10
11. 观胜香橙塔罗科血橙	30	150
12. 鑫稼源大米	120	360
13. 渝丰荣香米	616	1500
14. 渝丰海棠香米	616	1500
15. 荣发牌红茶	300	5000
16. 清流河塔罗科血脐	100	6000
17. 老河包小家庭健康软米	26.67	100
18. 老河包泰香软米	26.67	100
19. 老河包老家油米	26.67	100
20. 老河包香桃香米	26.67	100
21. 老河包精豆大米	6.67	55

续表 7

品牌农产品	播种面积/存栏数	产量
22. 老河包西南王健康软米	6.67	50
23. 云教稻逸大米	8	40
24. 圆红脐橙	13.33	60
25. 沃柑	13.33	60
26. 塔罗科血橙	36.75	9590

注：品牌农产品包括无公害农产品、绿色食品、有机农产品、农产品地理标志及名牌农产品

（李茂良　曾　翔　周晓林）

农村经营管理

【概况】　荣昌区辖6个街道办事处、15个镇，156个村（社区），其中，64个社区居委会，92个村委会、856村民小组；户籍人口84.71万人，其中，农业生产户15.29万户，乡村人口43.41万人。有集体农用地8.61万公顷，年末实有耕地5.77万公顷，家庭承包经营耕地5.52万公顷。2020年，全区农作物种植面积10.83万公顷，其中，粮食种植面积4.43万公顷、增长0.2%，粮食总产量28.91万吨，增长0.2%；经济作物种植面积5.31万公顷，粮经比例为49：51。农林牧渔业总产值97.67亿元、增长7.1%，增加值64.26亿元，增长6.7%；农村居民人均可支配收入20034元，增长7.3%。

【农村集体资产管理】　2020年，加强农村集体资金、资产、资源管理工作，重点做好2018、2019年农村集体资产年度清查工作，于6月底圆满完成。清理了全区92个行政村、45个涉农社区，清查单位1441个。清理内容是农村集体的账内账外的资金、债权、债务及往来款项、经营性资产、资源性资产、非经营性资产等。共清理核实资产18.16亿元，其中，经营性资产1.81亿元，非经营性资产16.35亿元。全区共清理核实集体土地面积9.14万公顷，其中，农用地8.46万公顷，建设用地5600公顷（含宅基地4400公顷），未利用地1200公顷。通过清理，摸清了集体资产、资源底数，理顺了关系，为顺利完成农村集体产权制度改革奠定了基础。

【农村财务管理】　2020年，全区21个镇（街），92个行政村，45个涉农社区，全部实行农村财务委托代理和农村财务电算化，落实民主理财和财务公开制度。推行由区供销合作社下属企业“农民合作社服务中心”统一免费代理村级集体经济组织账务核算，至年底，共有159个主体账务交由区供销合作社统一核算，包括农村集体经济组织及其下属合作社、企业、协会等。加强农村财务监督检查和指导。定期对农村“三资”平台进行检查指导，查看村（社区）的财务会计核算，账务处理是否正确和规范，财务账目处理、财务公开是否及时等，同时加强了农村村民小组财务管理情况的检查，抽查部分镇（街）农村村民小组的财务收支是否委托村（社区）代管，收支是否合规合法，开支是否报村（社区）、镇街审批，杜绝农村村民小组财务收支随意性和违规等现象。做好农村财务管理培训，共举办培训3期，培训人员250余人。对156个村（社区）主任、镇街代理会计进行农村财务规范化管理和农村集体经济发展培训。通过培训，增强村干部、镇村财务人员的财经纪律意识，提高了农村财务管理水平。

【壮大农村集体经济】　全区继续以扶持村级集体经济发展项目的形式，发展壮大农村集体经济。2020年，继续扩大支持范围，对27个村（社区）进行财政资金支持（新增23个），全区获得财政资金扶持的村（社区）累计达到139个，扶持资金1.03亿元。通过制发申报文件、村级申报、镇街把关、竞争演讲、区级审定的方式，安排中央资金150万元、区级资金1050万元。研究出台《荣昌区农村集体经济组织收益分配方案（试行）》《重庆市荣昌区农业农村委员会关于进一步规范村级集体经济管理的函》等文件，强化政策支撑。编印《荣昌集体经济案例选编》，全面总结近几年发展经验和典型做法。加强扶持村级集体经济项目督导。定期或不定期检查项目开展情况，及时发现和解决问题，督促指导镇（街）、村按实施方案内容规范实施，保证项目进度与质量。通过集体经济发展项目的实施，至年底，全区156个村（社区）全部实现经营性收入，消除了集体经济“空壳村”。累计获得经营性收入7800余万元，净利润1800余万元，带动直接受益农户3.08万户，向农村集体经济组织成员和贫困户分红68.19万元。

【农业农村综合改革】 全区农村土地承包经营权确权登记合同签订率达到98%以上，颁证工作有序推进。全面完成农村集体产权制度改革，代表重庆市接受国家第三方评估检查，并获得好评。引导12镇、13个村开展农村“三变”改革，充分激发农村资产资源活力。研究出台《荣昌区关于扶持村级集体经济发展政策措施的若干意见》《农村集体经济组织收益分配试行方案》等政策文件，全面消除“空壳村”，荣昌集体经济发展入选中央党校教学案例。探索推进农村承包土地“三权分置”改革工作，完成农村产权流转交易鉴证185宗，办理抵押融资交易鉴证13宗，涉及农户2003户，抵押物面积456公顷，融资569万元。

【农村宅基地改革】 从2020年1月1日起，《中华人民共和国土地管理法》赋予农业农村部门农村宅基地改革和管理职责。为贯彻党和国家机构改革精神，落实新修订的土地管理法有关要求，深化“放管服”改革，区农业农村委多措并举，从调研走访摸底、开展业务培训、加大政策宣传、部门协作配合、规范审批程序、构建管理机制等方面着手，提升业务水平，确保了全区农村宅基地建房审批管理工作的合法性、有序性和稳定性。全年受理3329户宅基地申请，审批3296户，竣工验收657户，受理数、审批数是全市最多的区县。

【新型农业经营体系建设】 2020年，全区累计培育新型农业经营主体专业合作社674家、家庭农场570家，推动了土地适度规模经营，促进全区农业特色产业发展。推荐并评定了3家国家级示范合作社、4家市级示范合作社。2020年，财政投入1404.82万元资金支持合作社与家庭农场发展、通过加强对农民合作社和家庭农场等新型农业经营主体的培训、示范合作社评定、学习宣传贯彻《农民专业合作社法》、全国家庭农场名录系统建设和新型农业经营主体能力提升建设等一系列工作，使全区新型农业经营主体的经营管理能力得到提升，规模化、标准化生产水平得到提高。 （曹　南）

农业服务

【概况】 2020年，通过召开技术培训会、现场会、座谈会、印发技术资料、农技简报、QQ群等多种方式推广更新农技知识。在整田播种、育苗移栽、田间管理等关键农事环节，宣传推广农业技术，切实把主推技术落实到田间地头。争取并实施市级以上惠农资金项目30余项，资金达到9000万元以上，为全区产业发展和新型经营主体培育提供了动力。全面推广超级水稻、双低油菜、再生高粱等优质高产品种。主要围绕规模化生产需要，重点推广农机化技术，实现水稻、油菜、高粱的全程机械化，水稻、油菜、高粱直播技术已趋于成熟。继续抓农业技术服务体系建设“四支队伍”、抓技术推广“四个依靠”。

【农业保险】 全区农作物政策保险试点进一步扩大。主要开展了水稻、玉米、油菜、柑橘、花椒种植及蔬菜收益、水稻收益、渔业等8个险种，全年计划实施各险种合计1.42万公顷，完成1.52万公顷，其中，水稻8071.87公顷，柑橘673.67公顷，花椒166.67公顷，玉米1237.93公顷，油菜2164.93公顷，蔬菜收益1484.06公顷，水稻收益1410.2公顷，渔业11.47公顷。全年保费资金946.6万元，其中，农户缴纳保费257.16万元。受自然灾害影响，全区办理理赔案件2348件，赔付农户理赔款461.88万元，受益农户2348户，帮助农户挽回了经济损失，增强再生产信心。

【植保服务】 在吴家镇双流村4社柑橘苗圃、清升镇漫水桥村6村社蒋友彬柑橘苗圃内进行产地检疫，发现、确诊柑橘溃疡病病株。在古昌绿星园艺场生产园、荣隆张贵强柑橘园发现感染溃疡病植株。共摸排出柑橘溃疡病柑橘苗圃5.73公顷，苗木263.5万株，生产园排查出柑橘溃疡病24株。截至11月20日，疫情得到有效铲除；继续对峰高、直升等11个镇（街）的稻水象甲疫情进行调查监测，发生程度1~2级，同比减轻15%，并示范水稻带药移栽技术（药剂选用氯虫苯甲酰胺），秧田防控区域的发生程度降到1级。开展草地贪夜蛾普查防控，全年未发现草地贪夜蛾危害；针对油菜、水稻、高粱、玉米、马铃薯等作物开展病虫预测预报，发出病虫预测预报6期，指导大户和业主科学防治，合理用药。发展专业化防治组织45个，对水稻、玉米、蔬菜、果树、茶等主要作物开展统防统治，统防统治覆盖率为40.22%，较上年增加2.21个百分点。发展绿色防控技术，成效显著，全年绿色防控覆盖率为40.77%，较上年提高8.8个百分点。在清流、双河、安富、吴家等镇（街）实施水果、茶叶、蔬菜等作物绿色防控示范，采取灯诱、性诱剂、黄色黏虫板、生物农药防治等绿色防控措施示范1000公顷，保障了农产品质量。

【农机服务】　农机农艺进一步融合。借用农广校、科教科体系多途径、多方式更新农技农机知识，培养各类农技农机高技能人才，不断提高农机人员的素质。机械化率进一步提高。利用农机购置补贴政策，大力推广大中型、高效率、多性能农机具，不断优化荣昌区农机装备结构，使用中央专项资金228.38万元，补贴机具2166台，受益户数1980户。其中，动力机械2台，耕整机械1648台，植保机械239台，植保无人机11台，果树修剪机86台，农产品加工机械2台，收获机械9台，畜牧机械45台。农业生产条件进一步改善，全区实施13个宜机化项目，资金1044万元，完成改造1333.33公顷，建成集中连片、旱涝保收、稳产高产、生态良好的宜机化作业高标准农田，逐步改善了丘陵地区农业机械作业条件，助推乡村振兴。农业社会化服务进一步推进。农业社会化服务补助试点扩大到21个镇(街)，2020年，利用社会化服务项目开展以商品化育秧、机插秧、机防、烘干、深松等为重点农机作业服务环节，同时充分发挥村集体经济组织利用无人机防治水稻、茶叶、柑橘、花椒等病虫害，落实补助资金270万元，实施面积5800公顷，提高了技术水平、组织化、规模化程度，降低生产成本。

【农民培训】　2020年，根据各镇农业产业相关技术需求，针对性地开展实用技术专场培训，采取集中授课、现场讲解、实地操作等多种形式，开展特种水产养殖、畜禽养殖、血橙种植、枇杷种植、黄金梨种植、农民手机智能软件应用、益农信息社信息员等方面的培训，做到培训到镇、到村、到户、到人，真正使农民学有所获、学以致用，促进农民增收致富。开展农业实用技术专场培训40余场次，全年完成高素质农民教育培训720人。其中，培育新型农业服务主体经营型210人，专业生产型、技能服务型320人，产业扶贫带头人40人，建卡贫困户150人。扶持培育现代青年农场主14人。

【农业环境监测】　2020年，完成20个农产品产地土壤环境质量国控例行监测点标志牌安装，新建耕地质量长期定位监测点9个，完善全区耕地质量调查监测网络。大力推广耕地质量保护与提升技术，秸秆还田、绿肥种植、增施有机肥、测土配方施肥、机械施肥、水肥一体化和病虫害绿色防控等耕地质量提升技术25.57万公顷，比上年提高11.91%，实现了全覆盖，全区耕地质量等级稳步提升。加强秸秆资源化利用，制定下发《重庆市荣昌区农作物秸秆综合利用实施方案》，大力推广秸秆直接粉碎饲喂、青贮饲料机械化、秸秆微生物发酵等秸秆饲料化、基料化技术，筹集资金300万元，补贴购置粉碎机235台，同时补贴3家企业回收利用秸秆7200吨，推进重庆天勤清洁能源公司开工建设，提高了综合利用，秸秆综合利用率稳定在87%以上。开展受污染耕地安全利用工作，制定下发《重庆市荣昌区2020年受污染耕地安全利用实施方案》，以整村推进方式，对涉及13镇（街）、47个村，1.88万公顷耕地开展耕地安全利用工作。筹措资金280万元，采购商品有机肥2850吨、土壤调理剂100吨、有机物料腐熟剂32吨、光叶紫花苕15.9吨，分发到受污染耕地安全利用区。至年底，土壤环境质量总体稳定，耕地土壤环境质量类别已初步划定，完成受污染耕地安全利用1.88万公顷，受污染耕地安全利用率达到100%。　（杨谊昌　胡世方）

种　植　业

【概况】　2020年，全区粮食播种面积4.43万公顷，粮食总产量28.89万吨。其中，水稻2.14万公顷，产量17.52万吨，保持稳定；玉米面积6267公顷，产量3.82万吨；甘薯面积6940公顷，产量4.4万吨。优质双低油菜面积9587公顷、产量2.08万吨。经济作物播种面积3.5万公顷。其中，油料作物1.11万公顷，产量2.5万吨；笋用竹种植面积6533公顷，产量3万吨；蔬菜及食用菌面积1.94万公顷，产量57.15万吨。

【粮油作物】 粮食生产稳中略增。4—5月，荣昌遭遇了连晴干旱，部分农户秧苗未能正常栽插。通过改种、补种、保种，加强农作物管护等措施，稳定了全年的粮食种植面积。粮食播种面积4.43万公顷，比上年增加93.33公顷，增幅0.21%。粮食总产量28.89万吨，比上年增加0.06万吨，增产0.22%。其中，水稻2.14万公顷，产量17.52万吨，保持稳定；玉米播种面积6267公顷，产量3.82万吨，增产1.34%；甘薯6940公顷，产量4.4万吨，面积增加126.67公顷，增产1.19%。油料种植面积逐年增大。近年来，油菜越来越受重视，全区每年利用产粮（油）大县奖励资金项目采购大量的双低油菜种子免费发放，农民种植积极性高。2020年，采购庆油3号、油研57、渝油28、黔油22、川油36、绵新油58等6个优质、高产的双低油菜品种14吨，货值90.8万元，免费发放给全区21个镇（街）的农民种植。种植面积达到9593公顷，面积稳定，总产2.07万吨，增产2.47%，成为全区第一大旱地作物。

【特色经济作物】 笋用竹，主要分布在双河、峰高、仁义等镇（街），种植面积6486.67公顷，产量3万吨。茶叶，茶园面积2943公顷、产茶4200吨、产值7000万元，比上年分别增加10公顷、200吨、300万元。全年红茶加工6500吨，直接出口荣昌红茶5000吨，创汇480万美元。水果，水果面积6333公顷，增加33公顷，产量3.55万吨，产值1.3亿元，增加2800万元。其中，柑橘4766公顷，增加1720公顷，产量1.61万吨；西瓜种植面积667公顷，产量1.4万吨，产值1450万元。中药材，主要集中在直升、吴家、观胜、荣隆、安富等镇（街），种植面积650公顷，主要品种有金银花、杜仲、白芷、枳壳、桔梗、瓜蒌、半夏。花椒种植面积1533公顷，投产1273公顷，产量4351吨，产值2511万元。

【化肥农药减量增效行动】 2020年，更新优化14个作物56个施肥配方，化肥用量减少约31吨（纯量）。测土配方施肥技术覆盖面积达到10.4万公顷，覆盖率达到96%。全区秸秆还田面积3公顷左右，还田秸秆27万余吨（干重），还田率达到65%。实施有机肥替代化肥项目采购生物有机肥2737吨，豆科作物种植面积10.4万公顷，绿肥种植面积1467公顷。机械施肥面积达到2667公顷。推广缓控释肥、水溶性肥、生物肥料（含有机肥）等2.85万吨（实物量）；加大绿色防控和统防统治力度，加强病虫害监测预警，推广抗病品种、绿色防控（杀虫灯、黄色黏虫板）等农药减量技术，经市级核定，全区主要农作物统防统治覆盖率达到40.22%，绿色防控覆盖率达到40.77%，农药使用量（商品量）227.46吨，比上年减少5.12吨，减量2.2%。

（杨谊昌　胡世方）

渔　业

【概况】 2020年，全区水产养殖面积1751公顷，池塘面积1411公顷，水库面积340公顷。全区水产品总量为1.12万吨，其中，养殖产量11000吨，捕捞产量157吨。全区渔业总产值3.23亿元。全年自繁花白鲢、鲤鲫、草鱼、黄腊丁、翘壳、白乌鱼、泥鳅等各类水花11.97亿尾，翘嘴红鲌1亿尾，花白鲢、鲤鲫、草鱼数量较大，黄颡鱼、鳊鱼、白乌鱼、金鱼等较少，投放各类鱼种2457吨。

【渔业基层服务体系示范基地建设】 加大渔业基层服务体系示范基地建设及池塘尾水处理项目基地建设，在安富和清江优选养殖大户建成4个尾水处理示范点，面积13.33公顷。安富张先恒养殖鱼塘建成尾水处理系统及休闲观光渔业，带动周边养殖户开展学习交流和技术培训工作。

【名优鱼养殖】 全区翘嘴红鲌、黄腊丁、小龙虾、泥鳅等优良品种苗种繁育较完善，商品鱼养殖面积年年递增。2020年，以翘嘴红鲌、黄颡鱼、白乌鱼、虾类、泥鳅为主的“五条鱼”工程养殖面积已超530公顷，其中，翘嘴红鲌、黄颡鱼、白乌鱼和泥鳅为全区的特色土著养殖品种。翘嘴红鲌示范养殖面积达50公顷，鱼苗培育池3.33公顷；黄颡鱼养殖面积超200公顷，鱼苗培育池1.5公顷；澳洲龙虾养殖面积20公顷；泥鳅商品池养殖超40公顷。

【稻渔综合种养示范基地】 大力推广应用稻渔综合种养技术模式。加强与四川内江隆昌市合作，在

“十四五”期间共同建立“双昌”稻渔综合种养绿色发展示范带2.67万公顷，合力打造中国西部鱼米之乡。2020年，结合高标准农田建设项目，大力实施稻渔工程类农田基础设施项目，新发展稻渔综合种养面积近333.33公顷，建立稻渔综合种养标准示范基地26.67公顷，全区累计发展稻渔综合种养绿色发展技术模式3109公顷，为提高稻田综合产出率，提供优质稻鱼产品及稳粮增收提供了保障。

【冬水田建设工程】 冬水田是天然生态湿地，可以改善农田生态环境，健全河道两岸生态系统，提升水体自净能力，同时还可以对河道进行有效补水，增加生态基流。落实专项资金200余万元，对冬水田蓄水工程进行补助。以规模种粮大户为主体，以农机社会化服务组织为手段，达到“田块翻耕平整，田边绞扶饱满，田埂夯实不渗不漏不跑，田缺规范能排能扎，蓄水深度10厘米以上”等建设标准，全年完成冬水田蓄积面积2800公顷，达到集中连片、整体推进，改善流域水环境质量，补充涵养水源、促进生态平衡的目标。

【渔业增殖放流】 渔业增殖放流是积极申报渔业资源增殖放流计划，合理安排放流时间、规格、品种和数量。结合辖区实际情况科学制定增殖放流活动实施方案。加强放流活动的宣传报道，让广大群众了解、关注和参与增殖放流活动。强化放流规范化管理，邀请公证处人员对放流活动现场进行全程监管。全年分三次在濑溪河、荣峰河、高升桥水库等重要水域实施增殖放流任务，共放流花白鲢、草鱼、厚颌鲂、青波等品种、10厘米以上规格鱼种123.45万尾，为水生态环境改善起到一定作用。

【水产品质量安全监管】 为进一步强化水产品质量安全监管，防范水产品质量安全风险，保证水产品源头安全，让老百姓吃上放心水产品。2020年，投入资金7.2万元用于对草鱼、鲫鱼和鲤鱼等水产品（苗种）开展水产品禁用药物（氯霉素、孔雀石绿、硝基呋喃类代谢物）快速检测工作。全年抽检水产品（苗种）90个，快检全部合格。积极配合农业部和重庆市开展产地水产苗种和水产品质量安全监督抽查工作，抽检水产品（苗种）14个，检测全部合格。

【水产养殖污染治理】 严格采取关、停、并、转以及鱼菜共生、微生物调节水质等生物技术和拆除增氧机降低养殖密度为治理措施，要求所有水产养殖鱼塘水质必须达到国家《（SC/TA9101—2007）淡水养殖废水排放要求》二级标准，全面彻底的治理水产养殖污染。完成治理鱼塘1629口次，其中全区0.33公顷以上鱼塘704口，0.33公顷以下的鱼塘749口。

（刘睿涵）

畜 牧 业

【概况】 2020年，全区生猪存栏42.7万头，其中，能繁母猪4.4万头（含荣昌母猪2.1万头），生猪出栏44.47万头，存出栏与上年相比分别增长258%、32%，荣昌母猪增长162%；禽存栏379.5万羽，出栏789万羽，肉蛋奶总量5.6万吨，肉制品供给和消费基本平衡。兽药年产值7.5亿元，兽药出口创汇2000万美元，饲料年产值42亿元，畜牧产品交易市场交易额4.2亿元。

【荣昌猪资源保护与开发利用】 丰富保种方式。采取“保种场+保护区+基因库”集中保种和农户分散保种相结合模式，利用精液冷藏、胚胎保存、克隆等先进技术，整合项目资金2000余万元开展荣昌猪保护与开发利用。已保存11个血缘3万余支冷冻精液，新建2个移动组装复份场和1个市级荣昌猪保种场，构建400头荣昌母猪核心群。抓住种业创新。采取“科研院所+保种场+企业”方式，依托市畜科院、市种猪场、琪泰佳牧养殖公司建立了荣昌猪产业利益联结体，拟定荣昌猪育种计划，为改善、提高荣昌猪繁殖性能、生长性能力、健康指标，提升荣昌猪市场竞争力起到了巨大作用。有序选育推广。印发《荣昌母猪纯繁奖补项目实施方案》《关于下达2020年新增优良纯种荣昌母猪项目建设任务的函》，鼓励养殖场（户）饲养荣昌母猪并进行纯繁生产。已兑付养殖场（户）纯繁奖补4920窝，补助到户235.54万元，完成新增荣昌母猪2646头，推广优质纯种荣昌母猪近1万头。

【生猪稳产保供】 压实生猪稳产保供责任。成立区政府主要领导任组长的荣昌区“菜篮子”领导小组、荣昌猪保种工作领导小组，成立分管区领导任组长的复产保供调度工作领导小组，明确生猪稳产保供联络协调单位及各部门责任。扶持政策落实到位。按照落实生猪养殖用地政策，对重庆温氏畜牧有限公司、重庆琪金食品集团有限公司等大型企业使用土地按照“一事一议”方式提供，率先在琪金、温氏等大型企业中启动养殖场建设环评承诺制试点工作。用足生猪规模企业流动资金贷款贴息政策，2019—2020年，共给予8家企业9185万元贷款金额贴息补助250.3万元。开展生猪活体抵押试点，在全市率先对日泉公司放贷3000万元。项目资金推动有力。5月，荣昌区获批实施《重庆荣昌猪产业集群项目》，全年项目资金支持5000万元；新引进双胞胎等企业投资22.5亿元，入驻荣昌开展生猪养殖、生猪大数据中心和生猪技术创新中心建设。重点项目顺利推进。鼓励支持以日泉、天兆公司等产业化龙头企业通过“公司+复养场（家庭农场）”模式恢复生猪生产，加快建设温氏集团30万头生猪一体化项目，天兆公司1万头楼宇式种猪扩建项目、10万头荣昌猪育肥场等重点项目。

继续推进能繁母猪、仔猪、生猪收益等保险，继续实施能繁母猪免费人工授精，积极探索开展牛、羊、禽、兔等畜禽新保险。全年提供良种猪精液11.53万余份，投入猪人工授精115.27万元，承保仔猪10.07万头。为全区建档立卡贫困户免费购买猪只保险，共计投保生猪4452头、母猪1537头，惠及贫困户2500余户，提供风险保障资金750万元。

【畜禽养殖污染治理】 大力推广畜禽粪污资源化利用，全年出动200余人次对全区21个镇（街）范围内的270畜禽养殖场户的粪污处理情况和粪污资源化利用方式进行工作指导。探索“猪—沼—竹”种养结合运行新模式，以双河九峰山200公顷麻竹林为中心，建立“粪肥收运还林社会化服务组织”，即社会化服务组织负责到各养殖场运输粪水，用于灌溉麻竹林，达到粪肥资源的充分利用。2020年，全面完成畜禽粪污资源化利用整县推进项目。共完成1个区域性粪污集中处理中心和3个粪污集散点建设；完成6个智能化洗消中心建设；完成299个养殖场（户）粪污处理利用设施升级改造。完成总投资9104万元，其中，中央资金投入4490.95万元。全区规模养殖场畜禽粪污处理设施配套率达100%，畜禽粪污资源化利用率达95.86%以上。该项工作被农业农村部畜牧兽医局表扬。

【动物疫病防控】 务实推进，有序开展春秋两防。春秋两防期间对138个行政村养殖场（户）的畜禽进行重大动物疫病强制免疫，普查生猪34.32万头，对29万余头家畜进行口蹄疫免疫，对26万头生猪进行猪瘟免疫，对1.7万余只羊进行小反刍兽疫免疫，对532余万羽家禽进行了禽流感H5+H7免疫，对全区7万余只犬（猫）进行了狂犬病免疫，各类强制免疫病种的应免密度达到了100%，耳标佩戴率达到100%，全区未发生区域性重大动物疫情。试验监测，做好疫病预警指导。全年完成各类动物疫病监测项目4.6万个，包括禽流感抗体1.64万个，口蹄疫抗体9572个，猪瘟抗体5580个，禽流感病毒308个，编制出具各类检测报告894份，开展动物疫病防控技术指导30余次，发放防控宣传资料10万余份。高度重视，严格防控人畜共患病。分别于5月和11月开展两次牛羊布病结核病监测，培训人员2000人次，发放告知书1000余份，排查牛羊2.45万头（只）次，全年完成人畜共患病监测5366个。开展巡查，加强诊疗机构管理。对在荣昌区注册的9家动物诊疗机构多轮巡查，未发现违法违规行为。

【非洲猪瘟防控】 2020年，非洲猪瘟防控成效显著，全区猪只共计死亡7626头。全面压实疫病防控责任。推动区防治动物重大疫病指挥部和区非洲猪瘟等动物疫病防控工作领导小组调整，进一步明确区级协调机构领导成员和职能职责。21个镇（街）已全部成立非洲猪瘟防控工作专班，严格落实属地管理责任制、党政“双组长制”，同时建立领导包干责任制，实行逐级分片包干负责和网格化管理。严格开展试验监测预警。采取“消毒行动+病原学监测”相结合的方式，对全区生猪养殖户、无害化处理点、无害化收贮点、镇街畜牧（农业）服务中心等重点区域开展4次病原学监测。每月定期对生猪定点屠宰企业进行监督抽检复核，确保屠宰企业自检准确。开展非洲猪瘟监测99次，4448个样本，包括环境拭子730份；无害化处理点500份，发病猪紧急检测375份等，共出具检测报告123份。专项实施夏季大消毒。在全区开展为期20天的夏季大消毒专项行动。所有镇（街）畜牧（农业）服务中心门口建立了永久消毒池、洗手盆，消毒常态化，夏季大消毒合计使用消毒液 1.9 万升，完成对 5.1 万养殖户（场）、152 万平方米场地消杀。

【兽药饲料质量监管】 落实行业监管责任。认真贯彻落实农业农村部第 194 号、第 246 号公告，及时组织开展药物饲料添加剂退出品种专项检查，认真检查辖区内相关兽药生产企业、兽药经营企业、饲料生产企业等遵守和落实国家药物饲料添加剂退出政策情况。严格落实农业农村部第 174 号公告，全力推进兽药产品“二维码”追溯管理，实现全区兽药生产环节 13 家企业、经营环节 117 家企业“二维码”追溯管理全覆盖。扎实开展饲料兽药质量监测工作。全年共抽检 32 家饲料生产企业的 138 批次饲料产品和原料（占全市任务 27.6%），合格 136 批次，合格率 98.5%；抽检 12 家兽药生产企业、27 家兽药经营企业共 64 批次兽药（占全市任务 21.3%），合格 63 批次，合格率 98.4%。此项工作获农业农村部畜牧兽医局表扬。

【畜牧兽医技术推广】 遴选适合荣昌发展的 39 项农业主推技术（畜牧 9 项）和 8 项优质绿色高效技术模式（畜牧 4 项），制发《重庆市荣昌区农业农村委员会关于推介发布 2020 年农业主推技术和优质绿色高效技术模式的通知》。要求各镇（街）组织专家和农技人员，依托各类新型生产经营主体、农业社会化服务组织等，开展农业主推技术、农业优质绿色高效技术模式的示范、推广和指导培训。组织开展 2020 年高素质农民教育培训、畜禽养殖技术专题培训、畜牧兽医职能培训等畜牧兽医专项培训。

（柏才敏　陈　虎）

美丽乡村建设

【概况】 2020 年，荣昌与四川隆昌达成合作协议，共同开发夏布、土陶文创旅游产品，共同打造特色旅游小镇。与四川泸县达成协议，联合开发打造古佛山与道林沟景区，实现旅游业共同发展，全力打造成渝城市群休闲旅游目的地，推动建设美丽巴蜀宜居乡村示范带；打造“陶园·河岛·久宿·原乡”四大诗意会场；与大足、铜梁、潼南、永川及四川安岳、东兴、隆昌、泸县等 13 个区县签署《濑溪河流域水环境保护合作专项协议书》。坚持“五沿带动、全域整治”，扎实开展村庄清洁行动、农村旧房整治提升和房前屋后“三清”，推动农村人居环境整治重点任务落地见效。在市级农村人居环境整治三年行动第三方评估中获得好评，涉及荣昌的农村厕所革命、农村生活垃圾治理、村容村貌提升等四大类十七小类重点工作超额完成任务。

【农村人居环境整治】 2020 年，新增市级美丽宜居村庄 20 余个、绿色村庄 7 个，培育旅游示范镇 1 个、示范村 3 个、示范点 10 个、新增精品旅游路线 1 条。培育形成人居环境整治示范线 6 条、示范镇 3 个、示范村 10 个、示范院落 110 余个。完成农村卫生改厕 1289 户，厕所普及率达到 88%，其中，建档立卡贫困户卫生厕所普及率达到 100%。农村生活垃圾有效治理行政村比例 100%，新增农村生活垃圾分类示范村 3 个。整治农村非正规生活垃圾堆放点 2 个。新（改）建农村生活污水处理设施 1 座，建设乡镇污水管网 2.5 千米。完成农村危房改造 1211 户，农村旧房整治提升 1000 户。农作物秸秆综合利用率 86.25%，畜禽粪污资源化利用率 93.23%，废旧农膜回收和综合利用 459.49 吨。融合城乡规划、土地利用、产业发展、生态环境保护等要求，充分利用村规划，加强乡村风貌整体管控，引导村民按照村规划发展。

【健全机制】 坚持先建机制，后建工程，全面建立村庄保洁员制度，开展“六个结合”，推动文明风尚进农家，引导村民养成良好卫生习惯，引导妇女在农村人居环境整治行动中发挥积极作用；完善建设和管护机制，坚持农民主体，政府引导；建立农村人居环境整治联席调度机制，强化考核评估机制。

（钟　书）

现代农业畜牧业

【概况】 2020 年，现代农业畜牧业管委会严控疫情，稳步推进各项任务。第九届中国畜牧科技论坛胜利开展，国家畜牧科技城建设有序进行，现代农业产业园高质量发展，完成年度目标。

【第九届中国畜牧科技论坛】 在新冠疫情防控的同时，第九届中国畜牧科技论坛于 2020 年 10 月 19

日至24日在荣成功召开，论坛突出“科技创新赋能畜牧产业”主题，举办了“五场论坛、三个研讨会、一场赛事、一项博览会”和企业家恳谈、签约及人才双选活动，开发论坛永久微信小程序扩大宣传面提升影响力，为推动全国畜牧产业高质量发展指明了方向、汇聚了智慧。

论坛审议《国家畜牧科技城建设总体方案》形成修改意见，论证“国家生猪技术创新中心”方案形成论证意见，14位院士专家署名《致国家领导人的一封信》，助推畜牧科技城建设；推动成渝地区双城经济圈生猪区域合作联盟创建，促进非洲猪瘟疫苗项目在荣昌落地转化，新农科人才培养暨创新创业分论坛吸引全国51所涉农高校固定举办，成渝乡村振兴学院（重庆）成功在荣落地建设。举行招商引资推介会暨第四季度重点招商引资项目集中签约活动，集中签约引进项目49个，协议投资总金额218.8亿元。

【国家畜牧科技城】 经第九届中国畜牧科技论坛会议论证，初步确定国家畜牧科技城“一区、两中心、三高地、四基地、七团队”建设架构，国家生猪技术创新中心建设得到科技部支持，畜禽种业高地建设得到农业农村部支持，农业农村部畜牧兽医局、全国畜牧总站、全国科技创新中心先后到荣实地调研建设情况，重庆市副市长李明清在市人代会上提出将国家畜牧科技城作为市重点工程的建议。

成立国家畜牧科技城领导小组，建立国家畜牧科技城建设工作联席会议制度，兄弟单位和在荣企业配合默契，整体建设和各子项目分别成功纳入成渝地区双城经济圈规划、市级科技创新和农业农村十四五专项规划，整体建设确立为荣昌“新三件大事”之首；划定畜科城核心区建设范围，确定于建党100周年前开工建设；统筹区级项目29个，会同区交通局开展行政中心—核心区之间建设8分钟直道建设作为畜科城核心区前期形象。

【现代农业产业园】 积极调研、精心策划、统筹编制了《重庆市荣昌国家现代农业产业园建设规划（2020-2022年）》及产业园创建方案，为2021年创建工作奠定了基础；全面完成了2019年市级产业园区建设任务，并接受了市农业农村委资金绩效审计；合理安排2020年市级产业园专项资金1500万元，用于扶持科技成果转化集成、提升园区形象完善功能、补短板完善产业链条，提升了园区整体效率；加强农业现代化建设，推进农旅融合、种畜循环、龙头带动、品牌覆盖、科技示范、多元经营，形成现代农业产业一体化雏形；积极推进联农带农，探索建立了“公司+集体+合作社+农户”等新型经营模式，成熟建立“业主经营集约化，土地改造宜机化，种养循环产业化”的发展新模式。

（唐崧又）

林　业

【概况】 2020年，荣昌区林地面积4.22万公顷，森林面积3.94万公顷，森林覆盖率37.17%。省级森林公园和国家级湿地公园自然保护地2个，省级森林公园面积为533公顷，占辖区面积的0.49%，国家级湿地公园面积为914.53公顷，占辖区面积的0.85%。省级森林公园有国家Ⅱ级保护动物松雀鹰和斑头鸺鹠两种，松雀鹰在该地的栖息地总面积为132.06平方千米，调查发现约60只。斑头鸺鹠在该地的栖息地总面积为135.99平方千米，调查发现约50只。2020年，全区6个村获得“国家森林乡村”称号、10个村获得“市级绿色示范村”称号。荣昌无刺花椒优良品种，通过了重庆市林木品种审定委员会的林木良种审定，成功打破了日本无刺花椒在全球的垄断地位。2020年全区林业产值达26亿元。

【国土绿化】 2020年，全区共计完成国土绿化1.4万公顷（含实施新一轮退耕还林666.67公顷）、提高森林覆盖率1333.33公顷，总计完成营造林1.53万公顷，超额完成了全年目标任务数，营造林数量和质量创新高。全面推行种苗一签两证和种苗质量责任追究制。建成义务植树基地2个，实体植树和其他尽责形式折算株数植树55万株。在城乡接合部荣古路、荣吴路两旁30米外两侧以山脊为界可视范围内的坡地和土地上，栽植香樟、樱花2.55公顷。推进“创森”重点建设项目23个，已经完工19个，在建项目2个，调整项目2个。黄桷树广场、何家坡海棠园、百竹园等重点项目陆续建成并免费对外开放，濑溪河体育文化公园已经初具规模。

【资源管护】 完成林地占用报批手续，办理高新区、新区管委会等重点项目建设林地占用手续。森林督查开展季度督查和年度督查，全年无被追刑责的情况发生，森林督查查处率、整改率均达100%，森林病虫害防治工作全面达标，林业有害生物预报、防治、检疫工作，监测调查森林面积3.83万公顷，监测覆盖率达100%，采取无公害防治3166.67公顷，防治率为100%，产地检疫率达100%。开展了重大林业有害生物（松材线虫病）除治清理工作。对辖区范围内的所有松林进行了死亡松树除治清理，建立了“渝西川东片区12市区县”和“三区县市”联防联检联治协作工作机制，有效遏制了松材线虫病在区内外蔓延。荣昌区松材线虫病防控2020年春秋两季集中普查排名均在全市前列。

【生态扶贫】 主要采取实施国土绿化工程、退耕还林工程、发放退耕还林直补资金、发放公益林生态效益补偿金、开发护林公益性岗位等生态扶贫措施，助力脱贫攻坚。在全国脱贫攻坚入户普查中，荣昌区实际享受生态扶贫户数占比96.79%，高于全国普查指标18个百分点，为荣昌区脱贫攻坚做出了积极贡献。

【安全和森林防火】 开展了专项整治3年行动，完成了年度目标任务，在安全生产大检查大整治大执法中，共检查发现安全隐患8起，整改8起，整改率100%，杜绝了安全生产事故。森林防火。与相关部门配合，坚持不懈、持之以恒狠抓森林防火工作，严格压实森林防火主体责任、属地责任和监管责任，建立森林防火分片包干责任机制、实行森林防火工作清单式管理。组织编印了森林防火警示案例和宣传海报5000余份，组织森林防火培训4次，建立了“互联网+森林防火督查”系统，重点林区建立了“一码通”扫码入林系统，已有1万余人通过“一码通”扫码入林。与四川泸县、隆昌市建立了以森林防火为主要内容的护林联防工作机制。坚持“人防、物防、技防”有机结合，强化科技防火，投入资金300余万元建成了智能化防火监测平台、6套高空监测视频、6座森林防火标准管护站，建成重点林区防火隔离带5处（长度10千米）。荣昌区智慧林业（森林防火）已纳入市林业局双城经济圈合作项目，全方位、无死角、拉网式排查消除了森林火险隐患，杜绝了较大及以上森林火灾，保障了全区森林资源安全。

【林业法治建设】 组织干部职工参加了多种形式的法治培训，全局“民法典”网上考试合格率达100%，持续推进“谁执法谁普法”普法责任制，建立了法律顾问制度，发挥了法律顾问作用。全年无行政复议、行政诉讼和败诉案件。依法查处涉林案件。配合区公安局、区检察院、区法院、区生态环境局办理了2起破坏生态环境损害赔偿案件，已作为生态环境损害刑事案件由区检察院移送至江津区法院审判。2020年，荣昌区林业局共查处林业案件94件（其中，行政案件92件，向区公安局、区检察院移送刑事案件2件），罚款4597万元。深化“放管服”改革，行政许可、行政审批事项全部进入行政服务大厅，实行“一个窗口”受理，“一站式”办结，推行协同审批，开展了“减证便民”工作，通过“双随机、一公开”“渝快办”“互联网+林业”“互联网+政务服务”，提高行政审批效率和服务质量，优化营商环境。

【林业科技推广】 发展荣昌特色林业，开展科研攻关与推广工作。2020年，荣昌区林业局科技特派员吕玉奎同志协助和指导重庆庆达药业有限公司开展的《药用枳壳鲜果保鲜贮藏技术推广示范》、荣昌区根叶果农业发展有限公司开展的《元宝枫林下黄精套种技术试验示范及推广》2个科技项目已经通过区科技局验收结题。吕玉奎、杨文英在《基层农技推广》《农村百事通》《林业科技》等杂志刊登林业科技论文6篇。荣昌区林业局在全区采取多种形式，组织林业专家先后到清江镇河中村、铜鼓镇刘骥村对120名村民进行了《龙眼丰产栽培技术》《大五星枇杷栽培技术》《九叶青花椒带枝采摘技术》系统讲授培训和现场技术示范

【社会服务】 疫情期间，安排16名同志到高速公路收费站参加疫情防控检查值守，开展陆生野生动物养殖管理情况拉网式排查，发放、张贴野生动物保护宣传资料3400份。与市场监管局联合开展了执法检查，共计出动58车次，286人次对城区市场餐馆进行了全面排查。野生动物养殖后续处置。2020年，完成了养殖野生动物无害化处置，处置率达到

100%，资金兑付率达到100%，野生动物养殖户已经全部实现了转型转产。（李海鹰）

水　利

【概况】　2020年，区水利局完成水利投资5.7亿元，争取市级以上资金2.38亿（含直达资金、世界银行集团、亚洲基础设施投资银行等），为荣昌高质量发展提供水利保障。配合上级部门开展渝西水资源配置工作，2020年4月13日，国家发展改革委对重庆市渝西水资源配置工程可行性研究报告正式批复，12月10日，水利部对重庆市渝西水资源配置工程初步设计报告进行了批复，12月23日，工程全线开工。争取长征渠饮水工程，加强成渝双城合作，提高荣昌自身供水能力，改善水质、增加水量，增强水源使用主动权。白虎岩水库扩建工程初步设计通过市水利局审批；濑溪河西南大学至广富工业园段防洪及水环境综合治理项目完成了可行性研究。重点水利工程建设，黄桷滩水库于11月27日通过竣工验收，标志着荣昌区第二座中型水库建成。濑溪河体育文化公园是综合濑溪河（昌州—万灵段）防洪及水环境综合整治工程（堤防工程），沿濑溪河道路及附属设施和绿化景观工程（马拉松道路及创森项目），万灵桥、遇仙桥建设工程，污水管网工程，文化旅游产业，体育健身等建设为一体的综合性工程。全年完成濑溪河防洪及水环境综合整治工程整治任务及沿河堡尚路、万堡路、朱家嘴及荷花山庄高架桥的建设工作；同时完成沿河道路附属设施及景观工程建设工作并投入试运行；12月27日，在沿濑溪河马拉松赛道上成功举办“重庆·荣昌马拉松系列赛——2020渝瀚科技成渝双城马拉松赛”。荣峰河玉带河综合整治工程是利用亚洲银行贷款建设的一个河流治理项目。玉带河新建人行便道1.73万平方米，梯道9处，看台1处，景观索桥1处，景观造型21.06万平方米，新建构建筑物3972.72平方米，安装栏杆长2660.53米，完成整治河道3516.7米。池水河（二期）景观工程是改善生态环境、提高周边环境品质、解决城市防洪的综合性整治工程，2020年，共投资2200万元，建成绿化景观面积约19万平方米。继续实施高升桥水库扩建工程，2020年10月底完成施工期临时供水和输水工程并投入使用，11月开始拆除原主坝体，12月底前进行大坝截流，基本完成主坝基础开挖。签订搬迁安置协议217户，完成集体土地上房屋搬迁安置总量的98%，完成3个镇（街道）25个组的征收土地协议签订工作，共征收土地面积111.74公顷，为（渝府地〔2020〕578号）文件批准征地面积的100%。建设东方红水库—白云溪河—清升河水系连通工程，已完成部分泵站修建、高位水池机电及金属结构设备安装、输水管道安装、东方红水库水源地清淤；实施峰高河、大渡河、池水河、白云溪河等河道的生态修复工程，逐步实现荣昌“北水南调”，有效调配清流河流域水资源，促进水资源高效利用，打破荣昌长期以来的缺水状况。水利管理方面，2020年，全区水利工程运行管理完成各类投入约500万元，基本实现体制顺畅、管理科学、运行规范、灵活实用的改革目标，94座水库、3座水闸、113.16千米达标堤防全部安全、有效、良性运行。完成罗家桥中型灌区续建配套与节水改造工程，灌溉面积3873.33公顷，新增粮食生产能力3077.4吨。做好60个水文监测站点汛前、汛中、汛末的设备巡检工作，保证设备运行，监测数据准确。圆满完成2020年水文站报汛工作，2020年，累计提供水文数据150次，尤其在7·15特大暴雨期间，及时提供雨情数据为防汛部门科学决策做好数据支撑。

【水土保持】　2020年，全区水土保持工作严格按照“生态优先、绿色发展”理念和“共抓大保护、不搞大开发”方针要求，区级相关部门紧密配合，齐抓共管，圆满地完成各项目标任务。对各类生产建设项目检查58个/次，水土保持方案审批40个，发放水土保持生产建设项目水土保持监督检查意见37份，下发限期整改通知书29份。强化水土流失防治和监测的责任主体意识，共征收水土保持补偿费209.93万元。结合国土、农综、林业等项目完成水土流失治理面积22.8平方千米。

【水政执法】　结合河湖“清四乱”、陈年积案清零行动，开展河湖执法巡查和各类水事违法案件的查处，全年共巡察河道2465千米，出动执法力量841人次，出动执法车辆293车次，出动船只87艇次，办理水事案件9件；结合其他问题清查整治专项行动，对全区50平方千米以上的14条重要河流、49座水库、32个饮用水源地的31处疑似违法问题进行清理排查，现场教育、宣传及制止各类违法行为1219次；对全区“未批先建、未验先投”的40家生产建设项目单位进行水土保持巡查，下达限期编制水土保持方案通知书14份。

【农村饮水安全】 2020年，筹集资金6000万元，在荣隆、古昌、铜鼓、河包、龙集、万灵、吴家7个镇（街）实施了农村饮水安全巩固提升工程，延伸管网10226千米，巩固提升了4.92万人饮水安全水平。截至2020年年底，全区农村集中供水率达到92.03%，自来水普及率达到85.08%。

【河长制工作】 2020年，推动区级河长率先履职，区双总河长带队巡河10余次，多次组织召开专题会议研究综合治理工作方案，并对水质不达标、逾期未销号的镇级主要负责人进行约谈；其他区级河长巡河80余次，召开专题会议60余次，发现问题98个，解决问题67个，一并纳入“一河一策”整治实施。推进专项行动，发现“三乱”问题35个（其中，“三排”问题22个），已全部整改完成，立案2件，处罚金额10万元。水质导向强化督导考核问责，每月对全区273个水质断面进行监测，印发通报11期；开展专项督查2次，发现并整改问题29个；“交办单”交办重要问题13件，办结13件。区域协作共管共治生态环境，按照交界区域水环境联防联治协调共管和协商定责原则，联合大足、荣昌和四川省内相邻县做好跨区域河流的联防联控，建立完善濑溪河、大清流河流域联防联控及共治共享机制，相继签订跨界合作协议书。攻坚克难全面完成涉水指标，通过各类综合治理的稳步推进和污染问题的逐步销号，马鞍河天皇、渔箭河长岭市控断面累计均值水质均为Ⅲ类。2020年1—12月，濑溪河高洞电站、大清流河大埂国控断面，全区2个城市集中式饮用水源地水质达标率稳定保持在100%，30个乡镇集中式饮用水源地水质达标率稳定保持在93%以上，城乡饮用水源总体安全。

【农村饮水安全脱贫攻坚饮水保障到位】 “十三五”期间，全区投入资金1.96亿元实施农村饮水安全巩固提升工程，新增供水规模0.9万吨/天，新增供水管网3300千米。农村集中式供水工程（其中包含1处城区水厂管网延伸工程，均统计正在运行的）29处，农村集中式供水总规模达到4.99万吨/天，供水管网长度达5700余千米，覆盖全区147个行政村及社区（除16个城市社区）66.88万户籍村镇人口，其中，集中式工程覆盖供水人口达到61.55万人，农村集中供水率达92.03%，自来水普及率达85.08%，19个镇（街）实现了辖区内集中式供水工程管网全覆盖。全区6947户建档立卡贫困户饮水安全保障问题已得到全面解决，其中，采用农村集中式供水有6685户，集中式供水入户率达到96.23%，采用分散式打井工程供水入户的有262户，占贫困户总数的3.77%。

【全市水库除险加固和水利工程运行管理工作培训会在荣昌举行】 2020年12月，全市水库除险加固和水利工程运行管理工作培训会在荣昌举行参会人员，参会人员参观考察了麻雀岩水库和濑溪河体育文化公园堤防运行管理情况，荣昌区在会上做了交流发言。荣昌深入践行“水利工程补短板、水利行业强监管”工作总基调，以创建全国第一批深化小型水库管理体制改革样板县为契机，积极破解小型水库运行管理机制体制、管护人员、管护经费、管护模式等重点难点，探索加强水利工程运行管理助力脱贫攻坚、助推乡村振兴的新路径。对标小型水库管理体制顺畅、管理科学、运行规范、灵活实用的改革目标，从建立社会化、专业化的多种工程管护模式，建立制度健全、管护规范的工程运行机制，建立稳定可靠、使用高效的工程管护经费保障机制和建立奖惩分明、科学考核的工程管理监督机制方面进行改革，其成功经验深受市水利局和兄弟区县的好评。

【荣峰河入选第二届寻找“最美家乡河”入围河流】 第二届寻找“最美家乡河”活动由中国水利报社、中国水利水电科学研究院、凤凰卫视共同主办，原计划于2020年3月评选出“最美家乡河”，后因疫情评选工作延迟，2020年10月，再次启动终评工作并公布第二届寻找“最美家乡河”入围河流，全国共入围19条河流，其中，重庆市共有荣昌荣峰河和江津塘河入选。荣峰河高标准规划、高质量建设、高水平管理，2020年水质稳定在Ⅲ类，林草覆盖率95%，水土流失综合治理率100%，构建了“绿水青山、碧水蓝天、水在城中、城在绿中、人在景中”

的人、水、城相依相伴、和谐共生的城市水生态宜居环境。其治理成效体现“唯一性、参与性、文化性、安全性、生态性、带动性”，取得了生态效益、经济效益、文化效益、社会效益等多方效益。11 月 2—4 日，第二届寻找“最美家乡河”初评专家组到荣昌进行了现场考察评价，对荣昌荣峰河给予了高度评价。

（刘　茜）

工 业

综 述

2020年，全区牢固树立“工业一业定乾坤”理念，坚持把工业作为立区之本、强区之基不动摇，立足资源禀赋优势和产业基础条件，围绕集群化、特色化、智能化、高端化，积极融入成渝地区双城经济圈建设，深化川渝毗邻地区合作，大力推进工业稳增长和转型升级，推动制造业高质量发展，着力构建现代产业体系，出台《关于构建现代工业产业体系推动经济高质量发展的意见》将消费品、智能装备、电子信息、新材料、农牧高新产业纳入区“4+1”主导产业之一。

工业经济运行监测。2020年，全区推动企业快速复工复产，稳住工业经济“基本盘”，工业总产值突破900亿元。其中，356家规模以上工业企业完成规模以上工业总产值868.2亿元，同比增长7.5%；工业增加值288.1亿元，增长6.1%，占全市比重的4.12%；工业固投156.1亿元，增长13.9%，占全社会固投比重56.6%；工业用电增长9.2%；工业入库税金增长20.7%；有力支撑全区GDP实现4.9%的增长，增速保持全市区县第一。工业用电量6.79亿度，增长9.21%；工业入库税金7.97亿元，增长20.7%。“4+1”主导产业完成规模以上工业总产值800亿元，占全区规模以上工业总产值的92.1%，增长8%。其中，消费品增长7.7%，智能装备增长8%，电子信息增长8.2%，新材料增长9.2%，农牧高新增长11%。

工业项目建设。实施重点项目区领导联系制和项目经理负责制，围绕“开工一批、投产一批、达产一批”目标，建立项目建设倒逼制度，细化建设项目平场施工、基础施工、主体施工、设备安装和试生产各个重要节点进度安排，坚持月月查计划、季季保进度。健全“一对一”跟踪服务机制，安排专人指导督促项目单位落实疫情防控措施，及时帮助解决项目推进过程中在审批办理、资金筹措、要素保障等各个方面存在的“卡口”问题，全力加快项目建设进度。2020年，新开工华翱洁净材料、欣博朗等75个项目，投资总额超过200亿元；PCB产业园、紫川食品等42个项目实现投产，全部达产后年产值将突破200亿元。随着投资放量的持续扩大，推动每年新入统规模以上工业企业30家以上，年内新增35家。

推动企业科技创新。把技术改造作为创新驱动的重要抓手，在全市率先开展区级企业技术中心、重点实验室、工业设计中心认定，建立区、市、国家三级研发机构培育体系，通过引导企业引进国内外新技术、新工艺、新设备的改造提升，提升装备水平、产品技术档次，不断提升企业研发创新能力。至年末，累计认定国家企业技术中心1个，市级院士专家工作站4个、研发平台30个，高新技术企业103家，技术创新示范企业8户，市级“专精特新”企业17户，隐形冠军企业2户，国家制造业单项冠军企业1户，全区研发投入强度达到2.2%。

推动“两化”深度融合。推动企业对智能生产线、智能车间、智能工厂的建设及完善，支持企业开展高水平技术改造。加快推广普及“两化”融合管理体系标准。积极协助企业合理运用云计算、大数据、应用互联网现代化技术手段，加快企业基础设施上云、平台系统上云、企业软件上云。全年推进实施智能化改造备案项目65个，装备数控化率70.8%，企业智能化水平整体提升。重庆明珠塑料有限公司通过市级智能工厂认定，重庆高瞻光学眼镜有限公司等4个企业车间通过市级数字化车间认定，2家企业获得国家级“两化”融合管理体系标准建设认定。

聚力企业服务保障。积极帮助防控物资生产企业协调解决原材料、融资、用工等困难。建立防控物资生产及配套重点企业联系机制，畅通企业产业链供应。推动建立“三员”制度，加速企业复工复产。通过实行区领导划片指导、驻厂员网格化管理，建立了“百名干部进企业”活动常态化工作机制，开展“抓疫情防控助企业恢复生产”百名干部进企业专项活动，累计走访督导企业千户次，协调解决企业问题、困难400余个。积极与防控物资生产和销售企业的沟通协调，加大防疫物资采购保障等工作。2020年，区经委接受市级下拨捐赠的3.9万个口罩、200套防护服以及企业捐赠的4000个口罩，全部捐赠到一线防控单位或企业。

推动企业降本增效。持续深化供给侧结构改革，增强企业发展动力，认真落实企业系列减负政策，通过生产要素保障、减费让利、稳岗补贴、融资帮扶等措施，为企业松绑解压，推动要素资源向主导产业、重点秆业集中，引导企业转型升级。全面落实降低工业企业成本系列举措，贯彻落实小微企业、困难企业社保缴费政策，降低企业用电用气成本政策，实现政策知晓率达100%。建立政策专员制度，由驻厂员、百名干部进企业工作组成员兼任政策专员，确保惠企政策应知尽知、应享尽享。全年减税降费和减免社保费15.8亿元，降低要素成本5080万元，新发放贷款40.3亿元，其中，18家市级重点保障企业获得专项再贷款1.49亿元，平均贷款利率2.92%。

消　费　品

【概况】　2020年，荣昌区出台《关于构建现代工业产业体系推动经济高质量发展的意见》，将消费品产业纳入区“4+1”主导产业之一，以食品、医药、陶瓷、服饰4个产业为主要支撑。2020年，189户消费品规模以上企业实现工业总产值481亿元，同比增长7.7%。食品产业整合了荣昌特色食品，打造荣昌特色食品产业生态圈，形成以洽洽食品、起跑线食品等为代表的休闲食品体系，以紫川食品、黎冠食品为代表的肉制品加工体系，以铁骑力士、安佑饲料为代表的农副食品加工体系，74户食品规模以上企业实现工业总产值214.3亿元，同比增长7.4%。医药产业依托西南大学荣昌校区、重庆市畜牧科学院、重庆市养猪科学研究院等科研院所，加大对医药企业产学研用的结合，重点发展以华森制药为代表的人药生产企业，以方通动物药业为代表的兽药生产企业，以华奥医药为代表的中药生产企业和以三大伟业为代表的医疗器械生产企业，21户医药生产规模以上企业实现工业总产值82.6亿元，同比增长12.7%。陶瓷产业以重庆唯一特色陶瓷产业园——“中国西部陶瓷之都”的广富园为载体，发展了以唯美陶瓷为代表的建筑陶瓷生产企业，以永恒玻陶为代表的日用陶瓷生产企业，以奥福陶瓷为代表的特种陶瓷生产企业，25户陶瓷生产规模以上企业实现工业总产值56.6亿元，同比增长5.6%。服饰产业依托打造中国西部外贸服饰加工出口基地，大力发展服饰加工，形成了以尚上服饰、中加熙妮服饰为代表的服饰加工企业。积极发展时尚眼镜、眼镜保健等打造的眼镜产业园，形成了以华腾眼镜、睿盟光学为代表的眼镜生产企业，36户服饰生产规模以上企业实现工业总产值47.9亿元，同比增长11.1%。

【华森制药第五期新建GMP生产基地被评为重庆“十佳智慧健康工厂”】　9月，“2020中国国际智能产业博览会《2020重庆市大数据智能化应用发展蓝皮书》发布暨2020重庆智慧应用示范案例颁奖盛典”上，华森制药第五期新建GMP生产基地脱颖而出，被评为2020年重庆“十佳智慧健康工厂”。华森制药第五期新建GMP生产基地是集互联网、大数据、人工智能为一体的现代化国际一流药品生产平台，是2017—2018年度重庆市人民政府70项重大工程项目、2019年国家发改委、国家工信部智能制造重大项目，占地11公顷，拥有国际一流的药品GMP生产线22条，包括有无菌制剂的粉针、冻干粉针、口服制剂的片剂、胶囊剂等，同时建有全自动智能中药提取生产线和现代化仓储物流中心等，全面实行MES、BMS、EMS、WMS、SCADA等人工智能系统。

智能装备

【概况】 2020年，荣昌区将智能装备产业纳入区“4+1”主导产业之一，以汽车关键零部件、专用机械设备、通用机械设备、农牧机械等为主的智能装备产业体系，代表企业有重庆鑫仕达包装设备、重庆大鸿农牧机械有限公司、重庆都成荣锋机械有限公司等。2020年，71户规模以上企业实现总产值168.5亿元，占全区规模工业企业总产值的19.4%，同比增长8%。19户汽摩零部件企业实现规模工业总产值54.5亿元，占智能装备产业的32.3%。17户专用设备和通用设备生产企业实现规模工业总产值37.1亿元，占智能装备产业的22%；农牧机械设备生产企业5户规模以上企业实现产值9.1亿元，占智能装备产业的5.4%；

【重庆鑫仕达包装设备有限公司研制出铝箔复合机】 重庆鑫仕达包装设备有限公司是一家专注于无溶剂型复合设备研发、生产、销售及服务的专业软包装生产企业，也是一家拥有多项专利技术的高新技术企业。拥有授权专利220项，其中，发明专利授权8项，实用新型专利授权204项，外观设计专利授权8项，除此之外还拥有软件著作权2项，拥有商标10项，先后被授予“国家高新技术企业”和“国家知识产权优势企业”，已经成为中国最有竞争力的无溶剂复合机制造商之一。重庆鑫仕达公司经过5年对高阻隔材料无溶剂复合设备技术的研究，2020年终于研制出新产品铝箔复合机，公司产品年产量突破300台。

电子信息

【概况】 2020年，荣昌区将电子信息产业纳入区“4+1”主导产业之一，以电子电路、计算机外围设备产品为主。2020年，20户电子信息规模以上企业实现工业总产值31.7亿元，同比增长8.2%。其中，电子电路主要以重庆凯歌电子股份有限公司为代表企业，3户电子电路规模以上企业实现工业总产值6.5亿元，计算机外围设备制造规模以上企业实现工业总产值15.8亿元。

【西部电子电路产业园】 重庆西部电子电路产业园，是由重庆瑜瀚电子科技有限公司、四川绿然科技集团和荣昌高新区联合打造川渝合作的最大项目，同时也是服务双城经济圈实现中部产业聚集的基础性项目。产业园将5G智能终端、汽车电子、新材料、医疗、军工电子、PCB产业及PCB产业配套作为关键项目定位，总占地69.2公顷，总投资150亿元，建成面积120万平方米以上，计划引进约50家上下游配套的中高端电子电路企业，实现年税收3.5亿元以上，提供就业岗位上万个。该园区坚持创新发展理念，构建纵向产业链、横向配套件的园区产业生态圈，建设技术创新研发中心、产品检验检测中心、供应链金融服务中心、展销展示服务中心、污水集中处理中心、物流配套服务中心、后勤物业服务中心、财税法务服务中心等八大服务中心，补齐企业短板，精心打造企业生产顺畅、生活舒畅、成长通畅的产业生态空间。按照“立足川渝、服务西南、辐射全国、走向世界”的发展目标，将把园区打造成中国配套最完善、最有影响力的电子电路产业园，将建成中国西部地区最大的电子电路产业集群发展的示范区、创新驱动的试验区、绿色发展的样板区、产学研高度融合发展的标杆区。2020年，该园区已招商入驻重庆弘耀电子科技有限公司、重庆坦晋电子科技有限公司、重庆路多电子科技有限公司等30余家电子及其配套企业。

新 材 料

【概况】 2020年，荣昌区将新材料产业纳入区“4+1”主导产业之一，以环境污染处理专用药剂材料、塑料板管型材制品等为主要产品。全年44户新材料规模以上企业实现工业总产值118.8亿元，同比增长9.2%。其中，以蓝洁净水材料为代表的5户规模以上环境污染处理专用药剂材料制造企业实现工业总产值15.2亿元，同比增长13.4%；以明珠塑料为代表的5户塑料板、管、型材制造规模以上企业实现工业总产值9.7亿元，同比增长24.4%。

【重庆蓝洁广顺净水材料有限公司被评为重庆市中小企业“隐形冠军”】 10月，市经济信息委分别从企业专业化、精细化、特色化和新颖化等方面，认定了10户2020年重庆市中小企业“隐形冠军”企业名单，重庆蓝洁广顺净水材料有限公司成为其中之一。重庆蓝洁广顺净水材料有限公司是重庆蓝洁自来水材料有限公司的全资子公司，成立于2009年12月，主要生产销售水处理药剂聚氯化铝，产品质量在国内同行业中处于领先地位。

农牧高新

【概况】 2020年，荣昌区将农牧高新产业纳入区“4+1”主导产业的之一，聚焦农牧高新这一特色，大力推进国家畜牧科技城建设。依托西南大学荣昌校区、重庆市畜牧科学院、重庆市养猪科学研究院等科研院所，以及拥有国内一流的畜牧兽医教学、科研力量等，打造农牧高新特色的国家级高新区。全区拥有农牧高新产业规模以上企业36户，全年实现规模以上工业总产值114.1亿元，增长11.1%。重点以兽药产业、饲料产业、畜牧养殖设备为主。其中，以重庆澳龙生物制品有限公司、重庆永健生物技术有限公司、重庆布尔动物药业有限公司等兽药企业为代表的规模以上企业11户，实现规模以上工业总产值46.9亿元，以重庆双胞胎饲料有限公司、重庆铁骑力士牧业科技有限公司、海大饲料有限公司为代表的饲料规模以上企业18户，实现规模以上工业总产值51.8亿元。

【重庆永健生物技术有限公司智能化抗体生产线通过验收】 5月22日，重庆永健生物技术有限公司时产10万瓶智能化抗体生产线获得中国农业部专家充分肯定和较高评价，并顺利通过动态验收。重庆永健生物技术有限责任公司始建于2001年5月，2017年12月同华派生物工程集团实现战略合作，先后通过国家农业部、埃塞俄比亚、苏丹欧盟标准等GMP认证，是专业从事兽用精制卵黄抗体及高新生化制剂研发、生产、销售和技术增值服务的国家级高新技术企业，是国内第一家精制蛋黄抗体GMP生产企业，处于国内兽用精制蛋黄抗体行业领先地位。截至2020年12月，有员工193人，其中，教授8人，博士4人，硕士13人，高级兽医师2人，执业兽医师18人，大专以上学历82人，拥有土博士动物药品生产厂、SPF实验动物房、现代化高免蛋鸡养殖基地、P3级标准生物实验室、动物疫病快速诊断中心、生物技术研究所。拥有抗体二类新兽药证书3个，三类新兽药证书1个，国家发明专利近10项，在研及已申报注册新兽药10余个，研发了一系列拥有自主知识产权的新特产品，如鸡法氏囊病毒精制蛋黄抗体、鸭病毒性肝炎精制蛋黄抗体、小鹅瘟精制蛋黄抗体，以及正在注册申报的番鸭细小、雏鹅痛风、肝脾坏死等精制蛋黄抗体，聚能核肽、毒感康、金痢肽、银痢肽、巨能系列等中药精提生化产品，欣福健、肟倍舒、金赛呋等化药制剂产品等。

（陈阳婧）

商贸 旅游

商　务

【概况】　2020年，区商务工作按照党中央关于推动成渝地区双城经济圈建设的重大战略部署，紧扣全面建成小康社会目标任务，坚持稳中求进的总基调，坚定贯彻新发展理念，扎实做好“六稳”工作、全面落实“六保”任务，促进消费全面升级，形成更高水平对外开放新格局，物流降本增效初显成效，推动全区商务经济高质量发展。全区商务经济稳中向好，社会消费品零售总额实现229.2亿元，增长2.59%，增速排全市第12位；新增限上贸易业企业32家，新增限上贸易个体319家；进出口总额15.84亿元，下降10.7%，实际利用外资9543万美元，增长30.83%。全市首个公共进境种猪检疫指定隔离场落户荣昌，成功开通西部陆海新通道荣昌首趟直达班列。

【行业监管】　制定年度检查计划、“三防一保”专项行动、安全生产专项整治三年行动等工作方案。按照年度监督检查计划开展大排查大整治大执法工作，对存在的安全隐患及时告知相关业主限期整改，加强对加油站、重点大型商场超市、大型专业市场等重点部位和环节的安全隐患排查，对隐患和问题限期整改到位。全年开展行业安全检查91家次，发现隐患105个，下达执法文书45份，已全部整改完成；行政处罚12次，其中，警告11次，罚款1.2万元。开展安全生产专项整治三年行动，针对2个专题和6个领域深入推动实施，全面开展专项整治。开展2020年全国防灾减灾日宣传、“安全生产月”等宣传活动。在全国防灾减灾日，安全宣传进企业，利用QQ群等多种方式宣传，在加油站、商超等公共场所悬挂横幅，指导企业开展应急疏散演练，大力普及防灾减灾知识和技能。“安全生产月”活动期间，开展大排查大整治大执法工作，6月16日，在莲花广场参加集中宣传咨询活动，制作安全生产宣传展板，发放1000余张成品油、用电、消防宣传资料。对全区36个加油站（点）按时进行年检。办理潼荣高速荣昌陶服务区东、西侧加油站、盘龙镇大建加油站3座新建加油站预核准，完成中石化、壳牌、裕丰、华油等加油站《成品油零售经营批准证书》依法进行变更及换证和宏达、城东加油站到期换证，配合油气回收装置运行检查和车用油品质量管理，积极督促成品油经营企业保证油品质量，实现国六汽柴油稳定供应、不脱销；承接市商务委下放的成品油零售经营资格审批，并对网上审批平台对事项进行了承接和流程配置等；编制成品油零售加油站布点“十四五”发展规划；在空气污染应对期间城区加油站卸油、加油执行情况进行检查督促。推广车用尿素，引导加油站提升厕所硬件设施、提高管理水平、提升服务质量；加强报废机动车回收拆解企业管理，督促企业规范设备设施、场地，按规定进行回收和拆解，规范使用《报废机动车回收证明》；全年回收报废机动车600余台，无违法违规行为。8月，渝西国际制定优惠政策定向在城区农副产品综合批发交易市场招租水果批发商户，引发双方矛盾，批发市场业主以集访为手段进行维权。根据维稳防控工作要求，由分管副区长牵头组建工作专班，商务委会同相关部门对涉及纠纷的商户定期走访排查和约谈，加强对市场经营行为的引导，确保市场依法依规经营和有序竞争，维护商户正当合法利益，两个市场均各自正常经营，商务委继续负责做好信息收集和维稳处突工作。

【市场主体培育】 促进黄桷树广场等商业体招商运营，推动专业市场转型发展，培育特色商业街区、品牌夜市。黄桷树广场已招商144家商铺，出租商业面积1.7万平方米，出租率90%；建立重点企业联系制度，深入企业走访调研，引导汇宇建材市场、五洲国际商贸城等专业市场转型发展、错位发展；积极发展夜市经济，在夏布小镇等商业区开辟夜市摊区，允许小摊贩有序摆摊；重百荣昌商场搬迁到东邦城市广场并正式营业，面积增至1.2万平方米，品牌增至150余个，东邦城市广场商圈业态得到进一步完善；星巴克、都可CoCo等知名品牌首次入驻荣昌，增加了本地高端消费供给。汇宇建材引进欧尚超市，6月18日正式签约。

【电子商务】 推动电子商务创新发展，夯实消费基础。全力打造国家生猪电子交易平台，覆盖全国31个省市自治区，16万户养殖户和交易商，累计交易额900亿元。2020年，新设立区域市场8个，全国共23个，新增白条肉交易220万公斤，平台所属公司被评为市级电商示范企业。升级改造互联网+电商孵化产业园，完善仓储配套设施，进一步优化电商产业园功能和布局，新入驻企业22家，新培育千万产值企业2家，园区年产值完成5亿元，同比增长40%。做强“在村头”本土电商平台，畅通农产品上行和快消品下行渠道，全年线下交易额2580万元，线上交易额1750万元，线上交易占比41%。积极探索电商新模式，大力发展“直播电商”“社交电商”，支持建成“好品中国”荣昌在村头直播基地，区委书记、区长及区委副书记带头走进直播间，启动参加多项直播带货活动，全年举办电商直播2000场次以上，带动网络零售额销售超1亿元。启动“2020重庆荣昌6·18电商节”，组织开展“匠心重庆·网品经典”直播带货PK赛，承办“舌尖上的荣昌”公益直播带货等活动，有效带动区内农产品线上销售。搭建电商企业与传统企业沟通平台，以“舌尖上的荣昌”美食消费季等活动为契机，组织区内龙头电商企业现场开展公益直播带货活动，促进传统企业与电商服务企业开展深度合作，助力20余家传统企业拓展线上业务。

【流通服务体系建设】 2020年，批发业增长13.75%，排考核组第5名；零售业增长7.72%，排考核组第14名；住宿业增长4.45%，排考核组第7名；餐饮业增长0.9%，排考核组第12名。消费扶贫。全年各预算单位通过832扶贫电商平台采购扶贫产品476.61万元，在社会扶贫网重庆馆采购316万元，社会力量采购全市扶贫产品1.75亿元。指导万灵山公司“在村头”公众号为线上扶贫专区，永立百货超市有限公司在超市内设置线下扶贫专区，清流镇柑橘产业馆、吴家镇玉峰村油牡丹产业馆、观胜镇银河村中药材产业馆、河包镇粉条产业馆改造为扶贫专区，引进重庆琪泰食品有限公司在荣开设扶贫超市。新增评定为三星农家乐2家，二星级农家乐3家；复评农家乐7家；昌州故里中华美食街通过复评。开展家政信用体系建设。组织家政服务人员培训1期50人，完成家政服务人员信用授权管理121人。再生资源行业管理。协助再生资源行业协会广泛吸纳再生资源经营单位进入协会，并对120家再生资源回收经营单位进行业务培训。全区有各类再生资源回收经营单位190家，已形成城区全覆盖，主要镇（街）有布点的再生资源回收网络。做好一次性塑料制品使用、回收报告的宣传工作，并进行塑料污染治理相关规定的宣传。

【重点商贸项目建设】 区商务委牵头4个重点项目和1个重大前期项目。重庆琪金荣昌猪资源保护场建设项目，计划完成年度投资3000万元，实际完成3210万元，投资完成107%，项目全面完工并正式投产。重庆琪金荣昌猪远觉育肥场建设项目，计划完成年度投资3000万元，实际完成2600万元，完成投资87%，建筑主体、屋架轻钢结构及室内粪沟底板已完工。荣昌进口种猪指定隔离检疫场建设项目，计划完成年度投资500万元，实际完成1000万元，投资完成200%，已完成场地平场、围墙建设、内部道路建设和主体工程墙体施工等。荣昌区快递物流分拨中心（电商快递产业园），计划完成年度投资500万元，实际完成1817万元，投资完成364%，已购买厂房的全部产权并试运行。国家应急物资（猪肉）储备中心项目，重大前期项目已完成方案论证。

【现代物流业】 出台物流扶持政策，提升现代物流发展能级。积极融入西部陆海新通道、渝新欧、长江水道等国际物流通道，7月正式开通西部陆海新通道铁海联运班列，陆续组织粮油、木材、矿石等大宗货物通过西部陆海新通道和中欧班列经重庆团结村抵达荣昌逾500余集装箱，为部分企业降低综合成本7%~15%不等；明珠塑料通过泸州港运抵货物1400余集装箱，享受相关补贴及节约运输成本200余万元。引进重庆民生集团、重庆南向通道公司、渝新欧（重庆）物流有限公司等龙头企业直接为制造业提供第三方物流服务，实现“点对点”无缝运输。围绕饲料、粉条等产业，探索实施商贸物流供应链项目并取得初步成效。整合公路货源开行零担直达专线5条，部分公路运输成本降低20%；支持快递物流与公路零担运输融合发展，1~3公斤的全国快递包裹运价每单下降1.8~2元，比上年下降60%。荣昌综合物流园、远宏物流园等重点园区建设有序推进，荣昌内陆无水港、网络货运平台、城乡配送等物流业态起步发展，产业集聚、辐射周边效应初步显现。

【特色会展】 2020年，全区举办大型消费活动14余场。开展了新春庙会、“爱尚重庆·约惠夏天”消费季、第七届万灵古镇七夕河灯旅游文化节、“舌尖上的荣昌”美食消费季等系列促销活动。携手内江、泸州等11个川渝毗邻区市，开展重庆·荣昌第四届、第五届汽车（新能源）消费节、“2020重庆好礼”旅游商品（文创产品）展、出口商品转内销促销活动、“同炒一盘菜”双城经济圈首届美食大赛和食品展销会。10月，举办首届中国农牧高新科技成果博览会美食展区，邀请了区内及内江、永川等周边区县近200家高新技术及深加工食品企业参展，促进了区内食品行业的经济发展。组织企业参加重庆第六届中小企业服务节，提供商务合作平台，助力推广全区扶贫产品，推动全区中小企业发展。积极参加外地展会，提供企业商务合作平台，促进区内企业发展，全年组织超80家企业外出参加泸州西南商品博览会、内江川南电商博览会暨甜城美食文化节、资阳节气大赛等特色展会展销活动15场。

【外贸进出口】 2020年，进出口总额实现15.84亿元，同比下降10.7%；实际利用外资9543万美元，增长30.83%，外商直接投资2627万美元，增长2954.7%；服务贸易完成1.05亿美元，完成市级目标任务。外贸备案企业208家，常年出口企业70余家。强化政策扶持。制定出台《重庆市荣昌区稳外贸稳外资稳外经措施十三条》，向洽洽瓜子、明珠塑料、先锋医药、昌元化工企业宣讲，鼓励企业增加外贸进出口；评选外贸优秀企业6家，落实外贸全人才、参展等区级补贴18.4万元。与中国出口信用保险保重庆分公司合作，为7家小微外贸企业购买全年的出口信用保险，市区两级财政资金对保费全额资助，帮助企业积极克服疫情。协助防护产品生产企业出口，组织企业参加多次线上跨境电商培训会，协助企业入驻阿里巴巴等知名电商平台拓展海外客户。帮助企业协调解决资金、物流等困难，推动产品出口，争取中小企业国际市场开拓补助资金50余万元，争取服务贸易专项资金100万元，争取2020年企业市级出口担保补贴28万元。着力优化提升进出口比例结构扩大进口，全年进口完成3.6亿元，同比增长669.8%，进口占比从不足2%提升至22.7%。调研重点外贸企业、外资企业，对突出的问题及时解决。如了解到德鼎光学有融资需求，区商务委第一时间召集金融办、担保公司及5家银行现场协调，帮助重庆德鼎光学科技有限公司贷款融资，助力企业扩大外贸出口。邀请重庆市贸促会、重庆市进口公司到荣昌区调研，给外贸企业提供各类市场拓展信息，协助昌元化工积极应对贸易壁垒。邀请永川海关到海关荣昌工作点举行粉条企业出口业务培训会，指导古昌竹笋获得海关“出口农产品备案”，5家企业获得出口备案，“河包粉条”实现首次出口新西兰，“荣昌血橙”继出口印尼后，继续出口马尔代夫；充分发挥海关荣昌工作点作用，实现了海关工作点常态化运行，帮助企业办理海关备案等手续28件。搭建国有进出口平台，支持万灵山公司获得进出口资质。积极组织参展拓市场。率2家夏布文化企业参加9月北京服务贸易交易会，荣昌夏布产品及古老的编织机和编织工艺亮相京交会，商务部副部长王炳南到荣昌夏布展台指导工作。组织外贸企业参加全市及永川，大足、潼南等其他区出口产品转内销展会，9月与文旅委等在夏布小镇举办“外贸优品汇”展，近50家四川及重庆各区外贸企业参展，促进外贸企业国内市场销售。动员10家意向进口企业参加第三届上海进口博览会，签订意向订单6780万元，采购优质进口商品，提升全区进口占比优化外贸结构。

【疫情防控保供】 组织全体机关干部蹲点驻守水口寺、民生等7个城区菜市场，对专业市场、住宿经营场所、大型超市加强巡查指导，落实体温检测、戴口罩入内、消毒、通风等防控措施。牵头开展全区公共场所防控疫情专项督查。协调IU酒店、光胜酒店为重点地区到荣人员入住酒店；牵头开展商贸企业复产复工工作。率先实行正负面清单管理，将涉及保障群众生产生活必需的农贸市场、超市、加油站、药店、农资销售，为企业和居民提供必要的生产生活服务的快递、仓储物流等纳入正面清单，全面恢复营业。对区内商贸流通企业复工审核备案，确保了前期申请复工复产的40余家商贸企业严格落实相关疫情防控要求，达到复工标准。积极引导限上商贸企业和重点行业复工复产，至3月底，各重点商贸行业企业全部复工，督促企业做好常态化疫情防控。制定转发《重点场所重点单位重点人群新冠肺炎疫情防控相关防控技术指南的通知》等文件，汇总行业和经营市场疫情防控指南和相关文件会议精神，并及时更新，广泛向全区商贸流通企业进行宣传，动员企业负责人在单位内组织学习防控技术指南，按要求落实相关防控措施，加强日常安全和疫情防控工作。每月组织对企业疫情防控落实情况进行督查检查，重点对从业人员健康管理、宣传教育、消毒通风、个人防护、建档备查以及安全等方面进行检查，确保工作落到实处。强化政府储备。与14家保供企业分类别签订保供储备协议，其中，大米协议储备150吨，猪肉协议储备30吨。重粮集团峰高粮库备有直供大米900吨，每天可新生产200余吨。另有区级储备猪肉100吨，区级储备粮1万吨。强化生活必需品的监测，坚持“日报告”制度，重点监测生活必需品的价格、销量、库存、主要商超网上销售情况、粮食生产、生猪出栏和宰杀、主要农产品产量等数据，及时掌握保供企业其库存、销量和价格走势。强化应急响应，拟定《荣昌区新冠肺炎疫情防控生活必需品市场供应保障工作应急预案》，制定监测预警、分级响应机制及程序、应急措施等，保障生活必需品市场供应基本稳定，维护正常的社会秩序；开辟绿色通道，畅通物流运输，针对“米袋子”“菜篮子”等农产品和农业生产资料运输，共发放粮食、肉、蔬菜等生活必需品车辆运输通行证775个，为区内8大超市协调增加20余辆应急保供车辆，有效保障疫情物流通畅和市场供应；强化产销对接，助力脱贫攻坚。为应对疫情对大宗农产品销售带来的影响，会同区农业农村委建立信息共享机制，并结合市场保供工作，搭建区农产品产销对接群，通过农产品供销信息共享发布，促进市场信息沟通渠道畅通，有效解决大宗农产品销售问题。疫情期间，完成产销对接600余吨，组织“在村头”按当日市场价收购扶贫产品，共收购17个镇（街）76户贫困户及种植养殖大户的家禽及蔬菜，共计金额约54万元，解决贫困户（脱贫户）农产品销售问题。创新配送模式，网上销售激增。指导大型商超采用“线上订单+线下配送”模式，优化“必需品”配送路径，网络销售额同比增长300%。吴家蔬菜基地通过村级集体经济，在小区设立无接触式直销网点，指导区餐饮商（协）会在企业自愿报名的基础上，推选一批具备疫情防控条件的火锅商家，为群众提供“无接触配送服务”，让居民“宅”在家里就能享受美味。做好2021年200吨区级猪肉储备工作。

【“爱尚荣昌·约惠夏天”消费季活动】 为降低疫情对消费市场影响、提振消费信心、为全区经济稳增长提供有力支撑，5月22日至6月30日，荣昌区开展“爱尚荣昌·约惠夏天”消费季活动。期间涵盖了汽车主题消费活动、消费券发放活动、公职人员带头消费、直播带货系列活动、夜市消费、消费扶贫、惠民消费、成渝双城联动消费活动八大板块。活动联合了商贸流通相关行业协会和企业，通过满额返礼、优惠套餐、打折促销、赠送优惠券和各种礼品等形式拉动消费。共发放消费券200余万元，带动扶贫、商超住餐、汽车消费等2000余万元。同时，依托夏布小镇、昌州故里、康宁广场、东邦城市广场等夜市街区，举办旺季夜市、消夏节等活动，发展形式多样的夜市消费，鼓励商家加大夜间消费打折让利力度，方便和满足居民夜间消费需求。

（陈　莹）

供 销

【概况】 2020年，区供销合作社深入学习贯彻习近平总书记对供销合作社工作的重要指示精神，深入推进“三社”融合发展，在实施乡村振兴战略、服务“三农”中，发挥供销合作社独特优势和作用。全年，新建农村综合服务社20个，其中，星级农村综合服务社11个。发放“兴农贷”“助农贷”贷款8070万元，免费为168家村集体经济组织代理账务记账，回收废弃农膜459.49吨。

【星级农村综合服务社建设】 按照区领导关于整合资源，将农村综合服务社与农村电商服务站合并建设的意见，区供销合作社与“在村头”公司一起，在对12个贫困村与4个临界村进行摸底调查的基础上，完成20个农村综合服务站点的建设工作，其中，星级农村综合服务社11个。每个站点进行统一装修，制作统一店招店牌、形象墙，统一配送收银台、电视、冰柜、货架等办公设备。河包镇黄檀村、核桃村，吴家镇代兴村，铜鼓镇刘骥村4个站点帮助农民收购花椒、土鸡蛋、粉条、花生、辣椒等农特产品，上行贷款5.3万元，为产销对接。消费扶贫等工作发挥了积极作用。

【“三社”融合发展】 2020年，为荣昌区互民麻竹专业合作社等39家企业，提供“兴农贷”“助农贷”贷款8070万元。累计发放贷款总额1.35亿元，涉及农业企业68家。“兴农贷”“助农贷”开展以来，总体运行良好，无一例呆账坏账，有效缓解了涉农新型经营主体贷款融资贵问题。新冠肺炎疫情期间，为缓解农业企业资金困难，在缺少传统有效抵押物的情况下，为琪泰佳牲畜养殖有限公司等5家承担保供应任务的企业，提供“兴农贷”无担保贷款1000万元，并且给予部分企业固定利率低至2.95%的优惠，迅速帮助企业解决流动资金缺口，为企业开展应急保供，打赢疫情防控阻击战做出积极贡献。

【免费为村集体经济组织代账】 从1月开始，为全区村集体经济组织提供免费财务代账服务。与农业农村委联合行文，印发《关于为村集体经济组织开展免费财务代账的函》，通知各镇（街）宣传好开展财务代账的目的意义，组织动员、协助各村集体经济组织做好账务移交工作。与各村集体经济组织签订“委托代理记账协议”并完成财务移交。全年与168家村集体经济主体签订了“委托代理记账协议”，减轻了基层组织的负担和压力，得到各镇（街）和村（社区）的大力支持和一致好评，使村集体经济组织的财务管理逐渐走向规范化。

【废弃农膜回收】 结合人居环境整治工作，新建废弃农膜回收网点7个，农膜分拣贮运中心1个，全区废弃农膜回收网点总量达到25个。按照《重庆市废弃农膜管理办法》规定，按程序确定了1家回收企业和2家加工企业负责全区废弃农膜回收、加工处置。“村级回收点+镇街回收站+区回收利用中心”的废弃农膜回收利用网络体系基本形成。经市供销合作总社委托的第三方中介机构审计验收，全年回收废弃农膜459.49吨，其中，棚膜230.72吨，地膜228.77吨，完成全年目标任务435吨的106%；回收肥料包装袋类53.57吨，完成全年目标任务50吨的107%。会同区生态环境局、区农业农村委开展农膜实际使用量调查工作，以镇（街）为单位建立农膜使用量台账。全面完成市级下达的污染防治及人居环境考核任务。在广顺、吴家、清江镇（街）开展加厚地膜和可降解地膜示范推广，示范推广面积33.33公顷，使用加厚和可降解地膜共3.79吨，为地膜污染治理和生态环境保护积极作为。

【烟花爆竹管理】 严格按照《重庆市燃放烟花爆竹管理条例》规定，协助区应急局完成烟花爆竹布点283户。落实安全生产“党政同责”“一岗双责”责任制，层层签订安全生产目标责任书，压实安全责任，认真做好安全形势分析和风险研判。对全区2家烟花爆竹批发企业、283家烟花爆竹销售店进行安全检查，发现一般隐患12个，现场整改12个，整改率100%。

（杨春莉）

烟草专卖

【概况】 区烟草专卖局（分公司）成立于1984年12月，现有在岗在册职工71人，实行“统一领导，垂直管理，专卖专营”，行使卷烟经营和行政执法两大职能。

【卷烟营销】 2020年，全区有效零售客户3165户。卷烟销售工作在高平台上开启了高质量发展新征程，实现经济效益平稳提升。全年卷烟销量2.45万箱，销售收入8.71亿元，税利1.47亿元。卷烟单箱销售收入3.56万元，同比增长2.74%。地产烟销量9247箱，销售额2.24亿元，增长10.3%；单箱结构2.42万元，增长10.5%。

【专卖管理】 2020年，组织开展“异常许可证、涉假名烟名酒店、背包客、物流寄递、违法大户”五项治理行动，深入开展联合执法行动，保持打假打私打非的高压态势。全年查获案件130起，查获违法卷烟6404.2条，总案值127.08万元，市场净化率98.7%，罚没收入12.8万元。查获网络案件1个，刑拘3人，涉案金额200余万元。修订烟草制品零售点合理布局规划，清理距离中小学校出入口50米内的零售点22处。

【电子烟市场专项治理行动】 注重宣传引导零售户自觉遵守法律法规，不向未成年人销售电子烟。同时，建立联合执法机制，强化与市场监管、公安等部门的合作。全年组织开展联合执法行动4次，联合出动执法人员189人次，向500余户卷烟零售户宣传电子烟安全隐患，约谈“电子烟”售卖专营户3家。

【文明吸烟环境建设】 以“创建文明吸烟环境，助力美丽重庆建设”为主题，积极倡导文明吸烟行为，在全区选点建设一批设施齐备、环境整洁的文明吸烟场所，主动融入地方创建文明城市、卫生城市的大局，提升荣昌城市文明形象。联合区城市管理局在区公安局、永荣医院设立2个吸烟区，在人流量密集区域设立吸烟点45个。组织党员及青年志愿者分5批次参加区文明劝导活动及党员进社区活动27人次。

【脱贫攻坚】 积极响应区委、区政府号召，踊跃参与党员干部“十指连心”工程，深入吴家镇走访近4000户群众，收集了解扶贫工作存在的问题，结对帮扶吴家镇含珠桥村32名困难群众。捐助72名困难零售客户2.16万元、吴家镇市级贫困村玉峰村3万元、含珠桥村2万元、安富中学贫困学子3万元。被区扶贫办、慈善会评为“爱在荣昌·情满棠城”扶贫募捐爱心单位。

（周安玲）

旅游发展

【概况】 2020年，荣昌旅游牢牢把握成渝文化长廊黄金结合点的区位优势，以“从全局谋划一域、以一域服务全局”的战略思维，坚持“游古镇、品‘非遗’、享美食、健身心”这一主线，以打造文化交流中心、产业集群基地为目标，围绕“一都三城”，做好“三篇文章”，加快推进万灵古镇、安陶小镇、古佛山景区及夏布小镇四大景区建设，全面唱响“融巴蜀灵气，兴天下荣昌”，助力成渝地区双城经济圈重要增长极建设。全年接待游客817.81万人次，增长16.63%，旅游收入42.38亿元，增长39.91%。在中国特色旅游商品大赛上，荣昌区获“2020中国特色旅游商品大赛”银奖，在全市区县“晒旅游精品·晒文创产品”大型文旅推介活动中，荣昌获最佳推广奖，在2020“重庆好礼”旅游商品（文创产品）设计大赛中，荣昌14件次作品获奖，其中，7件入选外事礼品。

【旅游景区建设】 2020年，坚持“文旅+体旅+农旅”融合发展道路，全面唱响“融巴蜀灵气，兴天下荣昌”，重点打造万灵古镇、古佛山景区、安陶小镇及夏布小镇四大旅游景点。万灵古镇顺利完成国家AAAA级旅游景区评定复核，精心组织第七届七夕河灯旅游文化节、荣昌马拉松等大型赛事活动。古佛山景区加快推进国家AAAA级旅游景区创建，百佛园、人行索桥、栈道等观光景点相继建成投用，玻璃滑道、玻璃水漂等娱乐项目陆续对外开放，智慧系统、标识标牌等配套设施不断完善。成功举办“樱桃园里采春色，古佛山上健身心”采摘季系列活动。安陶小镇积极创建国家AAAA级旅游景区和中国西部陶瓷之都，古驿道、陶宝巷子、大师园、“一带一路”陶瓷博览馆等相继建成并对外开放，新建陶艺研究中心、清华大学实践站及青年旅社，挂牌“陪伴式乡村运营共建试点”和“中国产业孵化·电商直播基地运营中心”，助力“乡村复兴论坛·荣昌峰会”成功举办。夏布小镇完成招商入驻企业 58 家，出租面积 2 万余平方米，出租率 87.44%，主要包括重庆市荣昌区加合夏布制品有限公司、重庆市荣昌区壹秋堂夏布坊等知名企业 15 家。成功举办中国夏布冬季时装发布会、2020“重庆好礼”旅游商品文创产品设计大赛、巴蜀文化旅游走廊旅游商品展、外事礼品征集及夜市经济等活动。

【旅游景区选介】　万灵古镇（原路孔古镇）建制 1000 多年，建场 200 多年，系“两湖”“两广”填四川集散地，是一个以丰厚的历史文化底蕴和淳朴秀美的水乡风光闻名遐迩的国家 AAAA 级旅游景区。古镇内有保存完好且古色古香的明清老街、尔雅书院、湖广会馆、赵氏宗祠、影视文化基地等珍贵的明清徽派建筑；明代刑部尚书喻茂坚、革命先驱赵宗楷、抗日英雄柳乃夫、科学家赵宗燠等名人享誉古今。先后被评为“中国历史文化名镇”“国家特色景观旅游名镇”“重庆市十大最美古镇”“全国休闲农业与乡村旅游示范点”。除了历史悠久的移民文化，万灵古镇西南影城也正茁壮发展，已有《兄弟兄弟》《填四川》《傻儿传奇》《返乡》《幸福马上来》《火锅传奇》等电影、电视剧及浙江卫视综艺节目《西游奇遇记》在这里相继成功取景拍摄。

安陶小镇位于“中国三大陶都”“四大名陶”的主产地重庆市荣昌区安富街道境内，安富街道是重庆市“百个经济强镇”“百个商贸重镇”首批“特色小镇”、首批 45 个“中心镇”和国家六部委命名的重点镇之一。安陶小镇所在的安富街道历史悠久，物产丰富，文化底蕴深厚。陶器生产历史已达 800 余年，所产荣昌陶与宜兴紫砂陶、云南建水黑陶、广西钦州坭兴陶并称“中国四大名陶”，属国家级非物质文化遗产，被誉为“巴渝十二品”，远销世界 30 多个国家和地区。酿制的白酒味美、质好，故有“烧酒房”之美誉。兰文化氛围浓郁，是国兰精品“隆昌素”的原产地。陶文化、酒文化、兰草文化、抗战文化、移民文化等要素铸就了这座独具魅力的文化创意城镇。安陶小镇旅游景区由景区大门、游客接待中心、古驿道、陶宝古街、陶宝水巷子、安富火神庙等十多个景点组成。

古佛山景区位于荣昌南部，北同螺罐山、鸦屿山风景区遥相呼应，南与岚峰森林公园和四川泸县道林沟风景区山水相连。景区距城区 18 千米，总规划面积 6.86 平方千米，主峰海拔 711.3 米，为荣昌区最高峰，站在山巅极目远眺，昌州百里风光尽收眼底。景区属亚热带季风湿润气候，植被茂盛，景色秀丽，风光宜人，年平均气温 17.7℃，森林覆盖率在 80%以上，负氧离子含量高达 12000 个/立方厘米以上，山上建有国家级 $PM_{2.5}$空气质量监测站。景区已形成登山、健身、摘果、品茗等系列养生休闲项目。山下经果林、山上绿茶园风景如画；百佛园、三圣洞、罗汉堂等景点浑然天成；漫步或骑行于彩色环湖步道，健身休闲；登山远眺，洗肺养心；采摘樱桃、枇杷、李子、梨子等四季水果，品尝农家土腊肉、浑水粑、茶叶豆花等农家绿色菜肴，悠闲自得。同时，景区争取到国土整治项目打造坝下美景，将依托本区良好的森林生态环境，挖掘创农耕体验及观光，以生态休闲养生为主题，系统打造集乡村游憩、休闲娱乐、文化体验、养生养老于一体的多功能生态休闲养生旅游区；规划建设“唐、宋、元、明、清，梅、兰、竹、菊、茶”等各具特色的养生养老地产项目。

中国夏布小镇是集夏布博览、研发、信息发布、展示展销、体验式旅游于一体的国家 AAA 级旅游景区“非遗文旅景区”，总占地 6.67 公顷，总建筑面积 5.3 万平方米，主体建筑由 24 栋仿明清风貌四合院落组成，青瓦古院，廊桥艺梦，横纵步道，步步惟妙。2008 年荣昌夏布被列入“国家级非物质文化遗产”，2011 年被国家商务部授予“国家外贸荣昌夏布苎麻转型升级示范基地”（全国首批 59 个）；2013 年 3 月，经国家工商总局批准，“荣昌夏布”成功注册为“国家地理标志证明商标”；2016 年，重庆市服务贸易产业园落户夏布小镇；荣昌有国家级“非遗”技艺传承人 2 名。“轻若蝉翼，平似镜片；薄如宣纸，细胜罗绢”“巴渝良材各标新，荣昌夏布占窈窕”享有如此美誉的夏布，在“重庆荣昌夏布小镇”将以别样的姿态呈现给你。“游夏布小镇，体文化传承，赏滨河风光，品香国美食”，待海棠初开，春水沉静，邀你共谋旷世一醉。

【旅游宣传推介】　大力开展旅游宣传推介，提升旅游知名度、美誉度和影响度。先后策划举办了第七届七夕河灯旅游文化节、2020 年“瑜瀚科技”重庆·荣昌国际马拉松、2020 重庆市体育惠民消费季·荣昌区体育文化节、乡村复兴论坛·荣昌峰会、2020 荣昌区首届全域旅游攻略大赛。积极参加第 24

届重庆都市文化旅游节暨城际旅游交易会、2020年“重庆好礼”旅游商品（文创产品设计大赛）、全市区县“晒旅游精品·晒文创产品”大型文旅推介活动、2020年中国国际旅游交易会、2020年博鳌文创周、中国特色旅游商品大赛、2020年“重庆好礼”旅游商品（文创产品）设计大赛。在四大景区取景，拍摄治愈系短剧《夏衣陶源》，旨在宣传景区及荣昌“非遗”产品，促进文化产业发展，制定荣昌首档文博类电视栏目《荣昌有文化》。歌手胡海舰演唱民谣《万灵》QQ音乐上线，致力于宣传万灵古镇旅游；酷狗音乐全新制作的《荣昌》发布《淘宝淘宝　你在哪儿》民谣MV在“云端”发布，推动了荣昌陶非遗文化的传播；由万灵影视文化传媒有限公司、重庆市流行音乐协会出品，李尚朝作词，周亚辉作曲，卢望演唱，酷豆音乐全新制作的《荣昌》正式在QQ音乐、酷狗音乐、网易云音乐、酷我音乐、中国原创音乐基地、全民K歌、抖音全面上线。（张利萍）

旅游管理

【概况】 2020年，全区有国家A级旅游景区3个，全国乡村旅游重点村2个；旅行社3家，旅行社服务网点21家；旅游商品生产（销售）企业24家，旅游商品3大类品种50余个；全区旅游直接从业人员7000余人，间接从业人员2万余人。新建旅游厕所25座，建设面积1600平方米；完成投资850万元。万灵古镇通过国家AAAA级旅游景区评定性复核，荣昌陶博物馆、夏布小镇通过国家AAA级旅游景区年度复核。策划“双晒”第二季活动，点赞数超过200万人次，卖出货品超过264万件，全口径销售额约1.05亿元，获全市“最佳推广奖”。开展荣昌旅游攻略大赛、荣昌有耍事、旅游大篷车、七夕河灯文化旅游节等系列文旅活动，全力宣传推荐荣昌“‘非遗’旅游名城”形象。全年接待游客817.78万人次，同比增长16.63%；旅游综合收入42.38亿元，同比增长39.91%。

【旅游宣传】 2020年，围绕“融巴蜀灵气·兴天下荣昌”主线开展多渠道旅游宣传。1月1日，“荣昌安陶小镇”形象图片继续登录央视《午间天气预报》。1—6月，创新开展“旅游达人荣昌行”活动，共产出55篇高质量旅游攻略，总阅读量超过2786.46万人次，点赞量超过2万人次。9月21日，同新华社合作，将荣昌“晒旅游精品·晒文创产品”信息推广至32个国家420家主流媒体、门户网站及重点资讯网站。3—12月，联合区作家协会，策划创作荣昌特色文化故事《陶夏传奇》。3—12月，“荣昌有耍事·周末乡村游”微栏目，全年共发布42期，浏览量超过557万次，策划旅游线路11条。4—12月，联合中国旅游报策划推出荣昌文旅Logo、宣传推广语等系列文旅品牌衍生产品。1—12月，“荣昌旅游”抖音政务号累计发布荣昌旅游短视频40条，粉丝量超6.5万人次，点赞量超28万人次，浏览量超668.7万人次。12月，联合中国旅游报共同策划文旅专题通版宣传《“一都三城”聚合发展　荣昌打造成渝文旅新高地》。全年撰写文化旅游宣传推广信息717条，被国务院客户端、中国政府网、新华社、新华网、中国旅游报平台采用525条，浏览量超过200万人次。

【旅游营销】 2020年，策划特色旅游营销活动，培育荣昌文旅活动品牌。1—12月，开展荣昌旅游全域旅游攻略大赛，“线上线下”双渠道助力“一都三城”文旅品牌打造。9月21日，参加全市区县“晒旅游精品·晒文创产品”文旅推介活动，喜获最佳推广奖，活动总曝光量超过1.12次，卖出货品超过264万件，销售额约1.05亿元。9月29日，联合区商务委，开展“同炒一盘菜”双城经济圈首届美食大赛和食品展销会，邀请川渝两地100余家食品企业、特色美食商家，携缤纷美食集聚荣昌，进一步深化川渝交流合作，激发消费活力。10—12月，围绕“荣昌猪”“荣昌陶”“荣昌夏布”“荣昌折扇”等优质资源，联合重庆市万灵山旅游开发集团有限公司共同开发“荣昌好礼”文创套盒、“荣昌猪”模型塑胶文创产品等旅游商品，并在2020“瑜瀚科技”成渝双城马拉松赛宣传活动中宣传推广，备受好评。1—12月，联合区农业农村委，开展2020年荣昌区优秀乡村文化旅游节庆评选活动。开展荣昌旅游“大篷车”活动走进成渝地区双城经济圈，围绕三大“非遗”、四大景区展开主题宣传，并组织涉旅企业开展旅游推介及商品展示，获得成渝两地市民的一致好评。

【“晒旅游精品·晒文创产品”大型文旅推介活动】 6月11日，重庆启动“晒旅游精品·晒文创产品”大型文旅推介活动。8月4日，荣昌区召开“晒旅游精品·晒文创产品”大型文旅推介活动专家及工作组会议，听取来自区内文化旅游、“非遗”、美食等方面专家对推介内容的意见及建议，进行深入讨论。8月17日，“晒旅游精品·晒文创产品”大型文旅推介活动开机仪式在安陶小镇启动，分别在安陶小镇、万灵古镇、夏布小镇、古佛山等地取景拍摄。9月21日，全市“晒旅游精品·晒文创产品”大型文旅推介活动开启荣昌篇，涵盖“云上文旅馆”“文旅精品90秒”“区长县长双晒直播”“区长县长晒精品”“区县文旅精品荟《重庆日报》通版宣传”5大板块。围绕“游古镇、品非遗、享美食、健身心”，充分展现“荣昌陶”“荣昌夏布”“荣昌折扇”三大国家级非物质文化遗产独特魅力，为广大市民奉献了献丰盛的文化旅游盛宴，晒出了荣昌厚重人文和历史底蕴。活动总曝光量超过11211万次，卖出货品超过264万件，销售额约1.05亿元。全市“双晒”第二季作品评选中，荣昌“双晒”作品获最佳推广奖。

【2020“重庆好礼”旅游商品（文创产品）设计大赛】 9月4日至10日，由重庆市文化旅游委、重庆市政府外事办、荣昌区人民政府联合主办的2020“重庆好礼”旅游商品（文创产品）设计大赛在夏布小镇举行。大赛为期1周，包含“重庆好礼”创意设计大赛、优秀商品大赛、外事礼品评选、产业发展论坛、旅游商品展示展销及直播带货等活动。在大赛中，荣昌区获“重庆好礼”14项大奖，其中，旅游商品大赛金奖1项、银奖2项、铜奖2项，旅游商品设计大赛铜奖2项，成功入选外事礼品7件。活动累计接待游客约8万人次，其中，9月5日颁奖典礼当天接待游客突破3万人次。活动总体热烈圆满，效果好于预期，既有效提升了“重庆好礼”品牌和荣昌旅游商品（文创产品）知名度，又强化了巴蜀文化旅游走廊的交流与协作。

【第七届七夕河灯旅游文化节】 8月22日，以“双城情绵长·鹊桥架濑溪”为主题的荣昌第七届七夕河灯旅游文化节在万灵古镇开幕。七夕河灯旅游文化节为期2天，包括夏夜运动、七夕活动、淘宝集市、点亮繁星四大主题活动。接待游客约12.6万人次，与上届同比增长27%，实现旅游综合收入4032万元。

【“旅游达人荣昌行”活动】 2020年，策划推出了“旅游达人荣昌行”活动，邀请旅游达人分五批次来到荣昌采风踩线，通过马蜂窝、携程网、新浪微博、今日头条、小红书等流量平台共推出55篇高质量荣昌旅游攻略，总曝光量4175.23万人次，总阅读量2786.46万人次，总评论6200条，总点赞量超过2万个，转载量超5000次。

【2020荣昌区首届全域旅游攻略大赛】 7月4日，以“繁荣昌盛好”为主题的2020年荣昌区首届全域旅游攻略大赛正式启动。旅游攻略大赛为期7个月，主要包括线上旅游攻略大赛（夏季赛、秋冬季赛）和线下旅游体验师荣昌行活动，大赛奖金共8万元，一等奖2名、二等奖4名、三等奖20名、创作贡献奖20名、高校大学生优秀奖20名。大赛先后收到200余份报名作品，总阅读量超500万人次，众多旅游爱好者从多种角度发现、记录荣昌的独特之美，不论是全域旅游内容传播的广度还是旅游体验的深度，都是荣昌在各大媒体平台深化全域旅游概念的一次非常重要的实践。

【景区管理】 万灵古镇通过国家AAAA级旅游景区评定性复核，荣昌陶博物馆、夏布小镇通过景区年度复核。全年新建旅游厕所25座，建设面积约1600平方米，完成投资约850万元，主要分布在濑溪河马拉松赛道沿线和玉带河休闲公园沿岸。更换旅游交通标志32块，为游客前往万灵古镇、荣昌陶博物馆、夏布小镇、安陶小镇、古佛山等多个旅游景区提供方向信息。全年共开展疫情防控和安全检查40余次，发现隐患17条，并督促旅行社、旅游景区全部整改落实，隐患到期整改率100%。

【旅行社管理】 3月，为扶持旅行社应对疫情影响，暂退区内3家旅行社80%的质量保证金，退还总金额24万元，暂退期限为2年。推广使用全国旅游监管服务平台，加强旅行社信息填报和带团导游App开启，全面推广使用电子合同。至年底，全区有旅行社3家，旅游服务网点21家，旅行社信息完善率、导游App开启率达到100%，旅行社电子合同签订率达到100%，旅游团队填报率达到90%以上。

表8　　2020年荣昌区旅行社（门市部、服务网点）一览表

序号	旅行社（门市部、服务网点）名称	负责人	设立地址
1	真情旅行社	林霖	重庆市荣昌区昌元街道广场路70号
2	绿洲旅行社	刘建	重庆市荣昌区昌元街道广场路76-78号
3	枫叶旅行社	曾令东	重庆市荣昌区昌元街道香国大道465号1幢4单元4-2
4	重庆环游行旅游有限公司荣昌门市部	陈小燕	重庆市荣昌区昌元街道东升街85号
5	重庆全球通国际旅行社有限公司荣昌区棠香街门市部	赵难	重庆市荣昌区昌州街道棠香南街75号附15号
6	北京和平天下国际旅行社有限公司荣昌区荣昌门市部	陈群英	重庆市荣昌区昌元街道荣滨南路东段10号附13号
7	重庆悠程去哪儿国际旅行社有限公司荣昌门市部	林霖	重庆市荣昌区昌元街道广场路68号
8	重庆诺娅方洲国际旅行社有限责任公司荣昌区宝城路门市部	杨小菊	重庆市荣昌区昌元街道宝城路32号附1号
9	重庆微旅国际旅行社有限公司荣昌分公司	胡晓静	重庆市荣昌区昌元街道玉屏街78号
10	重庆乐畅国际旅行社有限公司荣昌门市部	黄熙	重庆市荣昌区昌州街道富安北路153号
11	重庆乐畅国际旅行社有限公司荣昌昌元门市部	黄映连	重庆市荣昌区昌元街道后西街242号
12	重庆全球通国际旅行社有限公司荣昌区东益当门市部	赵难	重庆市荣昌区昌元街道东益当街70号附4号
12	重庆乐畅国际旅行社有限公司荣昌寰宇世家门市部	林燕	重庆市荣昌区昌州街道向阳路168号附27号
14	重庆中国国际旅行社有限责任公司荣昌门市部	罗晓虹	重庆市荣昌区昌元街道星座．祥和步行二街32号第一层
15	重庆中国青年旅行社有限公司荣昌区荣昌门市部	胡晓静	重庆市荣昌区昌元街道玉屏街78号
16	重庆渝之旅国际旅行社股份有限公司荣昌门市部	盘秀丽	重庆市荣昌区昌元街道莲花街24号附1号
17	重庆九州国际旅行社有限公司荣昌区昌元街道海棠路门市部	张嘉坤	重庆市荣昌区昌元街道海棠路东城花园B区五幢4号1
18	重庆宝中国际旅行社有限公司荣昌门市部	李炜	重庆市荣昌区昌元街道后西街193号
19	重庆宝中国际旅行社有限公司荣昌荣城御景门市部	李炜	重庆市荣昌区昌州街道迎宾大道16号附19号负一层1-1A03门面
20	四川全球通国际旅行社股份公司重庆市荣昌区东邦门市部	张茂华	重庆市荣昌区昌州街道棠香北街8号5栋附19
21	杭州华运国际旅行社有限公司重庆分公司荣昌门市部	杨政英	重庆市荣昌区昌元街道宝城路21号附1号
22	重庆紫锦皇程国际旅行社有限公司荣昌东大街门市部	赖文凯	重庆市荣昌区昌元街道东大街296号
23	重庆乐畅国际旅行社有限公司荣昌新城区门市部	袁孝芬	重庆市荣昌区昌州街道棠香南街73号1幢11-3
24	四川全球通国际旅行社股份公司重庆市荣昌区昌州街道小康路门市部	张霞	重庆市荣昌区昌州街道小康路109号

（代丹梅　唐渝）

金　融

综　述

【概况】　2020年，全区正式营业金融机构37家，营业网点143个，从业人员3500余人。其中银行机构11家，保险机构17家，证券营业部1家，担保公司2家，小额贷款公司4家（含2家分支机构），典当公司2家，总体运行态势较好。全年实现金融业增加值18.96亿元，增长1.2%（按可比价计算），占全区GDP比重为2.67%。

【银行机构运行情况】　至年末，银行机构各项存款余额455.03亿元，增加39.3亿元，增长9.45%；各项贷款余额375.6亿元，增加43.34亿元，增长13.04%。银行机构存贷比82.54%，提升2.62个百分点。银行机构不良贷款余额1.07亿元，不良贷款率0.29%，下降0.01个百分点。

【非银行机构运行情况】　至年末，保险机构实现保费收入9.53亿元，下降3.42%。证券交易大幅增长，全年交易额171.84亿元，增长54.63%。小贷公司全年发放小额贷款2055.7万元，下降60.9%；贷款余额1.7亿元，增长1.58%。担保公司全年累计发生担保额0.86亿元，下降38.17%；在保余额1.26亿元，下降25.05%。典当公司累计典当总额2207万元，下降1.86%；年末典当余额2466万元。

【助力复工复产，金融服务实体经济质效不断提升】　引导金融机构扩大信贷投放。至年末，全区贷款余额376.05亿元，增加43.47亿元，增幅13.07%。财政增信金融产品累计撬动银行贷款5.88亿元，惠及企业190余户；商业价值和知识价值信用贷款分别累计发放5631.3万元和3.59亿元。落实疫情期间各项金融政策。至年末，全区银行机构累计对接2174家企业，累计新增发放359户企业576笔贷款40.32亿元，新增实体企业贷款加权平均利率4.18%，成本下降10%以上；全区18家重点保障企业有10家企业获得专项再贷款1.56亿元，加权平均利率仅2.9%；全区银行机构发放支农支小再贷款950笔6.36亿元，加权平均利率5.07%。发挥融资担保作用。疫情发生以来，区内担保机构主动对接需担保企业526家，为428家客户提供担保2.64亿元，下调担保费42万元，担保费率在1.5%以下的担保金额为2.37亿元。搭建政银企信息对接平台。疫情期间利用邮箱、微信等线上方式收集123家企业13.6亿元融资需求，推动银行机构线下对接落实，积极推荐企业使用“渝快融”“渝企金服”等在线融资平台工具，并收集汇编11家银行机构支持疫情防控信贷政策及贷款产品简介，以“纸质+电子档”形式发送给主管部门和企业，并持续开展线下对接培训活动。协调解决企业融资问题。年内协调解决“百名干部进企业”专项活动反映的17家企业融资问题，累计新增贷款4120万元，区领导划片包企业责任分解表共收集涉及112家企业融资方面的问题，协调解决105家，解决率达94%。

【全力推进上市，多层次资本市场不断完善】　至年末，全区上市挂牌企业65家，其中，上市企业1家，新三板挂牌企业3家，重庆OTC挂牌企业61家，年内新增OTC挂牌企业15家。优化上市政策环境。成立荣昌区企业上市工作领导小组，修订出台企业上市（挂牌）奖补政策，提高奖励扶持标准。至年末，全区兑付上市挂牌企业奖补资金 1790 万元，涉及企业 47 家，其中，全年兑付 20 家重庆 OTC 挂牌企业奖励资金 495 万元。组建 15 亿元的富荣股权投资基金，首期已到位资金 5000 万元，助推潜力企业上市。找准重点培育对象。扩充全区拟上市资源后备库，开展评定会 4 次，89 家企业纳入拟上市资源后备库，推荐优质企业 7 户纳入市级拟上市资源储备库。开展常态化宣传培训，全年开展线下上市培训会 5 次，140 余人次参训，并通过线上培训方式，扩大上市宣传培训范围。结合走访重点辅导，会同行业主管部门、证券机构实地走访拟上市资源后备库企业 8 家，帮助企业规划上市路径。召开企业上市专题会。区政府主要领导多次组织有关部门及企业召开上市挂牌工作会，明确工作方向，提出工作要求，并积极组织拟上市企业参加由市领导主持的企业上市协调会，推动企业早日上市。

【深化金融改革】 支持银行机构推广线上信贷产品。农业银行、工商银行等相继推出纯信用、全网上操作、随借随还的小微企业网络融资产品。创新金融产品服务，推出“抗疫贷”“复工贷”等贷款产品，推动“首次贷款”行动，重庆农商行为重庆日泉农牧有限公司发放全市首笔“生猪活体资产抵押贷款”3000 万元。太平洋财产保险有限公司与日泉农牧公司成功签署全市首单生猪“保险+期货”模式项目。与蚂蚁金服公司旗下网上银行合作，为农民群体提供免担保、无抵押的数据化纯信用线上贷款，累计向全区农户 1.5 万余人放款 12.75 亿元。发挥巨灾保险保障民生作用。财政投入 170 万元开展巨灾保险试点工作，将全区 85 万人纳入保险对象，累计赔付 8 笔 30.9 万元。持续开展信用村创建活动，全年新增评定信用村 12 个，兑现原有 7 个信用村 76 户农户涉农生产经营贷款贴息资金 8.03 万元，助力农村地区金融信用生态环境改善。稳步推进试点工作，成功争取成为国家财政部 2020 年深化民营和小微企业金融服务综合改革试点城市，为全市仅有的 4 个区县之一。为充分发挥奖补资金导向和放大作用，创新推出“融易贷”“实体信用贷”产品，出台担保公司改革方案，增加政府性融资担保公司注册资本金，建立担保代偿和小微担保奖补机制，引导担保公司专注主业，加大对小微企业等普惠领域的担保支持。创新政银企信息对接渠道，设立荣昌区民营小微企业首贷续贷中心，出台《荣昌区民营小微企业首贷续贷服务中心管理办法》《关于进一步优化金融信贷营商环境的实施方案》，进一步提高金融服务质效。同时积极推动金融服务线上平台搭建，推动线上平台落地落实。

【防控金融风险】 至年末，全区涉及非法集资案件 9 起（2017 年年底前 8 起，2020 年 1 起）。化解积案 6 起，立案侦查 1 起，资金清退 1 起，法院审判阶段 1 起。完善制度体系。出台《荣昌区打好防范化解重大金融风险实施方案》《荣昌区金融突发事件应急预案》，进一步完善制度体系。加强小贷、担保、典当公司监管力度。督促小贷等机构按照监管要求，每月、每季定时报送相关财务报表，正常接受监管。严防非法集资风险，出台《荣昌区 2020 年非法集资专项治理工作方案》，继续按照《荣昌区打击非法金融活动工作机制》，落实部门和地方的监管责任，将落实打击非法集资活动开展情况纳入年度目标考核。加强对重点领域、重点行业进行风险排查，排查企业 1000 余户。出台《荣昌区 2020 年防范非法集资宣传教育工作方案的通知》，建立常态化宣传机制；出台《荣昌区非法集资举报奖励办法》，动员群众全面参与。加强协调沟通，加强人民银行永川中心支行、永川银保监分局对全区金融机构的窗口指导和监管督促，做好防范金融机构风险和区域信贷风险各项工作。互联网金融乱象和非法集资活动得到有效遏制，银行业不良贷款率 0.29%，远低于全市平均水平，区域金融环境进一步改善，金融风险总体可控，形势向好。 （唐莎莎）

银　　行

【中国工商银行股份有限公司重庆荣昌支行】 支行是重庆市分行下属的二级支行，成立于 1986 年 12 月 17 日，位于重庆市荣昌区昌元街道桂花社区广场路 116 号附 4 号/118 号。2020 年，全行在职职工 62 人，其中，女性职工 23 人，占比 37%；35 岁以下职工 29 人，占比 46%。支行内设综合办公室、公司金融业务部、个人金融业务部 3 个专业部室，辖属营业室、昌州支行、广顺支行和恒荣路支行 4 个物理网点，7个自助银行，其中，附行式自助银行4个，离行式自助银行3个；现金自助设备21台。至年末，支行各项存款时点余额28亿元。各项贷款余额39亿元，其中，普惠贷款余额2亿元，普惠贷款户数144户，比上年增加91户，个贷余额13亿元；不良贷款余额128万元，不良贷款率0.03%，资产质量良好。金融产品和服务。支行为企业主提供以住房为抵押线上快速测算的抵押贷款“E抵快贷”；以企业客户结算额，纳税额等为信用的“经营快贷”；桶市经信委合作办理“商业价值信用贷款”；同市农担公司合作办理“农担贷”等普惠产品。对民营、小微企业，不抽贷，不断贷，对符合条件的企业可办理中长期贷款的积极办理，贷款到期前采取多种方式维持合作，如办理展期，提前办理续贷手续，主动介绍企业使用政府应急还贷资金等，对使用政府应急还贷资金的企业，维持其原有信用等级不变。积极参与银企对接活动，安排专人入驻首贷续贷中心，为企业提供现场咨询及受理融资申请。参加区金融办组织的银企座谈会，高新区组织的企业联谊会。积极配合市，区金融办，永川人民银行，银监等对企业开展小微企业、民营经济等调研及走访，落实上级行关于支持小微企业和民营经济相关政策。组织开展“工银普惠行”“民企贴心人”等各种活动，主动走进企业，走进民营经济，宣传普惠产品和政策，为企业发展出谋划策，为企业经营主动作为。持续深入推进精准扶贫对口帮扶工作，积极参与到结对帮扶单位的扶贫攻坚工作中来，走访贫困户，支援对口单位扶贫工作。（杨 茜）

【中国银行股份有限公司重庆荣昌支行】 2020年，支行内设综合管理部、风险内控部、业务发展部、普惠金融事业部，下辖营业部、海棠大道支行和兴荣支行3个营业网点，东大街、荣昌区职教中心2个自助银行。9月，海棠大道支行重装开业，内部分区更加科学合理，各功能区布局更优化、服务功能更完善、智能设备更齐全，并新增征信查询机一台，为客户提供更优质更高效的金融服务。支行在岗员工64人。至年末，支行人民币各项存款时点余额18.96亿元，比上年增加3.31亿元。其中，公司存款时点余额4.88亿元、增加1.35亿元，个人存款时点余额14.07亿元，增加1.96亿元。人民币各项存款日均余额18.47亿元，比上年增加1.8亿元，其中，公司存款日均余额5.26亿万元、增加0.43亿元，个人存款日均余额13.2亿元、增加1.37亿元。人民币各项贷款余额16.56亿元，比上年增加2.09亿元。支行按照外汇管理法规要求办理外汇业务，报送外汇业务统计数据，积极执行外汇管理便利化政策，推动名录登记网上办理，配合外汇局交办的临时性工作。11月23日，国家外汇管理局永川中心支局发布《国家外汇管理局永川中心关于2020年度银行外汇业务合规与审慎经营评估结果的通报》，荣昌支行被评为A类银行。至年末，支行实现国际结算业务量1.59亿美元，计划完成率132.28%。普惠金融业务。为贯彻落实党中央、国务院战略部署，助力小微企业发展，支行大力做好普惠金融业务，至年末，支行普惠金融（银保监口径）余额1.22亿元，比上年增加3719万元，完成率120%，列全辖第12名；普惠金融（人民银行口径）余额7613万元，比上年增加3446万元，完成率141%，列全辖第1位。服务国家战略和实体经济。新冠疫情期间，支行积极与市分行相关部门对接沟通，安排员工加班加点，在短短5个工作日内陆续为1户全国性防疫重点企业和2户市级防疫重点企业投放央行专项再贷款1600万元，有力地支持疫情防控工作。为尽快促进小微企业复工复产，支行敏捷反应，积极营销，热情服务，率先投放重庆市第一笔医保贷款，并对区内个体工商户及小微企业投放复工贷14笔，金额305万元，发放扶贫贷款1030万，超额完成计划任务。认真落实扶贫工作要求，积极开展脱贫帮扶工作，加大帮扶举措，采取慰问、捐赠、消费等方式，如期完成扶贫工作任务。年内，支行向永灵村捐赠3万元扶贫资金用于改善贫困户人居环境，多次到仁义镇石梯子村对贫困户进行走访慰问，向贫困户送去大米、食用油、电视机、电热毯、家禽、牛奶、学生学习用具等物品，帮助贫困户修建房屋、发动员工购买农户家禽和农产品。支行班子成员多次深入到贫困户家中走访，宣传国家扶贫政策，在“志”和“智”方面进行引导和帮助。通过努力，支行联系的3户贫困户已全部脱贫。（方 斐）

【中国农业银行重庆荣昌支行】 2020年，支行辖内营业机构12个，其中，营业部1个、二级支行11个。内设综合管理部（含纪委办公室）、运营财会部、风险管理部、公司业务部、个人金融部、普惠金融事业部6个部门，在职员工187人。2020年，存款保持高位增长，各项存款日均余额79.4亿元，市场份额排名同业第2，比年初增加6.17亿元，增量排名系统第7，同业第3。贷款业务取得突破，各项贷款余额94亿元，市场份额保持同业第1，比年初增加11.6亿元，增量排名系统第2，同业第1。不良贷款总体可控，年末不良贷款余额为2793万元，不良率0.29%，保持在分行管控计划之内。年末综合绩效考核排名系统类别行第2位。2020年，支行班子荣获市农行优秀领导班子称号，班长陶鹏军荣获优秀行处级干部称号，支行连续二十年实现“零”案件目标，连续十八年获评农行重庆市分行内控评价一类行，荣获总行公私联动营销优秀集体（全市农行唯一获奖机构）、金融服务“三农”突击队，荣获市分行2020年度综合先进集体、综合绩效考核先进集体、防案控险工作先进单位（全市第一）等殊荣。全力对接抗疫复产。严格落实“不抽贷、不断贷、不压贷”的政策，强化金融支持疫情防控工作，加大信贷支持和减费让利力度，以实际行动践行国有大行的责任担当。全力以赴支持疫情防控企业信贷需求。通过电话、上门等方式了解荣昌区内企业复工复产以及受困情况，主动对接抗疫防疫相关企业及中小微企业，全年累计对接企业达251家。全力以赴支持复工复产。一方面根据区金融事务中心下发的区域内企业融资需求名单，采取增加信贷、降息减费、期限调整等方式支持企业生产，对名单内客户全部完成对接。另一方面主动联系一批贷款到期的小微企业客户，对因疫情导致出现的经营困难、还贷困难情况，通过调整还款计划、贷款展期、增加信用贷款等方式进行特殊支持，累计支持59户，金额1.88亿元；开辟金融服务绿色通道。仅用2天时间对重庆尚诚服饰集团有限公司、重庆中加熙妮服饰有限公司两家隔离服生产企业各发放贷款1000万元，执行最优惠利率，用于紧急采购。服务生猪产业。为“国家生猪交易市场”量身打造的“资金双向保付系统”累计交易额达132亿元，围绕生猪交易市场电商融资，创新“产业电商e贷”累计投放2000万元。围绕生猪大数据公司推出惠农e贷·生猪贷，通过生猪大数据公司“荣易管”App向20户客户投放400万元。全年围绕生猪产能恢复，投放其他生猪养殖户贷款2539万元；创新推出生猪活体抵押农户贷款，首贷金额30万元。支持实体经济。全力支持重点招商引资企业。通过实施优质服务、降息让利等优惠政策，支持西部PCB产业园、金标实业、唯美陶瓷、奥福陶瓷等多家招商引资企业；全力支持受困中小微企业。创新实施“8+3”普惠金融服务行动计划，通过信用贷款、降低利率、转贷续贷等方式积极支持重庆尚诚服饰集团有限公司、重庆荣昌创宇电器有限责任公司等一批中小微企业，全年新增2.04亿元，增幅61.81%，全行普惠金融贷款余额达5.34亿元；全力支持区内平台企业。全年向区内平台公司投放贷款5.33亿元，余额达23.59亿元，融资成本严格控制在区委区政府要求范围内。服务脱贫攻坚。对有意愿、有能力、有需求的建档立卡贫困户扶贫小额信贷“应贷尽贷、愿贷尽贷、能贷尽贷”。至年底，向8个镇（街）累计投放扶贫小额信贷4918.25万元，市场份额62.8%，惠及贫困户1917户，三项指标均排名全区第一。获贷率56%完成全区序时计划，扶贫小额贷款2020年增速40.3%，远高于各项贷款增速。定点帮扶河包镇贫困户22户，是河包镇帮扶对象最多的单位之一，且全部通过普查验收。作为全区金融系统唯一代表，被区委区政府评为区打好“三大攻坚战”先进集体称号。服务乡村振兴。聚焦吴家蔬菜、盘龙生姜、广顺花椒、双河鱼苗等8个特色农业产业，加大惠农e贷——特色产业贷款投放；聚焦村社干部（含村“两委”）、村民小组长、种植养殖大户、农村个体工商户等人群，加快惠农e贷—综合授信贷款投放，进一步解决农户融资难、融资慢、融资贵问题，累计投放惠农e贷2.13亿元，在助力当地农户致富增收的同时，也带动了贫困户的脱贫增收，起到了良好示范引领效应。助力消费季活动。独家承办“爱尚荣昌·约惠夏天”消费季活动，全行12个网点全员出动，为全区近1.6万名公职人员代发代金券，圆满完成区委、区政府交办任务，带动近50万用户、2500余家商户参与消费季活动，助推消费复苏。在永荣中学校成功上线荣昌首个“智慧食堂”项目。实现学校食堂刷脸消费、自主充值，方便学生家长远程充值，减少了现金充值排队等候时间，提高学校食堂管理的效率。投放首笔乡村医生贷。8月6日，农行荣昌峰高支行成功发放了全市首笔乡村医生贷款，贷款金额10.4万元，标志着支行针对乡村医生群体的贷

款取得初步突破。 （易遵刚）

【中国建设银行股份有限公司重庆荣昌支行】 截至2020年年底，中国建设银行股份有限公司重庆荣昌支行内设3个部门、4个综合营业网点，7个离行式自助银行。2020年支行新分配入行校招员工2人，主动解除劳动合同1人，年末员工总数为90人，其中，在岗员工73人，退休17人。

年末，一般性存款时点余额34.66亿元，时点存款较年初新增3.49亿元，增幅11.2%；一般性存款日均余额35.33亿元，日均新增6.22亿元，增幅21.37%，四行排位第一。全年各类贷款余额25.56亿元，较年初新增2.36亿元，增幅11.32%。其中，公司类贷款余额为5.13亿元，较年初下降0.08亿元；个人类贷款余额20.43亿元，较年初增长2.44亿元。不良贷款余额1873万元，不良率0.73%，资产质量总体较好。全年实现拨备前利润7302万元；实现中间业务收入2278.74万元。 （刘蕴谊）

【中国农业发展银行重庆市荣昌支行】 2020年，支行内设办公室、信贷业务部、会计结算部3个部室，在职职工25人。支行支持区内国有重点贷款企业6户、民营小微企业3户、区重点建设项目18个、基金投资客户7个、基金项目9个。全年投放各类贷款5亿元，审批贷款7.67亿元，年末各项贷款余额45.14亿元，重点建设基金余额2.14亿元，缴纳各类税款788万元，对公贷款和基金余额在全区11家金融机构中排名第一，不良贷款持续保持为零。全年无案件、无事故、无重大声誉风险，被重庆市分行评为内控综合评价一类行、信贷管理等级一类行。聚焦主责主业，全力支持地方经济发展。做好粮食库存管理，维护国家粮食安全，始终坚持政策性银行办行方向，坚决服从国家粮食宏观调控政策。重点支持重庆市荣昌区储备粮有限公司三级储备粮食库存管理工作，至年末，储备粮食库存7.16万吨，其中，区级储备粮库存1万吨，应急保供大米900吨，市储备粮库存4.64万吨，代储存中央储备粮库存1.43万吨。全力支持农业农村基础设施建设，助推城乡融合发展。该行不断强化政策性职能，积极支持区内重点建设的涉农中长期建设项目。2020年营销上报涉农中长期贷款项目7个，审批通过4个、金额7.55亿元；全年发放中长期项目贷款9笔、金额5亿元，主要用于支持荣昌区高升桥水库扩建、荣昌高新区眼镜产业园、荣昌高新区盈田产业园、重庆市荣昌陶文化创意产业园、重庆市荣昌区昌元卫生院整体迁建、何家坡商业综合服务中心建设、濑溪河体育小镇建设和水库综合治理建设工程等项目资金需求。支持实体经济，推进民营企业做大做强。积极响应国家号召，大力支持农业小微企业复工复产，执行优惠利率政策，最低年利率2.85%，切实促进农业产业化经营。全年新审批小微企业流动资金贷款2笔，新增贷款客户2户，小微企业贷款客户数量达到3个、贷款余额2060万元，比年初增长1160万元，增幅129%。大力做好农发重点建设基金投资，助推国家宏观调控政策落地。农发基金是2015年党中央、国务院为“促投资、稳增长”而专门设立的政策工具，用于支持国家确定的“看得准、有回报、不新增过剩产能、不形成重复建设、不产生挤出效应”的重点领域项目建设。支行从讲政治的高度，积极做好重点建设基金投资工作，至年末，已投放5批基金项目，投资企业客户7个，企业仅需支付收益率1.2%，支行共有基金项目9个、基金余额2.14亿元。夯实基础管理，持续提升内控合规水平。严格财务管理，从严控制财务支出，努力降低经营成本，严肃财经纪律，做到不踩红线、不逾红线。加强支付结算管理，强化柜面业务操作、结算账户管理和银企对账工作，大力推广网银业务，全年微信平台客户覆盖率130.3%，网银电子对账客户覆盖率75.76%，离柜支付业务替代率97.07%。认真开展“内部基础管理提升年”活动，持续抓好内控综合治理和市场乱象整治，强化制度学习、尽职检查、岗位考核和问题整改问责，员工工作流程和日常行为得到进一步规范和约束。加大案件防控工作力度，认真落实监管部门和上级行关于案防工作要求，层层落实案防工作责任，加大员工八小时内外行为管理，支行各类案件事故持续为零。高度重视安全保卫工作，落实安全职责，定期开展安全检查、应急演练，强化安全值班，抓好柜面安全、车辆管理，全年安全无事故。加强保密管理，认真落实国家秘密、商业秘密、工作机密管理规定，抓好机要文件流转和员工保密教育工作。严格落实新冠肺炎疫情防控措施，加强对员工身体状况的监测，严格办公楼出入管理、清洁消毒、食堂卫生防疫等各项要求，助力打赢疫情防控阻击战。做好捐款帮扶，组织开展脱贫攻坚、疫情防控爱心捐款，全年员工捐款2.5万余元。积极开展消费扶贫，组织购买贫困地区农副产品4.39万元，助力贫困地区打赢脱贫攻坚战。（杨 峻）

【重庆农村商业银行股份有限公司荣昌支行】 至年末，支行各项存款余额136.02亿元，比年初增长8.08亿元，总量、增量均保持全区第一。各项贷款余额81.26亿元，比年初增长8.09亿元。表内不良贷款余额3378.14万元，比年初下降509万元，不良率0.42%。上缴各项税金5044.23万元。创新合作，服务地方经济坚定金融抗疫。先行先试重庆市首笔“生猪活体抵押贷款”，首创“生猪活体+保险”融资模式，向辖内养猪企业发放流动资金贷款3000万元。打造了抵质押担保创新服务的新样本。敏锐捕捉重庆宏烨实业集团有限公司贷款需求，向其项目授信5亿元，成功落地全行首个弃土场经营权项目融资，打开了与区政府多方合作的新局面，撬动了业务发展的“正能量”。全年投放人行政策性贷款4.03亿元，在永川片区42家金融机构中唯一一个同时获得“金融战疫、责无旁贷”先进集体和先进个人荣誉称号的机构。深耕客户，尽心助力企业客户再创新高。在成渝地区双城经济圈建设事态下，乘势而上，深度挖掘地方企业各类金融需求。根据客户不同层级、不同类别，逐一摸清情况，有的放矢提供个性化金融服务。加强与区级部门联系，为交易资金保证金、项目保证金1.4亿元提供账户管理服务；同时向区规资局、土地储备政治中心财政资金2.5亿元提供账户管理服务。“公司+小微企业”联动模式初见成效。牵头开展“一区三园”企业营销活动，建立常态化沟通机制，有效打通银企沟通不畅的发展症结，为新开立的518户对公账户提供管理服务，新增对公账户存款1800余万元；储备公司类客户4户、拟授信7.8亿元。“抢抓机遇”，支持企业复工复产有所作为。支行抓住国家利好政策密集出台和企业最需贷款的有利时机，变压力为动力。加大市场研判，积极调整思路，最大限度拓展政策空间、抢占发展先机，发放专项再贷款6800万元，支小支农再贷款3.36亿元，普惠小微信用贷款1.22亿元，支持145户企业复工复产，切实帮扶企业纾困解难，为荣昌小微企业发展保驾护航。“主动敲门”，新客户拓展实现量上突破。加强与公司条线互动，整理关键信息，建立营销台账，做好后续跟进，走访小微企业200余户，发放小微企业贷款18.42亿元，其中，新增小微企业51户、贷款金额3.74亿元，用实际行动助力辖内小微企业走出困境，提供更多优质服务。提升服务，普惠金融实现各领域跨度发展。集中整合网点优势，年内新设立住房金融中心，拥有36个网点、4个自助银行、8个便民服务点，将工人村便民服务点迁至广顺，进一步提高便民金融服务效率，服务范围辐射区内21个镇（街）；充分运用线上渠道和线下优势，为老百姓提供最便捷的金融服务，拥有个人类客户达72.99万户，占全区人口总数的85%，其中，贷款客户达1.73万户，个人贷款累计发放7474户，是辖内服务覆盖范围最广、惠及客户最多的金融机构。强化服务考核和培训，推行“七步服务法”，启动外聘神秘人检查机制，创建“文优服务曝光台”。全年开展文明规范化服务现场检查107次，在总行“神秘人”检查中平均得分率达96.15%，做老百姓最贴心的银行。“渝快生活”快速起步。围绕“吃住行·游购娱·医学养”九大权益类商户，大力发展“渝快付”商户收单业务，新增入网“渝快付”收单商户2927户，累计收单10.82万笔、1604万元，“网点+商户+客户”的场景化营销模式初步搭建。打造惠民便捷的BBC生态商务圈。金融风险防范。在监督检查和问题整改下功夫，抓细监督检查，深入开展案件风险滚动排查，实现重要岗位、重点环节、重点人员的排查全覆盖。充分发挥“三道防线”作用，开展对职能部门的履职审计。全年各类检查经济处680人次、金额24.02亿元，抄写制度64人次，制度权威得到弘扬，执行评价得到提升。持续开展“四查双百”员工行为管理工作，开展对员工征信、强制执行、违法犯罪、经商办企业等综合信息的组合查询，了解排查员工是否有不良嗜好、是否存在不符合收入的高消费等情况。实现检查全员覆盖，行为暴露零死角，真正起到“坚决打击员工违法犯罪、严禁员工经商办企业、引导员工合理负债保持良好征信记录”的震慑和保护作用。加大对三级台账的检查、督导力度，按季对三级台账进行汇总，发挥“三级台账”在问题整改中的核心作用，有效解决整改不作为、纠偏不彻底等顽疾杂症。全年问题整改率达99.37%，同比提升0.09个百分点。全年安全稳定，未发生安全责任事故案件。推进精准脱贫。支行领导、机关及网点中干共计 14 人与盘龙贫开展精准扶贫工作，与建卡贫困户“结穷亲”，每月到贫困户家中走亲不少于 1 次，深入群众，真正把贫困户当亲戚走，在贫困户家中同他们促膝长谈，出谋划策，主动与贫困户算好收入数字账、致贫成因账、政策措施落实账、帮扶成效账等四本账。对口支持昌州街道、双河街道等 11 个镇（街）的信贷扶贫工作，累计支出贫困户 1680 户，发放小额扶贫贷款 2521 万元，获贷率超过 55%。

（唐　敏）

【中国邮政储蓄银行有限责任公司重庆荣昌区支行】 中国邮政储蓄银行股份有限公司重庆荣昌区支行内设综合管理部、风险合规部、公司金融部、零售金融部 4 个职能部门，辖内营业部、人民路支行、迎宾支行 3 个自营网点，31 个邮政代理网点，遍布荣昌各个行政乡镇、街道。

存贷业务。2020 年年末，支行各项存款余额为 723152.67 万元，较上年增长 76965.84 万元，增长 11.91%。其中，个人储蓄余额 715560.46 万元，较上年增长 74822.23 万元，增长 11.68%；公司存款余额 7592.21 万元，较上年增长 2143.61 万元，增长 39.34%。各项贷款余额 96013.16 万元，较上年增加 14303.65 万元，增长 17.51%。其中，个人贷款余额 91885.16 万元，较上年增长 13954.65 万元，增长 17.91%。至年末，不良贷款余额为 711 万元，不良率 0.74%，较年初上升 313 万元，不良率上升 0.25%。全年收回不良贷款金额 1612.08 万元。年末，涉农贷款结余 59963.25 万元，较去年增长 10022.47 万元，增长 20.07%。

社会服务。全年代发养老金 92.5 万笔，代发金额 16.6 亿元，代扣养老金 38.2 万笔，代扣金额 4.1 亿元。同时积极贯彻国家促进消费、增强消费对积极发展的基础作用，推动个人消费贷款业务的稳健发展，个人消费贷款全年发放金额 25966.5 万元，较上年增加 7276.7 万元，增幅 38.93%。疫情期间，对经营困难的企业制定相应的展期、降息等缓释措施，做到“不抽贷，不断贷”，全力支持企业发展，对受疫情影响的企业做到应延尽延。大力支持小微企业主、个体工商户等小微企业，小微企业投放金额 2.43 亿元，较上年增长 36.51%。（王　元）

【重庆银行股份有限公司荣昌支行】 重庆银行股份有限公司荣昌支行 2020 年底各项存款余额 43.19 亿元，较上年增加 6.56 亿元，其中，储蓄存款增加 2.74 亿元，单位存款增长 3.82 亿元，增幅 17.86%；一般贷款余额 30.96 亿元，较上年增加 6.65 亿元，增幅 27.34%；贷存比 71.68%。全年纳税总额 2508 万元，较上年增加 945 万元。

社会服务。疫情期间，为受新冠疫情影响较大的 3 户企业投放防疫贷 2500 万元，切实帮助企业恢复生产，稳定就业；积极响应中央、人行提出的“应延尽延”政策，2020 年为 27 户企业办理“无还本续贷”、金额 7866 万元；9 户企业进行延期还本付息、2495 万元，缓解了企业还款压力；为 3 户困难客户减免了利息 81 万元。支行帮扶河包镇的 8 户贫困户全面实现脱贫目标。扶贫小额贷款投放，截至 2020 年 12 月 31 日，新增扶贫贷款 190 笔、644.7 万元。支行共为 4 户大型民营企业发放贷款 14000 万元，累计向 88 户小微企业发放 30898.34 万元，其中，投放实体企业贷款共计 78 笔、22798.34 万元，其中，制造业 45 笔，金额 13195.44 万元；建筑业 2 笔、520 万元；农、林、牧、渔业 3 笔、440 万元；批发和零售业 19 笔、6172.9 万元；其他 9 笔、967.1 万元，较好地缓解了企业的融资难。

（李　列）

【重庆荣昌汇丰村镇银行有限责任公司】 2020 年，重庆荣昌汇丰村镇银行有高级管理人员 4 名，其中，行长 1 名，信贷副行长、营运副行长各 1 名，业务拓展总经理 1 名。内设营运部、业务部、信贷风险部、合规部、人力资源部、财务部，有荣昌本部网点 1 个，有员工 31 人。为促进农村可持续发展，始终秉持“服务三农、支持小微”的市场定位，信贷投放 100%用于支持当地实体经济发展，持续不断地为农村金融作出贡献。至年末，累计投放贷款 4000 余笔、金额 15 亿元。全力支持小微企业、个体工商户和农村种养殖户等实体经济，授信单笔金额小、服务客户数量多、服务区域广，充分体现了“立足三农、支小扶微”的经营特点，以实际行动支持所在地实体经济发展。在新冠肺炎疫情影响的特殊时期，按照《重庆市人民政府办公厅关于印发重庆市支持企业复工复产和生产经营若干政策措施的通知》和《中国人民银行办公厅关于落实好中小微企业贷款延期还本付息和小微企业信用贷款支持政策》等文件要求，汇丰村镇银行总部及时推出《汇丰村镇银行新冠肺炎疫情还款关怀计划》，为受到新冠肺炎影响的汇丰村镇银行贷款客户提供还款延期支持。荣昌汇丰村镇银行全年为46户延期还贷款本金超120万元，助力企业有序复工复产，降低企业融资成本；投放支持农业再贷款2户400万元和支持小微企业再贷款7户660万元。优化产品和服务渠道，自推出企业网银以来，为了提升客户体验，为客户提供更好的线上服务，进一步优化企业网银——汇丰财资网的性能，解决网站响应不稳定、速度慢，账务数据查询困难，操作步骤复杂等问题。7月16日至年末，减免所有企业网银相关收费，通过企业网银提交的同城异地汇款手续费及使用费全免（包括月度收费、账户费、用户费及安全密码器购置费等费用）。对个人无抵押小额贷款和公司贷款产品进行优化改良，个人无抵押小额贷款客户首次贷款额度由原来的30万元提升至最高为50万元，在原本需要提供担保人担保授信的基础上新增部分优质客户可专享免担保人特别权益，进一步简化贷款手续，12月开始推出公司贷款产品推出风险敞口管控方案，本地特色和重点行业企业提供敞口和信用放款支持。将支持教育和助困扶贫作为企业社会责任的重点，陆续开展“学生成长计划”“社区志愿者行动”“汇丰金融教育服务日”等一系列公益活动，充分发挥行业优势和专长，提升人们对金融知识、风险防控的重视，提高居民的财商意识和技能，利用汇丰集团资源，每年对荣昌地区慈善投入。年内新冠肺炎疫情后为支持复学线上学习，为远觉镇中心小学10名贫困学生捐赠10套电脑设备，帮助其线上学习使用，全年捐款捐物价值44万余元。结合荣昌区志愿服务驿站，建立便民服务点，准备疫情防护用品、提供休息区及饮水机等服务设施，协助社区共渡疫情，并推出关爱社区居民的便民活动，举办服务社区居民活动8次。（陈　巧）

【重庆三峡银行股份有限公司荣昌支行】　2020年，支行紧跟地方重点项目，积极用好总行产品，提升综合金融服务能力。至年末，支行利润6877.8万元。时点存款11.18亿元，其中，公营存款时点6.34亿元，储蓄时点存款4.84亿元，日均存款11.85亿元。贷款时点余额15.33亿元，其中，公司类贷款时点余额12.93亿元，小企业贷款时点余额1.64亿元，个人类贷款时点余额7627.18万元。国际业务结算量628万美元，结售汇量628万美元。净增公司有效客户数21户，净增个人客户数2500户，净增优质个人客户数250户，新增手机银行和网上银行个人客户数3100户。代销中间业务收入4.5万元，销售个人理财产品1.7亿元。净增小微企业贷款客户数46户，净增小微企业贷款5602万元，不良贷款8户、合计362万元（年内无新增）。全年向区属国企重庆兴荣控股集团有限公司、重庆市万灵山旅游开发集团有限公司及其下属子公司发放流动资金贷款6笔、金额8000万元。大力营销行政事业单位存款，其中，区财政局非税资金、区住建委大修基金、区国库集中支付中心竞价定期存款、区属国企重庆兴荣控股集团有限公司和重庆宏烨实业集团有限公司的活期结算存款及保证金存款合计年日均存款6.72亿元，年度增长明显。加大票据业务的拓展力度，制定了以银承汇票业务（签票、贴现、票据池）为公司资产业务的突破口、以产业链金融为抓手的营销策略。通过持续不断的艰苦营销，完成银承汇票签发2.81亿元，银承汇票贴现2.05亿元，搭建了初见雏形的票据池业务平台。零售业务强化基础支撑，优化客户服务，加强储蓄存款营销工作。明确提出“树品牌、聚人气、建平台、促发展”的经营战略，搭上全行大零售转型的快车，大幅提高储蓄存款余额、有效调整存款结构。全年坚持进社区、进市场、进商圈，发放宣传单及小礼品。支行在附近的多个住宅小区、东邦菜市场、邦德菜市场、新世纪重百、永立百货、永辉超市等地域创建重庆三峡银行的存款品牌，市民对三峡银行的认同感、三峡银行的知名度有效提高，建立起一定的公信力。强化设施改造与服务配套两手抓。投入资金大力改造支行营业大厅的布局，将服务区和营销区分设，装修理财室、签约室，更换迎宾台、背景墙，增加墙体广告和商业街广告、投影灯，增设“儿童天地”等，带来有效人流量，具备主题明确的服务与营销功能。出台“优质文明服务文件”“公共户定期储蓄存款增长奖励办法”，每月评选1名“服务明星”，加班员工的餐食、交通费用全额报销，激励全行为客户优质文明服务，以效率和温馨留住客户。全力推进普惠金融业务发展，规范操作流程，打造荣昌特色。针对员工行为约束和业务合规操作的一系列建章建制工作，确保规章制度能够有效防控信用风险、道德风险、操作风险。依据“四必查、两规范”，出台《客户经理十不准》《客户经理廉洁从业承诺书》《贷后回访管理办法》等制度，确保“对事不对人、有问题必查、有后果必究”。用好拳头产品，打造荣昌特色，深挖国家高新区、畜牧科技城资源优势。加大渠道拓展，加强阵地营销，积极推广小额抵押贷和“房 e 贷”产品，广泛拓展客源；积极走访行业客户，利用政府搭建平台，推荐采 e 贷、万家贷、助医贷等产品，发放育才贷 80 万元，实现了业务突破，增强发展后劲。实施客户常态化拜访营销，对优质客户实行分类管理，提供贴心优质服务，延伸业务空间，拓展上下游客户。立足和深挖荣昌区域资源禀赋，探索政府合作发展贷、生猪发展贷业务，利用政府风险补偿金、担保公司/保险公司进行增信，拓展优势集群客户，其中，政府合作发展贷即将通过总行营销委员会审议。大力推进抗疫、支小再贷款业务。把握政策窗口期，按照总行工作要求，积极行动，完成名单企业全覆盖营销，加大对名单外企业的拓展，发放抗疫贷 600 万元，完成了全行首笔线上版抗疫贷业务，发放支小再贷款 1397 万元。控风险重管理。严把合规内控关口，严防各类案件风险，做实安保细节，实现全年零案件。支行年初签订了案防和安全责任书，全年开展案防培训和案防分析会 12 次，加强制度建设，印发《重庆三峡银行荣昌支行议事规则》《重庆三峡银行荣昌支行员工日常行为管理细则》《重庆三峡银行荣昌支行授信业务贷后回访工作的通知》《重庆三峡银行荣昌支行客户经理“十不准”规定的通知》等文件。每季度开展案防排查，合规自查，综合部将存在的问题建立问题台账，督促落实整改到位，全年银行市场乱象回头看自查问题 5 个，金额 965 万元，已全部整改完毕。排查员工行为，签订员工行为承诺书、廉洁自律从业承诺书和重庆三峡银行人员关系承诺书，明确员工亲属关系。全年开展安保培训 9 次，节前安全教育 6 次，召开案件风险分析会、安保会议各 12 次，案件警示教育 12 次，每天营业部开展“晨会三分钟”安全教育，组织开展反洗钱知识考试、安保知识考试、案防考试、廉政考试各 1 次，通过率为 100%，组织消防专题培训 2 次、开展消防应急演练及防抢应急预案演练各 2 次，参加总行保卫部现场演练 1 次。加强反洗钱管理工作，营业部坚持每日在反洗钱系统查看反洗钱分析人员报送的可疑交易，督促分析人员按时进行报送，做到全年零迟报和漏报。严把差错关口，将差错率严格控制在万分之二以内。全年事中监督统计业务量约为 6.2 万笔，事后监督下发差错单 5 笔，同比增加 3 笔，差错率约为万分之 0.79。加强企业文化建设，打造一支团结、积极的团队。年内，支行成立了党支部，形成以党建带团建，带动全体员工共同进步的工作作风，形成以“工作全覆盖、团队协作”的原则，形成相互学习、相互支持、相互尊重的团队文化。支行拍摄的微视频“正如春风　廉如冰雪”在总行“不忘初心牢记使命”廉政微视频评选展播活动中获得三等奖，在永川人行组织的“金融战‘疫’责无旁‘贷’”工作中，客户经理王卿焱获得永川人行“战疫最美金融人”荣誉称号。总行通过深入挖掘提炼与丰富完善，撰写形成的《金融“花木兰”战“疫”冲在前——重庆三峡银行荣昌支行客户经理王卿焱的抗“疫”情结》通讯稿件，在《财经重庆》今日头条、《新重庆》华龙网、中国农村信用合作报等多家新闻媒体网站发表或刊登，获得“全国地方金融 24 次论坛（2020）年会征文”二等奖。在人行永川片区金融学会招标课题评选中，由副行长张耀华、柜员曹鑫瑞主笔的《央行数字货币对商业银行的影响研究》获得三等奖。（梁　焱）

【哈尔滨银行股份有限公司重庆荣昌支行】　哈尔滨银行荣昌支行成立于 2018 年 9 月 10 日，位于重庆市荣昌区昌州街道昌龙大道 220 号。支行辖内营业机构 1 个，内设行长室、营业部、公司金融部和零售金融部 4 个部室，在职职工 13 人，自助存取款一体机 2 台，智能柜台 1 台。至年末，支行全口径存款余额 6.14 亿元，比年初增长 2.25 亿元。其中，公司存款余额 4.01 亿元，个人储蓄存款余额 2.13 亿元；全口径贷款余额 12.91 亿元，比年初增长 11.07 亿元；债券投资规模 5 亿元。支行秉承“普惠金融、和谐共富”的理念，始终将“服务中小、创建特色鲜明的国际一流的小额信贷银行”作为经营方针，并积极融入荣昌当地经济社会建设。11 月支行与重庆市荣昌区兴农融资担保有限公司签订“融易贷”业务合作协议，成为全区第一家与兴农融资担保公司签订“融易贷”合作协议的银行。大力推荐“融易贷”，向客户提供“融易贷”相关推荐表，在区农委的推荐下，客户向支行提交了资料，支行收到资料后，为客户申请绿色通道，仅2个工作日便通过审批。11月18日，支行正式发放全区第一笔“融易贷”业务，金额为200万元。12月，在第二届重庆·荣昌马拉松赛事中，支行作为此次荣昌马拉松赛唯一一家官方合作银行机构，在人民广场定点为广大居民提供金融服务，开展存款、理财、信贷、防电信诈骗等金融咨询，免费提供热饮、打卡拍照点、赛事包等。区委、区政府对支行的活动给予高度评价。（王晶晶）

保　　险

【中国人寿保险股份有限公司重庆市荣昌区支公司】 2020年，公司实现总保费收入3.68亿元，同比增长2.63%。其中，长险首年标准保费、10年期及以上期交保费、保障型产品保费同比均有不同程度的下降；全年各项赔付支出及满期给付合计4289.03万元。其中，死亡给付503.5万元，医疗费用给付376万元，满期给付2526.85万元，短险赔款882.68万元。为地方缴纳各类税金及附加241.55万元。

风险防范。2020年，公司落实“一把手”责任制，自上而下，责任层层落实，实施风控问责处罚一票否决，抓好日常风险管控工作。加大员工风险防范知识培训，固化学习平台，做好反洗钱、防范非法集资宣传等日常工作，从源头上遏制违规违纪情况的发生。重视销售队伍合规经营培训，进行政策解读，强化风险意识，确保销售人员理解到位，执行到位，提升队伍合规经营水平，促进队伍健康发展。开展保险市场乱象整治“回头看”工作。依规依纪严查严处，严守风险底线，提高防范化解风险的能力，严守不发生系统性风险的底线。配合分公司党委巡察工作，建立了荣昌片区寿险行业自律组织。拟定《荣昌片区寿险行业自律组织公约》，选举产生2020年度荣昌片区寿险行业自律组织委员会会长，由公司总经理蹇世恒担任。同时建立日常工作联络小组，落实日常沟通工作，共同抵制专业代理退保等恶意投诉、中介公司扰乱市场等行为，共同维护荣昌片区保险市场秩序。

服务发展。创新推出微企保、兴业保、员福保等产品，有力支持了民营和中小微企业复工复产，降低企业负担，全年承保中小企业276个。招募上百名下岗职工和失业人员，为他们提供再就业机会，2020年累计解决待、失业人员800余人。

疫情防控。疫情期间，公司向全区抗疫一线机关事业单位公务人员771人赠送保险，累计风险保障3.85亿元。向全区29120人赠送国寿康E无忧保险，总保额43.68亿元；为荣昌区公安局、交通局、民政局等32家机关、企事业单位承保新冠防疫保险，累积风险保障13.92亿元。

脱贫攻坚。截至2020年年底，公司向定点帮扶的远觉镇累计捐款9万元，向贫困户捐赠生活物资超过万元。公司班子成员及各部门经理共9人，定点一对一帮扶观胜镇许友村、银河村9户贫困户。帮扶干部自己累计出资2.5万元，帮扶9户建档立卡贫困户全部摘帽。全年公司共承保区内建档立卡贫困户10601人，已赔付2007件，赔付金额93.74万元。（张　荣）

【中国人民人寿保险股份有限公司重庆市荣昌区支公司】 支公司在荣昌区范围内主要开展人寿保险、健康保险和意外伤害保险等业务（法定保险业务除外），无营销服务网点。2020年保费收入3060.49万元，同比增长-45.5%。其中，普通寿险941万元，分红寿险939万元，万能险40万元，意外伤害险81万元，健康险1059万元。满期给付1299万元，年金给付133万元，死伤医疗236万元，赔款支出31万元，退保金1678.73万元。2020年，增加线上保全业务，除常规化的线上业务申请外，还增加保单借款和保单清偿功能。实现电子化报案及理赔，投保工具升级为人保E通App实时出单，在线实时转账，简化投保和理赔流程。（刘　丹）

【中国人民财产保险股份有限公司荣昌支公司】 2020年，支公司深入践行“以人民为中心”的发展理念，彰显骨干金融国企责任担当。自然灾害理赔。7月14日，荣昌地区遭受百年不遇的洪灾，支公司迅速启动应急理赔机制，成立以主要负责人为组长，班子成员为副组长，理赔分部、综合部以及各业务部门负责人为成员的应急领导小组，组织理赔查勘人员和业务经办人深入一线核实损失情况。7月下旬，处置水淹车87台，支付赔款180余万元。10

月，向重庆大龙饲料有限公司支付企业综合财产保险赔款320万元。助力脱贫攻坚。支公司负责吴家镇玉峰村和河包镇核桃村共15户对口贫困户的帮扶工作。全年入户走访169次，收集民情6条，协助镇政府落实帮扶资金1.4万元，协助解决吴家镇玉峰村贫困户陈启佑女儿陈碧辉大病报销及民政兜底救助6万余元，帮助吴家镇玉峰村贫困户陈龙东销售农产品、实现增收4000余元，帮助河包镇核桃村6户贫困户进行危房拆旧建新和三改（院坝、厨房、厕所）。发挥民生类保险社会管理“辅助器”作用，助力决战决胜脱贫攻坚。2017—2020年，支公司承保“精准脱贫保”45301人，提供意外伤害、大病补充、疾病身故、农房和贫困户学生大病等风险保障119.75亿元，实收保费441.38万元，支付赔款518.85万元。推进“警保联动”。“警保联动”是公安部和人保财险在全国范围内推进的警保新型合作模式，重庆是全国试点的先进单位，2018年，重庆市交巡警总队与人保财险重庆市分公司在全国首创推出“警保联动”项目。2018年10月，通过警保双方的共同努力，支公司在本部营业大厅设立“车驾管社会服务站”。2020年5月，率先建立重庆市第一个社会性“两个学习教育室”。2020年，人保财险“车驾管社会服务站”累计办理机动车驾驶证到期换证、审验300余人次，发放电动自行车号牌1.3万个，为986人次办理了6年内私家车免检，打印车辆临时牌照368张。“两个学习教育室”开展道路交通违章满分学习、审验学习350人次。实现保险机构与公安部门的职能互补、优势互补、资源共享，提升便民服务水平方，增强人民群众的获得感、幸福感。协助区应急管理局和道路交通安全办加强农村道理安全整治，成立130余人农村道路安全劝导员队伍，新建一级农村道路交通安全劝导站6个、改建农村道路交通安全二级劝导站26个，为促进地方农村道路交通安全做出积极贡献。积极探索“保险+司法”合作模式。12月1日，支公司与区法院签订战略合作协议。通过开展诉讼保全责任保险、执行悬赏保险、执行救助保险、司法人员抚恤保险等方面合作，进一步建立和完善科学、高效、廉洁、公开的风险管理体系，充分发挥保险机制在财产保全和执行求助等方面的促进作用；利用保险专业优势，以保险杠杆效应服务司法实践，支持、配合区法院有效预防和化解司法案件中的矛盾点；继续推进“余杭模式”，开展“保全+救助”“执行+保险”，解决执行难题，推进矛盾纠纷多元化解机制，引导人民群众采用多种途径解决纠纷，进一步提高审判执行效率，营造和谐稳定的法治环境；不断强化双方信息共享，按照定期交流机制，支公司指定一名班子成员牵头负责双方的沟通协调，就法院在审判、执行中的保险制度设计、产品创新等前沿问题进行商讨。充分发挥双方优势，开展网上处理、信息查询等综合信息服务，实现核保、验真、查询的便捷；利用支公司农村协保员队伍、两站两员劝导员队伍和员工销售队伍等渠道，为区法院的司法宣传提供支持，开展全方位的深入合作，实现共建共治、共享共赢。抗击新冠肺炎疫情。3月，支公司组织开展为身处疫情防控一线的工作人员提供意外、健康、养老、医疗等优惠保险服务，扩展区人民医院的医疗责任保险的保险范围，将医务人员感染新冠肺炎纳入保险责任范围。4月，针对荣昌工业园区受疫情影响较重企业，复工前安排客户经理到尚上服饰等重点企业进行安全宣导并组织查勘人员进行安全隐患排查，保障企业及时复工生产防疫物资。

（胡光建）

【中国平安财产保险股份有限公司荣昌支公司】 2020年，支公司采取增强前线力量、完善后线管理、优化客户服务体系等多项措施，实现全年累计保费过亿，占荣昌保险市场份额的第一，位居荣昌财产保险市场第一。

2020年，在新冠疫情和暴雨洪涝灾害期间，支公司迅速启动理赔应急方案，及时上报市级公司并成立应急工作小组，组织荣昌公司全体查勘人员及调动周边区县公司的查勘人员全面投入到救灾一线，奔赴各受灾点查勘定损，并快速调动重庆专业施救公司到达现场，开通绿色理赔通道，提供便捷、快速、人性化的理赔服务，确保做到应赔尽赔。为荣昌区中小企业赠送疫情保险，为客运公司办理保险延期。

提升管理水平，确保合规经营。支公司依据国家保险法等相关法律法规及监管制度，结合上级机构的要求，学习各项文件精神，用管理制度约束员工的行为，加强与客户的沟通，细致高效的开展工作，对每一份保单、每一笔理赔都做到严格把关，认真审核，使合规从源头做起，维护公司及客户利益。培养专业的管理团队和销售团队是平安产险荣昌支公司的目标。在行为准则方面，支公司经理室带头做到求真务实、敬业奉献、严于律己的工作态度，营造平安朝气蓬勃、积极向上的职场氛围。

（郑　航）

【中国平安人寿保险股份有限公司重庆市荣昌支公司】　2002年，支公司下辖双河营销服务部1个五级网点，有内勤员工14人，代理人750余人。至年末，支公司总保费收入1.62亿元，其中，新单保费收入约4280万元，续期保单保费收入1.19亿元，计赔付支出2399万元。支公司通过调整产品结构，适当压缩短缴储蓄型保险业务规模，主推10年期及以上的长期储蓄型及保障型保险产品，保障型保险产品占比已占据主导地位，继主力产品大小平安福以外，陆续推出守护百分百、悦享人生等保障性保险产品，业务结构持续向好，保险业务的内涵价值不断提高，业务规模和内涵价值均取得显著成长。助力复工复产，保障金融服务畅通。平安人寿对32款疾病保险产品扩展保险责任，疫情期间，支公司利用云桌面、VPN、快乐平安、线上视频会议等系统实现员工在家远程办公，合理安排营业时间，确保公司正常经营。通过金管家App，7×24小时为客户提供线上业务办理和咨询服务，客服柜员通过空中门店为高风险、异地三方核身等业务需求提供空中人工远程服务办理。开通绿色通道，7×24小时线上完成理赔报案与申请。依托金管家App为用户提供健康管理“问医生”服务，专业医生团队7×24小时轮流在线解答客户疑问，提供一对一在线问诊。保证服务不打烊，保障金融服务畅通，全力支持复工复产。理赔创新服务。5月，上线“免材料理赔”服务通道，针对发票金额5000元以下、申请理赔日期距离事故日期低于25天、以当次理赔申请的保单年度为基准，既往2年内赔付次数≤3次、客户/代理人无异常品质记录的线上申请医疗险案件，免于收取理赔资料。线上申请可通过客户“金管家”App、代理人“口袋E”App、运督“快易达”App以及微信“安E赔”小程序等进入服务通道。不断强化合规管理，搭建合规管理架构，持续完善合规管理制度，对营销队伍的合规宣传培训取得良好成效，完成永川银保监分局关于“金融支持复工复产和助力决战决胜脱贫攻坚”和2020年保险业市场乱象整治“回头看”两大专项工作，并严格依照监管要求开展各项自查自纠合规工作，全年未发生一起群体性事件。坚决杜绝违规销售非保险金融产品。成立以一把手为组长的专项自查自纠工作小组，对照监管要求，制订全面自查整治方案，在全辖范围内深入排查，要求每名从业人员签署排查表及承诺书。同时通过在职场内布置横幅、张贴合规文件等方式营造良好的合规氛围，在线上开展知鸟课程学习，线下进行早会、会议宣导，向全体内外勤队伍传递合规信息，不断提升风险意识。积极参加“3·15”及金融知识普及月宣传活动。年内受疫情影响，支公司依托科技实力，大力推动线上客户管家“5+5”服务。通过系统每日定期触发标准化服务，让服务内容更全面、服务场景更丰富、服务响应更精准，助力在疫情期间“线上互动、隔空送服务”。在职场内悬挂相关横幅、海报、发放非法集资、反洗钱、保险消费指南等折页，积极做好消费者安全教育工作。积极参加辖区集中举办的“金融知识普及月”宣传活动，在莲花广场现场设立保险知识咨询台，向广大群众发放宣传折页等资料，现场解答广大群众的保险疑问。深入开展防范非法集资宣传活动。成立2020年“防非”宣传月工作小组以及非法集资风险排查整治活动的工作小组，以支公司负责人为组长，全面领导部署防范非法集资宣传月活动和非法集资风险排查整治活动，确保各项宣传、排查工作切实有效开展。通过线上线下、传统媒体与新媒体相结合的形式进行全方位多维度宣导，线上主要包括知鸟平台、邮件宣导、微信平台等，线下主要包括横幅、展架、海报、宣传折页等，营造浓郁的宣传氛围。全面深入开展非法集资风险排查整治工作，从“从业人员涉足非法集资活动”“机构为非法集资提供服务或便利”“外部传染风险”三个方面进行全面排查，采取内外勤、上下级联动方式，并结合阶段工作情况开展督导检查工作，支公司从业人员未涉及非法集资。7月，成立保险业市场乱象整治“回头看”专项工作领导小组和执行小组，下发《关于开展保险业市场乱象整治“回头看”工作的通知》，对2017年以来发现问题的“回头看”、2020年各类乱象自查整治及合规建设开展检视工作。针对排查发现的问题，加强整改，增强内部控制有效性，强化合规文化建设，并不断完善保险业市场乱象整治“回头看”工作的长效机制。

严格落实销售人员管理工作。坚决贯彻落实《中国银保监会办公厅关于落实保险公司主体责任加强保险销售人员管理的通知》，从招录到产品销售，层层压实责任，横到边、纵到底。持续强化内外勤合规意识，在日常合规宣导中结合日常高发易发违规处罚案例，进行广播早会上宣导，层层落实、拴牢合规警绳。强化日常合规专项排查以及案件处置力度，组建合规检查组定期、不定期开展现场及微信朋友圈检查，对违法违规行为发现一例、处置一例，开展案例警示教育。同时针对涉嫌销售误导、返佣、销售非保险金融产品等问题开展月度排查访谈，多角度的了解队伍、排查问题、及时整改。（周敏思）

【中国天安保险股份有限公司重庆市荣昌支公司】
2020年，支公司在保险市场竞争十分激烈的逆境下，紧紧跟随分公司的部署，全年保费收入2697.2万元，增长19.2%。其中，车险完成2436.9万元，增长43.3%，非车险260.3万元，减少53.8%。全年亏损177.98万元。2020年，支公司狠抓业务渠道转型，提高风险管控能力，对承保业务及时地进行审核，利用风险管理技术及定价体系来控制承保风险，决定承保费率，确保承保质量，对超越公司权限拟承保的业务进行初审并签署意见后上报审批，确保此类业务的严格承保，全年无一例承保投诉。我支公司严格按照银保监局和总分公司坚决执行重庆银保监局"报行合一"的要求，严格地做到了车险业务真实规范、见费出单，全年没有受到监管机关的任何处罚，在业务经营上继续保持了稳定健康的发展态势。（李　媛）

【富德生命人寿保险股份有限公司重庆市荣昌支公司】　2020年，支公司以客户服务为宗旨，在坚持"1234"特色理赔服务的基础上，为满足保险客户定制化就医需求，推出"重疾绿通"服务，为客户提供"健康管理+保险保障+医疗"的一站式综合服务。为客户带来快速便捷、细致周到的服务。至年末，支公司有从业人员215人，内勤管理人员4人。总保费收入237.7万元，人身保险理赔案件162件，理赔金额125万元，平均理赔支付时效为1.3天。（刘华珍）

证　券

【西南证券股份有限公司重庆荣昌证券营业部】
营业部一直把合规和安全放在第一位，投入大量人力和物力确保经营合规和安全。在合规经营方面，营业部将投资者适当性管、合规管理作为营业部重点工作。营业部接受公司数次现场检查，开展多次专项自查，每月定期开展全体员工合规培训。通过培训自查等方式加强学习，提升员工意识和技能，始终做到坚守合规底线、合规执业。同时，2020年营业部按照公司要求开展"股市黑嘴""非法荐股""场外配资"及相关"黑群""黑App"专项整治活动。在安全经营方面，营业部接受了公司的专项检查，组织全体员工安全学习，聘请防火宣传人员到营业部进行防火知识现场培训和演练指导；制定安全维稳和处置紧急突发事件、供电系统、信息系统、盗抢、暴乱处置等7项应急预案，多次开展应急演练。员工意识到位，具备应急处置能力，保证了营业部合规和安全经营。狠抓反洗钱工作。营业部除了做好反洗钱基础工作以外，重点开展反洗钱数据治理、身份识别、反洗钱宣传、反洗钱培训工作。营业部通过培训学习和宣传提升员工反洗钱技能、意识，同时增强投资者自我保护意识。传统业务与创新业务齐发展。营业部财富中心在传统业务上做好存量客户服务，突破增量客户。创新机构积极拓展新三板挂牌，财务顾问，OTC科创板挂牌、IPO等创新业务。两种形式，并驾齐驱，发挥专业证券经营机构作用。大力开展投资者教育工作。为保护中小投资者合法权益，让更广泛人民群众接受投资者教育，知晓金融市场风险，更好地保护自己的合法利益，营业部开展了不同形式的投资者教育宣传活动。以循环播放走马灯、悬挂横幅、张贴海报、持续播放视频方式在营业场所开展投资者宣传。涵盖"反洗钱""非法荐股""微信荐股""非法集资"等方面投资者意识的提升宣传和"注册制""创业板专题""新三板专题"等专业知识方面的学习，树立正确的投资理念，增强风险管理意识。（陈　娟）

综合管理

宏观经济管理

【概况】 2020年，重庆市荣昌区发展和改革委员会（简称“区发展改革委”）力抗新冠疫情与国际复杂形势的双重压力，同心攻坚克难，着眼重大项目建设、重大规划研究、重点领域改革，抓重点、补短板、强弱项、提品质，开拓创新，锐意进取，保持了经济持续健康发展和社会大局稳定。实现地区生产总值709.8亿元，同比增长4.9%，增速连续两年保持全市区县第一；全社会固定资产投资增长10.8%，增速全市领先；社会消费品零售总额增长2.6%，一般公共预算收入增长8.0%，城乡居民人均可支配收入分别增长5.5%和7.3%。荣昌区被国务院表彰为“落实有关重大政策措施成效明显，创造典型经验做法且受到国务院督查表扬的地方”。区发展改革委荣获国家发展改革委等部委联合表彰的价格工作先进集体。国家价格争议调研组到荣调研，区发展改革委代表重庆市在全国价格争议调解会议上作经验交流。永荣独立工矿区成功纳入国家“十四五”资源型地区转型发展中央预算内投资支持范围。安陶小镇入选全国20个特色小镇的典型经验案例。

【政策制定】 区发展改革委代区政府编制完成《重庆市荣昌区国民经济和社会发展第十四个五年规划和二〇三五年远景目标纲要》《重庆市荣昌区2020年国民经济和社会发展计划执行情况及2021年计划的报告》《荣昌区加快服务业高质量发展政策措施》，印发《重庆市荣昌区推动成渝地区双城经济圈建设2020年工作要点》《重庆市荣昌区推动成渝地区双城经济圈建设重大项目》等重要文件。

【项目建设】 2020年，全区推进重点项目194个，其中，重点建设项目163个，重大前期项目31个。163个重点项目开工140个，开工率86%，年度计划投资202.5亿元，完成投资172亿元，完成率85%。对26个项目开展概算审查，审减金额5013万元。坚持“四级调度”机制，确保项目推进过程中的难点、卡点问题得到有效调度，累计开展双月通报6次。

【招投标监管】 2020年，区发展改革委统筹建立统一的招标投标监督管理模式，全区工程建设项目招标投标管理严格按照“1+4+9”文件规定执行。全年完成市、区两级招标项目监督共111个，成交金额约26.11亿元，节约资金约2.02亿万元，节支率7.19%。随机抽取项目28个，成交金额约0.1亿元。不予退还的保证金上缴财政约101万元，处罚招标代理机构1次、评标专家1人。

【煤炭行业管理】 2020年，重庆松藻煤电有限责任公司（简称“松藻煤矿”）“9·27”重大火灾事故后，重庆市荣昌区九井煤业集团有限责任公司按照《重庆市安全生产委员会办公室关于汲取松藻煤矿“9·27”重大火灾事故教训严格开展煤矿复工复产验收工作的通知》和《重庆市应急管理局重庆市规划和自然资源局重庆市生态环境局重庆煤矿安全监察局关于严格按照四个标准开展煤矿复工复产验收工作的通知》文件自查自改，通过区安委会组织的复工复产验收，11月18日正式复产。12月4日永川吊水洞煤矿重大事故后，矿井一直处于停产状态。松藻煤矿“9·27”重大火灾事故后，重庆永荣双河煤业集团有限责任公司（简称“双河煤业”）一直处于停产状态。10月26日，双河煤业向区政府提出自愿关闭煤矿的申请，11月13日，区政府批复双河煤业自愿关闭退出煤矿生产。

财　政

【概况】　2020年，面对突如其来的新冠肺炎疫情和持续下行的宏观经济形势，全区财政工作在区委、区政府坚强领导和区人大、区政协的监督支持下，坚持以习近平新时代中国特色社会主义思想为指导，深入学习贯彻中共十九大和十九届二中、三中、四中、五中全会精神，坚持稳中求进工作总基调，坚持新发展理念，认真贯彻落实“积极的财政政策要更加积极有为”要求，围绕做好“六稳”工作、落实“六保”任务。2020年，全区一般公共预算收入30.2亿元，为调整预算的100.03%，较上年增长8.04%。其中，税收收入17.8亿元，为调整预算的100.02%，增长1.03%。全区一般公共预算支出94.7亿元，为调整预算的105.34%，增长2.96%。

2020年荣昌区财政预算收入执行情况统计表

表9　　单位：万元

收　入	执行数	比上年±%
一、一般公共预算收入	302186	8.04
税收收入	177641	1.03
增值税	41870	-3.78
企业所得税	21504	6.76
个人所得税	7664	38.71
资源税	709	-23.27
城市维护建设税	9577	-0.09
房产税	8485	52.20
印花税	2425	9.68
城镇土地使用税	24935	-27.06
土地增值税	11732	-18.94
耕地占用税	20088	249.30
契税	28502	-14.98
环境保护税	136	-20.00
其他税收收入	14	-94.49
非税收入	124545	19.92
二、政府性基金预算收入	392000	26.45
其中：国有土地使用权出让收入	357962	32.76
三、国有资本经营预算收入	—	—
四、社会保险基金预算收入	—	—

注：由于四舍五入因素，部分分项加和与总数可能略有差异，下同

2020年荣昌区财政预算支出执行情况统计表

表10　　单位：万元

支　出	执行数	比上年±%
一、一般公共预算支出	947051	2.96
一般公共服务支出	87628	-9.58
外交支出	—	—
国防支出	924	0.22
公共安全支出	29335	-7.77
教育支出	198766	0.31
科学技术支出	14080	6.55
文化旅游体育与传媒支出	10019	4.64
社会保障和就业支出	116491	2.91
卫生健康支出	110025	4.54
节能环保支出	55127	0.64
城乡社区支出	71975	1.04
农林水支出	102409	0.39
交通运输支出	51430	-0.46
资源勘探工业信息等支出	9016	16.40
商业服务业等支出	791	-69.45
金融支出	5384	2675.26
援助其他地区支出	—	—
自然资源海洋气象等支出	4147	-44.66
住房保障支出	54683	68.81
粮油物资储备支出	305	-65.26
灾害防治及应急管理支出	7000	67.62
其他支出	480	—
债务还本支出	—	—
债务付息支出	17035	8.70
债务发行费用支出	1	-75.00

续表 10

支出	执行数	比上年±%
二、政府性基金预算支出	259392	138.73
三、国有资本经营预算支出	491	-89.79
四、社会保险基金预算支出	—	—

【盘活预算资金】 全力疏通财政“进水口”，咬定收入目标不放松，强化税收征管，科学拟定各月收入计划，不定期召开收入调度会，对标对表落实各项措施，力争“减税不减收”。审慎把控土地出让节奏，合理变现闲置低效的国有资产，做足 PPP 模式与社会资本合作前期工作，清理盘活各预算单位存量资金 1.55 亿元，想好“新困难下的新办法”。精准跟进上级政策动向，抓住成渝地区双城经济圈战略机遇，因地制宜谋划项目，及时对接抗疫特别国债和特殊转移支付的落地方案，最大限度争取资金支持，全年争取上级资金 38.9 亿元，较上年增长 25.48%。

【民生保障】 2020 年，用于民生方面的支出达 71.12 亿元，较好地回应了百姓的民生期许。推动更好的教育，投入逾 19.87 亿元，支持公办学校良好运行，扶持民办学校健康发展，加快黄金坡初高中建设，资助家庭经济困难学生，推动实现从“有学上”到“公平均衡”。提供更可靠的社会保障，切实安抚困难群众，妥善安置退役军人，全面兑现提标政策，城乡低保人员保障标准分别提高到月均 620 元、496 元，推动实现从“有人管”到“关怀到家”。投入 11 亿元，发展更高水平的医疗，保障重大公共卫生服务，全面加强新冠肺炎疫情防控人员、物资、患者救治费用等经费保障工作，投入 1.04 亿元，打好疫情“阻击战”，建立区域内医共体，支持与市内外三甲医院建立紧密型医联体，推动实现从“看病难”到“病有良医”。投入 5.5 亿元，打造更舒适的环境，加大污染防治支持力度，着力解决水、土、大气、农业农村等领域环保突出问题，投入 2.1 亿元实施城乡接合部人居环境综合整治、雨污管网建设、林业资源保护、河流综合治理等，推动实现从“要环保”到“生态宜居”。提供更多的工作创业机会，投入 0.56 亿元促进大学生、残疾人和军转干等人群就业创业、投入 0.3 亿元进行创业担保贷款贴息和创业载体扶持，逐步实现从“有工作”到“创业创新”。规划更幸福的生活，直接投入 0.8 亿元全力脱贫攻坚，推动乡村振兴。

【服务经济发展】 财政“真金白银”为经济发展注入“强心剂”，坚定不移做“加法”，严格落实市政府 20 条、支持企业复工复产 40 条和荣昌区抗新冠支持企业 6 条措施，累计安排扶持资金 2.54 亿元，兑现企业房租、物流成本补贴，推动企业复工复产达产，支持电子电路、陶瓷、医药、环保等重点产业稳产增效，带动经济释放“精气神”。投入 14.6 亿元推动荣昌高新区提档升级，引来更多“金凤凰”。不折不扣做“减法”，着力减负、减支，千方百计保市场主体。全年累计为企业减税降费、减征社保费合计 15.8 亿元，为经济高质量发展蓄动能。多措并举做“乘法”，发挥财政资金引导作用，支持实体经济融资。投入增信风险补偿金 0.4 亿元，累计撬动银行贷款 5.88 亿元，惠及企业 180 余家；投入 0.1 亿元加入全市中小企业应急转贷平台，累计帮助企业解决冲贷资金 10.43 亿元。全区贷款余额 373.62 亿元，增幅 13.24%。持之以恒做“除法”，深化“放管服”改革，推动行政审批“减事项、减时限、减流程、降费用、提效能”，试行“一窗综办”模式，让“少跑路”成为常态。

【严控财经风险】 强化债务管控，切实防范和化解财政金融风险。强约束、促规范，进行常态化监测、台账化管控和限额化管理，政府债务余额为 81.2 亿元，严格控制在市财政局下达的债务限额内。政府综合债务风险等级由“橙”转“黄”，拓展出债券发行更大空间；优结构、降风险，实施“短改长”“刚改柔”融资计划，切实优化债务结构；建立财政与国资联合审查谈判工作机制，利用金融窗口期，实施“高改低”，将新项目融资成本严控在 6%以内、以往高成本项目融资成本调整至 7%以内，共节约资金 3.2 亿元。强储备、保发展，通过项目谋划包装，全年争取到地方政府债券资金 25.84 亿元。其中，地方政府债券收入 17.1 亿元，再融资债券收入 7.5 亿元，外债收入 1.24 亿元，较上年接近翻了一番，高于全市各区县平均水平。债券资金投向污染防治、产城融合、交通基础设施、医疗卫生等领域，保障了全区经济社会事业协调发展。重市场、推转型，为区属国企合理有效配置资源、资金和资产，优化公司资产负债结构，支持区属国企投资领域向金融资本、停车场、物业管理、旅游等经营性项目拓展，提升公司造血功能。强措施、勤排查，出台《荣昌区打好防范化解重大金融风险实施方案》和《荣昌区金融突发事件应急预案》，有效实施风险排查和专项整治，坚决遏制区内非法金融活动；全区金融风险可控，互联网金融乱象和非法集资活动得到有效遏制。

【财税改革】 贯彻法治精神，在预算编制上注重依据审核，建立退出机制，落实“零基预算”；加强制度保障，修订完善《荣昌区财政资金审批管理办法》《重庆市荣昌区财政专项扶贫资金管理实施细则》等，规范管理。强化效率意识，在资金分配上注重轻重缓急，逐步杜绝“低小散”，资金投向大稳定、大民生、大发展；秉持开放理念，实行常态化资金进度通报、常态化存量资金收回和常态化预算追加评审，提高资金效率。树立直达意识，推动5.5亿元直达资金“快、准、严”精确出击，实现惠企利民“有速度、有力度、有温度”。绩效管理改革不断突围。初步建立预算绩效管理制度体系，将自评与重点评价相结合，常规项目与热点政策相结合，实行绩效运行日常监控与重点监控，确保绩效目标如期实现。国库集中支付改革不断提质。成功实行财政票据电子化改革，通过二维码、公众号、云平台等方式，让数据跑路，百姓省心，实现从“跑腿开票”向“指尖开票”转变。金融管理改革不断创新。推动成立荣昌区首贷续贷中心，全区10家银行机构轮值入驻，为全区企业提供“一站式”金融服务。成功争取国家财政部2020年深化民营和小微企业金融服务综合改革试点专项资金0.5亿元，为全市40个区县中仅有的4个试点城市之一。政府采购和政府投资评审更趋严格。打造“互联网+”政府采购，节约采购资金0.14亿元；加强政府投资评审管理，审减资金1亿元。 （黄香玲）

税　务

【概况】 2020年，全区各项税费收入54.8亿元，同比增长1.4%，增收0.75亿元。其中，税收收入33.49亿元，增长0.2%；社保费收入和非税收入21.31亿元，增长3.3%。分税种看，增值税12.6亿元，下降5.9%，减收0.79亿元；消费税0.98亿元，下降14.7%，减收0.17亿元；企业所得税5.38亿元，增长6.8%，增收0.34亿元；个人所得税3.2亿元，增长39.2%，增收0.9亿元；耕地占用税2.01亿元，增长249.3%，增收1.43亿元。分级次看，地方级收入20.41亿元，增长0.4%，增收0.08亿元。区级税收累计入库17.76亿元，增长1.0%，增收0.18亿元。

【减税降费】 积极做好“六稳”工作，落实“六保”任务，全力推动减税降费政策落地落实。着力克服政策类型多、实施时间紧、统筹难度大等困难，确保各项减税降费政策，特别是支持疫情防控和企业复工复产等政策措施。全年累计新增减税降费4.08亿元，涉及全口径税收收入2.44亿元。

【税收改革】 各项税收专项改革平稳落地。稳步落实增值税专用发票电子化试点、财产和行为税合并申报、非税收入划转等专项改革任务，圆满完成个人所得税三步改革，首次年度汇算清缴顺利落地；新资源税法平稳落地实施，绿色税制激发企业低碳发展。

【纳税服务】 认真落实国家税务总局党委提出的“优惠政策落实要给力、‘非接触式’办税要添力、数据服务大局要尽力、疫情防控工作要加力”的“四力”要求，助力疫情防控和复工复产，服务“六稳”“六保”大局。大力推广“非接触式”办税，全年通过非接触式办理税费业务量占比超9成，“非接触式”办税缴费服务事项已达211项；全年推出“非接触式”办税直播课堂16期，税收宣传更加便捷；“便民办税春风行动”，持续优化税收营商环境，纳税人满意度较2019年进步16名。

【服务发展】 以税资政成效显著。向区委、区政府报送税收专报19期，获得领导肯定性批示52人次。荣昌、内江税务合作更进一步，成功签订《夏布行业税收管理跨区域合作备忘录》，通过沟通、共享、联动、协作，为成渝地区双城经济圈建设注入税收力量。精准对接全区“三大攻坚战”，扎实开展扶贫大走访，积极宣传和落实国家各项扶贫税收优惠政策，切实加强对扶贫工作、扶贫项目和相关企业的税务支持和服务保障。区局对接扶贫任务帮扶72人次，慰问物资累计20余万元。 （文明燕）

粮食管理

【概况】 2020年年初，随着新冠肺炎疫情暴发，荣昌区高度重视粮食安全工作，进一步增强大局意识、责任意识，把保障粮食安全放在经济社会发展的突出位置，作为保障民生工作的基本任务，常抓不懈，毫不动摇。区发改委切实完善粮食扶持政策，管好地方粮食储备，确保储备粮数量真实、质量良好、调用高效；抓好粮食收购，加强粮食流通能力建设，促进粮食产业健康发展；完善区域粮食市场调控机制，维护粮食市场稳定。

【粮食供应监测和应急保供】 疫情发生后，荣昌区及时启动粮食供应日监测机制，每天对全区粮食加工生产和供应开展信息采集并将数据报送市级相关机构。1月26日至5月20日，连续116天无间断完成数据采集和报送，5月20日至12月31日，坚持每周采集报送，为相关部门决策提供良好信息支撑。1月26日起，积极组织指导区内粮食加工企业在做好防护的前提下复工复产，至年底，共加工大米6000余吨，有力保证了市场供应和市级、区级应急大米1100吨随时备货、随时用得上。通过传统媒体和新媒体及时发布国家粮食信息，做好舆论引导工作。在全区成品粮油供应中，对粮食生产、运输、销售各环节加强排查，并督促大型商超对粮油及时补货，适当加大库存量，确保供应充足。全年粮油价格总体平稳，供应充足。

【粮食安全宣传】 结合粮食科技活动周和世界粮食日，开展爱粮节粮“进农村、进学校、进社区、进机关”。在荣昌电视台、《荣昌日报》开辟专栏宣传，在区行政中心电子显示屏上连续进行专题宣传，在大型商超、机关食堂摆放“厉行节约、反对浪费”“光盘行动”等宣传展板，在学校开展“节约粮食”主题绘画比赛，在8月最后一周和10月16日开展“粮食科技活动周”“世界粮食日”启动仪式，现场发放宣传资料和物品2万余份，参与人数上万人次。

物价管理

【收费管理】 严格执行《重庆市定价目录》《重庆市行政事业性收费目录清单》《重庆市政府定价的涉企经营服务收费目录清单》和《重庆市政府定价的行政审批前置经营服务收费目录清单》等清单制度，贯彻落实并制定荣昌区阶段性降低水电气成本政策，进一步助力市场主体发展得实惠，全年共降低水电气成本5000多万元。

【价格管理】 认真贯彻社会救助和保障标准与物价上涨挂钩联动机制，保障低收入困难群众基本生活水平不因物价上涨而降低。取消居民天然气初装费，出台天然气临时安装收费文件；启动建立非居民用水超定额累进加价制度；调整农村客运票价，疏导农村客运价格矛盾。

【价格认定】 全年办理刑事案件涉案物品价格认定、二手房应税价格认定和价格争议纠纷调解等各类价格认定业务951件，标的总金额1.05亿元。国家价格争议调研组到荣调研，区发改委代表重庆市在全国价格争议调解会议上作经验交流。（卢林锦）

国有资产监督管理

【概况】 2020年，在2017年首轮国企改革形成的总体构架的基础上调整优化后，由区国资委监管的区属国有企业10家。其中，3家国有集团公司（重庆市兴荣控股集团有限公司、重庆宏烨实业集团有限公司、重庆市万灵山旅游开发集团有限公司），2家公益性项目建设单位（重庆市荣昌棠城投资建设有限公司、重庆市荣昌区棠广实业有限公司），5家其他一般国有公司（重庆棠香影视文化传媒有限公司、重庆市荣昌区弘禹水资源开发有限责任公司、重庆市荣昌区弘禹村镇供水公司、重庆市荣昌区兴荣土地储备整治有限公司、重庆荣昌货运机场有限公司）。重庆市兴荣控股集团有限公司下属子公司6家、关联公司2家，重庆宏烨实业集团有限公司下属子公司7家、关联公司2家，重庆市万灵山旅游开发集团有限公司下属子公司7家、孙公司1家。至年底，区属国有企业资产总额706.46亿元、同比增长9.80%，营业收入26.39亿元、环比增长11.90%，上交税费总额3.2亿元。保留国企人员控制总数为657名，企业实有人数530人。各区属国有企业经营发展情况良好稳定。

【国有资产监管】 健全管理制度体系。制定出台《荣昌区区属国有企业综合考核办法（试行）》以及指导国企党建、经营业绩考核、人员工资管理、公务车管理、法制建设等方面的11个制度文件。完善监管工作机制。指导督促区属国有企业建立规范的财务监测和定期报送机制。建立健全委派到参股投资企业人员定期报告制度和相关管理制度。开展区属国有企业规范财务管理专项治理工作，督促企业加强经济运行分析研判，及时上报月度经济运行分析报告。完善企业综合考核目标编制和工资总额预算的报表体系，分类下达区属国有重点企业和一般国有企业2020年经营业绩考核目标和工资总额预算。推进企业法制建设。制定《关于加强区属国有企业法治建设的指导意见（试行）》《关于加强区属国有企业法律顾问制度建设的意见（试行）》，积极推进区属国有企业法律顾问制度建设。优化企业投融资路径。出台《荣昌区区属国有企业融资管理办法》，进一步规范区属国有企业融资行为。积极推动区属重点国有企业信用评级工作，重庆市万灵山旅游开发集团有限公司完成AA信用评级，重庆市兴荣控股集团有限公司创AA+信用评级工作有序推进。债务管控成效明显。2020年，区属重点国有企业新增融资到位资金XIRR测算成本6.51%/年，较上年下降1.31%，减少利息支出1.16亿元。出台《区属重点国有企业高成本存量债务处置工作方案》，开展高成本融资项目处置工作，各区属重点国有企业共计节约高成本存量债务利息2亿元，完成目标计划的135.03%，降成本效果较为明显。实行国有资产经营业绩考核制度。印发《荣昌区区属国有重点企业负责人经营业绩考核暂行办法》《荣昌区区属国有企业综合考核办法（试行）》，有效实现统一办法、统一考核、统一奖惩，完成了新老考核办法的平稳过渡。

【国有企业改革】 深入推进国有企业分类改革。明确区属国有重点企业功能定位。重庆市兴荣控股集团有限公司围绕智慧城市运维与产城整合发展开展建设和投资，重庆宏烨实业集团有限公司围绕荣昌国家高新区“3+1”产业定位开展建设和投资，重庆市万灵山旅游开发集团有限公司围绕全区文化旅游产业发展、最美乡村建设、康养等开展建设和投资，重庆（荣昌）生猪大数据中心围绕国家赋予生猪大数据中心职能职责着力荣昌猪产业链打造。有序推进同质和关联企业合并重组。完成重庆市荣盾保安有限公司与重庆市荣昌区康居物业有限公司合并，实现人员精简、结构优化，较好地提升运营效率。完成重庆昌泰工程检测公司层级提升工作，有序推进重庆市荣昌区兴龙融资担保有限责任公司和重庆市荣昌银桥担保公司改革，完成天门山公墓资产和运营资质注入重庆兴荣控股集团有限公司、岚峰林场资源注入重庆市万灵山旅游开发集团有限公司相关工作，推动重庆市陶都文化创意产业开发有限公司获得区域矿产资源的探矿权。探索推进混合所有制改革。积极助推重庆（荣昌）生猪大数据中心、重庆市陶都文化创意产业开发有限公司、重庆市在村头电子商务有限公司等市场化运作的企业实施混合所有制改革，探索以股权转让、增资扩股、合资合作、技术引进等方式开展资金、技术、人才引进。

【国企党建】 规范党建引领作用。印发《区属国有企业基层党组织建设工作清单制管理方案》，按“月清单”规范国资国企党的建设和业务工作。在全市区县中率先制定《区属国有企业党组织“三重一大”前置研究事项清单》和《区属国有企业“四步工作法”流程清单》，明确党组织在企业决策中的法定地位，促进党建业务深度融合。打造了荣盾保安公司党支部国企党建示范点，推动形成“可学可听可看”能推广的国企党建经验。助力盘活闲置资产。联合区财政局、区农业农村委印发《荣昌区行政事业单位和国有企业与村级集体经济组织利用国有闲置资产开展合作经营的方案（试行）》，指导督促区属国有企业党组织完成对闲置资源的摸排造册，与村（社区）签约59处、5300平方米，促进村（社区）集体增收52万余元、国企收益24万余元。

（艾席玉）

土地资源管理

【土地出让供应】　优先供应公共服务及设施配套成熟区域地块，增加黄金大道沿线土地供应，合理引导市场预期，确保地价平稳。全年完成土地出让供应61宗，面积191.89公顷，累计供应土地86宗，面积279.27公顷，收取综合价款33亿元，其中房地产开发综合收入15亿元，消化存量土地108.42公顷，超额完成既定任务。

【土地市场管理】　制定标定地价，丰富土地市场评估参考标准、支撑和服务自然资源开发利用、调控引导土地市场平稳健康发展。严格执行基准地价制度，全面更新土地级别和基准地价，结合土地和房地产市场状况，根据不同用途、不同级别范围内土地开发利用状况和规划条件，调整建立新的基准地价价格内涵，补充制定公共服务项目用地基准地价，更新基准地价修正体系，进一步规范土地市场秩序，为制定土地税费、核算土地资产收益提供了科学依据。全年共销售商品房面积96.46万平方米，其中，住宅70.49万平方米，非住宅25.97万平方米，房地产去库存成效明显。

【重点项目保障】　全年上报征地批件517.87公顷，获取征地批文512.13公顷，创“十三五”以来历史新高，有效保障了高升桥水库扩建、大内高速、西南大学扩建、国道348、高新区PCB产业园、黄金坡商住、九峰山畜科院基地、老干部活动中心、万灵大佛等一大批重点项目用地。

【节约集约用地】　严格控制建设用地增量，努力盘活土地存量，强化节约、集约利用土地。实施规划统筹管控。在土地利用总体规划、城乡规划编制和修订时，合理安排各镇（街）新增建设用地规模。建立新增建设用地指标分配与镇（街）吸纳农业转移进城落户人口数量相挂钩，与土地批后供地率和利用效率相挂钩的制度，促进城乡建设相协调、就业转移和人口集聚相统一，促进批而未供土地有效利用。严格项目用地准入管理。根据产业用地目录及项目用地控制标准对拟用地项目开展准入评估。加大一区三园的（空）闲置厂房和土地处置力度。鼓励开发地下空间，所有房地产车库项目均要求必须使用地下空间，并且大力推行地上地下空间多用途综合利用和分层建设。全年处置批而未供面积108.42公顷，完成闲置土地处置46.21公顷。

【土地综合整治】　全年共完成8个区级土地整理项目备案，面积2547.1公顷；完成7个区级土地整理项目竣工验收，面积1460.31公顷，新增补充耕地155.59公顷。共备案新复垦项目42个面积84.93公顷；验收完成65个项目面积53.4公顷；完成地票交易65.8公顷，交易金额1.97亿元，购买地票58公顷，有效拓展了城市建设用地空间。

【耕地和基本农田保护】　至年底，全区耕地保有量为5.2万公顷，永久基本农田面积4.35万公顷，分别占市政府下达耕地保有量面积5.12万公顷的102%，永久基本农田保护面积目标任务4.35万公顷的100%。

【自然资源执法监察】　强化执法监察，严守耕地红线。充分利用卫星遥感、巡查、网络信息、群众举报等手段，对土地违法案件实行早发现早制止，确保将违法行为发现在初始，解决在萌芽，2020年荣昌区卫片数据的真实性和规范性得到了市规划自然资源局在渝西片区督导过程中的高度评价。全年清理违法用地6宗，涉及土地面积86.47公顷，其中，耕地59.9公顷；收缴罚款260.12万元。深入开展矿产资源“打非治违”。以清理查处越层越界开采和无证开采等违法行为为重点，联合区级相关部门对全区登记的矿山企业进行专项执法，对已停止开采的要求恢复原貌，同时与各镇（街）加强监管，进一步落实违法现场监管责任，有力打击违法行为，规范矿产资源开采秩序。对2019年越界开采和无证开采的5宗未结案件进行处理，现已结案4宗，剩余1宗已缴纳部分罚没款，剩余罚没款将在2021年缴纳完毕。

【国土资源调查】　完成第三次全国国土调查统一时点更新变化4072个图斑的外业调查举证以及37个土地整理、复垦项目新增耕地核实工作，确保“三调”最终成果数据的现势性；完成权属核实、相邻区县权属接边及市级抽查审核工作；完成集权属、地类等土地利用要素为一体的国土调查数据库，全区共划分31.09万个图斑，并同步完成“三调”成果数据流向分析，确保耕地、城镇建设用地等时空变化的真实性与合理性。全区“三调”成果已于7月20日上报自然资源部审核。

【不动产统一登记】 自2020年起，企业和个人可在综合办理窗口一次性办理存量房屋转移登记、交易、核税、缴税、缴纳登记费和领取不动产权证书等事宜，存量房转移登记时间缩短至30分钟内办结，真正实现“一窗办理，即办即取”。开通“不动产登记+金融服务”，实现企业和群众办理不动产抵押登记等“不见面”。全年办理业务5.48万件，接待办事群众达1.2万余人次，上门服务60余次，促进不动产登记规范化、标准化。

【农村产权流转】 建立“市、区”两级流转服务平台和“市、区、镇、村”四级交易服务体系。全年共完成农村产权流转交易鉴证25宗，涉及农户1241户，面积274.55公顷，交易金额约1060.71万元。在渝西片区率先开展农村土地承包经营权抵押融资交易鉴证，办理抵押融资交易鉴证6宗，抵押物面积共181.6公顷，融资1120万元。

【矿产资源管理】 认真落实国家“十四五”规划编制工作总体部署和《矿产资源规划编制实施办法》相关规定和要求，积极协调重庆地研院做好规划编制现场实地踏勘和勘查开采区块规划，主动征求区级各相关部门意见优化调整，并对规划环评及时按规定予以公示，广泛征求社会意见。同时做好矿产资源规划编制与生态保护衔接等相关工作，完成荣昌区第四轮矿规初稿编制，并将于2021年6月颁布实施，为荣昌区“十四五”期间矿产资源管理提供规划引领和技术支撑。有序推进矿产资源出让工作，向市规划自然资源局申报矿业权出让项目计划3个，已全部批准；通过挂牌方式出让建筑用砂（灰）岩矿山4个，实现出让收益5381万元。全共完成13.32公顷矿山生态修复工程，关闭取缔露天矿山5个，建成1个绿色矿山。

【地质灾害防治】 持续完善“四重网格化”地灾防治管理体系，强化地质灾害防治责任落实，出台全区年度地灾防治方案，修编全区地灾应急预案。严格执行地质灾害汛期“三查”制度，组织“四重网格员”深入开展汛期排查，全年组织全面巡查排查9轮300百余点次。强化应急处置工作，组织各镇（街）成功处置13起突发地灾险情。切实做好地质灾害搬迁避让及工程治理工作，实施完成市级重点隐患点敖家坡危岩工程治理，完成历史遗留问题螺罐山滑坡体工程整治，组织河包镇等9户受威胁农户实施搬迁避让。全年投入专项防治资金140万元，完成地灾隐患点销号4个，目前实有地质灾害隐患点32处。通过上述举措，全区无重大新增突发地质灾害安全事故出现，实现了地灾防治“零伤亡”目标。

【档案信息化建设】 全年新建档案信息5.97万条，新增入库扫描档案数据168.18万页，新整理清理档案5.92卷入库上架。档案信息化建设成果不断扩大，加快了档案查询时速和档案利用率。全年受理查询服务8.7万人次，打印档案查询信息证明4.4万页，复印档案资料3.2万。坚持为农村房屋上线提供档案信息数据，持续推动档案查询窗口规范化建设，设置规范化服务窗口6个，设置排队叫号服务器及等候座椅、爱心座椅，提供自助饮水，并实行了身份证读卡及时办理服务，引导军人军属和老年群众优先办理，便民化举措更加贴近群众。

【古佛山社区综合整治项目顺利完工】 整合市级投资5000万元，区级配套资金1.5亿元，由规资搭台、市区共建的清升镇古佛山社区山水林田湖草综合整治项目于6月全面完工，9月顺利通过市级验收，并于11月率先完成项目验收审计工作。该项目作为全市首批试点项目，以多规合一为蓝本，生态整治为特色，大胆尝试国土空间优化和各类创新技术，着力打造山水林田湖草生命共同体，补足了项目区“三农”发展短板，促进了当地旅游产业的发展，为实现乡村振兴总要求提供了战略支撑。

【天然富硒土地划定】 积极开展1∶5万荣昌生态地球化学调查成果转化工作，对调查中发现荣昌区具有天然富硒土地划定潜力，且较为集中的安富街道寨子山生态旅游区垭口村茶叶种植区1.2平方千米，作为天然富硒土地划定申报重点，争取获得由中国地质学会和自然资源部中国地质调查局联合颁发具有统一编号的天然富硒土地标识授权使用证书，助力荣昌区打造生态宜居美丽之地。

【助力脱贫攻坚】 深入帮扶农户，广泛宣讲政策。全局共19名帮扶干部，每月至少一次深入32户帮扶对象家中实地走访，宣传中央、市、区各项扶贫及惠农富农政策，让群众明政策、知实惠、报党恩。组织全体干部职工注册“社会扶贫”App，保证注册率达到100%，同时邀请社会爱心人士注册，助力荣昌区贫困户注册覆盖率达到100%，爱心人士与贫困户比例达到1∶3的目标。开展消费扶贫，激发内生动力。局领导及帮扶责任人带头消费，发动全局干部职工通过“社会扶贫网重庆馆”“在村头”等渠道购买扶贫产品，局工会组织全体会员参加市扶贫消费项目，通过扶贫消费，帮助贫困户增加收入，激发自身脱贫，勤劳致富的内生动力。加大资金投入，助力脱贫攻坚。投入50余万元用于支持基层党组织“新风小院”建设。对昌州八角井村、观胜银河村各资助5万元，用于发展壮大乡集体经济，引领带动乡村振兴，从根本上解决脱贫攻坚问题，为脱贫攻坚提供永续的发展动力。 （唐锦明）

市场监督管理

【概况】 2020年，区市场监督管理局把疫情防控作为重大政治任务，统筹推进疫情防控和服务发展，队伍建设与监管能力显著提升，各项工作重点扎实稳健推进，有力地保障了疫情期间市场秩序、质量安全和供应稳定。4月8日，重庆市荣昌区市场监管综合行政执法支队挂牌成立。

【新冠肺炎疫情防控】 新冠疫情爆发后，全局闻令而动，成立区局疫情防控工作领导小组和指挥部，制定市场监管领域疫情防控工作方案，召开疫情防控专题会12次，集中力量加强禁止野生动物销售、禁止活禽交易和宰杀、海产品质量、防疫用品和生活物资市场监管、消费投诉举报处置等重点工作，引导餐饮单位退订宴席2.2万桌，联合疾控部门对流通、餐饮领域冻库海产品等食品进行核酸采样累计8500余份，严格落实购药登记报告制度，累计登记排查2.9万人，查处囤积居奇、不明码标价、哄抬价格等违法行为为13件，全力稳定和规范市场秩序，确保人民生命健康安全。优化细化服务举措，采取预约办、邮寄办等形式，实现注册许可事项“无纸化”“零接触”办理，疫情期间办理市场主体800余户；减免疫情期间市场主体相关检验检测费用，其中，产品质量和特种设备检验费用减免50%，让更多市场主体享受到政策红利，激发复工复产的内生动力。巩固疫情防控成果明显，人民网、食品安全网、华龙网等媒体报道区局疫情防控工作20余篇次，昌元所副所长廖万渊获评全市抗击新冠肺炎疫情先进个人。

【注册登记和行政许可】 对标国际先进营商环境，优化“随地办、马上办、网上办、一次办”服务机制，推行“一件事一次办”，开办企业“一网、一窗、一次、一日”全流程无纸化办结，最快2个小时，通过减环节、减材料、减成本，实现提高效率、提高便利度、提高市场主体满意度。通过村（居）、市场监管所、邮政网点工作人员，推行个体工商户注册登记线下零距离“保姆式”帮办、代办服务。充分运用“渝快办”平台，推广个体工商户“掌上办”，同时提供免费邮寄纸质营业执照服务。推进“告知承诺”“容缺受理”信用承诺制，进一步提升政务服务效能，行政许可平均办理时限压缩80%，平均跑动次数低于0.3次，即办件事项达到35%，全程网办事项超过80%，办事群众“好差评”评价满意率达到100%。通过系列便利化举措，全区市场活力持续释放，全年市场主体新增1.21万户，增速20%，累计为6.75万户，其中，新开办企业2231户、个体工商户9755户、专业合作社75户。为1371户新开办企业提供免费印章，为企业减费约110万元。

【食品药品和医疗器械安全监管】 食品安全体系逐渐健全，印发《荣昌区党政领导干部食品安全责任清单》，充分发挥区食品药品安全委员会作用，食品监管“最后一公里”问题逐渐破解；实施食品生产、经营环节监督抽检1381批次，监督抽检合格率98.96%，比同期增长0.95%。食品生产质量安全稳步提升，对全区288家食品生产市场主体及相关产品企业、1185家特殊食品经营单位实施动态风险分级管理和网格化监管，立案查处30件，有效落实了食品生产环节必查清单制度。食品销售环节持续向好，以新冠肺炎疫情防控工作为重点，建立全区192个食品冷库信息台账，督促各食品销售主体落实疫情防控和食品安全主体责任。落实“菜篮子”“粮食首长负责制”工作，完成3个食品安全规范化农贸市场建设和5776户食品销售主体风险分级工作，大力开展畜禽肉类、冷藏冷冻食品、海（水）产品、校园及周边食品安全、农村食品安全、食用农产品、长江禁捕打非等10余项专项行动，发现违法违规问题数137起，下达责令整改48份，立案72件。餐饮服务保障更加坚实，深入开展校园及周边食品安全、养老机构、机关（事业单位）食堂等专项检查工作，全区260家学校及托幼机构食堂“明厨亮灶”达100%，实现广大师生和学生家长“看得见”的监督。持续开展小餐饮提档升级专项整治工作，完成小餐饮“前灶后店”整改485家，全力保障2020年两会、高（中）考以及文化、旅游等各领域重大活动17起。药品及医疗器械管控更加严格，针对药品零售企业执业药师挂证行为、中药饮片、疫苗等重点领域开展专项整治，对210家经营单位依法依规开展GSP现场认证检查，健全疫苗监管体系，NRA疫苗评估体系评价工作获得全市第一，并向全市全系统推广，对疫苗配送企业及23家接种点开展全覆盖检查。推进药品、中药饮片、化妆品等专项整治行动，累计检查“两品一械”经营使用单位1854家，立案调查“两品一械”违法案件141件，切实保障了全区群众的用药用械安全。

【特种设备安全监管】 编制“日常监督检查计划”“三大行动攻坚战”“三年行动”等日常监察和专项整治行动方案，以危化品相关特种设备、锅炉、快开门式压力容器、大型游乐设施、叉车、重点工程在用特种设备、公用燃气压力管道等专项整治为重点，全年检查使用单位351家、特种设备4756台，发现并整改安全隐患123条，下达安全监察指令书68份。推广实施重庆市电梯96333应急处置平台建设，在用电梯2355台，认领率达100%；连续两年自筹资金开展电梯安全隐患排查专项整治工作，排查电梯296台，涉及老旧电梯98台，使用单位58家，养老机构、学校、商场等重点场所28家。组织协调公用燃气管道定期检验，已完成次高压管道检验139.74千米、中压管道138千米，超额完成市局公用燃气管道定期检验计划。坚持以特种设备安全日常监察、专项整治和行政执法工作为手段，强化风险隐患排查，抓实安全隐患整治，全年未发生特种设备安全事故。

【产品质量安全监管】 利用“质量安全月”、消费者教育等活动抓好质量宣传，开展质量宣传进园区、进校园、进企业，营造了全社会重视质量、关心质量、创造质量、享受质量的良好氛围。对防疫口罩、电动车、消防用品、危化品及包装物、成品油、儿童用品等涉及人身财产安全和环境保护的重点工业和消费品实施监督检查，围绕吃穿住行，加大对防疫物资、儿童玩具、学生用品、成品油等55种产品监管力度，全区工业产品抽检合格率94.17%，较去年提高了0.17%，查处涉嫌假冒和质量不合格案件75件，全区未发生系统性、区域性质量安全事故。

【价格监督管理和反不正当竞争】 重点加强防疫物资、民生物资价格监管，围绕5G建设、转供电、水电气运、农资、头盔、快递末端服务收费等热点领域开展专项治理。打传规直工作扎实推进，联合西南大学荣昌校区开展防止传销进校园主题宣传活动，推进6家企业创建无传销网络平台和2个社区创建无传销社区，对24家直销市场主体开展检查走访，促进直销市场健康有序发展。着力夯实市场经济基础性制度，全面落实公平竞争审查制度，组织清理审查涉及公平竞争的规范性文件及其他政策措施30件。强化不正当竞争领域执法，加大对水电气、车辆检测等容易滋生不正当竞争行业的执法检查力度，加强对不执行政府定价和指导价等乱收费行为的查处力度，立案调查不正当竞争案件6件、价格案件20件，全区市场环境竞争更加公平有序。

【企业信用监管】 全面落实“双随机、一公开”制度，市场监管领域“双随机、一公开”抽检实现15个区级部门全覆盖，各部门“两库”建设率达100%，已抽查2116户，完成率93.25%，实现“全域推广、进一次门、查多项事”。克服疫情严重影响，大力推进年报工作，企业年报率达到了93.55%。强化信用联合惩戒，加强企业异常名录管理，加大复工复产市场主体申请信用修复力度，累计修复100户。按照“规范一批、限制一批”要求，对法定代表人（负责人）、失信被执行人任职资格开展专项监管，累计清理717人次。加大信用信息归集力度，归集信用信息6465条，累计提供企业信用信息查询445户次。

【综合行政执法】 全面推行行政执法“三项制度”，探索建立片区兼职法制员制度，法制审核人员占执法人员总数的6.89%；建立《行政处罚案件审核工作制度》，全年依法核审案件448件，案件质量得到显著提高。打击市场销售长江流域非法捕捞渔获物专项执法行动取得突破进展，对全区所有经营水产、渔具的市场主体进行拉网式检查宣传，下达责令整改书83份，张贴公告4000张，各类经营主体整改合格率达100%，荣昌电视台、《荣昌日报》对区局专项整治行动进行专题报道。执法办案力度持续加大，区局执法支队成立以来，执法办案能力加速提升，全年立案查办违法案件437件。

【网络交易监管】 加强网络交易监管，加大违法线索排查频次和力度，及时充实电子商务监管系统数据，线上检查网站（店）794个次。加强合同监管，开展汽车买卖、房地产交易、网络交易平台等行业领域合同格式条款整治，发现与纠正不公平格式条款145条。向辖区内电子商务平台经营者宣讲《电子商务平台落实法定责任行为规范》，督促引导平台为各类经营主体提供公平的入驻平台规则，支持个体工商户参与市场公平竞争，入驻美团App、饿了么App、“在村头”、国家生猪交易市场等电子商务平台经营的个体工商户1800户。

【广告监管】 牵头开展四大领域广告宣传信访突出问题专项治理工作，发现并整改问题63起，重点对互联网、烟草、医疗、户外、房地产等领域的广告开展专项排查，查处违法广告30件。推动广告产业快速发展，全区广告经营主体2036户、营收1.65亿元、税收1575万元。

【认证认可监管】 开展企业大走访活动，走访重点企业103家，指导昌元化工等7家企业完善标准体系建设，全程跟进华森制药GMP认证工作，助推华森制药新基地快速投产，新增产值5亿元。整治检验检测乱象成效明显，聚焦认证认可工作重点，联合生态环境局、公安局交警支队车管所等部门对11家检测机构开展现场监督检查，努力提升认证公信力、提升认证贡献率。切实为市场主体纾困解难，出台商贸流通服务行业复产复工指引3份，促进全区商贸流通业持续复苏，特别是协调解决尚上服饰、康和美医疗器械等出口企业认证问题，为防疫用品出口企业提供检测、认证咨询服务，为企业挽回经济损失7964万元。

【计量和标准化管理】 稳步推进“荣昌区机关事务综合服务标准化试点”重庆市标准化试点示范项目，组织相关企业、专家起草《机关健康食堂管理规范》等重庆市地方标准，开展全区规模以上企业执行标准大调查，指导52家企业自我声明公开执行的企业标准270项，实施“双随机、一公开”监督抽查5家企业30项标准。深入实施“乡村社区医疗计量惠民工程”，对268家基层乡村社区医疗卫生机构1826台（件）强检计量器具开展免费检定，加强医用卫生、贸易结算、环境监测、安全防护等强检计量器具、民生计量器具及煤矿等单位使用的依法管理计量器具的监管，累计检查6.1万件。

【知识产权发展与保护】 顺利通过国家知识产权试点城市验收，联合区财政局出台《关于进一步支持知识产权发展资助政策措施》，发放专利补助82.28万元，积极帮扶“荣昌陶器”地理标志获得重庆市品牌奖励50万元，“华森”“荣昌陶器”等地理标志入围第一批川渝知识产权重点保护名录。大力实施商标品牌战略，全年新增注册商标3562件、累计9851件，万户市场主体商标有效注册量已升至1407件。采取区外引进、引导企业申请等措施增加全区发明专利总量，全年新增发明专利170件，有效发明专利586件，万人发明专利拥有量8.13件。开展知识产权质押融资工作，推动创新成果转化运营方面的积极作用，全区知识产权质押融资贷款2.12亿元，位居全市第二。积极开展2020年知识产权“铁拳”“蓝天”等专项执法行动，加强品牌产品商标侵权、假冒专利等案件查处力度，立案调查案件133件，有效维护知识产权权利人切身利益。

【消费维权】 全方位拓展维权途径，打好12315平台和消费者权益保护委员会“两张牌”，及时受理、分流、指导、处理各类投诉举报，利用荣昌新闻网、荣昌微发布等平台重大节庆或大型“网购狂欢节”等节庆点发布消费提示、警示20余条，全年接收投诉举报2472件，成功调解率超过90%，为消费者挽回经济损失240余万元。全方位开展消费整治，严肃查处消费欺诈、侵犯个人信息、预收款经营乱象等侵害消费者权益违法行为，深挖、细查重点行业领域的潜规则，查处消费欺诈等9类重点案件97件。全方位强化社会共治，采取线上线下结合、邮政网点发放宣传材料等方式开展3·15国际消费者权益日，累计发放宣传资料10万份、投放灯箱广告26块。放心消费创建扎实推进，全区已创建示范街区6个、示范商场30个、示范经营户200个。

（孟俊平）

公共资源交易管理

【概况】 2020年，区公共资源交易中心完成交易项目440个，成交金额49.47亿元。其中，工程建设项目107个、成交金额16.19亿元，政府采购项目191个、成交金额2.37亿元，土地出让项目52个、成交金额29.68亿元，国企采购项目62个、成交金额1.13亿元，随机抽取项目28个、成交金额0.1亿元。公共资源交易业务增收节资2.63亿元。其中，土地交易项目增收0.98亿元；工程建设项目节资1.51亿元；政府采购项目节资0.1亿元；国企采购项目节资0.07亿元；上缴财政非税收入101.8万元。

【国有工程建设】 坚持主动规范服务，注重细节，提升服务质量。指导项目业主做好标前各项准备工作，标中实行“绿色通道”，在关键环节通过电子监察系统、电话、提示函等方式及时跟进服务，助推重点项目招标和重大采购的顺利开展。深化公共资源交易改革、推动公共资源交易领域廉政建设，规范公共资源交易行为，积极推进建立全市统一的全流程电子化招投标系统。组织全区公共资源交易监督部门、招标人、招标代理机构、潜在投标人等相关人员，开展工程建设项目全流程电子化招投标业务培训2场次，培训人员280余人次。10月19日，首个全流程电子招投标项目运行成功，此举优化了公共资源交易流程，降低交易成本，提高公共资源配置效率及效益，促进公共资源交易阳光化运行。坚持主动对接重点和民生实事项目，编发《区级政府投资重点项目招标（采购）月报》9期，通报问题，分析原因，为提高工程建设项目和政府采购项目一次性成功率积极建言献策。全区确定重点项目163个，重点民生实事项目10个。经项目业主及责任单位确认，已进入或需进入区公共资源交易中心进行招标或采购的项目62个。截至12月20日，已有55个项目在区公共资源交易中心进行入场登记，涉及子项目122个。完成子项目116个，完成率为94.3%，成交金额23.61亿元，节约资金1.51亿元，节资率为6.03%。全年完成工程建设项目107个、成交金额16.19亿元，节资1.51亿元。

【政府采购】 做好全年疫情防控，确保入场项目顺利完成。在疫情防控常态化条件下，区公共资源交易中心结合工作实际，创新开标模式，建成“网上直播开标室”，开展“不见面”开标；切实把区委、区政府疫情防控和复工复产工作安排落到实处，做到疫情防控和公共资源交易服务两不误。依据新出台的规范性文件，修订完善政府集中采购代理协议、货物类采购文件模版、公开招标采购公告模版、档案存档一览表、开评标相关表册等，尤其在采购文件编制过程中，严格落实优化营商环境各项规定，认真清理在市场准入方面是否对企业资质、人员、规模、场所等设置不合理条件，重点审核采购文件中设置的门槛、评分方法等条款设置是否合理，以及固化各种采购方式流程，确保操作规范有序。主动与采购单位对接，提前介入，协助业主做好采购前期准备，提高采购文件编制质量，优化简化办事程序，切实提高招标采购效率和质量。荣昌区生活垃圾焚烧发电项目全过程咨询服务属全区重点项目，由于项目招标两次废标，致项目时间紧急，区公共资源交易中心按要求做好人员、场地部署及设备调试检查，各相关岗位工作人员跟进项目交易，有力保障了该项目于12月5日招标顺利完成。至年末，完成政府采购项目191个，成交金额2.37亿元，节资0.10亿元。其中，集中采购162个，交易金额1.59亿元，节资730.85万元；分散采购29个，交易金额7750.72万元，节约资金301.89万元。荣昌区扶持村级集体经济发展试点项目资金绩效评价服务采购（竞争性谈判）项目节约资金 23.04 万元，节资率为 60.95%；区中医院信息化服务项目（公开招标）项目节约资金 100 万元，节资率为 11.11%。

【土地及矿业权交易】 全年完成土地出让项目 52 个，成交金额 29.68 亿元，溢价 0.98 亿元。其中，8 月 4 日，荣昌区首场土地拍卖，经过 48 轮的激烈角逐，竞拍地块以 5.44 亿元被重庆俊豪实业（集团）有限责任公司竞得，溢价 9498 万元，楼面价达 2403 元/平方米。6 月 22 日，区公共资源交易中心首次开展采矿权交易，共进行了 4 宗采矿权交易，成交金额 5382.09 万元。

【公共资源交易改革及标准化服务建设】 以“放管服”为抓手，积极配合监管部门深入推进公共资源交易改革。积极宣传落实渝府办发〔2019〕114 号系列文件精神，区公共资源交易中心印刷 500 册，送发各镇（街）、各部门和有关单位。认真对照落实公共资源交易监督管理改革“1+4+9”系列文件，切实贯彻落实深化公共资源交易监管改革任务，对标对本查漏补缺，逐项落实，积极推动公共资源交易健康发展。与行业主管部门协作规范交易过程，主动配合，不断完善制度，堵塞漏洞，形成监管合力。在修订各项服务流程时，积极主动征求各行业主管部门意见建议，形成有效的公共资源交易监督与服务的合力。在 6 月荣昌区首轮四宗矿业权出让过程中，区公共资源交易中心积极征询区规划和自然资源局意见，拓展服务范围，实现荣昌区首宗矿权交易的顺利完成。优化营商环境，规范化建设进入新阶段。根据区优化营商环境工作要求，区公共资源交易中心成为全区行政服务大厅“三厅”之一“公共资源交易厅”。按区政务管理办的要求和区公共资源交易中心的公共服务职能定位，制订《荣昌区行政服务中心公共资源交易服务规范》，统一标识标牌，统一服装，统一考勤，统一执行“渝快办”工作规范。在认真开展“公共资源交易大厅建设”同时，区公共资源交易中心把“快精优”功夫做足，确保服务到位。修订《重庆市荣昌区工程建设招标投标工作内控流程（2020 年）》《关于公开重庆市荣昌区工程建设招标项目服务流程（2020 年）》等 7 个内控流程和 5 个服务指南，制订《封标室管理规定》。以规范管理为切入点，健全内控机制，优化服务流程，将服务内容、办理时限、应提供的要件逐一明确，提高办事大厅办事效率和工作人员服务质量，以标准化推进服务便捷化，稳妥推进交易服务厅规范化建设进入新阶段。探索“互联网+金融”，服务手段新实践。筹建电子保函金融服务系统，12 月中旬正式上线运行，切实减轻市场主体资金压力，疏通了市场主体因交纳投标、履约保证金导致大量资金被占用的痛点，推动行业诚信体系建设，切实减轻企业负担，积极促进小微企业和实体经济发展。融入全市一张网，信息建设新格局。区公共资源交易中心于 5 月将“重庆市荣昌区公共资源交易网”集约到“重庆市公共资源交易网”，同时更名为“重庆市公共资源交易网（荣昌区）”，完成全市公共资源交易网站标准版统一集约，促进全市公共资源交易平台系统化、标准化，也为下一步全市公共资源交易信息集约化奠定了坚实基础。强化交易过程管控，规范交易市场秩序。严格人员管控，优化配置场所管理人员，建立工作挂牌上岗制度，对进出开评标室的代理机构人员、监督人员、专家评委等实行挂牌上岗，精准识别，加强投标人员登记排查，无关人员一律不得入内。强化部门协作，建立公共资源交易安全督查巡查和突发事件处置制度，在土地拍卖、矿业权出让、重大工程招标等现场，由区公共资源交易中心、公安部门、监督部门实施联防联控，维持现场交易秩序，保障交易全过程正常实施。

【网络安全建设】 区公共资源交易中心通过询价采购方式确定安全测评公司开展三级等级保护测评。采取静态评估、现场测试、综合评估等方式，对物理安全环境、安全通信网络、安全区域边界、安全管理制度、安全运维管理等十个方面进行综合测评，准确地反映了系统的安全防护能力现状，对发现的问题进行深入分析，制定和落实整改措施，10 月 30 日完成全部测评、系统录入等工作，并通过了区安保办的测评验收。认真开展网络安全监督检查工作。建立健全网络安全防护体系机制和关键信息基础设施安全保护应急机制，制定《重庆市荣昌区公共资源交易中心网络与信息安全管理工作应急预案》，在网络安全自查工作中，完成运营系统的基础信息核对录入工作，并依据《网络安全监督检查限期整改通知书》完成信息系统安全隐患整改工作。做好防火墙软件升级，加强网络安全防御、防止敏感信息泄密，进一步强化对信息系统安全的日常管理，健全应急处理组织机构，明确应急事件分类及处置方法，确保信息系统安全稳定运行。加强对网络、机房、监控等基础设备检查维护。加强对网络设备、机房设备、监控设备运行情况的日检查记录，发现问题及时处理，严格执行机房管理制度，做好防火防盗安全检查。

【"新基建"项目建设】 为优化升级交易平台硬件设施建设，申报《荣昌区公共资源交易智能化服务平台建设项目》，10 月 14 日立项已批复，12 月 10 日可研批复，区公共资源交易中心在"重庆市网上中介服务超市"公开选取了"工程设计，工程咨询，工程造价咨询"机构进行项目服务，这也是荣昌区首个运用网上中介超市交易的项目，此项目的实施将推动中心新旧动能转换、创新服务方式、优化场地布局、新增功能区块、促进公共资源交易领域治理体系和治理能力现代化。项目计划建设工期为 24 个月（即 2021 年 1 月至 2022 年 12 月）。

（马春丽）

审　　计

【概况】 2020 年，区审计局完成审计项目 35 个，查出主要问题金额 32.8 亿元，审计期间整改金额 1.66 亿元；审计促进整改落实有关问题资金 12.12 亿元，其中上缴财政 8515 万元，调账处理金额 2142 万元。政府投资审计审减 1800.14 万元。向纪检监察机关、检察机关及有关部门移送案件线索 11 件。提出审计建议 252 条，被采纳建议 252 条。报送的审计报告、审计结果报告、审计要情等得到区主要领导肯定性批示 50 篇。

【预算执行审计】 围绕构建财政审计大格局，进一步拓展预算执行审计的广度和深度。2020 年，部门预算执行审计首次实现审计全覆盖，对全区 69 个一级预算单位的财务和业务数据进行大数据分析、疑点核查，出具审计报告 69 篇，向区委、区政府报送审计要情 4 篇。揭示出相关单位在预算编制、预算执行、财政收入管理、财政资金管理、资产管理、财务管理及会计核算等方面存在的 320 个问题，涉及问题金额 7.33 亿元，有力促进财政资金使用效率和规范运行。

【经济责任审计】 区委审计办、区审计局对 5 个单位 9 名党政主要领导干部开展任期经济责任审计。审计过程中，紧扣经济责任履行，重点关注领导干部贯彻执行上级经济政策及决策部署、遵守有关法律法规和执行财经纪律情况，以及重大经济决策和内部控制制度的执行情况等内容。审计查出主要问题 137 个、涉及金额 17606.25 万元，移送案件线索 2 件。

【政府投资建设项目审计】 按照审计署、市局党组要求，认真落实"三个转变""五审并举"的要求，推动投资审计转型发展，从宏观层面规范工程建设管理，促进提高公共投资效能。全年开展政府投资项目 16 个，审计投资金额 76318.92 万元，审定投资金额 74518.78 万元，核减投资金额 1800.14 万元，综合审减率 2.4%。

【企业审计】 实施重庆市万灵山旅游开发集团有限公司 2019 年财务收支审计，重点关注融资任务完成、推进重点建设项目、企业负责人经营业绩年度考核、企业财务和经营管理、企业内部控制管理法规和制度执行情况等方面，促进国有企业规范化管理，提高国有企业财务风险防范能力。根据区委、区政府交办，由区审计局牵头，区财政局、区国资委配合，对重庆兴荣控股集团有限公司、重庆宏烨实业集团有限公司、重庆市万灵山旅游开发集团有限公司等 10 家区属国有企业债务融资成本进行专项调查，向区委、区政府领导提交调查分析报告，向企业出具融资成本调查意见书，责成相关企业取消无政策依据对相关金融机构做回报的行为，直接减少融资成本 1 亿多元；将高于每年 7%的存量融资债务利率控制在每年 7%以内，直接减少融资成本 1 亿多元。

【内部审计】 强化内部审计现场业务指导监督。通过业务培训、协助大数据分析、深入现场协助调查取证等方式，对区林业局 2019 年度森林生态效益补偿资金内审项目进行业务指导与监督，做到有的放矢，进一步提高内部审计项目质量。加大对区属国有企业监事会的指导和监督。对全区35家区属国有企业监事活动开展情况进行摸底调查，掌握区属国有重点企业及其子公司、关联公司设立监事会、监事情况，重点走访调研3家国有企业监事会活动开展情况。收集、审查了3家区属国有重点企业2020年度国有企业监督检查工作报告，推动全区国有企业监事会工作更加规范。

【国家重大政策措施落实和重大项目情况跟踪审计】 根据审计署和市审计局统一安排，对新冠肺炎疫情防控资金和捐赠款物、降费政策、疫情政策等内容进行跟踪审计，涉及财政资金24295.42万元。对2019—2020年社会领域公共服务教育卫生板块重大项目、重庆市改善普通高中学校办学条件补助资金的使用和投资效益等进行跟踪审计，审计发现的12个问题纳入市审计局综合报告，移送案件线索2件。

【扶贫资金专项审计】 紧紧围绕决战决胜脱贫攻坚目标任务，认真组织实施荣昌区扶贫资金专项审计，重点关注“两不愁三保障”、就业扶贫、消费扶贫等方面情况，查出部分学校、基层卫生室基础建设薄弱，就业扶贫政策宣传不到位，扶贫产品认定不规范等问题。

【住房城乡建委系统建设管理专项审计】 开展荣昌区住房和城乡建委系统建设管理审计调查，揭示出建筑行业管理体制机制方面存在的问题，从源头规范行业管理，提升建设管理水平，促进建筑业持续健康高质量发展。

【领导干部自然资源资产离任（任中）审计】 聚焦长江经济带环境污染治理和生态保护修复，开展广顺街道领导干部自然资源资产离任（任中）审计，重点关注贯彻落实生态文明建设责任、加强自然资源管理和生态环境保护等方面内容，督促领导干部树立生态优先、绿色发展理念。（冉林灵）

统　计

【概况】 2020年，区统计局面对“抗疫和复产”较为严峻的经济发展形势，以提高统计数据质量为核心，以服务经济社会发展为目标，以深化统计改革为动力，共克时艰、迎难而上，为荣昌开创“成渝两地双城经济圈重要增长极”提供优质高效的统计服务。区统计局在2020年度区县统计工作考核中获考核组（共22个区）三等奖。16项专业统计调查工作在市统计局和重庆调查总队的评比中获奖，被重庆市第四次全国经济普查领导小组办公室和重庆市统计局评为“市级先进集体”，被区委、区政府表彰为荣昌区振兴实体经济工作“先进集体”，区社会经济调查队被区委、区政府表彰为荣昌区打好“三大攻坚战”突出贡献奖“先进集体”。

【统计调查】 2020年，月度劳动力调查。加强培训指导，提高基层调查能力。强化统计宣传，营造良好氛围。严格方法制度，规范调查流程，确保入户访问率和直报率达100%，及时建立完善调查台账，确保调查数据登记留存，有据可查。加强数据审核与评估，认真分析汇总数据，检查月度汇总结果与历史数据是否衔接，确保调查数据客观、真实地反映荣昌区劳动力就业状况。常规统计调查。区统计局严格执行国家和重庆市统计调查制度、操作规程和数据质量控制与评估办法，认真开展综合统计、国民经济核算、农业、工业、建筑业、房地产、贸易、服务业、文化产业调查等常规统计调查和报表工作，出色地完成了妇女儿童两纲监测、规模以下工业企业调查、限额下批零住餐业抽样调查、房价和固定资产调查、人口变动调查、劳动力调查、工业品价格调查等常规统计调查和报表工作，为进行国民经济核算，制定全区经济发展规划和相关政策提供依据。按照“关注百姓心声、围绕中心工作、服务领导决策”的原则，完成群众安全感、医疗机构满意度、基本公共卫生服务满意度、镇（街）和部门工作满意度等民意调查，为区委、区政府和各级各部门了解民意、评价工作提供真实可靠信息。建立健全联网直报工作长效机制，指导、服务全区747家“四上”企业按时进行“企业一套表”联网直报，直报率、上报率、数据录入准确率“三率”达100%。农村统计调查。着力解决机构、人员、经费保障等问题，规范农村统计调查数据的使用，促进全区农村统计调查网络建设。针对城乡住户、农产量、全面农业、畜禽监测等专业调查点的工作情况，采用定期、不定期深入到调查点和调查户中检查和指导记账及调查统计业务工作。加强对全区农村社会经济统计、城乡住户、农产量调查、全面农业、畜禽监测调查年、定报数据的审核评估，确保调查资料客观反映荣昌“三农”发展状况。在城乡住户调查工作中大力推进电子记账工作。

【统计数据质量】 加强名录库建设。充分利用部门资料，定期对基本单位名录库进行动态更新与维护。加强对各阶段数据质量的评估和审核。强化对“四上”企业统计工作的指导和督查，更好地促进了统计数据质量提升。加强制度建设，完善统计业务岗位职责、统计业务内部分工细则、统计数据质量控制办法、统计业务考核办法等一系列制度。开展联网直报数据在线审核，保障联网直报数据质量。严把 GDP 数据入口。加强对本级核算相关基础数据和核算结果的审核评估，强化对季度 GDP 核算相关指标匹配性和协调性的评估，使各行业增加值与相应指标相匹配，增长趋势相协调。

【统计监测与服务】 加强经济运行监测，做好统计服务。及时提供《统计月报》《统计公报》《统计分析》等统计资料，准确、及时、全面地反映了全区经济社会发展状况，为各级党政领导和社会各界提供优质的统计服务。强化统计官方微博、统计微信功能，加强统计外网的在线服务和互动交流。加强统计数据解读，提升统计服务针对性。加强分析调研，提升统计服务水平。全年完成各类统计分析报告 45 篇，为区领导研判经济社会发展形势提供了有力统计保障。其中，《公路货运量与经济增长关系的协整分析》荣获全市统计分析报告三等奖，多篇统计分析被市局采用或获区主要领导肯定和批示。聚焦社会公众关切，深入解读经济运行中出现的新特点新变化新趋势，对统计舆情进行研判和应对，统计舆论引导作用充分发挥。加大宣传力度，营造良好统计氛围。根据《2020 年荣昌区统计局宣传工作方案》，紧密围绕大型普查和常规调查，创新统计宣传手段，以融媒体宣传理念开拓统计宣传新局面，借助传统媒体、政务新媒体融合平台，打造群众喜闻乐见的统计宣传产品开展统计宣传教育活动，提高统计的社会认知度。完善统计产品制作发放工作，每月按时发布《统计月报》等重要统计资料，大力推进政务信息公开，使《统计月报》真正成为各级领导和社会各界了解全区经济社会发展的“口袋书”。提高统计工作信息报送质量，全年共报送各类信息 50 余次。打造“互联网+统计”模式，努力推广“数据荣昌”App 运用，2020 年新增设荣昌区政府网站所属“区统计局”子网站，定期及时发布最新统计信息。

【统计法制宣传与执法】 持续深入贯彻意见、办法、规定。进一步建立健全防范和惩治统计造假、弄虚作假的制度机制，推动对统计造假、弄虚作假实行“一票否决制”。大力开展统计法制宣传。充分运用“12·4”“12·8”法制宣传日开展统计普法宣传活动，通过年报会、培训会、座谈会等形式开展统计普法宣传，同时，局主要领导在《荣昌日报》上发表《全面推进依法治统》署名文章，局分管领导到区委党校主体班做《中华人民共和国统计法》专题讲座。统计行政处罚案卷制作水平不断提高。全年统计行政处罚案卷评查，案卷质量整体较高。认真做好行政权力清理，规范统计执法行为，加强信用荣昌建设行政权责归集建设工作，认真清理公共事项权力清单。严格按照《荣昌区统计造假专项整治工作实施方案》，要求各镇（街）、各经济主管部门要进一步增强防范和惩治统计造假、弄虚作假的责任意识，对标对表逐项对整治事项进行全面清理，逐一整治，按时上报整治效果。建立健全统计依法行政评议考核机制。区统计局建立了统计依法行政工作目标责任制，将依法行政及行政执法工作目标内容分解到与各科室（队）签订的年度工作目标责任书中，以规范政务行为。全年开展统计常规执法检查企业 45 家，开展“双随机”统计执法检查企业 15 家，开展数据核查 937 家，其中，电话、平台查询数据核查 823 家，实地入企数据核查 114 家，对统计违法企业进行行政处罚。

【第七次全国人口普查】 全区 4000 多名普查人员同心协力、扎实工作，人口普查取得阶段性成果。区政府迅速成立荣昌区第七次全国人口普查领导小组及办公室，办公室分为综合组、业务组、数据处理组、执法监督组 4 个工作组，全区 21 个镇（街）均已成立人口普查机构，荣昌区第七次全国人口普查领导小组办公室对镇（街）的普查准备工作进行了督促指导。强化经费物资保障。将人口普查经费纳入区财政预算，采购电子采集设备600台、物联卡4100张，制作马甲、提包、宣传口袋、折页等物资。扎实开展普查业务培训。采取集中培训、重点一对一指导和线上线下相结合等灵活多样的方式开展区域划分和绘图业务培训、综合试点工作业务培训、户口整顿暨人口普查基础信息采集培训、普查综合业务培训等，提高普查人员业务素质和调查技能，每项培训内容结束后都进行了测试，并公布测试成绩。认真开展"两员"选聘。根据《重庆市第七次全国人口普查实施方案》，完成普查指导员和普查员的选聘工作。全区21个镇（街）共选聘3058名"两员"，其中，普查指导员603名、普查员2455名。全面完成普查区域划分与地图绘制工作。完成并上报了全区建筑物的标绘和普查区域的划分，共标绘建筑物88230栋，划分普查小区2881个。仔细开展户口整顿与基础信息采集。加强与公安部门的沟通协调，镇（街）人普办与镇（街）派出所齐心协力，共同推进户口整顿暨人口普查基础信息采集工作。积极组织开展综合试点。由区人普办业务骨干、各镇（街）人普工作负责人和业务骨干、试点区域普查员140余人分为11个小组，在昌州街道油栎社区的15个普查小区现场入户登记。区人普办业务骨干负责对操作过程中存在的问题和困难进行现场解答，系统检验和测试普查方案，全面实行电子设备采集，演练普查组织实施模式，锻炼普查骨干队伍，开展行政记录比对，为正式普查积累了宝贵经验。大力开展宣传动员。区人普办及时印发《荣昌区第七次全国人口普查宣传工作方案》，积极构建"区委宣传部指导、镇街人普办落实、区级多部门联动"的多渠道、立体式宣传模式。在城区范围内近200个小区投放宣传横幅和海报，投放公交站台广告近100个，实现城区主要公交线路及人流密集点位全覆盖；在全区50辆公交车车身投放人普宣传标语车贴，并在全区近100辆出租车LED广告位滚动播放人普信息。投放电视台滚动新闻，广告覆盖16个频道，全天16个时段滚动播出。全区近180个楼宇电梯广告位投放人口普查宣传片，每天滚动播放400次；在全区31个邮政储蓄网点投放视频广告，订制近30辆邮政专车车身广告，打造流动宣传点，全面营造"人人知晓、人人参与"的普查氛围，为人口普查正式登记工作夯实群众基础。通过广大普查人员的艰苦努力，共登记人口104万人，实有人口登记率96.9%，为正式登记采集了基础信息。分细项来看，登记户籍人口86.6万人，其中，外出到省外15.8万人；登记常住人口61万人，其中，人在户在的人口49万人，外来人口11.98万人（包括镇街之间流动）；登记出生人口6238人，死亡人口1848人。全面完成114万人的基础数据采集，并按方案要求抽取8万余人进行长表信息登记。为保证数据质量，分别在摸底、登记阶段对全区21个镇（街）进行区级质量验收，并通过了重庆市事后质量抽查验收。

【全国脱贫攻坚普查】 坚持疫情防控和普查工作两手抓，通过抓好机构、人员、场地、经费落实，夯实基础，精心组织外派普查人员培训，积极做好到荣普查工作组的后勤保障。全区"两不愁三保障"及饮水安全高质量达标，部分指标如危旧房改造、资产收益扶贫、健康扶贫、残疾人保障、产业帮扶、总体生产生活状况改善等指标均超过全市平均水平且排名靠前，脱贫攻坚成效明显，成色很高。完成访户6947户，其中，正常访问6926户，失联户3户，自然减少18户，实际完成普查登记6926户。建档立卡贫困户"两不愁三保障"均稳定达标，建档立卡以来帮扶成效显著：在校生家庭教育扶贫政策、残疾人家庭帮扶政策享受均实现应享尽享；6926户贫困户均享受医保参保缴费补贴，5298户贫困户享受住院"一站式"结算服务，占普查登记贫困户的76.49%，高于全市平均水平，3086户贫困户享受慢性病家庭医生签约服务，占普查登记贫困户的44.56%，高于全市平均水平；6916户享受就业扶贫政策，占普查登记贫困户的99.86%，实现应享尽享；6704户贫困户享受生态扶贫政策，占普查登记贫困户的96.79%；6802户贫困户享受资产收益扶贫政策，占普查登记贫困户的98.21%；6926户贫困户享受产业扶贫帮扶政策实现覆盖。

（何胜富）

住房公积金管理

【概况】 2020年，区住房公积金分中心完善科室设置，内设综合科、业务一科和业务二科3个科室，有在编职工7人。重新选聘各科室科长，经市中心批准调整分中心纪检监察员。全年缴存住房公积金

6.26亿元，比上年增长6.3%；缴存余额15.3亿元，增长13.3%。

【住房公积金缴存管理】 2020年，新增缴存单位85个、3517人，比上年增长43.4%。至年末，全区有681个单位建立住房公积金制度，31375名职工缴存住房公积金，缴存住房公积金6.26亿元，比上年增长6.3%。历年累计缴存住房公积金43.5亿元，缴存余额为15.3亿元，增长13.3%。疫情防控期间，分中心积极落实公积金疫情支持政策，受理5个企业职工256人月申报降低缴存比例，减少公积金缴存额6.34万元；受理10个企业558职工申报缓缴住房公积金，缓缴公积金192万元。7月，所有申报缓缴的企业将公积金全部补缴到位。

【住房公积金使用管理】 全年批准职工1.1万人次提取公积金4.5亿元，比上年同期增长7.1%，历年累计提取公积金13万人次27.8亿元。使用公积金10.4亿元，增长4.6%，使用率166.1%，历年累计使用公积金57.85亿元，使用率132.99%。发放公积金贷款1531笔5.9亿元，增长7%，公积金贷款余额19.19亿元，增长25.26%，公积金个贷率125.67%，累计发放公积金贷款1.22万笔29.98亿元。回收住房公积金个人贷款本金2.1亿元，增长18.6%，累计回收公积金贷款本金10.78亿元，逾期贷款率0.01‰，低于逾期贷款率不能超过1‰的考核指标。公积金贷款的存贷比125.67%，增长10.82%。

【住房公积金增值收益管理】 全年实现增值收益2410万元，比上年增长22.6%。在取得的增值收益里，计提廉租住房补充建设资金专项资金1889万元留存区财政使用，增长55.9%，历年累计留存廉租住房补充建设资金专项资金8348万元。

【住房公积金扩面建制】 坚持以非公有制企业职工和行政事业单位临聘人员扩面为重点，允许新开户企业根据自身情况低步入轨，支持各单位合规补缴公积金，努力扩大公积金制度覆盖面，切实保障职工的合法权益，以出具公积金缴存证明为抓手推动拟上市股份制企业规范实施公积金制度。全年有73个非公有制单位建立公积金制度，累计有政法系统、卫生系统等40多个行政事业单位近2000名临聘人员开始缴存住房公积金。

【资金风险防控】 严格按照市中心要求加强公积金提取审核管理，对外省购房和全款购房多方审核。严防楼盘项目风险，随时掌握个贷逾期情况，主动配合重庆市担保公司协调区法院和区承办银行开展不良贷款的资产处置事务。全年处置回收1笔不良贷款，督促3笔不良贷款恢复正常偿贷，确保住房公积金资金安全。

【服务水平优化提升】 2020年，公积金业务在“渝快办”上线“公积金贷款还贷提取”“退休提取”“公积金提取进度”“公积金贷款资格校验”等11项住房公积金高频服务业务，拓宽办事人员自助服务覆盖面，真正实现“零跑腿、零材料、零审批”自助办理。重庆市住房公积金管理中心荣昌区分中心对市中心陆续推出的取消资料复印件和微信公众号、“渝快办”多个网络服务渠道操作、预约提取和公积金贷款冲还贷等便民措施，大力宣传和积极执行，得到广大干部职工的充分肯定。11月，分中心在区政务服务中心住房公积金服务大厅挂牌，分设多个功能区，规范各类服务标志设置，优化大厅服务环境，严格执行窗口服务考核规定，强化业务大厅的规范管理，全员参加市、区两级各类培训，定期组织业务学习和服务规范专题会议，就公积金管理服务中的实际问题讨论和总结经验，提高职工窗口服务意识和服务水平。12月，区分中心和荣昌农行开展直客式贷款操作培训及业务移交会议，明确自2021年1月1日起，分中心将直客式公积金贷款的接件和初审业务正式移交给两家直客式公积金贷款承办银行，减少办事职工往返跑路。

【成渝地区双城经济圈住房公积金一体化发展】 5月，分中心与泸州、内江两市住房公积金管理中心联合召开住房公积金一体化发展交流座谈会，初步探讨落实川渝合作的有关工作思路和意向，为推动成渝地区双城经济圈住房公积金一体化发展，为强化两地住房公积金领域战略合作关系奠定了基础。12月，重庆与成都、德阳、眉山、资阳两地五中心在成都成功举办同城化区域住房公积金一体化发展合作备忘录签约仪式。

【政策宣传推广】 组织5批次公积金业务培训宣传会议，通过发放宣传资料、PPT演示和现场答疑解惑等多种渠道，全面讲解住房公积金缴存管理政策、贷款管理政策、贷款业务办理流程及所需要件、业务操作规范要求、最新银行考核办法、开发企业网厅操作等，统一新系统下公积金贷款业务操作规范。组织开展公积金政策宣传月和“5·15”集中宣传日活动，结合党建、考评、工作汇报会和区内房地产交易会等专项工作，广泛宣传公积金制度，使公积金惠民政策深入到各级党委政府、相关部门和基层单位。与荣昌融媒体中心签订政务宣传合作协议，通过《荣昌日报》、荣昌电视台、荣昌新闻网、重庆荣昌App等媒体发表专题宣传文章10篇，宣传公积金政策知识和公积金有关业务管理工作情况。发挥分中心业务大厅宣传阵地作用，对每个办事职工面对面宣传政策规定，手把手指导使用微信公众号等各种线上渠道，得到办事群众的普遍肯定。

（吕凤敏）

政府投融资管理

【概况】 2005年11月，经县委、县政府研究决定成立荣昌县国有资产经营管理有限公司。2013年12月公司更名为重庆市兴荣控股集团有限公司，并组建兴荣集团。由新区建设管委会主管、区国资委监管，围绕智慧城市运维与产城整合发展开展建设和投资。公司注册资金20亿元，资产规模230亿元，外部主体评级为AA，计划在2021—2022年期间提升评级为AA+，为全区的发展提供更多的资金保障。公司内设综合部、融资部、财务部、工程部、资产管理部、审计部、发展规划部。下设重庆市昌泰市政工程有限公司、重庆市昌泰建筑工程检测有限公司、重庆市荣昌区宏基路桥建设有限公司、重庆荣盾保安有限公司、重庆市荣昌区兴荣市场管理服务有限公司、重庆市荣昌区兴农融资担保有限责任公司、重庆市荣昌区运通公路工程有限公司、重庆市荣昌区荣胜工程管理有限公司、重庆市兴荣旅游发展有限公司、重庆市昌盛工程咨询有限公司、重庆渝荣林业发展有限公司等子公司。有股权的关联公司6家，重庆市西部水资源开发有限公司、重庆榆荣股权投资基金合伙企业（有限合伙）、重庆市荣昌区重交再生资源开发有限公司、重庆市荣昌区黄桷滩水利开发有限责任公司、重庆市长桥水泥有限责任公司、重庆市富荣股权投资基金合伙企业（有限合伙）。无股权的关联公司3家，重庆市荣昌投资建设有限公司、重庆市荣昌汇安建筑公司、重庆市荣昌奥通公路公司。2020年，公司努力开拓新型融资模式，继续稳步推进集团规范化运行，大力推动企业转型发展，已初具“有一定现金流、有一定盈利能力、有较强融资能力”良性发展的产业实体形态。

【融资工作】 2020年，存量高成本债务处置显著有成效。经过与各金融机构商洽，通过提前还款、调整执行利率、降低回报等方式处置存量高成本债务，全年完成融资项目降息工作13余项，节约利息等支出8000余万元。新增融资项目成本控制有力。公司严格按照区、区政府对成本的要求，全年加权融资成本较上年降低0.99%。盘活国有资产打造民生工程。按照区内下达的租金减免政策，对集团本部符合应减免的租赁户进行租金减免，涉及租赁户98户，减免金额为180.8万元；改善城市居住环境，提升城市品位，新建大型综合砂石木材市场；创新公交车站台广告位运营管理，现已收租金19万元。

【转型发展】 推进重庆市荣盾保安有限公司和重庆市荣昌区康居物业管理有限公司整合重组，将昌泰建筑工程检测有限公司提升为子公司，提出与重庆市建筑科学研究院合作方案，配合重庆市荣昌区兴农融资担保有限责任公司同重庆市荣昌银桥担保公司改革，推进荣昌区天门公墓移交和运营，对接中石化荣昌分公司成立事宜，对接成立重庆市荣昌智慧城市运营公司，做好垃圾焚烧投资占比、资金来源申报事宜，加强对参股投资企业的监督和管理，清理不良项目、提出退出重庆市荣昌区大雨环保科技有限公司和重庆市富吉公路运输集团利达运输公司，要求重庆市交通运输有限公司和重庆市荣昌区小象城泊公司制定2020经营目标、确保实现分红。招商引资，完成盘活螺罐山搅拌站资产（招商引资4亿元），完成城市立体空间媒体资源打造项目（招商引资1亿元），积极推进五洲国际书城，积极推进中石化荣昌油气电氢非综合服务站建设。

【项目建设】 2020年，新增工程项目7个，项目总投资约43亿元。其中，荣昌区虹桥客运枢纽站总投资约4.5亿元，由于国有土地征收拆迁困难，土地未落实，建设手续不能办理，现正在积极推进施工图及预算相关工作；荣昌区环线高速公路建设项目，总投资约32亿元，重庆市兴荣控股集团有限公司持股20%，完成全过程咨询单位和初设单位招标，全力配合交通局和各部门做好其他相关工作；荣昌区保障性住房建设项目，总投资约2.5亿元，已完成监理和跟审单位招标，正在进行施工单位招标；荣昌区黄金坡商务中心项目，总投资约3.5亿元，土地正在调规，准备进行方案设计；河畔学苑长租公寓室内装修工程，总投资约200万元，已验收；荣昌区兴荣多功能停车场建设项目，总投资约2000万元，正在进行施工图和预算；荣昌区天门山公墓至荣吴路村道工程，总投资约400万元。2020年续建项目4个，昌元街道幼儿园改造工程，重庆市荣昌区武装部宿舍装饰工程，荣昌区公交车站点站台改（扩）建，何家坡商业综合服务中心、荣昌夏布利用保护设施、荣昌区老干部活动中心，各项目按序时进度稳步推进。集团安全管理办公室严格履职，对集团及子公司实施的工程进行质量、进度、费用管控，狠抓安全管理，全年组织安全检查90次，实现工程项目安全“零”事故，项目质量均达到“合格”等级。 （黄　珂）

科学技术

科技培育

【概况】 2020年，全区科技创新工作坚持“从全局谋划一域、以一域服务全局”的理念，聚焦“五个提升”工作要求，以国家高新区建设为统揽，以深化科技体制改革为动力，以全面提升创新能力为目标，抓重点、补短板、强弱项，全区科技创新工作迈上新台阶。全区研发经费投入17亿元，研发投入强度2.2%，超过全市平均水平。新增市级科技型企业188家，累计726家；新认定高新技术企业45家，累计103家。新增市级及以上创新平台6个，认定区级工业和信息化重点实验室10家，区级工业设计中心8家，区级企业技术中心5家。新增市级科技企业孵化器1家。新建区级科技专家大院2家。新发放知识价值信用贷款1.49亿元，累计贷款额度达3.59亿元。全年向上争取项目资金总额1.45亿元。强化科技宣传，全年在创新中国、中国基层网、重庆市电视台、华龙网、重庆市科委网、荣昌电视台、《荣昌日报》等媒体宣传报道科技工作动态、科技政策30余条，其中，《科技特派员助力疫情》《提升创新能力，绽放科技之花》《党旗飘扬引领科技创新发展》等文章在人民论坛网站发表，科技新闻宣传在全市科技系统排名第八。

【成渝地区双城经济圈建设】 协同推进“泸内荣永”国家高新区产业联盟合作。3月底与泸州、内江、永川高新区签订高新区产业联盟合作协议，共同推进建设川渝中部产业集聚示范区、协同推进科技创新生态发展、引导市场协同发展、强化资源互通共享。6月，与重庆高新区、璧山高新区、永川高新区共同发起，联合大足、铜梁、潼南、涪陵、合川、长寿、綦江7个市级高新区共同成立重庆市高新技术产业开发区协同创新战略联盟。与永川区政府、重庆文理学院联合发起成立成渝地区双城经济圈创新创业联盟，共同推动两地企业创新创业。7月，在荣昌区联合举办“成渝双城记·科技创未来”创新人才沙龙，共同推进两地人才交流互动。

【科技活动周】 8月23日至29日，全区开展以“科技战疫·创新强国”为主题的“科技活动周”活动。整个活动周以“科技战疫”为重点，展示科学技术对战胜疫情的重要支撑作用和系列成果，展示科学普及在引导人民群众科学识疫、科学防疫中发挥的重要作用。活动内容丰富，包括“四史”宣讲活动、荣昌区反邪教文艺演出、荣昌区青少年科技创新成果展、“天地‘粮’心，珍惜莫蚀”签名、荣昌区科普基地授牌仪式以及全国科普日义诊活动等。活动期间发放科普知识、健康卫生、种养殖技术等宣传资料3000余份，宣传书刊约1000册，举办演出1次，宣讲活动1次，展板20余块、横幅标语5条，观看展板、挂图的市民达3000人次。

【“100+N”开放协同创新体系现场会】 8月20日，由中国农村技术开发中心、重庆市科技局共同主办的“100+N”开放协同创新体系建设暨重庆农业农村科技创新融合发展会议在荣昌区召开。“100”是指重点联系院所、高校、园区、示范县市、乡镇、村、农业科技创新型企业、科技特派员法人单位、星创天地以及新型研发机构10个方面各10个单位；

"N"是指与N个金融、智库、知识产权以及相关部委涉农单位建立合作关系。该体系以国家科技计划项目为牵引，通过农村技术开发中心、地方科技厅（委、局）与创新主体签订三方或多方备忘录共同建设。全市共有9家单位纳入该体系，其中包括辖区重庆市畜牧科学院、荣昌国家高新区2家单位，9家单位将围绕重庆涉农主要科创资源，共同开展合作。

【科技下乡进企活动】 继续发挥"一院一校"技术人才优势，组织全区51名科技特派员到辖区企业以及21个镇（街）开展送科技下乡进企活动12次，开展技术培训34场次，重点围绕农业生产，提升企业研发投入、推动企业技术创新等开展科技培训和政策宣传、咨询等服务。活动中共有300余名农民代表参加技术培训，走访企业100余家，为农户赠送饲料、兽药等养殖物资1吨多，消毒工具数套；发放科普宣传资料3000余份，科技书籍300余册。

科技平台

【概况】 采取企业、科研院校、政府联合组建方式，重点围绕全区农牧、陶瓷、生物医药等产业积极布局国家级、市级创新平台。2020年，新增市级孵化器1家，新增市级创新平台6家，累计76家。认定区级工业和信息化重点实验室10家，区级工业设计中心8家，区级企业技术中心5家。"重牧硅谷"星创天地绩效评估获优秀，古思特众创空间被评为全国第三届"百家特色载体"，孵化培育企业效果明显，全区孵化平台共入驻企业160家，累计培育市级科技型企业100余家，带动3000人以上就业。

【国家畜牧科技城建设】 形成《融入成渝两地"一城多园"西部科学城，全力打造科研教育与成果转化一体化发展的国家畜牧科技城》专题报告报送市发展改革委、市科技局，积极融入西部科学城。畜牧科技城建设写入《成渝地区双城经济圈建设规划纲要》，成为纲要点名支持的11项重大项目之一。同时写入市委五届八次全会决定、区委十四届八次全会决定以及区政府2020年工作报告。完成《国家畜牧科技城建设总体方案》，并通过科技部组织的13位院士专家咨询论证，以区政府名义向市政府行文《关于批准国家畜牧科技城建设总体方案的请示》，争取市级层面支持。

【国家生猪技术创新中心建设】 探索生猪三产融合发展的创新路径，推动创建国家生猪技术创新中心，竭力突破我国生猪安全、优质、高效生产的关键技术瓶颈。形成《国家生猪技术创新中心建设方案》，4月16日通过科技部组织的专家咨询论证。10月16日，通过科技部部长办公会。10月23日，畜牧科技论坛期间再次召开国家生猪技术创新中心专家咨询论证会，院士专家对建设方案进行再次论证，得到一致通过。支持重庆（荣昌）建设国家生猪技术创新中心"纳入市政府部市会商项目清单。

【企业研发平台建设】 优化出台《荣昌区企业技术中心管理办法》，新出台《荣昌区工业和信息化重点实验室管理暂行办法》《荣昌区工业设计中心认定管理办法（试行）》，首次开展区级工业和信息化重点实验室以及工业设计中心认定。新增市级及以上创新平台6个，分别为重庆大鸿农牧机械有限公司工业设计中心、重庆三杰众鑫生物工程有限公司、重庆财信环境资源股份有限公司博士后科研工作站、荣昌高新区管委会、重庆华森制药股份有限公司海智工作站、重庆市畜牧科学院重庆市技术转移示范机构。新认定区级工业和信息化重点实验室10家，分别为重庆蓝洁广顺净水材料有限公司、重庆达标电子科技有限公司、重庆泰通动物药业有限公司、重庆科力线缆有限公司、重庆瑞力比燃气设备有限责任公司、荣昌县金益铸业有限公司、重庆汇光饲料有限公司、重庆华奥药业股份有限公司、重庆永荣机械制造有限责任公司、重庆布尔动物药业有限公司。新认定区级工业设计中心8家，分别为重庆斯格特机械制造有限公司、重庆捷讯特精密塑胶有限公司、重庆市永恒玻陶包装材料股份有限公司、重庆胜亚管道有限公司、重庆鸿全兴业金属制品股份有限公司、重庆鼎创交通光电有限公司、重庆秋叶机械制造有限公司、重庆牧尚科技股份有限公司。新认定区级企业技术中心5家，分别为展旺塑胶（重庆）有限公司、重庆利永纸制品包装有限公司、重庆琪馨食品有限公司、重庆绿色源药业有限公司、重庆埃力森金属制品股份有限公司。

【科技服务平台建设】　出台《重庆市荣昌区科普基地认定及管理办法》，命名荣昌区科普基地13个，分别为荣昌区青少年示范性综合实践科普基地、一带一路陶瓷博览中心科普基地、加合夏布科普基地、清江镇河中村桂圆科普基地、棠香小学人工智能科普基地、荣昌区学院路实践活动科普基地、村造·清江共享农场科普基地、荣昌区观胜镇肉兔养殖科普基地、荣昌区观胜镇中药材科普基地、爱成爱眼护眼教育科普基地（大爱成科技股份有限公司）、荣昌区青少年近视防控科普基地（易视眼科医院）、荣昌区农村饮水安全教育科普基地、重庆市岚峰森林公园科普基地。

科技人才

【概况】　2020年，围绕全区人才工作的目标要求，加强科技人才队伍建设。专家大院积极发挥引领作用，科技特派员和专家团队积极为乡村振兴和精准脱贫工作出谋划策，效果显著。

【科技特派员】　坚持科技特派员制度，修订《荣昌区科技特派员管理办法》，制定《关于选派2020—2021年度科技特派员的通知》，选派科技特派员51名，覆盖21个镇（街）定点联系51家农业龙头企业、合作社、种植养殖大户及贫困户，提供技术指导、信息咨询、项目包装等科技服务。据统计，全年科技特派员线上线下共开展技术服务500余次，解决技术难题70余项，开展技术培训34场，引进推广新技术43项、新品种15项，为农户及贫困户赠送饲料、兽药等养殖物资1吨多、消毒工具数套、技术资料300余份。

【2000余人受益专家大院】　围绕全区特色农业产业，新建双河茶叶、仁义肉牛2家科技专家大院，截至2020年年底共有市区级专家大院12个，其中，市级专家大院5个，盘龙生姜、清江白鹅、观胜肉兔、远觉奶牛、吴家蔬菜；区级专家大院7个，安富蜂业、古昌农业园、观胜中药材、清流柑橘、仁义优质桃、双河茶叶和仁义肉牛。充分发挥农业专家大院农业科学技术推广的基地功能和助推“产学研”合作的平台作用，对负责领域开展品种引进、新技术推广和种植技术现场指导，定期开展各类技术培训和交流活动，全年各个专家大院开展各类培训30余次，受益群众2000余人次，有力促进荣昌全区特色产业的创新发展。

科技项目

【概况】　坚持以科技项目为纽带，引导特色产业发展，实现科技支撑产业，助力全区高质量发展。全年向上争取项目资金1.45亿元。

【国家级科技项目】　争取科技部“科技资源支撑型创新创业特色载体”项目在荣昌高新区实施，到位资金3000万元。联合高新区出台《荣昌高新区特色载体专项资金管理办法》，对孵化平台建立创新平台、培育创新主体等方面给予支持。2020年，拨付资金1600万元。指导区内企业申报科技部“科技助力经济2020”重点专项，重庆永健生物技术有限责任公司、重庆代兴畜牧养殖有限公司2家公司获批项目资金150万元。

【市级科技项目】　继续实施2200万元农牧高新专项，围绕荣昌区农牧高新技术产业发展重大需求，面向全国征集农业、生物医药、大数据智能化等科技项目70余个，立项23个，资金总额2300万元。依托观胜镇的肉兔科技专家大院申报的“肉兔健康养殖关键技术集成与应用”获批市科技局“技术创新与应用发展”专项资金50万元。

【区级科技项目】　2020年区级下达社会事业科技计划项目48个，主要是教育、卫生以及双城经济圈建设等软课题研究，支持项目经费13万元。及时兑现高新技术企业培育补贴、高新技术产品认定补贴、孵化器运营补贴、研发费用租房补贴等区级资助1900余万元，受益企业300家以上。

【科技金融】　疫情期间，帮助知识价值信用贷款到期企业申请无还本续贷。全年新发放知识价值信用贷款88笔，总额1.49亿元，累计贷款额度3.59亿元。探索设立投资基金。设立国家科技成果转化引导基金创业投资子基金，与盛世景资产管理集团股份有限公司合作，签订总规模15亿元的重庆荣昌科技成果转化投资基金协议，并申请科技部成果转

化引导基金以增资方式投入，通过资本市场化运作，引入优质项目落地荣昌。（慈辉辉）

科普工作

【概况】 积极协助西南大学动物科学院院士专家工作站举办第三届中国中兽医药创新发展与非洲猪瘟防控论坛。积极协调中国畜牧学会、市科协和中国科协，成功举办第九届中国畜牧科技论坛，中国科协作为支持单位，市科协与荣昌区人民政府等单位共同承办了第九届中国畜牧科技论坛，中国科协副主席、书记处书记孟庆海出席第九届畜牧科技论坛并宣布开幕，市科协主要领导亲自出席论坛活动，畜科论坛成效和影响力逐年提升。

【科学普及】 利用科技下乡、科技活动周、科技工作者日、全国科普日活动，开展科普进商场、致公科普讲座、科普集市等活动，把科学种子植入人心，让科普生活化。联合致公党荣昌区支部，打造“致公科普讲座”品牌活动，邀请食品营养、心理学、种植养殖等行业专家到社区、镇（街）、基地、协会开展健康讲座、心理咨询、肉牛养殖等专题讲座12场次。切实发挥“同心致福”心理工作站作用，全年走村入户25次，为社区居民排解心理困扰等问题120个。科技馆全年免费开放300天，接待3万余人次。承办重庆市反邪教宣传活动分会场活动1次，全区各级部门、镇（街）、学协会、科普示范社区积极开展反邪教集中宣传月活动，开展反邪教宣传活动50场次，反邪教文艺演出30余次，发放各类宣传册15万份。成功举办荣昌区第三届公民科学素质大赛，积极参加第三届重庆市公民科学素质大赛并获西部赛区一等奖，重庆市公民科学素质大赛决赛三等奖。根据全区公民科学素质建设发展需要，科普经费随财政收入增长逐年增加且专款用于该项工作，确保《全民科学素质纲要》顺利实施。全区全民科学素质比例由2019年的8.3提升到2020年9.3，增幅达12个百分点。

【科技服务】 创新驱动服务发展。组织企业科协开展创新活动，联合企业科协邀请在荣院士专家工作站专家团队到四川铁骑力士集团公司、重庆汇光饲料有限公司等饲料企业，开展生物发酵饲料等新型绿色饲料研发以及无抗饲料配制技术研究。到重庆大鸿农牧机械有限公司开展标准化饲养技术指导，提升企业技术创新能力，促进科技成果落地转移转化。利用重庆科技服务云平台，向农技协、学会、企业推送技术培训信息215次。引进重庆市女科技工作者协会为清江镇河中村乡村振兴出谋划策，解决农村经济发展痛点、难点问题。开展科技需求服务。邀请市科协副主席程伟、李彦、龙晖及学会学术部、企事业部、国际部等部室，市农学会、市硅酸盐学会、市畜牧兽医学会专家学者到荣调研，与重庆日泉农牧有限公司、重庆澳龙生物制品有限公司等进行需求对接，收集重庆华森制药股份有限公司、永健生物技术有限责任公司等10余家企业科技需求，引进市农学会、市硅酸盐学会、市畜牧兽医学会等项目、人才、技术资源，为华奥药业股份有限公司等企业破解存在的科技瓶颈和科技难题。推进人才项目落地。积极组织重庆荣昌高新技术开发区和重庆华森制药股份有限公司成功创建海智工作站，搭建海外技术合作平台，引导海外人才智力向荣昌聚集，为荣昌高质量发展服务。决策咨询服务。组织全区科技工作者积极参与第五届科协改革研讨会，推送论文10篇，其中，1篇获得二等奖，1篇获得三等奖，1篇获得优秀奖，荣昌区获优秀组织单位。做好参政议政工作。配合政协完成调研课题工作，充分履行科协作为政协组成界别的参政议政的权利和职责，向区政协提交议案18篇。《进一步促进我区乡村产业振兴的对策建议》入选党代表优秀工作案例，《荣昌建设成渝一体化发展示范区建议》等3篇调研文章被《渝西论坛》《荣昌政协》刊用，《完善成渝地区科技成果转化链条的思考》被市政协采用并在全市政协会上作现场交流。与区农业农村委联合开展2020年高素质农民教育科技扶贫带头人培训，组织科研院校的教授专家以及“土专家”“田秀才”对96名“致富带头人”进行水产及家禽家畜养殖技术，花椒、辣椒、水果等种植技术及农产品直播营销等培训，让“带头人”将知识带回基层，提升农民群众的种养殖技术水平和科技水平。与清江镇联合开展农村种植技术培训。开展“千会千人进千户”活动，实地帮助困难群众创业致富、持续增收、稳定脱贫。全年培训新型农业经营主体带头人150人、产业扶贫带头人200人、农产品加工300人、青年农场主34人、农业经理人3

人。开展职业技能培训4期200余人次，培训农民工新市民1000余人次。

【科普宣传教育】　青少年科技教育。开展院士专家校园行活动8场次，开展科普大篷车进校园活动，利用区科技馆、板桥社区科普体验馆、桂花园社区科普体验馆、清江河中村科普体验馆等科普场馆，乐禾无人机、荣昌陶博物馆、一带一路陶瓷博览中心等科普基地，开展面向青少年学生的科普宣传。开展荣昌区第22届青少年科技创新大赛，评选推荐163个优秀作品参加第35届青少年科技创新大赛，116个项目荣获市级奖项，其中，一等奖15项、二等奖45项、三等奖56个。10个教师获优秀指导教师奖，荣昌区获优秀组织奖。举行第八届荣昌区青少年科技创新区长奖颁奖仪式。报送科协工作宣传信息100余篇，其中，市科协网站采用38篇，市政协网站采用1篇，荣昌日报《科普荣昌》专栏采用17期，采纳信息19篇。棠城组工采用16篇，荣昌电视台专题报道13次，重庆荣昌App采用19篇，《学习强国》平台专题报道4次，荣昌新时代文明实践云平台采用科普视频16次。　（钟从彬）

气象科技

【概况】　至2020年年末，全区已建成区域自动气象监测站43个、土壤水分自动监测站5个，镇（街）自动气象站监测网格已有20平方千米，配备自动站现场校准设备1套、移动气象站1个、北斗通信终端1套，能实时收集全区暴雨、旱性、大风等灾害性天气的气象数据，实现荣昌气象监测的全覆盖。建有区级气象数据中心信息平台系统，气象观测时空密度由原来的小时级提高到分钟级，观测数据传输用时由分钟级优化至秒级，数据的上传及时率和可用率都有大幅提升。从4月1日起，地面气象观测自动化升级改造全面完成，并投入正式业务运行，这标志着全区地面气象监测迈入智能化时代。全年，地面气象观测质量无错情，国家级自动站观测资料传输及时率为99.89%，区域自动站观测资料传输及时率为99.47%，国家天气地面站资料传输及时率为99.09%，土壤水分站观测资料传输及时率为99.28%，酸雨资料传输及时率为100%，灾害性天气预警信号准确率为95.5%，强对流天气预警提前量大于35分钟。

【气象科普】　利用安全宣传咨询日及气象科技活动周等活动和行政执法的契机，开展气象科普及法治知识进社区、进企业活动，增强全民气象防灾减灾意识。全年，开展气象知识进企业活动105次，深入社区开展气象知识宣传活动2场，发布宣传资料8750余份。同时，充分利用预警信息发布平台短信功能、天气预报栏目、预警显示屏等多种形式进行科普宣传，发布宣传标语56条次，起到较好的宣传效果。

【气象服务】　以气象科技推动农业发展。国家级重庆（荣昌）生猪市场交易与物流气象灾害风险管理示范工程建设于2020年顺利完成，该系统为荣昌生猪物流服务提供气象保障支撑，有效提高生猪在物流运输过程中的存活率。对农业精细化智能服务平台和农业天气通App进行全新升级，新增农业天气通App用户18户，较上年增加10%。在双河街道建立麻竹小气候观测示范基地，与区雨照麻竹种植专业合作社签署《麻竹种植智慧气象服务和技术推广合作协议》，定期派遣农业气象专家对该合作社的麻竹种植进行农业技术指导。对345户重点企业和种植养殖大户开展直通式气象服务。密切关注天气，及时发布《精细化农用天气预报》62期、《农业专题气象服务》20期、《特色作物专题气象服务》21期、《短期气候预测》7期、《农业气象灾害监测预警》10期。开展农情调查50余次，与区农业农村委、区林业局的专家开展联合会商76次、发布联合服务材料48期。以决策气象服务保障民生。全年提前准确预报了“7·15”“8·13”大暴雨，“2·13”“11·20”强降温等10次灾害性天气过程，及时向区委、区政府及相关部门和镇（街）发布决策气象服务材料304期，发布气象预警短信135条，接收达363.39万人次，电话叫应镇（街）主要领导24人次，充分发挥气象防灾减灾第一道防线作用。以公众气象服务促进经济发展。围绕“舌尖上的荣昌”美食消费季活动、第九届中国畜牧科技论坛、乡村复兴论坛·荣昌峰会、2020重庆·荣昌“瑜瀚科技”成渝双城马拉松赛等活动，发布各类重大活动专题天气预报27期，气象预警短信27条，接收达93.68万人次。向社会公众发布气象服务材料共

605期，电话咨询天气1600余次，发布气象预警预报短信284条，接收达783.73万人次。

【防灾减灾】 主汛期前，组织工作人员对直升镇、万灵镇等镇（街）的自然灾害防御工作准备情况进行全面的实地检查，及时消除气象灾害隐患。充分发挥区气象灾害防御指挥部的作用，以指挥部办公室名义组织召开部分成员单位会议2次，先后4次在灾害性天气过程前向各镇（街）下发做好气象灾害防御工作通知。加强同区防汛抗旱指挥部、抗震救灾和地质灾害防治救援指挥部之间的协作，先后7次联合下发关于低温雨雪冰冻和暴雨等灾害性天气应对和启动应急预案的工作通知，督促各镇（街）和相关部门积极准备，落实责任，做好每次重大灾害性天气的防御工作。更新和录入突发事件预警信息接收人员基础信息12万余条，基本做到全区各村社预警信息发布全覆盖。区气象灾害防御指挥部定期对各镇（街）平台运行情况进行通报，并将该通报作为年度考核依据。

【气象安全】 于2019年年底制定并印发《2020年度气象行业安全生产监督检查计划》。全年，组织开展防雷安全执法检查72次、氢气球施放执法安全检查24次、探测环境执法检查24次、防雷检测专项执法检查48次，发现安全隐患34处，对19家企业下发整改指令，对6家企业进行了行政处罚，及时消除气象安全隐患。

【研究型业务有成效】 为加快荣昌气象科研和业务融合发展，将研究型业务与应用紧密结合起来，以科技进步推动业务能力提升。年初，区气象局成立以局主要领导为组长、各科室负责人为成员的研究型业务工作领导小组，制定并印发《重庆市荣昌区气象局2020—2022年研究型业务建设实施方案》，积极开展研究型业务建设工作。全年，区气象局完成重庆市气象部门科研项目2项，其中，业务技术攻关项目1项，青年基金项目1项。完成及发表科技论文5篇，其中，《荣昌区雷电活动及其大气湿度响应关系分析》论文获得气象学术年会论文交流三等奖。完成《荣昌区空气质量预报方法及污染潜在源区研究》和《ADTD闪电定位资料在荣昌雷电临近预报预警中的初步应用》2项课题，研究成果已投入业务工作。选送1人到市局进行为期两个月的业务培训学习，新引进研究生1名。在“巴渝工匠杯”第十二届重庆市气象行业技能竞赛中，荣昌代表队获得团体二等奖，4人次获得单项、全能奖，实现历史性突破。 （李　丽）

畜牧科学研究

【概况】 2020年，重庆市畜牧科学院实施在研项目248项，其中，市级以上重大项目136项，合同经费1.37亿元，新增项目90项，登记成果7项、版权7项，获授权专利41项，发表论文148篇，出版著作18部。获批地方标准立项6项，发布地方标准8项、团体标准2项。获2019年度重庆市科技进步二等奖1项、三等奖1项，获2020年度院级科技进步奖2项。年内，重牧硅谷获批国家级科技企业孵化器，引进企业5家，累计入驻企业60余家，引资额累计达20亿元，培育产值过千万的企业10家。获2020年度市科技局绩效考核优秀奖。

【重点研究领域】 遗传资源领域。开展猪全基因组选择技术研发与服务，初步组建了各场育种所需的参考群体；建立盆周山地猪保种场8个血缘系，保种群种猪数量保持稳定，保种效果明显；涪陵黑猪新品系选育核心群种猪稳步增长，涪陵黑猪配套系选育及产业化开发顺利实施。选育肉鹅专门化品系5个，确定了“渝州白鹅”三系配套模式。通过皮肤全长转录组数据分析，确定酉州乌羊皮肤黑色素异常沉积的关键候选基因。筛选牧草资源具有重要利用价值的种质资源25份，收集繁殖483份牧草资源入库保存，累计实现编目入库403份资源的信息与实物共享。开展肉牛种质资源创新、利用、示范推广，在石柱县、云阳县等地推广良种肉牛人工授精、胚胎移植、肉牛高效安全养殖等技术。组建高产抗逆中华蜜蜂新品系核心种群62群，完成1代选育，组建102群群势一致的生产型蜂场1个。

生物医药与医用动物领域。培育的2个人类抗体小鼠成功进入国家动物模型资源共享信息平台。利用市畜科院自主培育的国内唯一具有自主知识产权的人源化抗体小鼠开展“新冠肺炎”治疗用抗体药物的研发，已经筛选出的具有新冠活病毒中和效果的全人单克隆抗体，KD值、活病毒IC50等核心技术指标居世界前列，为疫情常态化防控提供宝贵的战略资源，新冠诊断用抗体授权中元汇吉生物技术股份公司，在全球几十个国家进行应用。将获得的卵母细胞采用体细胞核移植、构建重构胚、胚胎移植转人免疫球蛋白重链受体母猪 4 头，极大推进人源化抗体猪培育进程。利用国内唯一一个无菌猪培育与应用平台，对四川大学华西第二医院开展新生儿肺部发育动物实验技术服务。完成 14 头母猪剖腹产手术，共构建 46 头实验猪模型。探究出天然活性物质桑葚多酚具有显著的减肥作用，为在功能性食品加工及应用上提供了研究方向。

兽医兽药领域。成功研发出 30%替米考星微乳注射液、20%土霉素注射液，筛选防控仔猪消化道疾病的中药处方 1 个，中药发酵益生菌配方 1 个，初步确定中药发酵技术的生产工艺 1 套，从腹泻绵羊外周血中，得到一株微生物新种。开发“动物疫病诊断管理系统”App 一款，已进入内部调试阶段。通过女黄扶正散发酵物对脾虚大鼠肠黏膜免疫作用及机制研究，成功建立脾虚大鼠模型。从羊副结核分枝杆菌基因组筛选候选抗原基因，构建了抗原信息库和抗原基因原核表达系统。探索出中华蜜蜂虫体解毒酶基因可能参与中华蜜蜂对吡虫啉的解毒代谢的分子机制。

动物营养与畜牧工程领域。研究发现不同菌群移植可改变哺乳仔猪脂质代谢，影响其氨基酸代谢；解析了罗伊氏乳杆菌改善仔猪肠道健康的分子机制；发现大豆低聚糖和益生菌组合成为合生元使用对断奶仔猪早期生长、健康和肠道菌群均具有积极影响。筛选出适用于不同饲料原料的发酵菌种，初步建立液态发酵生产菜籽多肽的生产工艺 1 套，建立玉米—豆粕型饲料批次液态发酵工艺和连续液态发酵工艺各 1 套。成功构建抗菌肽高效表达重组载体和高效表达菌株，研发出群养猪只圈内体重、体尺及位置的智能识别技术和猪场无线传输技术等新技术。

【公共研发、检测平台建设】 融入中国农村技术开发中心“100+N”开放协同创新工作体系，与 32 家企业、政府、高校、知名研发机构集中签约，成为成渝双城经济圈农业科技创新联盟副理事长单位。继续牵头开展“重庆市畜牧科技创新创业联盟”和“中国·荣昌西南安全优质猪肉全产业链联盟”工作，切实履行生猪产业等 4 个国家级创新联盟副理事长单位职责，立足重庆、面向全国进行畜牧科技创新。“国家生猪技术创新中心”通过科技部部长办公会审议，“国家生物安全用全人抗体动物重大战略设施”通过农业农村部组织的院士专家评审，“国家生猪技术创新中心总部及研发平台”“国家级科技企业孵化器双创服务产业园”列入重庆市新型基础设施重大项目动态储备库。“重庆市公共卫生应急用抗体研发生产基地”“国家无菌猪研究中心”等 14 个项目纳入国家、市、区项目储备库和三年投资滚动计划。新建蚕丝暨关链生物材料等新型研发机构等 7 个。建成的猪品种遗传改良国家地方联合工程实验室“国际动物环境与福利研究中心”“农业农村部养猪科学重点实验室”等 76 个公共研发平台和试验示范基地运行良好，科研条件支撑能力进一步增强。共建了重庆中科基因技术有限公司、重庆纳比生物科技有限公司，已建成的重庆华衡检测认证技术有限公司运行顺利，可承担非洲猪瘟、养殖环境等独立第三方实验室检测以及动物诊疗、试剂盒研发等项目达 600 余项，为畜牧全产业链发展保驾护航。

【成果转化与科技服务】 新建重庆市畜牧科学院内江分院、重庆市畜牧科学院忠县分院、重庆市畜牧科学院荣县分院、重庆市畜牧科学院内江猪研究所、重庆生猪产业协同创新研究院（万州），获批市科技局 2020 年市级技术转移示范机构，已建成的 16 个分院（所）、7 个农技推广服务团队，34 个农牧高新技术知名研发机构运行良好，成果转化与技术服务能力进一步增强。在云南镇雄、泸水，四川内江、大竹，荣昌、酉阳、城口等 29 个区县 117 个示范乡镇推广技术 110 余项，解决技术难题 118 个。与重庆赛迪益农数据科技有限公司、四川铁骑力士集团、重庆中科基因科技有限公司、重庆中元汇吉生物技术有限公司、北京神眼科技有限公司、清华大学、重庆临空都市农业开发建设有限公司、中金高通（珠海横琴）资本管理集团有限公司等 20 余家企业签订合作协议，累计与 120 余家企业开展深度合作。积极开展实验示范基地建设、基层农技人员和农民培训。创办或领办、培育企业及合作社 11 个，举办技术培训班 400 余期，培训人员 2.5 万余人次，培训畜牧精英 800 余人。

【科技扶贫】 重科技扶贫，领导率先示范，带队对口帮扶巫溪县红池坝镇金家村、武隆区鸭江镇保禾村、后坪乡、吴家镇代兴村、核桃村、玉峰村600余户贫困户。结合新媒体开设“专家大讲堂”14期、观看量达到1.2万余人次，上报“科技特派员网络公开课”7个、2个课题在线网络直播。专家深入巫山县、奉节县等开展养殖技术培训82场次，培训人员4300余人，下乡服务352次，服务天数992天。选派到巫溪县红池坝镇金家村、吴家镇代兴村的“第一书记”稳步推进扶贫工作，助力脱贫攻坚。依托24名“三区”科技特派员、58名市级科技特派员、9名区县科技特派员和各分院、研究所，进驻18个区县开展精准扶贫，赠送武隆区土鸡苗以及饲料、兽药等生产资料帮助发展特色产业，扶贫效果显著。

【合作交流】 成功承办第九届中国畜牧科技论坛、第九届全国畜牧兽医青年科技工作者学术研讨会、“100+N”开放协同创新体系建设暨重庆农业农村科技创新融合发展会议、第三届“青年拔尖人才”学术论坛暨“组学研究与畜禽健康养殖”学术研讨会等21场国内学术盛会。参加首届生态饲养技术高层论坛、第十三届全国系统动物营养学发展论坛等54场国内会议。年内208位知名专家、企事业领导来访交流与指导。促进科学技术水平不断提高，提升学术影响力和社会知名度。

【体制改革与人才队伍】 编制院《深化科技体制改革实施方案（送审稿）》并经两次市政府会议审议。制定并实施《重庆市畜牧科学院经费“包干制”科研项目管理办法（试行）》。继续实施院《行政与后勤人员绩效考核评价办法（试行）》《科技成果转化实施细则》《职称评聘分开工作实施办法》等。年内，进站博士后2人、在站博士后6人，引进博士1人、硕士2名，1名博士脱产学习，2名博士在职学习，聘请客座研究员1名，联合培养博士研究生3名、硕士研究生6名，完成全院205名专技人员2017—2019年聘期量化考核和新一轮专业技术人员岗位竞聘工作，晋升研究员职称2人。柔性引进22位知名专家、培养16个创新团队、28人在国际国内学术组织担任职务。获批“科技部引才引智基地”，鹅遗传育种科研创新团队和动物微生态制剂研制与健康养殖技术服务团队入选2020年“重庆英才·创新创业示范团队”，荣获“重庆英才·优秀科学家”、重庆市有突出贡献的中青年专家各1人，获评重庆市人社局第二批专家服务团领衔专家3人，市畜科院生物工程研究所获评“重庆市抗击新冠肺炎疫情先进集体”。（张朝政）

教　育

教育管理

【概况】　2020年，全区有区属各类学校295所，其中，公办学校147所，民办学校148所，比上年增加4所。普通中学20所（含4所高完中），中等职业学校2所（含1所进修校），小学121所，幼儿园151所（公办幼儿园9所），特殊教育学校1所。在校学生11.03万人，在职教职工8476人，其中，公办教师6214人，民办教师2262人。全区学校占地214.03万平方米，比上年减少1.5万平方米，减少0.68个百分点；校舍建筑面积113.72万平方米，比上年增加4.92万平方米，增加4.52个百分点。全年教育经费总收入24.9亿元，比上年减少0.89亿元，减少3.45个百分点；总支出23.72亿元，比上年减少1.99亿元，减少7.74个百分点。

2020年荣昌区教育事业统计表

表11　　单位：所、人

	学校数	毕业生数	招生数	在校生数	教职工数	
					计	其中专任教师
总计	295	30133	30455	111582	8476	6936
中等职业教育	2	1645	2357	5850	339	294
普通高中	4	4804	4774	14127	858	821
普通初中	16	8723	8927	26420	2154	1839
普通小学	121	8895	6696	43721	3314	3103
特殊教育	1	4	13	186	49	47
学前教育	151	9022	9133	20018	1762	832

注：此表数据包含民办教育，数据来源于《2020~2021年学年初荣昌区教育事业统计综合报表》

2020年荣昌区办学条件统计表

表12　　单位：万平方米、万册、亿元、万GB、台

	占地面积	校舍面积		运动场地面积	固定资产值		图书		教学用计算机
		计	其中教学行政用房		计	其中教学仪器设备值	计	其中电子图书	
总计	219.4	116.7	61.95	67.59	16.13	2.11	207.74	69.7	14484
中职教育	15.03	9.86	4.78	2.46	4.23	0.65	4.2	0.72	1784

续表 12

	占地面积	校舍面积		运动场地面积	固定资产值		图书		教学用计算机
		计	其中教学行政用房		计	其中教学仪器设备值	计	其中电子图书	
普通高中	23.57	15.8	6.49	10.19	2.26	0.27	38.71	14.66	1936
普通初中	57.61	33.61	18.54	18.49	4.61	0.53	56.98	29.13	3427
普通小学	102.58	42.84	20.42	28.86	5.03	0.66	93.04	22.66	7337
特殊教育	0.67	0.47	0.20	0.27	—	—	0.07	0.08	—
学前教育	19.94	14.13	11.42	7.32	—	—	14.74	2.45	—

注：此表数据包含民办教育，数据来源于《2020~2021 年学年初荣昌区教育事业统计综合报表》

2020 年荣昌区教育经费与办学水平统计表

表 13　　单位：万元、元、%、人、年

类别	数量	类别	数量
教育经费总收入	249032	每万人口在园幼儿数	236
其中：国家财政性教育经费	235625	每万人口在校小学生数	514
社会捐、集资办学经费	22	每万人口在校初中生数	311
事业收入	13356	每万人口在校高中阶段学生数	235
教育经费总支出	237246	学前三年毛入园率	90.2
其中：事业性经费支出	223786	小学适龄人口入学率	100
基本建设投资项目支出	1098	初中适龄人口入学率	100
财政预算内教育经费支出占财政支出的比例	20.85%	高中阶段教育入学率	95.1
政府教育财政拨款的增长与财政经常性收入的增长比例	0.32%	小学毕业生升入初中比例	100
小学生均预算内教育事业费	94971	初中毕业生升入高中阶段教育比例	95.10
初中生均预算内教育事业费	53725	教育人口占总人口的比例	12.98
普通高中生均预算内教育事业费	89651	人均受教育年限	10.6
中等职业学校生均预算内教育事业费	27342		
小学生均预算内公用经费	7233		
初中生均预算内公用经费	4837		
普通高中生均预算内公用经费	9197		
中等职业学校生均预算内公用经费	2729		

注：此表数据包含民办教育，数据来源于《2020 年全国教育经费统计报表》

【优化配强校长队伍】 6 月启动教育系统干部回访工作，共调整干部 84 名，对 9 名在同一岗位任职满 10 年及以上的干部进行了交流、调整；化解 3 所学校领导职数超配；免职 6 名履职不力干部。2020 年艾维武被评为市骨干校长。抓好年轻干部培养工作，2020 年暑期提拔 40 岁以下年轻干部 12 名。提升教师队伍专业素养，到西南大学、华中师范大学考核招聘签约高层次人才 39 名、公招新教师 16 名、考核全科教师及学前公费师范生 76 名、送培农村小学全科教师及学前教育公费师范生 50 名。按照《2020 年荣昌区教育干部教师培训计划》既定规划，完成全年 34 个培训项目，培训干部教师 8000 人次。制定《荣昌区“三名”培养对象管理办法》，“三名”培养对象在课程建设、课堂教学、评价改革方面起到示范引领作用，探索出“四定”教学设计模版，是荣昌教育发展培养、储备领军人物和中坚力量。2020年鲁世金被评为市学科带头人，曹科等8人被评为市学科名师，陈敏等26人被评为市骨干教师。2020年共评选区级骨干教师174名，区级优秀教师169名，先进教育工作者34名，优秀班主任51名，教学质量标兵49名。成立“曹礼静委员工作室”和“国家万人计划教学名师工作室”，发挥名师模范辐射带领作用。加大干部教师交流轮岗力度，面向农村学校遴选教师110名，补充缺编学校，特别是新设立学校的师资。针对部分农村学校音乐、体育、美术等学科教师缺乏情况，采取城区到乡镇支教、学区内走教等方式补充紧缺学科教师。探索招聘的9名“区管校聘”教师继续交流至农村音、体、美等学科教师缺乏学校，全区内支教、走教等交流达200余人次，其中，骨干教师、优秀教师占交流人数的60%；共交流调整干部30名，提拔干部31人，免职干部23名，交流面达20%；借用、支教、走教等方式交流教师450余人，通过交流面达12%。选派19名干部教师到四川四地开展交流学习，接收15名干部教师到荣昌交流学习。提升教师队伍活力，实施硕博奖励、名师、骨干教师奖励，2020年兑现112名高层次人才硕博奖励207余万元。绩效工资发放重点向一线骨干教师、班主任和做出突出成绩的其他人员倾斜，全年共兑现市级骨干教师补助10.2万元，区级骨干教师补助11.39万元。聘任227名中级职称教师、113名副高职称教师；指导、推荐113名符合条件的老师参加市人社局组织的副高级称职称评审，通过率97%。

【教育督导】 坚持“正向引领、尺正立范、监督导行、助力发展”的工作理念，将贯彻落实《关于深化新时代教育督导体制机制改革的意见》作为督导工作重点，广泛开展调研。启动县域学前教育普及普惠督导评估国家认定。积极推进义务教育优质均衡发展创建工作，5月对荣昌区创建义务教育优质均衡发展区督导评估指标进行任务分解；9月成立义务教育优质均衡发展区创建工作领导小组及工作推进小组；10月完成全国义务教育优质均衡年度监测工作，根据年度监测情况，对照指标体系，抓好问题整改，为2024年优质均衡区的创建奠定基础；11月圆满完成义务教育质量监测工作。开展教育满意度调查工作，完成国务院对重庆市政府履行教育职责工作实绩考核工作满意度问卷调查，对全区144所公办学校部分学生家长及“两代表一委员”进行电话随访；12月开展对21个镇街、26个区级部门在履行科教兴区职能职责，支持教育发展等工作的考核评价，完成对全区110余所公办学校、8个学区、8个督导责任区年度办学水平综合督导评估。开展立德树人、脱贫攻坚、疫情防控、大班额治理等10余项专项督导。深入推进督导责任区规范化建设，全面落实“12345”工作常规和八大学月工作主题督导。加强教育督导队伍建设，调整了12名责任区督学，进一步稳定了督导队伍；组织专职督学10人次参加国家级和市级督学培训，进一步提升督导队伍素质。

【教育科研】 开展点菜视导工作，对21所学校进行集体视导，服务学校教育教学。带领全区义务教育阶段学校进行“三为课堂”探索，基本构建了“三为课堂”的“建·教·评”基本范式和“四定”教学设计，成立荣昌区“三为课堂”“四定”教学设计研发团队，成为区域推进“三为课堂”种子教师。推进第三期领雁项目工程，18个教研工作坊和课程创新基地（4个市级项目），在2020年重庆市第三期农村中小学领雁工程中期评估中，荣昌中学峰高校区的武术散打课程创新基地被评为优秀项目。推动17个学科工作室建设和3个农村特色工作室建设，2020年新组建11个学科工作室。围绕课题研究的实践与落地，全年共有23个课题在全区科研活动中进行成果分享、有10个课题的实践运用进行课堂展示，有8个课题研究过程逾300名学生分别参与丰富多彩的课题现场展示活动。积极探索成渝两地共享课程资源、教学模式，推行同学段同学科教师“云研备”与跨区域线下研课赛课等活动。学前教育、小学音乐、初中道德与法治，高中政治、中小学劳动教育等学段学科与成渝两地的自贡、隆昌、永川、江津、泸州等开展互动交流活动。

【教育合作】 主动融入成渝地区双城经济圈建设，已与内江市、自贡市、泸州市、隆昌市建立干部、教师交流机制；与自贡市、隆昌市、泸州市分别就两地教育协同发展签订合作框架协议；与自贡市合作申报“成渝协同”重大教育改革试验项目——成渝发展主轴教育一体化试点，联合自贡、隆昌教体局举办成渝地区双城经济圈教育协同发展“面向2035的学校教育”研讨会，充分发挥教育在服务产业、吸附人口等方面的作用，为“双百”城市建设贡献教育力量。与中央民族大学附属中学签约合作，将荣昌中学整体委托民大附中管理，将原宝城中学、峰高中学改为荣昌中学宝城校区、峰高校区，新建黄金坡校区，交由荣昌中学管理，形成“1+3”民大附中荣昌中学教育集团，同时将双河中学作为荣昌中学美术、信息技术编程的双培基地。与华东师范大学基教所合作探索西部推进教育现代化的“荣昌路径”，华东师范大学基教所专家团队分30批次共计181人次到荣指导和开展活动，初步提出“书润棠城·美好教育”的发展愿景和“三为课堂”教学理念，着力打造20个基地学校，并以基地校为点，通过结对帮扶“两个覆盖”，实现城乡教育一体化发展，广大教师的教育理念和教学方式发生积极变化。

【校园安全】 提升校园安全防范能力，进一步加强学校安全管理和“三防”建设，切实织密学校安全防护网。全区学校严格落实封闭管理，登记查验制度，加强校园及周边日常巡逻。投入财政资金2000余万元，配备校园专职保安511名，学校自聘校园保卫126名，全区学校建成护学岗，护校队员1691名。投入资金150余万元，升级荣昌初级中学配电房，维修广顺小学变压器，确保学校用电安全；为36所薄弱学校更换添置安装学校监控点位250个；对桂花园小学、盘龙镇第二小学等8所学校安装校门防冲撞设施，实现全区公办学校和100人以上的民办学校一键报警装置全覆盖，所有学校视频监控重点部位全覆盖，确保校园“四个100%”工程建设到位。健全校园安全防范机制，进一步加强安全教育和常规管理，抓实校园环境常态化治理。开展学校安全专项检查4次，到校实地督查459校次，整治各类安全隐患及管理漏洞314处，完成290个校外隐患项目的排查与整改。开展防溺水、防校园欺凌、防电信诈骗、防性侵、心理健康等专题宣传教育，发放各类告家长书、倡议书55万份。拟定《2020年校园及周边社会治安综合整治专项行动工作方案》以区委平安办印发，联合区公安、区文化和旅游委、区市场监管局、区城市管理局等集中开展8次校园及周边社会治安综合整治，各学区联合属地镇（街）相关站所、公安派出所开展近1000校次的校园及周边环境综合整治行动，并积极配合区文化和旅游委开展校园及周边环境治理等工作。全区未出现一例校园安全责任事故，营造了良好的育人环境。强化安全管理人员培训，进一步提高安全管理干部业务技能水平，夯实校园安全稳定基础。7月，联合区公安局校保支队、重庆荣盾保安有限公司对全区安全保卫人员就校园安保人员专业技能、突发事件的应急处置等业务知识进行讲解和现场演示。进一步提升校园安全管理能力，增强学校安保人员防范意识，提高学校安保人员防范技能和处置校园突发事件的能力水平。11月，举办为期2天的全区教育系统安全管理干部综合能力提升培训班，邀请5名专家和2名安全管理干部对各学区、各学校近200名安全管理人员开展了心理干预、法律及突发事件处置方面的安全专题培训。

【抗击新冠疫情】 强化宣传引导，提高师生防控意识。利用荣昌教育微信公众平台、荣昌教育网和各校的线上课堂开展疫情防控知识宣传，引导学生和家长自觉做好疫情防控工作，不信谣不传谣，自觉维护良好的网络环境；配合好相关部门制作抗疫沙画、儿童绘画等作品，积极弘扬主旋律，传递正能量。强化组织建设，完善工作制度。印发《重庆市荣昌区学校新型冠状病毒感染的肺炎防控工作方案》《重庆市荣昌区中小学校新型冠状病毒感染的肺炎疫情应急预案》《重庆市荣昌区教育系统新型冠状病毒感染的肺炎疫情防控包片包校网格化管理责任制工作方案》《重庆市荣昌区新冠肺炎疫情防控期间开学工作指南（试行）》等工作方案，为疫情防控提供制度保障。强化责任意识，重点人员梳理全渗透。精准开展师生情况摸排，按要求做好“日报告、零报告”。建立联防防控责任机制，为学校配备“四员”，即教委机关干部任督导员、卫健委指派的防疫技术指导员、所在镇（街）落实联防联控指挥员、当地派出所的护学员。按照包校原则，对学校开展开学条件核验，确保了春季和秋季学期顺利开学。督促学校落实常态化疫情防控措施，修改完善“两案九制”，并严格执行。

【学校德育】　开展新时代好少年“美好生活，劳动创造”主题教育朗诵、演讲、征文、书画、主题班队比赛。推荐优秀选手参加国家级、市级比赛。征文比赛荣获全国一等奖28名，二等奖42名，三等奖105名，荣昌中学罗尹凰同学荣获高中演讲比赛全国一等奖，安富中学李浦金同学获高中朗诵比赛全国一等奖。举行第五届中小学生“学宪法讲宪法”活动荣昌赛区选拔赛，推荐小学、初中、高中各1名学生参加市级演讲比赛和知识竞赛，拓新玉屏小学的陈柯言同学获得市级一等奖，其余选手分获二、三等奖。开展毒品预防教育。开展上好一堂禁毒教育课、参观一次禁毒展览、观看一部禁毒影视剧、开展一次禁毒知识竞赛、开展一次主题班会的“五个一”秋季毒品预防教育活动。全面落实环境教育课时、教师和教材，组织开展“六五”环境日活动，组织中小学生开展环保志愿服务活动。开展了党建带团建工作培训，全区完小以上学校的少先队辅导员和中学团委书记约150人参加；召开中学团委书记述职工作会议，对智慧团建系统和团员发展细则进行培训；成立荣昌区中小学心理健康指导中心，为广大未成年人和家长提供心理健康咨询平台。开展了第四届全国“关爱明天、普法先行”青少年普法教育活动，组织中小学生积极参加普法知识竞赛。

【艺体活动】　开展高雅艺术“芭蕾舞进校园”“川剧进校园”学生文艺观摩活动。选派优秀教师参加重庆市2020年度中小学艺术教育工作培训，提升中小学艺术教师业务能力。开展艺术特色学校创建工作，荣昌初级中学、学院路小学成功创建重庆市第六批艺术特色学校。组织荣昌区第十四届中小学生艺术节活动，组织开展与隆昌市联合举办的学生绘画、书法联谊活动。参加全市中小学生艺术素质测评市级抽测和美育教育评估工作。组织开展全区中小学体育教师优质课比赛，选拔3名优秀教师参加重庆市2020年中小学体育优质课比赛。组织初中毕业生升学体育考试和高中艺体特长生测试。全区8694名学生参加初中毕业生升学体育考试，做好了高中艺体特长生测试和录取工作，共录取128人。举办2020年中小学生田径运动会和跳绳踢毽比赛。组队参加重庆市2020年校园足球联赛。组织参加重庆市2020年中小学校园足球联赛总决赛11个组别的比赛，其中，初中男女乙组和小学女子甲组分获各组别三等奖，成功晋级2020年校园足球精英组。组队参加重庆市中学生田径锦标赛，获初中代表队区组第八名，其中，2个单项获第一名。推动成渝地区双城经济圈建设教育协同发展，开展隆昌荣昌两地中学生足球友谊赛。

【劳动教育】　组建首个区级中小学劳动教育创新实践工作室，为21所中小学校授牌“荣昌区中小学劳动教育基地”，成立劳动教育领导小组及专项工作组，印发《荣昌区全面加强新时代中小学劳动教育工作方案》，积极创建全国中小学劳动教育实验区。

【学生资助】　2020年，全面落实资助政策，学生资助涵盖学前教育到大学教育各阶段。落实学前教育家庭经济困难学生免收保教费和生活费政策，免收保教费183.88万元，惠及困难学生2046人次；免收生活费89.08万元，惠及困难学生2062人次。资助义务教育家庭经济困难学生2.51万人次，发放生活补助1243.61万元。实施义务教育阶段贫困学生营养改善计划，落实资金651.35万元，惠及困难学生2.04万人次。全面执行中等职业教育阶段免收学费政策，惠及学生7224人；发放助学金323.64万元，惠及困难学生3522人次；减免住宿费81.39万元，惠及困难学生3012人次；减免教科书费25.436万元，惠及困难学生1165人次。落实普通高中资助政策，发放助学金705.48万元，惠及困难学生7503人次；减免学费131.36万元，惠及困难学生1500人次；免教科书费30.244万元，惠及困难学生1375人次；实施彩票公益金滋蕙计划，发放补助金34.6万元，惠及困难学生173人次。落实建卡大学生学费补助政策，补助资金401.29万元，资助建卡大学生617人。推进生源地贷款工作，办理人数3941人次，贷款金额3109.24万元。专项资助家庭经济困难大学新生入学112人，补助资金7万元。实施解困助学，专项资助特殊困难学生4人，补助资金1.2万元。实施建卡地专项资助，资助市外就读未在学籍地享受教育资助政策的建卡学生161人次，补助资金5.9万元。

【基本建设】　力补学前教育短板，广顺中心幼儿园建成并投用。回购奥贝尔、昌宁苑、金手指3所幼儿园并举办为公办园。加快推进昌元幼儿园、昌州幼儿园、礼悦东方配套园、棠悦府配套园、海棠新城配套园5所公办园建设。夯实义务教育硬件，加快推进棠香尔雅小学、桂花园小学（进修校前校区）、学院路小学、高新区实验小学、黄金坡初中等5所学校建设工作。推动体教融合发展，启动棠香小学、玉屏实验小学、清升中学、安富中心小学、盘龙镇中心小学、直升镇中心小学6所学校运动场改造（维修）项目。优化高中教育功能。建成安富中学教学综合楼（一期）并投入使用，加快推进黄金坡高中建设。提高乡村教师幸福指数。对清升中学、铜鼓中心校、清升中心校、双河中心校、河包中心校、河包中学、吴家中心校、荣隆中学、直升中心校、观胜中心校和远觉中心校11所学校对闲置校舍改造（维修）为教师周转房，已全部竣工投用。安富街道、仁义镇相关学校租赁商品房为教师周转房。启动永荣中学校、盘龙中学校教师周转房建设项目。

【信息技术】 2020年，投入1807万元，用于高中新课改硬、软件建设、义务教育学校校园无线网络、班班通、录播室、远程互动课堂、智慧校园、实验室、图书室、音乐室、美术室等项目建设。完成后西小学新校区二期班班通及录播室建设、盘龙镇第二中心小学等9所大镇中心校和荣昌初级中学等4所初级中学的信息化建设，并增添了数字教育资源接收播放设备322套，无线网络设备AP774台（套），更换班班通一体机132台，建设远程同步课堂12套，购置课桌凳1870套，购置图书1000册。成功将荣昌初级中学建设为重庆市智慧校园示范校。做好线上教学技术服务工作和网络技术支持，搭建作业评阅系统和视频点播、资源共享平台。配合资助中心为贫困学生解决线上教学流量及终端；开展“延迟开学不停学”线上教学工作督导检查；督促全区各校推广和使用好“渝康码”工作，以及完成包校及包片学校复课工作及复课后指导检查。面向广大师生进行教育信息化推广与培训，提升师生信息技术运用和信息素养。

【教育宣传】 开展中共十九届五中全会精神、市委五届九次全会精神和师德师风宣讲7场，编辑印发《教育动态》6期，在重庆日报刊发荣昌教育专版宣传5次、新闻动态宣传2次，市教委网站采用信息18条，《领导参阅》6条。制作了荣昌区集团化办学成果专题片并在重庆电视台播出；制作了教育工作“晒十三五成就，晒十四五构想”主题报道，并在荣昌报、荣昌电视台、荣昌微发布微信公众号等平台报道和播出。《重庆教育》、市区双城经济圈建设简报多次刊登荣昌教育工作举措、成效。加入区新闻工作者协会并成为其常务理事单位。进一步加强与融媒体中心的合作，《荣昌教育》栏目于9月正式开播。加强教育网、微信公众号材料审核和推送力度，开展“争做中国好网民”活动，积极开展好学校网络素养教育，联升小学获评为区级“网络素养教育基地”。

基础教育

【概况】 2020年，在校学生11.03万人，其中，公办学校8.16万人，民办学校2.11万人；中等职业学校5850人，高中1.41万人，特殊教育学校186人，初中2.64万人，小学4.37万人，幼儿园2万人。

【学前教育】 开展幼儿园等级评定，确定184所幼儿园为等级幼儿园，全区二级以上幼儿园占比达47.54%。开展2020年普惠性幼儿园认定，认定190所幼儿园为普惠性幼儿园，全区普惠性幼儿园在园幼儿1.7万人，普惠率85.04%。扩大学前教育公办资源，通过七大举措提高公办在园幼儿占比，2020年公办在园幼儿占比较2019年提升2.83个百分点。开展幼儿园教师区级赛课活动，推荐仁义镇中心幼儿园教师谷艾林参加市级赛课荣获市一等奖。开展学前教育“小学化”专项治理工作。坚持引导幼儿园以游戏活动为主，开展保教活动，重点针对偏僻农村幼儿园进行不定期抽查，纠正“小学化”现象。

【义务教育】 统筹规范全区中小学招生考试工作。全区共招收小学新生6692人，初中新生8906人；城区公办小学、初中招收进城务工人员子女2648人，确保流动人员随迁子女入学比例达到100%。组织开展小学毕业年级、初中毕业年级学业调研测试和2020年全市中招联合考试。开展“控辍保学”工作，牵头建立义务教育“控辍保学”联控联保工作机制，成立了10个部门和21个镇（街）组成的控辍保学领导小组；建立帮扶教师精准控辍工作机制，采取“1+1”或“1+N”的方式，即每名义务教育阶段建档立卡贫困家庭学生由帮扶教师实行一对一精准控辍。建立幼升小、小升初有效衔接机制，实行控辍保学工作“周报告”制度，动态掌握全区中小学校辍学学生情况。规范中小学办学行为，督促各学校认真落实区级九部门印发的《减轻中小学生课业负担实施方案》《荣昌区中小学校内课后服务实施方案》，指导20余所条件成熟的学校稳步开展校内课后服务，切实解决家长“监管难”“接送难”的问题。开展中小学教学质量专项目标考核工作和教学质量评选，评选出49名教学质量标兵，10所教学质量十佳学校。

【普通高中教育】 推进普通高中发展促进计划的实施。安富中学被评为2020年重庆市普通高中新课程新教材实施示范校和校本教研基地，荣昌中学《美妙的程序算法》和永荣中学《Excel数据处理与分析入门》两项课程成功立项为2020年重庆市普通高中精品选修课程，安富中学科技创新社团和永荣中学手工社团被评为2020年重庆市普通高中优秀学生社团。成立高中生涯规划学科工作室，开展生涯规划建设研究，培养生涯规划教师队伍，为广大高中毕业生提供更科学的生涯规划指导。积极推进新高考改革，推进高中新课程和《重庆市荣昌区高中阶段教育普及攻坚计划（2019—2020年）》稳步实施，竭力改善高中办学条件，为新高考改革提供必要保障。加强高三备考过程管理，着力提升高考质量，重点本科上线859人，比上年净增233人。

【特殊教育】 坚持以“随班就读为主，特殊教育学校为骨干，送教上门为辅”的适龄残疾儿童少年就读方式，保障残疾儿童少年入学权益，2020年秋季全区适龄残疾儿童少年675人，入学651人，入学率为96.4%。开展“送教上门”工作，做到“一人一案”，严格落实每周送教上门一次、每次不少于2课时、每年不少于80课时的送教要求。新建1个特殊教育资源中心和2个特殊教育资源教室（即广顺小学和荣隆中心小学），在荣隆中心小学开展特殊教育资源教室主题培训活动。

职业教育

【概况】 区教育部门主管的中等职业教育学校有1所，即重庆市荣昌区职业教育中心。开设有建筑工程施工、畜牧兽医、汽车制造与检修等21个专业。有教职工381人，在籍学生5838人。贯彻落实《重庆市深化职业教育改革实施方案》精神，围绕区域内主导产业发展，稳步实施“校企合作、产教融合”办学模式，开设“订单班”“冠名班”，着力职业教育服务地方经济发展。联合中小学开展劳动和职业启蒙教育，将动手实践内容融入中小学课程。

【区职业教育中心】 持续推进高水平中职学校建设，初步完成现代农牧专业群和物联网（农牧特色专业）专业群的实训环境建设，建立6个区、校级名师、技能大师工作室，建立5个公共基础学科工作坊。成功申报现代学徒制、骨干专业、实习实训基地、双基地等6个市级项目建设，获市级专项资金295万元，受惠学生1000余人。与12所初中学校共建陶艺、计算机、学前教育等专业劳动和职业教育启蒙基地。学生获国家级职业技能大赛二等奖3项，文明风采大赛获国家和市级奖16项。重庆市教师教学能力大赛二等奖1项，三等奖4项，重庆市技能大赛一等奖9项，二等奖13项、三等奖28项。2019届中等职业学校毕业生就业率达98.3%。与《国家职业资格目录》对接专业的学生双证获取率92%。

【区教师进修学校】 组织职业教育教研活动8次，542人次参加活动。组织教师280人次参加国家级培训，315人次参加了市级培训，1280人次参加区级培训，1050人次参加其他培训。在文明风采活动中，学生获市一等奖3人。参加教学能力、专业技能等比赛，获得国家级奖4项、三等奖4项，市级奖33项、其中，二等奖8项，区级奖11项。

【教师资格考试】 2020年下半年全国教师资格考试笔试全区参考人数为2428人，设174个考场，考试科目5163次，实考科目4148次，实考率80.4%；面试参考人数为291人，设16个考场，31个科目，实考280人，面试通过率82.4%。

社会教育

【概况】 2020年，全区成人教育考试与上年持平，自学考试报名人数比上年有所减少，教师资格考试人数大幅增加。受新冠肺炎疫情影响，4月自考时间调整到8月，取消2020年上半年教师资格考试笔试和面试。

【成人高考】 全区成人高考报名考生462人，其中专升本考生133人，高起专考生329人，其中，文科203人，理科126人，设17个考场，其中，文科考场7个，理科考场5个，专升本考场5个，录取人数383人，录取率为82.9%。

【自学考试】 4月、10月两次自学考试共报考1808人，报名科次3198科，科次实考率75.67%，完成2次自学考试转免考办理。

【开放教育】 2020年，重庆广播电视大学荣昌分校春秋两季招收专、本科学员1003名。培养国家开放大学学士学位获得者3名，至年底，学校共培养学士学位获得者21名。同时，6名学员被评为重庆广播电视大学“网上学习之星”，3名学员被评为国家开放大学和重庆广播电视大学优秀毕业生，9名学员被重庆广播电视大学推荐为国家开放大学奖学金候选人。特色学院建设方面，畜牧兽医专业在2020年持续开展畜牧讲座，推进畜牧专业培养模式探索。挖掘畜牧产业特色，建设地方特色教材《大数据与生猪大数据导读》。陶瓷非学历教育培训稳步开展校企合作，探索现代陶瓷产业非学历教育培训人才培养模式。

【社区教育】 2020年，荣昌区社区学院积极参与并成功创建重庆市社区教育示范区，完成全区社区教育三级体系构建，规范社区学院1所，指导和建设社区学校21所，学习中心156个，社区学校、学习中心和社区教育工作覆盖率100%。社区教育专业队伍培养方面，全年完成2次300余人次的全区社区教育管理干部全员培训，指导和开展各类社区教育活动，培育社区教育品牌，形成“美好教育 幸福荣昌”理念，并于1月6日顺利通过重庆市社区教育示范区评估验收。

（陈　昆）

高等教育

【概况】 2020年7月，西南大学荣昌校区设立动物科学技术学院、动物医学院、水产学院，在荣昌校区办学，至此校区形成“四院一部”（含前述三个学院、商贸学院、基础部）的办学格局。11月，学校印发《西南大学荣昌校区管理体制机制改革方案》和《西南大学荣昌校区党工委、管委会及内设机构工作职责》，进一步明确荣昌校区党工委、管委会职能定位。设立中共西南大学荣昌校区工作委员会、中共西南大学荣昌校区纪律检查工作委员会、西南大学荣昌校区管理委员会，作为派驻荣昌校区的综合管理机构。调整管理服务机构及相关党组织设置，设立综合办公室、后勤工作办公室、学生工作办公室、保卫工作办公室、离退休工作办公室5个副处级机构，保留荣昌校区基础部副处级建制。各办公室（分馆）接受校区党工委、管委会以及学校相应职能部门（直属单位）的双重领导，业务工作以学校职能部门（直属单位）管理为主。设立中共西南大学荣昌校区离退休委员会、中共西南大学荣昌校区机关总支部委员会、中共西南大学荣昌校区基础部总支部委员会”（副处级党组织建制）。学校对校区实行“统一领导、职能延伸、校区协调、条块结合”的一体化管理方式。2020年，有全日制在校本科学生5570人（含北碚校区629人）、硕士研究生314人（含北碚校区146人）、博士研究生11人（北碚校区），网络和继续教育在校学生460余人。在职教职工483人，其中，国家高层次人才10人、省部级专家骨干教师15人，获得市级以上表彰奖励37人，担任学术团体理事及以上职务50人。有专任教师275人，其中，商贸学院33人、动物科学技术学院73人、水产学院52人、动物医学院75人、基础部42人，专任教师中具有博士学位人员161人、硕士学位114人，教授36人、副教授129人，博士生导师29人、硕士生导师85人。

【本科和研究生培养】 完成校区2020年普通本科招生计划编制审定工作。落实校区按照“大类招生单独代码”招生布局，在16个省（市、自治区）投放招生计划，设6个学科大类或专业招生，共计

11个专业。实际录取1420人，其中，文科227人、理科1193，比上年增加150人，计划完成率100%；实际报到1358人，报到率95.63%。2020届本科毕业生共有1099人，初次就业率77.34%。通过加强毕业生就业政策引导与宣传，大力拓展毕业生就业市场，广泛收集和发布毕业生就业信息，确保毕业生就业质量稳中有升。2020届校区毕业生到国有单位就业124人，到国有单位就业率11.28%；升学308人，升学率28.03%；出国21人，出国率1.21%；三项合计为41.22%，创历史新高。校区充分利用和挖掘校友资源带动就业，毕业生到企业就业单位中，有90%以上毕业生都就业于上市公司。与荣昌区合作举办第九届中国畜牧科技论坛畜牧科技人才招聘会暨西南大学2021届毕业生双选会，参加单位120余家，提供就业岗位2万余个。全年组织校园招聘专场100余场，接待到校单位140余家。在做好疫情防控的前提下，开展线上线下相结合的授课方式，确保人才培养质量不受疫情影响。完成各年级各专业教学执行计划审核和3464门次课程的排课及专业选修课、通识选修课、英语分级教学选课工作。完成申报2021年教育部专项项目9项，金额约3500万元；完成智慧教室和实验室建设项目建设2项。创新创业教育成效突出。创客团队“零负担”入驻北碚大学科技园荣昌分园，全年累计入驻10家西南大学在校师生创业团队。举办沙龙、座谈会、培训等活动7次。组织学生参加大学生数学建模竞赛。组织和指导学生参加美国大学生数学建模竞赛获二等奖6个、三等奖34个；组织学生参加全国大学生数学建模竞赛（重庆赛区）获一等奖3个、二等奖9个。举办全国大学生畜牧兽医专业技能大赛，并纳入中国畜牧科技城建设总体方案，增强人才技能培养。完成2020级全日制研究生的线上复试及拟录取工作，共招收全日制研究生192人，其中，荣昌校区有89人。完成荣昌校区2020届毕业硕士研究生的学位申请答辩资格审查、查重和答辩工作，研究生春季毕业生数73人，授位76人（含在职研究生）；完成在校硕士研究生的年度培养计划。

【学科和队伍建设】　7月，学校对涉农学科资源进行优化整合，新成立3个学院并在荣昌校区办学，进一步夯实学科队伍建设。推进重庆市院士工作站、西南大学医学研究院免疫研究中心等学科平台建设，新增教师7人。10月23日“第二届新农科人才培养暨创新创业论坛”成功举办并首次实现云端直播。作为第九届中国畜牧科技论坛的分论坛，邀请了38所涉农高校的领导、专家教授参加论坛，商讨新农科人才培养大计。10月24日，“第三届中国中兽医药创新发展暨非洲猪瘟防控论坛”在荣昌校区举行。夏咸柱等5位院士、荣昌区政府与西南大学领导以及30多位国内畜牧兽医行业顶级专家参加论坛。论坛期间，成渝乡村振兴学院（重庆）正式挂牌成立，谋划中兽医药创新研发平台建设。经济管理学院邀请2位国家级专家，在“畜牧产业发展论坛”上做主旨报告。有11名教师申报职称晋升，其中，申报晋升正高级职称1人、副高级职称6人、高级实验师4人，1人晋升正高级职称、3人晋升副高级职称。

【科研和社会服务】　2020年，到校科研项目经费1010万元，其中，纵向项目20项、横向项目22项。发表科研论文58篇。其中，国外A1、A2、A3类分别为7、14、20篇，国内A1类为17篇，申请国家发明专利12项。派出市级、县级科技特派员30多人到地方进行科技咨询服务工作，在忠县成立科技特派员服务团。继续推进落实渝西川东经济协作框架协议。分别与内江、泸州、隆昌、大足、永川等市区达成多个项目的合作意向。10月22至24日，第九届中国畜牧科技论坛在重庆市荣昌区举行。西南大学首次作为承办单位之一，承办了“第二届新农科人才培养暨创新创业论坛”“第三届中国中兽医药创新发展暨非洲猪瘟防控论坛”等相关活动。其中由学校首次承办的“第二届新农科人才培养暨创新创业论坛”因起点高、定位精准，获得论坛组委会的高度肯定。积极参与云南省保山市昌宁县对口扶贫工作，组织专家免费开展科技培训以及畜牧产业发展规划。

【条件保障建设】　在疫情防控常态化背景下，克服各种困难，校园环境及办学条件得到显著改善。千方百计落实疫情防控物资采购，根据校区疫情防控办公室要求完成7批次采购23.27万元的防疫物资采购，确保防疫物资的及时到位。校区各项经费实际累计支出1.6亿元。完成国家普通话水平测试考点和全国大学英语四、六级口语考点申报工作，完成校区 105 间标准化教室 IP 广播的建设并投入使用。为落实校区“提质扩容”新目标，荣昌区给予大力支持，向学校划拨教学科研用地 23.47 公顷教学科研用地，用地划拨手续已进入重庆市职能部门审批程序，校区占地面积 46.7 公顷。完成 1.4 万册新书的采购、编目、入库、上架流通，订购报刊约 863 种，过刊精装 1500 册，100 余张图书附带光盘收集、整理、归类、镜像或拷贝、上传、制作上网，接待读者 24 万余人次。加强与北碚校区图书馆的沟通与协调，促进图书馆一体化管理进程。校区所有读者信息数据已完全同步到本部图书馆系统，彻底解决校区读者到本部借书的问题，实现资源共享。完成教育部巡视整改要求。落实拖延多年的原川牧饲料总厂地块办理产权证工作，解决历史遗留问题。积极推进校区未办证房屋产权证办理工作，其中 8 栋房屋正在按要求推进；家属院拆迁改造 59 套旧房，在完善相关手续后即将还建新房。加强国有资产管理工作，按时完成校区固定资产验收建账、报废处置等工作。落实维修改造周转房，保证到校区工作的交流干部及相关人员的住宿需要。清理校区房屋、场地出租出借情况，落实到位租金。加强危化品采购、领用管理，保证教学、科研实验需要。

（岳栋梁）

文化

文化活动

【概况】　2020年，广泛开展全民阅读和全民艺术普及。区图书馆全年接待到馆读者18.42万人、图书外借16.92万人次、文献外借32.45万册次。深入开展各类读者活动207次、图书流动服务31次。积极组织人员参加第三届“阅读之星”重庆市民诵读活动和重庆市“红岩少年”阅读大赛。区文化馆全年接待来馆人员13万余人次，举办线上教学课程30个、开展阵地培训82期，培训人员1.2万余人次。开展基层艺术培训33场次、举办展览14次、巡展39次、讲座13次。积极组织参加“奋进新时代·共圆小康梦”系列活动，成绩优异。深入开展“我们的中国梦——文化进万家”“书香荣昌”“周末文艺荟”、文化下乡等系列品牌活动。开展送流动文化进村368场，其中，演出184场。开展全民阅读、展览讲座、辅导培训、法律法规政策宣讲等活动184场。落实政府购买公共文化演出服务，为镇（街）送演出63场。开展“戏曲进校园”21场。开展“放歌新时代·文化进万家”市级文艺院团送演出进基层10场。联合举办“艺心战疫·抗击疫情”荣昌·自贡抗疫美术书法摄影作品联展、“共建经济圈·巴蜀文化行”2020年荣昌·内江全面融入双城经济圈建设书画作品联展、“深入生活、扎根人民”2020年荣昌·北海书法作品联展、“群星璀璨·川渝五地”泸州永川合川荣昌江津美术书法摄影作品展等艺术展览，促进各地文化特别是美术事业的深度融合发展。组织文艺干部创作“疫情防控”曲艺类作品8个、音乐类作品10个、美术类作品6个、书法类作品16个、摄影类作品8个，脱贫攻坚情景剧3个、小品1个、美术类2个，节约主题的曲艺作品2个，联合诗词楹联协会创作抗疫诗词系列作品共21期，在重庆文化云及微信公众平台上发布展示，部分节目在重庆电视台和荣昌电视台展播。区文化馆获得荣昌区事业单位脱贫攻坚专项集体奖励。

【新时代文明实践志愿服务】　组织新时代文明实践文化体育志愿服务分队志愿者积极开展助力脱贫攻坚、乡村振兴、人居环境整治、精神文明建设等志愿服务，到昌元街道武城社区、吴家镇玉峰村、远觉镇中心小学、盘龙镇永陵村、观胜镇银河村开展文化体育旅游志愿服务活动。持续深化“书香荣昌”“欢乐荣昌”“运动荣昌”“印象荣昌”品牌活动，确保月月有活动、处处有精彩。创新探索开展一站式综合服务，为群众同时送去文艺表演、运动指导、旅游宣介、普法宣传等多项服务，获得广泛好评。至年底，新时代文明实践文化体育志愿服务分队注册志愿者203人，累计服务时长超1.15万小时，位居区级部门前列。（陈　竹）

【广场故事会】　为丰富全区群众文化生活，提升全民艺术普及水平，竭力打造棠城大舞台“广场故事会”特色文化活动品牌。2020年棠城大舞台“广场故事会”特色文化活动在区文化馆举行，全年共举办4场。

【周末文艺荟】　2020年度荣昌区第三届“周末文艺荟”公益文艺演出活动每周五晚在康宁广场演出1场，各演出团队充分挖掘本地文化资源，积极创作文艺作品，着力打造“周末文艺荟”活动品牌，为广大市民提供丰富的文化活动。此活动于2018年5月25日开始至2020年年末共演出57场次，其中，2020年演出12场。6月10日起每周六晚，在夏布小镇景区举办“周末音乐荟”，为市民、游客提供多元化的城市文化生活，营造了良好的夜市购物氛围。

【渝西文化馆联盟2020年原创抗疫声乐、舞蹈、戏曲、诗歌朗诵作品录制展播和美术、书法、摄影作品展览】 为助力抗疫工作，凝聚抗疫力量，区文化馆组织并带领区内文艺工作者积极作为，将目光投向疫情一线，用诗词、歌曲、舞蹈、摄影等艺术形式创作声乐作品《守卫家园》《宝贝》《祝愿》《梦想的翅膀》等10余首抗疫歌曲，于3月20日在铜梁区文化馆录制展播，并将歌曲创编成舞蹈于4月3日在双桥经开区文化馆录制展播。创作《一心防病保平安》《打赢安康保卫战》《防疫保命最重要》《战胜恶魔人安康》等曲艺作品近10个，于4月1日在江津区文化馆录制展播。创作各类诗词楹联21期，通过朗诵方式于4月15日在潼南区录制展播。创作美术、书法、摄影作品1000余件，精选130件优秀作品于5月12日至19日在重庆美术馆展出。精选优秀作品于5月29日参加渝西文化馆联盟抗疫美术、书法、摄影作品展，同时在渝西各区县巡回展出，各类创作作品通过重庆文化云平台以及渝西各区文化馆微信公众平台进行展播展览。

【“决胜全面小康、决战脱贫攻坚”摄影作品巡展】 为更充分的彰显荣昌人民在脱贫攻坚、乡村振兴、产业发展方面做出的贡献，组织开展了“决胜全面小康、决战脱贫攻坚”主题摄影比赛，评审组从596件作品中评出80件获奖作品，于6月30日至7月10日在区青少年活动中心首场展出，7月11日至28日分别到万灵、仁义、观胜、吴家、铜鼓、盘龙、清江、清流、直升、龙集、远觉、峰高、荣隆、安富等镇（街）巡回展出。

【区域联盟美术、书法、摄影作品联展】 为深入推进区域经济建设，进一步加强文化领域的交流与合作，川渝两地文化部门联合于6月1日至7月20日举办“艺心战疫·抗击疫情”荣昌·自贡抗疫美术、书法、摄影作品联展。7月10日至7月28日举了“共建经济圈·巴蜀文化行”2020年荣昌·内江全面融入双城经济圈建设书画作品联展。8月26日至8月29日举办“深入生活、扎根人民”2020年荣昌·北海书法作品联展。7月30日至10月8日举办“群星璀璨·川渝五地”泸州、永川、合川、荣昌、江津美术、书法、摄影作品展。同时还举办重庆市第七届“海棠香国”大足、永川、荣昌、石柱、铜梁、璧山、潼南、合川、江津9区县美术作品展。

【阅读马拉松线上活动】 区文化旅游委组织开展“阅读马拉松”线上活动，在喜马拉雅App推出“区文旅委阅读马拉松（全马组）”专辑，录制上传阅读作品28个，播放量超1.3万人次。

（陈　晨）

【图书馆联盟与双城经济圈融合发展】 5月，区域性公共图书馆联盟与四川省遂宁市图书馆签订《成渝双城经济圈公共图书馆合作协议》。9月，区域性公共图书馆联盟13个成员馆与四川省阿坝藏族羌族自治州图书馆签订《渝阿公共图书馆联盟合作协议》。根据协议，两地将建立协调发展机制，联合开展阅读推广，共同提升公共文化服务效能，联合搭建资源平台，拓宽资源和信息的互通互享，以融入双城经济圈为契机，构建两地多维一体化阅读推广路径。

【疫情线上活动不打烊】 2020年，区域性公共图书馆联盟依托各成员馆资源，有效利用文献资源、信息来源便捷的优势，坚持“闭馆不打烊，闭馆不闭网”，先后举办《书香悦读智赢战疫活动答题》《不停学，QQ阅读邀你一起阅读》《“声”临其境，聆听书香》《2020年重庆市区域性公共图书馆联盟知识检索大赛》等阅读推广线上活动，让群众享受便捷的阅读服务。

（杨　毅）

遗产保护

【概况】 2020年年末，全区有市级文物保护单位名录12处，区级文物保护单位名录11处，一般文物点542处，博物馆、纪念馆等文博场所3处。国家级非物质文化遗产代表性项目3项，市级非物质文化遗产代表性项目23项，区级项目累计命名125项。国家级代表性传承人累计命名5名，现有4名，市级代表性传承人命名30名，区级代表性传承人命名466名。文化和旅游部批复建成全市首个国家级传统工艺工作站，即“北京服装学院驻重庆荣昌传统工艺工作站”，市文化旅游委授予安陶小镇、夏布小镇2处“重庆市非遗特色小镇”，建成四川美术学院驻重庆荣昌市级传统工艺工作站及西南大学非物质文化遗产研发中心。至年末，全区共获命名2处国家级基地（园区），29处市级“非遗”类基地（园区），29处区级“非遗”基地（传习所）。

【文物保护利用】 落实文物安全责任制。组织签订全区文物安全责任书，签订率100%，层级落实区内565处不可移动的文物（含市级文物保护单位12处、区级文物保护单位11处、一般文物点542处）与3家博物馆的安全责任。以安全责任公示牌的形式公布251处文物建筑的级别、责任单位、责任人以及文物违法举报电话。文物日常安全监管。利用重庆市文物安全综合管理平台建立起区、镇（街）、村（社区）三级文物安全巡查体系，全区文物共配备安全巡查员60人，开展巡查1302次。建立文物安全联合协作机制，与区消防救援支队共同开展文物火灾隐患整治和消防能力提升三年行动、文物消防安全培训及演练。与区文化市场综合行政执法支队协作开展文博单位安全专项检查5次。完成2020年度全区文物保护责任检查评估及调查。可移动文物保护管理。建成“人防、物防、技防”齐备的标准化文物库房，改善馆藏文物存放环境，提高安全保护系数。严格履行文物保护管理制度、文物安全巡查制度、文物安全应急管理办法、文物库房出入库登记制度等规章制度。文物保护修缮。完成全区12处市级文物保护单位保护范围及建设控制地带的划定。落实罗汉寺牌坊、凉坪白塔等2处市级文物保护单位的修缮前期工作，做好周边环境治理。完成区级文物保护单位河包斜塔修缮方案的编制。文物活化利用及宣传。成功策划播出荣昌区首档文博类专题栏目《荣昌有文化》共计12期，其中，2期入选学习强国全国平台，1期入选重庆地方平台，1期获2020年“讲好中国故事”创意传播大赛重庆分站赛一等奖。以“文物赋彩·全面小康”为主题，开展“文化和自然遗产日”系列活动，提高群众的文物保护意识。

【文物资源调查及考古发掘】 启动全区石刻石窟寺专项调查，完成19处石窟寺（摩崖造像）的野外调查及资料整理。配合完成荣昌区环线高速公路建设工程与峰高街道白虎岩水库扩容项目的文物资源调查，以及高升桥水库扩容项目文物资源调查报告评审。协助完成大内高速荣昌过境段考古发掘工作，共发掘明代墓葬13座。（李晓杰）

【非物质文化遗产】 “非遗”申报命名。成功申报鸦屿陶艺工作室、加合夏布公司、金扇子工艺品厂等5处市级“非遗”传习所。新增命名荣昌区职业教育中心等12处区级非遗传承教育基地。推荐申报向新华等4名“非遗”代表性传承人入选荣昌区第三届棠城工匠名单。积极有效推进“非遗”各项申报工作，推荐30名区级“非遗”代表性传承人申报重庆市第六批市级“非遗”代表性传承人（待评审）。完成23项市级“非遗”项目保护单位申报和调整工作。完成27名国家级市级代表性传承人2019年度考核和2020年传承扶助资金申报工作。启动第四批区级非遗项目申报工作。夯实非遗基础，扩大“非遗”传习阵地。“非遗”传承人群管理。出台《荣昌区区级“非遗”代表性传承人认定与管理办法（试行）》，激励传承人群进一步做好传承工作。举办夏布手工制品线上微课堂培训500余人次。深入到河包镇经堂村等村社举办“巧手云集”“非遗”工坊夏布手工制品线下培训班9期共计700余人次。组织金钱板曲艺、缠丝拳传统体育等“非遗”项目广泛开展非遗进镇（街）、进社区、进景区、进校园共计培训2000余人。组织马琳沁等13名传承人参加全国“非遗”新媒体传播人才高级研修班、重庆市“非遗”传承人石雕、蜀绣、荣昌陶、荣昌夏布研修班学习，进一步提高传承人群实践水平和传承能力。非遗学术研究。持续推进《荣昌夏布织造技艺》《荣昌折扇制作技艺》《荣昌陶器制作技艺》三大国家级非遗学术性研究丛书编撰工作。撰写“非遗”案例和调研文章《创新发展传统技艺　非遗助力精准扶贫》《荣昌陶田野调查报告》《筑牢优秀传统文化基石，构建成渝地区双城经济圈“非遗之城”》《关于将非遗作品向旅游商品转化的思考》

4篇，其中，《筑牢优秀传统文化基石，构建成渝地区双城经济圈“非遗之城”》荣获荣昌区“实施五个提升工程，全面融入双城经济圈”征文活动优秀奖，并在荣昌区委理论刊物《渝西论坛》上发表；《荣昌创新发展传统技艺 催生非遗扶贫新动力》理论文章在重庆文旅简报中发表。非遗宣传展示推广。组织100余名“非遗”传承人在“2020文化和自然遗产日”期间开展“非遗”宣传展示活动，线上同步进行图片直播和现场直播带货。联合抖音、快手、腾讯直播等平台，组织陈子福10余名传承人先后在传统工艺工作站等地举行12期“非遗”直播展示推广活动，观看浏览人数约20.7万人。组织传承人梁洪萍、马琳沁、邹朝文参与重庆卫视“书记直播带货”和“区长直播带货”活动。承办重庆市网络文化季“非遗·我来传”网络安全互动体验直播活动，组织梁先才等50余名传承人进行“荣昌陶柴烧开窑仪式”展示。开展好尝新节、七夕河灯旅游文化节、年猪文化节等地方特色活动以及端午、国庆、重阳、春节等“我们的节日”系列活动，依托活动展示地方特色文化，打造节庆活动品牌。拍摄大型纪录片《匠人匠心》之陶、布、扇三项国家级“非遗”登陆CCTV-10《探索·发现》，展示夏布折扇陶三大国家级“非遗”底蕴。组织参加重庆国际文化旅游产业博览会、第六届中国“非遗”博览会、第六届上海国际手造博览会、广州传统工艺工作站成果交流展等“非遗”展示和技能大赛10多次，荣昌“非遗”作品在2020“重庆好礼”旅游商品（文创产品）设计大赛、中国四大名陶展和陶瓷技艺大赛中获金银铜奖。“非遗”代表性传承人获得各类国家级奖项30余个，其中，鸦屿陶艺、安北陶艺、罗莎陶艺、西山雨陶艺、钟鸣陶艺等工作室推送的作品均获金奖。川渝交流合作。联合内江“非遗”传承人举办夏布手工制品培训班1期。联合内江市文广旅局在内江市张大千美术馆举办“非遗”作品联展1期。组织川渝两地非遗企业和传承人在荣参加2020“重庆好礼”旅游商品大赛展示展销展演活动、巴蜀文化旅游产业发展论坛、乡村复兴论坛·荣昌峰会文旅实践论坛、“普及版权·服务基层”主题活动等。组织隆昌藤编传承人到重庆参加“2020重庆文化旅游国际博览会”。组织金钱板“非遗”传承人蒋泽光、蒋荣璐到隆昌进行双城经济圈“非遗”交流展演。常年接待川渝两地周边区市县旅游团队和中小学生到荣进行陶艺、夏布、折扇等“非遗”研学体验活动以及“非遗”美食体验活动。接待四川成都、自贡、泸州、郫都、大竹，重庆渝北、大渡口、梁平、垫江、永川等地文旅部门到荣考察“非遗”。校地企合作。7月2日，在区行政中心三楼会议室举行共建“西南大学荣昌区非物质文化遗产研发中心”签约仪式，与西南大学社会科学处签订战略合作协议，共建西南大学荣昌区非物质文化遗产研发中心，就荣昌陶、夏布、折扇、粉条等非遗项目进行合作。与四川美术学院艺术人文学院合作，积极建成四川美术学院驻荣昌传统工艺市级非遗工作站并挂牌于重庆市生产性保护示范基地、重庆市非遗传习所—重庆市荣昌区鸦屿陶艺工作室。

【“巧手云集”“非遗”工坊夏布培训班】 成立“巧手云集”“非遗”工坊，年内先后到河包镇经堂村、铜鼓村共和村、盘龙镇白鹤村、昌州街道宝城社区、昌元街道桂花园社区、夏布小镇返乡农民工创业园等地举办9期夏布手工制品培训班，共计培训700余人。“巧手云集”“非遗”工坊项目参加荣昌区新时代文明实践大赛荣获“优秀奖”，策划“非遗”助力脱贫主题“巧手云集”舞台情景剧并在全区“走向我们的小康生活”“志智双扶·志愿同行”文明实践汇报演出中展演。

【“文化和自然遗产日”“非遗”展示活动】 6月13日，组织120余名“非遗”代表性传承人在重庆市非遗特色小镇——荣昌区夏布小镇举行“非遗传承 健康生活”荣昌区2020年“文化和自然遗产日”“非遗”展示暨第四届文化旅游惠民消费季活动，包括传统体育展演、传统戏曲展演、传统技艺制作工序展示、“非遗”研学体验、“非遗”传承人线上直播带货等活动，当天现场参观和线上直播浏览量约3万余人次。活动当天，组织陶、布、扇、卤鹅等非遗企业到璧山区参加第五届重庆市“非遗”暨老字号博览会，并积极组织参加“2020首届非遗购物节”活动。

【“我们的节日”“非遗”旅游系列活动】 6月，在夏布会馆举行“弘扬夏布文化 体验粽多手艺”夏布香包制作体验活动，夏布传承人马琳沁为大家介绍夏布文化。夏布传承人颜先英、綦涛在重庆瑞成商都商场作夏布文化宣传推广，颜先英现场向大家展示织布技艺，制作夏布粽子香包。8月，在万灵古镇举行非遗民俗项目“七夕节”“河灯节”为主题的活动——荣昌区第七届七夕河灯旅游文化节，融合爱情跑、音乐节、相亲会、无人机表演、音乐会、水上表演、空中表演、淘宝集市、美食节、璀璨万灵等系列丰富多彩的活动。在广顺街道何家老房子举行市级非物质文化遗产“尝新”民俗展示活动。10月，在天运麻艺夏布会馆开展“迎国庆 庆中秋”夏布体验亲子活动。在区体育场举行“我们的节日——重阳节”缠丝拳展演活动，于正国、唐旭等缠丝拳代表性传承人现场进行套路展演。

【“非遗+旅游”研学体验活动】 依托荣昌区国家级示范性综合实践基地、“非遗”景区、“非遗”企业等载体开展“非遗+旅游”研学体验活动，全年吸引8万余人次参与“非遗”研学体验活动，包括外国留学生、驻京外国媒体记者、川渝两地旅行团和中小学生团队。依托区内市级、区级大型文化旅游、乡村复兴、网民文化季活动，组织荣昌陶国家级传承人梁先才、区级传承人管永双、吕继成等一批“非遗”代表性传承人先后举行10余次大型“开窑”研学体验活动。（蒋兴宇）

文化产业

【概况】 至2020年年底，全区有文化企业1600余户，个体1400余户，文化市场主体共计3000余户，其中，规模以上企业38户，实现文化产值68.65亿元，文化产业增加值27.65亿元，占全区GDP的3.9%。区内有市级文化产业示范园区2处，市级文化产业示范基地3处。在建重大文化旅游产业项目2个。

【文旅市场主体抗疫纾困】 2020年，为帮助辖区内文化旅游企业复工复产，减轻疫情带来的经济损失，全年协助文化市场主体贷款贴息总额870万元，贴息6.67万元；新增银行贷款9.81亿元，续贷1790万元；税收减免126.6万元；减免房屋租金154.4万元；减收企业水、电、气费30.9元；减征职工基本医疗保险、养老保险、失业保险和工伤保险费150.37万元。全区文化旅游企业1486家，已复工（含未停业）企业总数1485家，占比99.93%。辖区内有规模以上文化旅游企业38家，已复工企业38家，占比100%。

【助力成渝地区双城经济圈建设】 向市文化旅游委报送争取纳入国家支持的成渝双城经济圈重大文旅项目12个。与资阳市、内江市、自贡市、隆昌市、荣县、泸州市、阿坝州、宜宾市、遂宁市签订合作协议12个，围绕公共文化、文化产业、旅游产业等版块，本着资源共享、市场共拓、信息共通、实现双赢的原则，充分发挥双方文化旅游的优势和特色，深化区域文化旅游发展与合作，全年组织交流活动35次。

【深化“放管服”改革】 全年办理行政许可事项和依申请类政务服务事项382件，现场踏勘18次，办结率100%，未收到行政投诉。政务服务“好差评”评价750条，其中，非常满意746条，基本满意4条，评价率100%。落实“减时间、减材料、减跑动”，增加即办件数量，行政许可事项承诺平均办件时间1.78天，压缩至法定平均时限的91%，跑动次数减至0.08次，精简申请材料，即办件数量增至27项，占实施清单75%。创新服务模式，在行政许可过程中运用告知承诺制、容缺受理制，为群众提供最大程度的便捷。36项行政许可事项中33项实现全程网上办理，达92%，实现网上信息发布、材料预审、材料核验100%。5项行政许可事项纳入“一件事一次办”事项范围，完成电子证照配置。

【促进文化旅游消费】 2020年，文化旅游行业受疫情影响严重，为助力文旅市场经济复苏，开展直播带货活动，结合“6·18”电商日，联动区内电商平台，组织夏布、陶瓷、折扇三大非遗文化企业带头开展直播带货活动，引导企业探索“直播电商”营销新模式，促进线上线下互动融合。组织参加重庆都市文化旅游节暨城际旅游交易会、重庆市第五届非物质文化遗产暨老字号博览会展示展销活动以及2020年重庆国际文化旅游产业博览会等展示展销活动。（许进刚）

【文化市场管理】 2020年，荣昌区文化市场有网吧33家。其中，主城区25家，城区以外镇街8家、歌舞娱乐场所19家、大型电子游戏游艺娱乐场所2家、出版物经营企业24家、印刷企业24家（含印刷厂16家、包装装潢企业8家）、音像制品经营场所5家、电影院5家、营业性演出团体43家、高危体育经营场所（含游泳池）16家。区文化市场综合执法支队持续强化监管和执法工作，有重点有步骤地开展了校园周边环境综合治理、暑期文化市场专项整治、“扫黑除恶百日攻坚”、营业性演出专项执法等一系列专项行动，切实加强文化旅游市场日常监管，确保了全区文化旅游市场的良好秩序和安全稳定。全年累计出动执法人员1517人次，检查各类文化经营单位679家次，开展各类专项行动14次，农村演出备案登记197场，排查整治风险隐患45起，下达责令整改通知书6份，办结行政处罚案件15件（含旅游案件1件），罚款9000元，没收违法所得1600元，收缴各类非法出版物200余册，删除网络淫秽色情信息202条。销毁往年收缴的盗版光盘33袋，盗版书籍12袋，受理各类文化旅游投诉12件，已办结12件，办结率100%。 （刘 婧）

文化阵地建设

【概况】 全区有图书馆1个，文化馆1个，美术馆1个，图书分馆30个，文化分馆22个。2020年，在人民广场建成24小时城市书房1个，方便周边群众就近阅读。完成27个文化中心户建设，建有镇（街道）综合文化服务中心21个、村（社区）综合文化服务中心163个，文化中心户163户，实现基层综合文化服务中心、文化中心户100%全覆盖，三级公共文化服务体系基本建成。公共文化服务阵地常年对辖区内群众开放，免费向群众提供书报阅读、影视观赏、戏曲表演、普法教育、艺术普及、科学普及、广播、互联网上网和群众性文化活动等公共文化服务。 （刘小华）

【区文化馆】 区文化馆位于荣昌区昌州街道昌龙大道162号，占地面积1453平方米，其中，馆舍建筑面积4550平方米。有舞蹈排练厅、图书阅览室、器乐培训室等各类厅室15个。区文化馆与全区21个镇（街）文化服务中心及康宁广场签定分馆协议，由区文化馆业务干部任分馆馆长，协助开展基层培训、演出。积极与分馆开展各类文化活动，全年组织文化馆专业技术人员进基层培训33场。指导双河街道开展2020“我们的节日·端午”——“桃之夭夭蟠桃宴”活动。在康宁广场分馆组织举办2020年第三届“周末文艺荟”12场。完成全区21个镇（街）“群众文化云”分平台及社会化分馆康宁广场分馆平台搭建工作。全区22个分馆所有功能厅室、活动室、展览厅等录入重庆市群众文化云平台，可预约配送文化产品380个，平台注册志愿者307人，志愿者团队35个，用户注册量为6061人，群众可通过手机客户端查看荣昌区文化资讯、免费报名参加文化馆各类培训、预约文化馆（含分馆）功能厅室、预约文化志愿者到基层免费培训。全年文化云平台完成平台预约配送文艺演出、展览、阅读指导、文化讲座等500余场。 （陈 晨）

【区图书馆】 区图书馆位于昌元街道桂花园社区广场路52号，建筑面积3498平方米，图书馆内设有外借室、报刊阅览室、老年阅览室、视障室、自习室、少儿阅览室、综合阅览室、电子阅览室、碟片室、工具书地方文献室、古籍室、报告厅、多功能培训室等13个读者服务区域。2020年，图书馆藏书量为23.08万册，全年新增图书2.18万册，报刊400种，累计办理有效注册读者证4.19万个，持证比例5.8%。图书馆在区域范围内利用社会资源，多渠道、多方式开展分馆（服务点）建设。全年接待各分馆到馆人数1.95万人次、文献外借4.87万册次。人民广场24小时城市书房接待到馆读者8513人次、文献外借6100册次。图书馆分馆（含服务点）已全部纳入本区域内通借通还“一卡通”服务。11月，区图书馆顺利完成法人治理结构改革工作。通过建立和完善法人治理结构，建立起功能明确、治理完善、运行高效、监管有力的管理体制和运行机制。 （杨 毅）

文学艺术

【概况】 2020年，区文联编制12人，指导管理9个区级文艺家协会，全区文艺家协会会员共691人，其中，国家级文艺家协会会员29人、市级会员129人。区文联组织成立区文艺志愿者服务队，下设9

个文艺志愿者服务分队，志愿者425人。9个文艺家协会“结对子”82对。全年开展各类集中学习培训活动16场次，区级各文艺家协会开展集中培训活动50场次。区文联、区文化馆联办综合性文艺刊物《海棠文艺》，全年出刊3期。

【文艺创作】 组织区级文艺家协会开展“结对子、种文化”、新时代文明实践“到人民中去”文艺志愿者服务等主题实践活动，组织广大文艺工作者积极创作“中国梦”“抗疫”“双城经济圈”“脱贫攻坚”等各类主题文艺作品11650件，其中，发表、获奖、展播展演885件，出版长篇小说《天下清官喻茂坚》《大明清官》《天下清官》、小说集《金牌乌鸦嘴》等文艺图书。以“小院讲堂”为主题，创作了8个情景剧并展演。开展“我的荣昌情缘”征文及宣讲活动，精选优秀作品162篇，宣讲22场。开展“百年奋进　百年荣光”——荣昌区庆祝中国共产党成立100周年主题征文活动，评选出优秀作品120件。组织18件重点文艺作品申报市级各类扶持项目，7件作品入选，居全市区县前列，其中，源子夫创作的长篇小说《天下清官喻茂坚》、区川剧协会创演的川剧《天下清官喻茂坚》入选市委宣传部《重庆市当代文学艺术创作工程规划（2020—2020年）》；区融媒体中心摄制的纪录片《疫情下的小镇》入选市委宣传部广播电视类重点资助项目，刘东、李书霞创作的长篇小说《大明清官》入选市委宣传部文学类重点资助项目；马维干创作的电影剧本《海棠流香》入选“重影杯”第十一届优秀电影剧本项目并获二等奖；熊明国、郭凤英创作的电影剧本《毛泽东在重庆》入选重庆市2020年红色文化历史人物事件主题文艺创作项目；郭凤英、陈森炜、郭小稚创作的电影剧本《刘刘的双城记》入选重庆市2020年电影重点题材项目，全市仅4个重点培育类电影项目之一。

【协会活动】 全区9个文艺家协会全年组织开展活动150次。举办第八届“海棠香国”美术作品展，活动获市文联“全市文联系统十佳特色品牌”称号。与北海市联合举办“荣昌·北海书法作品联展”，承办“渝西摄影联盟”第六届摄影艺术联展暨荣昌国家级“非遗”摄影采风创作活动、中央文史研究馆第五届文史研究馆馆员研修班现场书画笔会活动，协办渝西民间文艺作品展。参与中国美术馆举办的美术作品展，7件荣昌陶作品入选。与区文化旅游委联合在市美术馆举办荣昌区抗疫艺术作品展，荣昌成为迄今第二个在市美术馆此举办专题艺术作品展的区县。积极融入成渝地区双城经济圈建设，制定《荣昌区融入经济圈，打造巴蜀文化走廊工作方案》，与泸州市文联、自贡市荣县文联等单位签订战略合作协议，与区文化旅游委联合自贡市主办“大爱无疆·抗击疫情”荣昌·自贡美术抗疫作品交流展，协助区政协做好荣昌·内江书法作品联展作品组稿工作。与区文化旅游委联办“周末文艺荟”公益文艺演出。

【作品扶持】 根据《荣昌区优秀文艺作品创作扶持办法》，2020年1月启动2019年度优秀文艺作品创作扶持补贴申报工作，共收到申报作品230件，其中，76人175件作品符合《重庆市荣昌区优秀文艺作品创作扶持办法》要求，共补贴经费7.3万元。

【文艺调研】 2020年，开展《创新成立巴蜀文化联盟，打造成渝地区双城经济圈文化地标》《关于提升乡村文化振兴水平的思考》《打造“荣昌印记”精品，促进文艺大繁荣大发展研究》《关于修订著作权法的若干思考》4个文化文艺重点课题研究并结题，课题报告分别在《重庆学习论坛》《重庆思想政治》《重庆社科界》《巴渝人文》发表，其中，《创新成立巴蜀文化联盟，打造成渝地区双城经济圈文化地标》被评为荣昌区全面融入双城经济圈“十大金点子”，《关于修订著作权法的若干思考》获重庆市参政议政优秀成果一等奖，被中央统战部《零讯》采用以及中办内参转用。编印《荣昌区文联工作简报》4期发稿22篇，重庆文艺网、重庆市文联官方网站、《重庆宣传信息》《重庆市文联工作简报》等市级以上媒体全年发表全区文艺信息宣传稿件86篇，区文联被评为2020年度全区党委信息工作A类单位。

【重要会议】 2020年5月25日，荣昌区在区行政中心四楼大会议室召开区文联二届三次全委会暨2020年文艺工作推进会，区文联二届委员会委员及文艺骨干共130人参加会议，区委常委、宣传部部长赵天智出席会议。区委宣传部副部长、区新闻出版局局长林世波组织学习习近平总书记关于文艺工作的系列重要讲话精神，区文联主席殷贤华作区文联二届三次全委会工作报告并安排常态化疫情防控期间相关工作及开展“文艺进万家、健康你我他”——到人民中去文艺志愿者服务活动相关工作，并为荣昌区第四批文艺创作基地授牌、为获得2019年度优秀文艺作品创作扶持代表颁发扶持资金，三名获得扶持代表作交流发言。区委常委、宣传部部长赵天智作了讲话。

【摄影作品展】 2020年5月至9月，由区委宣传部、区扶贫办主办、区摄影家协会承办的荣昌区“决胜全面小康　决战脱贫攻坚”主题摄影比赛共收到摄影作品596件，其中，昌元街道等21个镇（街）224件，区农业农村委等15个部门183件，区摄影家协会31名会员189件。2020年6月15日，评审组从596件作品中评出一等奖3件、二等奖7件、三等奖10件、优秀奖60件。所有获奖摄影作品于6月30日在荣昌区青少年活动中心集中展出。之后在21个镇（街）进行巡展。

【书法作品联展】 2020年8月27日，“2020年荣昌·北海书法作品联展”在区文化馆开幕，展厅设在区文化馆（美术馆）一楼展厅，由荣昌区委宣传部、北海市委宣传部、荣昌区文联、北海市文联、荣昌区社科联主办，围绕“深入生活、扎根人民”的主题，荣昌、北海两地书法家精心创作了120幅书法作品参加联展。

【渝西摄影联盟第六届摄影艺术联展】 2020年9月25日，重庆市渝西摄影联盟第六届摄影艺术联展在海棠香国荣昌开展，荣昌区委常委、宣传部部长赵天智、重庆市摄影家协会主席杨矿出席开幕式。本次摄影联展由中共重庆市荣昌区委宣传部、重庆市荣昌区文学艺术界联合会、重庆市荣昌区文化和旅游发展委员会主办，重庆市荣昌区摄影家协会、重庆市荣昌区文化馆、重庆市荣昌区美术馆承办，重庆市永川区、江津区、合川区、铜梁区、璧山区、潼南区协办，共收录入展摄影作品105幅。

（郭凤英）

社科工作

【概况】 2020年，围绕区委、区政府的战略部署、重点工作和全区经济社会发展大局，开展对策研究、理论阐释、社科普及等，为建设成渝双城经济圈重要增长极提供有力理论支撑和智力支持。2019年，荣昌区社科联工作被重庆市社科联评为“先进单位”。

【课题研究】 围绕“实施五个提升工程，全面融入双城经济圈”开展征文，收到理论和调研文章122篇，为成渝地区双城经济圈重要增长极建设提供了思想资料。启动调研项目课题研究，主要围绕推进荣昌高质量发展开展针对性、应用性、实效性调研，立项24个调研课题项目，结项19项。

【社科普及】 全年开展各类科普活动106场次，受益群众10万余人次；创作科普读物3部，向群众免费赠2万余册。开展“社科进农村，理论进农家”活动，累计走访服务群众800余户。开展疫情防控宣传，开展公益心理咨询服务，受益人数达2000余人次，区心理学会会长李章红获得全市抗疫先进个人。社科阵地新命名荣昌区科普基地13个，全区社科普及基地累计达到39个，扩大社科普及平台办好《渝西论坛》，同西南大学合作建立荣昌“非遗”文化研究所。

【新型智库建设】 2020年，出台了《重庆市荣昌区新型智库建设的实施办法》，着力构建荣昌特色的多元化智库体系，获得市社科联的肯定。引进13名院士专家进入智库，10名院士应邀参加第九届中国畜牧科技论坛，为助推国家畜牧科学城高质量发展提供了智力支持。启动智库联盟建设。签定《荣昌区社科联、泸州市社科联推进成渝地区双城经济圈建设社科事业繁荣发展合作框架协议》，助推区域经济社会协作发展。12月17日，聘任中国农科院北京畜牧兽医研究所研究员、中国工程院院士姚斌同志为重庆市荣昌区综合高端智库专家。发现、培养、凝聚一批理论人才，24名中青年社科骨干拟纳入智库。

【疫情防控】 通过重庆荣昌 App、荣昌新闻网、棠城组工微信公众号等平台，号召社科队伍积极投身到防控工作。区国学会副会长蒋泽光、理事刘显成，创作金钱板和书画作品等，宣传疫情防控相关知识。区级社科普及示范基地制作宣传折页、宣传画、温馨提示等科普资料 12 种，累计印制发放宣传资料 8 万余份。区心理学会组织专家成立未成年人心理辅导站心理热线、妇女儿童心理咨询热线、阿度心理工作室等心理咨询团队，免费为区内外受疫情影响的青少年、妇女儿童以及社会各界人士提供公益电话心理辅导和网络在线心理咨询服务，指导公众释放压力、调整心态、增强信心。区属各类社科组织，积极响应号召，动员各方力量，通过多种方式开展捐赠帮扶“暖心”行动。

【脱贫攻坚】 开展问卷调查摸排群众生产生活实际问题，梳理 28 个难点痛点问题分类解决落实。发动社科社团组织专业人才，走进“小院讲堂”，用生动形象的案例，讲脱贫攻坚故事、讲文明礼仪习惯、讲家风家教传承、讲健康心理养成等宣讲活动 23 场次。社科联全体帮扶干部坚持每月到贫困户家中走访 1 次以上，深入全面宣传脱贫攻坚政策，落实“两不愁三保障”、饮水安全、厕所改造等目标要求，帮助制定产业发展和增产增收计划，切实解决生产生活中的困难问题。联合开展脱贫攻坚先进事迹宣传报道 20 余篇。 （蒲红霞）

融媒体

【概况】 2020 年，荣昌区融媒体中心正式运行的第一年。区融媒体中心主要负责全区广播电视报刊新闻宣传报道，广播电视节目制作播出，负责《荣昌日报》编辑出版发行工作，负责管理重庆荣昌 App、荣昌微发布（微信公众号）、荣昌发布（新浪微博）、荣昌新闻网、荣昌区融媒体中心抖音号，承担广播电视事业建设与发展工作。有在编在岗职工 71 人，招聘人员 23 人。全中心有副高职称 4 人，中级职称 17 人，初级职称 22 人。全年播出《荣昌新闻》232 期、新闻 2641 条，每天平均播出时长超过 15 分钟。专题节目播出《荣昌故事》52 期、《书香荣昌》52 期、《人文纪录》52 期、《巴渝农经》《健康荣昌》36 期、《荣昌党建》50 期、《荣昌法治》12 期、《人大之窗》13 期、《荣昌有文化》14 期，《荣昌有耍事》52 期。电视剧播出 5806 集（含重播 2702 集），纪录片播出 2920 集，同时还播出新冠肺炎疫情相关公益广告 6530 条次，脱贫攻坚 3120 条次，文明礼仪类 6765 条次，法治类 2555 条次，环保类 1095 条次，党建类 1460 条次，禁毒禁烟类 1300 条次。2020 年，央视用稿 20 条，其中，中央新闻联播 7 条，比上年增加 6 条；重庆新闻联播用稿 201 条，比上年增加 42 条，连续 12 个月排名全市前十（1—5 月保持全市前五）。《荣昌日报》共出版 242 期，968 个版面，刊登新闻 3.38 万余篇，民生类新闻占 82%以上。新媒体全年用稿 3.16 万条，总阅读量超过 8900 万次，稿件平均阅读量 2819 次。中心制作的短视频《站起来　再出发》获得第六届重庆市区县广播电视好新闻奖短视频专题一等奖，短视频《血战铜鼓山》入围新中国 70 年镇馆之宝 70 件，《棠城工匠：韧骨扇韵　开合春秋》获得“2019 讲好中国故事”创意传播大赛重庆分站二等奖，《荣昌好味道：铺盖面》获得“2019 讲好中国故事”创意传播大赛重庆分站赛优秀奖，《大数据引领荣昌生猪产业》获得第六届重庆市区县广播电视好新闻奖一等奖，论文《县级广电如何做好短视频》获得第六届重庆市区县广播电视好新闻奖一等奖，短视频新闻《王显碧：温箱旁的生命守护者》获得第六届重庆市区县广播电视好新闻奖三等奖，短视频专题《兄弟情深　不离不弃》获得第九届重庆市区县报好新闻奖二等奖，《唐冲村：“问题村”的嬗变》获得第六届重庆市区县广播电视好新闻奖三等奖，《县级融媒体中心建设如何实现“借船出海”》获得 2019 年度中国广播电视社会组织联合会“县级融媒体中心建设”主题征文评选三等奖，《人大代表赵景丽：积极助农保供促销》获重庆市人大新闻一等奖，《科技兴畜牧・生猪看荣昌》获“网聚正能量　共筑中国梦”重庆微视频大赛优秀奖。《荣昌日报》获评重庆市 2019 年优秀奖。

【新闻报道】 2020 年荣昌融媒体中心新闻报道，围绕决战决胜脱贫，电视、报纸、新媒体共同发力，全媒体主题宣传成效明显。分别在电视《荣昌新闻》《荣昌日报》《荣昌微发布》《荣昌新闻网》和重庆荣昌 App 中先后开设《新春走基层》《决战决胜脱贫攻坚》《唱好“双城记”建好“经济圈”》

《建设成渝地区双城经济圈重要增长极》《晒“十三五”成就 晒“十四五”规划》《学习宣传贯彻党的十九届五中全会精神》等专栏，刊播相关稿件2300条。新冠肺炎疫情防控期间，在中心党组的统一指挥下，成立了“交通防控报道组”“社会面摸排报道组”“医疗救治报道组”“复产复工报道组”“社会捐赠报道组”，分块分线宣传报道全区防控工作。全体记者在做好自身防护的情况下，奔赴抗疫一线，及时将区委、区政府重要决策、群众关注焦点、各地防疫抗疫好的做法、典型人物事迹，向观众和读者第一时间进行了宣传报道，回应社会关切，引导社会舆论。完成了《擎党旗 战疫情》系列报道采访播出，20余期疾控专家专访。开展荣昌新闻《一手抓防疫一手抓发展》《坚决打赢新冠肺炎疫情防控阻击战》《统筹推进疫情防控和经济社会发展》《热点关注》《战“疫”一线党旗红》等主题宣传，刊播相关稿件2200余条；开设《众志成城 防控疫情》特别专题栏目，制作播出抗疫公益广告9条，抖音作品5个，制作MTV5部，原创漫画作品6个，其中，公益广告《我们的城 我们的家》华龙网点击率近7万人次，《出发！荣昌的最美“逆行者”》被新华网转发，在“荣昌微发布”的点击量创下新纪录。针对不同时间节点，及时推出策划报道。先后策划采访播出了《唱好双城记 建好经济圈》《决战决胜脱贫攻坚》《春耕备耕时》《人居环境整治》《在行动》《文明家庭》《六保六稳》《走向我们的小康生活》《十指连心、服务群众》《我们一起奔小康》《新时代文明实践》《优化营商环境》等主题报道，全方位报道区委中心工作。先后推出了《荣昌教育——最美教师》《学习宣传贯彻党的十九届五中全会精神》《关注第九届中国畜牧科技论坛》《抗疫群英谱》《在行动——打赢三大攻坚战》等系列报道。为总结全区各级各部门“十三五”期间取得的成绩，以更加坚定的步伐迈进“十四五”。荣昌融媒体中心从10月16日起推出了全媒体系列报道《晒“十三五”成就·晒“十四五”思路》。组织5组记者，走进全区21个镇（街）和38个部门，采访历时近三个月，创新成就报道模式，开全市之先河。“双晒”共收到对“十四五”规划发展的建议意见300余条，生产融媒体产品180个，设置微博话题近100个，编排文字达到20余万字，视频总时长超过300分钟，全网阅读量1800万人次，在全市新闻宣传战线产生了较大影响，周边区县纷纷效仿。

【纪录片制作】 全年制作高清公益广告9部和MTV5部，专题部创作了一批关于“脱贫攻坚”选题的节目，制作拍摄播出《荣昌故事》纪录片10余部。微视频及微电影推出《我们村的扶贫干部》系列微视频10余部。与区文旅委合作，推出荣昌区首个文化文博类节目《荣昌有文化》，推出《城中古寺》《大荣桥：300年的守护》《古建密码——报恩塔》《南宋窖藏瓷器——800年归去来兮》等节目，《荣昌党建》栏目，将月播改为周播，并增设“胸前的党徽”板块。《出发，荣昌的最美逆行者》被学习强国、上游新闻等30多个市级媒体转发，观众被医护人员勇敢逆行，大无畏英雄行为所感动。《我们的城 我们的家》引起很多荣昌人的共鸣，华龙网点击率近7万人次。《疫情防控，我们一起》《党员在疫线》等公益广告均被其他媒体转载。采用观众喜闻乐见的方式，制作小视频在抖音等平台传播，录制了农村大喇叭、村干部硬核喊话等主题的视频。和区教委、美术家协会合作，原创漫画6部《个人防护篇》《最美逆行者》《节后返岗个人防护》《如何处理已使用的口罩》等作品均被“学习强国”平台采用。

【新媒体】 新媒体部负责管理重庆荣昌App、荣昌微发布、荣昌发布、荣昌新闻网、荣昌区融媒体中心抖音号5个平台。2020年，新媒体部共刊播Html5新媒体产品54个、长图作品57个、海报作品63个。重庆荣昌App有33万人次下载量，增加13.8%；荣昌微发布读者7.18万人次，增加64.6%；荣昌发布读者3.08万人次，增加28.9%；荣昌区融媒体中心抖音号读者1750人次。全年发布稿件3.13万条，总阅读量约8900万人次，平均阅读量约2819人次。其中，转发各类指令1.75万条、原创稿件1.41万条，总阅读量达到4110万人次，平均阅读量超过2924人次，阅读量“1万+”稿件280条，阅读量“10万+”稿件6条。“荣昌微发布”开设“学习宣传贯彻党的十九届五中全会精神”“建设成渝地区双城经济圈重要增长极”“决战决胜脱贫攻坚”“荣昌有要事”“荣昌有文化”“我说改善环境”“山村有喜 我的脱贫故事”“我的荣昌情缘”“晒‘十三五’成就·晒‘十四五’思路”等23个专题专栏；荣昌新闻网和重庆荣昌App开设了“@2020荣昌·我的期待”“2020新春走基层”“战‘疫’一线党旗红” “决战决胜　脱贫攻坚”“棠城e评”“我的荣昌情缘”“晒‘十三五’成就·晒‘十四五’思路”等32个专题栏目；荣昌发布新浪微博开设“决战决胜　脱贫攻坚”，“建设成渝地区双城经济圈重要增长极”“山村有喜”“荣昌有要事”“我的荣昌情缘”“2020瑜翰科技成渝马拉松赛”等16个话题。拓展“媒体+”综合服务功能，探索“媒体+政务”模式。初步完成重庆荣昌客户端改版，加入“渝快办”板块；分别在荣昌微发布微信公众号、荣昌新闻网上嵌入“渝快办”网站链接。在重庆荣昌客户端设置问政平台，全年问政平台共接收转交公共服务、城市管理、交通管理、环境治理和政策咨询等问政信息1334条，其中，94条问政信息因信息模糊、转交率为92.9%，问政信息中已办理回复922条，回复率74.3%。

【平台建设】　为了加快媒体的深度融合，区融媒体中心于3月初实施了融媒体采编中心技术平台项目建设，于11月16日进入运行阶段，效果良好，达到预期实施的目的。该项目总投资558万元，平台具有“策划、采访、编辑、指令、管理”功能，实现统一调度指挥、统一宣传、选题汇聚、平台发布、存储管理、数据分析、舆情监测与预警的目的，同时将报纸、广播、电视、网络媒体、新媒体和体制外自媒体与融媒体平台打通，构建全新的荣昌媒体融合发展平台。投资近220万元建设荣昌广播电台制播系统，恢复荣昌人民广播电台播出。投资近30万元建设地方节目无线数字化覆盖系统，提高自办广播电视节目覆盖率，扩大自办节目影响力。完成全区应急广播系统建设，为快速处置自然灾害、突发事件发挥作用，更好的服务全区人民。

【《荣昌日报》探索新路子】　2020年，《荣昌日报》共发行242期，968个版面，刊登新闻3.38万余篇，其中，民生类新闻占82%以上。2019年5月8日《荣昌日报》1版获得第九届重庆市区县报好新闻奖（新闻版面）三等奖，通讯与深度报道荣昌老字号系列报获得第九届重庆市区县报好新闻奖）三等奖。2019年5月6日《荣昌日报》3版获得第九届重庆市区县报好新闻奖（新闻版面）二等奖。《把遍访群众任务细化到每天》获得第九届重庆市区县报好新闻奖（消息）三等奖。《荣昌日报》数字版调试成功。为了方便广大市民阅读，扩大《荣昌日报》传播影响力和社会覆盖面，继续在主城46个小区，设置免费公共阅报栏50个，在主城公交线路客车上免费投放报纸，在区内大型酒店投放《荣昌日报》，在各个镇（街）的商业门面设置免费赠阅点。向部分荣昌籍在外人士以及曾任区“四大家”离退休干部寄送报刊，让区委、区政府的声音及时有效得以传递。

【媒体管理】　2020年，区融媒体中心结合新闻宣传实际和规律，制定和出台配套的新闻宣传新举措，让新闻报道从文山会海脱离出来，多做接地气，多报道基层干部群众鲜活真实的生活风貌。区委、区政府举行的或具有全局性重要意义的会议，严格按照规定控制报道字数。一般性的工作会、总结会等，刊发短小消息，从会议中提炼新闻事实进行重点报道。区委、区政府主要领导参加关系经济、社会发展全局的重大活动，严格按照规定控制报道字数；区委、区政府多位领导出席的同一活动或分散且不同时参加的同一活动，只发综合消息。区委、区政府领导的调研等活动，严格按照规定控制报道字数。除重大庆典、重大展览和重要文艺演出外，区委、区政府领导出席一般性的庆典、展览和文艺演出等，只报道庆典、展览和文艺演出内容。强化报道民生实事，报纸版面一版除了刊发时政新闻还增加民生实事稿件，特别是在脱贫攻坚宣传，压缩新闻报道的篇幅。为适应社会节奏加快、人们阅读和视听习惯变化的趋势，下大力气压缩报道篇幅，改编长篇大论，优化版面编排。《荣昌日报》严格按照编辑出版流程开展工作，报纸出版后由总编室按照稿件的质量进行考核打分，报刊部坚持周评、月评、季评、半年评、年评考核机制，实行考核与奖惩挂钩、编辑的绩效与工作成绩挂钩。做到用制度管人，制度逗硬，报刊部的编辑工作作风不断转变，采编质量明显提高，办报水平跃上新台阶。中心自办的电视节目，由相关节目的部门主任、总编室主任、中心领导三级审稿审片签播后方可播出。坚持节目重播重审制度，强化日常播出管理，加强设备日常维护和检修、值班人员业务技能培训和应急演练，不断提高应急处置能力。抓好网络和设备安全，坚持制播网络安全日常巡查，24 小时常态化值班，严格执行安全播出相关制度，确保上级台的重要节目准时无误的转播，全年无重大事故和事件发生。

（华　健）

体 育

青少年体育

【概况】 荣昌区青少年体育运动学校成立于2008年3月，设有摔跤市级重点单项训练基地，柔道、跆拳道和田径3个项目的市级单项训练基地，采取体教结合方式，各训练项目均在学校设基地开展训练。2019年荣昌区青少年体育运动学校成功创建为市重点业余体校，设置柔道、摔跤、跆拳道、武术散打和田径为重点项目。2020年，全区共有青少年体育俱乐部15个，青少年训练基地5个，即安富中学、峰高中学、宝城初级中学、荣昌初中和荣昌中学，直接参与青少年体育训练人员1万余人。

【青少年体育人才培养】 全区注册参加重庆市第六届运动会青少年人员1600人，涉及田径、足球、游泳、柔道、摔跤、跆拳道、乒乓球、空手道、跳水、拳击、武术套路、武术散打等19个项目。7月10日至31日、8月10日至31日，荣昌区青少年体育运动学校散打队在体育馆进行暑假集训。8月3日至22日，荣昌区青少年体育运动学校柔道摔跤队在体育馆进行暑假集训。荣昌区青少年体育运动学校联合区教委、安富中学、荣昌初级中学、宝城初级中学开展3次优秀体育后备人才选拔测试，来自全区小学六年级的300余名学生参加柔道、摔跤、中国式摔跤、空手道、武术散打、跆拳道等项目体育测试，甄选出100名优秀体育后备人才。18名学生通过全国体育单招考试考入北京体育大学等全国知名体育院校。荣昌区青少年体育运动学校柔道队输送队员肖芸、颜思入选国家队集训，输送40余名队员到重庆市运动技术学院乒乓球、摔跤、跆拳道、拳击和跳水队。12月，荣昌区青少年体育运动学校输送队员罗春艳代表重庆市参加2020年全国青少年柔道锦标赛，获女子45公斤级冠军。 （罗富玉）

群众体育

【概况】 2020年，荣昌积极落实全民健身国家战略，广泛开展全民健身活动。全年举办健身跑、篮球、羽毛球、网球等群众喜闻乐见的大型群众体育活动20余次。各镇（街）、协会开展各类体育活动400余次，180余支广场舞健身队伍活跃城乡，成为一道亮丽风景线。全区经常参与活动的干部群众达到35万余人，全民健身理念深入人心，全民健身活动蔚然成风。

【赛事活动】 全年举办健身跑、篮球、羽毛球、网球等群众喜闻乐见的大型群众体育活动20余次。7月1日举办建党99周年公益跑活动，全区300余名运动员参加活动。7月17日在马拉松赛道隆重举办“2020荣昌区全民健身跑”，来自全区各单位、镇（街）500余名运动员参赛。8月1日，在区体育馆举办2020年荣昌区跆拳道锦标赛，304名运动员参赛。8月8日，“2020年全民男子篮球联赛”在区体育馆正式开赛，全区18支队伍报名，270余人参赛。8月11日，在区全民健身中心举办荣昌区职工运动会“沐色装饰杯”羽毛球团体赛，全区共27支队伍，500人参赛。8月22日至11月7日与永川共同组织举办川渝首届中年篮球联赛，川渝两地8个区县代表队100余名运动员参赛。8月22日，举办万灵古镇七夕节“77爱情跑”活动，520余人参与。9月9日，与区人大联合举办荣昌区人大代表“迷你”马拉松赛，200余人参赛。9月12日，2020年双城经济圈川渝合作城市足球业余超级联赛在区体育场正式拉开帷幕，来自川渝4个地市的11支队伍400余人参赛，整个赛事历时3个月，于12月26日在隆昌市顺利结束。9月12日至9月13日，在区体育馆举行了2020年重庆市荣昌区“体彩杯”乒乓球混合团体赛，有33支队伍，130余名队员参赛。9月19日，举办2020重庆市荣昌区职工健身跑活动，500余人参与。9月26日在区全民健身活动中心举行“毛铺酒杯”羽毛球邀请赛，有300余名运动员参赛。9月29日，与区卫生健康委联合举办“我与祖国共奋进”健步走活动，450余名干部职工群众参赛。10月5日举办第四届环重庆城市马拉松接力赛，荣昌站200余人参赛。10月31日举办“2020川渝河小青”环保健身跑，800余人参加。11月21日，川渝地区第五届“荣昌杯”网球公开赛在区体育馆开赛，来自川渝6支球队200余名运动员参加。11月1日举办“2020教育系统干部健身跑”，500余人参加。12月22日至26日，在区全民健身中心举办荣昌区第六届羽毛球公开赛，有260余名运动员参加比赛。12月25日至26日，第四届“海棠之乡”棋牌团体赛在区棋牌协会顺利举行，大足区、永川区、南川区等4个区县选手参加。12月27日成功举办重庆·荣昌马拉松系列赛——2020“瑜瀚科技”成渝双城马拉松赛，4988名运动员参赛。

【2020重庆市体育惠民消费季·荣昌区体育消费节】 12月25日，“2020重庆市体育惠民消费季·荣昌区体育消费节”在区人民广场举行开幕式，活动持续至2021年1月30日，期间开展运动健身惠民消费周、体育消费展、“瞰体育·秀荣昌”全民短视频大赛、成渝双城马拉松等多个体育惠民活动供市民参与。活动将体育与文化展示、观光旅游、赛事活动、商业展会有机整合，约30万人次到荣旅游，旅游收入约1.57亿元。

【全民健身活动】 2020年，区体育局全面落实《重庆市全民健身条例》，按计划组织开展了以“全民健身月”和8月8日“全民健身日”为主题的“2020年全民男子篮球联赛”全民健身游泳、“沐色装饰杯”羽毛球团体赛、2020年荣昌区跆拳道锦标赛、老年人健步走、太极拳展示等一系列活动，各项活动共吸引全区近1万人参与。17个体育单项协会工作顺利推进，深入社区、学校等地进行健身活动展示，带动群众健身的积极性，丰富群众体育生活。全年单项协会共举行各类健身活动200余次，直接参与健身活动达10万余人次。其中，区足球协会按照年初计划，如期举行2020双城经济圈川渝合作城市足球业余超级联赛，有来自泸州、隆昌、永川等友邻区县11支球队400余人参赛。

（周　亮　戴纪印　颜笑宇）

竞技体育

【概况】 2020年，荣昌区积极申办体育比赛，并在市体育的指导下成功举办重庆市青少年跆拳道冠军赛、重庆市青少年柔道锦标赛、重庆市青少年武术散打锦标赛和重庆市举重锦标赛4项市级赛事。

【竞技比赛】 10月16日，2020年重庆市跆拳道冠军赛在安富陶艺实训基地举行。来自重庆市27个区县的近300名选手前来参赛，荣昌代表队派出18名选手进行参赛，共参加13个级别比赛的角逐，获得4枚铜牌、5个第五名。10月23日至25日，2020年重庆市青少年柔道锦标赛在荣昌国家级示范性综合实践基地举行。来自全市各区县的18支队伍170余名运动员参赛。荣昌区代表队49名运动员参加比赛，通过3天激烈比赛，荣昌区获得3枚金牌、3枚银牌、4枚铜牌，并获得体育道德风尚奖的佳绩。10月30日至11月2日，2020年重庆市青少年武术散打（甲组）锦标赛在荣昌国家级示范性综合实践基地举行。2020年重庆市青少年武术散打（甲组）锦标赛在荣昌国家级示范性综合实践基地举行。来自全市60支代表队370余名运动员、教练员参加。经过4天激烈的角逐，荣昌区体校代表队获得2枚银牌。10月30日至11月1日，组织参加2020年重庆市国际式摔跤冠军，获得5枚金牌、3枚银牌、3枚铜牌的好成绩。11月28日至29日，2020年重庆市青少年（甲组）举重锦标赛在荣昌国家级示范性综合实践基地举行。来自全市8支代表队的40名运动员参赛，比赛分为55公斤级、67公斤级、71公斤级等16个级别。8月1日至2日，2020年重庆市荣昌区跆拳道锦标赛在区体育馆举行。12月5日，荣昌区第八届缠丝拳套路传统比赛在区体育馆举行。

（罗富玉）

体育设施和体育产业

【概况】 3月，区人民政府印发《荣昌区体育场地基础设施建设实施办法的通知》，明确相关单位职能职责，让体育场地建设有法可依，有章可循。至年末，全区共建成各类体育场地2996个，比上年增加169个，体育场地面积129.63万平方米，人均体育场地面积1.8平方米。形成了布局合理、种类齐全、衔接配套的体育场地设施体，满足各年龄段群众体育健身需求。全年体育彩票发行等各项工作稳步提升，体育彩票销售网点增至85个，体育彩票销售量2.64亿元，位居全市第一名。

【体育设施建设】 5月，双河排山坳社区、岚峰社区等6处社区健身点获得市级命名，每处获项目资金5万元，主要用于购买健身器材和室内活动室的布置，共安装室外体育健身器材118件。6月，区体育局自筹25万余元采购111余件健身器材，打造吴家镇玉峰村、峰高街道金银村等11处村级健身点。成功申报棠城绿道健身步道项目，全长12.4千米，获市级补助资金20万元。投入20万元对部分镇（街）约50千米健身步道标识标牌进行升级改造，有效提高全区人均体育场地面积。区体育局自筹6.5万余元完成农民体育健身工程器材采购，于12月15日前安装到昌元街道方家坝村、昌州街道八角井村等8个行政村，完成农体工程全覆盖工作任务。全年公共体育普及工程中央预算内社会足球场10片，至年末，万灵福邸足球场地建设项目全部建设完成，完成率为100%。

（周　亮　戴纪印　颜笑宇）

【体育场馆管理】 2020年，着力加强健身场馆维护维保，确保免费低收费安全、有序开放，全年接待约55万余人次，免费开放率达100%，曾多次接待国内其他城市考察学习。区体育馆网球场、门球场，区体育场均完成钢结构刷漆；区体育馆及其网球场、门球完成场外墙清洗；区体育场完成厕所维修改造、室内篮球场完成木地板更换、室外篮球场地面完成整改、室外新建6片羽毛球场，游泳池完成整改、乒乓球室完成地胶更换，并将乒乓球培训纳入后备人才培养项目。区体育馆、体育场推进智能场馆建设，引进重庆市智慧体育平台，提供网上预约、自动统计人流量等智慧服务。

（王远洪）

【全民健身中心】 全民运动健身中心总投资约2600万元，用地面积6471平方米，建筑面积5077平方米。内部布局1片室内网球场、8片室内标准羽毛球场、8张室内乒乓球桌、配套建设健身房、国民体质监测中心、武术训练馆和跆拳道训练馆、体育彩票管理中心以及23个室外停车位。项目于5月15日顺利通过综合验收，向市民低收费运行开放。

【荣昌区入选国家体育消费试点城市】 8月25日，国家体育总局印发《关于公布国家体育消费试点城市名单的通知》，全国有40个城市入选。荣昌区入选国家体育消费试点城市，成为全重庆市唯一入选区县。

（周　亮　戴纪印　颜笑宇）

卫生健康

【概况】 2020年，全区有各级各类医疗卫生机构420个，其中，医院14个，乡镇卫生院15个，社区卫生服务中心6个，诊所（门诊部、医务室）140个，村卫生室241个，疾病预防控制中心1个，卫生健康综合行政执法支队1个，中心血库1个，卫生健康培训学校1所。医疗卫生机构实有床位数4258张。有卫生技术人员5171人，其中，执业医师和执业助理医师2037人，注册护士2283人。

【医药卫生体制改革】 推进县域医疗卫生服务共同体（简称“医共体”）“三通”建设。建立医共体内利益共享机制，出台《荣昌区医共体“利益共享”实施方案》，建立远程会诊、双向转诊、项目帮扶等利益共享机制；建立医保总额统筹调配机制，2020年，区人民医院总院系统调剂医保基金290万元，区中医院总院系统调剂医保基金51万元；建立财务管理帮扶机制，总院已帮助分院清理相关财务管理制度，拟定统一的分院财务管理制度；加大优质资源下沉，医共体总院5名主治医师调入分院工作，选派40名中高级专业技术人员到分院参与业务帮扶，吴家、盘龙、仁义等中心卫生院，昌元、峰高等街道社区卫生服务中心分别建立了心内科、泌尿外科、针灸理疗科、口腔科和呼吸内科等重点专科，提升基层医疗卫生单位的服务能力和服务水平。贯彻落实“县聘乡用，乡聘村用”，各镇卫生院、街道社区卫生服务中心积极筹备空岗村卫生室人员聘用；22名“人力资源池”人员全部派往医共体总院参加为期6—24个月的学习培训；通过总院精准帮扶，区级医疗机构下转469人次，基层医疗机构上转1176人次，医共体总院专家到基层坐诊933人次，指导查房961人次。完善公立医院绩效考核。区卫生健康委下发了《重庆市荣昌区公立医院及工作人员绩效考核办法》和《重庆市荣昌区公立医院党政主要负责人绩效考核办法》，考核内容加大了医共体“三通”工作的考核力度和重点工作的考核力度（人民医院创三甲，中医院基础设施建设、人才引进、健康扶贫及信访安全工作等）。

做好12项医改便民措施。通过自助挂号机预约、微信预约、电话预约、科室预约等方式开展预约诊疗服务，3家区级医院均实现分时段预约诊疗，且均精确到1小时以内，其中，区人民医院和区妇幼保健院可以精确到30分钟内。全年预约诊疗率达到31.2%；扩大远程医疗覆盖范围，共开展远程影像会诊1.67万例、远程心电会诊6136例。开展美丽医院建设。安富街道社区卫生服务中心由市卫生健康委确定为2020年度基层医疗机构“美丽医院”建设示范单位；区人民医院于11月申报2020年度“美丽医院”建设示范单位。加大公卫人才培养和激励。疾控中心扩编，2020年年底，区疾控中心人员编制由51人增加到116人，净增加人员编制65人；加大公共卫生人才的招聘力度。2020年，区疾控中心公开招聘本科以上专业技术人员3人，基层医疗卫生单位公开招聘大专以上公共卫生岗位人员5人；12月底区编办再次批复疾控中心使用编制30人，其中，公开招聘20人，在系统内考调10人，预计2021年上半年完成相关招聘和考调工作；加大公共卫生人员的培训力度。重点加强了新冠肺炎的防控工作培训，培训次数达到近100次，提高了各级公共卫生人员的防控能力。4月，刘灏、陈杰、曹红元、谭响、康世洲、于长江、廖化梅、明荣、王显碧、陈宗建、皮建菊、陈冰、牟明燕、王文兵、邱建平、陈广业、胡小军17名高层次卫生人才被确定为荣昌区学术技术带头人。8月，刘灏、曹红元、傅要武、王显碧、邱建平5名高层次人才被市卫生健康委选拔为首批重庆市区县医疗卫生学术技术带头人。

医保支付方式改革，加强医保基金监管。根据《荣昌区2020年医保基金总额预算分配方案》规定，与各医保协议服务机构签订医保基金总额控制付费协议。截至12月22日，共稽核享受待遇11.94万人次，稽核定点医药机构5878家次，其中，实地稽核747家。共立案处理55件，其中，协议处理38件，行政处理17件。追回违规金额591.64万元，处违约金及行政罚款691.26万元，暂停医保服务55家，解除医保协议20家，行政处罚17家。

药品、耗材集中采购，降低“虚高”价格。完成国家首次组织药品集中采购，3家二级公立医疗机构25种药品32个品规的续标工作，金额178.74万元；第二批国家组织药品集中采购，26家医疗机构20种药品46个品规的协议签订，金额120.89万元；第三批国家组织药品集中采购，25家55种药品87个品规的协议签订，金额130.33万元；开展第四批国家组织药品集中采购29家44种药品90个品规的采购量申报工作；渝黔滇豫四省市医用耗材联合采购，4家公立二级医疗机构管型吻合器和肛肠吻合器、腹股沟疝气补片、激光胶片和热敏胶片3类耗材的协议签订，金额104.6万元。设立区人民医院、区中医院、广顺街道社区卫生服务中心、和平药房二店、和平药房万灵店等8家医药机构为药品价格监测点，每月实行例性上报。

【医疗基础设施建设】 2020年，卫生系统纳入重点建设项目7个，总投资24.93亿元。其中，新建区人民医院门急诊住院综合楼，投资14.27亿元，建筑面积20.39万平方米，已完成二级医疗工艺流程设计，地勘已进场施工；区人民医院卫生应急中心扩建，投资0.92亿元，建筑面积1.32万平方米，已完成二级医疗工艺流程设计，地勘已进场施工；区疾控中心迁建工程，投资1.78亿元，建筑面积2.5万平方米，预算编制、预算审核已完成、监理单位已招标确定；吴家镇中心卫生院迁建投资2亿元，建筑面积3.33万平方米，概算审查和土建施工图设计审查已完成；区中医院迁建工程投资3.65亿元，建筑面积6.5万平方米，装修及附属工程招标文件已报区发改委；区妇幼保健院综合楼暨康复中心联建工程，投资1.42亿元，建筑面积2.65万平方米，主体结构已封顶；昌元街道社区卫生服务中心整体迁建工程投资0.89亿元，建筑面积1.97万平方米，主体结构已封顶；

【家庭医生签约服务】 全区共组建家庭医生团队128个，参与家庭医生1241人，签约24万余人。

表14　　**2020年荣昌区公办医疗机构一览表**

序号	机构名称	编制床位数	实际开放床位数	地址
1	荣昌区人民医院	800	1028	昌元街道广场路3号
2	荣昌区中医院	405	470	昌元街道西大街101号
3	荣昌区妇幼保健院	28	150	昌州街道荣昌大道379号
4	荣昌区疾病控制中心医学门诊部	—	—	昌元街道海棠大道421号
5	昌元街道社区卫生服务中心	80	89	昌元街道东大街37号
6	昌州街道社区卫生服务中心	20	0	昌州街道育才路4号
7	广顺街道社区卫生服务中心	50	99	广顺街道檬梓桥53号
8	峰高街道社区卫生服务中心	50	53	峰高街道千禧街33号
9	双河街道社区卫生服务中心	50	55	双河街道沿河正街6号
10	安富街道社区卫生服务中心	60	90	安富街道安陶路121号附1号
11	直升镇卫生院	20	15	直升镇荣升路235号

续表 14

序号	机构名称	编制床位数	实际开放床位数	地址
12	万灵镇卫生院	20	20	万灵镇学府一支路 8 号
13	清升镇卫生院	20	20	清升镇火烧店街 11 号
14	清江镇卫生院	20	20	清江镇人民路 56 号
15	荣隆镇中心卫生院	50	53	荣隆镇交通西路 1 号
16	龙集镇卫生院	20	15	龙集镇复兴街 10 号
17	仁义镇中心卫生院	60	95	仁义镇丝乡路 77 号
18	河包镇卫生院	40	‘46	河包镇白塔街 70 号
19	古昌镇卫生院	20	10	古昌镇昌盛社区协欣路 86 号
20	吴家镇中心卫生院	70	170	吴家镇清流街 16 号
21	观胜镇卫生院	15	15	观胜镇新桥路 103 号
22	铜鼓镇卫生院	20	20	铜鼓镇万福桥街 16 号
23	清流镇卫生院	15	5	清流镇顺河路 11 号附 1 号
24	盘龙镇中心卫生院	70	70	盘龙镇横文卫街 58 号
25	远觉镇卫生院	20	20	远觉镇南华街 7 号
26	永荣矿业有限公司总医院（含精神科 100 张床）	397	443	昌元街道昌州大道西段西路 32 号
27	永荣矿业有限公司总医院广顺分院	30	60	广顺街道农贸街 15 号

表 15　　**2020 年荣昌区民办医疗机构一览表**

序号	机构名称	编制床位数	实际开放床位数	地址
1	重庆益民医院	160	160	双河街道益民厂区内
2	荣昌佳丽妇产医院	90	67	昌州街道昌州大道中段 156 号
3	荣昌康弗尔医院	140	140	昌州街道向阳路 162 号
4	荣昌康惠中医医院	60	90	昌州街道板桥工业园区四支路 21 至 33 号
5	荣昌普众中医医院	79	130	昌元街道宝城路 2 号
6	荣昌仁爱医院	97	97	昌州街道小康路 102 号、海棠三支路 29 号、海棠三支路 44 号
7	荣昌棠城医院	90	267	昌元街道广场路 39 号
8	荣昌易视眼科医院	82	56	昌州街道向阳路 61 号
9	重庆荣商建设发展集团海棠医院	70	120	昌州街道昌州中段 285 号

【主要医疗机构简介】　重庆市荣昌区人民医院。医院始建于 1941 年，是一所综合性二级甲等医院，是重庆医科大学附属第一医院医疗集团医院、中山大学孙逸仙纪念医院医疗技术合作医院，重庆医科大学、重庆市医药高等专科学校、内江医科学校教学实习医院。医院占地 2.41 公顷，建筑面积 7.47 万平方米，编制床位 800 张，实际开放床位 1028 张。医院整体迁建工程正在实施中，总用地面积 10.8 公顷，建筑面积 25.5 万平方米，设计住院总床位数 1499 张。2020 年，门急诊量 74.31 万人次、出

院 4.4 万人次、手术操作 2.05 万台次。配置有 1000 余台医疗设备，其中，血管造影系统、螺旋 CT、电子胸腔镜、重症超声等 50 万以上大型设备 77 台。现有在岗职工 1429 人，其中专业技术人员 1060 人，高级职称 120 人，博士 3 人，在职博士 3 人，硕士研究生 102 人。医院开设临床一级诊疗科目 21 个，医技科室 9 个。通过国家标准版胸痛中心、国家综合防治卒中中心创建；完成国家标准版心衰中心、高血压达标中心、呼吸与危重症医学科规范化建设项目论证。近两年，开展显微镜下斜外侧椎间融合术、胸腹腔镜联合食管癌根治术、ERCP 等新技术新项目 70 余项；经皮冠状动脉内支架置入术等介入手术生年手术 2000 余台次；胸腔镜肺癌根治术、腹腔镜辅助胃癌根治术等微创技术运用成熟。

重庆市荣昌区中医院。荣昌区中医院是一所集医疗、教学、科研、预防保健、康复于一体的国家二级甲等中医医院，为城镇职工医疗保险、城乡居民医疗保险等各类保险定点医院。医院实行微机现代化管理，科室设置规范、齐全。有在职职工 476 人，编制病床 405 张，实际开放床位 470 张。设置临床科室 18 个，中西医特色门诊 21 个，医技功能科室 8 个，后勤职能部门（科室）19 个。有国家中医药管理局特色专科 1 个（针灸科），市级特色专科 1 个（儿科），区级重点专科 1 个（骨伤科），在建市级重点专科 1 个（儿科）。医院拥有核磁、十六排螺旋 CT、DR 数字 X 光机、眼前节 YAG 激光机、角膜地形图仪、血液透析机、血液滤过机、水处理机、呼吸机、彩色多普勒超声、全自动生化分析仪等医疗设备，能基本满足医疗业务需求。医院坚持突出中医特色、中西医并重的办院方向，运用中西医结合治疗各类疾病。开展脑、胸、腹部及骨科、泌尿、眼耳鼻咽喉、妇产、肛肠等各类型手术，对心血管、神内、呼吸、内分泌、消化、儿科等急危重症有较高的诊治水平。医院专科特色显著，针灸科、儿科、骨伤科在全区享有盛名。

重庆市荣昌区妇幼保健院（加挂四川大学华西第二医院荣昌妇女儿童医院）。医院始建于 1952 年，现由四川大学华西第二医院和荣昌区人民政府合作共建。医院位于荣昌区黄金坡新区，是一所集医疗、教学、科研、康复和预防保健为一体的二级甲等妇幼保健院。医院现占地面积 3.33 公顷，建筑面积 2 万平方米，编制床位 150 张。全院在职职工 255 人，其中，高级职称 22 人，医学博士 2 名，硕士生导师 1 名，硕士研究生 5 名，中国抗癌协会乳腺癌专委会等国家级学会委员 7 人次，重庆市医学会骨质疏松专委会等省市级学会副主任委员 6 人次。医院设有产、妇、儿、外、中医、口腔、计划生育和儿童保健等 20 余个临床学科（专科），乳腺保健专科、儿童常见病防治专科、孕前保健专科为重庆市市级重点建设专科。医院是区域性危重孕产妇救治中心、区域性危重新生儿救治中心。2020 年，门诊量 17.42 人次，出院 2588 人次。

重庆永荣矿业有限公司总医院。医院始建于 1958 年，隶属重庆市国资委重庆能源投资集团有限公司，现已建设发展成一所基础设施完善、医疗设备先进、技术力量雄厚、管理体系科学，反应快速敏捷，集医疗、教学、科研、预防保健于一体的大型综合性二级医院。系重庆市城乡居民、企业职工、离休干部、工伤、生育医疗保险和特殊疾病、慢性病诊断、职业健康体检定点医院。下辖广顺、永川两所分院，拥有荣昌区精神卫生中心、国家标准化代谢性疾病管理中心、国家县域内分泌学科发展助力工程实践基地。全院占地面积 6.8 公顷，建筑面积 55007.4 平方米，设有 13 个临床科室，开放床位 960 张，在职职工 492 人，拥有高级职称 41 人、中级职称 115 人。医院现拥有德国进口核磁共振、进口螺旋 CT 机等大型医疗设备，能全面开展内、外、妇产、重症医学、精神卫生、中医、理疗、五官、皮肤、口腔、放射、检验、预防体检等门类齐全的医疗卫生服务。目前在创伤急救、血液透析、腔镜微创外科、手足显微外科、骨科、精神病防治等方面已形成专科特色和优势。

【建设发热门诊及 PCR 实验室】 全区设立发热门诊 3 个，即区人民医院、区中医院、永荣总医院，设立发热诊室 8 个（含区妇幼保健院、益民医院，峰高、安富、双河街道社区卫生服务中心，吴家、盘龙、荣隆镇中心卫生院）。区人民医院、区中医院、区妇幼保健院、永荣总医院及疾控中心 PCR 实验室均通过市临检中心验收并投入使用，最大日检测量达到 8000 人份。

【慢性病分色分级管理】 荣昌区通过积极探索慢病分层分色管理，进一步促进医防融合，开展高血压病、2型糖尿病患者风险评估14.72万人次，对高危患者双向转诊481人次。该项工作获2020年基层创新“卓越案例”称号，先后赴吉林、四川等地作经验交流。

医　疗

【概况】　年末，全区有各级各类医疗卫生机构419个（含村卫生室），其中，医院14个，乡镇卫生院15个，社区卫生服务中心6个，诊所（门诊部、医务室）139个，村卫生室241个，疾病预防控制中心1个，卫生健康综合执法支队1个，中心血库1个，卫生健康培训学校1所。全区医疗机构床实有床位数4258张，实际开放总床日数154.78万床日，实际占用总床日数106.54万床日。使用率为68.83%，其中，公立医院病床使用率75.68%，基层医疗卫生机构65.16%。有在岗职工6623人，其中，卫生技术人员5171人，执业（助理）医师2037人，注册护士2283人。年末，医疗卫生机构核定编制2056人，在编在岗人数1848人。全年医疗卫生机构总诊疗人次475.95万人次，较同期增长4.88%；出院人次14.47万人次，下降18.53%。

【医政工作】　推进区域医疗同质化管理。通过统一标准，统一培训，统一指导，统一评价，“四统一”推进区域医疗质量同质化管理，逐步提升基层医疗机构和民营医疗机构医疗质量，逐步达到同质化管理。利用医保支付杠杆，将医疗质量评价结果与医保资金支付挂钩，提升区域医疗质量。强化医疗机构管理水平。针对区域医疗质量管理短板，举办医政管理干部培训班和个体医疗机构培训班，培训各级各类管理干部367人次，培训个体医生298人次，提升区域医疗机构管理水平。开展各类专项督查。开展麻醉精神类药品使用专项督查，27家使用麻醉精神药品的医疗机构建立问题整改台账26条；开展医疗质量专项督导，委托区质量控制中心对全区医疗机构开展督查，督查结果纳入年终考核；开展医疗机构检验检查项目医保基金使用专项联合整治、血液透析、器官移植项目医保基金使用专项联合整治、医疗机构专项整治“回头看”等专项活动，规范医疗服务行为。年内，对2家存在医疗安全隐患、麻醉精神药品管理不规范的民营医疗机构主要负责人开展约谈，对5家采用不正常手段招揽患者就医、未告知可替代医疗方案民营医疗机构下达整改意见书5件，给予行政处罚5件，共处罚金18万元。推进与知名医院合作。3家区级医院分别与中山大学孙逸仙纪念医院、重庆医科大学附属第一医院、西南医科大学附属中医院、四川大学附属华西第二医院合作建设医联体，通过柔性引进专家和开通远程诊疗平台提升医院学科技术水平和科研水平。4家帮扶医院共计派专家驻点帮扶专家5名，柔性帮扶专家47名，对口帮扶3家区级医院。提升基层医疗机构服务能力。开展基层医疗机构66个病种服务能力调研，结合区域规划、病源、服务能力和辐射情况，确定需要打造的特色科室。截至年底，基层医疗机构一共打造11个特色科室，进一步提升基层服务能力。强化行业作风建设。调整领导小组，建立行业作风清单管理制度，各级医疗机构党委或支部组每周开展集中学习、警示教育活动和廉洁行医思想防线活动。开展纠正医药购销领域和医疗服务中不正之风专项整治活动，专题教育活动6次；开展医保目录专项整治及回头看活动，建立问题台账116条。2020年，荣昌区医疗机构不良执业行为记分共15家计60分。推进平安医院建设。建立警医联动机制，辖区内二级医疗机构全部设立警务室，应急报警装置并入区公安机关网络，警务室使用率达100%；每年与公安联合开展演练2次，定期开展安全防范知识教育，进一步提高医务人员安全防范意识。全力做好各类大型会议活动医疗保障。全年完成各类医疗保障58次，派出车辆164车次、医务人员894人次。3家区级医院配置自助打印设备，开通预约诊疗系统，实现30分钟分时段预约，3家区级医院预约诊疗率达到30.32%，2家区级医院实现智能停车，电子病历达到国家要求等级，区人民医院达到4级应用水平。

【中医药工作】　区中医院实施整体迁建工程，第一期工程建筑面积64923平方米，建设床位500张，总投入3.65亿元，已完成主体工程。2019年与西南医科大学附属中医院成立紧密型医联体，西南医科大学附属中医院先后派3名专家（含1名任业务院长）帮扶该院普外科、脾胃病科、肛肠科学科建设，期间不定期派34名专家到院查房指导临床工作。全年启动三级等级医院建设，成立创三甲领导小组，拟定创建三甲的实施方案、奖惩方案、目标责任书等，对照评审标准进行任务分解。健全综合医院中医药服务体系。区人民医院设有标准化中医科和中药房，建成中医馆，开设独立单元的中医病房。加强基层中医服务网底建设，全区的社区卫生服务中心、乡镇卫生院共建设中医综合服务区21个，占比达100%，81.4%的村卫生室能够提供中医药服务，基层医疗机构中医服务占比达35.9%。积极支持社会办医，全区设置中医类民营医院2家，诊所37家，其中备案诊所3家。发挥中医药特色优势。加强重点（特色）学科、专科建设。全区有国家级特色专科1个，市级中医重点专科1个，市级中医特色专科1个，市级基层中医特色专科2个，区级重点专科1个。加大中医特色技术推广应用，区中医院共开展70项中医医疗技术，门诊中医治疗率80.32%，病房中医治疗率66.65%。推动中医药健康服务发展。拟定《荣昌区关于促进中医药传承创新发展的实施意见》，成立以区政府分管副区长为组长，区卫生健康委主要负责人为副组长，相关部门分管负责人为成员的荣昌区促进中医药事业传承创新发展工作协调小组，协调小组负责全区中医药传承创新发展工作的组织实施，建立荣昌区中医药工作联席会议制度，研究推进全区中医药工作，部署中医药工作任务，协调解决中医药事业传承创新发展过程中的问题。各部门结合职能职责积极作为，充分发挥区域中医工作特色和优势，全面推进中医药事业传承创新发展。推进中医药文化建设。开展中医药文化宣传，2020年，开展中医文化进校园活动4次，开展义诊进社区、医共体，让老百姓体验中医药活动，成立中医传承室，完成“首届国医大师郭子光教授弟子传承工作室拜师仪式”，开展中医药文化素养调查工作，举办第四届膏方养生文化节和中医药职工兴趣班。中医药健康管理服务。开展65岁以上老年人中医体质辨识，全区有65岁以上老年人10.71万人，年度报表65岁以上老年人接受中医药健康管理7.1万人，老年人中医药健康管理率66.25%。开展0～3岁儿童中医药调养指导，全区0～3岁儿童1.38万人，年度报表0～3岁儿童接受中医药健康管理人数9818人，中医药健康管理服务率为71.72%。

【采供血工作】 区政府定期召开无偿献血工作会议，研究无偿献血工作，印发荣昌区2020年度无偿献血工作计划，把无偿献血工作纳入对镇（街）、部门年度考核内容，保证辖区临床用血充足。广泛开展无偿献血宣传，利用专题讲座、电视台、报纸、LED平台等多种形式，广泛宣传，发放宣传资料4万余份，电视台、LED平台滚动播出献血宣传知识1000余条，举办专题讲座6场次。加强监管，重视质量。开展专项监督检查2次，组织采血专业技术人员考核，全部考核合格。2020年，全区无偿献血6468人次，个人自愿无偿献血4223人次，团体献血2245人次，采集全血量8643.1单位。未发生一例冒名顶替献血、有偿献血及医院自采自供血液事件。2020年，开展“捐热血、援湖北、共抗疫情”无偿献血活动，全区有892人参加自愿无偿献血，献血量1216单位，援助湖北7万毫升红细胞悬液。

【健康扶贫】 2020年，落实“三保险”“两救助”“两基金”多重医疗保障。全区农村贫困人口住院费用自付比例9.26%，门诊费用自付比例12.96%。县域内就诊率达到90%以上。抓实“三个一批”，逐人逐户核查患病情况，落实“一人一策”救治措施。将大病专项救治病种扩大到33种，截至年底，全年纳入大病集中救治317人，救治覆盖率100%，累计救治5034人次；重病兜底保障21人，保障率100%，累计救治601人次；慢病签约服务管理4459人，管理率100%。全区享受健康扶贫优惠政策累计救治3.42万次。建档立卡贫困人口家庭医生签约服务。积极发挥“互联网+健康服务”的作用，为居民提供及时、便捷的家庭医生签约服务。全区建档立卡贫困户家庭医生签约2.12万人，居家有意愿签约率、履约率均为100%。年初，全区有建档立卡贫困户8806户2.84万人，未脱贫104户315人，针对剩余未脱贫人口，实施了“一户一策”，定期督查工作落实情况，剩余的未脱贫户于6月达到脱贫标准，11月底前已按程序全部脱贫。

公共卫生服务

【概况】 2020年，全区无甲类传染病报告，报告乙类传染病10种，发病962例，死亡40例，发病率133.56/10万，死亡率5.55/10万，病死率

4.16%。比上年报告发病数下降15.61%，报告死亡数下降23.08%。报告发病率居前五位的传染病依次为，梅毒（35.68/10万）、肝炎（35.12/10万）、肺结核（34.15/10万）、艾滋病（17.22/10万）、淋病（7.36/10万）。报告丙类传染病6种，报告发病5057例，无死亡，发病率为702.07/10万，比上年发病数下降60.21%。报告发病率居前三位的依次为流行性感冒（369.50/10万）、手足口病（110.93/10万）、其他感染性腹泻病（91.77/10万）。重庆市按丙类管理其他传染病，水痘报告病例1038例，无死亡病例，发病率为144.11/10万，比上年发病数下降34.39%。

全区有育龄妇女15.32万人，3岁以下儿童1.38万人，5岁以下儿童2.13万人，7岁以下儿童2.8万人。全区有医疗机构35家，助产机构9家，开展剖宫产的机构9家，从事妇幼保健工作的医疗保健工作的人员136人，专兼职妇幼卫生人员47人，妇幼卫生信息人员36人。

【公共卫生管理】 居民健康档案管理。2020年，荣昌区常住人口71.56万人，年度报表累计建立居民健康档案65.12万份，建档率91.01%，累计建立电子健康档案65.12万份，电子建档率91.01%，有动态记录的档案48.30万份，健康档案使用率74.18%。健康教育与健康促进。完成17家区级健康促进医院验收工作，区人民医院等6家医院通过市级评估验收。利用“全民健康生活方式日”“世界艾滋病日”等主题宣传日开展公众健康咨询活动。在全区继续开展健康教育进乡村、健康教育进家庭、健康教育进学校、健康教育骨干培养等工作，并将开展情况及时录入国家扶贫动态管理系统。对21个镇（街）健康促进三年攻坚行动项目工作开展督查。全年开展健康教育讲座1140次、覆盖人群5.98万人，健康教育咨询活动251次、覆盖居民7.98万人，发放宣传资料356种、发放份数35万余份；各基层医疗机构充分利用院内视频播放设备，播放健康教育宣传片及各类公益广告264种、播放时长2.8万小时，设置健康教育宣传栏203个、更换频次均为6期及以上。建卡证率，全区应建立预防接种证3.47万人，居住满3月儿童建证建卡率100%。0~6岁儿童健康管理。全区0~6岁儿童2.8万人，新生儿访视4117人，访视率93.19%；0~6岁儿童健康管理2.55万人，健康管理率90.95%。孕产妇健康管理。辖区内活产数4418人，早孕建册4143人，早孕建册率93.78%；产后访视人数4108人，产后访视率92.98%。老年人健康管理。全区65岁以上老年人10.71万人，年度报表完成老年人健康管理7.53万人，老年人健康管理率70.35%。高血压患者健康管理。辖区内高血压患者应管理人数5.08万人，年度报表健康管理5.09万人，规范管理3.76万人，规范管理率70.23%；随访血压达标3.58万人，血压控制率70.26%。2型糖尿病患者健康管理。辖区内2型糖尿病患者应管理人数1.75万人，年度报表健康管理1.79万人，规范管理1.27万人，规范管理率70.51%；随访血糖达标人数1.26万人，血糖控制率70.48%。严重精神障碍患者管理。登记在册的确诊严重精神障碍患者4317人，规范管理3813人，规范管理率88.33%。结核病健康管理服务。全年经上级定点医疗机构确诊并通知基层医疗卫生机构管理的肺结核患者365人，已管理的肺结核患者365人。同期已完成治疗的肺结核患者384人，规则服药384人，规则服药率100%。

【疾病预防与控制】 免疫规划工作。辖区建成并使用数字化门诊22个，实现数字化门诊全覆盖，所有接种单位均已启用疫苗追溯系统，所有产科单位均启用预防接种产科子系统，实现疫苗流通与接种全程可追溯。所有常规接种门诊用冰箱实现温度实时监控，实时上传、实时更新、实时查看。预防接种，儿童免疫规划一类疫苗接种11.08万针次，二类疫苗接种11.94万针次。基础疫苗接种率，卡介苗99.59%、脊灰疫苗98.95%、百白破疫苗98.88%、含麻疫苗98.87%、乙肝疫苗99.21%、乙脑疫苗98.69%、流脑疫苗98.63%、甲肝疫苗99.07%。

结核病防治。全年可疑肺结核患者就诊2869例，可疑者就诊率为337/10万。确诊的肺结核患者366例（包括区外1例），全区经上级定点医院机构确诊并通知基层医疗卫生机构管理的肺结核患者共365人，已管理的肺结核患者365人，全年非结核防治机构报告可疑肺结核患者追踪转诊总体到位率97.8%，TB/HIV双重感染检测率为69.1%，结核菌/艾滋病毒双重感染活动性肺结核患者4例。

艾滋病防治。全年报告HIV/AIDS共2214人，死亡 611 人，存活 1603 人。按照现住址管理存活 HIV/AIDS 共 1603 人，正进行抗病毒治疗 1484 人，抗病毒治疗率 92.58%；进行随访检测（即 CD4 检测）1539 人，随访检测率 96.25%。在治人员应进行病毒载量检测 1249 人，实际检测 1129 人，检测率 90.39%。病毒抑制人数 1079 人，治疗成功率 95.57%。戒毒药物维持治疗门诊登记在册患者吸毒人员 287 人，年内新增 18 人参与维持治疗，无新发艾滋病感染病例。

盐碘尿碘监测。昌元街道城西小学、吴家镇中心小学、安富街道中心小学、荣隆镇中心小学、万灵镇中心小学作为监测点。小学生碘盐 200 份，合格碘盐 188 份，合格碘盐覆盖率 96%。小学生尿碘 200 份，尿碘中位数为 212.3 微克/升；B 超法共检查8～10 岁儿童 200 人，其中，甲状腺肿大 5 人，肿大率 2.5%。孕妇碘盐 100 份，合格碘盐 91 份，非碘盐 1 份，碘盐覆盖率为 99%，碘盐合格率 91%，合格碘盐食用率为 91%，非碘盐率为 1%。孕妇尿碘 100 份，尿碘中位数为 174.65 微克/升。

疟疾防治。联合区人民医院举办主题为“消除疟疾控新冠，同防输入再传播”的宣传活动，组织 21 个镇（街）开展宣传活动，发放宣资料 8 万余份，宣传展板 5 块、接受群众现场咨询 1100 余人，网络宣传 1200 余人，悬挂宣传横幅 20 余条，宣传栏 21 块。对项目单位血检开展专项培训，全年血检“三热”病人 291 人。

麻风病防治。对 56 名基层医生开展麻风病防治培训。结合“世界麻风病日”在全区镇（街）开展宣传活动，发放防治麻风病科普知识宣传单 2 万余张，制作宣传横幅 10 余幅，免费测血压 300 余人，接受群众咨询 5000 余人次。联合区红十字会到远觉、吴家、仁义等镇（街）走访慰问麻风病人。完成基线调查问卷 200 份，并按要求进行问卷数据录入，随访发现一例现症病例麻风反应。

布病防治。在重点职业人群的主动搜索基础上，对 4 个固定监测点和 5 个流动监测点的兽医、饲养牲畜交易、厨师、屠宰和皮毛加工 5 类人员抽取血样检测，采集检测血清样本 202 人，检测出布鲁氏菌感染阳性者 2 人，对 2 例阳性感染者进行个案调查和体格检查、肝肾功能、血尿常规、肝脾 B 超、采集血样进行双相培养等进一步检查，均未发现布病临床症状。

慢性病防控。启动 2020 年度心血管病早期筛查与综合干预项目工作，初筛 1054 人，发现心血管病高危人群 275 人，对既往 1500 人高危人群开展短期随访 1325 人。完成 2020 年度儿童口腔疾病综合干预项目，窝沟封闭 1459 人、封闭牙数 5371 颗，小学生口腔卫生保健知识知晓率由干预前的 52.3%提高到干预后的 89.5%，小学生两次刷牙率由干预前的 45.6%提高到干预后的 63%，学龄前儿童局部涂氟健康检查 4257 人，实际实行局部用氟 3600 人。启动 2020 年度儿童口腔疾病综合干预项目，完成适龄儿童窝沟封闭 1647 人 6028 颗牙齿，局部涂氟 8611 人。开展区第五届“万步有约”职业人群健走大赛，108 支队伍 1327 人参赛。与重庆医学院合作，共同开展西南地区慢病防控科技综合示范研究项目，完成 5000 人管理任务。加强国家慢病综合示范区巩固工作，对健康步道、健康知识一条街进行日常维护。

精神卫生。对辖区内诊断明确、在家居住的严重精神障碍患者，纳入规范化管理。2020 年，国家严重精神障碍信息系统登记患者 4899 人，其中，死亡 582 人。在册患者 4317 人，居家健康管理 3389 人，规范管理 3813 人，规范管理率 88.33%，服药患者 3622 人，服药率达 83.9%，规律服药 3095 人，规律服药率达 71.69%，面访率 90.09%，最后一次随访病情稳定人数 3418 人，病情稳定率 99.59%。全年 3368 人参加危险等级评估，确诊疑似患者 100 人，免费健康体检 2638 人，其中 3 级以上患者 397 人，0～2 级患者 2971 人；全年社区随访服务患者 1.77 万人次，由精神专科医师、基层精防人员、辖区派出所民警、综治专干、乡村医生完成精神卫生应急处置 64 人次，区精神卫生中心（永荣总医院）开展院内康复服务 800 余人次，心理咨询服务 157 人次，开通心理援助热线服务 409 人次，组织到基层医疗卫生单位、村（居）委会开展家属护理教育 42 场次，3221 余人次参与。对 21 个基层精神卫生防治医疗单位的精防信息人员进行点对点技术指导 84 次，有效提高基层精防人员精神卫生防治管理能力。全年召开并参与联席会议、严重精神障碍服务管理等培训、会议 9 次，参与人数 600 余人。被市级纳入免费二代服药试点区县，已对 21 个镇（街）的贫困严重精神障碍患者和公安列管精神障碍患者开展免费服用第二代抗精神病药项目，服务患者

5511 人次，药品经费 240 万。

【妇幼保健】 全年产妇 4397 人，活产数 4418 人，孕产妇早孕建册率 93.78%，访视率 92.98%；新生儿访视率 93.19%，新生儿听力筛查率 96.54%，新生儿疾病筛查率 98.99%，7 岁以下儿童健康管理率 90.95%。5 岁以下儿童死亡 17 例，死亡率 3.85‰；婴儿死亡 10 例，死亡率 2.26‰；新生儿死亡 6 例，死亡率 1.36‰；孕产妇死亡 0 人，死亡率 0/10 万。妇女“两癌”免费检查，宫颈癌检查 1 万余人，乳腺癌检查 7008 人，检出宫颈癌阳性个案 76 例，其中，低级别病变 23 例，高级别病变 46 例，宫颈浸润癌 7 人，已治疗 49 人。检出乳腺癌 8 人，已治疗 5 人。落实《重庆市出生缺陷综合防治方案》要求，开展预防出生缺陷日等主题宣传活动。婚前医学检查率达 45.48%；孕前优生检查目标任务完成率 111%，发现风险人群 872 人，随访率 100%，早孕随访率 99.61%，一年妊娠率 40%，双方参检率 99%；叶酸服用率 90.38%，依从率 80.50%，知晓率 95.51%。强化妇幼健康服务监管。严格落实“放管服”要求，以母婴保健技术为重点，加强母婴保健技术事中事后监管和质量控制，定期向社会公布机构名单和相关信息。加强出生医学证明监管，借助妇幼健康信息平台推广和电子证照服务两项工作的开展，探索运用信息化手段进行证照监管，层层压实责任。举办青少年性与生殖健康项目骨干人员培训和开展知识讲座，与区检察院合作，成立荣昌区“莎姐”未成年人“一站式”保护工作站。推动妇幼保健机构广泛开展更年期保健服务，满足妇女不同时期健康需求。促进妇幼公共卫生服务均等化。实施基本公共卫生服务妇幼相关项目，推广使用发放母子健康手册 5423 册，母子健康手册儿童篇 207 册。推进好艾滋病、梅毒和乙肝母婴阻断和消除工作，孕期艾滋病、梅毒和乙肝检测 4731 人，检测率 100%。开展 0~6 岁儿童眼保健和视力检查工作，0~6 岁儿童眼保健和视力检查覆盖率 90.95%。启动公立医院综合绩效改革和“三级甲等”妇幼保健院创建工作。加强学科和科研能力建设，区妇幼保健院成功申报重庆市妇幼保健重点专科——乳腺保健专科。创新爱婴医院管理，巩固发展爱婴医院创建成果。

【爱国卫生】 2020 年，荣昌区成功创建国家卫生区。卫生镇村创建成效显著，成协创建市级卫生镇 2 个、市级卫生单位 2 个、市级卫生村 2 个，区级卫生镇 8 个，卫生单位 8 个，卫生村 15 个。区财政投入资金 4000 余万元，全区完成农村卫生改厕 3 万户，其中，建档立卡贫困户卫生厕所改造 3415 户，卫生厕所普及率达到 88%。城乡环境整治，将城乡环境卫生整洁行动、城乡环境整治工作有机整合，督促相关部门、镇（街）实施联动整治，减少资源力量浪费，全面提升整治效果。2020 年农村自来水普及率 84.3%，建制镇生活垃圾无害化处理率 100%，建制镇生活污水处理率 86%，对生活垃圾进行处理的行政村比例 100%。病媒生物防制，有效建立起“区、镇（街道）、村（社区）、单位”四级病媒生物防制网络，形成了“政府主导、部门协作、专业公司指导、全民参与”的工作体系；公共外环境及重点行业和单位病媒生物专业化防制实现全覆盖；定期开展鼠、蚊、蝇和蟑螂密度监测工作，重点行业和单位防鼠设施合格率达 95.45%、防蚊蝇设施合格率达 95.28%。开展爱国卫生宣传。区爱卫办印发《关于开展第 32 个爱国卫生月活动的通知》，通过第 32 个爱国卫生月，荣昌区将创建国家卫生区、农村人居环境整治工作开展“防疫有我，爱卫同行”主题活动，印发“爱卫月”宣传活动海报 1 万余份，创卫围裙 1000 余条，为市民群众提供义诊咨询近 2000 人次。全面推进控烟工作。区爱卫办统一组织各街镇、各部门、各单位，在全区开展无烟环境创建和巩固活动，累计创建验收无烟机关、无烟学校、无烟医疗卫生机构等无烟单位 209 家，建立戒烟门诊 6 个并设有戒烟咨询电话，28 家创建无烟党政机关顺利通过认定，无烟医院和无烟学校建成率和巩固率 100%。巩固无烟草广告城区成果，加强城区主干道、学校、车站、商圈等地段的烟草经营点，经常性开展日常巡视工作，坚决杜绝户外烟草广告及变相烟草广告现象，禁止向未成年人销售烟草产品。

【新冠肺炎疫情防控】 成立疫情防控领导小组，制定各项工作方案，分组分工细化落实责任。加强技术培训和指导，组织全区各医疗机构进行新冠肺炎疫情防控、个人防护、社区防控和流行病学调查等培训。指导全区各镇（街）、部门、企业事业单位开展个人防护和消毒知识培训和疫情防控技术指导；切实落实“外防输入、内防反弹”，做好疫情常态化防控工作。科学细致，规范开展流行病学调查。疫情发生以来，累计判定、解除管理密切接触者595人、次密切接触者19人。其中，密切接触者587人、转为确诊病例8人、次密切19人。按照相关防控政策落实国内中高风险人员、境外回荣人员4857人核酸检测和隔离工作。规范处置疫情，处置5起确诊病例疫情和3起新冠病毒外环境阳性事件，无因防控措施不力引起疫情的进一步扩散。安全消杀，出动消毒人员约1000余人次、消毒各类车辆约800余辆，消毒面积约50万平方米。对11例确诊病例住宅进行终末消毒，消毒处理不明原因死亡尸体3具。加强常态化监测。监测外环境样本8621个、物品样本1.46万个、重点人员2.42万人次，结果均为阴性。做好核酸的样本采集和检测。将实验室检验人员分成洗消、采样、检验3组，实行24小时不间断采样和检测。核酸检测6.65万人次，检测发现阳性病例11例。对重点场所、大型会议疫情防控指导工作30次。有序推进新冠疫苗接种，无重大接种事故发生。加大宣传，努力提高人民群众防控意识。采取多种形式加大疫情防控知识宣传力度。截至年底，全区制作宣传栏193块、科普知识展板及宣传架152块，印发宣传海报1800余张、宣传折页及自制宣传单12万余份，荣昌疾控微信公众号推送新型冠状病毒感染的肺炎防治知识356期、阅读量34.7万余次，通过电子LED屏滚动播放新型冠状病毒感染的肺炎防治知识及宣传标语30条，播放819万次，发送温馨提示短信70.4万余条，为解除医学观察人员发放解除隔离后注意事项宣传单559份，制作电视台专访11期，向市民进行新冠感染的肺炎知识宣传及解答市民的疑惑。

人口发展与老龄健康

【概况】 2020年，全区出生人口6566人，其中，男性5107人，女性3490人，出生人口性别比1.05，出生率7.7‰；死亡人口6467人，死亡率10.1‰；自然增长率0.33‰；老年人医养结合服务率62%。

【人口发展】 加强计生队伍建设，基层人员保障到位，每个镇（街）配备2名以上计生干部，21个镇（街）共有计生人员82名，负责计生的综合服务干部152名。整合后的镇（街）卫生院设置了计划生育服务科室，确保有人负责计划生育技术管理、计划生育宣传教育、药具发放等公共服务工作。大力推进人口信息化建设。重视基层计生干部能力培训，狠抓业务能力、学历教育、网络应用三项培训工程，持续提升基层计生干部网络应用能力。全区计划生育FIS操作运用、使用率每月均为100%，村级专干FIS操作应用实现全覆盖，信息村级直报全覆盖，人口信息化应用水平得到整体提升。为推进信息化建设，扩大人口计生部门信息影响力，全区建立了信息分析运用、信息交换和信息安全保密等三项制度，推进区内相关部门信息共享。开展计划生育行政记录专项清理，完成清理12.3万条，清理信息准确率及完整率达98%以上。计划生育家庭福祉不断增进。完成1.07万名奖励扶助对象、1410名特别扶助对象资格确认，发放奖励扶助资金1260.78万元、特别扶助资金1340.89万元，奖扶及时率92.5。建立并落实普遍联系与重点帮扶相结合的联系人制度，走访慰问特殊家庭4503人次，发放慰问金及慰问品315.21万元。开通就医绿色通道，为特殊家庭提供挂号、看病、取药等优先便捷服务。为1501名计生特殊家庭父母购买住院护理保险，金额59.55万元，理赔366例次。开展计划生育家庭扶助信息系统，实现分类管理、精准帮扶。开展独生子女死亡家庭慰问工作，共慰问35户，每户5000元，发放慰问金17.5万元。婴幼照护发展有序推进。出台贯彻实施方案，区政府办公室印发《关于促进3岁以下婴幼儿照护服务发展的实施方案的通知》。联合相关部门和镇（街）实地核实，调查托幼服务情况，2020年，全区登记的托幼机构（点）39个，实际招收托幼的机构23个，在托人数129人，其中，单独设有托幼专班的3个（即昌元康宁幼儿园、昌元街道红苹果美德幼儿园、仁义镇中心幼儿园），在托人数47人（即昌元康宁幼儿园20人、昌元街道红苹果美德幼儿园20人、仁义镇中心幼儿园7人）。高度重视母婴室设施建设，支持母乳喂养，切实保障妇女儿童权益，积极营造生育友好的社会环境，区政府印发《关于加快推进公共场所母婴室建设的意见》，任务明确，分类落实，并将全区母婴室建设任务纳入区政府的重点民生工程推进，年内建成荣昌北站（高铁站）、万灵旅游景区等8个标准母婴室，母婴设施公共场所的配置率100%。

【老龄事业】 2020年，全区5家二级以上综合医院设置老年医学科比例100%。医疗机构举办养老服务机构备案登记的有2家。荣昌普众中医医院设养老床位45张，入住老人12人。益民医院设养老床位46张，入住老人33人，其中，救助人员7人。全区基层医疗机构，为65岁及以上老年人提供医养结合服务作为公共卫生服务的重要工作，全年完成老年人医养结合健康体检6.59万人，老年人医养结合服务率62%。全区有32家养老机构（含医养结合机构2家），30家养老机构均与医疗机构就近签订医疗服务合作协议，35家医疗机构为老年人开通绿色就医通道。积极开展老年健康宣传周和“敬老月”宣传活动，为老年人开展生活方式和健康状况评估1160人次，体格检查1110人次，健康指导3200人次，全区各镇（街）利用横幅、宣传标语、倡议书各种形式强化宣传，制作横幅29条，镇（街）书写标语83条，全区统一印制孝亲敬老倡议书2万余份，大力营造爱老敬老的舆论氛围，强化全社会的爱老敬老意识。敬老爱老助老模范人物评选。在国家卫生健康委、全国老龄办组织开展的“敬老文明号”和“敬老爱老助老模范人物”评选工作中，观胜镇银河村刘燕、仁义镇鹿子村李开秀被评为2020年全国“敬老爱老助老模范人物”。

卫生监督执法

【概况】 全年查处行政处罚案件70件，处罚没金35.7万元，同比上升12.69%，人均查办案件数23件；无证行医案件17件全部结案，处罚没金12.2万元，下达监督意见书30余份；接到医疗领域投诉举报5起，查处案件3件；完成双随机150家；对学校下达卫生监督意见书60多份，书写现场检查笔录11份，对教学卫生和环境卫生不合格的11所学校进行了限期整改并警告的行政处罚；职业健康监督执法领域，开展尘毒危害专项执法工作，共检查涉及职业病危害的用人的单位18家，查处案件4件，下达监督意见书13份。

【医疗机构监管】 根据重庆市卫生健康委员会办公室《关于印发2020年国家随机监督抽查计划的通知》精神，结合经常性卫生监督内容和创卫要求，以专项行动和打击非法行医为专业工作重点，全面推进医疗卫生监督工作，共查处案件52件，处罚没金32.2万元。其中，随机监督抽查工作查处医疗卫生案件2件，共处罚金0.2万元，案件查处率为9.5%。2020年，开展医疗卫生专项监督检查4项，其中，依法执业专项监督检查行动共检查辖区医疗机构270家，立案24件，罚没款8.85万元，下达监督意见书28份；非法行医专项监督检查行动共查处案件17件，罚没款12.2万元，下达监督意见书30余份；医疗美容专项整治行动共计查处案件2件，共处罚没金2.87万元；医疗技术临床应用专项整治行动共检查41家，未发现违法行为。各级医疗机构的医疗废物与医疗污水专项监督检查医疗卫生机构217家，查处案件10件，罚款1.5万元；检查病原微生物实验室6家，总体情况良好，未发现违法行为。

【公共场所卫生监管】 全区卫生监管对象818户，实监管对象818户，卫生监督覆盖率100%。全年完成监督双随机抽检77户，抽检样品10件。对500余户公共场所卫生进行监督检查，确保监督覆盖率达100%。对住宿业、游泳场所、公共浴室、美容美发行业加大执法力度，查处案件56件，结案55件，处罚金额3.17万元。全年双随机抽取公共场所46家，其中，游泳场所12家、住宿业15家、沐浴场所4家、美容美发场所15家，处罚案件3件，罚款金额1500元。检查12家游泳场所，立案查处1家，下达监督意见书5份。开展“第九届畜科论坛”“2020‘重庆好礼’旅游文化设计大赛”活动保障，出动监督员25人次，检查住宿场所30余家，下达监督意见书30份。

【学校卫生监管】 全区有中小学和高校97所，监督覆盖率达到100%。主要针对疫情防控、传染病防控制度及落实情况、教学环境、饮水卫生管理等方面开展监督检查。春秋季传染病专项监督，检查学校170余户次，下达监督意见书50余份；中高考专项监督，检查考点、住宿点共24个，下达监督意见书24份。教学环境监督情。对辖区所有“双随机”任务学校进行专项监督，并联合区疾病预防控制中心对有检测任务的20所中小学进行抽检，其中，教室课桌面照度抽检20所，合格15所，不合格5所；黑板照度抽检20所，合格13所，不合格7所。学校饮用水卫生安全。所有学校均采用教委统一配备的开水机，提供饮用水供学生使用，学生饮用水状况符合卫生要求。未发生因生活饮用水卫生问题引发群体性肠道传染病疫情流行。

【饮用水卫生监管】 按照《中华人民共和国传染病防治法》《生活饮用水卫生监督管理办法》等法律法规的规定，对全区21个镇（街），28家集中式供水单位、2家二次供水单位进行“拉网式排查”和“地毯式监督”，下达监督意见书22份，28家供水单位各项快检指标均符合国家卫生标准。辖区内有集中式供水单位26户，其中，区水厂1户，私营水厂5户、水务局下属的弘禹水务公司水厂20户、二次供水2户，全部完成监督覆盖，监督户次57次。供水单位全部纳入卫生监督协管服务，协管巡查覆盖率100%。全年水质抽检324次，农村集中式供水单位218次，市政供水162次，二次供水4次，其中，抽检不合格14件，抽检合格率95.7%。双随机共抽查生活饮用水单位14家，其中，小型集中式供水水厂7家、二次供水单位2家、涉水产品经营单位5家，任务完成率100%。监督执法完成后，及时在“信用重庆”公示抽检单位的基本信息、检查情况、监测情况。（李　岚）

社会民生

民政事务

【概况】 2020年，区民政局支出民政资金1.86亿元，受益群众46.9万余人次。发放城乡低保金8964.1万元、临时救助资金890.68万元、特困供养金5838.3万元。新建5个街道养老服务中心、5个镇养老服务中心、20个社区养老服务站和8个村级互助养老点。救助流浪乞讨人员462人次，支出流浪专项资金85万元。对全区132名襄渝铁路矽肺及伤残人员发放补贴132万元，对160名精简定救人员发放补贴85万元。累计投入资金240.76万元为2.56万名困难群众购买“惠民济困商业保险”，为6248名低保户、特困人员代缴基本养老保险44.14万元。

【社会救助兜底脱贫】 围绕坚决打赢打好脱贫攻坚战，精准施策，加大社会救助兜底保障力度，聚焦失能、弱能贫困人口，聚焦未脱贫人口、致贫返贫风险大的人口，及时将符合条件的困难群众纳入兜底保障范围，实现应保尽保快保。至年末，全区有城乡居民最低生活保障对象9779户1.69万人、特困供养人员5157人，全年累计发放低保、特困、临救等社会救助金及物价上涨价格临时补贴1.54亿元，全力兜底保障困难群众基本生活。全区建档立卡贫困人口纳入兜底保障4077人，其中，低保兜底3797人、特困兜底280人。

【最低生活保障】 适度扩大低保覆盖范围，实施低保渐退期制度和“分户计算”制度。自9月1日起，全区城乡居民最低生活保障标准分别提高到每人每月620元、496元。至年末，全区农村低保5748户1.06万人，占农村人口的2.44%，人均补差380元；城镇低保4031户6323人，占非农业人口的1.51%，人均补差480元。

【特困人员救助】 对特困人员实施动态管理，分档给予特困人员照料护理补贴（全护理、半护理、全自理特困人员照料护理分别为每人每月300元、200元、50元）。将特困人员救助供养覆盖的未成年人年龄从16周岁延长至18周岁。全区生活不能自理特困人员集中供养率达54.29%。自9月1日起，全区特困人员供养标准提高到每人每月806元。至年末，全区有分散供养特困人员4649人，集中供养特困人员508人，全年累计发放供养金5838.3万元（含照料护理补贴和丧葬补贴）。

【临时救助】 建立镇（街）临时救助备用金制度，下放1000元以下的小额临时救助审批权，加大急难型临时救助。疫情期间，对确诊农村建档立卡贫困人口等，按低保标准2倍按月发放临时救助金；对新审批低保、特困，按审批金额当月发放一个月临时救助金；对受疫情影响，基本生活有困难、符合条件的按规定纳入低保范围或给予临时救助。全年实施临时救助4042人次，发放临时救助金890.68万元。

（沈　虹）

【婚姻和儿童收养登记】 全年办理婚姻登记9631对，其中，结婚登记4608对、离婚登记2931对、补发结婚证1801对、补发离婚证290对，历史数据补录1对。依法办理收养登记9例。

【殡葬管理】　集中开展城区文明治丧宣传及专项整治活动，走进城区安置房小区、城乡接合部、武城社区棚户小区等处，向群众现场讲解殡葬知识并发放健康宣传手册等资料，引导群众文明治丧。全年接运遗体632具，减免困难群众125具遗体的殡葬费用，减免基本丧葬费用44.1万元，为24名困难群众购墓减免2.96万元，切实减轻困难群众的治丧负担。

【慈善事业】　2020年，区慈善会在区民政局监管下、社会监督下全力发展慈善事业，全年共筹集善款（含物资）收入803.46万元。助力脱贫攻坚，切实解决好人民群众的困难，助学助医济困等共支出712.83万元。其中，助学12.8万元，助医26.79万元，济困11.34万元，助残11.8万元，专项扶贫3万元，发放到抗疫一线疫情防控物资600余万元。参加重庆市慈善总会举办的“重庆市99公益活动”获评先进集体；参加区委、区政府举办的“爱在荣昌·情满棠城”99公益活动，获得“三大攻坚战”突出贡献奖。

（汤　强）

【社会福利】　至年末，全区有贫困残疾人4768人，重度残疾人8544人，高龄失能老人918人。全年累计发放“三项补贴”1333万元，其中，残疾人“两项补贴”1120万元、经济困难的高龄失能老人养老服务补贴213万元。共为3万余名75周岁及以上的农村老人发放保健金316万元。推进实施“福康工程”，为9名残疾人安装假肢，为8名残疾人派发轮椅。

【孤儿救助】　联合区教委、区公安局、区司法局、区财政局、区人社局、区妇儿工委办、团区委、区妇联、区残联印发了《重庆市荣昌区关于进一步健全农村留守儿童和困境儿童关爱服务体系的实施意见》。购买社工组织开展农村留守儿童及困境儿童关爱服务项目，开展“儿童福利信息动态管理精准化提升年”专项行动，建立农村留守儿童、困境儿童及农村留守妇女的台账。继续实施医疗康复“明天计划”和“福彩圆梦·孤儿助学工程”，为18名在读孤儿发放福彩助学金。至年末，有45名孤儿、3名艾滋病感染儿童和83名事实无人抚养儿童，累计发放保障金112万元。

（叶兆勇）

【社会组织管理】　全区登记在册社会组织483家，其中，社会团体186家、民办非企业单位297家。全年成立登记社会团体共24家，法定代表人变更登记4家，住所变更登记6家，业务主管单位变更登记33家，业务范围变更登记5家，注册资金变更登记2家，到期换证48家，补办登记证书7家，登记合格率100%。社会团体应参加年检141家，实际年检97家，年检率68.79%；全年成立登记民办非企业单位11家，名称变更登记3家，法定代表人变更登记6家，住所变更登记4家，业务范围变更登记5家，注册资金变更登记3家，注销登记6家，到期换证98家，补办登记证书6家，登记合格率100%。民办非企业单位应参加年检259家，实际年检203家，年检率78.37%；引导社会团体和民办非企业等社会组织参与脱贫攻坚和精准扶贫工作，全年累计扶贫帮扶资金达1500余万元。

表16　　2020年荣昌区登记成立社会团体一览表

序号	社团名称	地址	法定代表人
1	重庆市荣昌区清流镇商会	荣昌区清流镇顺河路46号	魏学斌
2	重庆市荣昌区盘龙镇商会	重庆市荣昌区盘龙路259号	周其建
3	重庆市荣昌区安富街道商会	荣昌区安富街道洗布潭村1组（重庆家喜陶瓷有限公司内）	贺晓东
4	重庆市荣昌区双河街道商会	荣昌区双河街道荣泸南路10号	钟泽华
5	重庆市荣昌区远觉镇商会	荣昌区远觉镇演教街1号	陈云
6	重庆市荣昌区仁义镇商会	荣昌区仁义镇解放路52号	廖祥德
7	重庆市荣昌区观胜镇商会	荣昌区观胜镇新桥路168号	刘伯富

续表16

序号	社团名称	地址	法定代表人
8	重庆市荣昌区铜鼓镇商会	重庆市荣昌区铜鼓镇刘骥后街21号、23号	唐帮荣
9	重庆市荣昌区龙集镇商会	荣昌区龙集镇老店子社区三社139号	杨正宽
10	重庆市荣昌区柑橘产业协会	昌州街道昌龙大道43号	程彪
11	重庆市荣昌区清江商会	荣昌区清江镇分水社区一社45号	唐运毅
12	重庆市荣昌区老科学技术工作者协会	荣昌区昌州街道荣滨北路东段29号附30号5幢三楼	石世清
13	重庆市荣昌区青年志愿者协会	荣昌区昌元街道国泰路5号	袁滋润
14	重庆市荣昌区清升商会	荣昌区清升镇古佛山社区9组楠木沟休闲山庄	邓富华
15	重庆市荣昌区养老服务协会	重庆市荣昌区昌州街道香国大道519号附66号1幢盛乐嘉颐养中心副楼2楼	李建超
16	重庆市荣昌区新闻工作者协会	重庆市荣昌区海棠大道80号	薛晓霞
17	重庆市荣昌区古昌镇商会	荣昌区古昌镇新兴路170号	蒋道光
18	重庆市荣昌区吴家镇商会	重庆市荣昌区吴家镇人和街88号	蒋超
19	重庆市荣昌区商贸物流商会	荣昌区昌州街道东湖西路1号2幢	肖华刚
20	重庆市荣昌区万灵镇商会	重庆市荣昌区万灵镇大荣寨社区大河街36号	何梁平
21	重庆市荣昌区昌州街道商会	荣昌区富安南路56号	刘志茹
22	重庆市荣昌区河包镇商会	重庆市荣昌区河包镇荣河路141号	于荣生
23	重庆市荣昌区葫芦丝（巴乌）爱好者协会	荣昌区昌元街道富安北路203号	赵兴烈
24	重庆市荣昌区荣隆镇商会	重庆市荣昌区荣隆镇兴荣西路82号	曾远树

表17　**2020年荣昌区登记成立民办非企业单位名单一览表**

序号	社团名称	地址	法定代表人
1	重庆市荣昌区昌州杰夫幼儿园	昌州街道国泰路22号附66号金科世界城二期43栋	王征
2	重庆市荣昌区瑜瀚电子电路技术培训中心	重庆市荣昌区昌州街道荣升路64号19幢6层6-1	刘尚佺
3	重庆市荣昌区富光赛鸽俱乐部	荣昌区昌州街道滨河东路513号	龚举平
4	重庆市荣昌区新天地职业培训学校	重庆市荣昌区昌州街道昌州大道中段162号附12号（鼎盛海棠）4幢158号3-1	李道刚
5	重庆市荣昌区昌元艾贝幼儿园	荣昌区昌元街道迎宾大道125号	王冬梅
6	重庆市荣昌区海棠国际象棋俱乐部	重庆市荣昌区昌元街道人民三支路5号	石芳君
7	重庆市荣昌区陶艺职业培训学校	重庆市荣昌区安富街道富华二支路2幢	杨磊
8	重庆市荣昌区加合非遗职业培训学校	重庆市荣昌区昌州街道荣滨南路东段47号附12号	黄秀英
9	重庆市荣昌区曼科职业培训学校	重庆市荣昌区昌州街道荣升路64号19幢总部经济大楼四层	丁德芬
10	重庆市荣昌区芳华职业培训学校	荣昌区昌元街道荣滨南路西段169号2-1	黄志卡
11	重庆市荣昌区昌州小鹿优培幼儿园	荣昌区昌州街道荣滨南路东段56号附5号、56号附4号2-1-2、56号附4号3-1	周铭丹

（唐　毅）

【界线地名】　全区有行政区域界线304.1千米，其中，省界4段154.3千米，县界2条149.8千米。沿线埋设界桩7颗，其中，省界界桩3颗、县界界桩4颗。全年，进一步加强边界管理和平安边界建设，持续开展边界纠纷隐患排查及妥善处置工作，区域内省界、县界界线清楚，界线走向清晰，界桩无损毁，界址点稳定，界线上的明显标志、附属物等未发生变化和位移，毗邻边界居民自觉遵守界线管理法规和边界睦邻友好公约，边界居民和谐相处，边界社会稳定，无违反界线管理法规的行为、无边界纠纷突发事件、无边界矛盾和边界纠纷发生，无边界纠纷隐患，有效促进边界地区稳定发展。年内，以安富清江段行政区域界线为试点，开展勘定镇（街）行政区域界线工作试点。经勘定，安富街道与清江镇行政区域界线毗邻安富街道古桥社区和清江镇塔水村、河中村，全长4318.75米，共有29个界址点，包含2个三交会点。2020年，区政府同意对11条道路予以命名。其中，荣昌高新区命名3条（即新远路、宏图路、致远路），昌元街道命名6条（即外西街、国泰西路、白水桥路、公园路、海棠北路、富安北路），安富街道命名1条（即陶宝巷子），盘龙镇命名1条（即锦苑路）。进一步强化地名成果运用，完善国家地名信息库荣昌地名信息450余条，推进国家地名词典、国家地名志、荣昌地名志的词条编撰，启动重庆市地名图录典志编撰工作，第一批选录《重庆市历史地名保护名录》的荣昌历史文化地名2条（即施济桥、路孔）。　（李长江）

基层政权与村（社区）管理

【概况】　年末，全区有92个村、64个社区。2020年，贯彻落实加强和完善城乡社区治理、推行依法民主选举，规范村民委员会选举程序，加强城乡社区干部教育管理，完善基层治理工作机制，推进城乡社区民主协商实践，提升社区服务能力和规范化水平，扎实抓好村（居）务公开和村（居）务监督，建立健全城乡社区自治机制和自治组织，统筹推进乡村振兴、脱贫攻坚、扫黑除恶、社会治理、三治结合等基层社会治理成效明显。

【基层政权】　加强镇政府服务能力建设，基本形成职能科学、运转有序、保障有力、服务高效、人民满意的镇政府服务管理体制机制。强化镇政府服务功能，制定镇（街）公共服务事项目录清单，组织实施《重庆市荣昌区优化完善乡镇机构设置实施方案》《荣昌区关于深化行政执法体制改革加快推进综合行政执法的实施意见》，在15个镇设置综合行政执法办公室（大队）。编制《重庆市荣昌区区域公共服务设施布局规划（2016—2030）》，实现基本公共服务全覆盖。建成区级“互联网+政务服务”平台，梳理镇（街）通用政务服务事项。实施基层群众性自治组织依法自治事项清单、依法协助政府工作事项清单和负面清单，厘清镇政府和村（居）民委员会权责边界。完善“三农”工作体制，加快农村经营管理体系建设，规范村级集体经济管理。落实镇领导干部接访下访制度，健全镇党委领导的民主协商机制。逐步完善群团组织承接镇政府职能的工作机制，全区11个群团单位共承接政府部门职能和工作19项。

【社区建设】　落实《关于加强村（社区）组织运转经费保障工作的通知》，建立村（社区）干部待遇正常增长机制。落实区委、区政府《加强和完善城乡社区治理的实施意见》，实施《荣昌区城乡社区服务体系建设实施方案（2018—2020年）》。落实乡镇工作补贴政策，执行补贴3634人。年内，区政府对安富街道部分社区建制进行调整，同意撤销华东社区、华南社区、华北社区、华西社区4个社区居民委员会，合并设立华江社区居民委员会。安富街道华江社区管理范围四至界限：东接通安村12组（白杨湾），南连兴发路社区（安富邮局），西临普陀村6、7组（唐家沟水库），北抵洗布潭村7组（原华江子弟校）。安富街道华江社区于2019年新设立双河街道双矿社区，均在年内依法产生、设立社区组织机构，全区村（社区）从163个（即92个村、71个社区）调整为156个（即92个村、64个社区）。

【城乡与村（社区）治理】　加强和完善城乡社区治理。指导新设立的双河街道双矿社区、安富街道华江社区依法产生社区党组织和居民委员会。加强村（居）干部队伍建设，依法推行城乡社区党组织书记按照法定程序担任村（居）民委员会主任，把好村（居）委会干部入口关，坚持开展基层自治组织候选人区级联审。开展村（社区）主任集中培训，按规定调整村（社区）干部待遇标准，规范基层群众性自治组织法人，建立全区基层政权建设和社区治理信息管理系统。依法启动第十一届村（居）委会换届工作。全力以赴做好新冠病毒疫情防控，联络协调全区城乡社区，动员全区社区工作者，服从统一调度、科学精准地开展社区排查、疫情宣传动员、落实防控措施、常态化防控等疫情防控各项工作。落实社区工作者关心关爱措施，为参与社区疫情防控工作一线社区工作者等人员发放疫情防控工作补助520余万元，落实社区工作者、社工、志愿者疫情防控专项保险4000人次。创新基层社会治理机制，推广“三事分流”工作机制。推进院落自治创新实践，共建112个“新风小院”，验收49个“民主法治示范村”，培育“三治融合”自治小院96个，坚持自治、法治、德治相融合，着力打造共建共治共享的乡村善治格局。优化社区服务机制，按照“政府扶持、社会运营、专业发展、项目合作”的思路，推行“社区+社会组织+社会工作者（志愿者）”“三社联动”，逐步建立以社区为平台、社会组织为载体、社会工作专业人才（志愿者）为支撑的社区服务管理新机制。继续深化社区民主协商，指导镇（街）制定城乡社区协商事项目录，进一步完善城乡社区协商机制，搭建社区协商平台，细化协商内容，规范协商程序，引导形成协商主体广泛、内容丰富、形式多样、程序科学、制度健全、成效显著的城乡社区协商新局面，解决好村（社区）公共事务和涉及群众切身利益的实际问题，实现公共利益的基层民主治理。深化村（务）公开制度，印发村（居）务公开目录，坚持定期实行村（务）公开。坚持村（居）财务管理、民主评议制度，强化村（居）务监督机制，实行村（居）务监察监督员制度，发挥村（居）务监督委员会作用。进一步完善村民自治机制，坚持村（居）民会议、村（居）民代表会议制度，规范议事规程，推行“四议两公开”。深化基层自治实践，加强村规民约执行能力，指导12个贫困村进一步完善“一约三会”等自治机制和自治组织，助力脱贫攻坚。加强社区综合服务设施建设和管理，推进《荣昌区城乡社区服务体系建设实施方案（2018—2020年）》，全区60%以上的村（社区）达到拥有社区综合服务设施面积平均每百户30平方米的市级标准；优化社区便民服务中心，落地2个市级示范项目，推进27个区级项目，建立5个中央预算内投资储备项目。新建社区便民服务中心按要求设立工作机构及悬牌，统一使用“中国社区”标识，按照一室多用的原则优化设置功能室，提高综合使用效益。坚持推进社区减负增效，实行公共事务准入制度，全面推行基层自治组织涉证事项、自治事项、协助事项、负面清单“四项清单”，进一步改进和规范基层群众性自治组织出具证明事项。坚持开展扫黑除恶专项斗争，落实重点行业领域乱点乱象整治和“百日攻坚行动”。开展信访突出问题专项治理，推进物业管理融入社区治理，城市社区全部建立社区物业管理议事协调机制并成立社区环境和物业管理委员会，联合创建“先锋业委会”，推进城镇老旧小区改造和社区服务提升。

【社会工作和志愿服务】 支持和发展社会工作服务机构和志愿服务组织，全区有社工机构5个，从业人员71人，社工机构开展服务项目25项，投入项目资金88万元，服务群众3.32万人。加大社会工作人才队伍建设和岗位开发力度，组织动员539人参加全国社会工作专业人才资格考试，至年末，全区有社会工作专业人才512人。进一步规范使用全国志愿服务信息系统，在册志愿服务组织3个，志愿服务团体677个，注册实名志愿者13.9万人，占常住人口比例16.4%。开展荣昌区星级志愿者认定工作，为基层社会治理提供社会力量保障。引导动员社工机构和志愿服务组织有序参与新冠病毒疫情防控，发布《关于动员社会组织积极参与新型冠状病毒感染肺炎疫情防控工作的倡议书》，知灯社工、知行社工、棠城社工、棠城志愿者协会等社工机构及志愿服务组织开展“阻击新冠病毒、我们共克时艰”志愿服务行动，配合医疗机构搬运医疗物资、深入社区开展助力社区联防联控等志愿服务，发动1.8万余人参与抗击疫情，募集款物共计276.63万元；50名志愿服务者由荣昌派送到重庆医科大学附属永川医院，为开展定点医疗救治工作的20名一线医护人员做好服务，解决后顾之忧。举办第四届巴渝社会工作宣传周活动，开展“社工行千里　服务进万家”“专业社工守护儿童托起希望”系列活动。引导动员社会工作服务机构和志愿服务组织参与脱贫攻坚、参与社区网格环境整治志愿服

务等工作。积极参与新时代文明实践，加快推进社会治理现代、开创平安中国建设。（李长江）

老龄工作

【养老服务】 2020年，新建5个街道养老服务中心、5个镇养老服务中心、20个社区养老服务站和8个村级互助养老点，全部按序时进度完成建设任务，累计完成投资3100余万元。至年末，全区共有养老机构32所，床位2348张，入住老人1113人。其中，政府公办养老机构17所，床位1406张，入住老人499人；民办养老机构15所，床位942张，入住老人614人，有效推动全区养老服务业的发展。印发区政府办公室《关于印发重庆市荣昌区社区居家养老服务全覆盖实施方案的通知》，实现社区居家养老服务设施100%全覆盖建设目标。将双河敬老院改造为全区失能特困人员集中照护机构，对远觉镇、铜鼓镇、吴家镇、河包镇、盘龙镇、峰高街道6所敬老院实施“三改”，聘请市第一福利院指导3所养老机构进行标准化建设，进一步提高全区养老服务质量。为全区17所公办敬老院购买心理健康服务，2个社会工作组织分别对17所公办敬老院入住老人开展心理健康评估、心理疏导、关爱慰藉等服务。续开展养老机构服务质量建设专项行动。

【构建多层次养老保障体系】 及时发放经济困难的高龄失能老人养老服务补贴。全年为918名经济困难的高龄失能老年人发放养老服务补贴213万元，发放标准为每人每月200元。全面落实高龄津贴制度。为3万余名农村75岁及以上的老人发放保健金316万元，发放标准每人每年100元；为46名100岁及以上的老人发放营养金20余万元，发放标准由每人每月300元提高到每人每月500元。

【农村留守老年人关爱服务】 切实做好农村留守老年人关爱服务工作，及时健全完善农村留守老年人信息台账，实行农村留守老人动态管理，全区现有农村留守老年人329名，每季度留守老人巡查探访率达100%。对失能、半失能、残疾且独居或无人照顾的高风险老年人，采取确定帮扶人、提高上门探访频次等有效措施，强化关爱和帮扶。

表18　**2020年荣昌区百岁老人基本情况一览表**

序号	姓名	性别	民族	出生年月	家庭住址	户籍
1	申德贵	女	汉	1914.12.10	河包镇经堂村10组41号	农村
2	黄先山	男	汉	1916.03.13	河包镇转龙村1组4号	农村
3	杨学康	女	汉	1914.1.6	盘龙镇合靖社区10组	农村
4	梁尚成	女	汉	1919.6.29	盘龙镇大建社区4组	城镇
5	刘先琴	女	汉	1918.10.10	盘龙镇龙王村3组	农村
6	古荣康	男	汉	1920.4.27	盘龙镇拱桥村5组	农村
7	蒋相珍	女	汉	1917.07.08	仁义镇仁和社区西门巷29号	城镇
8	彭廷高	男	汉	1918.08.23	仁义镇广济村3组75号	城镇
9	石昌友	女	汉	1918.05.06	仁义镇瑶山社区9组	城镇
10	兰素轩	女	汉	1919.04.26	仁义镇三奇村11社	农村
11	黄光华	男	汉	1919.07.08	仁义镇永灵村11社	农村
12	张智美	女	汉	1920.01.25	仁义镇广济村2组7号	农村
13	罗宣林	男	汉	1920.11.06	仁义镇鹿子村5社	农村
14	何玉祥	女	汉	1919.09.11	荣隆镇先锋村6组	城镇
15	覃仁菊	女	汉	1916.12.17	万灵镇玉鼎村8组	农村
16	许正贵	男	汉	1918.04.16	吴家镇糖房街69号3单元1-1	城镇
17	李本顺	女	汉	1919.12.09	吴家镇燕子坝社区3组	农村

续表 18

序号	姓名	性别	民族	出生年月	家庭住址	户籍
18	曾龙轩	女	汉	1920. 2. 21	吴家镇燕子坝社区 6 组	农村
19	张桂容	女	汉	1916. 08. 10	远觉镇白家寺村 1 组	农村
20	陈明举	男	汉	1918. 10. 27	直升镇荣升街 56 号	城镇
21	谢济和	男	汉	1920. 01. 06	直升镇万宝村 4 组	农村
22	刘先芳	女	汉	1919. 11. 12	铜鼓镇万福桥社区五组	农村
23	晏临琼	女	汉	1919. 05. 07	广顺街道陈家河社区	城镇
24	罗素洁	女	汉	1919. 07. 11	广顺街道沿河村 8 组 88 号	农村
25	叶述琼	女	汉	1919. 12. 16	广顺街道工农茶叶产业社 12 社 87 号	农村
26	唐德安	男	汉	1919. 02. 27	昌元街道白象社区	城镇
27	向清和	女	汉	1919. 11. 13	昌元街道桂花社区	城镇
28	郭泽玉	女	汉	1920. 05. 14	昌元街道桂花社区兴隆街 49 号	城镇
29	高淑华	女	汉	1920. 06. 03	昌元街道玉屏社区	城镇
30	古国明	女	汉	1920. 08. 16	昌元街道白象社区	城镇
31	周时全	女	汉	1920. 12. 13	昌元街道白象社区白象街 124 号 1 幢 1 单元 1-1	城镇
32	何永成	男	汉	1920. 11. 16	双河街道沿河街社区 5 组	城镇
33	肖中容	女	汉	1916. 01. 25	昌州街道杜家坝村 13 组 115 号	城镇
34	黎树珍	女	汉	1917. 10. 12	昌州街道黄金坡 4 组 14 号	城镇
35	黄朝珍	女	汉	1918. 12. 29	昌州街道石河村 7 组 73 号	农村
36	魏信祥	女	汉	1920. 05. 10	昌州街道八角井村 2 组 5 号	城镇
37	刘代珍	女	汉	1920. 10. 17	昌州街道石河村 12 组 133 号	城镇
38	秦兴书	女	汉	1917. 12. 23	峰高街道唐冲村 7 组	农村
39	黄光亮	女	汉	1918. 03. 07	峰高街道峨眉社区	城镇
40	刘保福	男	汉	1919. 02. 04	峰高街道千丘塝村 1 组 35 号	农村
41	陈金海	男	汉	1919. 02. 07	峰高街道唐冲村 2 组 54 号	农村
42	曾起书	女	汉	1920. 09. 16	峰高街道石盘村 5 组	农村
43	雷生英	女	汉	1918. 07. 16	安富街道通安村 2 社	农村
44	陈玉祥	女	汉	1919. 07. 12	安富镇古桥社区 4 组	农村
45	林居珍	女	汉	1919. 12. 9	安富街道洗布谭 2 组 300 号	农村
46	张志三	男	汉	1920. 9. 28	安富街道古桥社区	农村

（叶兆勇）

社会保障

【概况】 养老保险、工伤保险、失业保险三项保险参保 70.46 万人，基金征收 8.43 亿元，支付各养老、工伤保险等待遇 20.45 亿元。

【降费减负】 持续落实好社保降费减负政策，全年为企业和个人减免社保缴费 7.08 亿元，其中，疫情期间出台的阶段性减免企业社保费政策为全区企业减免社保缴费 1.85 亿元。

【社保扶贫】 实现参保、代缴、领待 3 个 100% 目标，全年全区建档立卡贫困人口参保人数 1.24 万人，代缴人数1970人，领待人数4926人。

就业创业

【概况】 扎实做好“六稳”工作，积极落实“六保”任务，“建平台、传政策、稳岗位”全面做好保用工工作，支持企业稳定发展。积极开展高校毕业生、就业困难人员、农民工、长江退捕渔民等就业援助工作，确保重点群体实现稳定就业；积极推进技能培训全面加强劳动者职业技能，大力鼓励创业带动就业，全区就业环境稳定向好。全年城镇新增就业1.57万人、城镇登记失业率3.41%、全体居民人均可支配收入增长率7.2%、在全市考核组22个区县内排名第四。高校应届毕业生年底就业率97%、职业培训1.28万人次，其中，企业职工培训2692人次、贫困劳动力培训3377人次，发放创业担保贷款1.85亿元，发放创业担保贷款贴息839.89万元，促进1042人创业，均超额完成目标任务。就业扶贫方面，通过就业扶贫示范车间、公益性岗位等途径吸纳贫困人员就业。成功创建全市首个陶艺技能评价中心，成功编制全国统一性的《荣昌手工夏布织造专项职业能力考核规范》。建成“七维一体”的荣昌区人力资源服务产业园，是渝西首个建成投用的产业园，获批建设为市级产业园，9月开园至12月底，已保障企业用工5147人次。10月23日，举办“2020重庆英才大会——第九届中国畜牧科技论坛暨畜牧科技人才招聘会”，招聘会采取线下招聘与线上“直播带岗”相结合的形式，吸引了成渝等地的126家企业前来招贤纳士，实现川渝两地强强联合，构建人才协同发展大格局，推动畜牧科技稳步高质量发展，助推成渝地区双城经济圈加速建设。

【促进就业创业】 落实好就业扶持和稳岗补贴等政策，全年发放灵活就业社会保险补贴1131.21万元，促进2135人实现再就业；发放公益性岗位补贴、社保补贴1307.4万元，过渡安置1483名就业困难人员就业；为招用138名困难人员的63家企业发放一次性吸纳贫困人员岗位补贴82.8万元；为招用386名困难人员的142家企业发放社会保险补贴119.43万元；为2080名贫困人员发放一次性求职创业补贴104.81万元，为6065名贫困人员发放务工交通补贴88.63万元；为164家企业发放中小企业稳岗返还1526.39万元，稳定岗位1.16万个，为319家企业发放失业保险稳岗返还281.2万元，稳定岗位1.32万个，区级财政匹配的20%失业保险稳岗返还享受286家，发放94.5万元；稳定岗位1.06万个；实现新增1.09万名农民就近就地就业。2020年，全区新参加失业保险1.22万人，累计参保6.36万人，完成失业保险费扩面征缴1582.75万元，支出失业待遇4478.06万元，其中发放失业保险金1746.5万元，保障失业人员基本生活。开展创新创业活动，广泛宣传“渝创渝新”“中国创翼”等创业创新大赛，组织3个项目报名参赛。“青苔美术”项目在“渝创渝新——重庆大学生创业启航计划”中获得3万元资助。联合相关部门组织渝西川东创新创业大赛等，为建设成渝地区双城经济圈重要增长极贡献力量。组织2个项目参加“成渝杯”创新创业邀请赛，获得优秀奖，营造良好创新创业氛围。落实创业扶持政策，优化创业培训课程，开展网络创业培训，助力提升培训学员网络创业技能，全年开展创业培训390人。

【抗疫战贫】 动态更新“农村贫困人口就业信息平台”“我家在重庆”微信公众平台等平台系统，及时掌握贫困人员就业情况。加强贫困人员技能培训，为贫困人员量身打造新增特色工种8个，大力开展“技能进村社”活动，全年培训农村贫困人员3377人次。疫情期间与区交通局、区卫生健康委等部门建立信息共享和沟通协调机制，按照“一车一方案”，保障外出务工人员出行安全，累计服务农民工2375人。过渡安置贫困人员就业，新开发公益性岗位824个定向安置贫困人员就业。帮助9470名贫困人员实现就业，在受疫情影响的情况下，比上年增加522人。以创业带动就业，为4名贫困人员发放创业担保贷款70万元。新建3个扶贫车间，共有5个扶贫车间，吸纳贫困人员48名。

【智慧人力资源服务产业园】 产业园集人才服务平台、大学生就创中心、智慧人力市场、技能培训基地、创业孵化基地等七维一体，是渝西首个建成投用的人力资源服务产业园，是首批获评的市级人力资源服务产业园。该园位于荣昌国家高新区，总面积8300平方米。充分辐射周边区市县，形成人力资源产业集聚地，建成大学生就业创业中心，为加快“三区一城”建设，打造成渝地区双城经济圈重要增长极提供坚强人力资源保障。5月，该园启动并建立互联互通全市及泸州、自贡、内江等毗邻地区合作机制，同步收集、发布、共享用工信息和求职信息，业务共办无障碍。9月，该园正式开园，实现多市县招工求职信息互联互通、人才招聘活动共办共享、人力资源企业互引互认、养老保险无障碍转移接续、社会保险待遇资格同等认证、工伤协议服务机构互认。产业园提供高端人才引进、企业咨询管理、人才招聘服务、劳务派遣外包、职业技能培训等全流程人力资源专业服务，吸引了周边璧山、广安、自贡、泸州、宜宾、大足等多个地区学习参观。入驻人力资源、劳务派遣、培训等机构15家，服务用人单位3384家，提供就业岗位1.1万个。举办线上招聘洽谈会6场，人才座谈会3场，入驻川企2家，为川籍人员提供就业岗位630个，输送重庆籍人员455名。

【川渝合作】 开启川渝社保服务协同发展，实现城镇企业职工基本养老保险无障碍转移接续，养老、工伤、失业保险待遇领取人员资格认证同等互认，实现跨区域协同社保卡应用。

劳动维权

【概况】 改进工作方式，畅通维权渠道，优化调解仲裁服务，在全市率先成立了法律援助站，开展“流动仲裁庭”办案模式，实行了仲裁员分片联系指导工作制度。推行“互联网+调解”工作模式的运行，对各基层调解机构的工作人员进行“互联网+调解”业务的培训和工作指导，对部分园区企业劳资管理人员进行题为“劳动争议的预防与应对”培训。疫情期间通过创新工作方式，采用电话调解和“互联网+调解”双工作模式，有效对疫情期间的争议案件进行了“不见面”处理。畅通集体案件的绿色通道，实行“快立、快调、快审、快结”制度，尤其是对涉及农民工工资的集体劳动争议案件，实行“三个优先”，即优先受理、优先处理、优先开庭。以维护劳动者合法权益为宗旨，积极开展根治农民工工资、用人单位书面审查和诚信评价等各项工作。根治欠薪工作被评定为A级，全市排名第7位，全年未发生一起农民工因讨薪而引起的越级上访和农民工讨薪而引起的群体性事件。

【农民工工资支付保障】 落实“两金三制”制度，落实政府应急周转金1000万元，全区在建项目实行实名制、劳务专户制度、银行代发制项目均达到100%。开展根治欠薪夏季和冬季攻坚行动，处置欠薪隐患案件12个，涉及金额3831.8万元，涉及人数1834人。受理线上线下咨询共1500余次，接受处理举报投诉案件104件，为186人追回金额约163万元，查处使用童工事件1件，罚款1万元。

【劳动保障监察合作】 为推动荣昌区深度融入成渝地区双城经济圈建设，在落实内江、自贡、泸州与区人力社保局的合作协议基础上，与三地劳动保障监察机构建立联席会议机制、案件跨区域协查制度，并做好拖欠农民工工资“黑名单”信息共享工作。同时，区人力社保局、内江市共同研究制定了《内荣劳动保障维权联动实施办法》，提高劳动保障监察案件办理工作质量和效率，实现劳动者便捷、有效维权。

【劳动人事争议仲裁调解】 处理劳动人事争议仲裁案件532件，其中，不予受理92件，立案处理440件，调解结案和解撤诉325件，调解率69.33%；裁决134件，其中，终局裁决107件，终局裁决率79.85%；审结案件涉案金额1423.19万元。法定期限内结案率为100%，无一例超期结案。法律援助站共接待620余人次，法律服务490人次，办理法律援助申请177件，实现只跑一次路，维权就近办。将流动仲裁庭移位到厂区院坝，走进企业内部，处理案件，解决纠纷，“零距离”服务群众。通过“流动仲裁庭”办案，增加仲裁的透明度和公信力，提高了以案释法、精准宣传的效果，更好地普及劳动保障法律法规，达到“处理一案、教育一片、和谐一方”的目的。全年通过流动仲裁方式成功处理了62件劳动争议，涉案金额82.7万元，当即制作送达调解文书，收到良好的法律和社会效果。

【劳动关系管理】 定时召开联席会议制度，加强劳动关系形势动态研判，在上年开展和谐劳动关系20家示范点创建工作的基础上，按照市局要求对重庆凯歌电子股份有限公司、重庆昌元化工集团有限公司两家企业进行培育工作。同时对符合条件的“AAA”企业进行积极推荐，2020年重庆澳龙生物制品有限公司、重庆泰通动物药业有限公司被市局评定为重庆市和谐劳动关系“AAA”级企业。全区培育示范点企业达40余户，创建和谐劳动关系示范点“AAA”企业14家，培育“和谐同行”企业2户，和谐劳动关系基础进一步夯实，社会影响和品牌效应进一步彰显。积极开展和谐劳动关系企业信用评价，实施信用联合激励，帮助企业建立完善规章制度，指导企业职工（代表）大会的召开、完善招工行为、劳动合同签订、基层调解组织的建设、工会组织的建设、集体合同的签订等工作。督促企业按照劳动保障有关法律法规规定和创建活动的工作要求，加强管理，完善制度，及时发现和改进问题，把企业信用评价与激励作为企业依法经营、促进企业健康发展的有效载体，提升企业信用评价。全区建立和谐劳动关系企业共79家，其中AAA级和谐劳动关系企业14家、AA级和谐劳动关系企业58家、A级和谐劳动关系企业7家。　（刁钰婷）

医疗保障

【概况】　2020年8月，区医疗保障事务中心在综合科、参保科、待遇审核科、异地就医科、基金科、信息科基础上增设医药价格和招标采购科，领导职数增加1名。

【医疗保险参保】　至年末，全区基本医疗保险参保人数77.11万人，其中，职工医保参保11.78万人，居民医保参保65.33万人。城镇职工基本医保统筹基金收入13256.57万元，城乡居民合作医疗保险基金完成18224.23万元。享受困难企业缴费优惠政策1704户，减征金额6707.6万元。

【医疗保险待遇支付】　全年医疗保险基金结算总额88116.64万元。其中，职工统筹基金35282.78万元，职工大额医保3880.14万元，居民统筹基金47360.23万元，居民大病医保949.57万元，区级公务员联网结算356.38万元，职工生育保险基金287.54万元。健康扶贫137.41万元。手工审核城镇职工医疗保险费用664人次，统筹报销244.78万元，大额保险报销65.19万元；城乡居民医疗保险费用279人次，统筹报销133.78万元，大病保险报销60.70万元。审核离休、残军医疗费用372人次，支付医疗费用258.09万元；审核公务员医疗费用1445人次，支付医疗费用277.44万元；审核生育费用1187人次，支付生育费用及生育生活津贴1996.73万元。

【医保基金监督】　全年组织全区公立医院、民营医院等定点医药机构围绕重点内容开展自查自纠2次，主动退回违规使用基金190万元。至12月25日，网审定点医药机构数量5878家次，稽核享受待遇12.12万人次，开展现场检查747家次，立项处理55件，追回违规费用及处违约金1282.9万元，约谈定点医药机构83家次，暂停医保网络55家，解除服务协议20家，移送公安机关4件，移送其他行政部门3件。落实举报奖励制度，形成举报线索受理、交办、查处、反馈工作闭环，受理投诉举报11件，兑现实名投诉举报奖励2例。

【医药服务管理】　积极推进全国跨省联网结算工作。2020年，全区34家医院已实现跨省住院异地就医直接结算。89家医药机构实现西南片区跨省门诊异地就医直接结算。

【医疗救助】　全年医疗救助费用3456.30万元。其中，参保资助945.46万元、3.78万人，直接救助2510.84万元、11.2万人次。扶贫济困费用支付（含区内、区外市内）212.80万元、1149人次。

【药品与耗材采购】　完成国家首次组织药品集中采购25种药品32个品规的续标工作、第二批国家组织药品集中采购20种药品46个品规的协议签订、第三批国家组织药品集中采购25家55种药品87个品规的协议签订，金额430万元。开展重庆等五省市常用药品联合采购品种约定采购25家18个品种药品采购量数据填报工作。开展第四批国家组织药品集中采购29家44种药品90个品规的采购量申报工作。

【医保扶贫】　全区建卡贫困人口21.14万人，实现应参尽参，享受资助1.97万人，资助金额322.09

万元，实现“应保尽保、应助尽助”、每月动态清零目标。严格执行基本医保、大病保险、医疗救助三重制度梯次减负政策。全年贫困人口区外就医兜底救助623人次，发放扶贫兜底基金177.51万元。为21个镇（街）未办理特病的贫困户建立绿色通道，设置认定、办理服务点，为符合条件的人员开展资料建档、认定、办卡等“一站式”服务。全年为贫困人员办理特病证3482个，其中，职工医保37个，居民医保3445个。

【抗击新冠肺炎疫情】 坚决落实新冠肺炎疫情防控“两个确保”。确保患者不因费用问题影响就医，确保收治医院不因支付政策影响救治。对疑似和确诊新型冠状病毒感染的未享受医保待遇患者，严格落实“即参即享”政策，确保其参保缴费次日开通医保待遇；第一时间向全区新冠肺炎定点救治医院增拨医保预付金200万元。积极落实阶段性减征缴费，支持企业复工复产。对在2月至4月期间，因疫情影响正常经营的用人单位参加职工医保的（机关事业单位除外，包括以单位形式参保的个体工商户），实施阶段性减征职工基本医保费政策，用人单位应缴纳的职工医保费率由8%降低到4%。至6月底，共为2175个用人单位减征约1480万元，惠及4.6万人。（任廷方）

退役军人事务管理

【概况】 2020年，区退役军人事务局认真贯彻落实习近平总书记关于新冠肺炎疫情防控工作重要指示精神，结合本区退役军人事务工作实际，积极作为、主动担当，在全区全部建立退役军人服务站，配备专兼职工作人员，建立健全工作制度，做到疫情防控和业务工作正常开展“两不误、两促进”，整个工作规范、健康、有序推进。

【服务体系建设】 按照“全覆盖”和“五有”工作要求，全区21个镇（街）、156个村（社区）全部建立退役军人服务站，并配备专兼职工作人员。铜鼓、昌州、双河等镇（街）退役军人服务站成功创建为全国首批示范型退役军人服务站。建立《包片联系镇（街道）退役军人事务工作制度》，实行局领导联系镇（街）包片、局机关干部包镇（街）、镇（街）退役军人服务站人员包村社区制度。制定《荣昌区退役军人事务局关于常态化联系退役军人工作方案》，全区退役军人事务系统干部职工积极开展走访慰问服务对象工作，常态化做好沟通联系、帮扶解困、心理疏导等工作。

【优抚帮扶】 全年动态调整重点优抚对象，为重点优抚对象发放各类优抚经费。积极开展帮扶困难退役军人工作，救济困难退役军人，发放住院一次性补助。及时采集信息和办理抚恤补助证，2020年，新增退役军人和其他优抚对象信息采集共342条，办理“重庆市优抚对象抚恤补助证”74个。全面落实优抚医疗保障政策，为优抚对象解决一次性困难医疗补助，为荣昌区入伍的义务兵发放优待金。

【移交安置】 严格按照国家相关政策文件要求，进一步健全完善“阳光安置”制度，根据接收安置单位用人需求和本人意愿，在充分征求意见的基础上确定岗位，让服役时间长、贡献大的退役士兵能够优先选岗。

【教育培训】 组织承训机构深入镇（街）、村（社区）对有培训意愿的退役军人进行职业技能培训，确保参训人员全部实现就业，培训率和培训就业率均达100%。组织符合政府安排工作退役士兵参加全市组织的“双选”会和退役士兵参加“退役第一课”培训，举办退役士兵首场招聘会。

【退役军人党员教育管理】 设立专门窗口，提供“一站式”服务，做好党员退役军人的关系转接工作，确保每名退役军人党员及时纳入党组织管理。协助基层党组织，落实好退役军人党员参加“三会一课”、民主评议党员等组织活动。协助基层党组织建立流动党员退役军人台账，按照组织关系一方隶属、参加多重组织生活方式，帮助流动党员就近就便参加组织生活，及时协助具备条件的退役军人党员办理党组织关系转隶。

【军休服务管理】 多方筹集资金改建军休人员活动场所，完善其配套功能设施设备，确保军休人员活动有场地。将军休党员纳入局机关退休支部管理，认真落实“主题党日”“三会一课”等制度，强化军休人员思想政治引领，充分发挥基层战斗堡垒作用。严格落实军休人员“两个待遇”，进一步增强军休人员荣誉感、获得感和幸福感。开展钓鱼、门球比赛等活动让军休人员业余活动多姿多彩。

【双拥工作】　完善“双拥”组织机构，健全“双拥”工作制度。按照渝拥办〔2019〕6号文件精神，区委及时调整双拥领导小组组长，充实6个成员单位，完善双拥组织机构。组织召开双拥工作领导会，研究制定双拥工作要点，双拥工作制度，明确成员单位工作责任。制定市级双拥模范城（县）创建工作方案，将创建任务分解落实到区相关单位和部门。强化宣传教育，营造“双拥”氛围。全年在各类新闻媒体和工作信息平台宣传双拥工作18篇，市政LED滚动宣传双拥标语1.21万条，对新兵入伍做到“四尊崇”、退役返乡实施“五关爱”、退役军人注重“六必访”，营造市级“双拥”模范城创建良好氛围。开展“双拥”活动，增强“双拥”活力。在春节、元旦、“八一”期间，“区四大家”主要领导带队对驻荣部队和退役军人及其他优抚对象代表进行慰问，送上价值13万元的慰问物品。全区各级干部在重要节日对辖内区重点优抚对象走访慰问2.11万人次，送慰问金216万元。开展“致敬·2020清明祭英烈”网上祭扫和“9·30”烈士纪念日活动；由军地领导联合向25名现役军人家属送立功喜报，送2.7万元慰问金。以区委、区政府名义开展退役士兵“退役不褪色、奋进新时代”系列活动并举办退役士兵专场招聘会，增强“双拥”活力。解决“双拥”问题，提高“双拥”质量。提高事业编制比例安置退役士兵，全部使用公务员编制安置转业军官，不断提高安置质量。

【褒扬纪念】　发布荣昌区清明网上祭扫倡议书，依托退役军人事务部门户网站、中华英烈网和重庆市退役军人事务局微信公众平台进行“网上祭扫”。建立荣昌区网上祭扫平台，供烈士亲属和退役军人等祭扫人群在网上祭扫，大力宣传英雄烈士的丰功伟绩。圆满完成“9·30”烈士纪念日献花篮活动。联合区城管局、铜鼓镇等部门、镇（街）做好荣昌区烈士陵园和铜鼓山英烈园的管护工作。（邬权亮）

民族宗教

【概况】　荣昌区现有佛教、伊斯兰教、天主教、基督教4大宗教，设有佛教协会、天主教爱国会、基督教三自爱国运动委员会宗教团体3个。经批准开放的宗教活动场所14处，其中，佛教10处、伊斯兰教1处、天主教2处、基督教1处。全区有40个民族，其中，1个未定族称。少数民族人口3719人。3月，召开2020年荣昌区民族宗教工作会议；区委统一战线工作领导小组印发《荣昌区贯彻落实〈关于坚持我国宗教中国化方向的意见〉工作清单》和《荣昌区贯彻落实〈关于加强和改进新形势下天主教工作的意见〉任务清单》。6月，召开万灵大佛整改推进工作领导小组会议。7月，区委统一战线工作领导小组办公室印发《荣昌区防范向未成年人传教工作任务分解》和《荣昌区开展涉宗教意识形态工作任务分解》。12月，重庆市人大民族宗教侨务外事委员会主任委员王勇一行到荣调研《重庆市宗教事务条例》贯彻执行情况。至年底，全区涉及少数民族建档立卡贫困户98户、156人全部脱贫。受理公民民族成分更改（人）审核高校招生少数民族成分考生13人。

【民族事务】　1月，走访慰问民族宗教界人士、贫困少数民族等22名，送慰问金1.1万元。深入贯彻落实中央办公厅、国务院办公厅《关于全面深入持久开展民族团结进步创建工作铸牢中华民族共同体意识的意见》和国家民族事务委员会等四部门《关于进一步做好新形势下民族团结进步创建工作的指导意见》精神，扎实开展“六进”活动，昌元街道白象社区成功创建市级民族团结进步示范单位，荣隆镇油菜中心小学开展民族文化进校园活动。9月，以“铸牢中华民族共同体意识·谱写民族团结进步事业新篇章”为主题，深入开展第十个民族团结进步宣传周活动，广泛宣传党的民族政策、全国全市民族团结进步表彰大会精神等，发放民族宗教政策法规知识等宣传资料4万余份，围裙2000余条，发布标语260余条。支持新疆驻渝工作组工作，完善少数民族服务管理机制，建立统战、民宗、公安、城管等部门民族工作信息交流机制，分析、研究解决少数民族流动人员特别是新疆籍人员在经商、就学、务工、生活等方面的困难和问题。全年争取上级民族专项资金90万元，集中用于河包、清流、盘龙、仁义等镇基础设施建设、人居环境整治、产业发展、医疗设施设备采购等项目，通过项目实施，助推脱贫攻坚工作，促进少数民族聚居地经济社会事业发展。至年底，全区涉及少数民族建档立卡贫困户98户、156人已全部脱贫。受理公民民族成分更改1人，审核重庆市普通高校招生少数民族成分考生13人。

【宗教事务】 3月，围绕新时代宗教工作的新任务、新要求，开展荣昌宗教工作基本情况、党的宗教政策贯彻落实情况等调研，搜集、整理宗教工作基础性资料，建立工作台账。4月，组成9个核查组，深入各镇（街）对乱建庙宇治理情况进行实地核查，针对核查发现的问题，以区委民族宗教工作领导小组办公室名义下发《关于进一步推进治理乱建庙宇和滥塑宗教造像工作的通知》。将民族宗教政策法规知识纳入区委党校（区社会主义学院）各类主体班培训课程，会同相关部门举办统战干部、村（社区）书记培训班2期，普及民族宗教政策法规知识，基层干部依法管理民族宗教事务的能力和水平得到进一步提升。加强宗教政策法规宣传，翻印《重庆市宗教事务条例》5000余册、制作《重庆市宗教事务条例》宣传展板14块，提升宗教政策法规知晓率。研究制定《荣昌区依法查处境外基督教渗透专项行动方案》《荣昌区贯彻落实习近平总书记重要批示精神推动解决乡村治理有关宗教工作难点问题的工作方案》，并召开专题会议进行安排部署，全年治理基督教私设聚会点1处，对已治理的368处乱建庙宇开展不定期巡查检查，防止死灰复燃。坚持宗教中国化方向，积极引导宗教与社会主义社会相适应，在宗教界深入开展“学讲做”“四进”活动，实现宗教团体及宗教活动场所全覆盖。支持宗教界和信教群众参与公益慈善活动，传递向上、向善正能量，新冠肺炎疫情期间，组织全区宗教界为疫情捐款捐物近8万元。2020年争取寺观教堂维修资金31万元，加大对宗教活动场所排危修缮。加强安全管理，全年区内民族宗教领域和谐稳定，未发生各类安全事故和影响经济社会发展的不稳定事件。坚决贯彻中共中央关于抗击新冠肺炎疫情的系列方针政策和习近平总书记关于疫情防控工作的系列重要指示精神，认真落实全市宗教领域疫情防控各项部署，加强对宗教活动场所、基督教活动点及已治理非法小庙的巡查检查，疫情防控期间严格执行“双暂停一延迟”阶段性工作措施，疫情防控实现“场所全覆盖、疫情零发生”的目标。

【全面完成万灵大佛整改】 3月，区委民族宗教工作领导小组下发《关于进一步推进万灵大佛整改的通知》，成立由区委书记任组长、区长任第一副组长、各分管区领导任副组长的整改推进工作领导小组，落实整改责任清单，明确责任领导、牵头单位和责任单位。6月，区委书记曹清尧组织召开整改推进工作领导小组会议，听取整改工作汇报，进一步细化整改任务，落实整改措施，明确整改时限，以最坚决的态度、最果断的措施推动整改工作。区委、区政府分管领导率统战、民族宗教等部门负责人到市委统战部、市民族宗教委汇报沟通整改工作10余次，解决整改工作中存在的困难和问题。市、区两级收集整理补办审批手续的11个方面申请材料并及时逐级上报。11月，国家宗教事务局下发万灵大佛准予行政许可决定书，荣昌区全面完成历时6年的万灵大佛造像补办审批手续暨中央宗教工作专项督查反馈问题整改工作。（张　凡）

关心下一代工作

【概况】 2020年，全区有镇（街）关心下一代工作委员会（简称“关工委”）21个，部门关工委30个，直属中小学关工委14个，企业关工委25个。11月30日，区委第十四届148次常委会传达学习了习近平总书记对关心下一代工作的重要指示精神，按区委领导的意见，区关工委印发了学习贯彻习总书记对关心下一代工作重要指示的通知，同时分别召开主任（扩大）办公会、片区工作会、市管离退休领导干部等专题学习会。围绕乡村人才振兴，区关工委有针对性地开展产业扶贫和农村青年创业致富带头人培养工作，激发青年农民创新创业创造的智慧和热情。继续完善离退休干部党支部书记兼任本地区本单位关工委常务副主任或副主任制度，持续开展“五好”基层关工委创建活动，新命名7个“五好”基层关工委。大力推进工作团建设，动员已退休的原县法制办主任、原县检察院副检察长、原县法院民庭庭长等法律工作者参加区关工委法制宣教团，共同为青少年普法教育工作贡献力量。大力抓好调研宣传，实地调研并形成《用四新推进新时代青少年爱国主义教育》调研文章，在区委理论刊物《渝西论坛》2020年第五期发表，在重庆市关工委及中国关工委的宣传公众平台上发表稿件20余篇，《荣昌日报》、荣昌电视台采用各级关工委稿件及报道区内关心下一代工作100余篇。2020年，区关工委被中国关工委、教育部关工委、全国“中华魂”主题教育活动组委会评为全国中华魂（爱我中华—新中国成立七十周年）主题教育活动先进集体。

【第四届“关爱明天、普法先行”青少年普法教育活动】 荣昌区第四届“关爱明天、普法先行”青少年普法教育活动自启动以来，得到区青少年普法教育活动组委会成员单位高度重视，政法系统各单位大力支持并主动进入活动。及时购置发放普法教育活动资料《全国青少年普法教育读本》与普法挂图3000余册，保障活动开展需要。各学校结合本校实际，举办“扫黑除恶宣传进校园”“禁毒拒烟、健康身心”“护航青春、与法同行”等专题宣讲。聘请相关人员通过“开学第一课”定期进行法制教育。通过校园内的板报、广播、橱窗等阵地宣传，以知识竞赛、绘画、朗诵等中小学生感兴趣的方式组织普法宣传教育。区关工委法制报告团、各镇（街）关工委联合相关部门关工委，组织法律知识、法律服务进校园、进社区、进企业，利用新时代文明实践站、小院讲堂、新风小院等载体，讲授未成年人保护法、禁种铲毒、反邪教等法律知识，以及防火、防骗、暑期儿童溺水安全等学校、家庭、生活方面的安全常识，增强青少年的法律意识，促进青少年健康成长。如铜鼓镇关工委邀请重庆市高级人民法院、重庆第五中级人民法院、荣昌区法院的法官为该镇青少年开展“关爱山村留守儿童，践行司法延伸职能”三级法院联动普法宣传活动，通过“小公民法律课堂”平台，镇中心小学分别以“爱护我的身体，预防性侵猥亵”和“预防校园暴力，健康愉乐成长”为主题举办2次趣味法治课程，还专门为高山村留守儿童及其监护人开展“和谐亲子关系，幸福家庭宣言”主题活动。政法系统各单位积极投入青少年普法教育活动。区法院成立家少纠纷解决中心，设立专门的审判办公场所，配齐配强人员力量，建立专用制度，审专一案件等。区检察院成立以干警为主的专业讲师团队，以法制教育课为主，结合校园实际举办讲法治故事、播放微电视、举办法治签名宣誓、组织模拟法庭等方式对青少年进行普法教育。积极探索在有条件的学校设置“莎姐”工作室，作为联系服务在校青少年学生的重要阵地。召开普法教育活动推进会和法律知识培训会。区关工委组织组委会成员单位、学区和部分学校召开第四届“关爱明天、普法先行”青少年普法教育活动推进会。区委常委、区委政法委书记唐成军在会上肯定和强调工作要求。司法局对《全国青少年普法教育读本》的学习和应用进行专门辅导。开展全区“零犯罪示范学校”和“零犯罪示范社区”创建活动。

【“中华魂”主题教育读书活动】 2020年年初，区委宣传部、区关工委、区教委等6个单位联合下发开展“中华魂”（即科技托起强国梦）读书活动的相关文件，作了具体安排部署。各级关工委结合实际情况，做到明确分工，责任到人，各司其职，各负其责。全区征订“中华魂”主题教育读本《科技托起强国梦》4万余册，免费发放给全区各中小学，发动所有学校全员参加活动。由于疫情防控原因，区关工委邀请“中华魂”读书活动指导专家针对全区上年活动实际，撰写《2020年“科技托起强国梦”征文、演讲辅导》，以线上发放的形式对全区活动参与单位进行指导，区读书活动指导团巡回到各学区进行现场指导。持续在《荣昌日报》举办“中华魂主题教育活动专栏”，刊登2019年获全国和市一、二等奖的优秀征文和活动进行情况。并以向市关工委推荐在“中华魂”主题教育活动中成长成才的典型人物为契机，宣传其在“中华魂”读书活动的影响下成长成才的优秀事迹，扩大活动影响，展示育人效果，扩大读书育人的影响力。各参与单位有计划地组织师生认真阅读《科技托起强国梦》读本，召开主题班会，办黑板报，写读书心得，汇报学习感受，组织学生进行“中华魂”主题教育活动自测答卷活动以及开展演讲比赛等。通过学校、学区的层层选拔，有430余名青少年参加了区级“中华魂”征文、演讲比赛，评选出征文比赛一等奖小学组28名、中学组24名，演讲比赛一等奖小学组7名、中学组5名，从中选出36名青少年参加市级演讲、征文决赛，获得市级一等奖 8 名、二等奖 18 名、三等奖 10 名。

【“传承红色基因，争做时代新人”主题教育活动】 充分发挥铜鼓山英烈园、直升红色家园、吕玉久纪念馆等红色资源的作用，以新时代文明实践中心和棠城研学基地为平台，组织中小学生开展爱国主题教育活动。7 月 1 日，区关工委、少工委在直升镇“奋斗广场”承办了区委组织部主办的荣昌区“青春心向党·奋力奔小康”入队入团入党集中宣誓仪式。按照中国关工委和市关工委的工作部署及要求，在全区中小学开展“传承红色基因，争做时代新人”线上主题教育系列活动，对面上的“传承红色基因，争做时代新人”主题教育活动起到积极的推动作用。

【少年儿童关爱活动】 区关工委联合区文明办、区教委、区卫健委、区妇联在全区开展“家校社共育暨家庭教育实践校”建设活动。6 月 12 日，在区教委召开全区“家校社共育暨家庭教育实践校建设”工作会，明确各部门在活动中的职能职责，确定 9 所学校和 1 个社区为家校社共育暨家庭教育实践校。区关工委下发活动相关文件资料，组织活动培训。活动中结合开展“五老弘扬好家教好家风”活动，以“最美五老话家风”“家风家训我传承”等形式，鼓励“五老”带头搞好家庭建设，弘扬好中华传统美德。积极动员“五老”成为“代理家长”“校外辅导员”“暑期安全宣传员”等爱心队伍成员，与留守儿童开展结对“一帮一”“大手拉小手”等爱心帮扶活动，依托“四点半课堂”“儿童之家”等场所为青少年提供爱心服务。昌州街道成立了一支由退休教师和棠城爱心志愿者为主体的“校外辅导员”队伍，对辖区 14 所中小学和 6 个社区青少年之家的少年儿童进行不定期的业余辅导。仁义镇关工委利用仁义“团小青”现有志愿者和青年党员，将青年干部，纳入到关心下一代工作队伍中，形成“五老”+“青年志愿者”+“青年党员”，即“5+2”的工作队伍。扎实开展关爱留守（困境）儿童工作。区关工委认真履行区农村留守儿童关爱保护和困境儿童保障工作联席会成员单位职责，到仁义永林小学、荣隆东民村小、峰高千秋小学、安富五福小学等 6 所边远学校开展“三百工程进校园”暨“六一”儿童节慰问和“冬日暖阳”看望慰问留守（困境）儿童活动，送去价值 8 万余元的学习和体育用品。组织企业关工委和社会力量开展捐资捐物等公益活动，动员“五老”和中青年中的医务工作志愿者，开展学生防控近视爱眼护眼知识微型讲座。各镇（街）关工委积极创新，纷纷打造自己的关爱品牌，峰高街道的“小树苗”、荣隆镇的“小鸽子”、万灵镇的“小树根”、直升镇的“红小星”等“五老+”志愿服务卓有成效。联合企业关工委举办公益活动。联合重庆市唯美陶瓷有限公司关工委举办了为期 40 天的“唯美暑期夏令营”，夏令营开设有武术、舞蹈、书法、美术等 10 门课程，公司关工委提供场地和教学设施，区关工委负责为夏令营提供教学支持。由区关工委主办，重庆爱成集团荣昌党总关工委承办了“爱满心怀，成就未来”高考志愿填报指导公益讲座暨捐赠活动。邀请重庆名师、高考升学专家到荣为考生解读政策、传递信息、传授方法、帮助考生们选准大学，并为参与活动的学生们进行免费的眼部全套检查，赠送价值 5 万元的配镜代金券等礼品。继续联合重庆爱成集团荣昌总部关工委、易视眼科医院关工委到中小学开展爱眼护眼知识微讲座 10 余场，2000 余名师生参加活动，并为近视师生捐赠眼镜 1000 余副。积极动员社会力量捐资捐物，助学济困，全年累计价值金额 60 万元。发挥“五老”人员的专长，积极为《健康中国荣昌行动——儿童青少年心理健康方案》的出台提出建议意见，为有需求的个案学生提供心理咨询帮助。盘龙镇关工委利用学校的心理健康室，组织留守儿童与父母免费通电话或视频聊天，全年联系 600 余人次，做到暖心关爱，呵护成长。

【助力疫情防控】 2020 年年初，区关工委将新冠肺炎疫情防控纳入工作计划，得到基层关工委和广大“五老”的积极响应，主动担当作为，争当防疫宣传员，勇当防疫守门员，展现了“五老”退休不退志、无私奉献、勇于担当的道德情操与精神风，为疫情防控发挥积极作用。河包镇白塔社区老党员陈山林在疫情期间捐赠特殊党费 1000 元，雷抬社区 75 岁高龄的老党员郑艺宗等主动参与疫情卡点防控。远觉镇退休村干部蓝兴明主动协助各检查卡点开展重要检查，带动两个女儿加入抗疫志愿者的行列，每天坚持为狮子桥村 3 个卡点送爱心早点、送热开水热茶。直升镇81岁的张可先，从1月28日大年初四开始，坚持准时值守卡点，坚守在走亲访友劝返点，守好进出村“关口”，义务担当家园“守门人”。区关工委发动全区各基层关工委参加市关工委开展的“众志战疫话家国”主题征文活动，收到少年组、青年组、老年组3个组别征文465篇，获一等奖1名、二等奖5名、三等奖7名。区关工委将获奖征文编印《众志战疫话家国》征文优秀作品集5000册，下发基层关工委。（安　琳）

残疾人事业

【概况】 2020年年末，全区有持证残疾人23357名，其中，视力残疾2933人、听力残疾1139人、言语残疾220人、肢体残疾12868人、智力残疾2200人、精神残疾3046人、多重残疾951人。全年换发及新办三代证11336个，新办残疾人证1720个，其中，为贫困重度残疾人提供免费上门评残服务192户。投资3000万元，建筑面积8000平方米的残疾人康复中心主体工程已完工，预计2021年年初投入使用。审核157家用人单位申报的253个残疾人用工。协助税务部门组织残保金入库1986.8万元。向上争取资金329.1万元。决战决胜脱贫攻坚，区残疾人服务总社被区委表彰为脱贫攻坚工作先进集体。大力推进康复、教育就业、社会保障等残疾人事业高质量发展。筹措资金2000余万元，继续实施“助残安居”“助残入学”“助残合医”等10项惠残实事。全面完成全国残疾人基本服务状况和需求信息数据动态更新工作。对22121名持证残疾人进行了100%移动终端App动态信息数据采集。对全区残联系统工作人员及其配偶、直系亲属1178人进行了持证筛查；对188名公职人员持有残疾人证进行了清理。继续深化群团改革工作。组织4个节目参加重庆市第六届残疾人文艺会演，《扫黑除恶民安乐》在决赛中获得戏剧类节目三等奖。组织4个作品参加“书香有爱·阅读无碍”2020年重庆市残建融合阅读活动，《我的祖国》在决赛中获得银牌阅读者。争取到全市残疾人陶艺项目师资培训在荣昌举行，来自14个区县15个特殊教育学校的28名教师参加了培训。荣昌区特殊教育学校成功创建重庆市残疾人陶艺培训基地。处理来信来访344件（次），公开接访50人（次），案件完成率100%。稳步运行“12385”残疾人服务热线及信访系统，及时有效办结信访案件，畅通信访渠道，维护残疾人合法权益。在重大节日期间，安排专人严格执行特殊时期“零报告”“日报告”制度。妥善处理残疾人刘作元寻求带编正式工作的信访问题，及时化解出租车司机关于残疾人代步车非法营运的群访事件。协助区交通局等部门开展残疾人代步车主交通法规安全知识培训，全力配合交管部门开展非法营运专项整治。做好了重要节点残疾人代步车及重点人群稳控工作。

【康复服务】 年内，全面完成重庆市残疾人综合信息系统录入和精准康复系统数据录入采集工作，为7087名有康复需求的残疾人提供精准康复服务，康复服务率99.97%。向上争取和购买各类辅具1245件分发到各镇（街）进行精准适配，辅具适配率100%。救助1046名贫困精神残疾人免费服药或住院治疗，其中，服药1004人，住院救治42人，安装大小腿假肢28例。出资300余万元，转介153人196人（次）残疾儿童到区内外各定点康复机构接受康复训练。对30名肢体残疾儿童开展矫治手术筛查，其中，4名儿童符合矫治手术条件接受免费手术。补助15.1万元为51名肢残儿童开展矫形器筛查取型安装适配。为62名疑似残疾儿童发放诊断补贴1.86万元。免费实施白内障复明手术240例。开展残疾人家庭医生签约服务，签约服务率90%。邀请重庆医科大学附属第一医院听力专家对荣昌33户77名听力障碍家庭进行了听力基因检测。疫情期间，利用微信、QQ等督促各康复机构通过手机开展线上康复训练，为每位在训残疾儿童家长充值话费，对8名线上康复训练有困难的残疾儿童开展上门训练指导。加强残疾儿童定点康复机构管理。9月16日和11月26日，联合区卫健委、区消防中队等7部门，对海棠医院智力儿童康复中心等3家残疾儿童定点康复训练机构，开展防火、防盗、食品卫生等安全监督联合大检查，对发现的问题提出整改意见并督促落实，防止出现安全事故。开展残疾预防和“爱耳日”“爱眼日”主题宣传教育，增加公众残疾预防意识，减少残疾发生率。建立和落实了残疾儿童随报及早期康复工作制度。

【扶残助残】 2020年，区残联在元旦、春节和“国际残疾人日”活动期间开展“关注残疾、冬送温暖”活动，慰问贫困残疾人1565人，发放慰问物品折合现金47.7万元。与区住房和城乡建委联合建设，改造农村贫困残疾人C、D级危房307户，在城乡建委补助每户3.5万元的基础上，区残联每户再补贴2000元，让残疾人在普惠基础上享受特惠。全年发放重度残疾人护理补贴和贫困残疾人生活补贴1120.46万元，惠及13312名残疾人。出资231.2万元，为9238名三、四级非民政对象持证残疾人购买合作医疗保险（一档）。出资近20万元，为6969名10~65周岁一、二级重度持证残疾人购买人身意外伤害保险。为机构托养人员每人补贴3000元共计18万元，为400名居家托养残疾人发放补贴36万元，为60名残疾人实施“阳光家园·暖心助残”机构托养。通过购买服务方式，委托荣昌知灯社会工作服务中心为残疾人提供生活照料、心理疏导、健康护理等服务。开展残疾人需求信息数据动态更新工作。出资95万余元完成401户残疾人家庭无障碍设施改造，针对残疾人的房屋结构和残疾程度不同，进行“量身定做”和“个性化”设计施工，减少或消除居家障碍。配合区交通局、区公安局开展非法营运综合治理，教育引导残疾人代步车车主遵守交通法规。7名肢体残疾人每人得到260元机动轮椅车燃油补贴共计1820元，10名残疾人每人得到1000元C5驾照培训补贴共计1万元，41名持有C2或C5驾照的下肢残疾人申报享受了免缴重庆绕城高速及以内六条射线高速套餐通行费。出资5.3万元继续在区广播电视台《新闻周刊》栏目开设手语新闻。

【残疾人活动】 5月14日至21日，区残联开展第30次“全国助残日”活动。区委副书记黄晏、副区长刘菊华来到双河街道、清升镇，看望慰问“一户多残”家庭及双河敬老院的老人，送去电扇、米、油等慰问品，把党和政府的温暖送到残疾人心中。在第29个“国际残疾人日”期间，区残联拨付专项资金，对荣昌区特殊教育学校187名学生、125名机构在训残疾儿童和70名各协会贫困残疾人开展“关注残疾·冬送温暖”走访慰问。划拨资金8.3万元，在21个镇（街）和4个市级残疾人文体示范点开展第十个残疾人文化周和第十届残疾人健身周活动，各镇（街）结合本地实际组织残疾人开展文化体育活动，提高残疾人文体活动参与率，促进残疾人身心健康。组织部分智力残疾人及其亲友，开展以“参与特奥，促进健康”为主题的第十四次“全国特奥日”活动，并走访慰问因疫情影响导致生活困难的20户智力残疾人家庭。在残疾人的重要节日、党员进社区等活动中，组织开展新时代文明实践助残志愿服务3次，15名助残志愿者累计服务残疾人70人（次）。在“三月法治宣传月”和“12·4国家宪法日”等重要节点开展“德法相伴”培训300人（次）。支持各专门协会在“国际盲人节”“国际聋人节”“残疾人精神卫生日”等重要节点开展节庆活动，让残疾人走出家门，融入社会。

【残疾人入学和就业服务】 联合区教委等4个单位成立荣昌区残疾人教育专家委员会，促进残疾儿童享受均衡义务教育。配合区教委做好689名适龄残疾儿童少年入学，做好15名应届残疾高考学生参加高考服务工作，协助区教委、区特校对127名不能到校学习的重度残疾儿童开展送教上门服务，出资19.4万元资助38名残疾人大学生及58名残疾人子女大学生入学，完成青壮年残疾人扫盲20人。拨付资金5000元支持荣昌区特殊教育学校开展校园文化建设。做好残保金征收中用人单位申报材料审核工作，协助区税务局组织残保金征收入库。加大残疾人职业技能培训和岗位开发力度，通过职业介绍、职业技能培训、开展“就业援助月”、专场招聘会等就业活动，实现新增就业127人，新增职业技能212人。鼓励盲人开办盲人按摩店。3名盲人按摩师获得社保补助1.8万元。支持扶贫基地发展，依托重庆市荣昌区龙首岛种植专业合作社创建农村残疾人阳光扶贫基地一个，安置残疾人就业3人，帮扶带动10户残疾人发展产业。支持农村残疾人种养大户创业就业。扶持清流镇水果种植大户听力残疾人袁国庆5万元，清升镇葡萄种植大户肢体残疾人叶宗伦3万元。拨付资金21万元到河包、龙集等7个镇，对350名农村残疾人开展种养业实用技术培训。继续在21个镇（街）开发扶贫领域非全日制公益性岗位31个，安置贫困残疾人或残疾人家庭成员就业，每人每月可得600元劳动报酬，实现年收入近8000元，促进贫困残疾人家庭就业增收。

【决战决胜脱贫攻坚】 区残联脱贫攻坚工作取得显著成效，在脱贫普查中，各项数据占比均名列全市前茅。区残疾人服务总社被区委表彰为脱贫攻坚工作先进集体。投入190多万元，结合实际情况制定“一户多残”帮扶方案，分类开展“一对一”帮扶。年末，在21个镇（街）寻找到18户“脱贫先锋”并进行了表彰。结合“十指连心、遍访群众”活动，深入古昌镇冲锋村开展走进村社、走进家庭、贴近残疾人的“两走一贴近”活动，遍访群众695户，收集意见建议19条，会同古昌镇实施分类解决。认真开展古昌镇冲锋村7户贫困户的结对帮扶工作，定期走访入户，解决实际困难。切实履行行业部门扶贫职责，配合区扶贫办等部门做好贫困残疾人“两不愁三保障”工作。认真做好问题整改，完成国家成效考核涉及国务院脱贫攻坚督促反馈意见涉及残联的15个问题的整改。 （李春梅）

街道 镇

昌元街道

【概况】 昌元街道位于荣昌中部偏南，辖区面积67.2平方千米，城区面积20平方千米，是中共荣昌区委、区人民政府所在地，是全区政治经济文化中心和交通枢纽。辖8个社区居委会、91个居民小组，2个行政村、22个村民小组。街道办事处驻滨河东路84号。年末户籍人口13.7万人，实际居住人口19.1万人，其中，城市居民15.5万人，人口密度2072人/平方千米。2020年，街道地区生产总值140亿元，超过目标任务数10%；区本级税收7974.73万元，比上年下降2900.86万元；农村居民人均可支配收入22348元，增长10.5%。2020年，昌元街道先后获得全国、市、区等各级表彰奖励10余次，昌元街道党工委、办事处获荣昌区开放发展突出贡献奖先进集体、打好“三大攻坚战”突出贡献奖先进集体、区公民科学素质大赛三等奖，街道人大工作连续四年被区人大评为先进代表小组，街道武装部被重庆市征兵办公室表彰为先进单位，昌元街道是全区首个建立社区公共文化服务示范点的街道，率先开展“小院讲堂”试点工作，昌元街道“小院讲堂”项目获得荣昌区志愿服务项目大赛金奖，昌元街道党工委宣讲团获评重庆市基层理论宣讲先进集体，玉屏社区党委获评重庆市先进基层党组织、重庆市抗击新冠肺炎疫情先进集体，桂花社区成功创建重庆市社区科普大学示范教学点、重庆市示范儿童之家、妇女之家。

【经济发展】 工业经济。街道规模以上工业企业克服疫情困难，2020年实现产值18.33亿元，与上年同比增长9.76%；固定资产投资入库14.13亿元（不包含房地产投资），增长214.48%。其中，工业固定投资入库10.58亿元，全年完成4.51亿元，增长1403.93%。培育重庆市荣昌区金堂麻布有限公司、重庆市广朋天然气有限公司两家升规工业企业，年初通过市级审批。限额以上批发零售企业销售额26.72亿元，增长3.26%，限额以上住宿餐饮企业营业额2.18亿元，下降4.25%，规模以上服务业企业营业收入9.58亿元，下降6.2%。新增限上商贸服务业企业5家，完成计划任务的125%，限上个体户升限入库30家，完成计划任务的500%。招商引资强力推进，全年引进四川天琴智能家居有限公司和茂发食品荣昌水产加工项目两家市外企业，意向投资约6亿元；引进总部经济企业4家，其中，正常纳税经营企业3家，全年共纳税1742.67万元；完成民营市场主体增量2636户，完成率100.34%。

农业和农村工作。全年有效防控动物疫病，开展免疫生猪4.6万头，牛300头、羊1100头、鸡9.12万只、鸭5.63万只、鹅2.89万只、犬5400只，消毒圈舍3.46万间、消毒面积11万平方米。有序恢复生猪生产，通过落实非洲猪瘟防控措施及荣昌母猪奖补项目，加强技术服务指导，完成生猪生产保供任务。其中，荣昌母猪奖补项目，补助876户荣昌母猪纯繁户53.64万元，纯种繁育荣昌仔猪1127窝8552头；新增优良纯种荣昌母猪项目，完成下达的150头优良纯种荣昌母猪任务；生猪生产保供任务，月末存栏生猪2.16万头，能繁母猪存栏2100头，全年存栏生猪3.6万头，完成比例分别达

106%（任务数 2.05 万头）、132%（任务数 1600 头）、107%（任务数 3.36 万头）。农产品质量安全监管，新店黄金梨专业合作社生产的黄金梨、包黑子食品有限公司生产的清水笋、清水笋衣、火锅笋衣以及荣发茶叶的绿茶获得绿色食品生产资质认证及无公害农产品品牌刺梨。10 个村（社区）均结合自身实际发展集体经济，消除了“空壳村”。全年集体经济组织项目总收入 280 余万元，实现纯利润 60 余万元，带动 400 余户农户就业增收。积极开展农产品电商销售工作，完成 3500 万元的销售目标。完成 5 个行政村（农村社区）的产权制度改革和清产核资工作，指导各村（农村社区）成立土地流转专业合作社，规范土地流转流程。脱贫攻坚，街道 136 名帮扶干部认真开展帮扶工作，全面完成 253 户 768 人的减贫任务。

城乡建设和管理。全年投入资金 2100 万元，建设农村“四好公路”9 条 25.4 千米；投入资金 48 万元，养护公路 39 条 89.53 千米。扎实推进农村危房改造工作，在全区率先开展一般户危房鉴定工作，鉴定危房 973 户，拆除房屋 525 套，加固及重建 237 套，封堵 68 套，纳入土地复垦 143 户。全年马路办公解决问题 762 个，网络数字化平台处理问题 1673 个，处理“12319”信访投诉 168 个，化解信访、投诉矛盾 45 件。完成“门前三包”示范街建设，签订张贴承诺书和“门前三包”牌 6000 余张，覆盖主次干道、商圈、背街小巷 20 余条。垃圾清运与保洁投资 100 万元，完成辖区 1677 吨生活垃圾的清运，非正规垃圾整治 218 吨，整改环境卫生督查问题 106 个。尤其在疫情期间，清运队伍更是严守第一线，完成农村垃圾的有效清运，许溪新增垃圾中转站测绘选址工作。垃圾分类总投资 70 万元，完成城区 4 个垃圾分类示范小区建设，并通过市级验收。开展脏车入城检查，下达限期改正通知 430 份。开展城区乱停乱放乱搭乱建整治 1 万余次、大型综合整治 4 次，规范摆摊设点治理 1 万余次，每日坚持日巡夜巡。完成 6 户煤矿棚户区改造住户签约搬迁，25 户城市棚户区危旧房修缮加固。老旧小区改造，投资 390 万开展农资公司家属院综合改造工程（试点小区），于 8 月全面竣工。老旧小区综合改造工程（一标段）——含白象社区一期配套工程、二期主体和配套工程、三期配套工程，项目合同资金 4711 万元，于年底前完成 30%，达到计划进度，预计 2021 年 9 月底前工程全部竣工。申报区级重点项目 4 个，其中，两个社会投资重点项目已完成年初既定目标。推进荣吴路口、荣双路口环境整治项目，完成荣吴公路综合整治租地 5.33 公顷，拆除峰广路和荣双路违章搭建面积 1203.98 平方米，完成香国大道西延段拆迁 132 户，拆迁荣吴路口房屋 44 家，高升桥水库房屋拆迁 45 户，全部签订完土地协议，完成国有土地桂花园小学改建项目。

【政治建设】 全面从严治党。坚决把“两个维护”落到实处，通过中心组学习、周五集中学习、三会一课等，全面加强党员理论教育、党性教育，引导广大党员干部特别是领导干部坚决做到“两个维护”，在思想上、行动上始终与党中央保持高度一致。深化落实习近平总书记视察重庆重要讲话精神，充分利用昌元党校、小院讲堂、新风小院等，组织广大党员群众，深入学习习近平总书记视察重庆重要讲话精神及最新重要讲话。为 42 名年老体弱、行动不便的党员“送学上门”，确保学习教育“一个也不能少”。利用新媒体平台，引导 400 余名流动党员充分利用“碎片时间”学习。深入践行“党员干部‘十指连心’密切联系服务群众六项制度”，通过“十指连心”大下访，走访群众 2.62 万户，收集问题 1089 个，其中，解决问题 1010 个，上报区级解决 79 个，开展志愿服务 194 次，覆盖群众 4.33 万人。高度重视意识形态工作，坚持做到党管意识形态，贯彻落实意识形态工作责任制，党工委专题研究意识形态工作 3 次，专题听取意识形态工作汇报 1 次，通过会议安排部署意识形态工作 2 次，及时分析研判解决存在的问题。作风建设。制定《昌元街道纪检工作要点》、召开党风廉政工作会议，编制《领导班子落实党风廉政建设责任清单》，建立主要领导负总责、分管领导具体抓工作制度，加大廉政教育，开展廉政党课 12 场，通报典型案例 30 余例，开展“以案四说”10 余场，“以案四改”工作安排部署会两次，发送廉政短信 1000 余条，制作宣传海报 1000 余份。街道纪工委强化督促检查，认真落实监督责任。全年处理问题线索 15 件（含巡察交办件 5 件），受到组织处理的 4 人（通报批评 1 人，诫勉谈话 1 人，批评教育 2 人），受到纪律处分 7 人（开除党籍 2 人，警告 4 人，严重警告 1 人）。组织建设。认真开展党组织班子回访研判工作，8

个村（社区）实现书记、主任“一肩挑”，实施“头雁工程”，调整村级党组织书记7名，全年发展党员20名。积极调整壮大干部队伍，先后将6名优秀的本土人才和1名优秀的社区干部纳入专职干部队伍。夯实党建基础，推动基层党组织全面进步全面过硬，制定并下发最新的党员“百分百工程”实施方案，在永立百货创建市级人才教学点，并纳入全区棠城研学点。

【文化建设】 全年开展“迎新春庆元旦”文艺演出、“倡导勤俭节约、制止餐饮浪费”、“全民阅读”“让图书动起来”、庆“九九重阳节”、少儿书画比赛等文化活动20余场次，在村（社区）开展送文化下乡文艺演出、农民运动会、暑期少儿读书月活动、螺罐留守儿童亲子活动等。组织开展“全民艺术普及摄影培训”“现代阅读指导”“家庭教育知识讲座”等各类培训、讲座等10余场次，为村（社区）群众提供各类科普资料6000份，编办文化专栏10余期。年内巡查文物76次，其中，市级文物共巡查16次，区级文物共巡查10次，未定级文物共巡查50次，开展文物古建筑消防安全应急演练一次。街道综合文化站总建筑面积1630平方米，对外免费开放面积750平方米。有专用文化宣传栏2个和文化广场12个，有篮球场11个，室外健身场所33处。对外免费开放包括书籍及报刊借阅、电子阅览、培训、讲座等10余项（双休日、节假日照常开放）。年内完成虹桥社区和方家坝村两个文化中心户建设，为文化中心户配备了音箱及乒乓球台等文化体育器材。积极参加区上组织的体育比赛活动和各种培训，社区成立体育指导员并开展健身指导，上报“荣昌有要事”7次，开展乡村文化旅游活动5次。

【社会建设】 教育发展。昌元学区（原昌元教育管理中心及广顺教育管理中心合并）有小学13所，其中，中心校有4所，完小2所，村小6所，民办小学1所。学区小学有教学班97个，在校学生2811名，有教职工231名。有公办中心幼儿园1所，民办幼儿园40所，幼儿班178个，在园幼儿5385名。

公共卫生。组织、宣传、发动辖区内常住居民电子健康建档率达92%，65岁以上老年人参加健康体检率71%，孕产妇健康管理率97%，适龄妇女参加宫颈癌、乳腺癌筛查完成年度目标任务。计划生育行政记录专项清理信息准确率及信息完整率均达99.8%。全年投入治疗费345万元，送精神病患者320人次到医院治疗。加强村卫生室建设，每个行政村均有1所标准化村卫生室，达三星以上。

社会保障。新增就业任务数3113人，完成3123人，其中，高校毕业生141人，就业率98%。大力开发公益性岗位安置贫困人员就业，聘请35名建档立卡贫困人员从事公益性岗位劳动。落实小额担保贷款219件，发放小额贷款2250万元，办理就业创业登记证785例，年审就业创业登记证4932例。新办理社保卡2410人，补办理1040人，完成“4050”灵活就业人员社会保险补贴589人，落实社会保险扶贫工作，办理城乡居民养老保险1065人次，其中，建档贫困户29户。至年末，有城乡低保户1343户2090人，其中，城镇低保1426户889人，农村低保736户444人，发放低保金1156.32万元、春节慰问金10.52万元、“五一”、端午慰问金6.34万元。发放4名孤儿生活费5.7792万元，事实无人抚养儿童3名供养金4.33万元。发放特困人员282人供养金284.97万元，照料护理补贴22.09万元。城乡困难群众临时救助275户，其中，特困人群62户，低保人群182户，其他困难群众31户。累计救助金额89.62万元，享受定救定补人员24人，发放金额10.12万元。为6名百岁老人发放补助金2.56万元，为襄渝铁路民工补助16.55万元。投资45万元新建许溪社区养老服务站和虹桥社区养老服务站，加强辖区1个社区养老服务中心和4个民办机构的监督管理，全年开展检查60家次，发现问题及时督促整改。

社会治理。全年立刑事案件654件，同比下降27.4%，破获刑案177件，下降31.1%，破获侵财案件147件，下降33.2%，移送起诉42人。受理、查处行政案件705件，下降23%，处理处罚126人。加强对邪教人员的走访，进一步摸清底数，加强社会面的反恐教育，特殊人群管控。对街道在册的485名刑满释放人员，全部明确帮教人员；对现有历史吸毒人员725人，坚持日常的家访、劝解、帮教等工作；有序推进严重精神障碍患者服务管理工作，全年在管509人，其中，三级以上严重精神障碍患者58人，年内未发生患者肇事肇祸事件。持续推进扫黑除恶专项斗争“百日攻坚行动”，全年走访群众1.45万户，召开扫黑除恶宣讲会10余场，安排社区巡逻车、宣传车持续宣传播放扫黑除恶宣传录音600余次，发放扫黑除恶宣传资料2万余份，开展农民工法治宣传、宪法宣传周、法治宣传文娱演出等主题活动10场次。扎实推进“平安家园”邻里联防互助工作，在虹桥、新峰、螺罐、许溪、方家坝5个村（社区）推进“平安家园6995平台”建设，已达到5000余户，安装“平安卫士”200余户。全年办结初信初访信访件101件，调解各类矛盾纠纷200余件，调解成功率达98%。加强群体性事件预防处置工作，构建“街道—社区—网格—居民”四级网络服务管理体系，明确专职网格员52人、农村网格员59人，用“小网格”服务“大民生”，圆满实现“五个不让”和“七个坚决防止”目标。

安全生产。建立农村道路路长制，明确路长工作职责，加大联合执法检查力度、频率，联合交通、公安、市场监管所整顿新峰场镇占道经营，查处交通违法行为720件，罚款金额3.12万元。对辖区备案的11艘农自用船只、渡口、码头、海棠公园游乐船只、185口山坪塘进行安全隐患排查检查，补充、新设警示标志200余条。每月对非煤矿山进行安全执法检查不少于1次，不定期对2个关停煤矿6个矿洞进行巡查，对非煤矿山检查14次，对辖区内加油加气站、液化气经营点每季度至少执法检查1次。完成新峰社区、许溪社区、螺罐社区烟花爆竹销售13户经营户复审及布点工作，实行烟花爆竹“打非”举报有奖制度，落实打击非法生产经营烟花爆竹“四包”责任制，对重点对象户采取“一盯一、一对一”监管措施，形成网格化的“打非”工作责任网络。全面排查整治校园及周边安全隐患，落实各项安全管理措施，全力维护校园及周边治安秩序。成立昌元街道应急救援队，补充应急救援装备、物资器材，及时处置许溪社区摩天岭等森林火险5起、盛世棠城、拓新红城火灾事故和“7·14”祥和步行街车库、东益花园等暴雨灾害险情，积极配合有关部门有效处置“10·17”私家车落水事件。完善突发事件预警信息发布平台建设。落实区政府督办事项1件，按时完成螺罐山云峰寺地质灾害治理工程挂牌督办工作。做好除夕夜、元宵夜、螺罐山庙会应急管理方案并组织机关干部实施，确保重大节日、庙会期间安全事故零发生目标。

【生态文明建设】　河长制工作。全年召开镇（街）河长制会议9次，分析解决问题17件次，镇村两级河长全年巡河分别为451次和1500次，巡河完成率分别为117%和195%，分别发现问题17个和16个，均已解决。编制完善9条镇级河流“一河一策”，全年投入11.8万元对河库进行定时或不定时打捞清漂；对0.33公顷以上的鱼塘建立健全濑溪河流域水产养殖监督管理长效机制，完成16艘渔船渔民退捕工作。水资源保护工作，争取到区级资金35万元，完成虹桥社区蔡家坝排洪沟工程，虹桥社区老河沟山坪塘建设工程；投入101.84万元完成管家沟河和邓家河的环境综合整治，辖区3座水库、185口山坪塘及16条河流水质达到年度控制目标；投资4.76万元对辖区内泵站进行维修维护工作，提高水资源的利用率，农业实际农田灌溉水有效利用系数0.56，大于年度目标系数0.528。

水污染防治，认真开展辖区内整治污水偷排、乱排、直排专项工作，分河长、分行业、分辖区三管齐下开展检查，全年排查点位476个，反映问题8个，街道自行牵头处理5个，属于部门牵头处理3个。加强农村污水处理池维修和日常运维工作，全年投入资金10万元完成10个村级污水处理池的专项维修整治。完成农村卫生厕所改造2294户，完成率100%，抽查验收合格率为98%。做好饮用水源地日常巡查和综合整治工作，对饮用水源地高升桥库区一、二级保护区进行综合整治项目，新建农村化粪池83个，清掏维修化粪池80个，新建新峰垃圾中转站污水提升泵站，清掏维修新峰场镇近500米二、三级污水管网；对四面山水库进行综合整治，新建化粪池15个，新修隔离网625米。做好城市及农村黑臭水体整治工作，完成恒荣半岛部分管网的破损修复，蔡家沟附近的6家洗车场的全部整改，新建许溪路口豪峻加油站的大型存水池，完成蔡家坝片区淤土的清理和生态修复，对该片区近6.67公顷土地进行高标准农田修复，黑臭水体整治得到根本整治。

大气污染防治。加大宣传与巡查，在场镇建成区及周边规划建设区的环境敏感点区域开展多种形式的禁止露天烧烤、熏肉及焚烧落叶、垃圾等活动。发放宣传资料2000多份，制作宣传标语40多条，出动352车次3000余人次，查处制止280多起露天焚烧秸秆的行为。配合区生态环境局增设高空大气污染监测器15台，督促办理大中型餐饮油烟许可证60余家，发放臭氧告知书60余份。

【三创工作】　创建全国文明城区，积极组织动员机关、社区干部和居民群众近万人次参与全国文明城区创建工作；积极开展“小院讲堂”活动，按要求承办各类示范活动；积极配合和支持创建全国文明城区指挥部办公室工作，对发现的问题全部按时进行了整改。创建国家卫生区，昌元街道在主城区有4个社区，17个居民小组，2个城乡接合部社区，48个网格，老旧“三无”小区440个，常住人口6.04万户19.04万人，整改整治工作接近创建国家卫生区总任务的50%，迎检点位占总数的50%。在创建国家卫生区迎检期间，全区准备187个迎检点位，其中，昌元街道有92个，占总数的49.2%。自开展创建国家卫生区工作以来，昌元街道投入资金近1000万元，对城乡接合部、老旧“三无”小区、背街小巷、安置小区进行重点整治，并进行常态化管理。整改整治点位2400余处，疏理出问题27类，其中，市级专家督查问题9个。在虹桥、螺罐、许溪、新峰4个社区启动新风小院建设。率先探索“先锋业委会”建设，有6个小区先后成立“先锋业委会”。116个物业小区按创卫要求有序推进，整改整治问题逐一清零，网格员、小组长督查机制有序运转，城市品质、居民素质得到提升。按照创建全民运动健身模范区通知要求，认真开展工作，并成功通过检查。

【新冠肺炎疫情防控】　自1月24日启动重大突发公共卫生事件一级响应以来，共排查近70万人次、交通卡点推送人员5000余人。疫情期间排查到确诊患者5人、无症状感染者1人、排查并管控密切接触者109人、武汉返荣人员120余人、境外到荣人员160余人、湖北省等中高风险地区返荣500余人。对疑似患者、密切接触者、可疑暴露者和涉中高险地区采取集中管理和居家隔离管控措施；对重点小区、区域严加管控，对无法组织业主管控的37个小区6623户、44个点位，组织机关干部和部门工作人员实行临时封闭管理，发放通行券限制人员出入；先后对发生疫情的怡和花苑、老检察院小区、老县委家属院3个重点区域成立防控应急组，做到24小时小区封闭管控值守；加强常态化防控工作，严格做到落地查人，排查境外人员，做到“内防反弹，外防输入”。

（李　琳）

昌州街道

【概况】　昌州街道位于荣昌区东南部，是荣昌城市建设和经济发展的核心区。街道办事处驻昌龙大道160号。辖区面积66.93平方千米，耕地面积2576.05公顷。辖4个行政村、5个城市社区、1个农村社区，111个村（居）民小组，户籍人口9.8万人，常住人口16.3万人。2020年，地区生产总值（GDP）195.48亿元，同比增长10%。全社会固定资产投资33.35亿元，地方预算内财政收入3.13亿元、工商税收2.23亿元、城镇农村居民人均可支配收入2.14万元。2020年，获评荣昌区打好“三大攻坚战”突出贡献奖先进集体、2019年度财金协同支持乡镇产业发展奖补资金一等奖，《推行“昌州管家”建设　不断提升城市管理水平》被市委当代党员杂志社评为优秀创新案例。

【经济建设】　工业发展。2020年，完成工业固定资产投资16.68亿元，同比增长23.56%。昌州街道规模以上工业企业总产值273.50亿元，增长7.7%，自统部分9.34亿元，增长15.6%。新增规模以上工业企业1家。

商贸业发展。限上住宿餐饮业营业额4.9亿元，增长24%；限上批发零售实现营业额40.95亿元，增长30%；规模以上服务业10.43亿元，同比增长6%；新增限上批发零售业3家，新增限上住宿餐饮业3家，新增限上个体工商户15家。完成区级重点项目6个，投产3个，计划投资总额6.52亿元，完成投资总额4.40亿元。

农业农村发展。2020年，粮食播种面积3134.93公顷，粮食产量1.83万吨，经济作物种植1857.53公顷。年末生猪存栏2.15万头、牛113头，羊187只，犬2675只，鸡5.17万只，鸭3.91万只，鹅1.29万只，兔468只，生猪存栏增长45.6%，牛羊增长14.4%，家禽增长8.5%。建设高标准农田100公顷，实施土地宜机化53.33公顷、冬水田266.67公顷、水稻统防统治66.67公顷。实施淡水养殖3.33公顷、生态稻虾6.67公顷，澳洲茶树种植8公顷，“金牧粮草”高蛋白牧草种植33.33公顷，榨菜种植66.67公顷，启动八角井村“共享农场”一期两公顷项目建设。投资1126万元，修建“四好农村路”14千米，完成道路养护工程87.12千米，安装波形护栏2.13千米，消除道路安全隐患67处，“四好公路”村民小组通达率达100%。

脱贫攻坚工作。建立扶贫产业发展与贫困户利益联结机制，发动18个致富带头人带动54户建档立卡贫困户发展，推进90户建档立卡贫困户采用“同类分红、统筹代销”方式加入合作社，为122户农村在家建档立卡户建立“一对一”的产业指导员，完成公益性岗位47人。2020年，为147户贫困户发放分红1.3万元，完成消费扶贫300万元，有效解决147户331人“两不愁三保障”突出问题，稳定脱贫率100%。

城市建设管理。全年完成高新区、新区征地、拟征地173.33公顷。投资4500余万元，实施11个老旧小区改造。完成违建拆除135栋、管线整治7000米、绿化改造8100平方米等40项综合改造整治，覆盖面积达11.51万平方米，直接受益群众654户。累计投入资金220余万元，对重点领域和场所进行集中整治，拆除违法建筑185处，新建休闲广场1500余平方米，新增绿化面积8200平方米，完成雨污管网整治1550米，裸露土地硬化8000余平方米，修补市政人行道路1.2万平方米，增设人车隔离桩660个。

【政治建设】 党的建设。开展脱贫攻坚专项巡视“回头看”反馈意见整改专题民主生活会，班子成员之间相互提意见共91条，完成4个方面14个具体整改措施的落实；开展基层党建问题自查自纠，下发《基层党建工作问题清单自查表》，各基层党组织对照问题清单共查找具体问题76条，完成整改措施87条。街道理论中心组集体学习研讨14次，组织各村（社区）书记、副书记以及全体机关干部参加“周五集中学习”32次。依托昌州党校，全年举办3期培训，培训1656人次。以板桥社区为试点，深入推广网格支部工作，撤销板桥社区7个党支部，新建10个网格党支部，进一步增强党支部号召力、凝聚力、战斗力，切实将服务触角延伸到群众身边，形成党建带动基层社会治理新面貌；以八角井村集体经济试点为依托，成立八角井兴农联合党支部，探索实施“村级党支部+产业党支部”运营模式，实现抓基层与打基础共向发力、同频共振，努力实现“支部建在产业上，党员聚在产业上，群众富在产业上”。党风廉政建设。开展扶贫领域典型案例“以案四说”警示教育2次，结合动物检疫违纪违法典型案例开展“以案四说”暨“以案四改”工作，组织村（社区）设置党风廉政建设宣传栏10期。2020年，召开党风廉政建设专题会议2次，开展6次节假日集体廉政谈话，干部任前廉政谈话28人次。开展脱贫攻坚帮扶干部履职情况、危旧房改造及处置情况、村级集体经济发展等脱贫攻坚工作专项督查14次，对督查发现的问题进行督办36人次、约谈1人、批评教育1人。开展民生领域专项治理，牵头开展中介机构与党政机关等利益输送等问题和私设小金库问题专项治理，开展党员干部亲属涉权事项公开及街道政治生态系统的建立及信息维护。对2019年和2020年“冬水田”项目进行监督，其中，对2019年实施“冬水田”项目的3个村及相关人员进行提醒谈话。报送问题线索13件，处置问题线索24件，其中，办结20件，在办4件。立案7人，组织处理1人，党纪处分5人，其中，党内警告3人，开除党籍两人，开展办案安全自查整改工作，整改问题两个。

【文化建设】 2020年，新增17处1.5万平方米体育场地，配备健身器材28件，新设“小院讲堂”15个，开展“小院讲堂”活动”92场次，为村农家书屋免费提供350本书籍，新建三级应急广播预警发布终端96处。组织4次大型公益性群众文化活动、3次单项文体活动、2次展览、8次讲座和培训。购买公共文化演出到村4次。共开展基层宣讲110余次，受众16万余人，使党的科学理论知识入耳入脑入心。全年，被重庆电视台用稿5条，市人大《公民报》用稿5条，荣昌电视台用稿64条，荣昌报用稿82条，《领导参阅》用稿43条，荣昌政务用稿12条，区级网络媒体用稿261条，各类宣传用稿量在全区镇（街）排名前2位。

【社会建设】 2020年，辖区有普通高中1所，在校生2846人；普通中学3所，在校生7118人；普通小学5所，在校生4242人；幼儿园42所，在校生5671人。学龄儿童入学率100%，小学升初中率100%。有社会培训机构17个。有医院9所，病床

984个，卫生技术人员896个。全年为412人发放残疾人生活贫困补贴38.28万元，为710人发放重度残疾人护理补贴68.5万元，为1293人发放低保金590.27万元，为163名特困人员发放167.34万元补助金。做好农村留守老人、留守妇女、留守儿童、困境儿童等253名特殊群体每季度探访登记并及时入档动态管理。围绕“人不住危房，危房不住人”工作目标，开展了一般农户危旧房处置、拆除和住房鉴定工作。完成三类人员房屋鉴定1019户，贫困户房屋鉴定147户，其余低保户、特困人员房屋鉴定594户，一般户住房鉴定30户，开展房屋处置拆除106户，封堵排危房屋650户。完善社区治理体系。进一步完善“昌州管家”社区治理体系，构建并形成以40名网格管家为核心，72名小区管家、333名楼栋管家、107名门店管家为补充的“昌州管家”四级城市管理体系。全年，共收集信息2.16万条，化解矛盾纠纷1900余起，现场处理事项1200余件。创新开展干部蹲点联系小区制度，出台《昌州街道干部蹲点联系小区实施方案》，划分蹲点区域，建立入户台账，做好宣传引导，实现辖区142个小区蹲点全覆盖、小区居民入户走访全覆盖，切实做到“户户见面”“人人知悉”“事事清晰”“件件回应”，有效提升辖区群众的幸福感和满意度。加快建设“先锋业委会”。采取单建或联建方式，完成街道辖区内全部16个业主委员会功能型党组织创建，推动建设巴黎左岸、寰宇世家两个“先锋业委会”示范点，亮出党员身份，发挥先锋作用，确保业主委员会依法履职，实现小区业主自治、法治、德治有机融合。

【生态文明建设】　农业污染源治理。对137个区级验收养殖场污染整治场实施常态化巡查，对辖区20头生猪当量以上养殖场（户）加强日常巡查指导，进一步更新完善“一场一档”粪污治理环保信息，畜禽粪污资源化利用率稳定并达到95%以上，规模养殖场设施配套率达到100%；实施七宝岩无害化处理中心升级改造项目，形成西南片区乃至全国病死动物无害化处理先进工艺流程。

水环境保护。全面落实河长制，实行河长“责任一张图”，对16条河流、5座小（二）型水库实现“河（库）全覆盖、责任全覆盖、制度全覆盖”，镇村级河长巡河率100%；开展“清四乱”（即乱占、乱采、乱堆、乱建）排查整治，排查出“四乱”问题4个并全部完成整改。投入资金86万元，开展河道清漂、保洁、污水处置、生活垃圾清运等工作。对辖区34口0.33公顷以上鱼塘进行水质检测，对辖区鱼塘、山坪塘和濑溪河流域200米范围内鱼塘开展水产污染治理回头看，不断推广生态养殖，巩固水产养殖污染治理成果。打好蓝天保卫战。强化三级联动，积极宣传引导，扎实做好禁止秸秆焚烧宣传、巡查工作。由八角井村集体经济组织牵头，统一购置机械设备、联系回收企业，开展秸秆回收处理工作，推动秸秆集中堆放、统一回收、循环利用，实现秸秆饲料化、肥料化、原料化、能源化、基料化“五料化”利用。

【抗击新冠疫情】　立足“外防输入、内防扩散”，组建由126名机关干部、205名村（社区）干部、340余名志愿者、120余名区级部门工作人员共同构成的疫情防控队伍，构建起覆盖城乡16万人、147个小区、575家企业、1137栋楼宇的防控网络，累计走访21.6万户，摸排53.5万人次，辖区未出现一例确诊患者和疑似病例。一人获评重庆市抗击新冠肺炎疫情先进个人。

（姜　鹏）

广顺街道

【概况】　广顺街道位于荣昌区主城西7千米处，北依螺罐山，南临濑溪水，东北部与昌元街道相邻，南接双河街道、清升镇，西北部与安富街道、荣隆镇接壤。辖区面积39.26平方千米，耕地面积1640公顷。辖3个社区，6个行政村，83个村民小组，户籍人口5.2万人，常住人口4.7万人，农业人口1.9万人。辖区内有煤、陶瓷黏土、矸石等丰富资源。气候四季分明，降水充沛，属中亚热带湿润季风气候区，适宜水稻、玉米、油料、蔬菜、茶叶等农作物生长。交通便捷，四通八达，区域内有铁路二级货（客）站1个，铁路专用线2条，距成渝高速公路出入口6千米，距成渝城际铁路（即荣昌北站）8千米，距隆昌市区22千米，距泸州云龙机场30千米，距重庆市空港和长江水域码头93千米。2020年，完成工商税收2644万元，总部经济574.12万元（全口径），全社会固定资产投入20.36亿元，其中工业固定资产投资18.36亿元，增长

7%。年度人均可支配收入2.3万元，人均增收2161元，增长10.39%。2020年，获评区委、区政府打好“三大攻坚战”突出贡献奖先进集体，重庆市禁毒委颁发的禁毒先进集体。高瓷村顺利通过国家司法部、民政部复核验收，保留“全国民主法治示范社区”荣誉称号；天常村复核合格，继续保留“全国文明村镇”称号；协助承办川渝两地政协工作现场会，广顺污水处理厂尾水湿地公园运行情况获得四川、重庆两省市政协领导高度评价；黄家冲村“小院讲堂”整村推进工作做法被中宣部、住建部、司法部肯定，成为全区示范点；主动承担并高质量完成全区首批棚户区改造项目，该项工作获得国务院通报表扬。

【经济发展】 至年末，街道有企业111个，从业人数1.38万人，全年工业企业产值57.15亿元，同比增长8.4%；批发和零售业商品销售额6.05亿元（含新增4家企业），增长9.2%；规模以上工业企业18个，规模以上工业产值44.35亿元，增长12.87%。申报商业限额以上升规企业3家，申报个体商贸升规9个，新增4家限上企业，9个限上个体商贸，入库净增长6家限上企业。引进重庆华翱洁净科技有限公司，总投资10亿元，实现“当年签约、当年建设、当年投产”，并以此为平台拟建100亿级的重庆洁净科技产业园。全年招商引资项目23个，其中，正式签约项目7个，正在洽谈的项目4个，已经投入生产的项目4个，完成协议招商引资总金额8.8亿元。规模以上工业企业研发总投入7.98亿元，完成110%。全年农业增加值2.9亿元，农业总产值3.94亿元，其中，农业2.27亿元、林业2759万元、牧业1.1亿元、渔业产值1947万元、农林牧渔服务业950万元。主要农产品产量，粮食8524吨、蔬菜1.45万吨、水果354吨、茶叶536吨、花椒137吨，肉类1573吨；猪肉592吨、禽蛋502吨、生猪出栏7764头和存栏6846头。投资5000万元、年生猪出栏2.5万头的琪金保种猪场已投产。实施统防统治面积400公顷，回收农膜12.7吨。完成33.33公顷林木栽植，实施163.77公顷松材线虫防治及1400株病死疫木清理、伐桩435个。探索村集体经济发展模式，9个村（社区）全面消除“空壳”。大力推进拆除违章搭建，依法排危成渝西路240号D级危房和广曾路6号老旧公产房，完成征地拆迁任务5个、164户。新建停车场3个，新增停车位187个。规范车摊门摊游摊、整治占道经营、整治车辆乱停乱放，完成市级暗访问题销号43个、自排问题整治825个。投资5.35亿元完成旅游固定资产投入项目3个，并按要求相应代码入库和报送。完成旅游宣传、营销投入22.39万元，举办首届“九叶青”椒麻挑战赛等乡村旅游活动6次。旅游市场秩序和安全管理到位，完成10处旅游资源普查，加强了11座旅游厕所管理。

【政治建设】 扎实巩固“不忘初心、牢记使命”主题教育成果，持续强化“十指连心”密切联系服务群众六项制度、值夜制度、涉权事项公开、“九不准”“十公开”和机关管理等制度落实，依托“十指连心”党员干部走访，收集问题建议1014个。开展党建专项督查3次，发现问题并全面整改86个。开展理论中心组学习7次，领导干部讲专题党课12次，开展“最有吸引力党课”活动，获评全区精品党课一次。开展理论讲堂60余次，道德法制讲堂16场，文明新风弘扬项目38次，组织各类志愿活动60余次。在区内率先完成13个高标准“小院讲堂”建设，开展“七讲活动”35场次。坚持开展“周五集中学习”39次，开展“圆梦广顺·大家说”18期。强化村（社区）党组织书记队伍建设，全面开展村（社区）班子综合研判工作并及时调整班子结构，所有9个村（社区）实现书记主任“一肩挑”，选优配强12名本土人才，吸收预备党员13名。

【文化建设】 开展各类文体活动50余次、各类培训6次350人、辅导课程6次320人、参观展览2次1000人、共享网站300人次、外借图书1000人次、到站活动0.8万人次。完成政府向社会力量购买公共文化演出服务场次和流动文化进村任务等46场次。社区卫生服务中心、中心幼儿园、老旧小区改造、沿河村便民服务中心和“四好公路”建设等26个重点民生项目顺利竣工。完成檬梓桥社区、陈家河社区2个文化中心户建设，建立9个村（社区）文化志愿者服务体系建设。建设新时代“新风小院”12个，建成工农社区“产业小院”区级示范点，承办的渝西川东创新创业大赛项目深化合作暨荣昌区新时代“新风小院”建设现场推进会获得好评。黄家冲小院、生态小院成功迎接省市检查、调研。率先在机修厂家属院和公园街小区成立“先锋业委会”，建立小区党支部。

【社会建设】 辖区内有中小学5所，其中，完全中学1所，小学4所；有教师391人，其中，高中初中244人，小学147人；在校学生4621人，其中，高中2264人，初中718人，小学1639人；有幼儿园13所，其中，公办独立幼儿园1所，附属幼儿园2所，民办幼儿园10所，在园幼儿644人。年内159户贫困户383人实现稳定脱贫，未出现贫困人口错评、漏评、错退等情况。加强对养老服务中心和工农社区养老服务站建设工作，其中，养老服务中心装修已完成，工农社区养老服务站完成装修并投入运营。全面落实社会保险补贴政策，全年新增低保80户141人，停发低保补贴34户44人，续保核查507户801人，上报审批资料准确率100%，发放临时救助223户412人、53万余元。开展残疾人“阳光家园”计划居家托养服务25户，危房改造4户，家庭无障碍改造22户。完成常住居民电子健康建档4.09万人，建档率90%；组织辖区内65岁以上老年人4700人参加健康体检，参检率70%；孕产妇健康管理167人，管理率≥92%。完成7个行政村标准化村卫生室建设。健全完善安全生产责任体系和长效机制，强化安全生产监管，全年检查企业177家次，发现隐患93条，已整改87条、正在整改6条；查处隐患11条，执法处理5次，罚款0.84万元；下发停产整顿企业1家。进一步强化社会治安防控体系建设，充分发挥“平安家园”“平安卫士”和专职网格员作用，全年调解民间纠纷312件。有序推进市域社会治理试点。非法捕捞动态挂牌整治成效明显。

【生态文明建设】 统筹推动金盆山矿山修复，投入900余万元鏖战30天，建成金盆山矿山修复生态公园。实施污水处理厂尾水项目，建设杨家湾生态湿地公园。有效制止露天焚烧秸秆、杂草行为698次。出动洒水车300余车次，全路段实施降尘作业，检查在建工地5个，查获带泥上路、冒装撒漏货车15起。检查涉水涉气企业169家次，发现问题3次，责令改正3次。制定完善“一河一策”，加强河道巡查，各级河长巡河1327次，发现上报并办结问题115个。治理濑溪河流域0.33公顷以上鱼塘37口，拆除水产养殖鱼塘增氧机16口，改造人工湿地1.33公顷、缓冲堰塘2公顷。实施“五沿带动、全域整治”行动，接受农村人居环境整治三年行动收官评估。完成机修厂家属院公共环境整治，工业园和休闲步道中新安装路灯254盏，新增公共绿地3处8000余平方米，基本建成檬梓桥微型公园。清运棚改建渣2000立方米，及时维修维护公厕、雨污井盖管道，清洁门店卷帘门184个，老旧小区改造项目全面完工，脏乱差现象彻底改观。积极推进农村生活垃圾分类工作，重点抓好柳坝村生活垃圾分类示范。开展一般户闲置危房保留建房权利后拆除226户，拆除建新未拆旧房屋61户，实施一般户长期未住房屋封堵213户，农村旧房提升176户，申报土地复垦148户，创建美丽庭院20户，村庄亮化工程安装照明灯30盏，农村卫生厕所改造1147户，其中贫困户改厕80户。办理农村建房审批手续78户。投入资金1700余万元，建成农村“四好公路”13千米。

【抗击新冠疫情】 坚持“外防输入、内防扩散”和“四早”（早发现、早报告、早诊断、早隔离），持续开展常态化疫情防控工作。动员社区排查走访入户1.4万余户，排查23万人次，排查湖北到荣返荣人员1213人，排查境外入渝返荣人员156人、国内中高风险来渝信息8567人次，落实居家隔离观察112人，做到疫情“零输入、零感染、零扩散”。争分夺秒复工复产，主动落实“三员”制度，排查企业93家、返岗员工7758人、核查职工14天轨迹1226名，复工复产达到100%，街道落实“三员制度”做法被《人民日报》头版头条刊发。

（田时火 莫春莉）

峰高街道

【概况】 峰高街道位于荣昌城区东部，街道办事处驻阳光社区文化路59号，距城区5千米，距重庆市区84千米。东临大足区邮亭镇，南临永川区红炉镇及区内直升镇，西临直升镇、昌州街道办事处，北临万灵镇及大足区珠溪镇。辖区面积61.17平方千米，耕地面积30.06平方千米。辖8个行政村，3个社区居民委员会，76个村民小组，户籍1.4万户，总人口4.02万人。境内有成渝高速公路荣昌东站出入口、成渝铁路车站、成渝高速铁路客运专线车站，成渝公路、成渝铁路、成渝高速公路、成渝高速铁路客运专线贯穿全境，有荣昌主城市政干道8千米、各类硬化公路143千米，新升级改造峰高街道至万灵镇4.2千米连接干线道路。有小（二）型水库11座，水库面积47公顷，有水域面积32公顷的东方红小一型水库1座，荣峰河绕场镇经过，启动峰高石龙桥至敏子桥段河堤整治工程。

【经济建设】 2020年，地区生产总值23.3亿元，增长10%；工商税收1900.94万元，增长9.12%；完成总部经济2000万元；工业总产值35亿元，工业固定资产投资12亿元，上报限上贸易业法人企业3家、规模以上个体企业9家，培育重庆启润建筑材料有限公司、重庆康都饲料有限公司、重庆市荣昌区重交再生资源开发有限公司3个规模以上企业。完成5个经济建设重点项目，数字经济（含大数据、人工智能、集成电路等其他数字产业）产值总量及增长率指标在一类镇（街）中均排名第一。产业振兴助力集体经济增收。探索发展土地流转服务企业、配套服务型经济、以土地入股联办企业等6种集体经济模式。8个村（社区）实现年收入5万元以上，其中，年收入10万元以上的村（社区）4个；3个“猪—沼—竹”集体经济项目投入使用，全年出栏生猪5.34万头、增加4600头，生猪存栏2.29万头，能繁母猪存栏2939头。蔬菜种植面积2105.53公顷，产量6.49万吨。完成全镇产权制度改革及土地确权工作，土地确权颁证合同签订率100%，推进农村承包地和宅基地“三权分置”改革。产权制度改革成果集成运用带动其他改革发展、形成典型案例1个。投入4100余万元，建设水泥路、沥青路12.2千米，其中，建设三级公路1条4.3千米，“四好”农村公路5条7.9千米，新建农村客运招呼站20个，安装防护栏3.1千米，新建公路桥梁1座，维修加固桥梁1座。

【政治建设】 党建工作。召开党工委会议研究党建工作12次、党建形势分析会4次专题研究部署党建工作。召开党工委会议49次研究脱贫攻坚工作，认真落实中央脱贫攻坚专项巡视“回头看”反馈意见整改和市委第七巡视组巡视反馈意见整改工作。明确党工委抓意识形态工作的主体责任、党工委书记的第一责任、分管领导的直接责任、班子成员的“一岗双责”。开展意识形态领域研判分析6次，加强对意识形态工作的统一领导，把意识形态工作纳入街道和各村（社区）综合目标考评，与其他工作同部署、同落实、同检查、同考核。开展“以案四说”警示教育6次，其中，扶贫领域警示教育4次，进行廉政谈话68人次。全年办信办案8件，立案查处1件，组织处理5件。查处违规违纪党员干部11人次，其中，党内警告1人，通报批评2人，批评教育2人，提醒谈话6人。严格执行“十指连心”制度和“值夜”制度，收集并解决各类问题453件。完成63名村（社区）干部的建档工作、9个村（社区）的大支部整改工作和10个村（社区）的书记、主任“一肩挑”工作。大力推进“领头雁”工程，组织村党总支书记轮训11人次。完成金银村和云教村“四化”建设，启动阳岩村便民服务中心重建工作，建设“新风小院”10个。将城市基层党建工作纳入述职评议考核重要内容。充分发挥社区党组织在城市社区治理中的重要作用，组建桃仙居小区党支部，组织党员积极参与“三创”、老旧小区整治、物业纠纷调解等志愿服务活动。加大对高学历人才的引进力度，考核招聘2人，组团招聘1人，选调生2人，新招聘其他事业单位人员3人。开展村级党组织班子回访研判和换届调研工作，配齐配强村（社区）干部，调整7人，新选聘3人，3名本土人才转聘为“五职”干部。按程序发展党员7名。召开本土人才座谈会3次，集聚优秀人才建设乡村。

【文化建设】 创建市级“扫黄打非”进基层示范点，升级改造社区文化服务中心，11个村（社区）综合文化服务中心，总面积约0.69公顷，向广大群众开展文化宣传、党员教育、科学普及、普法教育等文化活动。发展旅游、文明实践宣传及文化传播等投入3.2万元，开展公共文化演出服务及流动文化进村32场，村（社区）放映电影157场次，公益文化宣传活动、文体活动20余次。完成1个乡情陈列馆建设，创建“小树苗”等“一村一品”文化活动品牌。安装应急广播153处，建立播出管理制度，开展“书记讲政策”活动6次。启动建设大石桥文化体育公园建设，按标准正在修建五人制标准足球场和羽毛球场。

【社会建设】 2020年，新增城镇灵活就业724人，城镇登记失业人员就业476人，就业困难人员就业87人，发放创业担保贷款1200万元。完成各类就业培训280人，开发公益性岗位75个，高校毕业生就业40人。参加城乡居民养老保险1.62万人，办理“4050”困难人员社保补贴143人，参加城乡居民医疗保险3.05万人。严把低保、特困、临救等审查关口，发放低保救助金487万元、特困补助金235万元、民政其他社会救助金63.8万元、特别扶助金63万元、一次性奖励金1万元、计生奖励扶助金96万元，为计生奖特扶对象购买2021年合作医疗25万元。完成创建国家卫生区工作任务，代表荣昌接受了病媒生物防治、市容环境卫生2个专家组技术评估，获得专家组一致好评。街道常住居民电子健康档案建档率92.07%，65岁以上老人参加体检率70.1%，孕产妇健康管理率92.05%，国家“新家庭计划”项目基本完成。对204名在册的严重精神障碍患者进行入户走访，入户走访率达90%、管理率96.94%、服药率87.76%、规律服药率达82%，做到应服尽服。新建社区养老服务中心投入运营，投入23万元对敬老院热水供应系统、住宿条件、公共浴室进行升级改造，安装消防喷淋系统。对辖区内215户贫困户进行饮水安全普查，动员206户贫困户安装自来水，为贫困户安装净水器57台，配合区水利局对辖区内10个村和农村社区实施自来水安装工程，做好辖区内5000余户农户人饮水安全建设管理工作。全面完成76个村（居）民小组153处应急广播的安装，实现“村村响”“户户通”工程。防范化解重大风险。开展校园安全、道路运输安全、食品药品安全等专项治理，强化精神障碍患者的管理工作，注重在落实“十指连心”制度中收集社情民意，切实将矛盾纠纷化解在萌芽状态，编制年度应急预案、年度检查计划，组建应急队伍，不断增强防灾救灾减灾能力，没有发生较大以上安全事故。深入推进民主法治村（社区）自治、法治、德治“三治结合”建设行动，建设“新风小院”10个，形成民事民议、民事民办、民事民管的格局。开展科技文化卫生“三下乡”活动19场次，持续开展“乡贤善治”主题实践活动5次，在每个村（社区）评选1名新乡贤。通过新风小院讲堂、法治进校园、法治进村（社）等多种形式开展“千万市民学法律”活动10余场次，每个村（社区）建设法治宣传栏2个。扎实推进乡村治理，制定行政村村规民约，并开展移风易俗“十抵制十提倡”。全面完成“清仓见底”信访案件攻坚行动工作任务，信访件办结率达100%。加强各类重点人员的管控，确定专人负责，落实专班，实现了“七个坚决防止”的总体目标。新冠肺炎疫情防控。统筹疫情防控和经济社会发展，出动459人，排查13万人次，全覆盖开展疫情监测排查、预警防控。落实落细市场保供稳价、企业复工复产等任务要求，组织辖区150人外出务工，指导16家企业按要求复工复产。加强舆论引导工作，组建党员突击队12个、102人，逐户宣传，帮助群众稳定情绪、增强信心，引导群众正确理解、积极配合、科学参与疫情防控，群策群力把疫情影响降到最低，紧紧依靠辖区群众全面打赢了疫情防控阻击战。脱贫攻坚。落实“双组长”制，整改落实脱贫攻坚专项巡视和“回头看”反馈意见以及成效考核反馈的问题。下足绣花功夫，结合“十指连心”和干部值夜，扎实推进“百日攻坚大会战”，215户建档立卡贫困户实现问题“动态清零”。多方建立利益联结机制，将村级集体经济收入的10%用于激励贫困户参与村级集体经济发展。

【生态文明建设】 落实河长制，加强巡河、清漂、清淤力度。深化水污染治理，对污水管网和污水处理厂进行改造升级，大力推进水禽旱养工作，开展河流生态修复工程，实施东方红水库和峰高河清淤工程，持续关注关闭的9个养殖场和整治的8个养殖场，防止复养和反弹。全年拆除24口鱼塘增氧机，发展生态养殖66.67公顷。新建大石桥到治超站的污水管网建设，改造水码头雨水沟支流，对顺河街污水管道进行改造和清淤，新建火车站家属院雨污水管网和其他配套设施，改善流入荣峰河段水质。强化大气污染防控，精准落实“四控两增”措施，建立完善的空气环境质量数据监测系统，全天24小时开展露天焚烧秸秆巡查工作。加大土壤环境保护力度，确保土壤环境质量总体稳定。深入推进国土绿化提升行动，组织干部群众大力开展植树造林，森林覆盖率达到45%。实施农村人居环境整治，有序推进生活垃圾分类和治理工作。农村卫生厕所改造1439户，完成47户厨房、厕所和家庭环境整治，创建美丽庭院15户。改造三类人员危房72户（其中D级44户，C级28户），拆除建新未拆旧房屋和农村闲置危房612户，改造一般农户的危房510户（其中C级332户，D级178户）。结合荣昌区创建国家级卫生城市，落实“街长制”，推行主次街道分类管理，开展占道经营、建筑立面、门头牌匾、门前三包、人行道车辆停放、街头小广告六个方面的治理工作。加大老旧小区、安置小区改造力度，启动38个老旧小区改造工程。（胡露月）

双河街道

【概况】 双河街道位于荣昌区南部，距荣昌城区9千米，与四川泸州毗邻，与重庆永川接壤，辖区面积88平方千米，辖11个（村）社区，总人口6.6万人。双河街道山清水秀、人杰地灵、资源丰富，是“重庆市麻竹笋之乡”，面积2300余公顷，全街道森林覆盖率48%，生态环境向好；是国画大师陈子庄的故里，也是金钱板非物质文化传承基地，文化氛围浓厚；是市级现代农业双河园区和现代畜牧科技示范产业园所在地。2020年，工业总产值72.8亿元，全社会固定资产5.3亿元，地区生产总值47.92亿元；农民人均可支配收入比上年增长9.01%；工商税收1350万元。2020年获得荣昌区打好“三大攻坚战”突出贡献奖先进集体、荣昌区“全民健身日”游泳比赛第一名。

【经济建设】 产业转型迈出新步伐。双河街道直面“资源型、高能耗工业企业‘断崖式’关闭退出”和疫情常态化，抢抓历史机遇、狠抓工业项目、实抓产业转型。2月底，一手抓防疫，一手抓复产，辖区内工业企业全面复工复产。2020年，新引进实体经济企业5家，GDP完成53.46亿元，比上年同期增长15%；规模以上工业产值增量6.94亿元，增速12%；规模以上工业增加值率10.7%；工业固定资产投资完成7.2亿元，同比增长51%，工业技术改造投资占比100%；数字经济产值2.63亿元，增量3194万元，增速13.81%。乡村振兴走出新路子。围绕市级现代农业产业发展示范园区和国家现代畜牧业核心示范园区建设发展的要求，2020年，引进重庆畜科院九峰山科研基地重点项目，实现年产仔猪17万头，外销仔猪13万头，仔猪外销量居全区第一；协助天兆公司流转土地33.33公顷，推动生猪养殖提能扩容；依靠“猪、竹、鱼、茶、鹅”及特色果蔬等传统产业优势，创新推动种养循环新模式，新增麻竹等特色经济林种植400公顷、优质茶叶266.67公顷、鱼苗166.67公顷、特色果蔬种植266.67公顷，岚峰森林旅游开发面积400公顷；利用桃之夭夭农场、聚荷源花卉各植物、刘明葡萄园、双河玉脆西瓜等特色产业优势，打造了一批特色果蔬品牌；着力实现乡村产业兴旺，助推乡村振兴创新起步。

【政治建设】 坚持把学习贯彻习近平新时代中国特色社会主义思想作为首要政治任务，持续优化基层党组织队伍建设。选举产生益民社区、双矿社区党委领导班子；培养入党积极分子17名，确定发展对象6名，新发展党员6名；完成城市社区碧水锦城和祥顺大厦“先锋业委会”组建工作，有序推进“子庄文化小院”和“巴渝新居产业小院”两个“新风小院”建设，开展“小院讲堂”活动91次；加快推进益民社区、双矿社区便民服务中心建设项目，完成村（社区）“四化”建设，高标准建成高丰村棠城研学点；压紧压实“两个责任”，重点对脱贫攻坚“巡视”“巡视回头看”整改落实情况、政治生态等开展监督检查，开展典型案例“以案四说”2次，适时通报曝光违纪典型案例5次，真正将全面从严治党责任落到实处。

【文化建设】 2020年，持续免费开放社区服务场所，开展文化体育、展览展示活动11场次，其中，在区举办的全民健身游泳比赛、“全民跳绳”网络挑战中均获得第一名；完成益民社区的文化中心建设，实现辖区内文化设施设备全覆盖。完成50处文物每年两次巡查，并组织辖区内两个铺盖面选手谢德呈、罗能宽参加2020年“铺盖面技能大赛”，完成铺盖面市级传承人申报，彰显街道文化风韵。

【社会建设】 民生连民心，民心聚民力。为切实增进民生福祉，持续加大基础设施投入，投入资金1228万元，完成5条“四好农村路”和4条“扶贫公路”建设，不断完善城乡基础设施；切实抓好科教文卫工作，完成学校教育基础设施提档升级，满足现代教学多样化需求；新增133个广播终端，现已有178个，已完成勘测定位电线布网工作；城乡居民养老保险新增参保人数212人，养老金社会化发放率100%；城乡居民医疗保险参保人数38491人；办理小额担保贷款52件，发放小额贷款611万元；第七次全国人口普查工作户口整顿工作、摸底工作任务完成率100%，正式登记工作全面完成。

【生态文明建设】 为促进街道绿色增长，持续推进城镇基础设施建设。完成场镇开发建设6.66万平方米；完成农村旧房整治提升任务120户、棚户区改造修缮加固工程93户、公厕8座、人饮工程管道65千米、停车位300个、节能LED路灯及太阳能路灯186盏；整改销号中央、市、区提出的环保问题681件；实施国土绿化提升工程300万平方米；全面落实河长制，严格饮用水源地水环境质量管控；全面彻底清运处置农村陈年垃圾800余吨；投入资金350万元，完成辖区二、三级雨污管网和污水处理厂尾水人工湿地建设，场镇污水收集处理率90%以上；顺利通过国家园林城镇复查专家评审。

【抗击新冠肺炎疫情】 自1月24日新冠肺炎疫情防控工作开展以来，共开展入户滚动排查11.34万户次，28.62万人次，排查出湖北省（含武汉）返回人员205人、其他地区返回人员5536人，按要求核实关注470人，多措并举、严防死守，稳妥实现辖区零感染目标。

（罗宗菊）

安富街道

【概况】 安富街道位于重庆市荣昌区西部，因盛产陶器而闻名于世。安富街道距荣昌城区10千米，辖6个村、6个社区，总人口5.83万人。2020年，“安陶小镇”作为全市唯一特色小镇入选国家发改委公布的“第二轮全国特色小镇典型经验”，成功创建“中国西部陶瓷之都”。辖区通安村被中央文明委评为第六届“全国文明村”，建成全市首个清华大学学生社会实践站。

【经济建设】 2020年，工业总产值和工业增加值分别为42.6亿元、24.15亿元，同比增长6.77%和10.2%。新增规模以上工业企业4个。全社会固定资产投资6.278亿元，其中，工业固定资产投资总额4.585亿元，占比73%以上。商贸经济累计完成2.56亿元，其中，首次新增的5家个体企业实现经济收入1500万元；批发零售服务业完成2.11亿元，同比增长26.3%；住宿餐饮业实现经济收入3348万元，同比增长13.6%。坚持做好重点项目工程资金筹集监管，资金拨付进度达85%以上。街道征地拆迁任务数246.8公顷，全区总量第一，已完成18个项目征地拆迁工作，如期完成供地任务。全力支持泸207井站、脱水站7.07公顷征地拆迁和建设工作，日产气量达10万立方米。培育重庆奥福精细陶瓷有限公司等4家企业升规。加快恒隆陶瓷琉璃瓦生产线建成投产，增加产值近3000万元。街道现有在产陶工业企业39家，陶文创企业近百家，实现产值近14亿元，带动就业近万人。城乡产业。打造3.33公顷垂钓中心、13.33公顷蔬菜基地、13.33公顷生态果园和53.33公顷苗木基地。统筹村（社区）集资集智打造“双创基地”集体经济联盟项目，引导村（社区）结合陶、茶特色产业，大力发展陶艺体验、茶叶加工、乡村旅游等。探索利益联结机制，按照“村集体+合作社+农户”模式，发展种植大户22户、专业合作社18个，累计流转土地313.33公顷。基础设施建设。完成11.6千米“四好农村公路”建设，辖区农村公路总里程120千米以上，基本实现“村村通”。实现城区27.5万平方米清扫保洁全覆盖。完成三类重点人员危旧房改造101户、一般户和闲置危房处置共1000户。完成厕所改造822户，累计完成1964户。城市建设。完成陶宝巷子2.8万平方米主体及配套设施建设。新增停车位557个。绕城南路一期完成基础设施建设。启动实施16个老旧小区改造，面积近8万平方米，受益1200户。启动国道348南迁、安富小学至博物馆400米连接道项目。老成渝路、安清路安富段升级改造全线完工。续建完成华江社区“三供一业”改造，累计改造供水、供电、供气7200余户，改造物业12.22万平方米。续建完成224千米自来水管网，实现农村集中供水主管网全覆盖。完成通安河、石燕子河1910米河道整治，2020年三次大暴雨均无洪灾发生。成功举办乡村复兴论坛荣昌峰会开幕式。

【政治建设】 依托小院讲堂、陶都讲堂等平台，组织开展志愿活动100余场。以创新发展、荣昌陶等为主题，在区级及以上主流新闻媒体发稿120条。公开16名市、区人大代表身份信息及50件承诺事项，已完成50项，承诺完成率100%。扎实开展

“十指连心”密切联系服务群众工作，健全机关干部包社、分管领导包村、主要领导包片三级驻村机制，通过干部值夜、书记遍访、村村研判分析、专题会调度研究等，有效解决房屋、饮水、医疗、就业、产业发展等问题129个，整改完成市级及以上考核问题36个，实现291户建档立卡贫困户问题清零，“两不愁三保障一达标”户户过关。基层阵地建设。全覆盖完成12个村（社区）便民服务中心“四化”（即标准化、信息化、美观化、特色化）建设。新发展党员7名，培养入党积极分子16名。新选配专职干部5名、本土人才4名，储备村级后备干部24名。完成12个村（社区）书记、主任“一肩挑”。新改扩建3个便民服务中心。完成软弱涣散党组织整顿巩固提升等工作。组织各基层党组织书记集中轮训2次，村（社区）“两委”成员、专职干部、本土人才全覆盖轮训1次，开展青年人才论坛、书记论坛2次。培育红色领航党建品牌，结合16个老旧小区改造建设“先锋业委会”，连片打造一批“新风小院”。安富街道被市委、市政府、市警备区授予“拥军优属模范单位”。顺利完成脱贫攻坚国家普查和创卫国家验收检查。强化专项监督检查整改。开展“以案四说”警示教育4次，受教育人数达500余人次。建立党员涉嫌违纪违法信息通报和及时处理工作机制，廉政谈话40余人次，提醒谈话4人，党纪处分4人。实施脱贫攻坚、巡察反馈问题、新冠肺炎疫情防控等5大类专项监督。此外，街道统战、政协、武装、群团、人事、档案、民族宗教、保密等工作任务均圆满完成。

【文化建设】 2020年，新增区级工艺美术大师及民间工艺师38名。街道现有“非遗”传承人154名，其中，国家级“非遗”传承人2名、市级“非遗”传承人4名、区级“非遗”传承人148名。有工艺美术大师和民间工艺师212名，其中，市级工艺美术师和民间工艺师17名、区级工艺美术师和民间工艺师195名。引进宜兴陶笛工艺师4名，开设“蜀风陶笛”主题工作室2间，上市陶笛种类多达50余类。打造荣昌“非遗+文创”新模式，培育通安小栖、安北陶艺村等荣昌陶青年文创工作室，被各级新闻媒体宣传报道2000次以上。开发新产品100余件，涵盖雕塑、剔刻、拉坯、釉色等工艺，7件荣昌陶产品惊艳亮相中国美术馆举办的美术作品展，荣昌陶作品在第三届中国四大名陶展等活动中屡获金奖。文体事业持续繁荣，开展各类群众性文体活动共计20余次。成功创建全市第五批社区健身点1个，组织开展志愿活动100余场，在区级及以上级主流新闻媒体发稿120条。

【社会建设】 累计足额社会化发放低保资金234.6万元。实施临时救助151人次，发放临时救助资金36.83万元。做细特困供养，发放特困供养资金256.25万元。落实精简退职人员、优抚安置、残疾人两项补贴等政策，发放各类款项共计61万元。落实“4050”灵活就业人员社保补贴资金60.67万元，受益132人。收取城乡居民医疗保险931.8万元，累计参保3.89万人。新增城乡养老保险175人，基金收缴187.3万元。总投资550万元建设社区养老服务中心，面积达2622.49平方米。文教事业。义务教育全面落实，高中教育稳中有升。安富中心小学荣获第二届“全国文明校园”称号。

【生态文明建设】 按期跟踪各级环保督察反馈意见，整改233个问题均无反弹。完成3个村级污水处理站6.3千米污水管网和15千米场镇雨污管网建设，建成安富污水处理厂1.33公顷尾水湿地。落实企业废气治理设施技改2家，煤改清1家。严格落实“河长制”，辖区河流水质稳定在Ⅳ类以上。累计巡查处理露天焚烧100余起，切实保障空气优良天数。开展农村垃圾分类示范点建设，农村垃圾收运实现全覆盖。妥善处置陶都壹号等3个房地产开发项目遗留问题。协调化解自1958年以来重庆永荣矿业集团有限公司4.73公顷厂地权属不清问题。群众安全感指数达98.3%。高质量完成创国家卫生区相关工作，被评为“市级卫生镇”。建成林居坝、余家河坝等人居环境示范点和安三路示范线。成功举办乡村复兴论坛。成功创建市级绿色示范村庄3个。

【抗击新冠疫情】 精准施策主动作为，统筹推进防疫和经济发展。通过挂图作战，建立“点上有人盯、线上有人抓、面上有人统”的三级防控体系，落实“日调度”工作机制，完成5万多名外来人员的排查、管控、监测工作，未出现一起疑似或确诊病例。加快企业复工复产。抽调40名机关党员干部到辖区38家企业担任“驻厂员”，指导并监督企业落实落细防控措施。为企业代办跨省临时通行证，帮助企业采购医护、餐饮等各项必备保障物资，广泛宣传扶持政策和优惠措施，在较短时间内实现复工复产。社会保障全面。积极解决因疫情导致的就业难题，发布招聘岗位2000个，新增就业603人。提供创业就业无息贷款178万元。（何杰鑫）

直升镇

【概况】 直升镇位于荣昌区东南，距荣昌区行政中心8.9千米，距荣昌高新区3.5千米，距成渝高速公路荣昌东出口13千米。东与峰高街道、永川区红炉镇接壤，南与双河街道、永川区永荣镇接壤，西与昌州街道、板桥工业园区相邻，北接板桥工业园区、峰高街道。辖区面积29.14平方千米，耕地面积1757.8公顷，森林覆盖率35%。辖4个行政村、1个社区，村民小组36个。年末户籍6175户，人口1.65万人。2020年，公共财政预算收入2141.54万元，税收528.12万元，全社会固定资产投资3.75亿元。农村常住居民人均可支配收入2.13万元，增长9.1%。被区委、区政府表彰为脱贫攻坚先进集体。

【经济发展】 农业农村工作。紧紧抓住区政府提高森林覆盖率十六条措施，利用土地流转服务专业合作社，引进业主12个，流转土地212.67公顷。采取“农民合作社+基地+农户”模式，发展柑橘桃李等优质水果63.33公顷，在万宝村扩种花椒13.33公顷，在万宝村、黄坭村、荣升村实施稻虾综合种养53.33公顷。培育种粮大户10户，面积66.67公顷；完成水稻保险200公顷，对全镇78户贫困户14.93公顷水稻进行保险全覆盖，代缴保险费2016元。全面完成农村集体产权制度改革，农村土地确权颁证，以村为单位成立了5个土地流转专业合作社。积极谋划村集体经济项目，投入130万元壮大万宝村、黄坭村村级集体经济。成功申报并实施荣昌区2020年大宗油料基地建设项目（即万宝村片区）261.5万元，建泥结石公路近5千米；启动黄坭村稻田综合种养项目，争取上级项目资金381万元建高标准农田20公顷；在黄坭村、万宝村实施坡地宜机化项目26.67公顷，每0.07公顷补助700元。由区水利局投资实施东湖水库—鹅颈坝水库—盐井沟水库直升段（鹅井坝水库—盐井沟水库段PE管网）连通工程。万宝村被评为重庆市国土绿化示范村（万宝村花椒产业喜获丰收）。开展春秋季动物疫情防控工作，落实非洲猪瘟防控监测点2个。在黄坭村4社流转土地近6.67公顷。投资100万元（含区政府投入50万元）建设荣昌纯母猪保种场基地；发动养殖户养殖荣昌种母猪，落实政府补贴每头500元；落实生猪保险和赔付工作。工业经济。全镇有工业企业16家，其中，规模以上工业企业9家。全年完成工业总产值17.72亿元，其中，规模以上工业总产值17.14亿元，增长19%。全社会固定资产投资3.75亿元（第二产业2.54亿元，第一、三产业1.21亿元），完成全年目标任务的249%。实现批发零售业产值1.57亿元，餐饮业产值2547万元。新增规（限）上企业2个、个体5个、净增长3个限额以上企业。完成招商引资5个项目，总协议资金5.1亿元，完成全年目标任务的165%。完成香水湾小区一期1.6万平方米商业住宅和车站的建设。协助中石化完成泸207井区—板桥站集输气管道工程地面集输（复线）工程9.7千米输气管线建设。完成页岩2号井直输气工作，众友天然气公司每日收购燃气2.15万立方米。完成3-1FH号井2.07万立方米、3-2FH号井3.05万立方米页岩气输送到众友天然气公司建配气站。

【政治建设】 巩固深化“不忘初心、牢记使命”主题教育成果。全年组织中心组学习23次，召开党建形势分析会6次，开展“周五集中学习日”学习31次，主题党日78场次，推进主题教育制度化常态化。坚持党管意识形态，严格落实意识形态责任制，管住守好意识形态阵地，将中心组理论学习、“学习强国”学习平台的使用、党的理论创新成果宣传宣讲放在日常工作当中。开展民族宗教政策法规宣传教育，全年未出现一起负面舆情。认真落实党员干部“十指连心”六项制度，深入走访群众，收集问题705个，全覆盖办理反馈。紧扣“三治融合”主题，建成新风小院6个，成立志愿队6个，创新建立小院十条公约，开展“小院故事”“小院剧场”“小院广播”等“小院讲堂”活动100余场次。全年接待区内外单位参观学习50余次。新华网对万宝村新风小院建设进行了报道，点击率超过120万人次。万宝村奋斗广场被纳入荣昌“棠城研学点”，打造“红色家园——奋斗广场”红色研学路线，累计接待市内外各单位参观学习310余场，参观人数达2万余人。对5个村（社区）班子全覆盖“回访”研判，全面完成村（社区）书记、主任“一肩挑”，提拔2名党组织副书记。调整村（社区）大支部，分地域、分类别设置小支部。严格落实村干部“三三制”和“4+1”驻社工作制度，充分发挥村干部作用。持续整顿提升万宝村软弱涣散党组织，成效明显。在乡村振兴、脱贫攻坚、疫情防控一线发展党员8名，培养积极分子4名，组建7支“党员先锋队”。严格“党员百分百”考核，健全党内关怀帮扶机制，全年慰问帮扶党员35名。开展作风督查20余起，开展廉政集中谈话2次，对干部进行包括疫情期间意识形态的各种提醒谈话共计16人次，批评教育3人次。查处2名党员干部，分别给予党内警告处分。查处形式主义、官僚主义问题1起。

【社会建设】 至年末，辖区有直升中心校1所、附属幼儿园1所。公办教职工54人，在校小学生398人，在园幼儿143人。投入8.5万余元完成二校区学生食堂负一层陶体验坊墙体渗水、二校区实验楼旁围墙改造、一二校区门卫值班室屋面渗水改线、附属园大门入口拐角处花台安装冲撞柱等较大隐患。投入15.5万元，对室内外墙地面、管线等进行了全面新装，配置优质实木床、衣柜、空调和办公桌椅等生活设施，解决了在校长住教师、值班值夜人员和教师午休的实际困难。“荣昌区优秀（十佳）少先队员、少先队辅导员树选”，1人获重庆市优秀称号，2人获学区优秀称号。组织30名师生参加“重庆市线上阅读马拉松比赛”获重庆市全马组第一名。学校的乡村学校少年宫到重庆市酉阳县汇报述职，被重庆市教委、市财政局和市文明办评为二等奖。镇内有卫生院1个，医师5人，病床20张。家庭医生签约5885人，建立档案5885份，建档率100%。城乡居民医疗保险参保1.26万人，收缴医疗保险费343.6万元。落实计生奖励扶助492人，发放资金63.8万元；独生子女一次性奖励23人，发放资金1.38万元。医疗保险参保528人，资金14.78万元；新增特扶4人，共计26人，发放资金15.8万元；全年为计生特扶家庭全程代办住院护理保险28人次，申请资金8.3万元。新增就业449人，完成任务数的196.07%；城镇登记失业人员就业59人，完成任务数的100%；就业困难人员就业25人，完成任务数的119.05%，离校就业高校毕业生就业率100%；为16户自主创业城乡劳动力发放小额贷款210万元；办理4050人员社保补贴8人。城乡居民养老保险参保7357人，收取参保基金122余万元；享受养老保险4236人，全年发放养老金400余万元；办理征地农转非参保12人次。新增40户67人享受低保待遇，其中，建卡脱贫户（含享受政策）9户17人，边缘户2户9人。全镇有159户279人享受城乡低保，发放低保金及物价上涨补贴132万余元。办理临时救助135人次，发放救助金13万余元。新增特困12人，其中，建卡贫困户3人。对特困人员113人、孤儿1人发放供养金、物价上涨补贴，为经济困难失能老年人、经济困难高龄老年人养老服务补贴130万余元。

【文化建设】 组织开展公益性文化活动75场，完成政府购买公共文化演出服务11场；开展“送流动文化进村”64场次，服务人数达6000余人次；开展“送惠民电影下乡”放映60场。投入近100万元，实施应急广播7个镇村平台和72个终端建设，新建和维护健身步道10千米，购图书2000多册，新增旅游固定投资9000多万元，人均体育场地达2.26平方米。强化农村文化市场监管，全面完成“扫黄打非”基层站点规范化建设，综合文化服务中心代表全区顺利通过市年度考核检查。

【社会治理】 坚决打赢“防范化解重大风险攻坚战”，开展“强防控、打盗抢”、打击“两抢一盗”“网络诈骗”犯罪等专项整治，“大下访”“大排查”8000余人次，多年未解决的姜家湾农民新居办证的历史遗留问题得到妥善解决。开展村（居）公共法律服务实体平台标准化、规范化建设试点工作，完成道观村和荣升社区公共法律服务工作室实体平台硬件软件设施。做实“1+N”荣昌模式人民调解体系与法律服务的深度融合，共调解纠纷93起。加强社会治安重点地区排查整治工作，坚持每日巡逻，群众安全感系数明显提升。大力推进扫黑除恶专项斗争，对5000余户群众进行全覆盖走访，开展扫黑除恶宣讲活动36场。“平安卫士”工作建设有序推进，对镇出租屋、茶馆、农村代销点等重点场所进行检查整治，全年检查 28 场次，教育赌博群众 50 人次，有力推进市域社会治理现代化试点工作。

【生态文明建设】　污水处理。坚持绿水青山就是金山银山的发展理念，压紧压实河长责任制，境内的池水河、峰高河、金鸡河水质稳定达标。投入 150 余万元，完成污水厂技改项目，建设 10 亩尾水处理湿地，加强排放检测，强化源头治理。污染防治。争取上级资金 20 万元对新农村姜家湾周边农户污水管网进行全面处理。投入 40 余万元，采取以“奖代补”的方式督促 3 家白酒生产企业和 11 家餐饮店实现“煤改气”。加强建筑工地、道路扬尘、餐饮油烟管控，及时对重要道路、街道实施洒水降尘。大力开展禁止露天焚烧专项整治，在每个村、公路沿线、重点区域安排干部和网格员全天值守，开展禁止露天焚烧作物秸秆巡查 483 车次，1550 人次，有效处置 541 起露天焚烧行为。农村人居环境整治。强化农村垃圾整治，加强对农村垃圾保洁员、清运员的管理，做到每月对农村垃圾保洁员保洁进行督查，发现问题及时通报、处理，实现农村生活垃圾有效治理 100%全覆盖。万宝村成功创建市级垃圾分类示范点和全市绿化示范村。按照“三清一改”主要内容，开展农村人居环境整治试点，完成卫生厕所改造 585 户，其中，建卡贫困户 34 户，完成率 100%。全镇评选区级美丽庭院 20 户。新建及维修泥结石公路 5 千米。投入 900 余万元，完成燕石路、黄龙路等 4 条农村“四好公路”建设。结合马路办公和街长制工作，不断加强场镇科学管理水平和能力。强化保洁员队伍管理，结合省道 209 改造，对场镇街面全面翻新整治，市政管理月考核成绩均位于考核组前列。

【脱贫攻坚】　围绕脱贫攻坚总体要求，大力开展农村危旧房改造处置工作。全年处置一般农户危旧房 788 户、三类重点人群危房改造 25 户，对 318 户重点对象房屋进行安全鉴定和挂牌，实行动态管理，对全镇农村房屋进行全覆盖排查和整治，实现“危房不住人、人不住危房”目标。新建入户人行便道近 500 米，安全饮水安装 32 户，贫困生资助 76 人，大病救助 115 人，小额贷款 88 户 198.75 万元和产业扶贫 117 户 22.9 万元、改厕 585 户、改灶 30 户，动员直升商会为脱贫户购买衣柜 43 个，综合措施解决低收入群众 34 户，着力补齐短板、解决难点，提升质量。着力推进脱贫攻坚与乡村振兴有效衔接，增强脱贫户的造血功能，带动贫困户和一般农户发展花椒、春见柑橘、三椈梅等特色产业。利用新风小院、小院讲堂开展“智志双扶”教育 100 余场。顺利通过国家脱贫攻坚普查，全镇 160 户贫困户、5 户边缘户全部实现脱贫。

【抗击新冠疫情】　成立以镇党政主要领导为组长，其他分管领导为成员的疫情防控工作领导小组，制定下发《直升镇疫情防控工作方案》。建立形成“日排查、日报告、日汇总、日研判”工作机制，每天对疫情防控工作情况进行研判、部署、推进。实施镇、村、社干部多级网格管控管理，全面走访排查。累计入户走访排查 1.61 万户，入户走访排查 2.9 万人，掌握非重点地区返荣人员 2860 人。落实专人专班、“五包一”方案，对每名重点人员明确盯看人员，做到两点一线，确保零感染目标实现。毫不松懈抓好常态化防控，严格落实外防输入内防反弹措施，扎实做好秋冬季防控工作。　（朱学美）

万灵镇

【概况】　万灵镇位于荣昌区东北部，距城区 8 千米，距重庆主城 94 千米，紧邻成渝高速、成渝城际高铁荣昌北站，毗邻世界文化遗产大足石刻。东与峰高街道相邻，南与昌州街道接壤，西与古昌镇相连，北与大足区珠溪镇相依。辖区面积 24.82 平方千米，耕地面积 12.54 平方千米，森林覆盖率 45%。辖 3 个行政村，1 个社区，31 个村民小组，总人口 1.83 万人，总户数 6716 户。辖区内交通便捷，有万灵镇至荣昌城区、峰高、古昌、大足珠溪镇四条主要公路。濑溪河自大足区珠溪镇而来斜穿全境而过，经昌州直至泸州沱江，经万灵镇过境段全长 19 千米，河面宽约 50 米。万灵古镇以丰厚的历史文化底蕴和旖旎的水乡风光闻名遐迩，是“湖广填四川”的集散地，有“移民水乡”的美称，获评中国历史文化名镇、全国特色景观旅游名镇、国家 AAAA 级旅游景区。明代刑部尚书喻茂坚、革命先驱赵宗楷、抗日英雄柳乃夫等名人享誉古今。杀年猪、缠丝拳等民间非物质文化遗产传承至今。2020 年，万灵镇获评“市级乡村治理体示范村镇”“重庆市基层人民武装部达标建设标杆示范单位”，荣昌区打好“三大攻坚战”突出贡献奖先进集体（污染防治攻坚战），万灵镇沙堡村、玉鼎村获评“重庆市美丽宜居乡村”，沙堡村党总支书记武英雨荣获“全国优秀共青团干部”称号。

【经济建设】 2020 年，地区生产总值 5.86 亿元，比上年增长 9.4%；财政预算收入 8055.91 万元，增长 19.34%；农村居民人均可支配收入达到 19657 元，增长 4.3%；全社会固定资产投资累计超过 2.5 亿元，全面完成计划任务数。旅游业发展持续向好。顺利通过国家 AAAA 级景区复核验收，完善核心景区基础设施，三圣宫升级改造项目全面启动。深化文旅融合发展，举办第七届七夕河灯旅游文化节、第十二届年猪文化节，借助喻茂坚廉政家风文化，开发尚书鞋、尚书扇、尚书蜜、尚书杯等旅游伴手礼。加快体旅融合发展，成功举办 2020“瑜瀚科技”重庆·荣昌马拉松赛，打造万灵体育小镇品牌，更新万灵新貌亮丽名片。全年接待游客 212.52 万人次，实现旅游收入 11.09 亿元。全镇企业 73 家，其中，工业企业 17 家，规模工业企业 4 家，全年工业总产值 3.1 亿元，完成目标任务数的 111.1%，实现企业总收入 3.3 亿元。聚焦精准招商，远赴深圳、杭州等地开展招商引资工作，新引进企业 3 家，合同金额 4 亿元。现代农业保持稳定，粮食产量稳步增长，全年粮食播种面积 1387.33 公顷，粮食总产量 8331 吨。强化农业新技术推广应用，推广旱育秧、配方施肥、统防统治技术等农业生产新技术水稻 800 余公顷，机械化播种、收割率达到 95%。全面推进渔业生态养殖，全力以赴打好动物疫病防控攻坚战，全镇能繁母猪投保 906 头，有存栏生猪 4500 余头。重点项目建设加速推进。马拉松赛道全线贯通，农贸市场片区环境综合整治项目顺利完成，高笋河生态修复及环境综合整治项目有序进行，积极参与濑溪河昌州—万灵段防洪及水环境治理工程和生态体育公园重点项目建设。市级农旅融合项目全面完成，“一群三区”（即农家乐集群、观光农业园区、精品民宿区、运动休闲区）建设竣工，流转土地建成 26.67 公顷农业园区，与 3 个业主合资分别建起了 5.363 公顷桃园、5.33 公顷南美对虾养殖基地、6.67 公顷柑橘基地，对玉鼎生态园进行提档升级。盘活仙桥小学闲置校舍，建成总面积 1000 平方米的“仙桥民宿”，新建农旅融合接待中心（即乡村振兴人才培训中心），全年实现收入 22.7 万元。

【政治建设】 坚守规矩抓好政治建设。持续巩固“不忘初心，牢记使命”主题教育成果，不断加强理论学习，进一步树牢“四个意识”，坚定“四个自信”，坚决做到“两个维护”。全面落实党风廉政建设责任制，切实履行“一岗双责”，严格执行中央“八项规定”，“三公经费”下降 7.7%，坚决杜绝铺张浪费。坚持不懈强化干部队伍。从改进工作作风、提高工作效能入手，不断完善机关考勤值班制度、请销假制度、财务管理等规章制度，坚持执行重点工作调度，有力开展效能督查。制定《万灵镇村（社区）干部管理考核办法（试行）》《万灵镇村（社区）干部岗位职责（试行）》，配齐配强村干部队伍，村干部队伍平均年龄下降至 39 岁。建立“尚书学堂”体系，提升干部思想素质。坚定不移提升服务水平。以“为群众办好事，让群众好办事”为服务宗旨，切实加强镇、村服务体系建设，精简办事流程，解决“服务群众最后一公里”问题，共办理行政审批服务事项 152 件，满意度 99% 以上。充分利用“群工系统”，及时高效办理群众反映问题 195 件，办结率 100%，满意率 100%。创办“尚书播报”广播栏目，拉近干群距离，现已播报 112 期。自觉接受人大监督，办理人大代表议案建议 28 件。强化党建主题阵地建设。完成 4 个村（社区）便民服务中心四化建设，建成了万灵镇“十指连心”党建工作室、大荣寨“红书吧”、尚书村“尚书学堂”、玉鼎村“党建引领”展厅。

【文化建设】 教育文化持续繁荣。全面实施公共文化免费开放，借阅图书 1570 人次，开展读书活动 4 次，文化资源共享工程服务 725 人次，放映电影 48 场次，送文化下乡 9 场次，举办展览 3 次，打造了万灵镇老年大学文艺队、玉鼎村广场舞队、沙堡村文艺队三支文化团队。提升教育硬件设施，增加了辖区内学校的植被绿化，对高店小学厕所进行卫生改造，为二郎小学建设规范化餐厅。万灵镇中心小学获评全市第二批智慧校园示范学校，连续四年被评为“教学质量十佳学校”，高店小学荣获区级文明校园称号。积极推进社区教育。整合万灵镇小院讲堂、家风讲堂、尚书学堂、新时代文明实践站、基层党校等宣传平台，开展形式多样的社区教育活动，为辖区居民送去了国家法律法规、种养殖技术、音乐、舞蹈、缠丝拳、摄影、美术、书法、烹饪、安全、人居环境改善、健康等方面的知识，直接受益群众7000余人次。助力全区成功创建市级社区教育示范区。

【社会建设】　镇内医疗服务机构健全，有镇中心卫生院1所，村卫生室6所，病床39张，卫生技术员18人。教育资源分布均衡，有中心小学1所，完全小学2所，在职教师68人，在校学生652人。幼儿园3所，学生人数208人。学龄儿童入学率100%，小学升初中率100%。计划生育政策生育率95%，计划生育奖励政策兑现率100%。广播体育情况。建立万灵镇广播室播出管理制度，有专人值守，并做到规范播出，按时报送相关信息，一年来无播出安全事故发生。新建5人制足球场9个，11人制足球场1个。救济保障情况。发放特困人员救助供养金113.85万元，农村城镇低保金176.39万元，临时救助资金12.67万元。切实关切老有所养，争取资金30万元维修改造镇养老院和大荣寨社区养老服务站，发放重阳节保健金8.19万元、生活补贴金3.26万元。城乡居民养老保险参保人数7322人，城乡居民合作医疗参保人数1.28万人。乡村治理。以“三美小院”为自治核心，搭建了“九长治村”为主线的“3391”乡村治理模式。全年吸引超过47名村民主动加入“九长治村”体系，建成“三美小院”17个，累计评选“五色星家庭”387个，基层党校开课12次，小院讲堂举办活动126场，并在尚书村开展“小院讲堂”整村示范行动，“尚书播报”全年播讲112期，“智村”微信小程序已经投入使用并在持续完善中。

【生态文明建设】　全力推进污染防治。联动镇、村、社三级常态化做好秸秆禁烧、综合利用工作，印发宣传资料6000份，处置露天焚烧火点150处，坚决打赢蓝天保卫战。修订完善“一河一策”方案，严格执行“河长制”，镇村河长全年巡河697次，发现问题68个，全部整改完毕。持续开展河库清“四乱”工作，投入资金16.8万元进行濑溪河河道漂浮物清理打捞，强化与相邻镇（街）合作，签订河流域上下游横向生态补偿试点协议，共同加强对河库水环境的保护。完成2020年“三乱三排”整治工作，销号目标任务4个，完成莲花庵水库饮用水源地整治。强化畜禽水产养殖污染治理，对52口鱼塘进行综合整治，完成水产养殖污染治理销号。规范加强场镇管理。深入开展马路办公，解决问题48个。采取“集中治理、分片包干、重点守候、机动巡查”的方式加强城乡市容市貌管理，集中开展规范市容秩序联合执法行动4次。查处乱摆摊设点、乱搭乱建、占道经营等不规范行为65起，清除“牛皮癣”100余处，清理卫生死角垃圾12吨，规范车辆停放300余处。实施农贸市场片区环境综合整治项目，整治农贸市场2000平方米，扩建农贸市场6000平方米，管网改造3000米，新建垃圾中转站一座、人工湿地一座。农贸市场片区脏乱差现象得到根本改善，全面实现雨污分流，市场容纳能力有效提升。为下一步土地开发利用做好了准备。实施场镇美化亮化工程，投入资金30万元新更换和改造路灯161盏，购置1000余株以三角梅为主的花草对明清老街和特色风貌街进行装点，提升古镇颜值。深入实施农村人居环境整治。继续实施农村生活垃圾收运外包，完善农村生活垃圾保洁管理机制。全面铺开农村垃圾分类试点工作，购买垃圾分类宣传车辆4辆，古镇路沿线新建分类垃圾投放点15个，增设分类垃圾箱（桶）380个，沙堡村获得重庆最美垃圾分类示范村提名奖。评选美丽庭院11户，完成旧房整治5户、危房改造95户，沙堡村和玉鼎村同时入选重庆市第二批美丽宜居乡村。完善基础设施建设。加速完成城区至万灵古镇公路升级改造和沿线路灯安装，峰高至万灵段公路提档升级，投入600余万元统筹推进“四好农村路”建设工程7.168千米、农村公路安防建设工程3.48千米，投入13万元对李白路堡坎、罗荣路修补，投入19.5万元对50.18千米公路进行养护。实施农村饮水安全工程，投入590余万元新安装管道150千米，全镇主管网覆盖率100%，到户管网覆盖率98%，至年底共计自来水用户3240户，安装率87.3%。完成卫生改厕391户。

【脱贫攻坚】　实行“三包”政策，围绕“两不愁三保障”关键指标，全面开展脱贫自查评估，完成问题整改36个，顺利完成国家脱贫普查工作。依托扶贫“十大工程”，进一步增强脱贫户“造血能力”，新培育致富带头人8人，扶贫主体9个，建立扶贫基地28个，带动脱贫户80户。聚焦产业发展弱项，为52户脱贫户制定产业计划，积极动员62户脱贫户加入村级合作社，通过企业送工解决就业岗位40余个，开发公益性岗位24个。落实边缘户的帮扶工作，动态监测防止返贫致贫。

【抗击新冠疫情】 第一时间成立疫情防控领导小组，扎实开展联防联控防疫工作。实施全覆盖走访排查。全体镇村干部严阵以待，累计开展10轮拉网式入户排查，共计排查8.25万人次。加强重点人员管控。实行“5盯1”管理制度，持续做好从风险地区到（返）万灵镇的人员管理工作。大力宣传防控知识。多渠道进行疫情防控知识宣传，第一时间将最新防控政策告知群众和辖区企业。全力助推复工复产。严格执行企业复工要求，打通防疫物资和生产物资运输线路，保证辖区企业和群众有序复工复产。坚决落实相关政策。根据要求严格落实外防输入、内防反弹措施，坚持人、物同防，扎实做好秋冬季防控工作。辖区内未出现一例新冠肺炎疫情。大荣寨社区妇联主席陈仁春荣获荣昌区新冠肺炎疫情防控“最美巾帼奋斗者”称号。（周　翼）

清升镇

【概况】 清升镇位于荣昌区南端，距荣昌城区15千米。东邻双河街道办事处，南接泸县石桥镇，西连清江镇和安富街道办事处，北抵昌元和广顺街道办事处。辖区面积32.14平方千米，耕地面积1613公顷。辖2个行政村，2个社区，39个村民小组。年末有户籍6488户，总人口19271人，其中，非农业人口2224人。2020年，清升镇按照“定了干、马上办，建设生态旅游名镇”的发展思路，以打赢三大攻坚战为重要目标，从全局谋划一域、以一域服务全局，大力实施“4+1”行动计划。全社会固定资产投资完成2.8亿元，规模以上工业企业总产值32.18亿元，同比增长7.1%；限额以上批发零售业、住宿餐饮业总产值2.69亿元，增长12.3%。人均可支配收入达24730.81元，增长10.3%。清升镇成功创建市级卫生镇。

【经济建设】 2020年，全镇有规模以上企业10家，全年招商引资完成4亿元，任务完成率达133%，续签总部经济平台公司6家，新增签约企业3家，培育规模以上工业企业1家（即重庆市荣昌区鑫白通钢管科技有限公司），工商税收完成1290.28万元，同比增长283.68%。完成村（社区）集体资产年度清查与集体经济组织登记赋码工作，成功申报漫水桥村2020年村级集体经济发展项目，获得区级扶持资金20万元，古佛山社区“三变改革”试点工作有序推进，获得区级改革试点资金100万元。全年经营收入5万元以上的村、社区共有3个，经营收入50万元以上的村有1个。古佛山旅游提质增效。融入成渝地区双城经济圈建设，协同泸县石桥开展双城旅游合作考察座谈，共同谋划两地旅游发展项目、商讨景区联动机制及景区营销互动共赢等方面的举措15条；全面完成金龙湖风车景观项目、山顶登山休闲步道铺设塑彩、茶山池塘、古佛山票务中心休息平台至栈道入口建设及周边修护工程、悬崖文化观光长廊工程、百佛园景观提档升级工程、百佛园入口景观大门工程；2020年，景区通过开展团餐优惠、果农让利、景区优惠等资源整合措施，与重庆市万灵山旅游开发集团有限公司推出线上樱桃采摘季活动，取得良好的社会效益和经济效益，全年景区接待游客28万余人次，实现旅游收入750余万元。

【政治建设】 把学习贯彻习近平新时代中国特色社会主义思想作为首要政治任务。组织党委中心组学习18次，每月确定学习专题，中心组成员带头学，并认真开展中心组发言和交流讨论，同时注重加强党员干部的思想理论武装，坚持周五集中学习常态化开展，组织镇村干部学习习近平新时代中国特色社会主义思想等内容，努力在知行合一、学以致用上“下功夫见成效”，切实增强干部“四个意识”、坚定“四个自信”、做到“两个维护”。严格落实意识形态工作责任制，开展意识形态巡查12次，研判镇域意识形态领域2次，对各村（社区）开展意识形态工作督查检查工作2次。扎实开展新时代文明实践工作，结合“小院讲堂”开展理论宣讲、政策培训、技术指导等50余场，收集群众需求185条，解决需求180条。持续深化开展党员“百分百”工程，切实规范党员日常监管，发挥党员示范带头作用。加强党建品牌建设，打造“新风小院”示范点5个；创建“清升大讲堂”品牌，通过理论学、专家讲、青年说、干部谈等形式进行学习交流12次。年内，开展镇村值班值守情况督查50次，通报批评机关干部4名、提醒谈话村干部1名。开展扶贫领域涉农资金等专项检查，查处问题24条，警告谈话、组织处理10人次，对1名违法犯罪党员进行开除党籍处理。

【文化建设】 年内，完成漫水桥村文化中心的建设。开展政府购买公共文化服务文化下乡活动7场，组织讲座和培训8次，举办展览2次，发放科普资料8期，放映48部影片。开展送春联和书画作品展活动。开展全民阅读活动。在罗汉寺村举办摄影培训和夏布技艺培训。完成79个点位的应急广播安装并实现了安全播出。评选文明家庭户、整洁庭院户、“好婆婆”“好媳妇”“最美家庭”“孝善家庭”“最美志愿者”“最美脱贫户”等100户。

【社会建设】 全镇有中学1所，小学1所，完全小学1所，村小1所，在校学生1444人，小学升学率100%，中学升学率60.52%。镇内有卫生院1个，病床24张，卫生技术人员20名。2020年，创建首个川渝两地景区联合警务室，深入推进“平安卫士”示范项目，全镇安装平安卫士监控1017个，打造“平安卫士”示范村（社区）4个，罗汉寺村骑龙苑、竹林苑成功打造为“平安大院”。全年开展各类安全生产检查318次，整改安全隐患150条，整改率100%。全面落实民政救济、扶贫济困等社会保障政策，享受低保人员298名，累计发放低保费用128.6万元；享受特困人员待遇133人，累计发放补贴137.98万元；困难家庭帮扶85户，发放救助金19万元；关爱慰问留守老人儿童200余人次，投入20万元完成古佛山社区养老服务站建设并投入使用。城镇新增就业387人，帮助申报创业贴息贷款24人，发放贷款470万元。帮助困难对象就业及再就业35人，城镇登记失业率控制在3.5%。脱贫攻坚工作。全年发放产业到户帮扶资金11.94万元，投入专项资金251.26万元完成5个扶贫项目建设。统筹抓好“战疫”和“战贫”，努力克服疫情影响，促进贫困人口稳定增收，开发扶贫岗位35个，实现送工送岗就业15人，发放扶贫小额信贷96户（次）。全面整改清零脱贫攻坚中央脱贫攻坚专项巡视“回头看”，国家、市级成效考核反馈问题149个。落实控辍保学“一人一案”，义务教育学生辍学问题动态“清零”。认真落实健康扶贫医疗政策，持续做好家庭医生签约服务，居家有意愿签约率和常住贫困签约人口履约率均达到100%。加强贫困户住房保障动态监测管理和危房处置，完成三类重点人群危旧房改造93户，处置率达100%。建立健全扶贫饮水长效监管机制，积极落实水利扶贫惠民政策，饮水安全实现全覆盖。全镇166户建档立卡贫困户全面实现稳定脱贫，无一人返贫。

【生态文明建设】 投资13万元改建清升污水处理厂的污水管和雨水管300米，投资32万元，升级改造场镇的行道树，完善场镇车辆违停抓拍系统。完成人饮工程主管网建设任务，安装自来水用户3200户。组织罗汉寺村在“快手App”参加全国美丽宜居村庄短视频擂台赛，展示人居环境治理风采。投资9.7万元，开展罗汉寺村沿线人居环境美化提升工程，打造“清广二路”亮丽风景线，投入19万元，实施罗汉寺村新风小院“竹林苑”人居环境整治项目建设。全年保质超额完成巡河任务，全面整改完成巡河反馈问题。实施问题河流专项整治，对川祖河问题水体进行整治和罗汉河人工湿地净化功能进行完善。投入10余万元清漂保洁费用，确保河道清漂保洁工作有效开展。在全区开展的河流横向生态保护补偿机制试点工作中，清升镇获得补偿基金7.5万元，在试点镇中名列前茅。组建联合巡查宣传队伍，加大对秸秆焚烧宣传巡查执法力度，全年开展各类巡查400余次，发放宣传资料5000余份，播放广播300余小时，执法17件。

【抗击新冠疫情】 新冠疫情发生以来，清升镇积极响应区委、区政府关于落实疫情防控各项工作，统一领导，深刻认识做好新冠肺炎疫情防控工作的重要性和紧迫性，成立了以主要领导为组长的工作领导小组和联防联控工作指导组，以社区为单位划分39个责任区，统筹协调全镇排查防控工作的开展，及时召开机关大会传达中央、市区关于疫情防控重要会议精神，就全面做好辖区防控工作，统筹部署，由机关干部、村（社区）干部、派出所、卫生院等单位组建8支疫情防控巡逻队伍，共计40

人，强化入户排查，通过走访调查、进家入户等多种形式，开展全面、深入、彻底的拉网式排查。成立流动宣传队30余支，利用5辆宣传车、20个小喇叭、7处LED屏幕、“村村通”广播、微信公众号、工作群等媒介，通过入户走访、印发宣传资料、录制疫情防控音频资料、敲锣宣传等形式，广泛发布疫情通告、讲解防控知识，加大对疫情防护知识的宣传和普及力度，针对性地做好公共场所、村（社区）群众的宣传教育，做到疫情防控知识和法律责任人人知晓，特别是对返荣到荣的关注人员，加强对本人及其邻居的宣传和温馨提醒。同时，加强舆论引导，敦促群众不信谣、不传谣、不造谣，从自身做起，配合村（社区）全力做好疫情防控工作。发放各村宣传资料3万余份，粘贴海报、公告等8000余张。设立检查卡点，各村在主要交通路段及省界、村界设立检查点和劝导站8个，严格排查外地车辆，对经过车辆登记信息，对进镇村人员测试体温，劝阻过省走亲探友活动；与泸县方洞镇、石桥镇五个路口进行了封堵，设置两个入境检查点，安排派出所民警、社区干部及劝导员开展入境路检工作，阻断疫情跨省传播。在镇党委、政府的坚强领导下，全镇在出现3名确诊病例的情况下做到了零传染零扩散，为全区打赢疫情防控阻击战做出重要贡献。9月，古佛山社区党总支书记刘恁伦被评为重庆市抗击新冠肺炎疫情先进个人。（廖　丹）

清江镇

【概况】　清江镇位于荣昌区西南端，距荣昌城区20千米、东接清升镇，北连安富街道，西南与四川泸县毗邻。辖区面积19.2平方千米，耕地694.73公顷。辖3个村1个社区，37个村（居）民小组，有户籍4404户，年末总人口1.55万人。境内有安清公路、清清公路、福清公路、南大泸高速公路、有省道9千米，村道38千米，实现“户户通”人行便道28.7千米。自然资源丰富。濑溪河沿边境流经2个村1个社区，长达13.5千米，河面宽约50~100米，在境内形成渝濑溪河流域唯一的占地53.33公顷的独特自然景点河中岛，曾于2008年入选全市100个乡村旅游景点之一。清江镇是市级历史文化名镇，是以“诗书画三绝”闻名的屈义林的故乡，有狮滩庄园，清江粉蒸“豆豉鱼”“清江黄氏杂耍”（“清江黄氏杂耍”多次亮相央视且打破吉尼斯世界纪录）最负盛名，是白鹅养殖核心区，年产白鹅50万只，是荣昌的粮油产地，有“鑫稼源”等优质大米，有百亩草莓、火龙果，千亩稻虾、稻蛙基地。是荣昌区乡村振兴试点镇、壮大村集体经济试点镇、党建强村先锋镇，重庆文理学院校地合作基地。2020年，全镇地区生产总值4.95亿元，同比增长10%；社会固定资产投资2.36亿元，下降29.79%；农村居民人均可支配收入1.92万元，增长0.12%；实现镇级税收1016万元，增收247万元，增长32.15%；粮食产量稳定在8800吨以上。年内荣获市委市政府“重庆市乡村振兴贡献奖先进集体”、荣昌区打好“三大攻坚战”突出贡献奖先进集体、荣昌区创新驱动发展工作先进集体称号。获荣昌区综合考核“二等奖”。

【经济建设】　2020年，全镇地区生产总值4.95亿元，同比增长10%，完成目标任务。全镇社会固定资产投资2.36亿元，超额完成计划的124%，其中，工业固定资产投资完成投资0.86亿元。全镇有规模以上工业企业6家。规模以上工业总产值11.7亿元，同比增长7%；规模以上工业企业研发投入2631万元，增长46%。招商引资和总部经济。引进重大项目4个（即重庆市荣昌区河中岛旅游开发有限公司稻里花田旅游项目、重庆市川鑫矿业有限公司投资经营的矿石深加工项目、重庆市荣昌区清江镇河中村乡村振兴旅游示范基地项目、重庆市荣昌区祖光建材有限公司技术改革生产环保砖项目），总投资3.2亿元，实际到位资金1.57亿元，新增就业1000余人。新引进总部经济2家，增加财政收入300万元。全年实现总部经济企业纳税总额3621万元，实现镇级税收712.96万元。农业经济。切实抓好粮油生产工作，种植水稻560公顷，玉米169.33公顷，甘薯160公顷，粮食产量稳定在8800吨以上，全年母猪存栏929头、生猪出栏1.5万头、生猪存栏7262头，白鹅出栏14.59万只。完成清产核资工作，全镇三个村一个社区全面完成资源、资产、资金清理，成员界定，股权量化。完成村集体经济赋码4个，组建4个合作经济联合社；完成社集体经济赋码34个，组建34个组级合作社。继续完善土地确权颁证工作，完成农村土地确权登记颁证合同签订3724户，合同签订率100%。继续大力推进

“乡村振兴”“集体经济发展”、农村“三变”改革试点工作，三个村一个社区集体经济年收益超过33万元。全力推进水产养殖污染治理，对76口0.33公顷以下鱼塘巡查监管，制定监管方案、一塘一人巡查任务分解表；对0.33公顷以上鱼塘全部进行水质监测均达到排放标准。加强鱼鸭混养监管，完善粪污处理设施、水禽旱养等措施。积极开展土地安全利用修复工作，改善保护耕地419.27公顷，筹备购买秸秆粉碎机4台。大力开展禁止在野外焚烧秸秆工作，加强日常巡查和宣传教育，出动600余人次开展执法检查，开展帮助教育100余人。开展农药、化肥减量、农膜回收，调整化肥使用结构，使用生物有机肥50吨。对规模种植户的技术指导50余次，开展村社干部、农资经销商及规模种植户的减量增效技术培训5次并建立培训台账。开展防汛、抗旱供水，备齐防汛抗旱物质，完成4座泵站维修，管道、闸阀维修。完成安清公路沿线管道搬迁。投入20万元购买社会服务，同重庆市荣昌区之源环境治理站签订河道管护协议，将全镇河道、水库清漂保洁工作外包。继续做好河长制工作，维护更新河长公示牌及横幅，开展巡河，河道清漂、保洁。投入镇级资金10万元，全面推进清江河、莫家河、川祖河综合治理，成功解除清江河挂牌督办。配合区水利局全面完成建设河中岛中小河流整治项目工作。开展退耕还林和天然保林管理工作，完成退耕还林直补兑现面积57.33公顷，天然保护林管护面积222公顷，国土绿化面积106.67公顷，管护率达95%以上。加强森林防火工作，全年未发生森林火警。开展森林病虫害预测预报，设立预报点24个，调查核实2个卫星航拍采伐点。严格林木采伐工作，培育林业产业大户、家庭农场4户，督促协助竹林村发展集体经济占用林地1052平方米的审批手续。河中村成功创建国家级森林乡村，竹林村获评市级绿色示范村。完成家庭农场、农民专业合作社录入工作，新增“荣粟”大米绿色认证1个，“河中岛”桂圆绿色认证3个。宣传农业保险政策，发放到户宣传农业保险资料1000余份，水稻保险433.33公顷，油菜保险133.33公顷，玉米保险120公顷，能繁母猪保险929头，仔猪保险5000头，渔业保险13.33公顷。“三变”改革持续推进，河中村改革内容不断深入，村集体融资渠道得到全新拓展，竹林村新增为改革试点村。分水社区、塔水村、竹林村成功申报为“信用村”，实现“信用村”全覆盖。村集体经济稳步增收，全镇新增村级集体经济经营性收入超50万元，电商平台销售1513万元，占任务数1500万元的100.87%。投入29万余元开展旅游宣传、营销，全年累计吸收周边游客12万余人次，带动旅游消费700余万元。按时完成春、秋季动物疫病防疫，全年防疫猪4.49万头、牛4头、羊114头、鸡3.34万只、鸭4.89万只、鹅4.59万只，注射犬1.18万只。消毒户数3438户，圈舍9930个，消毒灭源面积11.11万平方米，消毒防疫率100%。检疫肥猪882头、鸭2.47万只、鹅14.59万只。设置非洲猪瘟临时检查点5个，坚持24小时值班，对过往辖区车辆进行检查消毒，发放宣传资料6000余份。

镇村建设。围绕河中岛核心区域，首次采用借资代建方式投资1300万元新建乡村振兴体验馆、稻田艺术剧场、共享农场等设施，河中岛景观效果得到整体提升，接待学生农耕研学团队10批次500余人。成功举办乡村复兴论坛·荣昌峰会清江分会场活动，获得市委、市政府“乡村振兴贡献奖先进集体”表彰。农村人居环境得到改善，完成一般农户危房处置及拆除农村闲置危房各项工作。开展改厕宣传2000余人次，完成卫生改厕795户，其中，无害化卫生改厕26户，农村改厕验收合格率达到90%以上，改厕群众满意度达到90%以上。建设“新风小院”10个。投入435万元改造场镇二、三级污水管网。投入135万元实施过境段道路沥青路面，投入12万余元安装4套违章停车抓拍系统，投入14万余元对过境段主干道1200米破损道路进行全面修缮并划定车辆分流线、停车位，场镇功能更加完善。投入15万余元对场镇的店招进行统一制作。投入400万元建设跨濑溪河清江大桥。清江镇四级汽车站的改造主体已竣工。实施农村三类重点对象315户房屋安全鉴定及挂牌工作。拆除闲置农房27户，规划区封堵15户，拆除保留宅基地房屋113户，C级危房改造40户，D级危房改造79户，清理“建新未拆旧”66户，拆除面积3960平方米。开展“大棚房”和违建别墅清理，沿安清路旅游纵线、河中岛聚居点实施农房提升210户。引导群众改善房屋周边人居环境，房前屋后、庭院绿化、花台美化2800平方米，河中村“文化”墙美化1100平方米。实施河中岛沿河内外彩色步道3.74千米，堤顶道路硬化2.5千米，建成下河梯步26处、清水平台1处，维修人行便桥2座，新建人行栈道桥1座，完成袁河坝大桥改造，新建设河中村民宿休闲广场和村史馆。加强场镇日常管理，处理违规违法乱搭乱建，严禁车辆乱停乱放，进一步规范农贸市场管理。

【政治建设】 意识形态工作。落实意识形态工作责任制，镇党委会研究意识形态工作3次、召开意识形态工作专题会2次、开展专项督查4次。意识形态阵地管控巡查9次、网络检查15次、打造宣传文化阵地农家书屋4处。开展网络综合治理，报请区委网信办关闭2个网站，辖区现有网站1个，协调处理网络舆情6起。高度重视民族宗教工作，与各村（社区）签订目标责任书，认真开展自查整改，对辖区5处非法宗教场所全部进行治理，封存1处，改作他用3处，拟申请民宗委开放1处。组织建设。全年召开党委会22次，党建形势分析会4次，专题研究意识形态工作3次，中心组集中研讨学习11次，领班子成员深入基层讲党课15次，落实双重组织生活，党委班子成员建立村（社区）党支部工作联系点8个，以普通党员身份参加各党支部主题党日20余次。开展述职评议考核，并于1月底完成镇下属党组织书记述职评议；完成村级党组织班子回访研判反馈问题整改，无软弱涣散基层党组织。加强对“村务云·在村头”智慧党建平台的培训和使用。加快人才制度和政策创新，营造“近悦远来”人才生态。培养本土人才8名、村级后备干部15名。抓好人才引用，吸引19名技术人才到村创新创业，先后落地17个现代农业项目。党风廉政建设。全年查处3名在扶贫领域工作不严不实问题人员，其中，谈话提醒1人，辞退1人，通报批评1人。开展“小金库”和中介机构专项治理工作，通过自查、自纠，未发现设立“小金库”的现象和中介机构与党政机关搞利益输送的问题。重点关注优化营商环境和落实疫情防控期间四项纪律。第一时间对疫情防控监督工作提出4项纪律要求，确定10个监督重点，限期整改问题3个，追责1人。召开2次专题会部署安排整治群众身边腐败和作风问题，并于11月开展深化拓展民生领域损害群众利益问题集中整治工作，围绕民生领域7个方面的问题，下发《清江镇深化拓展民生领域损害群众利益问题集中整治工作的方案》。结合“十指连心”密切联系服务群众六项制度收到群众诉求类问题3件，已按规定办理，自查发现民生工程进度缓慢问题2个，已由主要领导对其项目负责人进行约谈。3月底，镇纪委及时对“冬水田”项目进行监督检查，挽回经济损失2.03万元，组织处理3人。镇人大联合开展脱贫攻坚领域专项督查行动，发现问题59条，已全部整改，加快扶贫领域遗留问题线索查处，3人受到组织处理。开展“以案四说”警示教育2场，受教育110人次，开展典型案例通报17次。健全完善巡视巡察上下联动工作机制，上级巡视巡察反馈意见88条，已整改完成88条。人大工作情况。专题研究人大工作情况2次，审定人大年度工作要点和2次人代会工作方案，镇第十五届人大七次、八次会议上，镇人大代表提出意见、建议16件，于8月底全部办理和答复完毕。

【文化建设】 有公共综合文化服务中心面积479.4平方米，设有文化活动室、图书阅览室、电子阅览室、多功能厅、展览厅等，常年免费开放，举办各类知识培训讲座20场次。完成分水社区文化中心建设。开展各类文艺会演21场次，政府购买公共文化下乡演出10场次，送电影下乡演出60场次，“清江之声”广播宣传86次，举办“乡村复兴论坛·荣昌峰会清江分会场”大型文艺晚会演出，举办各种文体活动7场次，受益群众1.5万余人次。开展“十星级”文明户创建活动，评出“十星级”文明户60户。开展“文明家庭”创建活动，评出“文明家庭”80户。开展“最美家庭”创建活动，评出“最美家庭”20户。河中村、竹林村成功创建为区级文明村。开展义诊活动、义务献血、农村垃圾治理、场镇小广告清理、扫黑除恶专项斗争宣传、扶贫和关爱慰问留守儿童及孤寡老人的各类志愿活动30余场次，交通文明安全劝导50余次。开展科技文化卫生“三下乡”活动16场次。建成河中村、塔水村乡情陈列馆2处。打造“爱·回家”、“黄氏杂技”、“尝新节”、“桂圆文化节”的“一村一品”文化活动品牌。新建河中村1社、分水社区7社2条彩色健身步道1.2万平方米，全镇公共体育场地7.26万平方米，人均体育场地面积达4.71平方米以上。推荐参加区体育局主办的国家二级、三级社会体育指导员培训3人。积极配合区级部门开展全民运动健身模范区创建工作，开展各类群体活动4次，组队参加2020年荣昌区“全民健身日”游泳比赛，获全区团体总成绩第七名二等奖。开展文化遗产保护工作，完成区文旅委交办的文物及“非遗”工作任务。加强农村文化市场管理，严格按照执行农村演出市场的备案登记制度，全年完成备案登记演出56场。开展“扫黄打非”进基层，新建“扫黄打非”基层站点1个。开展新时代文明实践活动，利用节日开展群众性精神文明创建、志愿者服务活动5场次，开展“送文化下乡”活动12场次，新时代文明实践活动338场次。示范推进“小院讲堂”建设，持续开展“美丽庭院”评选10户、村庄亮化25户，“整洁文明户”160户。全镇有广播电视2670户，完成新建应急广播任务74处，安装“社社通”广播74个，新建有独立广播播出平台终端用房及广播室5个，全年利用广播开展宣传120余次。拍摄“炫彩稻乡·荣昌清江”抖音视频，“乡秀·重庆时光”清江行，重庆市《百城千县万村》在河中村调研，并形成调研报告报市委宣传部。年内“学习强国”用稿1篇，《重庆华龙网》用稿1篇，市人大《公民报》用稿6篇，《重庆卫视台播》用稿1篇，《大美清江》用稿129篇，《荣昌报》用稿58篇，其他媒体网站用稿30余篇。

【社会建设】 镇内有小学1所，完小2所，教师43人，在校学生381人，小学巩固率100%。幼儿园4所、在园幼儿160人，适龄儿童入学100%，学前教育入园率90%以上。年内投入教育发展经费3万元，用于支持各学校开展学校建设、教师奖励及关爱留守学生。加强对镇属辖区小学及幼儿园开展校园及周边治安综合治理，安全隐患排查、食品卫生的检查及督导，全年开展集中整治10次，安全知识讲座6场次，中小学封闭化管理100%，一键报警、视频监控系统与属地公安机关联网率100%，专职保安配备率100%。有卫生院1个、村标准卫生室7个、个体诊所2个、编制床位20张、实际床位20张，卫生技术人员在编14人、临聘7人、家庭医生签约服务16026人，老年人健康管理4806人。完成1.27万人的居民电子健康建档，达常住人口的90.07%，65岁以上老年人健康体检达辖区目标人群75%，孕产妇健康管理达辖区内目标人群100%。开展人口普查工作，完成入户登记，人口登记率100%。镇村及卫生院设置健康教育宣传专栏8个，开展居民健康知识培训12场次，卫生健康知识及公共卫生政策宣传5次。抓好各类重大传染病防控工作，不断增强突发公共卫生事件应急处置能力。辖区纳入职业病定期检测范围企业4个，定期检测率达100%。开展公共场所卫生检查执法，督促办理卫生许可证9户，办理健康证14人。规范公共场所管理，对自来水厂、学校饮用水进行了日常监管，有效控制疫病传染。开展赶场天非法行医巡查，联合区卫监局查处非法行医2家，收缴非法行医器械2家。投资6万元聘请专业公司开展病媒生物防治工作，组织干部群众开展环境卫生专项整治5次。河中村成功创建市级卫生村，分水社区、塔水村成功创建区级卫生村，成功获得创建市级卫生镇申报。社会治理。开展重庆市社区教育示范区创建，推进和深化社区教育工作。开展“乡贤善治”主题实践8场次，“千万市民学法律”活动8场次，设置法治宣传栏8处。制作“重点地区整治”公示牌7块，张贴标语5条，悬挂横幅10幅，发放“致辖区居民一封信”2000余份，宣传巡逻车2个，出动巡逻1000余人次。采取“两支队伍”24小时巡逻、派出所亮灯巡逻，网格员、志愿者上门宣传等人防措施。利用“雪亮工程”建设、“平安家园”、“平安卫士”及“智慧清江”等技防措施有力遏制辖区内治安、刑事案件的发生，全年治安效果良好。深化重点地区整治，实施分水社区土地纠纷调处和交通秩序整治等相关工作，完成两个二级劝导站规范化建设，开展交通秩序联合整治11次，新增停车位100余个。调处矛盾纠纷31起，干部下访接访406件次，涉及金额11万元。未发生非法上访、集访、闹访事件。加强应急救援工作，新组建1支7人应急救援队伍，投入13万元新购置应急救援电动车1辆及相关物资。安全生产，制作安全稳定工作宣传栏5个，悬挂横幅、标语12幅，发放各类宣传资料5000余份，开展培训3场次。召开“院坝通报会”21场次，安全知识讲座6场次。建筑施工安全责任备案制，在建工地5处，施工负责人全部与政府建设管理部门签订安全责任书，安全责任备案率达100%。深化“三合一”、“多合一”、电气火灾、易燃易爆物品存储使用消防隐患整治，实施消防行政处罚3件，隐患限期整改3起，整改率100%。烟花爆竹经营户严格执行“两关闭、三严禁”规定，对3户不合格经营户进行取缔，对1户违规经营户行政处罚

1000元。加大安全隐患排查，全年检查企业和个体工商户206家次，发现并整改隐患44条，整改率100%。开展“扫黑除恶百日攻坚行动”，利用小院讲堂开展“扫黑除恶”宣传12场次，各村（社区）“雷锋号”护平队开展夜间巡逻，出动巡逻车20车次、摩托车50车次，播放“扫黑除恶”宣传录音14次，全面完成“百日攻坚行动”工作目标任务。社会保障。完成4个村（社区）便民服务中心建设。全镇有农村低保75户135人，城镇低保59户98人。全年发放低保金122万元。全年新增特困人员3人，现有特困人员125人，其中，敬老院集中供养7人，分散供养118人，发放供养金132.5万元。对基本生活陷入困境的家庭或个人实施临时救助48户，发放救助资金7.3万元。有持证残疾450人，其中，重度残疾172人，严格落实重度残疾人和贫困残疾人两项补贴，发放补贴资金20余万元，居家托养15人，发放补助1.35万元。开展白内障患者手术治疗救助工作，全年实施白内障患者救助5人。发放农村部分计划生育家庭奖励扶助直补金383人46.63万元，为11户17人发放计划生育特别扶助金15.91万元；为10名独生子女父母发放一次性奖励金4500元；建立计划生育特殊家庭联系人制度，开展日常走访、传统节日慰问、住院护理保险等活动，为计生特殊家庭发放慰问金1.36万元，帮助申请护理保险金赔付7468.17元。开展多重形式关爱留守儿童发放慰问金5.2万元。办理计生服务证57个、审批照顾生育11人，流动人口婚育情况证明78个，网上办理独生子女证1人。开展孕前优生健康检查59人，免费发放避孕药具596人次。管理重度精神障碍患者25人，住院补贴2人。引资225万元，对清江镇敬老院重新进行升级改造和养老服务中心的建设。投入16万元完成敬老院大楼背面挡土墙的建设。城乡居民养老保险参保7297人，城乡居民医疗保险参保1.13万人，新增低保对象11户。城镇新增就业418人，发放创业担保贷款105万元。全镇有退役军人优抚对象380人，其中，重点优抚对象92人。全年发放优抚金150万元，帮扶慰问困难退役军人307人次，发放帮扶慰问金7.54万元，发放光荣牌380块，建立日常走访接访制度，定期召开退役军人代表座谈会。成功创建全国示范型乡镇退役军人服务站。完成基干民兵整组、点验、征兵任务。脱贫攻坚，全镇有建卡贫困户191户456人。有帮扶责任人96人，其中，镇机关帮扶人员47人，村（社区）帮扶人员19人，区级部门领导帮扶人员30人。开展脱贫攻坚“百日大会战”“收官大决战”，制定实施方案，压实责任、增添措施，确保剩余贫困人口实现总体脱贫、降低新冠肺炎疫情对脱贫攻坚的影响、各类问题动态清零、开展“九大专项行动”巩固提升脱贫成果、自查评估及交叉检查、数据“清洗”提升信息数据质量等六大会战任务有序推进。因地制宜发展扶贫产业，对89户脱贫户发展到户产业资金16.96万元，申报7家企业认定扶贫产品14个带动49户脱贫户。建立健全产业带贫益贫机制，培育认定致富带头人10个通过土地租金、吸纳务工、销售产品等方式与42户脱贫户建立带贫益贫机制，165户脱贫户通过加入农民专业合作社得到合作社带动，各村（社区）脱贫户通过在村集体经济入股，每年进行资产收益扶贫分红，191户脱贫户分红1.75万元。2020年，建卡贫困户191户456人如期全部脱贫，人均纯收入从2015年的5623元增加到1.06万元，年均增速达17.8%。

【生态环境建设】 各村（社区）安排专人对辖区内进行巡查，禁止露天焚烧秸秆，发现1例制止1例。认真履职“河长制”工作，镇级河长巡河129次，巡河完成率135%，村级河长巡河326次，巡河完成率104.5%，解决问题17个，上报河长制工作简报12期，濑溪河国控段面监测点稳定达到Ⅲ类水质标准。投入镇级资金10万元，全面推进清江河、莫家河、川祖河综合治理，成功解除清江河挂牌督办。投入1500万元开展河中岛中小河流整治，种植水生植物6112平方米，草皮护坡3.98万平方米。完成长江流域濑溪河清江段禁捕任务，清理完成退捕转产渔民4户8人。水产养殖污染治理按期完成销号任务。争取市级资金25万元，对河中村2座污水处理站进行技改，增设入户管网310米，确保污水尽收达标排放。淘汰3辆黄标车。开展农村人居环境整治。开展农村厕所改革，改公厕2座、农村自建房改厕188户、三格式无害化改厕55户，完成河中村三档村整村推进“三格式”化粪池厕所改造367户，三档村无害化厕所普及率85%以上。加大农村垃圾分类宣传力度，投放20个分类垃圾桶、200套家用分类垃圾桶。推进废弃物资源化利用，引导农用有机肥的推广使用。鼓励龙头企业和适度规模户采用有机肥进行种植，鼓励大户实行种养循环的可持续发展模式。规范家庭畜禽养殖，实行圈养、及时清扫畜禽污，对规模养殖场定期清洗消毒，加强水产养殖污染治理。对沿河200米的鱼塘建立档案，加强管理，重点巡查。开展水生态治理和转型试点。实施稻虾循环养殖130余公顷，水产转产转型生态养殖130余公顷。实施村庄美化全面提升村庄品质，河中岛、塔水村安清公路沿线新建花台2800平方米，河中村“文化”墙美化1100平方米，公共场所绿化种树、种花2.5万株。实施“迎新春大扫除”“人居环境村庄清洁”大行动，评选“美丽庭院”10户、村庄亮化25户，“整洁文明户”160户。成功创建区级卫生镇，河中村成功创建市级卫生村，分水社区、塔水村成功创建区级卫生村。

【抗击新冠疫情】 严格落实外防输入，内防扩散措施，做好疫情防控常态化工作。投入资金16万元购置口罩、医用酒精、消毒液、帐篷等防疫物资。设置交通检查站点7个、出动人员387人次、检查劝返车辆368辆，劝返人员3000人次。对区外特别是湖北省等重点区域返乡人员345人按要求进行医学观察随访。广泛开展疫情防控宣传，制作各类宣传标语、横幅、站牌等200余块，群发短信1万余条，“清江之声”广播宣传164小时，“大美清江”微信公众平台宣传860次，出动宣传车8台、巡逻队（含志愿者服务队）25支、小喇叭17个宣传防疫知识，张贴宣传通告，发放宣传资料5000余份，走访排查宣传防控知识2.9万人次。加强企业复工复产和个体商贸业疫情防控，疫情期间共调解处置邻里纠纷12起。对外来人员实施防疫管控和服务450人次。辖区内无确诊患者，未发生新冠肺炎疫情。

【“乡村复兴论坛·荣昌峰会”在清江镇河中村闭幕】 11月7日，由清华大学建筑学院、北京绿十字、宿集营造社、新浪微博共同主办，中国扶贫基金会公益支持、中国建筑学会民居建筑学会委员会作为学术指导的乡村复兴论坛第十一站——荣昌峰会在清江镇河中村闭幕。峰会以“融汇巴蜀·天下荣昌”为主题，设“综合、文旅实践、乡村运营、基层有话说”四大主题版块，邀请30余位专家学者，聚焦乡村振兴之要，从乡村价值、文化活化、文旅升级、城乡融合等多个实际议题，以村落空间为载体讨论乡村建设新路径，为乡村振兴输出新的智慧动力，并就国内外乡村建设典型案例展开探讨。峰会闭幕当天，有5位专家学者分别作主题报告，多角度多维度探寻乡村建设。有7名来自文旅相关行业的大咖、专家、实践者们，分享众多成功经验、案例，为荣昌乡村文旅融合发展提供借鉴。并举办了专家学者与农户共同参与的“乡村夜话”等文艺活动，搭建起共建、共谋、共享的对接桥梁。

（何金贵）

荣隆镇

【概况】 2020年年底，全镇辖区总面积67平方千米，耕地面积3373.33公顷，森林覆盖率44.45%。辖7个行政村2个社区，83个村（居）民小组，户籍人口4.3万。有党组织24个（含非公党组织9个），党员1148人。全年地区生产总值32.07亿元，同比增长13.4%，全社会固定资产投资6.96亿元，同比增长19.58%，镇级财政一般公共预算收入达到954.5万元，同比减少0.49%，区级工商税收完成938万元，同比增长0.8%。常住居民人均可支配收入20307元，同比增长8.7%。交通有S46和S48两条省道穿境而过，与南大泸高速在辖区内呈十字交汇，有高速出入互通（即荣昌西）1处。是辛亥革命先驱蜀军都督张培爵，国际主义战士、抗美援朝特等功臣吕玉久等革命先烈故里。名特产品有红碎茶、晚熟脐橙、无花果、花椒等，名特小吃猪油泡粑享誉全国。荣昌国家高新区荣隆园坐落于荣隆镇南部玉久村，规划面积6平方千米，建成面积1.5平方千米，入驻企业50家，其中，税收过百万的企业有4家，形成了以农牧机械、食品医药为主导的产业集群。2020年，荣获重庆市卫生乡镇称号。

【经济建设】 工业经济。辖区内有企业479个，从业人数7230人，总产值86.05亿元，增加值32.07亿元，总收入83.92亿元，利润总额10.22亿元，实缴税金4.81亿元。其中，工业总产值72.19亿元，比上年增长7.8%。规模以上工业企业17家。新发展个体工商户374户，累计达到1758户。全年培育商贸升规升限企业2家，完成目标任务200%，发展限上个体户15家，完成目标任务500%。重点项目建设完成投资额3.47亿元，其中，重庆吉凯药业有限公司完成0.8亿元，重庆向天歌食品股份有限公司完成1亿元，重庆开达环保集团有限公司完成0.67亿元，四川中凯亿项目完成1亿元，总共占全年目标任务231%。

农业经济。农业粮食种植面积3437.9公顷、粮食产量达到2.11万吨，较上年分别同比减少0.13%、增加3.86%。蔬菜总产量2.77万吨、花生323吨、油菜籽2446吨、甘蔗499吨、园林水果1414吨、笋用竹2183吨、茶叶总产量1162吨。无花果产量35吨，产值70万元。脐橙产量1210吨，产值420.38万元。辣椒产量620吨，产值256万元。百香果总产量2.2吨，产值6.3万元。肉类总产量3905吨，养猪大户6户，年出栏量1040头。养鸡大户13户，存栏蛋鸡0.6万只、年出栏肉鸡17.69万只。养鹅大户8户，年存栏量1万只、出栏量3.48万只。禽蛋出栏113万个。生猪存栏18593头，新增生猪11007头，全年出栏生猪3.9万头。投入28.4万元实施养殖奖补项目，肉鸡养殖场6个、蛋鸡场1个、肉鹅场3个、肉鸭场2个。

完成高新区荣隆工业园二期安置房及配套设施建设。拆除（封堵）农村危房1460户，实施C、D级危房改造320户，行政中心大楼建设前期工作基本完成。修复和更换井盖450余处，场镇新增绿化3.33公顷，修复路灯200余处，新建公厕5座。整治乱停乱放车辆1700余架次，开展联合执法50余次，清理大型户外广告300余处、场镇牛皮癣约600平方米。成功申报2021年1000万元的城市提升项目和2022—2023年2000万元的城市提升项目，4238万元的老旧小区改造项目。

【政治建设】 “不忘初心、牢记使命”主题教育活动贯彻全年，开展“周五集中学习”48次，各基层党组织集中学习中共十九届五中全会精神60余次，党组织书记、驻村联系领导、党建指导员“进机关、进村、进社区、进企业”讲专题党课50余次，每名党员学习时间达24学时以上。改建村级便民服务中心2个。依托党群服务中心为留守儿童常态化开设“四点半”课堂，累计服务500余人次。培训合格入党积极分子11人，发展对象7人，转为正式党员9名。认真落实“领头雁工程”和“一村一大”政策；新招录本土人才5名，本土人才转职专干部3名，有9名本科学历、1名硕士研究生学历村（社区）干部获得“领头雁工程”专项激励。贯彻落实“十指连心”制度，为群众解决困难需求166件。完成213项网上政务服务公开事项，通过“渝快办”为群众累计办理政务事项3000余件。开展“以案四说”警示教育大会1场，机关作风专项督查12次，制发专项工作简报3期，督查通报4期，办理举报线索13件，其中，通报批评2人，提醒谈话2人，政务记大过处分1人。

【文化建设】 2020年，吕玉久爱国主义教育基地累计接待参观团队100余批次、3000余人次。开展文化下乡演出、流动图书宣传等文体活动38场次，流动播放《战狼》《大阅兵》等以爱国主义教育、精神文明建设等题材为主的电影80余场，覆盖群众1万余人次。依托新文明实践站（所），重点对老幼病残开展志愿帮扶，联合区中医院为300余名老人开展便民义诊，帮助65户困难群众春耕秋收，解决40名留守儿童“空档期”问题。评选整洁庭院120个、文明小区3个，获得区级文明村镇1个、区级文明家庭2户。开展扫黄打非、扫黑除恶、民法典等宣传活动70余次。

【社会建设】 全镇有中学1所，在校生人数899人，被荣昌中学录取16人，普高录取率达36.96%；小学3所，在校生1466人；幼儿园8所，在校生514人；学龄儿童入学率100%，小学升初中率100%，初中升高中率85.39%。

年内协助区级部门开展科技活动3场次。发放科学技术宣传资料2万余份，科技下乡8次。开展各种实用农业先进技术、新品种的推广和普及，试验示范玉米新品种先玉1171、水稻新品种隆两优1206。推广机插秧、旱育秧、油菜直播、无人机病虫害防治等新技术。通过全国基层农技推广补助项目建设，解决了280户农民在农业生产中遇到的技术问题。

全镇有卫生院1家、村卫生室15家、个体诊所两家，编制床位50张，实际床位47张，卫生技术人员在编65人，临聘21人。家庭医生签约6054户、10609人。免费孕前优生健康检查201人、“两癌”筛查1250人。

全镇常住人口当年政策内生育率97.3%，较上年上升1.3%。年内发放一次性计生奖励70人2.1万元。新增奖励扶助对象37人，累计发放奖励扶助1181人139.64万元。新审批特扶10人，累计发放特扶资金71人31.87万元。计划生育奖励政策兑现率100%，发放总金额较上年增加8.36%。

社会治理。按照“一岗双责”的要求，明确责任领导和包案人员，办结区级交办的信访案件53件，调解辖区矛盾纠纷366件，安装“平安卫士”视频监控500余个，接入区级平台390个。召开生产安全和自然灾害防治攻坚专题会议12次，重新组建专职应急救援队，修订完善了安全生产事故应急预案，投入资金10万元，更换补足应急物资。全年无较大刑事犯罪和安全事故发生。群众安全感指数达98.5%。

社会保障。组织开展职业技能培训6班次204人（含建档立卡贫困人员94人）。办理小额担保贷款28笔，贷款金额495万元。新开发公益性岗位106个。为47名当年毕业后未就业的高校毕业生提供就业帮扶跟踪服务。城镇登记失业人员就业81人。城镇就业困难人员就业97人。城乡居民养老保险参保总人数20179人，待遇发放1150万元。城乡居民医疗保险集中缴费期内参保30847人，缴纳保费761万元。发放特困供养金365万元，临时救助金56万元，发放退役军人各类救助慰问资金470万元。

【生态文明建设】 投入4台无人机全覆盖监控露天焚烧行为，累计出动190车次，有效扑灭火点235处，依法处置违法行为8起。通过网络平台、举报电话等方式，处理群众各类投诉问题11起。扎实开展环境治理“雷霆”“铁拳”“三排”“三乱”专项整治行动。探索促进生态修复与发展壮大集体经济相结合，开展麻雀岩水库水质管护试点，确保水质稳定达标。镇村二级河长巡河（库）达100%。完成场镇污水提灌站升级改造1处，新建150立方米污水缓冲池1座。建成荣隆污水处理厂尾水治理人工湿地1处。实施玉久村居民聚集点生活污水无害化处理项目1个，新建生化处理池3座；实施荣峰河两岸人居环境综合整治，新建居民生活无害化处理池20口。完成农村卫生厕所改造1689户。

【抗击新冠疫情】 疫情期间，全镇各村（社区）开展三轮全覆盖排查，累计入户走访33423户、排查92691人次；共排查涉武汉返荣隆人员91人，湖北省其他地区到（返）荣隆人员162人，境外到荣隆人员17人。组织整合力量，做好群防群控，严格按照区委区政府要求，坚决落实各项防控措施，农村群众劝返赶场，场镇商铺暂停营业，园区企业延迟开工，生活物资保障供应。统筹抓好企业复工复产，全力协助和推动60余家生产企业安全有序复工复产。2020年，未发生一起疫情传播感染病例。

【市级卫生镇创建】 成立卫生镇创建领导小组，制定并下发了区级卫生镇和市级卫生镇创建工作方案，方案中将卫生镇创建的10大指标进行了细分。新建停车场2处，投入资金购置垃圾箱体325个，三分类垃圾箱76个，二分类垃圾箱293个，环卫手推车30辆，垃圾分类车2台，建设葛桥社区新建垃圾中转站1处。在场镇新安装太阳能路灯28盏，对场镇花台和荒坡绿化植树4.67公顷。对场镇餐饮服务行业实施“明厨亮灶”“视频厨房”工程，改造餐饮服务店40余户。成功通过市级卫生镇技术评估验收组验收评估。

（黄　菁）

龙集镇

【概况】 龙集镇位于荣昌西北部，镇政府驻人和路15号，距城区27千米，距渝昆、潼荣高速荣昌西出入口8千米。西、南部与四川省隆昌市普润镇、石碾镇接壤，东、北部与区内的荣隆、仁义、盘龙镇相邻。辖区面积21.46平方千米。辖3个行政村，1个农村社区。2020年年末，户籍总人口1.65万人，常住人口8000人。地貌属浅丘，地势低平，土地肥沃。产业发展以农业为主，特色种植有苎麻、葡萄、生姜、花椒、油茶、雷竹，水产养殖有泥鳅、大鲵、甲鱼、白乌鱼等。2020年，实现地区生产总值9.36亿元，同比增长5%，工商税收（镇级收入）完成411.61万元，社会固定资产总投资1.34亿元，居民可支配收入达到20013元，增长8%。

【经济建设】 工业经济。2020年，龙集镇引进总部经济平台公司两家，完成总部经济（即全口径）791万元。全镇现有企业5家，其中，规模以上企业

4家，完成工业总产值11.2亿元，同比增长10.89%；规模以上总产值10.6亿元，同比增长11.35%。

农业经济。粮食种植面积1440公顷，粮食产量9100吨，申报种粮大户4户。扎实推进133.33公顷优质生态水产养殖产业示范区、13.33公顷生姜产业高产示范点建设。土地流转规范合同签订率达到95%，规模经营集中度同比提高2%，土地承包经营纠纷调处率达到100%。农民专业合作组织32个，正常运转26个，入社农户累计2377户。做好非洲猪瘟的防控，截至2020年12月底，生猪补栏、复产数量达8726头。全镇葡萄种植面积达20公顷，全年总产值达100万元。以“新农夫果园”为代表的优质葡萄，市场行情良好，销售势头强劲，种植的红提和夏黑经中国绿色食品发展中心认定为绿色食品A级产品，颁发了绿色食品证书，形成了一定的品牌和规模效益。

基础设施。投资近200万元进行城镇基础设施改造。投资100余万元建设聚龙新村二期小区内基础设施，硬化、绿化各2000余平方米；投资70万余元对全镇所有硬化公路安装太阳能路灯880盏；新、补栽行道树40余株，为树立龙集镇精品小镇打下良好基础。新建主水管网92千米，实现全镇居民“户户通”自来水。新建养老服务中心1个，床位30张。新建“四好农村路”4.55千米，实现了村村社社通公路，家家户户有便道，连通村民通行“最后一千米”，方便人们生产生活，改善人居环境。投入5.4万，完成300米公路波形护栏安装。完成C、D级危旧房改造88户。

【政治建设】 党建工作。落实意识形态工作责任制，开展党委理论学习中心组专题学习12次，联系村领导到村（社区）带学8次、宣讲中共十九届五中全会精神8次，邀请专家授课讲解3次，通过开展“三送学上门”，即送书籍、送讲解、送服务，实现全镇467名党员学习教育全覆盖。全年吸收入党积极分子5名，发展党员4名，预备党员转正3名。完善机关制度、“面对面”联系服务群众制度、机关干部驻村包社等制度，干部作风得以明显改善。结合“十指连心”密切联系服务群众大走访，全镇党员干部累计走访2565户7704人次，收集群众反映问题32个、意见建议9条，及时解决并反馈32个。

党风廉政建设。落实党风廉政建设责任制，切实履行“一岗双责”，严格执行中央八项规定，严格控制“三公经费”，坚决杜绝铺张浪费。严格规范各项资金的管理使用，做到专款专用。进一步规范政府采购，严格落实农村财务管理制度，营造政府风清气正的政治生态。坚持依法行政，坚持法无授权不可为、法定职责必须为，完善权力清单和责任清单，健全“三重一大”民主决策机制，规范政府依法决策程序。主动接受镇人大的监督，自觉接受社会各界的民主监督和舆论监督，完善内部监督制度。强化政务和信息公开，让权力在阳光下运行。

【文化建设】 龙集镇文化服务中心按照要求，实行全面免费开放，共计4个空间：多功能厅、展览厅、图书室、电子阅览室。多功能厅（即电影院）130平方米、展览厅20平方米、图书室300平方米、电子阅览室30平方米，4个固定宣传栏、镇文化广场5000平方米的室外活动广场（健身广场）得到了充分利用。镇文化服务中心有藏书2809本，全年书刊借阅服务共计7542人次。全年组织11次综合性文体活动和单项性的文体活动，举行科技讲座及技术培训8次，培训人次达1159人次；开展送文化知识到家活动和技术培训，利用文化共享工程，免费服务群众。投入3500元购买音响和部分健身器材分别放置在抱房村和老店子社区，丰富群众文化生活。

【社会建设】 脱贫攻坚。按照“六个精准”要求，采取“五个一批”脱贫路径，用足用好用活各项扶贫政策，着力解决“两不愁三保障”突出问题，全镇在库121户、420人脱贫户保持稳定脱贫。2020年以来累计完成63户贫困户小额贷款，发放贷款资金128.9万元。争取到户产业资金25.12万元。面向全镇贫困户开发非全日制公益性岗位现有26个。

社会治理。开展“日周月”隐患排查工作，全年实现了安全生产“零目标”。落实“十指连心”密切联系服务群众六项制度和党员干部值夜制度，集中开展扫黑除恶走访、摸排行动，全镇未发现黑恶势力违法犯罪线索。对辖区内的车辆进行摸排、执法检查25次，交通劝导160次，检查、劝导1560辆，劝导、纠正违规行驶55辆次。落实安全生产综合监管职责，全年开展各类安全检查210次，查处安全隐患10处。对全镇在册吸毒人员、刑满释放人员、严重精神障碍患者等特殊人员管控有效。全年化解矛盾纠纷110件次，办理信访6件次，接访下访180次367人，把矛盾纠纷化解在最基层。强化食品药品监督管理，重点做好校园周边食品安全监管，实现全年食品药品安全“零事故”。

民生保障。加大城乡低保动态管理力度，新增低保户41户83人，停发13户14人，为全镇低保对象239户500人，共发放低保金222.9万元。全镇特困人员145人，发放138.567万元，优抚对象124人，发放优抚金121.4万元。退役军人服务管理体系更加完善，通过市、区两级审核，全年共发放退役军人慰问金4.9万元、义务兵家庭优待金10.382万元。上报审批大病医疗临时救助70户，发放医疗救助金15.83万元。发放残疾人两项补贴26.5万元，残疾人无障碍改造2户。新增奖励扶助15人，发放奖扶金1.7640万元。全年完成合作医疗基金征收296.3万元，积极开展促进就业工作，完成城镇新增就业、登记失业人员就业等共计76人，落实大学生就业15名，完成就业培训73人次，办理创业担保贷款230万元。

【生态文明建设】 开展“街长制”“五长制”“马路办公”，对场镇“五乱”行为进行集中治理，发放致龙集镇街道住户的公开信600余份，张贴城镇综合治理公告30余份，城镇综合治理公告牌10个，各类标示牌20块。加强对污水管网和提升井的日常管理，改造雨污分流管网500米，改造入户管网220米。创新农村生活垃圾治理工作管理机制，加强队伍建设，农村生活垃圾收运箱体增至170个，垃圾桶增至300个。开展老店子社区垃圾分类工作，已安装垃圾分类设施24套。加强农村生态环境综合整治，成立镇、村禁止露天焚烧巡查小组，制止露天焚烧秸秆、草皮、垃圾等行为，坚决打赢蓝天保卫战。加强次级河流域保护及监管工作，开展河长制工作，组织开展两轮河道整治，共组织500余人次对河流及水库进行全面清理河面漂浮物和阻挡河面的枯树枯竹的砍伐和清除，对全镇0.33公顷以上水产养殖鱼塘的水质进行监测和治理，对水质不达标鱼塘，及时督促整改，已全部销号。进一步强化川渝合作，共治渔箭河，取得明显成效。加强畜禽污染整治治理工作，2020年，共对辖区3157户畜禽养殖户进行了防疫普查，消毒圈舍7202个，免疫猪5264头，牛羊254头，鹅1624只，鸡31224只，鸭55549只。卫生厕所改造624户。 （马礼建）

仁义镇

【概况】 仁义镇地处荣昌区版图中心位置，距荣昌城区17千米。全镇辖区面积85平方千米，有人口5.6万人，辖9个村（社区），其中，城镇社区1个、农村社区8个。2020年，全镇地区生产总值16.20亿元，同比增长8.7%；一般公共预算收入8040.26万元，较上年完成数增长6.97%；工商税收收入1278.49万元，较上年略有下降；工业总产值27.87亿元，较上年增长20%。

【经济建设】 2020年，新增规模以上工业企业1户，全年规模以上工业总产值27.87亿元，同比增长16.3%；规模以上工业主营业务收入27.23亿元，同比增长15.67%；工业固定资产投入2.35亿元，同比增长86%。新引进项目8个，其中，引进工业项目3个，完成投资额3.51亿；引进第一、三产业项目5个，完成投资额3.18亿元。

全年农业产业流转土地1066.67公顷，占全镇可用土地面积的13%，形成构羊、肉牛、橘柑、脆桃等一批规模化种养殖产业。伊达农业流转土地253.33公顷，栽种柑橘14.4万株；套种玉米、南瓜等农作物20公顷。荣诚构羊流转土地80公顷，年出栏羊1万余只；仁义镇荣城构羊与重庆市畜科院签订“重庆市草食牲畜地方遗传资源保护与研发中心”协议，并拟建重庆市畜科院草叶研究所。按照农文旅融合的发展思路，在瑶山社区打造333.33公顷“仁义百果玩”特色农业生态旅游项目，新建游客接待中心、乡愁记忆馆、农耕体验区、孔子文化广场、七彩石门长廊、二十四节气园、网红吊桥、脆桃基地、环湖健身步道等独具地方特色和文化历史底蕴景点，累计吸引游客12万人。2020年，镇辖的瑶山社区获评全国乡村旅游重点村。

【政治建设】 镇领导班子理论中心组学习11场，参加“周五集中学”30次，撰写心得体会11篇，累计开展专题理论形势报告13次，撰写调研报告9篇，开展小院讲堂130余场。进一步深化主题教育长效机制，认真落实“十指连心”密切联系服务群众制度、干部值夜制度，党员干部累计走访群众1.6万余户，收集并解决问题1400余个。完成内设机构4名领导职务的选拔任用、事业单位9名干部岗位竞聘、3名干部职级晋升等工作。积极参加“最有吸引力的党课”竞赛，2篇党课获全区“十佳党课”。

全力做好宣传思想工作。各种新闻媒体用稿70余篇，其中，“学习强国”用稿1篇。疫情期间录播各类宣传录音26条，发放疫情防控口袋书2000本，制作悬挂横幅100余条，发放宣传资料1万余份，向农家书屋、党员干部发送各类书籍500余本。落实专人，每月不定期对场所、户外公益广告、宣传栏、宣传标语、横幅进行巡查。扎实开展“扫黄打非”五大专项行动以及乱建庙宇等涉宗教工作相关乡村治理难题整治。

不断加强廉政建设。通过QQ、微信、腾讯会议等途径分享典型案例、优秀点评文章40余篇，开展《护航脱贫路——重庆扶贫领域不正之风和腐败问题警示录》“以案四说”警示教育，以典型案例提升教育效果。在端午、中秋、国庆等重要节点，发送廉政提醒短信1000余条，结合干部岗位廉政风险点开展谈心谈话50余人次，更新警示教育曝光案例13期，进一步筑牢廉洁意识。

【文化建设】 制定印发《“仁义”文化建设工作方案》，组织全体机关干部、辖区各教育单位开展“仁义”文化大家谈10余期，收集挖掘与“仁义”有关的人物地名故事20余个，使“做仁义人、成仁义事”成为全镇上下的共识。成立15支志愿服务队，注册志愿者8100余人，累计开展送文化演出7场、惠民电影放映76场、各类政策宣讲587场次；开展“身边脱贫故事”“新农村新生活”等移风易俗活动198场次。新建体育运动场地2000余平方米，已举办香草文化旅游节、元旦文艺会演、首届邻里节、邻里宴等10余场大型活动。上半年送教学生35名、下半年送教学生16名，圆满完成了控辍保学工作。通过驻社干部、村社干部、代表小组集中投票，评选“最净乡村路”2条、“最美农家庭院”8户、“最佳清洁户”16户、“最好卫生户”20户、最美家庭9户。

【社会建设】 全镇累计投入资金171.8万元实施各类危房拆除1362户，整合资金1442.4万元实施C级危房加固290户、D级危房重建442户。完成农村卫生厕所改造2673口，实施“万人千吨”饮用水源地治理工程，完成21座化粪池修建工程。建设四好农村公路21.02千米，安装绕城路路灯90余盏。在开展人居环境专项整治活动中，争取区级分类垃圾桶200个，完成人行道路面、井盖更换、水篦子等市政设施整改176处。清运农村生活垃圾542余吨，清理河道、沟渠11千米，规范房前屋后1000余家。

社会保障。全年累计发放低保金435.2万元，临时救助金35.7万元，“五保三无”金423.7万元，精减定救、矽肺病患者救济补助款13.14万元。大力宣传就业政策，推送就业信息及岗位，全年共开发公益性岗位76个（全日制5人，非全日制71人），依托社区和职业培训学校，狠抓劳动力培训，举办各种职业培训8期，参训人员202余人次，实现再就业和创业500余人。兑付耕地地力保护补贴13238户463.9万元，兑付11户大户补贴57.3万元，完成186户农机补贴15.1万元的发放工作。开展道路交通、森林防火、烟花爆竹等领域大排查大整治行动，拨付自然灾害救助金40.2万元给1070户受灾家庭。

【生态文明建设】 全年利用手机App累计巡河1698次（其中，镇级河长巡河399次，村级河长巡河1334次），巡河完成率100%，确保辖区河库零突发事件。投入14万元用于河库漂浮物清理，有效清理河（库）两岸及河中农村生产生活垃圾500余吨，打捞水葫芦800吨，设置河库两岸垃圾箱（桶）130余个。全年安装入户自来水约1.1万户，人饮主管道基本实现全覆盖。

森林防火。坚持24小时值班和领导带班制度，设置防火检查点8个，组建常态化巡逻队伍，共发放了入户宣传单1万余份，制作宣传横幅20幅，出动防火宣传车25台次，召开森林防火工作会议5次。

林地保护。层层签订林业员管护合同，完成公益林管护765.07公顷，兑付护林员管护资金0.86万元。完成新一轮退耕还林作业设计约16公顷并实施了13.2公顷，完成80公顷的农田林网和特色经济林改造，新栽道路两旁植树20公顷，验收国土绿化提升面积161.63公顷，发放资金96.98万元，兑付农户退耕还林补助2436户，资金32.89万元。

【抗击新冠疫情】　成立疫情防控工作领导小组，制定社区排查防控工作实施方案、疫情防控工作应急预案、加强疫情排查防控工作的通知等。累计排查13.1万人。发放《致仁义镇居民的一封信》等宣传资料3万余份。组织村干部用“乡音俗语”录制防控内容，用群众“愿意听、听得进、记得牢”的方式，循环播放村级广播。悬挂横幅88条，出动流动宣传车20台，营造了常态化疫情防控的良好氛围。开展为群众集中采购生活物资，免费送物上门的志愿服务。为解决种植养殖大户销售难的问题，充分发动机关干部、村民群众、辖区超市等，帮助销售家禽1600余只、销售蔬菜4.5吨、销售百香果0.2吨，切实解决了群众的生产生活难题。

【脱贫攻坚】　培育致富带头人16人，鼓励致富带头人通过土地租赁、用工就业带动贫困户72户，抓好扶贫产业到户扶贫，投入扶贫资金53.95万元用于到户产业发展，280户贫困户受益，户均增收1500元以上。推动实现农业产业从传统农业向集约规模发展转变、从单一种养向第一、二、三产业融合发展转变，累计种植构树66.67公顷，发展稻虾养殖200公顷，种植特色柑橘200公顷。

完善政策保障。全年建卡贫困户家庭子女获得教育资助219人次，资助金额49.98万元，做到了应助尽助。完成建卡贫困户住房安全鉴定471户，实现贫困家庭住房安全有保障，解决人居环境整治2余万户，完成永灵村6.5千米道路硬化，自来水管网安装基本实现全覆盖。自2016年以来，全镇建档立卡贫困人口门诊补偿984人次，住院补偿537人次，医保补偿166.85万元，政策范围内补偿52.28万元。通过组织外出务工、就近就地就业、开发公益性岗位等措施，推动人岗精准对接，解决建档立卡贫困劳动力就业618人，安置建卡贫困户公益岗位71人次。

（蒋雨帆）

河包镇

【概况】　河包镇位于荣昌区东北角，与大足区季家、三驱、龙石和荣昌区的古昌、仁义、观胜、铜鼓等镇接壤，距区政府22千米。辖区面积71平方千米，森林覆盖率44.9%，辖6个村（社区），73个社，总人口4.6万人。河包镇始建于隋唐，因场镇被海月河、濑川河三面环水环抱而得名，因山水相连、景物特殊，人文蔚盛，被清县志誉为“有武陵桃花源风度”之胜概。辖区内现存888年的宋代白塔、200多年的清代斜塔、115年的天主教真原堂等文物。境内天然气资源储量大，每天输出气量75万立方米以上，是渝西川东地区重要的天然气产地。河包盛产粉条，素有“千年河包，百年粉条”美誉，河包粉条生产基地先后被重庆市中小企业局命名为市特色产业基地、市中小企业基地、市农产品加工基地，被原农业部命名为全国农产品加工示范基地。2020年，全镇GDP预计实现14.96亿元，同比增长7.3%；完成固定资产投资1.195亿元；一般公共预算收入2595.81万元；财税收入645.14万元，增长15%；农村居民人均可支配收入达到2.08万元，增长8%。完成招商引资4亿元。

【经济建设】　2020年，河包镇农业总产值8.76亿元，同比增长10.8%；企业141家、从业人员3465人，企业总产值41.65亿元，工业总产值40.5亿元，增加值3.127亿元。全年发展高淀粉红薯基地66.67公顷，推广种植1333.33公顷；发展辣椒种植133.33公顷，晚秋蚕豆66.67公顷，无花果等特色水果种植60公顷，金银花种植26.67公顷，草坪种植26.67公顷。新建规模养殖场2个投产生猪5900头，全年生猪恢复存栏2.52万头，完成任务数的102%；能繁母猪存栏2865头，完成任务数的143%；生猪出栏4.25万头，完成任务数的101%。基础设施不断完善。肉兔养殖2万余只，稻虾养殖200余公顷。全年农民人均增收400元，村级集体经济总收入536万元。投入资金2269万元建设农业基础设施，投入1910万元建设水利设施，农业基础设施建设极大改善。完成土地经营权确权登记颁证，基本完成产权制度改革，顺利通过国家三方机构的评估检查。城镇建设。投入300余万元启动第二期

3200余平方米场锥街道修缮加固。镇公共服务中心和派出所迁建工程顺利启动；镇临时建材市场建设顺利推进；河包镇卫生院迁建完成选址；街沿河1200米休闲步道接近完工，500米的明清古街基本形成；141户原未办理房屋产权的居民补办方案已确定。投入资金60余万元安装太阳能路灯实施“照亮回家的路”工程。采取机关干部包社，逐村逐社逐户清理环境卫生，拆除各类危旧房（含农村闲置房）2000余户；实施四旁“绿化”50余公顷。镇级财政出资20余万元设立公益岗位定期清扫农村社区公共区域卫生，农村人居环境明显改善。完成雷抬村、转龙村、黄檀村、经堂村共20.07千米“四好农村路”和核桃村3千米产业路建设以及经堂村5.7千米泥结石路建设。水泥硬化公路里程160千米，泥结石路18.2千米，人行便道280千米，实现硬化公路“社社通”、人行便道贫困户“户户通”。

【政治建设】 采取党委中心组深入系统学，班子成员带头自学、“周五集中组织学”等方式、认真学习习近平新时代中国特色社会主义思想和中共十九届四中、五中全会精神，巩固“不忘初心、牢记使命”主题教育成果，坚决贯彻落实习近平总书记视察重庆等系列重要讲话精神和中央、市委、区委重大决策部署，切实增强“四个意识”，坚定“四个自信”，做到“两个维护”。全年组织召开党建专题研究会6次，班子成员到联系党支部参加活动32场次。调整村干部9名，新聘10名，储备干部13名，大专及以上比率达80%；新成立4个党总支部、10个党支部，发展党员6名；村（社区）书记、主任“一肩挑”实现全覆盖。严格实施党员“百分百工程”“三会一课”等组织生活制度；完成2个软弱涣散基层党组织整顿。组织发动企业捐赠太阳能路灯30盏，捐款1万元，出动爱心车16辆。继续落实“加强作风建设、严明工作纪律”“灯下黑”“两张皮”等专项整治工作，常态化开展执纪监督，印发督查通报8期，通报批评35人，提醒谈话12人，诫勉谈话3人，纪律处分2人，组织处理2人，强化运用平时考核制度，取消评“好”等次27人。

【文化建设】 建有新风小院9个，开展志愿服务35次，小院讲堂200余场，开展送文化进基层演出10余场，开展“新农村新生活”培训50余次，评选道德模范12人、“文明家庭”3户、“好婆婆好媳妇”10人。建立6个乡贤堂，评选乡贤24名。公开招录村（社区）本科学历本土人才2名，储备后备人才14名。

【社会建设】 全镇有两所中学、9所小学、两所幼儿园。顺利完成第七次全国人口普查。安装平安卫士摄像头486个。开展“市域社会治理现代化”“法润乡村·防电信网络诈骗”“反邪教”等专项治理行动，群众的安全感指数达到98.5%以上。打防结合，全力做好社会治安综合治理，大力开展消费及安全生产检查，全年无安全生产事故发生。开展扶贫培训13期418人，发放创业贷款24人350万元，城乡一体化就业体制初步形成。发放低保672户1538万元，发放残疾人两项补贴68万元。投资600余万元完成核桃村、经堂村便民服务中心新建，完成雷抬社区、白塔社区便民服务中心扩建，党建特色“一村一品”初步形成。镇养老服务中心改造建设全面完工。河包镇中学、河包镇中心小学、德和村小学校舍完成改造。强化教育扶贫，投入扶贫资金200余万元支持贫困适龄儿童就学和改善营养。镇卫生院整体迁建完成报件，拆迁安置基本完成。

【生态文明建设】 针对全镇15条河流开展污水乱排、岸线乱占、河道乱建“三乱”整治专项行动。投入7.5万元聘请第三方公司实施集中清漂保洁8000余米。建成投用污水处理厂尾水净化人工湿地15亩，镇污水处理厂尾水达到III类排放标准。顺利启动污水处理厂扩建工程。完成濑川路老街600米污水处理主管网维修及更换。开展蓝天净土行动，制止露天焚烧55起，处理露天焚烧违法行为15起。在转龙社区、雷抬社区、核桃村、黄檀村、经堂村等地实施国土绿化项目，栽植香樟、花椒、李子、柑橘等经济林木面积20余公顷。加强洪子河水环境治理，投入35万元对濑川河场镇段拦河坝进行防漏整治，投入18万元修建唐家河拦河堤坝。与大足龙石镇达成取缔河道两岸0.33公顷以上的龙虾养殖、河道两岸50米内实施生态修复、严禁单户10只以上畜禽下河、定期与龙石镇开展联合巡查等治理共识。

【粉条特色产业】 全年新增粉条生产企业2家，新认定规模以上企业3家，现有粉条企业24家，粉条年产量7万多吨，全镇粉条全产业链年总产值约12亿元。与北京一根火柴文化传播有限公司合作，启动河包粉条区域公用品牌建设，制定河包粉条区域公用品牌战略规划，成功推出始于1672年，以“十二道精工”传统工艺为特点，以爽滑劲道、不糊锅不断条为特色的“功夫粉条”新形象，打响了“百年功夫粉条，千年河包匠造”的品牌宣传口号，完成河包粉条的品牌形象设计、产品规划、包装设计、营销渠道规划等品牌体系建设。河包粉条地理标志证明商标已报国家知识产权局审批。成功举办首届重庆荣昌河包粉条文化节暨河包粉条区域公用品牌发布会，吸引210余位客商到河包镇洽谈合作，16家粉条企业现场签约订单达1亿元，成功引进3个粉条生产项目落户河包镇，并有4个项目计划2021年年初落地。粉条加工区A区建设得到区委、区政府主要领导高度重视，首期13.6公顷土地已发布征地拆迁公告，资金筹集方案已正式进入审批程序。

【抗击新冠疫情】 组织驻社干部、村干部、社长、网格员从严从紧从快织密防控网络。购买小喇叭110个，发放《给全镇广大人民的一封信》2万余份。在通往镇外的交通路口和村与村、社与社之间设立检查站74个，最大限度限制人员流动，实现疫情期间无一例感染出现。组织发动辖区党员、机关干部、村社干部、企业主、志愿者组成70余人的“爱心车”义务服务队开展爱心代购服务，受众达5800余户，代销肉鸡2951只、帮助农业合作社销售土豆10万余斤。有序组织复工复产。派驻疫情防控指导员帮助辖区企业尽快复工复产，实现在疫情形势下企业的产品销量不降反升。 （秦靖昊）

古昌镇

【概况】 古昌镇位于荣昌城区东北部，距城区8千米，交通便捷，毗邻潼荣高速、成渝高速路口和高铁荣昌北站，位于高升桥水库上游，是荣昌城区饮用水源保护区域。镇域东邻大足区龙石镇、珠溪镇和荣昌区万灵镇，南接昌州、昌元街道，西接仁义镇，北连河包镇。辖5个行政村、1个社区，总人口2.4万人，辖区面积38平方千米，耕地面积1333.33公顷。镇内资源丰富，拥有荣昌生态农业市级农业科技园，玉带村被评为“全国美丽乡村”。2020年，古昌镇以乡村振兴为引领，加快推进城乡融合发展，以田园风光为主色调，狠抓场镇亮化、农村美化、产业优化，着力打造城郊休闲地，努力建设田园古昌。全年地区生产总值8.1047亿元，全社会固定资产投资4.85亿元，其中，工业固定资产投资4.27亿元，一般公共预算收入4973.61万元，其中，工商税收567.78万元，农村居民人均可支配收入2.07万元。2020年获评区委、区政府“荣昌区打好三大攻坚战（脱贫攻坚）突出贡献奖”。

【经济发展】 2020年，招商引资签约6个项目，涉及第一、二、三产业，签约资金11.49亿元，完成全年任务383%。其中，工业项目合同签约金额为10亿元，1亿~5亿元的项目有4个，国家高新技术企业3个。项目全部落地建设，实际到位资金4.66亿元，资金到位率70.56%。工业高质量发展，规模以上工业总产值达7.59亿元，增长7.44%；规模以上工业企业增加值率均高于全区同行业平均水平。全社会固定资产投资4.85亿元，其中，工业固定资产投资完成4.27亿元，增长23.77%。粮食蔬菜稳产增产，其中，各类粮食总产达到1.3万吨，增长2.37%，各类蔬菜总产1.54万吨，增长2.63%。绿竹、丰水梨、秋月梨、蓝莓、红心柚、花椒等特色产业渐成规模。发展生猪6万余头，其中，出栏肥猪3.1万余头，仔猪2.93万头，能繁母猪2588头，新增荣昌纯种母猪300头，荣昌猪纯繁仔猪5237头。全面消除“空壳村”，村集体经济经营收入137.9万元。

【政治建设】 持续巩固深化“不忘初心、牢记使命”主题教育长效机制，密切与人民群众的联系，认真执行“十指连心”、村干部“三三制”和镇（街）干部值夜等制度。全年镇各级党员干部走访群众4.1万次，收集问题建议646个并全部办结。推动“制度执行年”活动，进一步扎紧制度笼子，督促党组织开展“十公开”“九不准”“八不准”和党员干部亲属涉权事项公开等，使权力在阳光下运行，接受党员群众监督。对照“十破十立”正本清源、扶正祛邪，教育引导党员干部深刻认清政治腐败的严重危害。牢牢掌握意识形态工作领导权，落实意识形态工作责任，执行实意识形态工作“七个纳入”要求，加强意识形态重要阵地、重点场所等管控。认真办理镇人大议案建议 38 件，办结率 100%，满意率 100%。坚持德才兼备、以德为先的选人用人标准，吸纳 3 名优秀本土人才进入综合服务专干队伍，回引 6 名优秀青年到本土人才岗位。加强基层组织建设，全面完成 6 个村级党组织书记、主任“一肩挑”工作。

【文化建设】 2020 年，政府向社会力量购买公共文化演出服务 10 场次，流动文化进村放电影 72 次，渝州大舞台送演出进基层 3 次。建设应急广播 78 个，利用农村广播开展“书记讲政策”活动 7 次。新增体育场地面积 1986 平方米，总面积 4.27 万平方米，人均达 3.29 平方米。开展迎春趣味活动、“五一”体操活动、“庆国庆”健身活动综合性群体活动 3 次。组织开展古昌镇 2020 年“美丽家园，幸福生活”新年文化节活动、古昌镇“功夫·瑜伽邀您摘梨子”活动、古昌镇“春游打卡瑜伽美景等你来”活动、古昌镇“蓝得缘分，来古昌约会莓好时光”活动、古昌镇“‘柚’见你！红心蜜柚成熟，‘甜蜜诱惑’来袭活动”乡村旅游活动 5 次。

【社会建设】 开发全日制公益性岗位 6 个，非全日制公益性岗位 34 个，临时防疫公益性岗位 18 个。发放创业担保贷款 41 人 675 万元。城镇新就业、城镇困难人员再就业、城镇登记失业人员就业 621 人。全年征收城乡居民养老保险基金 154.84 万元，征收农村合作医疗基金 496.49 万元。发放各类社会救助金 709.81 万元，计生特殊困难家庭人员奖扶金 72.69 万元，为 372 人奖励扶助和特殊困难家庭人员购买医疗保险。重点优抚对象抚恤补助金、慰问金及义务兵优待金 162.2 万元，残疾人两项补贴 35.5 万元、其他补助 6.7 万元。筹集教育专项资金 3.07 万元。辖区内适龄儿童少年入学率 100%，学前教育入园率达 90%。发放灾害救助资金 25 万元，各种惠农资金 1068.7 万元。高质量完成第七次人口普查。脱贫减贫任务如期完成，227 户贫困户 646 人已全部脱贫摘帽。

【生态文明建设】 投入资金 400 万元，新建设雨污水管网 400 余米，检查井 19 个，化粪池 4 座，污水提升泵站 4 座，雨污分流系统得到进一步完善，场镇生活污水收集处理基本达到全覆盖。投入 6 万元新购置 15 个垃圾箱，垃圾箱体总量 163 个。投入资金 10 余万元对场镇人行道路修补 1000 余平方米。将市政保洁、农村垃圾清运、场镇道路冲洗外包公司运营，提高管理水平和运营效能。投入 50 万元完成湿地公园提档升级。依托新风小院、新时代文明实践所（站）开展“人居环境整治”、学雷锋、巡河护河等党员志愿服务活动 50 余次。坚决打好污染防治攻坚战，切实保护好高升桥库区水源。把修复濑溪河生态环境摆在首要位置，严格落实“河长制”，深化“一河一策”综合治理，确保五贵河、女仙桥河、五板桥河出境断面水质稳定达标。集中整治农村危旧房，改善村民居住环境。全年实施危旧房改造 164 户，维修整治房屋 174 户，住房安全入户鉴定和挂牌 782 户，卫生改厕 1981 户。实施美丽亮化工程建设，完成农村 20 盏亮化庭院灯项目。完成 2 条 4 千米混凝土“四好农村”公路建设。

【抗击新冠疫情】 面对突如其来的新冠肺炎疫情，全镇广大干部群众团结一心，全力以赴战疫情，严防死守保安全，全力以赴战疫情，严防死守保安全，从严从紧从快织密防控网络，做到辖区内新冠肺炎“零感染”。强化宣传，广泛动员。利用村村通广播、2 辆宣传车、45 个小喇叭、6 个移动音箱、新媒体、微信群、QQ 群宣传疫情日常防控知识，广泛发动群众积极参与，做到入户宣传全覆盖。加强排查，做好管控。设立 2 个卡点和 28 个走亲访友劝返点，卡点负责对进出人员集中排查；镇村社干部、网格员深入群众逐户排查，重点排查高、中风险地区回荣人员、境外返荣人员、密切接触者和发热病人，通过集中排查与入户排查相结合，做到辖区“不漏一户、不漏一人”。多措并举，严防死守。针对高、中风险地区返荣人员、境外返荣人员全部落实信息员，实行一日三点名两测体温；对高、中风险地区、境外回镇实行居家观察 14 天制度；对密切接触者一律送往指定地点集中隔离，进行核酸检测，对 279 名重点对象核查率 100%。落实“三三制”精准防控，建立“三员制”助力辖区企业快速复工复产。

【重大民生实事】 2020年，实施民生实事项目3个，总投资3061万元。其中，投资1061万元实施古昌水厂配套管网延伸，提高古昌水厂的供水效率，解决辖区农村农户的供水问题；投资950万元建设古昌至河包交界段公路建设项目，完成古昌镇檀木林到大青杠村黄花园宽7.5米、长3.2千米的水泥混凝公路；投资1050万元建设县道633古昌至大足交界段公路建设项目，完成古昌镇新民村办公室到玉带村梯子岩宽7.5米、长3.8千米水泥混凝公路。

（郭　华）

吴家镇

【概况】 吴家镇位于荣昌区西北部，沱江支流清流河畔，镇域总面积92.2平方千米，辖5个行政村、3个社区，人口5.9万人，城镇建成区面积2.2平方千米，城镇常住人口2.1万人，其中，四川籍人口3000余人。地处四川重庆两省市、四区县、八乡镇的接壤处，距荣昌城区37千米，距大足城区38千米，距四川省内江市城区40千米，距安岳县城70千米。东邻荣昌区铜鼓镇，南邻荣昌区观胜镇，西邻荣昌区清流镇、盘龙镇，北邻四川省安岳县努力乡，东北接大足区铁山镇，西北与内江市东兴区石子镇接壤。镇内省道省道206、省道309省际旅游专线横贯全境，距成渝复线高速公路三驱出入口25千米。镇域公交线路7条，村级油路100余千米。为荣昌区北部物资集散的中心，是成渝边际有名的交通枢纽、边贸重镇。城镇共有商业店面3700余个，营业面积约11.3万平方米，餐馆130余家，各类大中型百货超市10家，商务酒店12家，货运公司8家，快递公司8家，入驻银行有农业银行、农村商业银行、邮政储蓄银行3家。

2020年，全镇实现地区生产总值34.33亿元，镇级财政收入1.24亿元，农村常住居民人均可支配收入21489元；工业总产值75亿元，全社会固定资产投资7.7亿元，人口自然增长率控制在3‰以内。被区委、区政府评为振兴实体经济工作先进集体、打好“三大攻坚战”突出贡献奖先进集体，在中华人民共和国成立70周年大庆安保维稳工作中荣记嘉奖。杨媚荣获“重庆市人民满意的公务员”和“重庆市第八届青年志愿者优秀个人”称号。

【经济建设】 农业体系更加完善。2020年，以吴家为中心的成渝两地四区十镇，投资41亿元的双城经济圈大清流河流域智慧型循环现代农业产业园已正式开工。以村集体经济组织建设试点为引领，进一步推动现代农业服务体系建设，全镇8个村（社区）先后获得试点资金，实现集体经济试点工作全覆盖。基本完成农村土地确权任务，7个村（社区）已全面完成产权制度改革和清产核资工作。特色产业不断加强。全年重点打造万亩蔬菜、五千余亩荣昌晚熟柑橘、上千亩柠檬基地。投资近2000万元的智慧化扶贫猪场代兴猪场一期顺利投产，投资近5亿元的温氏30万头肉猪场项目正在建设。疫情期间，通过“吴家铺”电商平台收售农副产品10余吨，近30万元。已完成6个专业合作社、农业企业扶贫产品的认定工作，“海棠林下”土鸡及鸡蛋、柠檬、油用牡丹、吴家脆莲白等9种产品得以认定，销售额突破200万元。全年获得市财政局、市农担公司产业发展奖励资金100万元。大力推进企业发展。2020年，引导督促企业技改升级，积极培育工业企业升规，1家工业企业成功升规。重点拓展阀门企业海外市场，通过云南能投联合外经股份公司平台，将阀门产品拓展到东南亚市场。全年规模以上工业企业产值预计达到70亿元。狠抓招商引资。坚持把招商引资作为地方经济发展的重要引擎，加大招商引资力度。全年共引进新项目12个，合同资金11.43亿元，实际到位资金6.27亿元。成功引进央企中器兴荣建设有限公司落户吴家，预计将为荣昌年纳税上亿元。

【政治建设】 2020年，开展党委中心组、周五集中学习、“主题党日”等常态化学习120余次，成立镇党校，开展党员轮训3次，驻村领导、党组织书记带头讲党课50余次。2020年，走访一般群众2600余户，贫困群众826户，开展志愿服务91次，覆盖群众5000余人。落实镇村书记遍访工作，建立走访记录、问题台账及整改台账，解决问题132个。组建小分组、成立宣讲团，奔赴全镇8个村（社区）举办小院讲堂、召开院坝会200余场次，开展脱贫攻坚专题培训40余次。2020年，推进干部作风建设，整治各种形式主义、官僚主义，不作为、慢作为、乱作为。执行中央八项规定精神、市委“八严禁”“十二不准”以及区委“十不准”。开展内设机构、事业单位负责人、村（社区）两委成员廉政谈话52人次。开展抗击新冠疫情工作、脱贫攻坚重大决策部署督查5次。全年处置问题线索11件，其中，立案3件，开除党籍1人、党内严重警告1人、党内警告1人、诫勉谈话2人。

【文化建设】　以新时代文明实践站（所）和“小院讲堂”为载体，组织志愿者利用值班、值夜的时间，对81个村（居）民小组开展政策咨询、技能培训、产业扶持、创业指导等志愿服务活动200余场次，邀请贫困户分享脱贫中的小故事、大感动，举办了“身边的脱贫故事”“榜样面对面”宣讲活动30余场。组织帮扶干部、党员、志愿者开展“干干净净迎小康”“文明在行动，荣昌更洁净”“美家美户”等活动，宣传教育群众5000余人次，有效改善了农村人居环境。以村（社区）为基本单位，组织驻社干部、包社村干部、社长、党员代表、群众代表5人组成室内收纳美、室外卫生美、院落绿化美、家风素养美“四美家庭”评选志愿队，对每家每户庭院、厨房、卧室、厕所等量化打分，评选了“四美家庭”400余户，有效提高群众自觉美化居住环境积极性。深入挖掘村情村史，打造了燕子坝社区、代兴村和双流村三处村史馆。

【社会建设】　脱贫攻坚。2020年，围绕“精准”工作要求，认真贯彻落实中央、市、区关于脱贫攻坚的决策部署，着力解决“两不愁三保障”短板弱项，全面推进市级定点攻坚村项目建设，取得阶段性成效。于2020年年底高质量通过脱贫攻坚国家普查。社会保障体系更加健全。2020年，社会保险覆盖面进一步扩大，农村低保在保人员658户1168人，全年发放低保金560余万元；城镇低保在保人员158户261人，全年发放低保金150余万元。弱势群体保障进一步加强。全年发放特困供养金300余万元，临时救助234人次，发放救济金45.9万元。做好精神病管控工作，协同镇卫生院、派出所、综治办等开展暴力精神病人走访工作，全年走访420人次。完成荣昌区第二人民医院土地调规和征地拆迁前期工作。大力支持教育发展，不断改善教育办学条件，现有各级各类学校15所，在校学生3923人。成立了吴家镇社区学校和8个村（社区）学习中心。文体事业更加繁荣。以新时代文明实践站（所）和“小院讲堂”为载体，对81个村（居）民小组开展政策咨询、技能培训、产业扶持、创业指导等志愿服务活动200余场次。积极参与区内组织的体育活动，荣获荣昌区职工健身跑活动二等奖。

【生态文明建设】　加大环境治理。践行“绿水青山就是金山银山”的理念，投入40余万元修建约2公顷人工湿地；栽植6万余株公路行道树；投入1400余万元完成三拱桥河治理；建成2个垃圾转运站、设置405个垃圾转运箱、820个垃圾桶；加大了对7个村（社区）秸秆焚烧管理力度，提高了环境质量，改善了生态环境。城镇基础设施不断改善。全年累计投入资金约1810余万元开工建设通组公路23.25千米。投资约20余万元更换30余盏路灯，建成投用近6千米邻水步道。投资约400万元近7000平方米城镇广场、投资近200万元约800平方米健身中心、投资近300万元约5万平方米人行便道开工建设。投资约3900万元7个土地整治项目全面动工，启动了投资约2.3亿元荣昌区第二人民医院征地拆迁工作。加强城镇管理。2020年，与重庆学安市政工程有限公司签订合同，负责场镇环卫及农村垃圾转运，对场镇实行全天候保洁；市政清洗车每周坚持对场镇清扫3次以上，坚持每天清理生产、生活垃圾。高峰村被确定为2020年垃圾分类示范村建设单位。

【抗击新冠疫情】　新型冠状肺炎疫情防控取得重大成果。2020年，按照“外防输入、内防扩散”的要求，织密社区排查“三张网”，组织各级干部对全镇8000余户共进行5轮排查。发放口罩4.2万个，消毒酒精2000千克，消毒液250千克。组织党员自愿捐款支持疫情防控共1209人，共计5.1万元。及时发现受疫情影响导致家庭生活困难的农户，给予临时救助，共救助23人，发放临时救助金1.18万元。全镇无一起疑似、确诊病例。（谭雅文）

观胜镇

【概况】　观胜镇位于荣昌区北部，距荣昌城区27千米，辖区面积42.52平方千米，耕地面积2393.63公顷，有效灌溉面积1077.73公顷，森林覆盖率50.8%。辖3个行政村、2个社区、58个村（居）

民小组，总户数 7160 户，总人口 1.93 万人。全年财力为 1996.38 万元，比上年增长 1.94%；地区生产总值 6.74 亿元，同比增长 8%；全口径税收 406 万元，其中，镇级税收 131.94 万元；全社会固定资产投资 3.2 亿元，增长 20%。农民人均纯收入 1.98 万元。

【经济建设】　工业经济。新引进重庆巨洋智能科技有限公司等总部企业 4 个；招商引资投资总额 3.2 亿元，完成任务数的 107%。培育规模以上工业企业 1 户、规模以上个体 18 户。农业经济。粮食播种面积 2029.8 公顷，产量 1.2 万吨，产量比上年增长 0.53%；蔬菜 980 公顷，产量 0.9 万吨，增长 0.11%；全镇承保农作物 720 公顷。紧抓生猪恢复生产，年底生猪存栏量恢复到 1.5 万头。推进农村集体产权制度改革，5 个村级、57 个组级完成登记赋码工作。新增国土绿化面积 333 公顷，退耕还林 133 公顷。持续推进“四个一”产业发展。全年新增肉兔产业规模兔场 2 个，新投产 4 个规模兔场；开展观胜肉兔科技园规划，建成肉兔小柏丫食品公司、达生肉兔主题餐馆及悦诚农业电商店各 1 个。新增晚熟血橙等柑橘、水晶梨等水果种植面积 66.7 公顷。新增佛手、黄柏、何首乌等中药材种植面积 66.7 公顷，建成中药材高产对比试验田 3.3 公顷、专家大院科技示范片 13.3 公顷。银河村积极探索集体经济发展模式，实现收益 33 万余元，成为全市开展脱贫攻坚与乡村振兴有机衔接的试点村。5 个村（社区）实现建卡贫困户全部分红，全镇可分配收益超过 74.6 万元。7 月 16 日，银河村集体经济股民分红被《重庆日报》头版刊登。积极发展特色乡村旅游产业，为旅游宣传、营销等投入 11 万元。充分发挥观胜河优势资源，引入万灵山置业有限公司与银河村、云峰村、睡佛社区集体合作开通黄桷滩客运游船 2 艘，吸引区内外游客 3000 余名，游船收入 3 万余元。努力夯实基础设施建设，新建 5 条“四好”农村硬化公路 12.8 千米，投资 880 万进行高标准农田建设 333.3 公顷，投资 1450 万元实施土地整理 733.3 公顷，投资 550 万进行水土保持项目建设 80 公顷，建成生产道 18 千米、机耕道 9 千米、新建农排提灌站 2 个。

【政治建设】　周五集中学习、“三会一课”全年累计开展党委中心组集中学习 8 次，镇机关集中学习、专题学习、专题讨论等学习 80 余场次，基层党支部集中学习 150 余次。夯实基层基础。按村级便民服务中心“四化”建设标准，改（扩）建村级综合服务中心 3 个。在凉坪社区、银河村、云峰村建成小院讲堂 2 个、新风小院 3 个，开展各种宣讲活动 52 场次。建成银河村抓党建促脱贫攻坚研学点，打造药用植物园、中药材科普馆、人居环境整治示范点等研学基地。推进廉政建设。开展“以案四说”警示教育 6 场，办结问题线索 6 件，立案 1 件，第二种形态处理 1 人。12 月 25 日，观胜镇为干部开展的失实检举控告澄清工作被《重庆日报》专题报道。配强基层队伍。完成睡佛社区、凉坪社区和许友村书记、主任“一肩挑”换届选举工作。新招聘本土人才 4 人，培养村级后备干部 10 人，组织村（社区）干部参加镇党委集中组织开展的基层人才培训 4 次；组织外出考察党建和产业发展 5 次。深化“双亮双做”，人大代表带头亮出承诺 147 条，走访、接待群众 5000 人次，收集群众意见 150 件，协助解决问题、为民办实事好事 40 件。

【文化建设】　强化场镇文化氛围营造，规划和建设文化广场 2 个，推动文化站迁建，在文化广场和沿河两岸打造一批特色文化景观小品，添置一批健身器材，全镇体育设施面积达 2.37 万平方米，常住人口平均体育设施面积超过 1.8 平方米。开展和指导村（社区）开展体育综合比赛 5 场次、民生实事活动 24 场次，向社会力量购买公共文化演出服务 6 次，流动文化进村 18 次，免费播放电影 60 场次。向农家书屋、小院讲堂、党员干部赠送个人书籍 500 余本。完成 116 组应急广播建设，包括 1 个镇级平台，5 个村级平台；利用村村响广播系统开展 6 次“书记讲政策”活动。积极选树和推荐身边先进典型人物，推荐扶贫专干刘银作为扶贫先进典型人物、李永新作为脱贫致富带头人、刘佰富为最美党员、大学生村官刘艺春家庭为最美家庭等。

【社会建设】　全镇现有小学 6 所，在校学生 693 人，适龄儿童入学率 100%；民办幼儿园 1 所，在校学生 171 人，入园率超过 89%。全年投入资金 3 万元，用于学校开展学生公益性活动；在镇中心小学至观胜场口路段安装路灯近20盏；开展关爱留守儿童行动，为近500名儿童送物资约2万元；推进和深化社区教育工作，联合区级部门开展关爱慰问活动，发放各种物资5万元，实现全镇5个村（社区）社区教育学校挂牌全覆盖。全年发放低保金140万元、残疾人“两项补贴”32万元、各类救济慰问金9.5万元、自然灾害救助资金10.46万元。圆满完成城乡居民养老保险任务，城乡居民医疗保险完成参保14027人，实现应保尽保。发放独生子女父母一次性奖励0.78万元，奖励扶助29.81万元。整合各方资金加速推进观胜镇养老服务中心（睡佛社区养老服务站）建设及辖区内养老服务站提档升级。组织种植养殖及厨师培训15期1036人次，发放创业一次性补贴5.2万元、交通补贴5.07万元、创业就业小额贷款182万元。高质量完成第七次全国人口普查工作。办理不动产权证197宗地，卫片图斑核实833块，投资1742万元完成银河村等3个土地整理项目建设。建成健身广场2个、公共厕所2个、生态停车场2个，完成新农贸市场2500平方米场地硬化并投入使用，完成场镇污水等市政设施排危维修。处置危旧房971户，完成C、D级危房改造223户，地灾排危6处。推进“枫桥经验”的运用，化解矛盾纠纷112起。做好信访接待，按时办结上级转交信访件17件，镇领导接访177件，网上代理24件，未发生集访、越级上市、上京上访事件。深入开展扫黑除恶专项斗争“百日攻坚行动”宣传20余场次，认真开展电捕鱼等乱点整治。开展精神障碍患者鉴定工作2次，送治精神病障碍患者12人次，未出现肇事肇祸，社会治安明显好转。创建许友村、云峰村为“三治融合”民主法治示范村，观胜派出所迁建工程前期工作顺利完成。开展《民法典》和“七五”普法宣传18场，发放宣传资料1400余份。12月11日，邀请重庆市第五中级人民法院、重庆电视台《天天630》在银河村小院讲堂开展《民法典》普法公开课，并进行新闻宣传。全面落实安全生产责任制，深化重点行业专项整治，全年下发烟花爆竹及“打非”责令限期整改指令书4份，常态化对危化品及工贸企业进行安全监管，实现全年安全生产“零”事故目标。组织道路隐患排查6次，开展联合执法查处道路交通安全违法行为700余起，劝导车辆4000余台次，完成凉坪社区劝导站升级警保合作二级劝导站工作。全年现场马路办公64次，巡查次数累计364人次，累计整改问题528处。

【生态文明建设】 认真落实“河长制”工作，将43千米主干河道纳入常态化保洁，开展“清四乱”行动，处理生产污水乱排乱放、非法捕鱼4起，制定村规民约对河道畜禽群养和钓鱼乱扔垃圾情况进行治理。巡查污水管网及污水处理厂（站）24次，完成污水处理厂尾水处理及升级改造。在观胜河及两岸新增水生植物、景观植物、桃李等果树及中药材等经济作物40公顷。加大蓝天保卫战巡查力度，全年出动560余人次、240余车次，处理64起露天焚烧行为。定期开展人居环境评比通报考核，坚持整治与村集体分红挂钩机制，开展“大清扫”行动22次，整治垃圾乱倒乱放36处，完成垃圾收运2700吨，银河村垃圾分类获市验收好评。整治门外花台6000平方米、院坝6000平方米，播散硫华菊、木春菊等花草20000平方米，种植千层金、樱花13000余株，安装太阳能路灯900盏，银河村荣获“国家森林乡村”荣誉称号。在全镇5个村（社区）实施1278口农村厕所改造工程，实现全镇农村厕所改造达到80%以上；成功创建观胜镇为区级卫生镇、许友村为市级卫生村、云峰村为区级卫生村。

【抗击新冠疫情】 成立以镇村干部、派出所、司法所、卫生院、志愿者组成的疫情防控专班，按照主要领导包片、分管领导包村、驻村干部包社、村社干部包户的模式，对全镇58个社区从外地返荣人员开展地毯式排查，排查出外省（国）返乡人员260余人，并及时采取核酸检测、居家隔离等相应措施。镇包村领导、驻社干部、各村（社）与党员志愿者联动，在辖区7个重要路口设置卡点，对原居住地车辆逐一进行体温检测，劝返外来车辆和人员。消杀员每日对封闭管理区域、公共管理区域开展一次消杀工作，各村（社区）统一部署废弃口罩收集桶。以村民小组为单位，建立58个微信群，及时将各类宣传资料、疫情防控知识发到居民移动设备端。执法队、市场监管所、派出所组建8支巡逻队，对棋牌室等公共场所进行重点巡查，宣传疫情防控政策和知识，掌握重点人员情况。做好春耕防疫两手抓，农服中心对全镇各农资店铺开展质量监管走访排查，并将农资经营的联系人和联系方式在微信群中告知农户，采取“线上订单+线下送货”

的方式，确保群众居家就能购买到农用物资。做好疫情常态化防控，7—12 月，对 147 名中高风险地区、境外返乡人员开展排查、送检，检测结果均为阴性。全年无一例新冠肺炎感染病例。

【脱贫攻坚】 持续在产业发展方面发力，对全镇 256 户在家有劳动力的脱贫户落实扶贫到户产业扶持资金 50.77 万元，发放小额贷款 76 户 117.4 万元，累计开发公益性岗位 109 个，建成扶贫车间 1 个，解决建卡劳动力就业 105 人次。实施建卡脱贫户改厕 193 户，危房处置 27 户，其中，D 级危房拆除 11 户，C 级危户加固修缮 16 户。多形式开展消费扶贫，帮助业主和贫困农户销售柑橘 30 余吨、肉兔 1 万只、滞销鸡鸭 5000 余只。积极开展扶贫产品认定，认证扶贫企业 4 家，扶贫产品 10 个。加强精准脱贫档案管理，全镇共配备 620 个档案盒、15 个档案柜，分门别类做好资料整理保管。加大干部帮扶力度，对区级部门帮扶的 133 户建卡贫困户增加 35 人镇级联系人。医保、养老等社会保障工作做到应保尽保，精准推动“两不愁三保障”各项政策措施到户到人。全镇 500 户 1454 人全部高质量通过国家脱贫攻坚普查，顺利通过市级成效考核三方评估。

（裴金枝）

铜鼓镇

【概况】 铜鼓镇位于荣昌区的东北部，距荣昌城区 34 千米，与河包、观胜、吴家，大足区的铁山、季家等镇相邻，是典型的“边远山区”农业镇，境内有 1 座铜鼓山，镇由此得名。全镇以中低谷丘、方山中丘地貌为主。辖区面积 38.8 平方千米，其中，场镇面积 0.3 平方千米，耕地面积 2206.67 公顷，实施退耕还林面积 355 公顷。辖 1 个社区、3 个村、33 个村（居）民小组，总户数 5726 户，总人口 1.64 万人，其中，农业户数 5375 户，农业人口 1.41 万人，劳动力 1.01 万人。以汉族为主，有苗族、傈僳族等 14 个少数民族。境内交通便利，铜观、铜河、铜季、铜铁等公路穿境而过。有付家拱桥、小万福桥 2 座小型水库，3 条小溪河，14 处电力提灌站。

【经济建设】 工业支撑明显增强。2020 年，完成全社会固定资产投资 2 亿元，其中，完成工业经济固定资产投资 0.9 亿元，实现工业总产值 10.7 亿元，同比增长 10.5%，工业增加值 3.4 亿元，平均增加值 31.9%，超全区平均 1.9%。投资 5000 万元以上重点项目 1 个，新增个体户 15 家。签定招商引资合同 3 个项目，合同协议资金 3.08 亿元，项目合同资金 3.08 亿元，超出任务数 0.08 亿元，完成任务数 103%。镇级税收 207 万元，同比增长 13.4%。特色经济亮点纷呈。加快推进农村产业结构调整及改革试点。走农业产业化、集约化经营道路，推进农业特色经济规模发展。发展花椒 150.33 公顷，蛋鸡 12 万只，水产及观赏鱼 80 公顷。场镇建设。狠抓城乡规划与房屋管理，2020 年危房改造对象户共 44 户，其中，D 级危房户 15 户，C 级危房户 29 户，目前第一批、第二批的 44 户已全部竣工，完成打款 70.7 万元，并录入危房改造信息系统；一般户危房处置 170 户，其中 D 级 78 户，C 级 92 户，争取资金 202 万元。积极动员村民开展美丽庭院建设户、农村公共照明建设户创建，完成全年创建工作任务。全镇三类人员住房安全鉴定共鉴定 675 户，均为安全住房。旧房拆除 407 户，保留宅基地 82 户，实施危房复垦 164 户，实施旧房提升 25 户。通过启动农村房屋安全大排查、“农房上线”大统计、违占耕地大清理、规划区违法审批与违法建设大清理，强化耕地保护工作。场镇河道治理有效。为解决场镇出行方便安全，新安装太阳能路灯 61 盏。补植行道树 42 棵，补植草坪 885 平方米，铺设胶草坪树围 526 棵，约 600 平方米，投资 30 余万元新改建公厕 6 座。对场镇 1000 多株行道树进行整形修剪。规范场镇经营户 126 家，依法强制拆除违法搭建雨棚 85 个、畜禽养殖棚 9 户、老农贸市场违章建筑房屋 29 间、违规安装户外广告 12 处，与商住户签定门前新三包承诺书 238 户，集中整治占道经营户 60 余户，全面清理街面和小区“牛皮癣”广告 3000 余处 6000 余平方米。

【政治建设】 坚持全面从严治党。认真开展“不忘初心、牢记使命”主题教育。全面把握守初心、担使命，找差距、抓落实的总要求，坚持抓思想认识到位、抓检视问题到位、抓整改落实到位、抓组织领导到位，细致研究制定实施方案，周密部署开展各项工作，班子成员讲授党课20余次，收集问题建议28条、问题建议152条，形成调研报告10篇。提升基层党建质量。认真落实《农村基层党组织工作条例》及各级指导意见，不断加强基层建设、人才保障，完成万福桥社区、刘骥村便民服务中心“四化”升级建设，推进基层书记主任“一肩挑”，实施“领头雁工程”，注重培养有技术、肯实干且带动群众脱贫致富能力较强的年轻党员进入村“两委”负责人队伍，新选聘专职干部6名。抓实党员队伍建设。不断强化党员日常量化管理，注重村支两委班子建设和农村党员管理，利用“主题党日”“周五集中学习”、集中轮训等多种形式，全年组织开展党组织书记集中培训4次，村（社区）党组织书记轮训3次。注重后备队伍建设，培养入党积极分子8名，接收预备党员6名，党员转正4名。狠抓意识形态工作。严格落实意识形态工作责任制、“七个纳入”、网络意识形态和网络安全工作责任制。严格落实市委第七巡视组专项检查意识形态工作反馈意见整改和防范化解重大风险化解任务，整治乱建庙宇15处，开展意识形态工作督查1次。镇党委专题研究意识形态工作10次，研判2次，每半年向区委报告、向镇机关及基层党组织通报意识形态工作。规范建设新时代文明实践所（站、点），扎实开展“六传播六践行”文明实践及志愿服务活动。密切联系群众，提升服务能力。坚持干部驻社走访，不断完善镇机关干部驻社工作制度，全年走访群众近万人次，实现在家人口走访全覆盖，答疑解惑6000余件次，解决问题1000余个。从严落实“十指连心”六项制度，走访群众3200余户，整理问题279条，解决实际问题18个。注重党建引领，培育优秀人才，建立健全镇党委统一领导的人才引进、管理、培育机制，着力提高人才工作整体水平。组织培训、鼓励参训30余人次，共和村巩付农业发展有限公司获评区级精品人才项目。压实责任，完成巡视整改。针对中央脱贫攻坚专项巡视反馈意见及2019年、2020年国家和市脱贫攻坚成效考核反馈问题，全力推进“问题清零行动”，严格落实脱贫攻坚责任制，实行整改事项“一事一档”，严肃责任追究，逗硬督查考核。

【文化建设】 扎实开展公共文化服务工作。政府向社会力量购买公共文化演出服务和流动文化进村（社区）演出9场次；送惠民电影下乡放映48场次；镇、村（社区）组织开展群体性文化体育活动24场次。扎实开展“扫黄打非”基层站点规范化建设工作，建设文化中心户1户。镇新时代文明实践所（站、点）工作有序推进，铜鼓山英烈园纳入区新时代文明实践教育基地，4个村（社区）设立“小院讲堂”现场教学点，“小院讲堂”常态化开展“七讲”志愿服务活动。成立铜鼓镇社区学校、4个社区学习中心，常态化开展技能培训、法治教育等相关工作。刘骥村荣获“荣昌区文明村镇”荣誉称号。开展“荣昌有耍事·周末乡村游”宣传活动5次。开展教育捐资助学10万元。

【社会建设】 辖区有3所学校，其中，中心校1所、完小1所、高山村1所。派出所1个，卫生院1个，村级卫生室5个，邮政代办点1个，金融机构2个。社会保障体系更加健全。争取市、区民政部门专项资金150万元，对敬老院进行提档升级，完成铜鼓镇养老服务中心和社区养老服务站建设，发放红十字会扶贫款项9.86万元，为扶贫兜底53户，114人。新增城镇就业438人，新增失业再就业17人，困难人员就业援助21人。开发公益岗位66人，办理创业小额贷款220万元。着力开展基层武装部规范化建设，新建“三室一库”，组建民兵应急排1个30名，新配发了训练装备，并通过了市警备区“一级达标”验收。

【生态文明建设】 污染防治持续有力。开展黑臭水体排查专项行动，排查辖区内，河、水塘，沟渠113个，巡查12次，劝离钓鱼人员20余人次，处理生态环保投诉案件5起，未有上访和申诉情况发生，通过区级卫生镇创建验收。完成污染防治攻坚战、生态优先绿色发展行动等一系列销号工作。开展蓝天行动，投入巡查经费6000元，巡查840人次，制止秸秆焚烧54起，确保辖区内大气环境质量。全年改造卫生厕所929口。

【三大攻坚成效明显】 脱贫攻坚扎实推进。2020年是脱贫攻坚收官之年，铜鼓镇在区委区政府的领导下，在区扶贫办的指导下，按照“两不愁三保障”的基本要求，扎实开展脱贫攻坚。截至年底，全镇359户1221人建档立卡户全部脱贫，16户边缘易致贫户、5户脱贫不稳定户实现风险消除。防范化解重大风险。扎实开展领导干部赶场日接访、干部大下访活动。接待群众152次，日常接待群众2409人，解决问题125件，解释答复223件，调查处理73件，做到件件有着落，事事有回音。对镇公共服务中心进行改造升级，坚持以实用为原则，大厅设置了服务窗口、导服咨询、休息等候、填表4大功能区，增添便民服务设备，优化标识标牌设置，为百姓提供优质办事环境。通过全市一体化政务服务平台，公布镇（街）通用政务服务事项48项，镇（街）单独实施行政权力事项36项，通过村（社区）便民服务中心公示公开、规范证明事项10项、代办事项7项。认真开展矛盾纠纷大排查、大调解活动。排查各类矛盾纠纷363件，成功调解363件，做到应调尽调，有效防止“民转刑”，小事不出村居，大事不出镇。扎实开展重大风险隐患防范分析研判。对辖区刑满释放、严重精神障碍患者、涉军群体、襄渝铁路建设民工、代课教师等303人中的重点人员、重点人群、重大隐患进行分析研判，对特殊个体存在不同情况不同的问题有针对性地落实可操作、有效性的管控方法措施。

【乡村振兴步伐加快】 实施交通便捷工程。争取上级补助资金647.9万元，实施铜毛路、姚家冲路、新龙路、龙礼路、龙陈路5条“四好公路”建设，里程11.78千米；争取2000万元对铜观路4.7千米提档升级；新安装防护栏2.6千米；完成大内高速公路58户44.12公顷征地拆迁工作，推动农转非的筹备工作。实施壮大集体经济工程。刘骥村投入100万元发展16.67公顷花椒产业，并结合扶贫产业发展资金75万元发展壮大村集体经济，实现资产收益10.28万元；高山村投入90万元发展花椒及榨菜产业，并结合扶贫产业发展资金80万元发展壮大村集体经济，实现资产收益14.73万元，分红1505元；共和村投入70万元发展民宿农家乐，收益2.3万元，分红6900元；万福桥社区投入30万元成立铜万九天重庆劳务公司从事物业化管理，实现收益11.20万元，分红1000元。实施乡村文明工程。开展“榜样面对面”我身边的脱贫故事微宣讲、习近平总书记扶贫工作重要论述“五个一”宣传活动32场次，开展小院讲堂“七讲”志愿服务活动62场次，开展脱贫攻坚先进典型评选活动4场次，评选出脱贫攻坚先进典型8名。实施人饮及灌溉工程，安装自来水输水管350千米，实现铜鼓镇自来水管网全覆盖，在家户的自来水入户率达96.8%。整治提灌站16座，安装农排输水管90.7千米，实现全镇农业灌溉用水管网全覆盖。实施大内高速黄桷滩灌区改复建工程。

（刘芮菡）

【铜骥花椒】 铜骥花椒因在荣昌区铜鼓镇脱贫攻坚成效显著而得名。铜骥花椒，绿叶茂密，枝短刺，大颗粒；蓇葖果，果皮有疣状突起，分果瓣红褐色，干后变暗苍绿或褐黑色，果皮有内果皮淡黄色，常由基部与外种皮分离并向内反卷，香气浓，味麻而持久。果期为6—7月。铜骥花椒投资少，产量大，效益高，用途广泛。铜骥花椒果皮富含挥发油，可以提取芳香油作为食品香料和香精；由于香气浓郁，因此是很好的调味料；可用于医学，具有驱寒散寒，消湿除虫，止痛的功能。铜骥花椒种子可以食用，可以榨油，嫩芽和新鲜的叶子可以直接用作油炸或腌制蔬菜的辅助材料；油渣可用作饲料和肥料，茎是细木工的好材料。

铜骥花椒市场行情良好，新鲜铜骥花椒的价格为10元每千克，干铜骥花椒的价格最高可达60元每千克。直至2020年，铜骥花椒产业基地达400余公顷。通过产品销售、务工收入和集体经济收益分红等方式，铜骥花椒产业每年可为铜骥镇增加收入1000余万元，越来越多的村民依靠花椒产业走上致富路。2020年，尽管农产品生产销售受疫情影响，但铜骥花椒产业已形成种植、加工、包装、销售等较为完整的产业链，有效化解了市场风险。

（铜鼓镇）

清流镇

【概况】 清流镇地处荣昌区西北角，距荣昌城区46千米，距四川省内江市35千米，是荣昌的边陲小镇。镇西南与四川省内江市东兴区平坦镇接壤，东北与吴家镇相连，东南毗邻盘龙镇、远觉镇。辖区面积26平方千米，耕地面积1480公顷，森林覆盖率62.1%。辖1个社区和3个村，35个社区，总人口1.56万人，其中，农业人口1.34万人。地方预算内财政收入3917.59万元。辖区内有学校1所，卫生院1个，金融机构2个，派出所1个，司法所1

个。省、区、镇级公路清远路、吴（家）清（流）路、清（流）平（坦）路穿境而过。清流河横贯全境，境内水路10千米。地形以方山中丘为主，土壤以黄壤为主，海拔高度350米，属亚热带季风气候区，土壤、气候、光照等适合草木生长和草食动物繁衍。2020年，镇党委、政府结合清流实际，紧紧围绕“三万一千”特色产业发展思路，以“双特双园”为抓手，聚焦清流镇柑橘、肉牛两大特色产业，启动柑橘标准化产业园、生态畜牧产业园建设，坚定不移走乡村特色产业振兴之路，努力把清流打造成产业鲜明、宜居宜业的特色小镇。清流镇荣获“荣昌区三大攻坚战突出贡献奖”，“塔罗科血橙”入选2020年市级“一村一品”示范镇，龙井庙村“血橙8号”“春见”入选2020年市级“一村一品”示范村和获评重庆市第二批美丽宜居乡村称号。

【经济建设】 工业发展。工业发展实现新跨越，全年工业总产值14.2亿元，同比增长11.8%。企业数8个，从业人数645人，企业总收入11.9亿元，利润总额1.3亿元，实缴税金8041.4万元。全力狠抓招商引资工作，完成招商引资项目4个，总投资额4.05亿元，完成目标任务的135%，项目到位资金3.63亿元，资金到位率90%，超出资金到位率目标任务（目标任务为25%）65个百分点，超额完成招商引资考核任务。

农业农村工作。特色产业发展取得新成效，突出“一村一品”，全力打造优势特色产业，乡村振兴稳步推进。完成5个标准化产业园450亩血橙种植。海棠香橙出口首发马尔代夫，实现清流血橙的第二次出口。清流镇柑橘社会化服务队正式成立，进一步促进了清流柑橘产业良性发展。成功开展黄桷滩市级现代农业产业园农产品扶贫带货活动，7个兄弟镇（街）农副产品现场销售，4家大型商超现场签订购销协议，真正实现产供销对接。马草村继续在全村开展机收及旋耕等农业社会化服务工作，利用已建1200平方米左右厂房，招商一家电子厂。龙井庙村投入31万元建设的扶贫产业林基地，积极争取各级基础设施项目、扶贫项目资金投入，引进业主合作，采取参股协议分红的方式壮大村级集体经济。永兴寺村继续开展生产玉米混合饲料和加工青储饲料，现有饲料加工机1台，青储机个5台，年加工量1000吨，月均创收1万元。清流社区发展中药材和柑橘产业。成立重庆市荣昌区联动农业综合服务股份合作社，流转土地种植黄精13.3余公顷，利用黄精幼苗其间种春见、大椪、金秋砂糖橘等优质杂柑增加集体收入。

镇村建设。场镇管理及农村环境整治实现新突破。安装并启用了场镇车辆违停设施，新增加5个适时远程监控视频，加大社会治理技防水平。对区级挂牌整治的农贸市场十字路口至中心小学T字路口安装人车分离栅栏。实施场镇四季鲜花绿化工程。加大对场镇市政管理、巡查和执法力度，实施划片专人管理。争取少数民族发展资金25万元，用于龙井庙村苏家大院人居环境整治。顺河街片区、桂花路、清流镇农民新村一期以及农贸市场周边新建雨污管网1230米，交通路新建雨水管网270米。实施马草村油料综合整治项目、永兴寺村高标准农田整治项目，4个村抗旱管网修复工程，码头至污水处理厂沿河380米彩色步道铺设及栏杆安装项目。全面摸排全镇一般户危房存量和闲置及特困人员危房，摸排出农村存量危房769户，拆除建新未拆旧96户，封堵危房129户，拆除闲置及特困户危房374户，维修加固及重建危房170户，消除了农村危旧房公共安全隐患。成功举办重庆市第二十八届迎新畅游活动暨荣昌区清流第四届冬泳比赛，吸引近4万名游客到清流旅游消费。全年吸引游客21万余人次，旅游收入3200余万元。

【政治建设】 党的建设。提高政治站位，牢固树立“四个意识”，坚定“四个自信”，做到“两个维护”，以习近平新时代中国特色社会主义思想为指导，深入学习贯彻中共十九大和十九届五中全会精神，严明政治纪律和政治规矩，坚持民主集中制，严格落实请示报告制度。认真落实区委各项部署，持续巩固深化“不忘初心、牢记使命”主题教育成果。扎实开展“十指连心”，推动“党心”连“民心”，构建党建新格局。

廉政建设。落实全面从严治党和党风廉政建设主体责任，以开展“制度执行年”为抓手，坚决贯彻中央八项规定精神、市委“八严禁”“十二不准”、区委“十条规定”，对脱贫工作、危旧房改造、扶贫资金、农村乱占耕地建房、各类教育资助政策资金落实情况、农村地区办理建房手续吃拿卡要的情况、农村厕所改厕、扫黑除恶“百日攻坚行动”等民生领域群众关心的热点和难点问题进行专项督查，管好关键人，管到关键处。建立党员涉嫌违纪违法信息通报处理机制，组织开展“以案四说”“以案四改”警示教育4次，廉政谈话6次，提醒谈话14人次，通报党员干部2名，党纪处分1人。自觉接受人大工作监督和法律监督，收集意见建议6件，办结6件。

【文化建设】 全镇有1个新时代文明实践所，4个村（社区）新时代文明实践站，17个“小院讲堂”院落。各村（社区）新时代文明实践站成立关爱留守儿童、农技服务、综治调解、学雷锋、农村人居环境整治、治安联防等志愿服务队，并做到一村一特色。择优选配17名“小院讲堂”院长，通过组织形式多样、各具特色的“小院讲堂”活动，在全镇开展习近平总书记关于扶贫工作重要论述、习近平总书记视察重庆重要讲话精神、中共十九届四中、五中全会精神等“七讲”理论宣讲宣传，推动党的理论和政策“六进”，打通宣传群众、教育群众、关心群众、服务群众的“最后一公里”。疫情期间，志愿者走村入户、值守疫情防控点、代买代卖产品、捐献爱心等，筑牢疫情防控安全线。志愿者坚持每周四下午在马草村“亲子园”开展梦想课堂，关心关爱留守儿童，共开展64期。完成4个村（社区）农家书屋建设，规范农家书屋人员管理，完善书籍编号整理，农闲时间组织党员、干部和群众认真学习。持续开展“十星级文明户”、整洁庭院、文明家庭等活动评选，深入挖掘脱贫先进典型并广泛宣传。

【社会建设】 社会民生事业取得新成绩。全镇自来水管网覆盖率100%。发展小额信贷177笔，发放贷款181万元、创业担保贷款140万元。城镇新增就业454人。发放低保金154.57万元、特困供养金142.91万元、临时救助金23.25万元、稻草援助金4.96万元。城乡居民合作医疗保险参保11323人，城乡居民养老保险参保人数7780人。完成敬老院消防和烟感报警器改造，社区公共服务中心和社区养老服务站的新建和装修。清流镇有卫生院1个，卫生院床位10张，卫生技术人员12人。清流镇中心小学在编教师34人，班级8个班，幼儿园2个班，永兴寺村小在校学2个班，幼儿园1个班。清流镇中心小学在校学生334人，永兴寺村小在校学生9人，中心附属幼儿园在校学生39人，永兴寺村小附属幼儿园在校学生15人。学龄儿童入学率100%，小学升初中率100%。成立青年志愿者服务队，依托橙园亲子活动室，常态化开展志愿服务课堂，为留守儿童送去关爱。精准脱贫。高标准严要求推进百日大会战、清仓见底大行动、收官大决战，顺利通过国家脱贫攻坚普查、国家第三方建档立卡数据质量评估、市级成效考核，人民群众满意率实现“大提升”。全年顺利脱贫5户，19人，镇内贫困户全部脱贫。完成54户C、D级危旧房改造和31户功能房改造，落实产业发展112户，到户资金27.1万元。选派产业指导员16名，培育扶贫产业基地31个，累计开发公益性岗位101个，发放贫困人员求职补贴253人12.83万元，交通补贴372人5.19万元，217名学生享受教育资助7.92万元。社会综合治理。深入开展“扫黑除恶百日攻坚行动”。充实镇级专职巡逻队，组建4支村级义务群防巡逻队，全力维护社会稳定。全年派出1440余人次开展巡逻，及时处理矛盾纠纷苗头24件次，提醒告知240人次，提供报警信息8条。社会矛盾纠纷排查16件、信访积案1件，现均已办结。侦破辖区内刑事案件8件，查处治安案件5起，查处违法人员7人，强制隔离戒毒2人，行政拘留6人。未发生重大安全生产事故，全镇安全生产形势持续稳定。党员干部“十指连心”大走访和党员干部值夜遍访群众责任落实到位，收集汇总意见建议313条，回复率100%，做到了件件有回音。马草村荣获重庆市民主法治示范村称号。

【生态文明建设】 污染防治。开展“最美庭院”“星级文明户”评比。深入推动“三清一改”，完成卫生厕所改造615口，科学划定畜禽养殖区域，取缔沿河河塘增氧机90户，开展蓝天行动，巡逻300余人次。采取专业公司与村居组织相结合的改厕方式，在永兴寺村、清流社区、龙井庙村共有农村改厕任务615户，其中，无害化卫生厕所54口，全部建设完成并投入使用。严格落实“河长制”工作，全年镇级河长巡河175次，完成率145.8%，村级河长巡河550次，完成率129.7%，发现问题24个，全部完成整改，整改率100%。完成黄家河生态修复人工湿地1.87公顷，河道两岸栽种水生植物1.07

公顷，河水分流处理初见成效。加强场镇的日常保洁。实现全镇3个村1个社区35个村民小组农村生活垃圾治理工作全覆盖，172个垃圾箱体及50组分类垃圾箱体及时转运。基础设施建设迈上新台阶，投入新建全长2.4千米“四好农村路”一条。投入100余万元完成吴清公路、清远公路沿线40户群众人居环境整治，安装体现柑橘产业元素的太阳能路灯200余盏，照亮群众回家的路。

【抗击新冠疫情】 疫情防控措施有力。从严从紧从快织密防控网络，组织发动机关企事业单位、村社干部职工全员一线防守，网格员、人民群众积极参与。录制宣传音频通过村小喇叭和流动宣传车广播等途径宣传疫情防控要求及注意事项，微信推送疫情防控宣传常识100余条。组织500余人次开展全面、深入、彻底的拉网式排查3轮5000余户。设立检查点6处，安排人员值班值守，劝告商铺暂停营业、帮隔离人员采购生活用品，设立4个村集体经济生活物资保障供应点，解决群众日常所需。积极创造条件支持辖区内企业复工复产，同时通过线上、线下为群众代销血橙近1万千克。疫情期间，成立临时党支部和4个“党员突击队”，全体党员干部率先垂范、勇于担当，机关干部、党员群众、种植大户等积极捐款捐物35万余元，全部用于支持疫情防控工作。坚持常态化精准防控，扎实做好秋冬季防控工作。全镇未出现感染者。

【荣昌区清流第四届冬泳比赛】 2020年12月19日，由重庆市冬泳协会、区体育局、清流镇人民政府主办，区农业农村委（扶贫办）等6个单位承办，以“全民畅游促健康生活，体育运动助消费扶贫”为活动主题的重庆市第二十八届迎新畅游活动暨荣昌区清流第四届冬泳比赛在清流镇隆重开幕。期间开展直播带货、产销对接会、文艺演出、冬泳比赛等系列活动，吸引4万余名游客观光。（杨槟毓）

盘龙镇

【概况】 盘龙镇位于荣昌区西北部，距荣昌城区32千米，成渝高速公路荣昌西入口16千米，四川省隆昌市城区22千米及隆昌高铁客运站7千米。辖区面积126平方千米，南北长5.14千米，东西宽4.55千米。辖12个村、4个社区，179个村（居）民小组，总人口8.3万人，其中客家人3万多人。盘龙镇是重庆市最大的客家方言岛，第二批国家级非物质文化遗产名录“荣昌夏布”的主产区，农业部授予的“中国夏布之乡”，重庆市级中心镇。2020年，财政总收入12010.5万元，同比增长464.59万元，增长4%。其中，一般公共预算收入1224.6万元，工商税收1077万元，非税收入147.6万元。农村常住居民人均可支配收入20314元。

【经济建设】 农业发展。农业发展以生姜产业带富村民，加大生姜基地水和路的基础设施建设。获得“荣昌盘龙生姜”集体商标及绿色食品认证、国家生态原产地保护认证。实现生姜连作，探索实验脱毒生姜种植。生姜利益联结机制不断完善，产业带动能力、示范作用不断增强和提升。全年生姜种植面积1200公顷，年产值超3亿元，带动户均增收3000元。接待各地到盘龙镇考察学习生姜种植技术人员20余次。

工业发展。以招商引资引领工业企业，引进产业项目12个，正式合同金额6.77亿元，完成全年目标任务的112.8%。新开工招商引资项目年内投资完成额2.45亿元，完成全年目标任务的163%。开展领导联系和走访企业，收集情况、了解诉求、政策解答、帮助企业排忧解难。辖区有3家企业得到市级升级升规补贴，8家企业享受到区级升规升限补贴。动员和帮助企业及时复工复产，全年规模以上工业总产值52.77亿元，同比增长1.5%。

特色经济。根据市场需求，主动做好产业转型准备和传统特色经济夏布产业的转型升级，不断延伸产业链条。现有夏布企业（含微企）70多家，其中，规模夏布企业11家，探索形成“公司+村集体+农户”的发展模式，发展苎麻种植80公顷。推动夏布手工编制技艺传承，有国家级非物质文化遗产项目代表性传承人2名和市级非遗项目代表性传承人1名，夏布相关从业人数8000余人。

城镇建设。高标准开展城镇建设管理，使场镇面貌变亮。房地产开发年平均销售房源1.5万平方米，改造场镇人行道5200平方米、人行护栏796米，雨污分流基础设施1460米，水源泵6座。开展市场专项整治，马路办公常态化，安装抓拍系统7处，有效规范场镇秩序。城镇硬件设施不断完善，安装市政道路和广场路灯400余盏，并落实专职电工做好日常维护和管理，对老化及损坏的路灯和配套设施及时进行更换维修，做到安全运行、准时开关灯，亮灯率达到95%。新安装垃圾箱35个、垃圾桶200个。道路交通再上台阶。实施农村公路升级改建37千米，农村公路安全防护工程11千米，农村公路养护管理总里程275.5千米。同时实施和完善“村村通客车”建设，方便群众出行。

【政治建设】 坚持党的领导，增强“四个意识”、坚定“四个自信”、做到“两个维护”。全面落实党中央决策部署，坚持从习近平总书记指示中找方向、找目标。继续加强党员管理，持续深化“正月初二”流动党员集中教育和“七一”政治生日品牌活动，扎实开展“三会一课”“党员百分百”工程等教育管理工作，发展党员35名。组织村社干部、流动党员等开展培训15场次800余人。提升党建引领基层治理能力，干部队伍继续优化。调整和提拔二级班子成员29名，调整村（社区）书记、主任52名、选聘专职干部80名，聘用本土人才16名，实现16个村（社区）书记、主任“一肩挑”全覆盖，配备后备干部41名。完成5个村、1个非公企业软弱涣散党组织的整顿。申报村级集体经济发展试点15个，争取补助资金749.8万元，增加集体经济收入60余万元，为贫困户分红收益达8.2万元，解决300余人就业。继续加强全面从严治党责任落实，持续开展常态化监督。投入5万元改建走读式谈话室1间。抓早抓小，开展提醒谈话、批评教育102人次，处理问题线索84条，立案查处22件22人，开除党籍6人，移交问题线索7件7人。开展“以案四说”警示教育30场次，覆盖党员群众1万余人次。2名优秀年轻干部充实到专职纪检队伍，从严治党形势持续向好。依法行政。加强镇村两级工作人员的法制培训和学习，执法人员执证上岗。在6个村实施三治结合建设，制作法治宣传展板12块，对6个村居人民调解室进行规范化打造，全镇建立健全公共法律服务工作室16个，聘请村居法律顾问16名。

【文化建设】 教科文卫。辖区内有中学1所，小学18所，其中，中心小学4所、完小2所、村小11所，教职工431人，中小学在校学生5221人。完成中心校二校区和中心幼儿园新建并投入使用。新建村级文化中心16个，农家书屋图书阅览室年借阅量达1.2万人次。开展群众性文化体育活动320场次，受益群众6万人次。在全镇开展“统一灭鼠”活动，统一购买使用灭鼠药物低毒慢性专用鼠药“溴敌隆”100千克，达到预定目标。为辖区内65岁及以上老年人4980人开展免费健康检查，筛查疾病，并建立健康档案。乡村文明。依托新时代文明实践站所，开展志愿者服务活动1000余场。新建“新风小院”6个、“小院讲堂”16个，开展“小院讲堂”宣讲活动200余场。开展“文明家庭”评选，打造了50个“新风小院”活动。用好村规民约，培养村规民约带头人，引导村民自我管理、自我教育、自我提高，让“新风小院”连点成片、连片成面，提升基层文明和治理能力。

【社会建设】 全年实现城镇新增就业人数788人，安置就业困难人员就业59人，办理就业社保补贴43人，登记失业人员就业人数92人，为36人办理就业失业登记证。职业技能培训343人，其中，建档立卡人员294人。城乡居民养老保险基本实现全覆盖，全年新参保521人，居民养老保险基金征收242.32万元，为388位年满60周岁的老年人办理每月95元的基础养老金。办理城镇职工养老保险新参保91人，中断39人，续保68人。建档立卡贫困人员参保2290人，做到贫困人口应参尽参，应享尽享。城乡居民医疗保险参保5.87万人，基金1498.87万元，分别完成目标任务的95.13%、83.43%，在全区排名靠前。给831户发放低保金65万元，基本实现“应保尽保、应退尽退”。临时医疗救助791户，发放救助金14.8万元，进一步完善社会救助机制。完成龙腾社区、长岭社区养老服务站建设并投入运营。社会治理。推行“平安卫士”，提高基层防范能力。“平安管家”建设安装已覆盖9个村（社区）800余户，开启社会治理的“智慧模式”。利用公共法律体系，完善多元化矛盾纠纷调处机制，化解信访积案10起。深入开展扫黑除恶专项斗争，重点开展“违法电捕鱼”“违法会销”“农村地区赌博”乱象整治，完成区级挂牌村拱桥村整治，群众安全感达96%，高于全区平均水平。继续落实“三级排查化解”工作制度，完善人民调解、行政调解、司法调解和信访调解紧密衔接，成功调解纠纷307件，矛盾纠纷化解率98.4%。提升了重大风险的防范、化解能力和群众的满意度。

【生态文明建设】 污染防治。开展蓝天保卫行动，禁止露天焚烧，发放宣传单2万份，开展巡查检查6000人次。“河长制”稳步推进，镇级河库长巡河617次，村级河库长巡河2273次，排查出污染源33处，全部进行治理。投资近1000万元建设场镇雨、污管网及污水处理设施建设，其中，盘龙场镇雨污水管网建设各1460米、截流井1座。石田、长岭村单户污水处理设施115户，集中污水处理设施1座、主管网450米。完成大建村污水处理设施建设，建污水处理站1座、污水处理管网2420米、检查井104座。争取资金约600万元对盘龙吊楼子、豆腐桥水库进行综合治理，治理后两个饮用水源地水库水质达到Ⅲ类水质标准。集中清理过期横幅46处、破损广告55余处。市政主次干道实现绿化树栽种全覆盖，绿色园林城镇已初具规模。采取多种方式，清理白色垃圾及漂浮物300余吨，及时安排施工队伍对场镇周边建筑垃圾场进行处理，达到了规范治理要求。投入300余万元对全镇生活垃圾进行集中收运，进行无害化处理，新投入垃圾箱35个、垃圾桶200个。投入19.6万元用于各村（社区）整治人居环境卫生，设立垃圾分类示范村2个。

【抗击新冠肺炎疫情】 开展疫情防控正面宣传引导，出动宣传、巡逻车辆400余架次。通过微信公众平台、QQ群、电子屏、宣传资料张贴、流动宣传车等媒介宣传疫情防控知识，及时通报疫情态势，引导群众科学理性认识疫情、消除恐慌情绪，增强自我防疫意识和社会信心，确保社会大局稳定。建立“镇、村、组、医疗机构”四级联动机制，构建“镇领导包村、村干部包片、村民组长包户，医务人员包人”的四级包联责任，严格“属地管理，谁主管谁负责”。形成一级压一级，层层落实责任的网格化、责任化疫情防控体系，编织“宣传”“责任”“排查”“管控”四张网。动员9017人次投入疫情排查防控，先后三轮对村（社区）27.17万人次进行排查，对重点地区返荣人员500余人进行“一盯一”防控，组织核酸检测204人次，解除密切接触者116人。管防结合。暂停KTV、茶馆等娱乐营业场所12家，关闭公共文化场所2个，暂停举办一切节庆聚集性活动，取消各饭店喜宴酒席、聚会酒席。对商贸超市、农贸市场等人流密集场所设置监测点，防止出现人员聚集。开展市场大检查，检查辖区内农（集）贸市场、超市、水产猪肉活禽销售摊位、宾馆酒店、餐饮、药店等26家。筑牢道路交通防线，在主要交通道路出入口、汽车站等设立检查点32个，累计检查人员3.53万人、车辆1.92万辆。因措施得力，实现辖区新冠肺炎零感染目标，确保了群众的生命和健康安全。复工复产。一手抓防疫，一手抓生产。统筹做好企业复工复产和疫情防控，确保实现经济社会发展目标任务。建立镇领导联系服务企业机制，实施“一企一策”精准扶持。深入企业一线，对接联系协调解决规模以上企业、重点建设项目在返工保障、复工复产、疫情防控中存在的困难和问题。

（侯正康）

远觉镇

【概况】 远觉镇地处荣昌区西北部，位于重庆市的最西端，距荣昌城区44千米，与四川省隆昌市、内江市东兴区接壤，是荣昌区少数民族三大聚居地之一。辖区面积27平方千米，耕地1486.72公顷，森林覆盖率58.67%。辖4个行政村，1个社区，37个村（居）民小组，户籍人口5374户，总人口1.39万人，除汉族外，有回族、佤族、哈尼族、苗族、彝族、土家族、拉祜族、傈僳族、白族等16个少数民族。有公路55条，总里程86.36千米。小（一）型水库1座，面积35.33公顷、蓄水量560万立方米，山坪塘160口，石河堰5口，电力提灌站11处，输水管道45千米。自来水厂1座，日供水能力1000吨，污水处理厂1座，日处理能力600吨。2020年，地区生产总值6.56亿元，同比增长7.7%；工业产值14.09亿元，增长2.18%，其中，规模以上工业产值13.22亿元，增长15.29%。全社会固定资产投资9.84亿元，增长174.76%；因政府性基金收入减少，镇级财政总收入全口径完成3976.62万元，下降5.66%；镇级一般公共预算收入460.31万元。粮食种植面积1.92万亩、产量7119吨，油菜产量882吨，花生产量965吨，蔬菜产量1.18万吨。

【经济建设】 2020年，投入325万元在高观音村、复兴社区实施大宗油料项目。投入14万元在蔡家坪村7组实施宜机化项目，投入15万元修建蔡家坪村7组蓄水池2个，投入117万元铺设管道6.1千米、修建3口蓄水池共100立方米，投入350万元新建提灌站2座，投入15.3万元维修泵站及管道131处。4月，引进（明彤）重庆农业科技发展有限公司，种植元宝枫400公顷，套种海椒40公顷、榨菜40公顷，狮子桥村佶胜家庭农场投入300余万元种植砂糖橘33.33公顷，重庆弘昇公司种植花椒33.33公顷，重庆顺尚农业公司种植中药材6.67公顷，重庆渝西奶牛专业合作社投入200万元实施奶牛产业提档升级及粪污排放治理工作，基本实现奶牛养殖标准化和规范化。全年能繁母猪保险投保155户240头，仔猪投保3115头，做到应保尽保。积极做好非洲猪瘟防控工作，无害化处理病死母猪6头、仔猪25头，处理率100%。积极推进产权制度改革，发放股权证5177本。签订土地确权合同3809户1.2万人，解决土地纠纷3起，粮食直补纠错30户。全面消除“空壳村”，村级集体经济经营性收入45.5万元。投入500万元进行老街排危改造，投入297.2万元实施农村危旧房改造289户，其中，C级危旧房209户、D级危旧房80户；投入45万元实施农户提升工程90户，办理52户农村居民宅基地审批手续。新增新建157个场镇公共停车位，新建人行便道2.2千米。加大处罚车辆违停力度，有效减少路边随处停车现象。实施场镇村庄亮化工程，安装太阳能路灯3000余盏，荣获荣昌区“照亮回家的路”示范镇称号。

【政治建设】 深入开展“不忘初心、牢记使命”主题教育，聚焦“守初心、担使命，找差距、抓落实”总要求，不折不扣贯彻落实中央、市委、区委决策部署。以高度的政治自觉，抓好市委巡视、区委巡察反馈意见整改，针对区委第三巡察组反馈的5个方面16大类45项问题的整改情况进行“回头看”，结合制度执行年活动，修订完善制度5项，以更加务实扎实的工作作风、更加精准管用的政策措施、更加严格严密的责任落实，严防老问题再现、新问题发生，不断巩固整改成果，以最坚决的态度、最务实的作风全力抓好区委巡察反馈意见整改“后半篇文章”。全面落实“三重一大”集体决议制度，杜绝“按惯例、按习惯、想当然”的“一言堂”，严格纠正违法和不当行政行为。严格执行《党政领导干部选拔任用工作条例》，坚持按照干部管理权限，着力选好干部、配强班子。任免调整村干部19人次，实现5个村（社区）书记、主任“一肩挑”工作，确保全覆盖，成功转化软弱涣散基层党组织1个。“觉悟广场”为区级首批基层治理研学点，切实提升基层党组织阵地规范化建设水平和服务能力。严格执行廉洁从政各项规定，落实党风廉政建设主体责任和“一岗双责”。严格执行中央八项规定精神，认真落实中央“基层减负年”要求，坚决防止“四风”反弹回潮。进一步增强党员干部的纪律意识和规矩意识，有效运用监督执纪“四种形态”，年内立案查处1件，党内警告1人，批评教育2人，提醒约谈20人。重视案例警示，组织开展“以案说纪、以案说法、以案说德、以案说责”警示教育活动4次，将警示教育覆盖到各党组织和广大党员干部。

【文化建设】 投入700万元改善远觉中心小学及幼儿园校区校容校貌；积极开展各种健康有益的文体活动，加强镇综合文化站、农家书屋、运动场的建设和管理。开展“闹元宵”、“庆七一”、政府购买文化到基层等群众文化活动50余场，不断满足人民群众日益增长的精神文化需求。

【社会建设】 2020年，有小学1所，幼儿园1所，教职工35人；镇卫生院1所，村卫生室（含医疗点）5个，个体诊所3个，医务人员15人。全年征收社保基金115.54万元，城乡居民合作医疗保险参保11167人，征收基金273.3万元。发放各类社会救助金377.14万元、残疾人两项补贴21.07万元。投入25万元，实现城镇新增灵活就业35人，城镇登记失业人员就业93人，城镇就业困难人员就业49人，职业培训200人，发放创业担保贷款90万元。统筹资金1800余万元完成9件民生实事，剩余1件高观音村土地整治项目将在2021年实施。新建复兴社区养老服务站，完成5个村（社区）便民服务中心提档升级和“四化”建设。深入开展新时代文明实践活动，以“小院讲堂”为主阵地，持续开展志愿者“七讲”活动近100场。深入开展“扫黑除恶”三年行动和“百日攻坚专项行动”，加强“人防”与“技防”投入，不断提高社会综合治理能力。建立“6995”平安家园村民互助平台105个，800余个“平安卫士”视频监控点，全镇5个村（社区）均完成“平安卫士达标村”建设任务。建立健全矛盾纠纷化解制度，化解各类矛盾纠纷427件次。深入落实干部“大下访”、党员干部“十指连心”六项制度和机关党员干部值夜制度，全年各级干部走访群众收集问题建议261个，回复办结261个，处理率100%。严格安全生产监管措施，加大隐患排查治理力度，确保了安全生产“零”事故。开展重点区域安全排查整治，严厉“打非”和消防安全检查，对校园周边环境、交通要道、市政环境进行治理，查获违规车辆600余辆，取缔非法摆摊经营120余处。脱贫攻坚。全镇扶贫系统建档立卡贫困户321户985人，脱贫户317户971人，贫困户4户14人。蔡家坪村为“市级脱贫村”，脱贫户79户259人，贫困户2户3人；高观音村为“落后村”，脱贫户53户141人。紧紧围绕“两不愁三保障一达标”关键指标，坚持实施干部、政策、责任、机制、纪律“五个尽锐出战”，创新工作思路，突出重点、多措并举，认真组织实施脱贫攻坚各类工程，扎实有效开展脱贫攻坚工作，确保319户977人实现稳定脱贫。强化脱贫攻坚责任体系，每月至少召开1次党政会专题研究脱贫攻坚工作，实行党委书记、镇长“双组长制”，副职党政领导包村，37名机关干部包社，明确区镇村三级共114名结对帮扶干部，签订镇村脱贫攻坚责任书，层层落实责任，层层传导压力。全镇317户贫困户基本医疗保险全覆盖，补助金额9.32万元；落实22户贫困户危房改造补助金额34.5万元，确保贫困户住房安全全覆盖；贫困学生享受教育资助政策全覆盖，19名大学生获得教育资助12.48万元，新安装自来水6户，133户获得产业帮扶资金补助24.13万元，发放扶贫小额信贷164.92万元，贫困户获贷率达到55%，实现在家有劳动力贫困户产业全覆盖；指导村（社区）积极申报扶贫产业认定，进一步做实消费扶贫。

【生态文明建设】 持续深入推进“河长制”，进一步健全河流监管制度，压紧压实河长职责，全年检测水质22次，通过面源治理、生态修复等途径，水质明显改善。全力配合第二轮中央生态环保督察，扎实开展生态环境治理“雷霆行动”。投入480万实施罗家桥饮用水源水质综合提升工程，第三方机构水质检测为Ⅲ类水质。投入70万元实施蔡家坪污水处理工程，投入13万元实施蔡家坪村三格式玻璃钢化粪池43口。深入开展整治污水偷排、直排、乱排专项行动工作，实施马鞍河天皇断面综合整治，加大畜禽养殖综合治理，开展农业农村污染防治示范镇和狮子桥、蔡家坪村示范创建工作。加强罗家桥水库进行日常巡查、监测工作，长年坚持不懈对水库进行清漂、投鱼和管护，确保群众饮用水安全。关闭取缔养殖污染，同时做好支流的截污治流工作。全面落实农村人居环境整治工作，并纳入对各村的目标考核。开展村庄清洁行动和“三清一改”工作，全年评选“文明家庭、整洁庭院”90户，其中，纳入镇级表彰的37户。实施“厕所革命”，完成公厕改建1座，卫生改厕610户。累计投放垃圾箱体207个、垃圾桶850个，投入54万元对生活垃圾进行清理。大气污染防治，通过逢场日、进村入户等形式，宣讲大气污染防治，发放大气污染防治宣传单5000余份，加大对农村焚烧秸秆等制止力度，秸秆焚烧巡查90次，有效处置18次。国土绿化40.33公顷，四旁植树33.33公顷，森林抚育233.33公顷。

【抗击新冠疫情】 面对突如其来的新冠肺炎疫情，坚决贯彻落实中央、市、区工作部署和指示精神，组织200余名机关干部、村组干部、志愿者投入到疫情防控。发挥党委领导干部示范作用。设立镇防疫指挥部，明确党政主要领导为双组长、班子成员任副组长，各办公室、村（社区）主要负责人为成员，负责统一调度摸底排查、卡点值守、重点监控、宣传教育等工作，深入防控疫情第一线，做到守土有责、守土担责、守土尽责。发挥基层党组织战斗堡垒作用。全面落实联防联控措施，用好机关干部、村组干部、网格员、志愿者四支队伍，带领群众认真落实各项防控措施，累计排查人员1.3万余人，发放宣传资料1万余份、组织群众打扫卫生消毒300余次。确保“不漏一户、不落一人”。

（李晓兰）

人物　荣誉

人物简介

郭平　女，汉族，1973 年 8 月出生，重庆市荣昌区人，大专学历。荣昌区昌州街道兴旺种猪场职工，2017 年 12 月被评为全国农业劳动模范，2019 年 3 月被评为重庆市三八红旗手等荣誉。2020 年 11 月被评为“全国劳动模范”。

2007 年 5 月，郭平在电视上看到《荣昌新闻》播报的“荣昌猪被感染了一种叫蓝耳病毒的疫情，荣昌猪大量死亡”的消息后，十分揪心。当时荣昌很多养猪户“闻猪色变”，纷纷放弃养猪事业，在这种情况下，她毅然放弃重庆市优越的白领工作，回到家乡开始创业，她要养殖荣昌猪，重整荣昌猪，带动荣昌猪产业的发展。怀着对家乡的热爱，她有责任和义务让“荣昌猪”这个优良品种继续繁衍下去，在昌州街道石河村 6 组租地 20 余公顷，兴建兴旺种猪场，准备大干一番事业。事与愿违，由于缺乏科学的饲养技术，加之市场价格的不稳定，几年下来并未赚到钱，多年的艰辛付诸东流。面对巨大压力，郭平并没有打退堂鼓，反而迎难而上，冷静思考总结，厘清思路、坚定信念，她积极研究市场营销，参加养猪科技培训班，系统学习科学养猪技术，常年的积累使她逐渐成为了养猪能手。

作为新型职业农民，她牢固树立“绿水青山就是金山银山”的发展理念，努力拼搏进取。在她的带动下，2017 年荣昌区母猪和仔猪销量突破 12 万头，直接带动 5000 余户农民增收致富，户均年收入增加 5000 元以上，年收入增加 2800 余万元。2017 年，郭平受到党和国家领导人亲切接见。

郭平热心公益，深度参与脱贫攻坚事业，在发展壮大养猪产业的同时，并没有忘记带领当地农民共同致富。十多年来，先后帮助孤寡老人、残疾人、空巢老人、刑满释放人员、重疾病人、留守儿童等达 200 余人，还对昌元街道、昌州街道、双河街道开展整村帮扶工作。《荣昌日报》、荣昌电视台、重庆商报、重庆晚报、华龙网、重庆卫视、中央电视台“味道”“生活圈”“致富经”栏目等多家媒体，先后宣传报道了她养猪致富先进事迹。她还作为地方优秀农民代表到北京参加养猪研讨会，积极宣传荣昌猪的养殖和荣昌猪产业的发展，提升荣昌猪和荣昌国家现代农牧业示范区的知名度。　（罗　东）

获表彰集体、个人

2020 年荣昌区获市级及以上表彰集体、个人如表 20、21 所示。

表 19　　**2020 年荣昌区正高级技术人才一览表**

序号	姓　名	工作单位	性别	职称类别
1	李启波	荣昌区农业技术推广站	男	农业技术推广研究员
2	蒋庆	荣昌区动物疫病预防控制中心	男	农业技术推广研究员

续表 19

序号	姓　名	工作单位	性别	职称类别
3	吕玉奎	荣昌区林业科学技术推广站	男	正高级工程师
4	江中才	荣昌区生态环境监测站	男	正高级工程师
5	黄晓荣	荣昌区生态环境监测站	女	正高级工程师
6	张运明	永荣中学	男	正高级教师
7	曹礼静	荣昌区职教中心	男	正高级讲师
8	申群友	荣昌区教师进修校	男	正高级教师
9	邓定建	荣昌区人民医院	男	主任中医师
10	黄成华	荣昌区人民医院	女	主任护师
11	薛均	荣昌区人民医院	女	主任护师
12	廖化梅	荣昌区人民医院	女	主任医师
13	阮流刚	荣昌区人民医院	男	主任医师
14	李章白	荣昌区人民医院	男	主任医师
15	向宽鸣	荣昌区人民医院	女	主任护师
16	张安元	荣昌区人民医院	男	主任医师
17	喻蓉	荣昌区人民医院	女	主任医师
18	廖雪梅	荣昌区人民医院	女	主任医师
19	谭响	荣昌区人民医院	男	主任医师
20	马蓉	荣昌区人民医院	女	主任医师
21	刘灏	荣昌区人民医院	男	主任医师
22	李承碧	荣昌区人民医院	女	主任医师
23	周中	荣昌区人民医院	女	主任医师
24	邓正国	荣昌区人民医院	男	主任医师
25	熊开菊	荣昌区人民医院	女	主任医师
26	诸兴桂	荣昌区人民医院	女	主任技师
27	郑彬武	荣昌区人民医院	男	主任医师
28	谢继勇	荣昌区人民医院	男	主任医师
29	郭永全	荣昌区人民医院	男	主任医师
30	蒋荣宽	荣昌区人民医院	男	主任医师
31	傅要武	荣昌区中医院	男	主任医师
32	郑斌	荣昌区中医院	男	主任医师
33	罗利敏	荣昌区中医院	女	主任中医师
34	郭坤明	荣昌区中医院	男	主任医师
35	匡荣彬	荣昌区妇幼保健院	男	主任医师
36	叶嗣秀	荣昌区妇幼保健院	女	主任医师
37	王显碧	荣昌区妇幼保健院	女	主任医师
38	邱建平	荣昌区疾控中心	男	主任医师
39	刘世伟	荣昌区疾控中心	男	主任检验师
40	罗泽彬	荣昌区红十字协会	男	主任医师

续表 19

序号	姓　名	工作单位	性别	职称类别
41	冉智光	重庆澳龙生物制品有限公司	男	农业技术推广研究员
42	游洪涛	重庆华森制药有限公司	男	正高级工程师
43	陈烈春	重庆华森制药有限公司	男	正高级工程师
44	邹鹏	蓝洁广顺净水材料有限公司	男	正高级工程师
45	黄兴涛	重庆埃力森金属制品有限公司	男	正高级工程师
46	简鸣杉	重庆协旭机械有限公司	男	正高级工程师

表 20　**2020 年荣昌区获市级及以上表彰集体一览表**

获奖单位	荣誉称号	授予单位	获奖时间
荣昌区	中国西部陶瓷之都	中国轻工业联合会 中国陶瓷工业协会	2020 年 11 月
“小院讲堂”宣讲队	基层理论宣讲先进集体	中央宣传部办公厅	2020 年 11 月
中共荣昌区委宣传部组织的全国科普日活动	2020 年全国科普日优秀活动	中国科学技术协会办公厅	2020 年 12 月
中共荣昌区委网信办	2020 年国家网络安全宣传周活动先进单位	中央网信办、中央宣传部、教育部、工业和信息化部、公安部、中国人民银行、国家广播电视总局、全国总工会、共青团中央、全国妇联联合表扬	2020 年 12 月
荣昌区人民法院	民法典新规则案例适用	最高人民法院	2020 年 11 月
荣昌区人民法院	全国法院系统 2020 年度优秀案例分析三等奖	最高人民法院	2020 年 11 月
荣昌区司法局	全国文明单位	中央文明委	2020 年 11 月
荣昌区人民法院	全国文明单位	中央文明委	2020 年 11 月
荣昌区税务局	全国文明单位	中央文明委	2020 年 11 月
荣昌区安富街道通安村	全国文明村镇	中央文明委	2020 年 11 月
荣昌区广顺街道天常村	全国文明村镇	中央文明委	2020 年 11 月
荣昌区万灵镇沙堡村	全国文明村镇	中央文明委	2020 年 11 月
荣昌区广顺街天常村	继续保留“全国文明村镇”称号	中央文明委	2020 年 11 月
荣昌区安富中心小学	全国文明校园	中央文明委	2020 年 11 月
荣昌区医疗纠纷人民调解委员会	全国平安医院工作先进集体	卫生健康委、中央政法委、最高人民法院、最高人民检察院、公安部、民政部、司法部、市场监管总局、中国银保监会、国家中医药管理局	2020 年 11 月
荣昌区发展改革委	全国价格工作先进集体	人力资源和社会保障部 国家发展和改革委员会 市场监管总局	2020 年 7 月
荣昌高新区	2020 年度中国营商环境十佳高新技术开发区	《小康》杂志社	2020 年 12 月

续表 20

获奖单位	荣誉称号	授予单位	获奖时间
荣昌区公安局交巡警支队车管所	全国一等车管所（区县级）	公安部	2020 年 8 月
荣昌区农业综合行政执法支队	第二批全国农业综合行政执法示范窗口	农业农村部	2020 年 11 月
荣昌区畜牧发展中心	生猪复养增养模式被全国选评为典型案例	全国畜牧总站	2020 年 9 月
荣昌区工商联	2020 年度民营企业调查点工作先进示范单位	全国工商联办公厅	2020 年 11 月
荣昌区关心下一代工作委员会	全国“中华魂”（爱我中华—新中国成立七十周年）先进集体	中国关心下一代工作委员会、教育部关心下一代工作委员会、全国“中华魂”主题教育活动组织委员会	2020 年 8 月
荣昌区广顺街道高瓷村	保留“全国民主法治示范社区”荣誉称号	司法部、民政部	2020 年 2 月
荣昌区仁义镇瑶山社区	全国乡村旅游重点村	国家发改委、文化和旅游部	2020 年 9 月
荣昌区观胜镇银河村	国家森林乡村	国家林业和草原局	2020 年 2 月
重庆荣昌猪产业集群	重庆荣昌猪产业集群项目正式纳入全国首批优势特色集群建设名单	农业农村部、财政部	2020 年 5 月
“牵村行动”关爱农村留守儿童志愿项目	荣获第五届中国青年志愿服务项目大赛铜奖	共青团中央、中央文明办等 7 个单位	2020 年 12 月
荣昌区	全市区县“晒旅游精品　晒文创产品”大型文旅推介活动最佳推广奖	中共重庆市委宣传部、中共重庆市委网络安全和信息化委员会办公室、重庆市文化和旅游发展委员会	2020 年 11 月
荣昌区公安局刑侦支队	全市抗击新冠疫情先进集体	中共重庆市委 重庆市人民政府	2020 年 10 月
重庆市畜牧科学院生物工程研究所	重庆市抗击新冠肺炎疫情先进集体	中共重庆市委 重庆市人民政府	2020 年 10 月
荣昌区清江镇人民政府	重庆市乡村振兴贡献奖先进集体	中共重庆市委 重庆市人民政府	2020 年 3 月
荣昌高新区	重庆市抗击新冠肺炎疫情先进单位	中共重庆市委 重庆市人民政府	2020 年 10 月
荣昌区安富街道	拥军优属模范单位	中共重庆市委 重庆市人民政府 重庆警备区	2020 年 11 月
西南大学（水产学院）	科技进步二等奖	重庆市人民政府	2020 年 7 月
荣昌区社科联	2019 年度重庆市区县社科联工作先进单位	重庆市社科联	2020 年 3 月 18 日

续表 20

获奖单位	荣誉称号	授予单位	获奖时间
重庆市荣昌区关心下一代工作委员会	重庆市“中华魂”（爱我中华—新中国成立七十周年）优秀组织单位	中共重庆市委宣传部、重庆市关心下一代工作委员会、重庆市精神文明建设委员会办公室、重庆市教育委员会、重庆市文化和旅游发展委员会、共青团重庆市委员会	2020 年 1 月
九三学社重庆市荣昌区支社委员会	思想政治和宣传工作先进集体	九三学社重庆市委员会	2020 年 12 月
九三学社重庆市荣昌区支社委员会	参政议政工作先进集体	九三学社重庆市委员会	2020 年 12 月
九三学社重庆市荣昌区支社委员会	社会服务工作先进集体	九三学社重庆市委员会	2020 年 12 月
李琴、鹅遗传育种科研创新团队	2020 年重庆英才之创新创业示范团队	中共重庆市委人才工作领导小组	2020 年 11 月
杨金龙、动物微生态制剂研制与健康养殖技术服务团队	2020 年重庆英才之创新创业示范团队	中共重庆市委人才工作领导小组	2020 年 11 月
荣昌青年志愿者协会	第八届重庆青年志愿者优秀集体	重庆市青年志愿者协会	2020 年 12 月
荣昌职业教育中心青年志愿者服务队	2020 年大中专学生志愿者暑期文化科技卫生“三下乡”社会实践活动优秀院队	重庆市教育委员会	2020 年 12 月
荣昌区西部计划项目办公室	重庆市“山茶花”脱贫攻坚志愿者“网络带货”比赛优秀组织单位	重庆市大学生志愿服务西部计划项目管理办公室	2020 年 12 月
荣昌区人民检察院	全市检察信息工作先进单位	重庆市人民检察院	2020 年 1 月
荣昌区人民检察院	全市检察机关“保护长江母亲河”公益诉讼专项行动先进集体	重庆市人民检察院	2020 年 3 月
荣昌区人民检察院	全市检察机关“抓党建促队建强业务”网络知识竞赛组织奖	重庆市人民检察院	2020 年 8 月
荣昌区人民检察院	全市第一批民事行政检察典型案例：唐敬芳、段兵、莫言书、段茂森、段阳与重庆市荣昌区吴家镇人民政府确认行政行为违法及行政赔偿申请监督案	重庆市人民检察院	2020 年 12 月
荣昌区人民检察院	全市第一批民事行政检察典型案例：陈怀超与贵州铁麟房地产开发投资有限公司执行异议之诉审批程序违法检察建议案	重庆市人民检察院	2020 年 12 月
荣昌区人民检察院	全市第一批民事行政检察典型案例：李明昌与柴金柱借款合同纠纷网络司法拍卖执行监督案	重庆市人民检察院	2020 年 12 月

续表 20

获奖单位	荣誉称号	授予单位	获奖时间
荣昌区人民检察院	“王某某、白某等4人非法转让土地使用权不起诉案”入选全市检察机关“保市场主体、护民营经济”专项行动第三批典型案例	重庆市人民检察院	2020年12月
荣昌区人民检察院	2020年度全市检察机关政工信息先进单位	重庆市人民检察院	2020年12月
荣昌区人民检察院	派出检察室2020年度“优秀工作案例”	重庆市人民检察院	2020年12月
荣昌区人民法院	2019年度全市执行工作先进法院	重庆市高级人民法院	2020年2月
荣昌区人民法院	2019年度全市以审判为中心的刑事诉讼制度改革专项工作先进法院	重庆市高级人民法院	2020年2月
荣昌区人民法院	2019年度全市引入社会力量参与执行工作专项工作先进法院	重庆市高级人民法院	2020年2月
荣昌区人民法院	2019年度调研工作先进法院	重庆市高级人民法院	2020年3月
荣昌区人民法院	2019年度重庆行政诉讼典型案例	重庆市高级人民法院	2020年6月
荣昌区人民法院	重庆法院第二批司法体制综合配套改革典型案例	重庆市高级人民法院	2020年7月
荣昌区人民法院	2020年全市法院行政庭线“优秀裁判文书”三等奖	重庆市高级人民法院	2020年9月
荣昌区人民法院	2020年全市法院“优秀庭审”三等奖	重庆市高级人民法院	2020年9月
荣昌区人民法院	2020年全市法院“优秀庭审”三等奖	重庆市高级人民法院	2020年9月
荣昌区人民法院	重庆法院民营经济司法保护典型案例（第五批）	重庆市高级人民法院	2020年9月
荣昌区清升镇	市级卫生镇	重庆市卫健委	2020年12月
荣昌区观胜镇许友村	重庆市卫生村	重庆市爱国卫生运动委员会办公室	2020年12月
荣昌区昌州街道	2019年度财金协同支持乡镇产业发展奖补资金一等奖	重庆市财政局、重庆市农业农村委	2020年11月
荣昌区昌州街道	《推行“昌州管家”建设　不断提升城市管理水平》优秀创新案例	中共重庆市委当代党员杂志社	2020年3月
荣昌区税务局	省级文明单位	重庆市精神文明建设委员会	2020年5月
荣隆税务所	省级文明单位	重庆市精神文明建设委员会	2020年5月
仁义税务所	省级文明单位	重庆市精神文明建设委员会	2020年5月
安富税务所	省级文明单位	重庆市精神文明建设委员会	2020年5月
荣昌区税务局	重庆市节约型机关示范单位	重庆市机关事务管理局等	2020年12月
荣昌区税务局信息中心	省级工人先锋号	重庆市总工会	2020年4月
荣昌区河包镇人民政府	第十批全市“一村一品”示范村镇	重庆市农业农村委	2020年11月

续表 20

获奖单位	荣誉称号	授予单位	获奖时间
荣昌区文化旅游委	2020 重庆国际文化旅游产业博览会最佳组织奖	2020 重庆国际文化旅游产业博览会组委会	2020 年 10 月
荣昌区文化旅游委	2020“重庆好礼”旅游商品（文创产品）优秀组织奖	重庆市文化和旅游协会	2020 年 9 月
荣昌区图书馆	家乡、阅读“悦”美——2020 年重庆市“红岩少年”阅读大赛之少儿诵读比赛优秀组织奖	中共重庆市委宣传部、重庆市教育委员会、重庆市文化和旅游发展委员会、中国共产主义青年团重庆市委员会、重庆市妇女联合会	2020 年 11 月
荣昌区文化馆	“奋进新时代. 共圆小康梦”2020 年“欢跃四季. 舞蹈巴渝”重庆市广场舞展演组织工作奖	中共重庆市委宣传部 重庆市文化和旅游委员会	2020 年 10 月
荣昌区文化馆	“奋进新时代. 共圆小康梦”2020 年“欢跃四季. 舞蹈巴渝”重庆市广场舞展演优秀队伍称号	中共重庆市委宣传部 重庆市文化和旅游委员会	2020 年 10 月
荣昌区图书馆	第三届“阅读之星”重庆市民诵读大赛组织奖	中共重庆市委宣传部、中共重庆市委直属机关工作委员会、重庆市教育委员会、重庆市文化和旅游发展委员会	2020 年 12 月
荣昌区体育局	2020 年重庆市青少年柔道锦标赛团体第二名	重庆市体育局	2020 年 10 月
荣昌区体育局	2020 年重庆市国际式摔跤冠军赛团体第三名	重庆市体育局	2020 年 11 月
动物医学院本科生第三支部（原动物科学学院本科生第七支部）	重庆市新时代高校党建示范创建和质量创优工作培育创建样板支部	重庆市教育委员会	2020 年 11 月
动物医学院动物病原微生物与免疫科研创新团队	重庆市教育委员会 2020 年高校创新研究群体	重庆市教育委员会	2020 年 11 月
棠城爱心志愿者协会	重庆市优秀抗疫志愿者团队	重庆市精神文明委员会	2020 年 5 月
荣昌区清流镇龙井庙村	重庆市第二批美丽宜居乡村	重庆市农村人居环境整治工作领导小组办公室、重庆市精神文明建设委员会办公室、重庆市生态环境局、重庆市住房和城乡建设委员会、重庆市城市管理局、重庆市农业农村委员会、重庆市文化和旅游发展委员会、重庆市卫生健康委员会	2020 年 12 月
荣昌区清流镇龙井庙村“血橙 8 号、春见”	2020 年市级“一村一品”示范村	重庆市农业农村委员会	2020 年 12 月
清流镇“塔罗科血橙”	2020 年市级“一村一品”示范镇	重庆市农业农村委员会	2020 年 12 月
荣昌区清流镇马草村	重庆市民主法治示范村	重庆市司法局、重庆市民政局、重庆市普法工作办公室	2020 年 12 月

表 21　　2020 年荣昌区获市级及以上表彰个人一览表

姓　名	工作单位	荣誉称号	授予单位	获奖时间
刘培光	重庆市畜牧科学院	“中国人民志愿军抗美援朝出国作战 70 周年”纪念章	中共中央、国务院、中央军委	2020 年 10 月
文焕清	重庆市畜牧科学院	“中国人民志愿军抗美援朝出国作战 70 周年”纪念章	中共中央、国务院、中央军委	2020 年 10 月
郑文轩	重庆市畜牧科学院	“中国人民志愿军抗美援朝出国作战 70 周年”纪念章	中共中央、国务院、中央军委	2020 年 10 月
杨飞云	重庆市畜牧科学院	中国农工民主党成立 90 周年先进个人	中国农工民主党中央委员会	2020 年
曹　政	重庆市畜牧科学院	民进全国抗击新冠肺炎疫情先进个人	中国民主促进会中央委员会	2020 年 12 月
武英雨	荣昌区万灵镇团委	全国优秀共青团干部	共青团中央	2020 年 5 月
张家亮	共青团荣昌区委	抗击新冠肺炎疫情青年志愿服务先进个人	中国青年志愿者协会	2020 年 10 月
刘　敏	民进荣昌区委会机关	履职能力建设先进个人	民进中央	2020 年 12 月
曹　政	重庆市畜牧科技学院	抗击新冠肺炎疫情先进个人	民进中央	2020 年 12 月
叶家明	荣昌区区农业农村委	2020 全国县域数字农业农村发展水平评价工作先进个人	农业农村部信息中心	2020 年 11 月
蒋　庆	荣昌区区动物疫病预防控制中心	“铁骑力士杯”第七届振兴中国畜牧贡献奖（杰出人物）	中国畜牧兽医学会	2020 年 10 月
蒋　庆	荣昌区区动物疫病预防控制中心	抗击新冠疫情先进个人	九三学社中央	2020 年 11 月
刘　岭	荣昌区区畜牧发展中心	第二次全国污染源普查表现突出个人	国务院第二次全国污染源普查领导小组办公室	2020 年 9 月
欧永纯	荣昌初级中学宝城校区	全国优秀少先队辅导员	共青团中央、教育部、全国少工委	2020 年 12 月
魏　娟	荣昌区人力社保局	“岗位练兵明星”	人力资源和社会保障部	2020 年 12 月
周时宽	荣昌区司法局	全国模范人民调解员	司法部	2020 年 12 月
贺学良	荣昌区司法局	全国敬老爱老助老模范人物	卫生健康委、全国老龄委办公室	2020 年 12 月
武英雨	荣昌区万灵镇沙堡村委员会	全国优秀共青团干部	共青团中央	2020 年 5 月
何俊航	荣昌区青少年体育运动学校输送队员	2020 年全国国际式摔跤冠军赛自由跤 57 公斤第五名	中国摔跤协会	2020 年 11 月
罗春艳	荣昌区青少年体育运动学校输送队员	“达衣岩”杯 2020 年全国青少年柔道锦标赛少年女子组 45 公斤第一名	中国柔道协会	2020 年 12 月
段绪涛	荣昌区青少年体育运动学校输送队员	全国 U20 摔跤锦标赛男子古典式 77KG 级别第七名	中国摔跤协会	2020 年 11 月

续表21

姓　名	工作单位	荣誉称号	授予单位	获奖时间
马琳沁	荣昌区德南麻纺织有限公司（荣昌夏布区及代表性传承人）	2020年度中国纺织非遗推广大使候选人	中国纺织	2020年8月
刘　娟	西南大学（动物医学院）	第七届振兴中国畜牧贡献奖（杰出人物）	中国畜牧兽医学会	2020年10月
张姣姣 王鲜忠	西南大学（动物医学院）	第七届“创青春”中国青年创新创业大赛全国铜奖指导教师	共青团中央、人力资源与社会保障部、农业农村部、商务部、国务院扶贫办、黑龙江省人民政府和江西省人民政府主办	2020年11月
吕玉奎	荣昌区林业局	中国发明创业奖、成果奖二等奖	中国发明协会	2020年12月
张永斌	荣昌区公安局昌州派出所	全市抗击新冠疫情先进个人	中共重庆市委 重庆市人民政府	2020年10月
张永斌	区公安局昌州派出所	全市优秀共产党员	中共重庆市委	2020年10月
秦兆宏	荣昌区清流镇马草村	首届“重庆市杰出英才奖”	中共重庆市委 重庆市人民政府	2020年11月
廖万渊	荣昌区市场监督管理局	重庆市抗击新冠肺炎疫情先进个人	中共重庆市委 重庆市人民政府	2020年10月
何仁山	荣昌区经信委	重庆市抗击新冠肺炎疫情先进个人	中共重庆市委 重庆市人民政府	2020年10月
姜　鹏	荣昌区昌州街道	重庆市抗击新型肺炎疫情先进个人	中共重庆市委　重庆市人民政府	2020年10月
姜　鹏	荣昌区大数据发展局	重庆市抗击新冠肺炎疫情先进个人	中共重庆市委 重庆市人民政府	2020年10月
杨宗富	荣昌区双河街道	重庆市拥军优属模范个人	中共重庆市委 重庆市人民政府 重庆警备区	2020年11月
陈明才	荣昌区河包镇核桃村村民	市级脱贫攻坚先进个人	中共重庆市委 重庆市人民政府	2020年10月
杨　媚	荣昌区吴家镇人民政府	重庆市人民满意公务员	中共重庆市委 重庆市人民政府	2020年2月
魏光河	西南大学（动物医学院）	重庆市科技进步二等奖	重庆市人民政府	2020年7月
朱成科	西南大学（水产学院）	科技进步二等奖	重庆市人民政府	2020年7月
蒋　庆	荣昌区动物疫病预防控制中心	抗击新冠肺炎疫情先进个人	九三学社中央委员会	2020年11月
郭小兰	荣昌区吴家镇人大	新冠肺炎疫情防控工作先进个人	九三学社重庆市委员会	2020年12月
周建英	重庆市畜牧科学院	宣传工作先进个人	九三学社重庆市委员会	2020年12月
周建英	重庆市畜牧科学院	组织建设工作先进个人	九三学社重庆市委员会	2020年12月

续表 21

姓　名	工作单位	荣誉称号	授予单位	获奖时间
周建英	重庆市畜牧科学院	专（工）委工作先进个人	九三学社重庆市委员会	2020 年 12 月
周建英	重庆市畜牧科学院	参政议政工作先进个人	九三学社重庆市委员会	2020 年 12 月
李　睿	重庆市畜牧科学院	宣传工作先进个人	九三学社重庆市委员会	2020 年 12 月
李景富	荣昌区农业农村委	宣传工作先进个人	九三学社重庆市委员会	2020 年 12 月
吴俊伟	西南大学荣昌校区	宣传工作先进个人	九三学社重庆市委员会	2020 年 12 月
刘作华	重庆市畜牧科学院	2020 年重庆英才之优秀科学家	中共重庆市委人才工作领导小组	2020 年 11 月
张　健	重庆市畜牧科学院	2020 年重庆英才之创新领军人才	中共重庆市委人才工作领导小组	2020 年 11 月
张　健	重庆市畜牧科学院	第五批重庆市有突出贡献的中青年专家	中共重庆市委组织部、重庆市人力资源和社会保障局	2020 年 12 月
欧永纯	荣昌初级中学宝城校区	重庆市十佳少先队辅导员	重庆市少先队工作委员会	2020 年 7 月
欧永纯	荣昌初级中学宝城校区	全国优秀少先队辅导员	重庆市少先队工作委员会	2020 年 7 月
武英雨	荣昌区万灵镇团委	重庆市向上向善好青年——崇德守信好青年	共青团重庆市委	2020 年 4 月
熊贵英	共青团荣昌区委	重庆市优秀共青团干部	重庆市人力资源和社保局，共青团市委	2020 年 4 月
郑清源	荣昌区人民医院	重庆市优秀共青团员	重庆市人力资源和社保局，共青团市委	2020 年 4 月
袁滋润	共青团荣昌区委	2019—2020 年度重庆市青年岗位能手标兵	共青团重庆市委	2020 年 11 月
秦兆宏	荣昌区清流镇马草村	重庆英才·技术技能领军人物	中共重庆市委组织部、重庆市人力资源和社会保障局	2020 年 11 月
吕　明	荣昌区人民检察院	全市检察信息工作先进个人	重庆市人民检察院	2020 年 1 月
向福强	荣昌区人民检察院	嘉奖	重庆市人民检察院	2020 年 2 月
张长久	荣昌区人民检察院	重庆市检察系统先进个人	重庆市人力资源和社会保障局 重庆市人民检察院	2020 年 3 月
胡又丹	荣昌区人民检察院	全市检察机关青年干警“新时代青年与马克思主义”主题征文活动三等奖	重庆市人民检察院	2020 年 4 月
罗　娅	荣昌区人民检察院	全市检察机关青年干警“新时代青年与马克思主义”主题征文活动优秀奖	重庆市人民检察院	2020 年 4 月
莫仃伶	荣昌区人民检察院	全市检察机关“抓党建促队建强业务”网络知识竞赛三等奖	重庆市人民检察院	2020 年 8 月
张　莉	荣昌区人民检察院	全市检察机关“抓党建促队建强业务”网络知识竞赛三等奖	重庆市人民检察院	2020 年 8 月

续表 21

姓　名	工作单位	荣誉称号	授予单位	获奖时间
徐微雨	荣昌区人民检察院	全市检察机关“抓党建促队建强业务”网络知识竞赛三等奖	重庆市人民检察院	2020 年 8 月
梁远平	荣昌区人民法院	第三届“重庆市十大法治人物”提名奖	中共重庆市委宣传部、中共重庆市委网络安全和信息化委员会办公室、重庆市司法局、重庆市普法工作办公室	2020 年 12 月
张洋宾	荣昌区人民法院	2019 年度审判管理先进个人	重庆市高级人民法院	2020 年 3 月
彭　刚	荣昌区人民法院	2019 年度司法警察先进个人	重庆市高级人民法院	2020 年 3 月
黄国斌	荣昌区人民法院	2019 年度全市纪检监察工作表现突出个人	重庆市高级人民法院	2020 年 3 月
唐怀苗	荣昌区昌州街道八角井村	重庆市优秀基层妇联执委	重庆市妇女联合会	2020 年 9 月
任龙明	荣昌区税务局工会委员会	“敬业奉献”重庆好人	重庆市精神文明委员会	2020 年 1 月
隆　伟	荣昌区峰高街道办事处	优秀专武干部	重庆警备区	2020 年 1 月
张芃芃	重庆市兴昌辉腾旅游产业发展有限公司（荣昌夏布区级代表性传承人）	“巴渝工匠”杯重庆市第三届蚕桑行业技能竞赛丝绸刺绣开发竞赛三等奖	重庆市商务委、重庆市人力资源和社会保障局、重庆市总工会	2020 年 10 月
孙少杰	荣昌区体育中心	2020 年重庆市国际式摔跤冠军赛优秀教练员	重庆市体育局	2020 年 11 月
蒋泽光	荣昌区文化馆	重庆市青少年毒品预防教育“6. 27”工程工作中评为“优秀校外辅导员”	重庆市禁毒委员会、重庆市教委	2020 年 1 月
张姣姣 王鲜忠	西南大学（动物医学院）	第六届中国国际“互联网+”大学生创新创业大赛重庆市银奖　指导教师	重庆市教育委员会、重庆大学、璧山区人民政府	2020 年 10 月
张姣姣 王鲜忠	西南大学（动物医学院）	第十二届“挑战杯”中国大学生创业计划竞赛重庆市银奖　指导教师	共青团重庆市委、重庆市教育委员会、重庆市科学技术委员会、重庆市学生联合会	2020 年 10 月
张姣姣 王鲜忠	西南大学（动物医学院）	“创青春　邮储杯”川渝青年创新创业大赛决赛三等奖　指导教师	共青团重庆市委、共青团四川省委、重庆市科技局、市经济信息委、市人力社保局、市商务委、潼南区人民政府	2020 年 10 月
康士全	荣昌区广顺街道办事处	纪念中国农工民主党成立 90 周年“优秀党员”荣誉称号	中国农工民主党重庆市委员会	2020 年 8 月
陈树林	荣昌区河包镇核桃村村民	重庆市最美抗疫志愿者	重庆市精神文明委员会	2020 年 5 月
黄俊尧	昌元街道居民	重庆市最美抗疫志愿者	重庆市精神文明委员会	2020 年 5 月
李章红	荣昌教师进修校	重庆市新冠肺炎疫情期间未成年心理健康辅导工作先进个人	市委宣传部、市文明办、市教委、市卫生健康委	2020 年 7 月

续表 21

姓 名	工作单位	荣誉称号	授予单位	获奖时间
傅周俞	荣昌区盘龙镇合靖中心小学教师	重庆好人	市委宣传部、市文明办	2020 年 7 月
秦兆宏	荣昌区清流镇马草村村委会主任	重庆好人	市委宣传部、市文明办	2020 年 11 月
冉彦玲	荣昌区万灵山公司	“山水之城·美丽之地”导游词讲解大赛暨第五届全国导游大赛业余组银奖	市委宣传部、市文明办	2020 年 12 月
杨 媚	荣昌区吴家镇人民政府	重庆市第八届青年志愿者优秀个人	共青团重庆市委、重庆市青年志愿者协会	2020 年 12 月
李春秋	荣昌区人武部民兵	渝西片区自动步枪精度射击第一名	重庆警备区	2020 年 10 月
何能扬	荣昌区人武部民兵	渝西片区自动步枪精度射击第二名	重庆警备区	2020 年 10 月
郭 瑞	荣昌区人武部民兵	渝西片区战术基础动作第五名	重庆警备区	2020 年 10 月

统计资料

2020年重庆市荣昌区国民经济和社会发展统计公报

重庆市荣昌区统计局

2021年3月22日

2020年，面对复杂严峻的宏观经济形势和新冠肺炎疫情的严重冲击，全区上下以习近平新时代中国特色社会主义思想为指导，坚持稳中求进工作总基调，统筹疫情防控和经济社会发展工作，紧紧围绕习近平总书记对重庆市提出的营造良好政治生态，坚持“两点”定位、“两地”“两高”目标，发挥三个作用和推动成渝双城经济圈建设等重要指标要求，扎实做好“六稳”工作，全面落实“六保”任务，经济运行稳定恢复，高质量发展势头强劲。

一、综合

全年实现地区生产总值7097956万元，比上年增长4.9%。按产业分，第一产业增加值642633万元，增长6.7%；第二产业增加值3829601万元，增长6.5%；第三产业增加值2625722万元，增长2.2%。第一产业增加值占地区生产总值的比重为9.1%，比上年上升0.8个百分点；第二产业增加值比重为54.0%，比上年上升0.7个百分点；第三产业增加值比重为36.9%，比上年下降1.5百分点。

年末全区户籍户数312336户，户籍人口847068人，比上年减少3270人。其中，城镇人口412945人，乡村人口434123人。分性别看，男性人口430350人，女性人口416718人，人口性别比（以女性为1，男性对女性的比例）为1.03。全年出生人口6566人，出生人口性别比为1.05，出生率为7.7‰；死亡人口8597人，死亡率为10.1‰；自然增长率为-2.4‰。

表22　2020年户籍人口数及其构成一览表

指标名称	年末数	比重（%）
户籍总人口（人）	847068	100
其中：城镇人口（人）	412945	48.7
乡村人口（人）	434123	51.3
其中：男性（人）	430350	50.8
女性（人）	416718	49.2

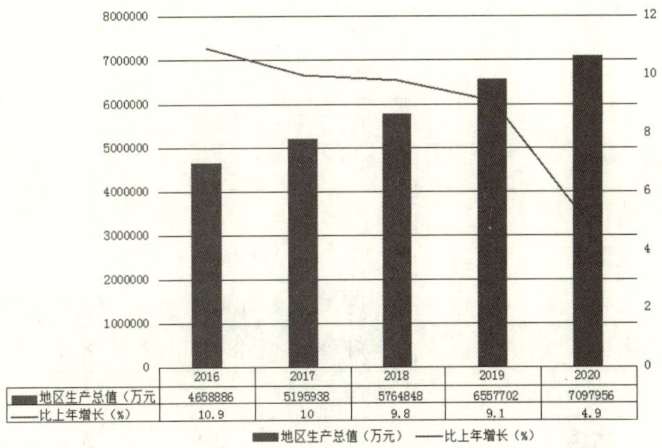

图1　2016—2020年地区生产总值及其增长速度

2020年城镇新增就业人员15661人，比上年下降23.7%。新增转移农村劳动力1215人，比上年增长6.1%。年末城镇登记失业人数4729人，比上年增长23.3%。城镇登记失业率3.41%，比上年增加0.62个百分点。

截至2020年，全区共有各类市场主体67514户，比上年增长7.9%。其中，内资企业14261户，外资企业26户，个体工商户52511户，农民专业合作社686户。

全年一般公共预算收入302186万元，比上年同口径增长8.0%。其中，税收收入177641万元，同口径增长1.0%；非税收收入124545万元，同口径增长19.9。一般公共预算支出947051万元，较上年同期增长3.0%。其中，一般公共服务支出87628万元，下降9.6%；教育支出198766万元，增长0.3%；社会保障和就业支出116491万元，增长2.9%；城乡社区支出71975万元，增长1.0%；卫生健康支出110025万元，增长4.5%。

二、农业

全年完成农林牧渔业总产值976735万元，比上年增长7.1%。全年粮食播种面积664131亩，粮食产量289101吨，增长0.2%。蔬菜播种面积298647亩，蔬菜产量613601吨，增长5.5%。肉类总产量48647吨，增长8.7%。

2020年主要农产品产量及其增长速度一览表

表23

产品名称	单位	2020年	比上年±%
粮食播种面积	亩	664131	0.2
粮食产量	吨	289101	0.2
小麦	吨	18	-50.0
稻谷	吨	175245	-0.1
玉米	吨	38211	1.3
高粱	吨	5937	-9.2
油料产量	吨	25339	3.0
蔬菜面积	亩	298647	2.8
蔬菜产量	吨	613601	5.5
肉类产量	吨	48647	8.7
猪肉	吨	33906	11.0
禽肉	吨	12089	3.0
生猪出栏	头	444715	9.3
羊出栏	头	20325	4.0

续表23

产品名称	单位	2020年	比上年±%
家禽出栏	只	7891196	2.2
禽蛋产量	吨	12065	12.9
牛奶产量	吨	3405	0.2

三、工业和建筑业

全年实现工业增加值2881275万元，比上年增长6.1%。其中，规模以上工业增加值增长6.1%。规模以上工业企业完成产值8682075万元，增长7.5%。

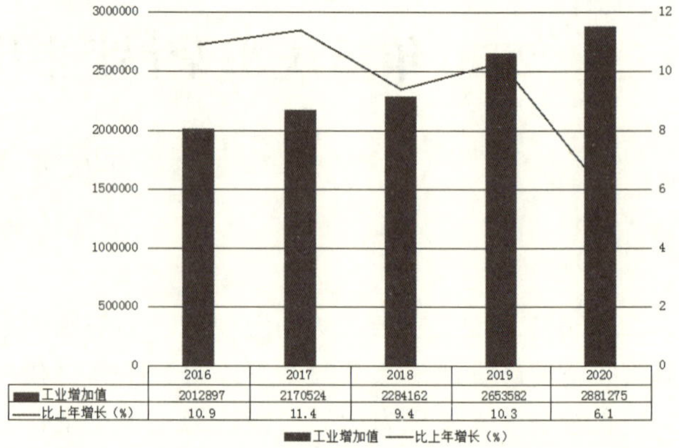

图2　2016—2020年工业增加值及其增长速度

2020年规模以上工业企业主要产品产量及其增长速度一览表

表24

产品名称	单位	产量	比上年增长（%）
原煤	吨	369491	0.7
商品混凝土	立方米	3639641	25.3
家具	件	718556	19.8
饲料	吨	1321975	8.6
鲜、冷藏肉	吨	60012	-10.7
精制茶	吨	101448	-5.6
苎麻布	万米	3996	1.3
纸制品	吨	157769	-1.0
不锈钢日用制品	吨	9034	-24.1
阀门	吨	157726	9.1
电子元件	万只	689166	25.2
印制电路板	平方米	664223	9.3
兽用药品	吨	37719	60.4
日用玻璃制品	吨	9270	-30.9

全区建筑业实现增加值948326万元，比上年增长8.1%。年末在荣昌区注册具有资质等级的总承包和专业承包的独立核算建筑业法人企业54家，实现建筑业总产值达到191.97亿元，增长15.1%。全年建筑企业房屋施工面积746.76万平方米，比上年增长27.9%；房屋建筑竣工面积464.38万平方米，比上年增长12.2%。

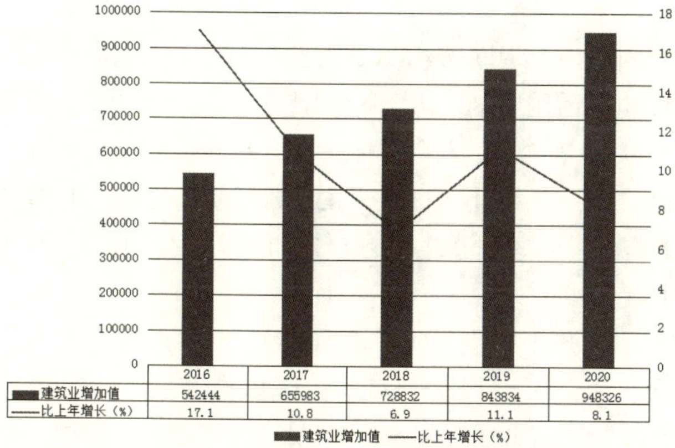

图3 2016—2020年建筑业增加值及其增长速度

四、固定资产投资

全年固定资产投资273.74亿元，比上年增长10.8%。其中，基础设施建设投资44.33亿元，下降22.0%；工业投资156.11亿元，增长13.9%；房地产开发投资38.69亿元，增长25.4%。从投资主体看，国有投资下降7.9%；民间投资增长12.7%。从三次产业投资看，第一产业投资增长48.4%；第二产业投资增长13.9%；第三产业投资增长4.1%。

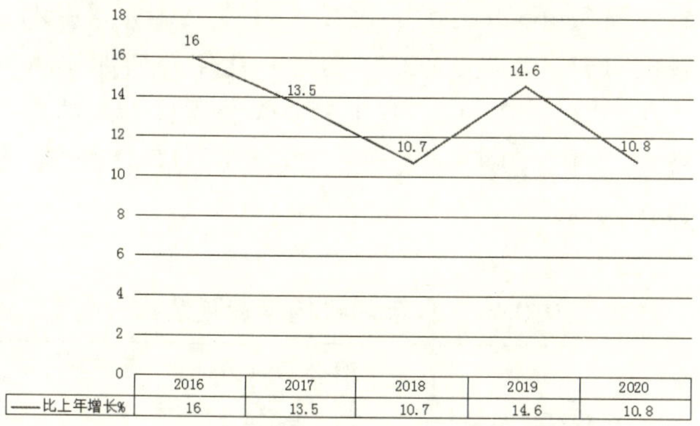

图4 2016—2020年固定资产投资增长速度

表25 2020年固定资产投资及其增长速度一览表

指标名称	完成数	比上年增长（%）
投资总额（万元）	2737420	10.8
按投资类别分		
建设与改造	2350529	8.7
#基础设施	443334	-22.0
房地产开发	386891	25.4
按登记注册类型分		
国有投资	382790	-7.9
民间投资	2282175	12.7
按三次产业分		
第一产业	100385	48.4
第二产业	1561111	13.9
#工业投资	1561111	13.9
第三产业	1075924	4.1
#房地产业	394633	23.4

全年商品房施工面积294.23万平方米，比上年下降1.4%；商品房竣工面积59.98万平方米，增长23.4%。商品房销售面积101.67万平方米，增长8.6%；其中住宅销售面积78.51万平方米，下降8.8%。商品房销售额66.02亿元，增长28.0%。

全年完成城市棚户区改造430户。完成农村危旧房改造8.54万平方米，增长39.8%。

2020年房地产开发和销售
表26 主要指标完成情况及其增长速度一览表

指标名称	2020年	比上年增长（%）
商品房施工面积（万平方米）	294.23	-1.4
#：住宅	224.17	-1.8
新开工面积（万平方米）	59.89	-59.7
#：住宅	46.08	-60.0
商品房竣工面积（万平方米）	59.98	23.4
#：住宅	45.25	23.6
商品房销售面积（万平方米）	101.67	8.6
#：住宅	78.51	-8.8
商品房销售额（万元）	660204	28.0
#：住宅	477048	-0.2

五、国内贸易

全年批发和零售业实现增加值602660万元，比上年增长2.5%，占全区生产总值的8.5%。批发业销售额同比增长13.8%，零售业销售额同比增长7.7%。住宿和餐饮业实现增加值119780万元，比上年下降3.6%，占全区生产总值的1.7%。住宿业营业额同比增长4.4%，餐饮业营业额同比增长0.9%。

消费品市场平稳增长。全年社会消费品零售总额同比增长2.6%。从限额以上法人企业主要商品零售情况看，汽车类增长11.9%，粮油、食品类增长21.5%，建筑及装潢材料类增长85.0%，家用电器和音响器材类下降28.2%。

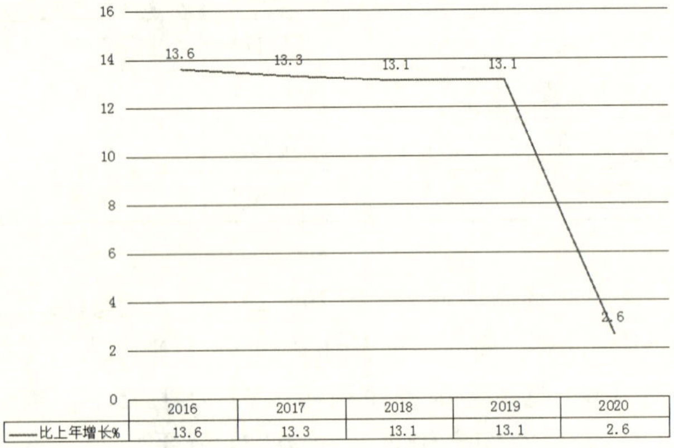

图5　2016—2020年社会消费品零食总额增长速度

六、对外经济

全年实现外贸进出口总值158418万元，比上年同期下降10.7%。其中，出口121971万元，下降29.4%；进口36448万元，增长669.8%。全年实际使用外资金额9543万美元，增长30.8%。其中，外商直接投资2627万美元。

七、交通、邮电和旅游

全年交通运输、仓储和邮政业实现增加值197566万元，比上年增长5.2%，占全区生产总值的比重为2.8%。

全年公路客运量完成3616万人，比上年同期下降38.2%；公路旅客周转量139979万人公里，下降43.8%；公路货运量完成1341万吨，增长47.3%；公路货物周转量153450万吨公里，增长66.8%。

年末全区拥有营运汽车7436辆，其中，货车5941辆、客车（含公交车）426辆、出租汽车220辆。

年底全区公路总里程2659.16公里。按行政等级划分：国道（高速公路）100.39公里，省道215.83公里，县道135.29公里，乡道293.81公里，专用公路11.33公里，村道1902.52公里。按技术等级分：高速公路65.80公里、一级公路25.01公里、二级公路244.93公里、三级公路66.43公里、四级公路2196.18公里，等外公路60.81公里。

全年完成邮电业务总量54704万元，比上年增长8.0%。其中，邮政业务收入14688万元，增长16.4%；电信业务总量40016万元，增长5.2%。年末固定电话用户数8.62万户，比上年下降9.6%；移动电话用户80.16万户，比上年增长6.0%。固定互联网宽带接入用户24.31万户，比上年增长14.1%；手机上网用户63.60万户，比上年增长10.0%；互联网络用户78.43万户，比上年增长11.2%。

旅游业加快发展。全年接待游客人数818万人次，比上年增长16.6%；实现旅游总收入42.38亿元，比上年增长39.9%。年末全区拥有A级旅游景区3个，其中，国家AAAA级旅游景区1个，国家AAA级旅游景区2个。

八、金融

金融市场稳健运行。全年金融业实现增加值189629万元，比上年增长1.2%，占全区生产总值的2.7%。

金融市场规模进一步扩大。年末全区金融机构各项存款余额达到4371477万元，比年初增加349064万元，增长8.7%。其中，企事业单位存款余额989593万元，比年初下降0.1%；个人储蓄存款余额3346520万元，比年初增长12.4%。年末金融机构贷款余额3760521万元，比年初增加434687万元，增长13.1%。其中，个人经营、个人消费类贷款1002119万元，增长3.8%。不良贷款率为0.29%。

表27　2020年年末金融机构存贷款余额一览表

指标	年末数（万元）	比年初±%
金融机构存款余额	4371477	8.7
#企事业单位存款	989593	-0.1
个人储蓄存款	3346520	12.4
金融机构贷款余额	3760521	13.1
#短期贷款	566882	8.6
中长期贷款	3140919	13.7

续表 27

指标	年末数（万元）	比年初±%
#个人消费贷款	1002119	3.8
#不良贷款	10749	8.9

保险业稳定发展。全年保险机构实现保费收入95293万元，比上年同期下降3.4%。理赔金额26300万元，下降16.8%。

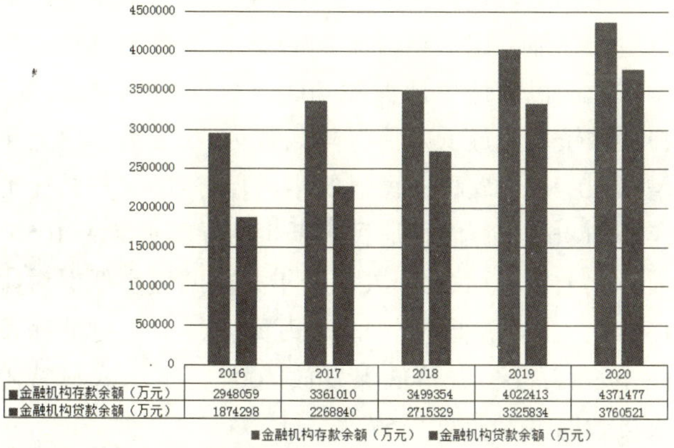

图6　2016—2020年金融机构存款余额

九、人民生活和社会保障

居民收入持续增加。全区常住居民人均可支配收入31973元，比上年增长7.2%。其中，人均工资性收入16885元，增长7.9%；人均经营净收入5506元，增长5.7%；人均财产净收入1706元，增长7.2%；人均转移净收入7876元，增长6.9%。

城镇常住居民人均可支配收入40489元，增长5.5%。其中，人均工资性收入23982元，增长5.7%；人均经营净收入4523元，增长5.5%；人均财产净收入2729元，增长4.3%；人均转移净收入9255元，增长5.6%。城镇居民恩格尔系数31.30%，比上年下降0.52个百分点。城镇居民人均住房面积44.28平方米，比上年增长0.1%。

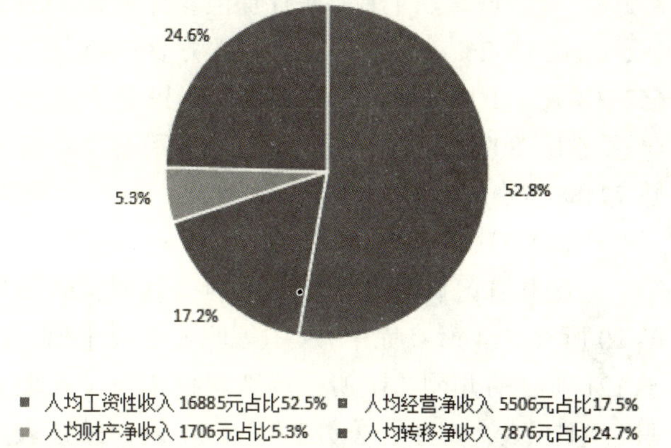

图7　按收入来源分的全区常住居民人均可支配收入占比

农村常住居民人均可支配收入20034元，增长7.3%。其中，人均工资性收入6936元，增长7.4%；人均经营净收入6883元，增长7.4%；人均财产净收入271元，增长6.7%；人均转移净收入5944元，增长7.1%。农村常住居民人均生活消费支出12727元，增长8.0%；其中，衣着795元，增长6.7%；居住2138元，增长6.2%；生活用品及服务1104元，增长8.6%；交通通信1450元，增长7.3%；教育文化娱乐1200元，增长7.1%；医疗保健1032元，增长7.8%。农村居民恩格尔系数38.23%，比上年增长1.53个百分点。农村居民人均住房面积44.36平方米，比上年增长2.06%。

社会保障建设稳步推进。全区城乡居民社会养老保险参保人数34.80万人，比上年下降0.03%。参加城镇企业职工基本养老保险人数为145462人，比上年增长16.8%。城镇登记失业人数4729人，城镇登记失业率3.41%。参加失业保险职工人数

表28　2020年居民人均可支配收入及其增长速度一览表

指标	全区常住居民		城镇常住居民		农村常住居民	
	绝对量（元）	比上年增长（%）	绝对量（元）	比上年增长（%）	绝对量（元）	比上年增长（%）
人均可支配收入	31973	7.2	40489	5.5	20034	7.3
工资性收入	16885	7.9	23982	5.7	6936	7.4
经营净收入	5506	5.7	4523	5.5	6883	7.4
财产净收入	1706	7.2	2729	4.3	271	6.7
转移净收入	7876	6.9	9255	5.6	5944	7.1

63624 人，增长 23.7%；领取失业保险人数 2183 人，增长 20.7%。参加工伤保险人数 147459 人，增长 8.2%。全区城镇职工基本医疗保险参保人数 117828 人，增长 13.2%。城乡居民合作医疗保险参保人数 653318 人，下降 2.3%；全年城乡居民合作医疗基金总支出 58099 万元，增长 5.8%。生育保险参保人数 72488 人，增长 21.0%。

十、教育、科学技术和文化

全区共有区属各类学校 295 所。其中，普通中学 20 所（含 4 所高完中），中等职业学校 1 所，小学 121 所，幼儿园 151 所，特殊学校 1 所。在职教职工 8476 人，其中，公办教师 6214 人，民办教师 2262 人。中等职业学校招生 2357 人，在校生 5850 人，毕业生 1645 人；普通高中招生 4774 人，在校生 14127 人，毕业生 4804 人；普通初中招生 8927 人，在校生 26420 人，毕业生 8723 人；小学招生 6696 人，在校生 43721 人，毕业生 8895 人；学前教育招生 9133 人，在校生 20018 人，毕业生 9022 人；特殊学校招生 13 人，在校生 186 人，毕业生 4 人。2020 年全年全区初中入学率为 100%，小学的入学率为 100%。

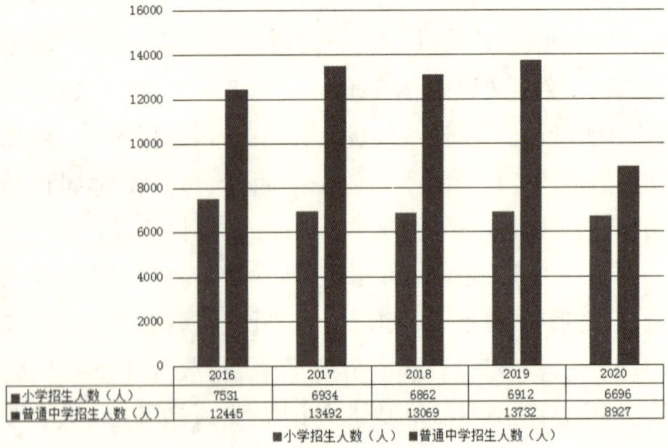

图 8　2016—2020 年中小学教育招生人数

全年高新技术企业 103 家，高新技术产品 52 个。全年获得专利授权 875 件。

全区共有中国驰名商标 3 件；地理标志量 7 件。

全区共有文化馆 1 个，图书馆 1 个，剧场、影剧院 5 个，体育场馆 2998 个。有线电视用户 15.87 万户。出版发行报纸 128.60 亿份，出版发行期刊 142198 份。

十一、卫生和社会服务

年末全区共有各级各类医疗卫生机构 419 个，其中，医院 12 个，乡镇卫生院 15 个，社区卫生服务中心 6 个，诊所类（含门诊部、医务室）140 个，村卫生室 241 个，疾病预防控制中心 1 个，卫生健康行政综合执法支队 1 个，中心血库 1 个，妇幼保健院 1 个，卫生健康培训学校 1 所。共有医疗卫生机构实有床位数 4258 张。全区共有卫生技术人员 5171 人，其中执业医师和执业助理医师 2037 人，注册护士 2283 人。

年末全区共有 9779 户 16884 人享受城乡居民最低生活保障，比上年增加 2439 人，增长 16.9%，其中城镇居民最低生活保障 4031 户，比上年增加 205 户，城镇居民最低生活保障人数为 6323 人，比上年增加 401 人；农村居民最低生活保障 5748 户，比上年增加 967 户，农村居民最低生活保障人数为 10561 人，比上年增加 2038 人。全年共救助城乡低保对象 16884 人，发放低保金 8964 万元，其中农村低保发放 4960 万元，城镇低保发放 4004 万元。农村特困人员救助供养人数 5157 人。

城市居民最低生活保障标准为 620 元/月，农村居民最低生活保障标准为 496 元/月，分别比上年增长 6.9%和 12.7%。

十二、资源和安全生产

当年降水量 1122 毫米，比上年增长 14.3%。建成区园林绿化覆盖面积 1576.85 公顷。

全年全区全社会用电量 13.70 亿千瓦时，增长 8.4%。其中城乡居民生活用电 4.49 亿千瓦时，增长 8.5%；工业用电量 6.79 亿千瓦时，增长 9.2%。

2020 年全区共发生 11 起生产安全死亡事故，死亡 12 人。同比事故起数减少 4 起，下降 26.7%；死亡人数减少 3 人，下降 20.0%。其中，道路运输行业发生 5 起客货运道路运输事故，死亡 5 人。

注：

1. 本公报中 2020 年的数据均为初步统计数，最终数据以《2021 荣昌统计年鉴》为准。肉类产量为上报数。部分数据因四舍五入的原因，存在着与分项不等的情况。

2. 2016—2018 年地区生产总值、各产业增加值根据第四次经济普查资料进行了修订，绝对数按现价计算，增长速度按可比价计算。

3. 规模以上工业、有资质的建筑业、限额以上批发零售业、限额以上住宿和餐饮业、全部房地产开发经营业、规模以上服务业等行业统计标准：

规模以上工业：年主营业务收入2000万元及以上的工业法人企业。

有资质的建筑业：有总承包、专业承包和劳务分包资质的建筑业法人单位。

限额以上批发和零售业：年主营业务收入2000万元及以上的批发业、年主营业务收入500万元及以上的零售业法人单位。

限额以上住宿和餐饮业：年主营业务收入200万元及以上的住宿和餐饮业法人单位。

房地产开发经营业：全部房地产开发经营业法人单位。

规模以上服务业：一定规模以上的服务业法人单位。包括：交通运输、仓储和邮政业，信息传输、软件和信息技术服务服务业，租赁和商务服务业，科学研究和技术服务业，水利、环境和公共设施管理业，居民服务、修理和其他服务业，教育，卫生和社会工作，文化、体育和娱乐业，物业管理、房地产中介服务等行业。

4. 基础设施投资指用于电力、燃气及水的生产和供应业，交通运输和邮政业，电信和其他信息传输服务业，水利、环境和公共设施管理业等的投资。

5. 常住人口是指在本乡镇（街道）居住半年以上的人口，或虽居住不满半年但离开户口登记地半年以上人口以及户口待定人口。

6. 户籍人口是指公民依照《中华人民共和国户口登记条例》，已在其经常居住地的公安户籍管理机关登记了常住户口的人。这类人口不管其是否外出，也不管外出时间长短，只要在某地注册有常住户口，则为该地区的户籍人口。户籍人口数一般是通过公安部门的经常性统计月报或年报取得的。

7. 可支配收入是指调查户在调查期内获得的、可用于最终消费支出和储蓄的总和，即调查户可以用来自由支配的收入。可支配收入既包括现金，也包括实物收入。按照收入的来源，可支配收入包含四项，分别为：工资性收入、经营净收入、财产净收入和转移净收入。计算公式为：

可支配收入=工资性收入+经营净收入+财产净收入+转移净收入

其中：经营净收入=经营收入-经营费用-生产性固定资产折旧-生产税净额（生产税-生产补贴）

财产净收入=财产性收入-财产性支出

转移净收入=转移性收入-转移性支出

8. 恩格尔系数是指居民食品消费支出占全部消费支出的比重。

9. 公报中水资源数据为初步数据。

10. 教育数据中没有包括西南大学荣昌校区、益民技校、永荣技校。

11. 部分数据由于计量单位取舍不同而产生的计算误差未作机械调整。

12. 资料来源：

本公报中户籍人口、交通运输事故死亡数据来自区公安局；就业、失业、社会保障数据来自区人力社保局、医保数据来自区医保局；各类市场主体、商标数据来自区市场监管局；财政、金融、保险数据来自区财政局；教育数据来自区教委；农村危旧房改造、城市棚户区数据来自区住房城乡建委；进出口、利用外资数据来自区商务委；交通运输数据来自区交通局；邮政数据来自区邮政荣昌分公司；用电量来自区经济信息委；通信数据来自区大数据发展局；旅游数据来自区旅游景区管委会；科技、专利数据来自区科技局；文化数据来自区文化旅游委会；卫生数据来自区卫生健康委；最低生活保障标准数据来自区民政局；水资源数据来自区水利局；部分资源数据来自区城管局；安全生产事故数据来自区应急局；其他数据来自区统计局。

附 录

文件目录

荣昌区委文件

表 29　　2020 年中共重庆市荣昌区委部分文件目录一览表

序号	文件名称	发布机关	发布文号	成文日期
1	中共重庆市荣昌区委重庆市荣昌区人民政府关于印发《关于抓好“三农”领域重点工作确保如期实现全面小康的实施方案》的通知	区委、区政府	荣委发〔2020〕1 号	2020. 2. 28
2	中共重庆市荣昌区委关于扎实抓好习近平总书记系列重要指示精神和《中共中央关于加强党的领导、为打赢疫情防控阻击战提供坚强政治保证的通知》贯彻落实的通知	区委	荣委发〔2020〕2 号	2020. 1. 30
3	中共重庆市荣昌区委重庆市荣昌区人民政府关于给予峰高街道等 14 个集体和刘卫东等 51 名同志奖励的决定	区委、区政府	荣委发〔2020〕3 号	2020. 1. 17
4	中共重庆市荣昌区委重庆市荣昌区人民政府关于印发《荣昌区中长期青年发展规划（2020—2025 年）》的通知	区委、区政府	荣委发〔2020〕4 号	2020. 2. 22
5	中共重庆市荣昌区委关于印发《中共重庆市荣昌区委常委会 2020 年工作要点》的通知	区委	荣委发〔2020〕5 号	2020. 2. 24
6	中共重庆市荣昌区委重庆市荣昌区人民政府关于印发《荣昌区 2020 年重点民生实事计划》的通知	区委、区政府	荣委发〔2020〕6 号	2020. 3. 13
7	中共重庆市荣昌区委重庆市荣昌区人民政府关于印发《荣昌区 2020 年重点建设项目计划》《荣昌区 2020 年重大前期项目计划》的通知	区委、区政府	荣委发〔2020〕7 号	2020. 3. 13
8	中共重庆市荣昌区委关于印发《中央第四巡视组脱贫攻坚专项巡视“回头看”反馈意见荣昌区整改落实方案》的通知	区委	荣委发〔2020〕8 号	2020. 3. 31

续表 29

序号	文件名称	发布机关	发布文号	成文日期
9	中共重庆市荣昌区委重庆市荣昌区人民政府关于印发《全面消除濑溪河、大清流河、渔箭河、马鞍河及一级支流V类劣V类专项工作方案》的通知	区委、区政府	荣委发〔2020〕9号	2020.4.10
10	中共重庆市荣昌区委关于着力“补短板做强项提品质”建设成渝地区双城经济圈重要增长极的决定	区委	荣委发〔2020〕10号	2020.4.19
11	中共重庆市荣昌区委重庆市荣昌区人民政府关于印发《荣昌区2020年打赢蓝天保卫战工作方案》的通知	区委、区政府	荣委发〔2020〕11号	2020.4.17
12	中共重庆市荣昌区委重庆市荣昌区人民政府关于印发《荣昌区打好防范化解重大金融风险攻坚战实施方案》的通知	区委、区政府	荣委发〔2020〕12号	2020.4.22
13	中共重庆市荣昌区委重庆市荣昌区人民政府关于印发《荣昌区水质全面提升巩固总体方案》的通知	区委、区政府	荣委发〔2020〕13号	2020.4.16
14	中共重庆市荣昌区委关于印发《中共重庆市荣昌区委常委会中央脱贫攻坚专项巡视“回头看”反馈意见整改专题民主生活会整改方案》的通知	区委	荣委发〔2020〕14号	2020.5.11
15	中共重庆市荣昌区委重庆市荣昌区人民政府关于2019年度镇街综合考核结果的通报	区委、区政府	荣委发〔2020〕15号	2020.5.13
16	中共重庆市荣昌区委关于印发《中共重庆市委关于贯彻落实〈中共中央关于加强中国特色社会主义参政党建设的意见〉具体措施的任务分解》的通知	区委	荣委发〔2020〕16号	2020.6.1
17	中共重庆市荣昌区委重庆市荣昌区人民政府关于印发《荣昌区全面实施预算绩效管理实施方案》的通知	区委、区政府	荣委发〔2020〕17号	2020.5.29
18	中共重庆市荣昌区委重庆市荣昌区人民政府关于印发《重庆市荣昌区加强耕地保护和改进占补平衡实施方案》的通知	区委、区政府	荣委发〔2020〕18号	2020.6.19
19	中共重庆市荣昌区委重庆市荣昌区人民政府关于2019年度部门综合考核结果的通报	区委、区政府	荣委发〔2020〕19号	2020.7.24
20	中共重庆市荣昌区委重庆市荣昌区人民政府关于印发《荣昌教育现代化2035》的通知	区委、区政府	荣委发〔2020〕20号	2020.8.14
21	中共重庆市荣昌区委关于区管领导班子和区管干部2019年度考核结果的通知	区委	荣委发〔2020〕21号	2020.8.21
22	中共重庆市荣昌区委重庆市荣昌区人民政府关于构建现代工业产业体系推动经济高质量发展的意见	区委、区政府	荣委发〔2020〕22号	2020.9.8
23	中共重庆市荣昌区委重庆市荣昌区人民政府关于印发《荣昌区扫黑除恶专项斗争“百日攻坚行动”实施方案》的通知	区委、区政府	荣委发〔2020〕23号	2020.10.20
24	中共重庆市荣昌区委重庆市荣昌区人民政府关于印发《荣昌区贯彻落实〈重庆市中央生态环境保护督察报告〉整改方案》的通知	区委、区政府	荣委发〔2020〕24号	2020.11.1
25	中共重庆市荣昌区委重庆市荣昌区人民政府关于给予曹颖等576名同志奖励的决定	区委、区政府	荣委发〔2020〕25号	2020.11.13

续表 29

序号	文件名称	发布机关	发布文号	成文日期
26	中共重庆市荣昌区委关于制定重庆市荣昌区国民经济和社会发展第十四个五年规划和二〇三五年远景目标的建议	区委	荣委发〔2020〕26 号	2020. 12. 30
27	中共重庆市荣昌区委关于印发《重庆市荣昌区贯彻落实〈重庆市贯彻实施《中国共产党农村工作条例》办法〉工作措施二十条》的通知	区委	荣委发〔2020〕27 号	2020. 12. 30
1	中共重庆市荣昌区委办公室重庆市荣昌区人民政府办公室关于印发《荣昌区 2020 年重点建设项目月度推进计划》《荣昌区 2020 年重大前期项目月度推进计划》的通知	区委办公室、区政府办公室	荣委办发〔2020〕1 号	2020. 4. 3
2	中共重庆市荣昌区委办公室重庆市荣昌区人民政府办公室关于印发《荣昌区 2020 年重点民生实事推进进度计划》的通知	区委办公室、区政府办公室	荣委办发〔2020〕2 号	2020. 4. 9
3	中共重庆市荣昌区委办公室关于区纪委监委有关派驻纪检监察组更名的通知	区委办公室	荣委办发〔2020〕3 号	2020. 1. 10
4	关于评选表彰荣昌区振兴实体经济工作先进集体先进个人、荣昌区创新驱动发展工作先进集体先进个人的决定	区委办公室	荣委办发〔2020〕4 号	2020. 1. 16
5	中共重庆市荣昌区委办公室重庆市荣昌区人民政府办公室关于 2019 年度“双评双促”工作评议结果的通报	区委办公室、区政府办公室	荣委办发〔2020〕5 号	2020. 1. 17
6	中共重庆市荣昌区委办公室重庆市荣昌区人民政府办公室关于印发《荣昌区国有企业退休人员社会化管理服务工作方案》的通知	区委办公室、区政府办公室	荣委办发〔2020〕6 号	2020. 2. 6
7	中共重庆市荣昌区委办公室关于 2019 年度公文错情的通报	区委办公室	荣委办发〔2020〕7 号	2020. 2. 17
8	中共重庆市荣昌区委办公室关于印发《中共重庆市荣昌区委 2020 年政党协商（双月座谈会）计划》的通知	区委办公室	荣委办发〔2020〕8 号	2020. 2. 21
9	中共重庆市荣昌区委办公室关于印发《重庆市荣昌区 2020 年宣传思想工作要点》的通知	区委办公室	荣委办发〔2020〕9 号	2020. 2. 26
10	中共重庆市荣昌区委办公室关于印发《重庆市荣昌区 2020 年意识形态工作要点》的通知	区委办公室	荣委办发〔2020〕10 号	2020. 2. 26
11	中共重庆市荣昌区委办公室关于印发《中共重庆市荣昌区委 2020 年巡察工作计划》的通知	区委办公室	荣委办发〔2020〕11 号	2020. 2. 28
12	中共重庆市荣昌区委办公室重庆市荣昌区人民政府办公室关于开展第三届“棠城工匠”评选活动的通知	区委办公室、区政府办公室	荣委办发〔2020〕12 号	2020. 3. 4
13	中共重庆市荣昌区委办公室重庆市荣昌区人民政府办公室关于建立“百名干部进企业”活动常态化工作机制的通知	区委办公室、区政府办公室	荣委办发〔2020〕13 号	2020. 3. 12
14	中共重庆市荣昌区委办公室关于印发《贯彻落实〈中共重庆市荣昌区委常委会 2020 年工作要点〉重点工作分工方案》的通知	区委办公室	荣委办发〔2020〕14 号	2020. 3. 30
15	中共重庆市荣昌区委办公室关于印发《2020 年区委党内规范性文件制定计划》的通知	区委办公室	荣委办发〔2020〕15 号	2020. 3. 26

续表 29

序号	文件名称	发布机关	发布文号	成文日期
16	中共重庆市荣昌区委办公室关于认真贯彻落实《加强党员教育管理工作重点措施》的通知	区委办公室	荣委办发〔2020〕16 号	2020. 3. 30
17	中共重庆市荣昌区委办公室重庆市荣昌区人民政府办公室关于印发《重庆市荣昌区党政领导干部食品安全责任清单》的通知	区委办公室、区政府办公室	荣委办发〔2020〕17 号	2020. 4. 7
18	中共重庆市荣昌区委办公室重庆市荣昌区人民政府办公室关于印发《荣昌区 2020 年河长制工作考核办法》的通知	区委办公室、区政府办公室	荣委办发〔2020〕18 号	2020. 4. 10
19	中共重庆市荣昌区委办公室重庆市荣昌区人民政府办公室政协重庆市荣昌区委员会办公室关于认真做好区政协十五届四次会议重点提案办理工作的通知	区委办公室、区政府办公室、区政协办公室	荣委办发〔2020〕19 号	2020. 4. 14
20	中共重庆市荣昌区委办公室重庆市荣昌区人民政府办公室关于印发《荣昌区城乡接合部人居环境综合整治工作实施方案》的通知	区委办公室	荣委办发〔2020〕20 号	2020. 4. 20
21	中共重庆市荣昌区委办公室关于印发《重庆市荣昌区“制度执行年”活动实施方案》的通知	区委办公室	荣委办发〔2020〕21 号	2020. 4. 23
22	中共重庆市荣昌区委办公室重庆市荣昌区人民政府办公室关于印发《荣昌区国有企业转型做实改革计划》的通知	区委办公室、区政府办公室	荣委办发〔2020〕22 号	2020. 4. 28
23	中共重庆市荣昌区委办公室印发《关于落实〈中共重庆市荣昌区委关于新时代加强和改进人民政协工作的实施意见〉主要任务分工方案》的通知	区委办公室	荣委办发〔2020〕23 号	2020. 4. 29
24	中共重庆市荣昌区委办公室重庆市荣昌区人民政府办公室关于第三届“棠城工匠”获奖人选名单的通报	区委办公室	荣委办发〔2020〕24 号	2020. 5. 21
25	中共重庆市荣昌区委办公室重庆市荣昌区人民政府办公室关于印发《荣昌区贯彻落实〈重庆市建设中西部国际交往中心三年行动计划（2020—2022 年）〉的实施方案》的通知	区委办公室、区政府办公室	荣委办发〔2020〕25 号	2020. 6. 11
26	中共重庆市荣昌区委办公室重庆市荣昌区人民政府办公室关于印发《荣昌区加强和改进生活无着的流浪乞讨人员救助管理工作的实施意见目标任务清单》的通知	区委办公室、区政府办公室	荣委办发〔2020〕26 号	2020. 6. 12
27	中共重庆市荣昌区委办公室重庆市荣昌区人民政府办公室印发《关于加强和改进新时代产业工人队伍思想政治工作的重点措施》的通知	区委办公室、区政府办公室	荣委办发〔2020〕27 号	2020. 6. 16
28	中共重庆市荣昌区委办公室重庆市荣昌区人民政府办公室关于印发《荣昌区贯彻落实〈新时代爱国主义教育实施纲要〉具体措施》的通知	区委办公室、区政府办公室	荣委办发〔2020〕28 号	2020. 6. 16
29	中共重庆市荣昌区委办公室重庆市荣昌区人民政府办公室关于印发《荣昌区脱贫攻坚“清仓见底大行动”方案》的通知	区委办公室、区政府办公室	荣委办发〔2020〕29 号	2020. 6. 28

续表 29

序号	文件名称	发布机关	发布文号	成文日期
30	中共重庆市荣昌区委办公室关于印发《荣昌区贯彻落实〈中共重庆市委贯彻《中国共产党政法工作条例》实施办法〉任务分解表》的通知	中共重庆市荣昌区委办公室	荣委办发〔2020〕30 号	2020. 7. 3
31	中共重庆市荣昌区委办公室重庆市荣昌区人民政府办公室印发《荣昌区贯彻落实〈关于防范化解和妥善处置群体性事件的意见〉重点举措》的通知	区委办公室、区政府办公室	荣委办发〔2020〕31 号	2020. 7. 3
32	中共重庆市荣昌区委办公室印发《关于推进全区镇街党校建设的实施方案》的通知	中共重庆市荣昌区委办公室	荣委办发〔2020〕32 号	2020. 7. 9
33	中共重庆市荣昌区委办公室重庆市荣昌区人民政府办公室关于印发《荣昌区开展污水乱排、岸线乱占、河道乱建“三乱”整治专项行动工作实施方案》的通知	区委办公室、区政府办公室	荣委办发〔2020〕33 号	2020. 7. 21
34	中共重庆市荣昌区委办公室关于荣昌区当前意识形态领域情况的通报	中共重庆市荣昌区委办公室	荣委办发〔2020〕34 号	2020. 7. 22
35	中共重庆市荣昌区委办公室关于印发《重庆市荣昌区政治生态分析评估系统实施意见》的通知	中共重庆市荣昌区委办公室	荣委办发〔2020〕35 号	2020. 7. 31
36	中共重庆市荣昌区委办公室重庆市荣昌区人民政府办公室关于印发《荣昌区加快推进教育现代化实施方案（2020—2022年）》的通知	区委办公室、区政府办公室	荣委办发〔2020〕36 号	2020. 8. 13
37	中共重庆市荣昌区委办公室重庆市荣昌区人民政府办公室关于印发《重庆市荣昌区 2020 年营商环境整治提升专项行动方案》的通知	区委办公室、区政府办公室	荣委办发〔2020〕37 号	2020. 8. 17
38	中共重庆市荣昌区委办公室重庆市荣昌区人民政府办公室关于评选表彰荣昌区打好“三大攻坚战”突出贡献奖之脱贫攻坚工作突出贡献奖的通知	区委办公室、区政府办公室	荣委办发〔2020〕38 号	2020. 8. 21
39	中共重庆市荣昌区委办公室关于印发《深化重庆市荣昌区纪委监委派驻机构改革的实施方案（试行）》的通知	中共重庆市荣昌区委办公室	荣委办发〔2020〕39 号	2020. 9. 8
40	中共重庆市荣昌区委办公室重庆市荣昌区人民政府办公室关于切实抓好《重庆市支持民营企业改革发展若干措施》贯彻落实的通知	区委办公室、区政府办公室	荣委办发〔2020〕40 号	2020. 9. 9
41	中共重庆市荣昌区委办公室重庆市荣昌区人民政府办公室关于印发《重庆市荣昌区区属国有重点企业领导人员管理办法》的通知	区委办公室、区政府办公室	荣委办发〔2020〕41 号	2020. 9. 18
42	中共重庆市荣昌区委办公室重庆市荣昌区人民政府办公室关于评选表彰荣昌区打好“三大攻坚战”突出贡献奖之防范化解重大风险攻坚工作、污染防治攻坚工作突出贡献奖的通知	区委办公室、区政府办公室	荣委办发〔2020〕42 号	2020. 9. 23
43	中共重庆市荣昌区委办公室重庆市荣昌区人民政府办公室关于评选表彰荣昌区开放发展突出贡献奖的通知	区委办公室、区政府办公室	荣委办发〔2020〕43 号	2020. 9. 29

续表 29

序号	文件名称	发布机关	发布文号	成文日期
44	中共重庆市荣昌区委办公室重庆市荣昌区人民政府办公室关于调整区领导联系重点企业和成长型企业的通知	区委办公室、区政府办公室	荣委办发〔2020〕44 号	2020. 9. 30
45	中共重庆市荣昌区委办公室重庆市荣昌区人民政府办公室关于印发《荣昌区“晒‘十三五’成就·晒‘十四五’思路”主题宣传活动工作方案》的通知	区委办公室、区政府办公室	荣委办发〔2020〕45 号	2020. 10. 15
46	中共重庆市荣昌区委办公室重庆市荣昌区人民政府办公室关于评选表彰荣昌区打好“三大攻坚战”突出贡献奖先进集体先进个人的决定	区委办公室、区政府办公室	荣委办发〔2020〕46 号	2020. 10. 30
47	中共重庆市荣昌区委办公室重庆市荣昌区人民政府办公室关于给予全区事业单位脱贫攻坚先进集体和先进个人专项奖励的决定	区委办公室、区政府办公室	荣委办发〔2020〕47 号	2020. 10. 30
48	中共重庆市荣昌区委办公室关于在全区开展“以案改治理、以案改监管、以案改制度、以案改作风”工作的通知	区委办公室	荣委办发〔2020〕48 号	2020. 12. 1
49	中共重庆市荣昌区委办公室关于印发《贯彻落实〈关于巩固深化“不忘初心、牢记使命”主题教育成果的意见〉的工作措施》的通知	区委办公室	荣委办发〔2020〕49 号	2020. 12. 3
50	中共重庆市荣昌区委办公室重庆市荣昌区人民政府办公室印发《关于加强重庆市荣昌区新型智库建设的实施办法》的通知	区委办公室、区政府办公室	荣委办发〔2020〕50 号	2020. 12. 4
51	中共重庆市荣昌区委办公室关于废止荣委办发【2018】138 号文件的通知	区委办公室	荣委办发〔2020〕51 号	2020. 12. 16
52	中共重庆市荣昌区委办公室重庆市荣昌区人民政府办公室关于印发《荣昌区贯彻落实〈重庆市构建现代环境治理体系实施方案〉工作方案》的通知	区委办公室、区政府办公室	荣委办发〔2020〕52 号	2020. 12. 18
53	中共重庆市荣昌区委办公室重庆市荣昌区人民政府办公室关于印发《荣昌区开展国家数字乡村试点工作实施方案》的通知	区委办公室、区政府办公室	荣委办发〔2020〕53 号	2020. 12. 31

（刘天生）

荣昌区人民政府文件

表 30　　**2020 年重庆市荣昌区人民政府部分文件目录一览表**

文件名称	发布文号
重庆市荣昌区人民政府关于安富街道道路予以命名的通知	荣昌府发〔2020〕1 号
重庆市荣昌区人民政府关于应对新型冠状病毒疫情支持企业发展的六条政策措施	荣昌府发〔2020〕2 号
重庆市荣昌区人民政府关于加强疫情防控资金使用的通知	荣昌府发〔2020〕3 号
重庆市荣昌区人民政府关于印发 2020 年全区安全生产与自然灾害防治工作要点的通知	荣昌府发〔2020〕4 号
重庆市荣昌区人民政府关于做好第七次全国人口普查的通知	荣昌府发〔2020〕5 号
重庆市荣昌区人民政府关于加强动物疫病防疫体系建设和管理的通知	荣昌府发〔2020〕6 号
重庆市荣昌区人民政府关于废止部分区政府规范性文件的决定	荣昌府发〔2020〕7 号
重庆市荣昌区人民政府关于印发健康中国荣昌行动实施方案的通知	荣昌府发〔2020〕8 号

续表 30

文件名称	发布文号
重庆市荣昌区人民政府关于印发荣昌区吴家镇集中式饮用水水源地保护区调整方案的通知	荣昌府发〔2020〕9 号
重庆市荣昌区人民政府关于印发荣昌区 2019 年耕地保护督察整改工作实施方案的通知	荣昌府发〔2020〕10 号
重庆市荣昌区人民政府关于给予傅周俞同志“见义勇为先进分子”表彰的决定	荣昌府发〔2020〕11 号
重庆市荣昌区人民政府关于荣昌高新区部分园区道路予以命名的通知	荣昌府发〔2020〕12 号
重庆市荣昌区人民政府关于印发促进乡村产业振兴实施方案的通知	荣昌府发〔2020〕13 号
重庆市荣昌区人民政府关于给予李兵同志“见义勇为先进分子”表彰的决定	荣昌府发〔2020〕15 号
关于印发荣昌区市场监管领域全面推行部门联合“双随机、一公开”监管工作方案的通知	荣昌府发〔2020〕16 号
重庆市荣昌区人民政府关于第八届荣昌区青少年科技创新区长奖、提名奖、优秀科技辅导员奖及青少年科技创新培育奖评选结果的通报	荣昌府发〔2020〕18 号
重庆市荣昌区人民政府关于印发荣昌区规范活禽交易推行集中屠宰加强冷链供应工作实施方案（试行）的通知	荣昌府发〔2020〕19 号
重庆市荣昌区人民政府关于印发荣昌区国家森林城市建设总体规划（2016—2025 年）修编的通知	荣昌府发〔2020〕20 号
重庆市荣昌区人民政府关于废止部分区政府规范性文件的决定	荣昌府发〔2020〕21 号
重庆市荣昌区人民政府关于印发重庆市荣昌区落实生态保护红线、环境质量底线、资源利用上线制定生态环境准入清单实施生态环境分区管控实施方案的通知	荣昌府发〔2020〕22 号
重庆市荣昌区人民政府关于昌元街道、盘龙镇道路予以命名的通知	荣昌府发〔2020〕23 号
重庆市荣昌区人民政府关于设立“重庆荣昌高新技术产业开发区广富园代管区域”通知	荣昌府发〔2020〕24 号
重庆市荣昌区人民政府办公室关于印发重庆市荣昌区社区居家养老服务全覆盖实施方案的通知	荣昌府办发〔2020〕1 号
重庆市荣昌区人民政府办公室关于印发荣昌区 2020 年返乡人员就业创业服务活动方案的通知	荣昌府办发〔2020〕2 号
重庆市荣昌区人民政府办公室转发重庆市人民政府办公厅关于进一步扩大有效投资的通知	荣昌府办发〔2020〕3 号
重庆市荣昌区人民政府办公室关于印发重庆市荣昌区高层建筑消防安全突出问题专项整治工作方案的通知	荣昌府办发〔2020〕4 号
重庆市荣昌区人民政府办公室转发市农业农村委员会关于重庆市恢复生猪生产保障市场供应促进转型升级工作任务清单的通知	荣昌府办发〔2020〕5 号
重庆市荣昌区人民政府办公室关于高洪波同志兼任区级议事协调机构职务的通知	荣昌府办发〔2020〕6 号
重庆市荣昌区人民政府办公室关于印发 2020 年区政府工作报告确定目标任务责任分解方案的通知	荣昌府办发〔2020〕7 号
重庆市荣昌区人民政府办公室关于印发荣昌区 2020 年城市道路建设计划的通知	荣昌府办发〔2020〕8 号
重庆市荣昌区人民政府办公室关于印发荣昌区 2020 年春风行动暨就业援助月网络招聘大会活动方案的通知	荣昌府办发〔2020〕9 号
重庆市荣昌区人民政府办公室关于办理区人大常委会对我区生态环境保护工作审议意见的工作方案的通知	荣昌府办发〔2020〕10 号
重庆市荣昌区人民政府办公室关于印发荣昌区村镇供水工程运行管理办法的通知	荣昌府办发〔2020〕12 号
重庆市荣昌区人民政府办公室关于办理区人大常委会对我区农村饮水安全巩固提升工程建设情况审议意见工作方案的通知	荣昌府办发〔2020〕13 号
重庆市荣昌区人民政府办公室关于进一步完善全区重点项目推进机制的通知	荣昌府办发〔2020〕14 号
重庆市荣昌区人民政府办公室关于印发荣昌区财政资金审批管理办法的通知	荣昌府办发〔2020〕15 号

续表 30

文件名称	发布文号
重庆市荣昌区人民政府办公室关于应对新冠肺炎疫情支持餐饮业发展的六条政策措施的通知	荣昌府办发〔2020〕16 号
重庆市荣昌区人民政府办公室印发关于应对新型冠状病毒肺炎疫情支持新型农业经营主体渡难关促发展的十条政策措施的通知	荣昌府办发〔2020〕17 号
重庆市荣昌区人民政府办公室关于印发荣昌区 2020 年农村改厕实施方案的通知	荣昌府办发〔2020〕18 号
重庆市荣昌区人民政府办公室关于印发荣昌区人民医院创建三级甲等综合医院实施方案的通知	荣昌府办发〔2020〕19 号
重庆市荣昌区人民政府办公室关于印发牛羊及小家畜禽保险试点工作方案的通知	荣昌府办发〔2020〕20 号
重庆市荣昌区人民政府办公室关于印发重庆市荣昌区大面积停电事件应急预案的通知	荣昌府办发〔2020〕21 号
重庆市荣昌区人民政府办公室关于印发荣昌区 2020 年主要经济指标任务分解的通知	荣昌府办发〔2020〕22 号
重庆市荣昌区人民政府办公室关于做好 2020 年防雷安全管理工作的通知	荣昌府办发〔2020〕23 号
重庆市荣昌区人民政府办公室关于印发荣昌区体育场地基础设施建设实施办法的通知	荣昌府办发〔2020〕24 号
重庆区荣昌区人民政府办公室关于建立荣昌区统计工作联席会议制度的通知	荣昌府办发〔2020〕25 号
重庆市荣昌区人民政府办公室关于成立荣昌区重点项目工作领导小组的通知	荣昌府办发〔2020〕26 号
重庆市荣昌区人民政府办公室关于印发荣昌区全面推进城镇老旧小区改造和社区服务提升专项行动方案的通知	荣昌府办发〔2020〕27 号
重庆市荣昌区人民政府办公室关于印发荣昌区高层建筑消防安全提升计划（2020—2022 年）的通知	荣昌府办发〔2020〕28 号
重庆市荣昌区人民政府办公室关于印发荣昌区节约型机关创建行动方案的通知	荣昌府办发〔2020〕29 号
重庆市荣昌区人民政府办公室关于印发 2020 年整治污水偷排直排乱排专项行动方案的通知	荣昌府办发〔2020〕30 号
重庆市荣昌区人民政府办公室关于荣昌区 2020 年生猪产业发展任务的通知	荣昌府办发〔2020〕31 号
重庆市荣昌区人民政府办公室关于印发荣昌区 2020 年夏秋季臭氧污染防控工作方案的通知	荣昌府办发〔2020〕33 号
重庆市荣昌区人民政府办公室关于印发重庆市荣昌区人民政府公文公开属性源头认定办法的通知	荣昌府办发〔2020〕34 号
重庆市荣昌区人民政府办公室关于印发《重庆市荣昌区国土空间总体规划（2019—2035）编制工作方案》的通知	荣昌府办发〔2020〕35 号
重庆市荣昌区人民政府办公室关于印发促进平台经济规范健康发展实施方案的通知	荣昌府办发〔2020〕36 号
重庆市荣昌区人民政府办公室关于印发荣昌区 2020 年度地质灾害防治方案的通知	荣昌府办发〔2020〕37 号
重庆市荣昌区人民政府办公室关于进一步深化财政管理改革实施政府过紧日子十条举措的通知	荣昌府办发〔2020〕38 号
重庆市荣昌区人民政府办公室关于印发荣昌区区属国有企业融资管理办法的通知	荣昌府办发〔2020〕39 号
重庆市荣昌区人民政府办公室关于办理区人大常委会对区人民政府就业工作情况审议意见的工作方案的通知	荣昌府办发〔2020〕40 号
重庆市荣昌区人民政府办公室关于做好行政机关政策解读工作的通知	荣昌府办发〔2020〕41 号
重庆市荣昌区人民政府办公室关于印发重庆市荣昌区城镇天然气事故应急预案的通知	荣昌府办发〔2020〕42 号
重庆市荣昌区人民政府办公室关于 2020 年“五一”期间大气污染应对工作的通报	荣昌府办发〔2020〕43 号
重庆市荣昌区人民政府办公室关于印发荣昌区加快线上业态线上服务线上管理发展实施方案的通知	荣昌府办发〔2020〕44 号
重庆市荣昌区人民政府办公室关于印发荣昌区高升桥水库扩建工程拟征地补偿和移民安置方案的通知	荣昌府办发〔2020〕45 号
重庆市荣昌区人民政府办公室关于加快推进 2020 年度国三及以下柴油车淘汰工作的通知	荣昌府办发〔2020〕46 号

续表 30

文件名称	发布文号
重庆市荣昌区人民政府办公室关于区政府领导同志工作分工的通知	荣昌府办发〔2020〕47 号
重庆市荣昌区人民政府办公室关于印发荣昌区应急广播体系建设实施方案的通知	荣昌府办发〔2020〕48 号
重庆市荣昌区人民政府办公室关于进一步加快推进荣昌区海绵城市建设的通知	荣昌府办发〔2020〕49 号
重庆市荣昌区人民政府办公室关于印发荣昌区 2020 年污染防治攻坚战目标任务责任分解表的通知	荣昌府办发〔2020〕50 号
重庆市荣昌区人民政府办公室关于印发荣昌区“十四五”重点专项规划编制目录清单的通知	荣昌府办发〔2020〕51 号
重庆市荣昌区人民政府办公室关于进一步规范国有资产整合工作的通知	荣昌府办发〔2020〕52 号
重庆市荣昌区人民政府办公室关于印发重庆市荣昌区耕地保护责任目标考核办法的通知	荣昌府办发〔2020〕53 号
重庆市荣昌区人民政府办公室关于印发荣昌区促进 3 岁以下婴幼儿照护服务发展实施方案的通知	荣昌府办发〔2020〕54 号
重庆市荣昌区人民政府办公室转发重庆市人民政府办公厅关于进一步做好政府信息依申请公开工作通知的通知	荣昌府办发〔2020〕55 号
重庆市荣昌区人民政府办公室关于印发荣昌区落实成都专员办森林资源监督报告反馈意见的整改方案的通知	荣昌府办发〔2020〕56 号
重庆市荣昌区人民政府办公室关于印发荣昌区农村生活污水治理专项规划（2021—2025）的通知	荣昌府办发〔2020〕57 号
重庆市荣昌区人民政府办公室关于印发重庆市荣昌区向上争取项目资金考核办法（2020 年）的通知	荣昌府办发〔2020〕58 号
重庆市荣昌区人民政府办公室关于印发荣昌区创建重庆市社区教育示范区工作方案的通知	荣昌府办发〔2020〕59 号
重庆市荣昌区人民政府办公室关于印发《重庆市荣昌区信息化项目统筹管理办法（试行）》的通知	荣昌府办发〔2020〕60 号
重庆市荣昌区人民政府办公室关于印发《荣昌区加快服务业高质量发展政策措施》的通知	荣昌府办发〔2020〕61 号
重庆市荣昌区人民政府办公室关于进一步简化工业用地出让程序的通知	荣昌府办发〔2020〕62 号
重庆市荣昌区人民政府办公室关于印发《重庆市荣昌区突发气象灾害应急预案》的通知	荣昌府办发〔2020〕63 号
荣昌区人民政府办公室关于印发荣昌区城市管线工程规划建设管理规定（试行）的通知	荣昌府办发〔2020〕64 号
重庆市荣昌区人民政府办公室关于印发 2020 年全区法治政府建设工作要点的通知	荣昌府办发〔2020〕65 号
重庆市荣昌区人民政府办公室关于区政府领导同志工作分工的通知	荣昌府办发〔2020〕66 号
重庆市荣昌区人民政府办公室关于调整、成立和撤销有关议事协调机构的通知	荣昌府办发〔2020〕67 号
重庆市荣昌区人民政府办公室关于印发荣昌区全面推进基层政务公开标准化规范化工作方案的通知	荣昌府办发〔2020〕68 号
重庆市荣昌区人民政府办公室关于控制办理环线高速公路用地规划范围内土地、房屋、户籍和建设工程等相关手续的通知	荣昌府办发〔2020〕69 号
重庆市荣昌区人民政府办公室关于印发荣昌区铁路沿线外部环境安全隐患专项整治三年行动工作方案的通知	荣昌府办发〔2020〕70 号
重庆市荣昌区人民政府办公室关于印发重庆市荣昌区金融突发事件应急预案的通知	荣昌府办发〔2020〕71 号
重庆市荣昌区人民政府办公室关于开展第一次全国自然灾害综合风险普查的通知	荣昌府办发〔2020〕72 号
重庆市荣昌区人民政府办公室关于印发 2020 年度生态优先绿色发展专项考核任务分解表和 2020 年度污染防治攻坚战专项考核任务分解表的通知	荣昌府办发〔2020〕73 号

续表 30

文件名称	发布文号
重庆市荣昌区人民政府办公室关于印发重庆市荣昌区限额以下工程建设项目承包商随机抽取办法的通知	荣昌府办发〔2020〕75 号
重庆市荣昌区人民政府办公室关于印发调整完善后的荣昌区质量工作部门联席会议制度的通知	荣昌府办发〔2020〕76 号
重庆市荣昌区人民政府办公室关于公布区级行政规范性文件制定主体清单的通知	荣昌府办发〔2020〕77 号
重庆市荣昌区人民政府办公室关于修订完善荣昌区加快推进企业上市（挂牌）工作实施方案的通知	荣昌府办发〔2020〕78 号
重庆市荣昌区人民政府办公室关于印发荣昌区人民政府及其各部门任命的国家工作人员宪法宣誓实施方案的通知	荣昌府办发〔2020〕79 号
重庆市荣昌区人民政府办公室关于贯彻落实重庆市 2020 年对标国际先进优化营商环境实施方案的通知	荣昌府办发〔2020〕80 号
重庆市荣昌区人民政府办公室关于印发重庆市荣昌区民营和小微企业流动性信用贷款管理办法的通知	荣昌府办发〔2020〕81 号
重庆市荣昌区人民政府办公室关于印发重庆市荣昌区实体企业信用贷款风险补偿资金管理办法的通知	荣昌府办发〔2020〕82 号
重庆市荣昌区人民政府办公室关于印发落实区人大水污染防治工作评议意见的整改方案的通知	荣昌府办发〔2020〕83 号
重庆市荣昌区人民政府办公室关于印发重庆市荣昌区烟花爆竹零售经营安全管理实施细则的通知	荣昌府办发〔2020〕84 号
重庆市荣昌区人民政府办公室关于印发重庆市荣昌区区属国有融资担保公司改革实施方案的通知	荣昌府办发〔2020〕85 号
重庆市荣昌区人民政府办公室关于印发重庆市荣昌区小微企业融资担保代偿补偿资金管理办法的通知	荣昌府办发〔2020〕86 号
重庆市荣昌区人民政府办公室关于印发荣昌区 25 个试点领域政务公开标准目录的通知	荣昌府办发〔2020〕87 号
（内部管理，不公开）重庆市荣昌区人民政府办公室关于印发重庆市荣昌区城乡人口有序流动迁徙制度的通知	荣昌府办发〔2020〕88 号
重庆市荣昌区人民政府办公室关于进一步加强畜牧保险工作的通知	荣昌府办发〔2020〕89 号
重庆市荣昌区人民政府办公室关于印发荣昌区长期滞留流浪乞讨人员安置方案的通知	荣昌府办发〔2020〕90 号
重庆市荣昌区人民政府办公室关于印发重庆市荣昌区突发动物疫情应急预案的通知	荣昌府办发〔2020〕91 号
重庆市荣昌区人民政府办公室关于印发 2020 年秋冬季蓝天保卫战工作方案的通知	荣昌府办发〔2020〕92 号
重庆市荣昌区人民政府办公室关于印发强化秸秆综合利用与焚烧管控工作方案的通知	荣昌府办发〔2020〕93 号
重庆市荣昌区人民政府办公室关于印发重庆市荣昌区开展农村房屋安全隐患排查整治实施方案的通知	荣昌府办发〔2020〕94 号
关于印发重庆市荣昌区人民政府公文定密管理办法的通知	荣昌府办发〔2020〕95 号
重庆市荣昌区人民政府办公室关于印发荣昌区畜禽养殖污染防治规划（2020 年修编）的通知	荣昌府办发〔2020〕96 号
重庆市荣昌区人民政府办公室关于印发重庆市荣昌区群体性事件应急预案的通知	荣昌府办发〔2020〕97 号
重庆市荣昌区人民政府办公室关于班子成员分工的通知	荣昌府办发〔2020〕98 号
重庆市荣昌区人民政府办公室关于印发办理区人大常委会行政执法“三项制度”推行情况审议意见工作方案的通知	荣昌府办发〔2020〕99 号
重庆市荣昌区人民政府办公室关于印发荣昌区节水行动实施方案的通知	荣昌府办发〔2020〕100 号

（刘雪梅）

组织机构及其领导名录

区级领导机构

中共重庆市荣昌区委员会

书　记：曹清尧

副书记：高洪波　黄　晏（女）

常　委：常晓勇　唐成军　赵天智　童　飞　王忠荣　秦启光　李　皓（4月任职）　向其斌（8月离任）　李先锋

重庆市荣昌区人大常委会

主　任：艾亚军

副主任：潘　英（女）　邓启才　谢业林　刘友明　徐蓉（1月任职）

重庆市荣昌区人民政府

区　长：高洪波（1月任职）

副区长：常晓勇（4月任职）　李雅洁　程昌耀　李劲渝　刘菊华（女）　李　皓（4月离任）　张　凯　程建林（7月任职）

中国人民政治协商会议重庆市荣昌区委员会

主　席：陈　震

副主席：向元武　刘治中　段先明　陈德明　王　宏　肖建东　杨作芳（女）

区属机关及各部门

一、区委工作机构

（一）纪检监察机关

中共重庆市荣昌区纪律检查委员会重庆市荣昌区监察委员会机关

纪委书记、监委主任：童　飞

纪委副书记、监委副主任：粟　扬　王正常　张南清

纪委常委、监委委员：邓　华　蒋贵军　米国好

纪委常委：吕　忠　谢金桃（6任职月）

监委委员：吴从波　陈　波（7月任职）

（二）区委工作机关

中共重庆市荣昌区委办公室（重庆市荣昌区档案局）

主　任：何　逸

副主任：张志刚（10月离任）　喻　鸿（1月任职）　蒋　霞（女，9月任职）　苏　林（10月任职）

中共重庆市荣昌区委组织部（中共重庆市荣昌区委直属机关工作委员会、重庆市荣昌区公务员局）

部　　长：王忠荣（兼区委直属机关工委书记）

常务副部长：黄成涛（女，7月离任）　龚　霞（女，10月任职，兼区公务员局局长）

副　部　长：罗　明（女，兼）　李　旭（3月任职）　苏　林（10月离任）

部务委员：雷　霞（女）　何雪梅（女）

区党员电化教育中心主任：谢文鑫（3月任职）

中共重庆市荣昌区委宣传部（重庆市荣昌区人民政府新闻办公室、重庆市荣昌区新闻出版局）

部　　长：赵天智

常务副部长：刘　强（兼区政府新闻办公室主任）

副　部　长：林世波（兼区新闻出版局局长）　陈先平（女）

纪检组长：代广文

新时代文明实践指导中心主任：王媛媛（女，2月任职）

中共重庆市荣昌区委统一战线工作部（中共重庆市荣昌区委台湾工作办公室、重庆市荣昌区政府台湾事务办公室、重庆市荣昌区民族宗教事务委员会、重庆市荣昌区政府侨务办公室）

部　　长：秦启光

常务副部长：邓万友（兼区台办、区侨办主任）

副　部　长：林志华（兼，10月离任）　吕文玉（女，1月离任）　张峻光（5月任职，兼区民宗委主任）　赖长军

纪检组长：周小敏（女）

中共重庆市荣昌区委政法委员会

书　　记：唐成军

常务副书记：江寿建

副 书 记：刘纲宏　李　强　周文成（挂职）

李廷坤　田道兵（10月离任）

政治处主任：刘兴涛（10月离任）

田道兵（10月任职）

中共重庆市荣昌区委研究室

主　任：喻　鸿

副主任：焦敏亮

中共重庆市荣昌区委网络安全和信息化委员会办公室（重庆市荣昌区互联网信息办公室）

主　任：朱云峰

副主任：叶嗣兰（女）

王媛媛（女，3月离任）

中共重庆市荣昌区委机构编制委员会办公室

主　任：秦锦英（女）

副主任：甘光文

中共重庆市荣昌区委巡察工作领导小组办公室

主　任：王正常（兼）

副主任：黄昌顺（女）

何雨霜（女）

区委巡察组正处级巡察专员：秦华君（9月由区委巡察组副组长转任）

区委巡察组副处级巡察专员：

陈昌贵（9月由区委巡察组副组长转任）

李　文（女，9月由区委巡察组副组长转任）

罗学文（女，9月由区委巡察组副组长转任）

区委巡察组副组长：马成禄（9月离任）

中共重庆市荣昌区委老干部局

局　长：罗明（女）

副局长：黄　荣

重庆市荣昌区关心下一代工作委员会

主　　任：王忠荣

常务副主任：罗守玉（女）

副 主 任：杜德辉　刘显华　罗　明（女）

副主任兼秘书长：胡德铧

中共重庆市荣昌区委机要保密局（中共重庆市荣昌区委保密委员会办公室、重庆市荣昌区国家保密局、重庆市荣昌区密码管理局）

局　长：张志刚（兼区委保密委员会办公室主任、区国家保密局局长、区密码管理局局长）

副局长：刘　洋（兼区委保密委员会办公室副主任、区国家保密局副局长、区密码管理局副局长）

重庆市荣昌区社会科学界联合会

主　席：蒋　虹（女）

副主席：黄　海

重庆市荣昌区党外知识分子联谊会

会　长：段先明

副会长：邓万友　沈治鹏　杨康燕

赵　敏

（三）区委派出机构

中共重庆市荣昌区委教育工作委员会

工委书记、主任：雷华初

工委副书记：徐　泉

工委委员、副主任：杨正森

盘晓燕（女）

工委委员：胡安泽（11月离任）（挂职）

副 主 任：余晓堰（11月离任）（挂职）

谢军燕（女，8月任职）

纪检组长：祝良全

中共重庆市荣昌区委农业农村工作委员会（与农业农村委员会合署办公）

工 委 书 记：彭文树

副　书　记：桂小高（正处级）

副　主　任：张义君　李建华　黎忠玲（女）

李景富

纪检组组长：唐　军

中共重庆市荣昌区委非公有制经济和社会组织工作委员会

书　记：王忠荣

副书记：李　旭（3月离任）

赵　勇（10月任职）

（四）区委直属事业单位

中共重庆市荣昌区委党校（重庆市荣昌区行政学校、重庆市荣昌区社会主义学院）

校　　长：黄　晏（女，兼，4月任区行政学校校长）

常务副校长：罗国建（兼区社会主义学院第一副院长）

副 校 长：陈学军（兼区社会主义学院副院长）　钟崇鹤

校 务 委 员：廖　奕

区社会主义学院院长：秦启光（兼，4月离任）

程昌耀（兼4月任职）

重庆市荣昌区融媒体中心

主　任：胡高彬
副主任：廖祥荣　荣山红　薛晓霞

中共重庆市荣昌区委党史地方志研究室

主　任：王光旭
副主任：周世中

二、区人大工作机构

重庆市荣昌区人大常委会办公室

主　任：刘志亮
副主任：宾　魏　刘志炜

重庆市荣昌区人大监察和法制工作委员会

主 任 委 员：吕玉珊
副主任委员：黄万忠

重庆市荣昌区人大监察和法制工作委员会办公室

主　任：吕玉珊
副主任：黄万忠

重庆市荣昌区人大财政经济委员会

主 任 委 员：唐铀镧
副主任委员：李廷成　海敏

重庆市荣昌区人大财政经济委员会办公室（挂预算工委牌子）

主　任：唐铀镧（兼预算工委主任）
副主任：李廷成　杨品容（女）

重庆市荣昌区人大城乡建设环境保护委员会

副主任委员：张志元

重庆市荣昌区人大城乡建设环境保护委员会办公室

副主任：张志元

重庆市荣昌区人大社会建设委员会

主任委员：魏　艳（女）

重庆市荣昌区人大社会建设委员会办公室（挂人大常委会信访办公室牌子）

主　　　　任：魏　艳（女）
信访办公室主任：魏　艳（女）

重庆市荣昌区人大常委会农业工作委员会

主　任：彭　锐
副主任：梁家彬

重庆市荣昌区人大常委会教科文卫工作委员会

主　任：代　昂（女）
副主任：苏荣洲

重庆市荣昌区人大常委会人事代表工作委员会

主　任：郭清先（女）
副主任：代　正

三、区政府工作机构

（一）区政府工作部门

重庆市荣昌区人民政府办公室（重庆市荣昌区人民政府外事办公室）

党组书记、主任：黄　伟
党组成员、副主任：方　勇
薛小军（5月离任）
张智勇（10月任职）
柴廷友
党组成员：陈海荣

重庆市荣昌区发展和改革委员会

书记、党组成员：蒋　胜
党组成员、区公共资源交易中心主任：余龙华
党组成员、区纪委监委驻区发展改革委纪检监察组组长：赵石澜
党组成员、副主任：刘　文
党组成员、副主任：郭礼琼（女，11月离任）
廖　军　石　琳（11月任职）
区公共资源交易中心副主任：林兴庶（女）
黄福成

重庆市荣昌区教育委员会

工委书记、主任：雷华初
工委副书记：徐　泉
工委委员、副主任：杨正森　盘晓燕（女）
工委委员：胡安泽（挂职，11月离任）
副 主 任：余晓堰（挂职，11月离任）
谢军燕（女，8月任职）
纪检组组长：祝良全

重庆市荣昌区科学技术局

党组书记：高　翔
局　　长：徐　蓉（女，4月离任）
赵　敏（4月任职）
党组成员、副局长：王仕彪

重庆市荣昌区经济和信息化委员会

党委书记、主任：黄忠新
党委委员、副主任：陈　杰（10月离任，主持企业管理及经济运行工作）
文　彬　邹　奎

重庆市荣昌区公安局

区政府副区长，区公安局党委书记、局长：李雅洁
副书记、政委：殷建中（4月离任）

党委委员、常务副局长：曾　骑（3月任职）
党委委员、副局长：冉士洪（3月任职）
李东文　杨坤银（3月任职）
党委委员、政治处主任：梁险峰

重庆市荣昌区民政局

局　长：李洪
副局长：肖建军（正处级）　刘君秀（女）
钟远芳

重庆市荣昌区司法局

党委书记、局长：张　谦
党委委员、副局长：柏远新
党委委员、副局长：魏　强
副 局 长：林　飞
党委委员、政治处主任：敖　然（女）

重庆市荣昌区财政局

党委书记、局长：唐志强
副 书 记：周廷孝
党委委员、副局长：高鹏飞
副 局 长：赵纯金
党委委员、金融事务中心主任：吕荣金

重庆市荣昌区人力资源和社会保障局

党委书记、局长：唐　敏
党委委员、区社会保险事务中心主任：郭永雄
党委委员、副局长：朱祥国　刘佑军
陈天堃（3月离任）
党委委员、区就业人才中心主任：廖小洪（女）
区社会保险事务中心副主任：谭　立

重庆市荣昌区生态环境局

党组书记、局长：吕林成
党组成员、副局长：叶广彬　唐洪耀　曾朝德
党组成员、生态环境监测站站长：张　燕（女）
党组成员、生态环境保护综合行政执法支队支队长：闫红君

重庆市荣昌区住房和城乡建设委员会（重庆市荣昌区人民防空办公室）

党委书记、主任、区民防办主任：曾德富
党委委员、房屋征地拆迁中心主任：唐开元
党委副书记：林贤益
党委委员、副主任：陈颖（女）翁文波
党委委员、纪检组长：周海波
副 主 任：尹珞苹（女）

重庆市荣昌区城市管理局

党委书记、局长：袁　铨
党委委员、副局长：曾　伟　刘彬　贺　亮
城管综合执法支队支队长：
唐智华（10月任职）
城管综合执法支队政委：
蒋朝平（女，3月任职）

重庆市荣昌区交通局

党委书记、局长：邹光武
党委副书记：黎　明（5月离任）
胡　斌（5月任职）
党委委员、副局长：刘　秀（女）
副 局 长：夏定文

重庆市荣昌区水利局

党委书记、局长：雷　建
党委副书记：张　荣（10月离任）
副 局 长：吕凤全　曹　莉（女）
党委委员：吕凤全　何可仁

重庆市荣昌区农业农村委员会（重庆市荣昌区畜牧兽医局、重庆市荣昌区扶贫开发办公室）

工委书记、主任：彭文树（兼区畜牧兽医局局长、区扶贫开发办公室主任）
副 书 记：桂小高
副 主 任：罗　雄（11月离任）　张义君
李建华（兼扶贫开发办副主任）
黎忠玲（女）　李景富
纪检组长：唐　军

重庆市荣昌区商务委（重庆市荣昌区物流办公室）

党委书记：龚　霞（女，10月离任）
胡仲堃（10月主持工作）
主　　任：龚　霞（女，11月离任）
胡仲堃（11月主持工作）
副 主 任：杨　毅（3月离任）　温成才
胡仲堃　张　宇
刘祖权（3月任职）
党委委员：杨　毅（3月离任）　胡仲堃
张　宇　刘祖权（3月任职）
物流办公室主任：龚　霞（女，10月离任）

重庆市荣昌区文化和旅游发展委员会（重庆市荣昌区体育局）

党组书记、主任、局长：邬德德
党组成员、副主任：郑本益　张志秀（女，3月任职）　曾佳秀（女，9月挂职）
副 主 任：唐　震
党组成员、区文化市场综合行政执法支队支队长：莫其富
区文化市场综合行政执法支队政委：刘平（3

月任职）

重庆市荣昌区卫生健康委员会

党委书记、主任：竹林村

副 书 记：冉茂合

党委委员、副主任：黄　章（女）

张　俊（女）　廖俊波（3月任职）

纪检组长：张　鼒

重庆市荣昌区退役军人事务局

党组书记局长：唐贤辉

党组成员副局长：王正友

重庆市荣昌区应急管理局

党委书记、局长：张保平

党委成员、应急救援中心主任：

张德逊（5月离任）

党委成员、副局长：吕凤明

党委成员、政治处主任：周述芳（11月任职）

党委成员、副局长：李　钢

周汝明（5月离任）

贺长荣（女，5月离任）

副 局 长：阮流平

区应急管理综合行政执法支队支队长：

周汝明（5月任职）

区应急救援中心副主任：

贺长荣（女，5月任职）

重庆市荣昌区审计局

局　　长：刘定朝

副 局 长：杜冬梅（女，10月离任）

刘君建　李晓燕（女，6月任职）

纪检组长：邓文成

经济责任审计联席会议办公室主任：孙　亮

重庆市荣昌区统计局

党组书记、局长：邓贤凤（女）

党组成员、副局长：林荣娟（女）

黄璟博　王增义

重庆市荣昌区医疗保障局

党组书记、局长：杨亿玖

党组成员、副局长：林仕雄

党组成员、医保事务中心主任：

刘纲清（女，5月任职）

重庆市荣昌区国有资产监督管理委员会

党委书记、主任：王媛媛（女，7月到浙江省绍兴市越城区挂职）

副 主 任：赵纯金（10月离任）

党委委员、副主任：

杨　勇（10月任职，主持工作）

党委委员、区国有资产管理中心主任：沈　劲

重庆市荣昌区林业局

党组书记、局长：何志友

党组成员、副局长：刘振亮　邓元兵

副 局 长：张先凤（女）

中共重庆市荣昌区信访办公室

党组书记、主任：雷　勇

党组成员、副主任：胡　嵩（3月离任）

杨　韩　蒲帮权（3月任职）

副 主 任：冯前君（女）

重庆市荣昌区大数据应用发展管理局

局　长：杜永清

副局长：李　萍（女）

重庆市荣昌区招商投资促进局

党组书记、局长：蒋成龙

党组副书记、副局长：石　琳（10月离任）

重庆市荣昌区政务服务管理办公室

党组书记、主任：谢家平

党组成员、副主任：叶朝盛（3月离任）

陈　胜（5月任职）　李　斌

段佐华

（二）政府派出机构

重庆荣昌高新技术产业开发区管理委员会

党工委书记：常晓勇（4月离任）

李　皓（4月任职）

党工委副书记：杨　琨

委　　员：蒋成龙　唐昌祥　郑尚建

徐良志

黄忠新（兼，11月离任）

刘　勇（兼，11月离任）

蒋晓莉（11月任职）

主　　任：常晓勇（兼，4月离任）

李　皓（兼，4月任职）

副 主 任：杨　琨　郑尚建　徐良志

重庆市荣昌区新区建设管理委员会

党工委书记、新区建设管委会（区货运机场管委会）主任：傅　诚

党工委副书记：谭涵之

党工委委员：杨昌华（10月离任）

刘百正（10月任职、11月离任）

党工委委员、管委会副主任：

蓝红荣（7月离任）　王显鉴

张厚德　谢开翠（女，5月任职）

党工委委员、工程建设中心主任：张　冰（女）

重庆荣昌国家现代农业和畜牧业示范区管理委员会

主　任：李辉雄

副书记：罗天军

副主任：周邦玉（女）

重庆市荣昌区旅游景区管委员会

党工委书记、主任：（缺）

党工委副书记：刘　洪

党工委委员、副主任：黎明鑫　刘振玲（女）

刘　平（3月离任）

党工委委员：李万全

（三）其他机构

重庆市荣昌区供销合作社联合社

党委书记、主任：李　刚

党委委员、副主任：蒲帮权（3月离任）

朱明华

四、区政协工作机构

政协重庆市荣昌委员会秘书长：

张　兵（3月离任）

政协重庆市荣昌委员会副秘书长：

代义岚（女，兼）

政协重庆市荣昌区委员会办公室

主　任：张　兵（兼，3月离任）

代义岚（女，3月任职）

副主任：罗伦涛　叶言盛（10月任职）

区政协提案社法办

主　任：沈治鹏

副主任：刘作彬　贺盛昆

区政协经济科技办

主　任：屈贵平

副主任：但由成　曹　颖（女）

区政协社事文史办

主　任：唐玉萍（女）

副主任：王文润（女）　吕金表

区政协委员联络办

主　任：何志乾

副主任：王官俊　刘　红（女）

区政协提案委

主　任：沈治鹏（兼）

副主任：刘作彬（兼）

区政协经济委

主　任：屈贵平（兼）

副主任：曹颖（女）（兼）

区政协教科卫体委

主　任：唐玉萍（女）（兼）

副主任：吕金表（兼）

区政协文化文史和学习委

主　任：杨康燕（女）

副主任：王文润（女）（兼）

区政协农业和农村委

主　任：雷作伟

副主任：但由成（兼）

区政协人资环建委

主　任：代义岚（女）（3月离任）

张　兵（3月任职）

副主任：王官俊（兼）

区政协社法委

主　任：林仕文

副主任：贺盛昆（兼）

社情民意信息中心：王　峰（3月离任）

五、审判机关

重庆市荣昌区人民法院

党组书记、院长：向　前

党组副书记、副院长：魏　东

党组成员、纪检组长：黄建伟

党组成员、政治部主任：曹文全

党组成员、执行局局长：甘　云

副 院 长：黄滟滨（女）　雷　达

审判委员会专职委员：梁远平（女）

何显美（女）

六、检察机关

重庆市荣昌区人民检察院

党组书记、检察长：欧　彬

副书记、常务副检察长：苏承涛

党组成员、副检察长：张　莉（女）　陈世革

党组成员、政治处主任：龙林贤

党组成员、纪检组长：王然富

检委会专职委员：朱玉萍（女）　江　涟

钟永芳（女）

七、民主党派

中国民主同盟重庆市荣昌区总支部委员会

主　委：程昌耀

副主委：曾仁权　向　钊

冯前君（女）　谢军燕（女）

中国民主促进会重庆市荣昌区委员会

主　委：徐　蓉（女）

专职副主委：刘　敏（女）

副主委：左福元　叶贤军　刘明兰（女）

中国农工民主党重庆市荣昌区委员会

主　委：刘治中

副主委：刘　涛（女）　李章白　李廷成

中国致公党重庆市荣昌区支部委员会

主　委：杨作芳（女，兼）

副主委：刘安芳（女，兼）

曹　莉（女，兼）

田　艳（女，兼）

委　员：汪学荣（兼）　唐　莉（女，兼）

万孝平（兼）　胥朝言（兼）

叶　单（兼）

九三学社重庆市荣昌区支社委员会

主　委：周建英（女）

委　员：吴俊伟　李景富

八、群众团体

重庆市荣昌区总工会

主　席：潘　英（女）

党组书记、常务副主席：罗树年

党组成员、副主席：李一洁（女）

李亚兰（女，挂职）

党组成员：拥宗拉姆（女，顶岗锻炼，9月任职）　黄　介（兼职）

许　超（兼职）

共青团重庆市荣昌区委员会

书　记：张　雪（女，3月任职）

副书记：吕　芬（女）

盛玉霞（女，2020年10月挂职）

何　平（10月挂职）

熊贵英（女，兼）

袁滋润（兼）

重庆市荣昌区妇女联合会

主　席：陈静黎（女）

副主席：徐代琼（女）

兰红梅（女，挂职）（10月离职）

廖辉霞（女、挂职）（10月任职）

黄秀英（女、兼职）

赵景丽（女、兼职）

重庆市荣昌区科学技术协会

党组书记、主席：万中先（女）

党组成员、副主席：王增辉

王　玲（女，挂职）

副主席：秦兆华（兼）

重庆市荣昌区归侨侨眷联合会

主　席：刘　彬（3月离任）

副主席：张大菊（女，3月任职）

刘　敏（女，兼）

郭荣宽（兼）

渠　浩（兼，3月任职）

重庆市荣昌区工商业联合会（重庆市荣昌区总商会）

党组书记：林志华（10月离任）

杨昌华（10月任职）

党组成员：唐卫平（兼区工商联副主席、区总商会副会长）

杨　莉（女兼区工商业联合会副主席、秘书长，总商会秘书长）

主　席：肖建东（兼区总商会会长）

常务副主席：林志华（兼总商会常务副会长）

副主席：胡孝彬　陈　杰　黄　介　黄　翼

于天元　郭荣宽　赵景丽（女）

蒋远彬　黄秀英（女）　邓兴智

李　刚　蔡标武　姚景雄　王德山

孟可伟　何顺凯　钟永福　伏　刚

区总商会副会长：陆龙海　周其建

吕玉荣（女）　张朝君　胡怀亮

陈朝军　刘清云　杜东海　谭顺明

王　强

重庆市荣昌区文学艺术界联合会

主　　席：殷贤华

专职副主席：满选东

重庆市荣昌区残疾人联合会

理 事 长：周林春

副理事长：古家兰（女）

重庆市荣昌区计划生育协会

会　长：李劲渝

党组书记常务副会长：王　峰
党组成员、副会长兼秘书长：邹和贤
重庆市荣昌区红十字会
理事会会长：李劲渝（兼）
党组书记、常务副会长：陈根廉
党组成员、副会长：罗泽彬
秘 书 长：王　丹（女）
监事会监事长：李恭林（兼）
党组成员、监事会副监事长：廖自凤（女）

九、部分正副处级事业单位

重庆市荣昌区档案馆（区办委公室主管）
馆　长：吕咏权
副馆长：郑国澄
重庆市荣昌区机关事务管理中心（区政府办公室主管）
主　任：巫德玲（女）
副主任：陈　胜（5月离任）
叶　理（5月任职）
兰洪梅（女，10月任职）
重庆市荣昌区公共资源交易中心（区发展改革委主管）
主　任：余龙华
副主任：林兴庶（女）
黄福成（3月任职）
重庆市荣昌区畜牧发展中心（区农业农村委主管）
主　任：罗　雄（正处级，11月任职）
副主任：黄　彬（正处级，10月离任）
蒋友东　赵　敏（3月离任）
农业综合行政执法支队（副处级）
支队长：乐泽宇（3月任职）
政　委：黄　彬（正处级，10月任职）
重庆市荣昌区生猪大数据中心（区农业农村委主管）
主　任：钟绍智（女）
副主任：秦友平　陈世强（3月任职）
重庆市荣昌区行政服务中心（区政务管理办主管）
主　任：张先兵
副主任：李　斌　段佐华（女）
区委组织部派驻督导员：周时远
荣昌高新技术产业开发区发展促进中心（荣昌高新区管委会主管）
主　任：唐昌祥
副主任：李国荣　翁　宾

其他单位

一、市级部门直属机构

国家税务总局重庆市荣昌区税务局
局　长：石治华（7月离任）
李红军（7月任职）
副局长：全登安（6月离任）
任龙明（6月离任）　温万辉（女）
廖位彬　邱位军　蔡　军
彭先菊（女）
纪检组长：余　多
总会计师：吕玉龙
重庆市荣昌区规划和自然资源局
党组书记、局长：袁家荣
党组成员、副局长：李　成　刘骑康　赵　耀
纪检组长：陈　越（2月离任）
党组成员、纪检组长：童开田（8月任职）
党组成员、区土地储备整治中心主任：
程　超（女）
党组成员、区规划和自然资源综合行政执法支队支队长：彭　毅（8月任职）
重庆市荣昌区市场监督管理局
党组书记、局长：宋波（12月离任）
杨拥军（12月任职主持工作）
党组副书记、副局长：池　一（11月离任）
吕林英（12月离任）
郭先国（11月离任）
龙远跃　何杰　冯乾友
秦淑勇（11月离任）　贾太祥
罗昌松　晏　蓉（女）
重庆市荣昌区气象局
局　长：胡长金
副局长：任　艳（女）
重庆市住房公积金管理中心荣昌区分中心
主　任：殷　剑
副主任：曾　勇
重庆市荣昌区消防救援支队
党委书记、政治委员：蒲友勤
党委副书记、支队长：罗献红
党委委员、纪委书记、副政治委员：姚　谦
党委委员、副支队长：唐　力
党委委员、副支队长：黄　凯

二、驻荣部队

中国人民解放军重庆市荣昌区人民武装部

部　　长：向其斌（9月离任）
　　　　　秦廷辉（12月任职）
政治委员：李先锋
副 部 长：杜鹏军

三、在荣昌的市属大型企事业单位

西南大学荣昌校区

党工委书记：卢跃进（5月离任）
　　　　　　熊海灵（5月任职）
管委会主任：左福元
党工委副书记、纪工委书记：魏培修
管委会副主任：杨新斌　赵智华（7月离任）
　　　　　　任元明（12月任职）

西南大学动物科学技术学院

党委书记：赵智华（7月任职）
院　　长：赵永聚（7月任职）
党委副书记、纪委书记：文武（9月任职）
副 院 长：周克勇（7月任职）
　　　　　赵中权（11月任职）

西南大学动物医学学院

党委书记：黄昌建（10月任职）
院　　长：刘　娟（女，7月任职）
党委副书记、纪委书记：黄庆洲（7月任职）
副 院 长：宋振辉（7月任职）
　　　　　方仁东（7月任职）

西南大学水产学院

党委书记：朱汉春（7月任职）
院　　长：苏胜齐（7月主持工作，11任职）
党委副书记、纪委书记：穆奎（9月任职）
副 院 长：段　彪（7月任职）
　　　　　吴正理（12月任职）

西南大学商贸学院领

党委书记：周国安
院　长：熊海灵（5月离任）
副院长：李晓阳（女，5月主持工作）
党委副书记、纪委书记：兰　英（女）
副院长：罗先文　胡继宽

西南大学荣昌校区基础部

党总支书记：童学兰（女，12离任）
　　　　　　罗艳芬（女，12月任职）
主　任：魏　东
副主任：黄玉梅（女，12离任）

重庆市畜牧科学院

党委副书记、院长：刘作华
党委书记、副院长：唐德荣
副 院 长：黄　勇　梁大超　周建英（女）
　　　　　王启贵
纪委书记：宋　刚

四、其他在荣昌的市属企事业单位

重庆市农村商业银行股份有限公司荣昌支行

行　　长：荣增富（9月离任）
　　　　　陈炫霖（女，9月任职）
副 行 长：钟发平
行长助理：黄　夏（女）

中国农业银行股份有限公司荣昌支行

党委书记、行长：陶鹏军（1月任职）
党委委员、纪委书记：喻红平
党委委员、副行长：陈　科
党委委员、行长助理：邓　鑫（1月任职）

中国农业发展银行荣昌区支行

党支部书记、行长：曹　芹（9月离任）
　　　　　　　　　徐红艳（9月任职）
党史支部委员、副行长：钟　亮　梅　军

中国工商银行股份有限公司荣昌支行

行　　长：陶　凯
副 行 长：黄云年　苏　婷（女）
行长助理：毕小燕（女）

中国银行股份有限公司重庆荣昌支行

行　长：戴文浚
副行长：冯小梅（女）　王唐华

中国建设银行股份有限公司荣昌支行

行　长：刘奎云
副行长：高文国　赵　愚

重庆银行股份有限公司荣昌支行

行　长：程　梅

中国邮政储蓄银行有限责任公司重庆荣昌支行

行　长：曹　勇
副行长、纪检委员：梅　伟

重庆荣昌汇丰村镇银行有限责任公司

法定代表人：于秉正
行　　长：段　勇

副 行 长：朱　勇　彭建勤（女）
业务拓展总经理：张　弘（12月任职）

重庆三峡银行股份有限公司荣昌支行

行　长：陈　政
副行长：张耀华

哈尔滨银行股份有限公司重庆荣昌支行

行　长：牟　芸（女）

中国邮政集团公司重庆市荣昌区分公司

党委书记、总经理：朱　军（9月任职）
党委副书记、副总经理（主持工作）：
朱　军（9月离任）
副总经理、工会主席：文　斌

中国电信股份有限公司荣昌分公司

党委书记、总经理：陈　江
副总经理、工会主席：唐　斌
副总经理、纪委书记：田　荷

中国移动通信集团重庆有限公司荣昌分公司

总 经 理：闫火艳
副总经理：钟昌义　赖征宇

中国联合网络通信有限公司重庆市荣昌区分公司

总 经 理：付庭超
副总经理：蒋　伟　施海峰

中国烟草总公司重庆市公司荣昌分公司

党组书记、局长（经理）：何　欢（女）
副局长：张仕川
副经理：魏　国

西南证券股份有限公司重庆荣昌证券营业部

总经理：刘　勇

中国人寿保险股份有限公司重庆市荣昌区支公司

总 经 理：蹇世恒
副总经理：盛启航

中国人民财产保险股份有限公司重庆荣昌支公司

党支部书记副总经理：黄柯瑜（主持工作）
纪检委员：张康乐（兼总经理助理）
总经理助理：刘　欢

中国人民人寿保险股份有限公司重庆市荣昌区支公司

总经理：钟　灵

中国平安财产保险股份有限公司重庆市荣昌区支公司

总经理：张正红

中国平安人寿保险股份有限公司重庆市荣昌区支公司

经　理：曹　梅（女）

中国天安保险股份有限公司荣昌区支公司

副经理：禹　霞（女，1月主持工作）

富德生命人寿保险股份有限公司重庆市荣昌支公司

经　理：邹　健（9月离任）
程　勉（9月任职）

重庆市兴荣控股集团有限公司

董 事 长：杨昌华（10月离任）
刘百正（10月任职）
总 经 理：陈天堃（10月任职）
副总经理：严荣宽（3月离任）
阳建平（10月任职）
监事会主席：阳建平（10月离任）
潘红斌（10月任职）

重庆宏烨实业集团有限公司

重庆市万灵山旅游开发集团有限公司

董事长、总经理：李万全
监事会主席：易　波（3月任职）
副总经理：罗孝智　张学军

镇　街

昌元街道

党工委书记：唐传中
办事处主任：王　斌
人大工委主任：文立坤
党工委副书记：郭礼琼（女，11任职）
纪工委书记：向本清
政法书记：刘永建
办事处副主任：吕　勇　张莉娜（女）
牟争平
办事处副主任、人武部长：
王赐铭（3月离任）
李　静（3月任职）
宣传委员、统战委员、人大工委副主任：
罗能美
组织委员：蒋剑锋（11月离任）

昌州街道

党工委书记：李德伟
党工委副书记、办事处主任：严勋奇（5月离任）
薛小军（5月任职）
党工委委员、人大工委主任：殷宗富
党工委副书记：罗　勇（5月离任）

廖　鹏（5月任职）
党工委委员、宣传委员、统战委员、人大工委副主任：刘蓂生
办事处副主任：吕玉修
党工委委员、政法书记：廖俊波（3月离任）
王赐铭（3月任职）
党工委委员、办事处副主任：郑天友
黄列军
党工委委员、纪工委书记：葛钧兰（女）
党工委委员、人武部长、办事处副主任：
廖　鹏（5月离任）
喻文勇（5月任职）
党工委委员、组织委员：赵　勇（10月离任）
蔡礼建（10月任职）

广顺街道

党工委书记：刘　冬
党工委副书记、办事处主任：黄　勇
党工委委员、人大工委主任：邓祯顺
党工委副书记：刘兴涛（10月任职）
党工委委员、政法书记：于道金
党工委委员、纪工委书记：张志容（女）
党工委委员、宣传委员、统战委员、人大工委副主任：李承有
党工委委员、办事处副主任：高　勇　王昌能
党工委委员、武装部部长、办事处副主任：
郭荣光
党工委委员、办事处副主任：高　勇　王昌能
办事处副主任：刘　丰
党工委委员、组织委员：肖　洪

峰高街道

党工委书记：谢　勇
办事处主任：赵艳（女）
人大工委主任：陈时富
党工委副书记：周述芳（10月份离任）
蒋剑锋（10月份任职）
纪工委书记：姚安辉
副　主　任：罗泽勇　谢明生　林　文
谢金桃（女，7月离任）
张科刚（7月份任职）
政法书记：于道彬
副主任、人武部长：罗泽勇
宣传委员、统战委员、人大工委副主任：
王大富
组织委员：王　峰

双河街道

党工委书记：黄家能
办事处主任：李正兵
人大工委主任：张先奎
党工委副书记：易守洪
纪工委书记：黄成菊（女）
办事处副主任：叶兆勇　胡启洋
杨玉镇
政法书记：唐智华（11月离任）
卢明伦（11月任职）
人武部长：杨玉镇
组织委员：赵世荣
宣传委员、统战委员、人大工委副主任：
周泽明（12月离任）（空缺）

安富街道

党工委书记：陈龙英（女）
党工委副书记、办事处主任：张尚和
党工委委员、人大工委主任：钟世国
党工委副书记：张辉文
党工委委员、办事处副主任：艾席勤
办事处副主任：胡大琼（女）
党工委委员、政法书记：舒树章
党工委委员、办事处副主任：敖永刚
党工委委员、纪工委书记：余　芳（女）
党工委委员、办事处副主任、人武部长：
秦　湧
党工委委员、组织委员：
张　雪（女，3月离任）
涂　峻（3月任职）
党工委委员、宣传委员、统战委员、人大工委副主任：陈国应

直升镇

党委书记：郑修兵
党委副书记、镇长：伍瑞华
党委副书记：黄元章
人大主席：杨能建
纪委书记：李恭书（女）
副 镇 长：刘　林（5月离任）
唐远举
副镇长、人武部长：陈根福
政法书记：刘　林（5月离任）
聂婷婷（女，10月任职）
组织委员：张志秀（女，3月离任）
刘相勇（3月任职）

宣传委员、统战委员、人大副主席：
罗小佳（女）
党委委员：起富洪（9月挂职）

万灵镇

党委书记：皮荣刚
党委副书记、镇长：陶富利（女）
党委副书记：唐超杰（3月任职）
人大主席：陈三富
纪委书记：张在君
副 镇 长：黄昌雄　唐超杰（3月离任）
副镇长、政法书记：李　辉
人武部长：（缺）
宣传委员、统战委员、人大副主席：
叶　红（女）
组织委员：陈　强

清升镇

党委书记：刘　沛
党委副书记、镇长：朱　江
党委委员、人大主席：宾泽兰（女）
党委副书记：李仁懿（女，3月任职）
党委委员、政法书记、副镇长：曹远学
党委委员、纪委书记：蒋子胜
党委委员、副镇长：马光政
党委委员、武装部长、副镇长：邹言波
党委委员、组织委员：邓向平（女）
宣传委员、统战委员、人大副主席：
郭永秀（女）

清江镇

党委书记：林　丹
镇　　长：王利亮（9月成都市金牛区挂职）
人大主席：屈小强
副 书 记：郭　勇（12月离任）
纪委书记：卢明芳（女，3月区委巡察办抽调）
副 镇 长：李建容（女）
副镇长、政法书记：戴科奇（5月任职）
副镇长、人武部长：丁言礼
组织委员：叶玉梅（女）
宣传委员、统战委员、人大副主席：蒋光鑫

荣隆镇

党委书记：张峻光（5月离任）
严勋奇（5月任职）
党委副书记、镇长：朱　希
党委委员、人大主席：黄河锡
党委副书记：唐泽辉
党委委员、统战委员、宣传委员、人大副主席：
袁成武
党委委员、纪委书记：叶嗣兰（女，3月离任）
唐　嫣（女，5月任职）
党委委员、副镇长：龚富国　张易洪
党委委员、政法书记：严荣宽（3月任职）
党委委员、武装部长、副镇长：黄　宏
党委委员、组织委员：张智勇（10月离任）
刘　力（女，10月任职）
副 镇 长：宾　魏（3月离任）
周　敏（女，3月任职）

龙集镇

党委书记：廖顺全
镇　　长：郑　斌
人大主席：祝万华
党委副书记：彭明（5月离任）
纪委书记：于　静（女）
党委委员、常务副镇长、政法书记、人武部长：
诸世禄（9月抽调到区招商局）
党委委员、副镇长：吕　见
宣传委员、统战委员、人大工委副主任：
黄昌新
组织委员：余　涛

仁义镇

党委书记：杨大志（9月离任）
李书均（女，9月任职）
镇　　长：吴　军（4月离任）
罗　勇（6月任职）
人大主席：胡桂林（4月离任）
彭　明（6月任职）
党委副书记：王朝彬　罗　勇（5月任职）
宣传委员、统战委员、人大副主席：叶兆明
副镇长、武装部长：阳建平（3月离任）
杨　华（5月任职）
副 镇 长：覃世均　罗　波　唐晓莉
政法书记：敖　兵
纪委书记：敖　敏（女）
组织委员：谢加碧（女）

河包镇

党委书记：黎　源
镇　　长：陈修才
人大主席：张杰菊
副 书 记：潘洪军（5月任职）
副 镇 长：潘洪军（5月离任）

李　刚（5月任职）
副镇长、政法书记：李元章
副镇长、人武部长：吴永胜
纪委书记：周　林
组织委员：郑昌明
宣传委员、统战委员、人大副主席：
吕治莲（女，11月离任）（缺）

古昌镇

党委书记：李书均（女，9月离任）
周　鹏（9月任职）
镇　　长：叶朝盛（4月任职）
人大主席：陈兰芳（女）
党委副书记：叶朝盛（3月任职）
黄红兴
纪委书记：朱贤华
人大副主席：唐开贵（4月任职）
副 镇 长：李玉春（女）
副镇长、政法书记：卢明伦（10月离职）
副镇长、人武部长：周世国
组织委员：尚晓玲（女）
宣传委员、统战委员：唐开贵

吴家镇

党委书记：高德山
镇　长：童　伟
人大主席：朱光雄（11月离任）
陈　杰（11月任职）
党委副书记：郑尚齐
纪委书记：胡长建
副 镇 长：兰志奎　周　敏（3月离任）
蒋　巍（8月任职）
副镇长、人武部长：叶　剑
纪委书记：胡长建
政法书记：范　雄
人大副主席：郭小兰（女）
组织委员：刘道武
宣传委员、统战委员：海　鸥（女）

观胜镇

党委书记：罗　龙
党委副书记、镇长：沈治东
人大主席：蒋成洪　朱　洋（9月任职）
纪委书记：蒋有德
副 镇 长：李　刚（5月离任）
叶言盛（11月离任）
刘　蕾
郗昌春（女，9月任职）
政法书记：李　刚（5月离任）
郗昌春（女，5月任职）
人武部长：刘　蕾
组织委员：黄宏伟
宣传委员、统战委员、人大副主席：
黄　勇

铜鼓镇

党委书记：周光辉
党委委员、镇长：朱　洋
党委副书记：何长军
党委委员、人大主席：徐文惠（女）
纪委书记：唐佑水（3月离任）
罗　强（5月任职）
党委委员、政法书记、副镇长：
吕凤荣
副 镇 长：刘德军
党委委员、副镇长、人武部长：晏礼旗
宣传委员、统战委员、人大副主席：
周　延（女）
组织委员：曾　健

清流镇

党委书记：刘　辉
镇　　长：兰秋爽（3月任职）
人大主席：刘　萍（女）
党委副书记：宋　键
纪委书记：朱洪斌
人大副主席：张俊莉（女）
副 镇 长：李云鹏　杨　华（6月离任）
政法书记：吴清海（3月任职）
人武部长：刘渊恒（6月任职）
组织委员：马礼才（3月离任）
罗　秀（女，3月任职）
宣传委员、统战委员、人大副主席：
张俊莉（女）

盘龙镇

党委书记：郭晓波
镇　　长：兰来章
人大主席：胡　嵩（4月任职）
党委副书记：廖伟
纪委书记：李仁懿（女，3月离任）
唐　戈（3月任职）
副 镇 长：李景高　邓川
刘　林（5月任职）

政法书记：吕建锋
人武部长：邓川（兼）
组织委员：胡大惠（女，3月离任）
　　　　　马礼才（3月任职）
宣传委员、统战委员：廖雪红（女）
人大副主席：李　平（女）

远党镇

党委书记：王昌林（女）
党委副书记、镇长：黄成辉
人大主席：廖立新
党委副书记：陈美福
纪委书记：李万金
副 镇 长：严　奎（3月离任）
　　　　　李劲鹏（8月任职）
副镇长、政法书记：陈富强
副镇长、人武部长：张　建
宣传委员、统战委员、人大副主席：郭汝莅
组织委员：潘蓝岚（女）

（王　丽　胡　蝶整理）